KB102504

도산철학과 씨올철학

도산철학과 씨올철학

2021년 9월 17일 처음 찍음

지은이 | 박재순
펴낸이 | 김영호
펴낸곳 | 도서출판 동연
등 록 | 제1-1383호(1992. 6. 12)
주 소 | 서울시 마포구 월드컵로 163-3
전 화 | (02)335-2630
전 송 | (02)335-2640
이메일 | h-4321@daum.net

ISBN 978-89-6447-691-8 93150

도산철학과 씨율철학

박재순 지음

동연

머리말

　도산철학과 씨올철학은 동·서 정신문화의 만남과 민중의 주체적 자각으로 전개된 한국 근·현대가 낳은 생명철학이다. 나라를 잃고 식민지 백성으로 살았던 한민족에게 한국 근·현대는 철학과 사상의 해방구였다. 국가권력과 지배이념에서 자유로웠던 안창호, 유영모, 함석헌은 동·서 정신문화를 깊이 받아들이고 인생과 역사, 사회와 국가에 대하여 자유롭게 생각하여 민주적인 생명철학을 닦아내었다.

　대학에서 철학을 공부하던 1973년 봄에 나는 함석헌 선생님을 만나게 되어 선생님께 동양 경전, 성경, 씨올사상을 배우게 되었다. 함 선생님의 씨올사상을 연구하다가 함 선생님의 스승 유영모의 사상을 연구하였다. 함석헌과 유영모의 사상과 정신세계는 산처럼 높고 바다처럼 깊었다. 두 선생님의 정신과 사상의 뿌리를 알려고 도산 안창호의 사상을 연구하였다. 안창호의 사상은 내가 생각하고 기대했던 것보다 훨씬 깊고 풍부하고 아름다웠다.

　이 책은 내가 오랜 세월 생각하고 탐구한 노력의 열매다. 연구하고 글을 쓰는 외롭고 고단한 인생길에 길벗이 되어준 김명수 교수님, 김창식 씨올님, 지원과 격려를 아끼지 않은 박진섭 씨올님, 박석구 씨올님, 유튜브 강의를 위해 힘과 정성을 다하는 유창근 씨올님께 고마운 마음을 전한다. 이 책이 출판되도록 애를 쓰신 유석성 총장님과 기꺼이 출판을 맡아주신 김영호 대표님께 깊은 감사를 드린다.

이 책이 안창호, 유영모, 함석헌의 사상을 연구하는 데 밑거름이 되기를 바라며 한국 근·현대의 정신과 철학을 이해하고 연구하는 데 도움이 되면 좋겠다.

2020년 11월
박재순

차례

들어가는 말

1. 나는 이 책을 어떤 동기에서 썼는가?

함석헌은 늘 자신의 스승들로서 '도산 안창호, 남강 이승훈, 고당 조만식'을 내세우며 존경하였다. 나는 함석헌의 사상을 연구하기 시작할 때부터 함석헌의 사상은 도산, 남강과 긴밀한 관련이 있을 것이라고 생각하였다. 안창호의 교육이념과 정신을 따라서 이승훈이 오산학교를 세웠다. 이승훈이 3·1운동에 앞장섰을 때 오산학교에서 유영모와 함석헌이 스승과 제자로 만나서 씨올사상을 형성하였다. 유영모와 함석헌의 씨올사상은 안창호·이승훈의 교육독립운동과 3·1운동의 역사적 배경에서 생겨났다.

처음에 함석헌의 사상을 연구하면서 나는 함석헌의 깊고 큰 정신 세계와 창의적이고 풍부한 언어 세계에 압도되었다. 함석헌이 아무리 위대한 천재라도 홀로 이러한 정신세계와 언어 세계를 창조했다고는 생각할 수 없었다. 그의 스승 유영모를 연구하면서 유영모와 함석헌이 정신과 언어의 세계를 많은 부분 공유하고 있음을 확인할

수 있었다. 나는 함석헌과 유영모의 사상적 연속성과 차이를 이해할
수 있었다. 함석헌과 유영모를 연구하면서 내가 품은 가장 큰 의문
은 어떻게 해서 유영모와 함석헌은 '나'를 중심과 전면에 내세우게
되었는가 하는 것이었다. 나는 이제까지 어떤 철학과 종교 사상의
전통에서도 어떤 철학가와 도덕가에게서도 유영모와 함석헌처럼
'나'를 앞세우는 경우를 찾아볼 수 없었다.[1] 유교는 극기(克己)와 수
기(修己)를 말함으로써 나를 누르고 닦으려 했고, 도교는 무위자연
(無爲自然)을 내세우며 나를 자연의 법도와 질서에 순응케 하였다.
불교는 무아(無我)와 멸아(滅我)를 말하여 나를 부정하고 초월하려
하였다.

　기독교는 죄인으로서의 인간을 강조했으므로 무력한 자아를 구
원할 타자로서의 하나님을 강조했다. 그러므로 기독교도 나를 앞세
울 수 없었다. 인간의 자아를 이성으로 본 서양의 이성 철학에서는
자아와 타자가 모두 이성의 지배와 독점의 대상이 되었다. 인간의
욕망과 감정을 억압하고 통제했던 이성 철학은 주체로서의 나를 내
세우기 어려웠다. 탈현대주의는 지배하고 독점하는 이성 철학의 관
념적 자아를 해체하고 욕망과 감정을 존중하는 우연과 차이의 다양
한 세계를 강조했다.

---

[1] 중국 고대 사상가 양주(楊朱)는 나를 위하고 자기를 사랑하라고 가르쳤으나 극단적 개
인주의에 빠졌다. 그는 '내 머리카락' 하나를 뽑아서 천하를 구할 수 있다고 하여도 '내
머리카락'을 뽑지 않겠다고 하였다. '나'를 사랑하고 존중하라는 양주의 사상은 유영모
와 함석헌의 사상과 일치한다고 볼 수 있다. 그러나 양주의 극단적 이기주의는 자기를
깨트리고 죽임으로써 생명의 진리를 실현하고 나라와 민족을 바로 세우기 위하여 자기
를 희생하고 헌신했던 유영모, 함석헌의 씨올사상과는 공통점이 조금도 없다. 양주의
이러한 이기주의적 자애설(自愛說)은 세계대공(世界大公)과 환난상구(患難相救)를 추
구한 도산의 애기애타와도 접촉점이 없다.

그런데 안창호의 사상을 연구하면서 유영모와 함석헌의 철학에 대한 나의 의문은 깨끗이 풀렸다. 안창호는 시종일관 나를 중심에 놓고 전면에 내세웠다. 안창호는 나라를 잃고 종살이하는 한민족 한 사람 한 사람의 '나'를 나라의 주인과 주체로 깨워 일으켜 나라의 독립과 통일 운동에 앞장서게 했다. 국민 한 사람 한 사람의 '나'를 중심에 놓고 생각하고 행동한 안창호는 '나'의 철학자였다. 유영모와 함석헌의 씨ᄋᆞᆯ철학을 깊이 이해하고 씨ᄋᆞᆯ철학을 완성하기 위해서 반드시 안창호의 사상을 연구해야 한다고 나는 생각했다.

2. 어떤 관점에서 썼는가?

나는 이 책을 생명철학과 한국 근·현대의 관점에서 썼다. 도산은 대학에서 책을 가지고 공부하며 사상과 철학을 형성한 사람이 아니다. 그는 책을 많이 읽고 생각을 깊이 했지만 그의 사상과 철학은 그 자신의 삶과 체험에서 우러난 것이다. 그의 생명과 정신 속에서 그리고 사람들을 교육하고 조직하고 훈련하는 과정에서, 동지들과 독립운동을 이끌어가는 과정에서 체험하고 터득하고 깨달음으로써 도산은 자신의 철학과 사상을 닦아낸 것이다. 그는 자신의 삶과 정신에 진실하고 철저했을 뿐 아니라 나라를 잃고 고통에 빠진 한국 근·현대 역사의 중심과 선봉에서 혼신을 다해서 치열하게 헌신적으로 살았다. 따라서 그의 사상과 철학은 생명과 정신의 진리를 담고 있을 뿐 아니라 한국 근·현대의 시대정신을 드러내고 실현하였다.

1) 생명철학의 관점에서

도산은 생명철학자였다. 도산의 삶과 사상은 생명의 진리를 가장 잘 드러낸다. 생명의 본성과 원리는 스스로 하는 주체성, 통합적 전체성, 창조적 진화성이다. 모든 생명은 스스로 하는 자발적 주체를 가지고 있으며 전체가 하나로 통합되어 있고 끊임없이 새롭게 자라고 진화 발전해 간다. 주체성, 전체성, 진화성을 관통하는 하나의 원리는 '나'다. '내'가 자발적 주체이고 전체의 통합(통일)이 이루어지는 초점과 자리이고 진화의 주체와 동인, 대상과 목적이다.

내가 발견한 도산사상의 핵심은 '나'-철학이다. 그는 언제나 나를 중심에 두고 앞세웠으며 자아혁신과 애기애타를 말했다. 도산처럼 주체로서의 나를 시종일관 강조한 사람은 없다. 흥사단 입단 문답을 통해서 도산은 '내'가 하지 않으면 아무도 하지 않는 것이고 아무 일도 이루어지지 않는다는 것을 역설하였다. 그는 주체('나')의 철학자다. 또한 도산처럼 통일과 통합을 강조한 사람은 없다. 그는 조직과 단체의 신성한 단결을 강조했고 민족의 통일과 대동단결을 위해서 기꺼이 자신을 희생하고 헌신하였다. 그는 통일정신의 화신이다.

그리고 도산처럼 개혁과 창조를 강조한 이도 없다. 그는 '개조'(개혁과 창조)가 "내 평생에 깊이 생각하여 깨달은 바 참 마음으로 하는 참된 말씀"이라고 하였다.[2] 그는 인간, 민족, 강산의 개조를 역설했다. 그는 환경을 새롭고 깨끗하게 함으로써 인간의 자아가 깨끗하고 새롭게 된다고 믿었으며 인간의 자아를 혁신함으로써 사회를 혁신

---

2 안창호, "개조," 주요한 편저, 『안도산전서』, 증보판 (흥사단, 2015), 641.

하게 된다고 확신하였다. 그는 평생 인간교육에 힘썼는데 인간교육은 인간을 새롭고 힘 있게 만드는 일이었다. 흥사단에서 덕력, 체력, 지력을 기르는 삼대육과 무실·역행·충의·용감의 사대정신 확립에 힘쓴 것은 힘없고 비겁한 인간을 힘 있고 용감한 인간으로 바꾸려는 것이었다. 도산은 이처럼 생명의 자발적 주체성, 통합적 전체성, 창조적 진화성을 실현하고 고양시키는 데 힘썼고 생명의 근원적 원리인 '나'에 집중하고 나를 새롭게 변화시키고 고양시키려고 힘썼다.

2) 한국 근·현대의 관점에서

한국 근·현대의 중심과 선봉에서 살았던 도산은 한국 근·현대의 시대정신을 가장 잘 구현한 인물이다. 한국 근·현대는 동·서 문명의 만남과 민주화 과정으로 전개되었다. 한국 근·현대에서 동양의 문명과 서양의 문명은 가장 깊고 창조적으로 융합되었다. 한국 근·현대사에서 한국의 고유한 종교문화 정신, 동아시아의 유불도 종교문화 그리고 서양의 기독교 정신, 과학사상, 민주정신이 깊이 합류하여 세계 보편적인 정신문화를 만들어가고 있다. 도산의 삶과 정신 속에서 동·서 정신문화의 창조적 융합이 가장 잘 이루어졌다.

한민족은 높은 산에서 하늘을 우러러 제사하는 오랜 전통을 가지고 있었으며 하늘을 우러러 한 점 부끄러움이 없는 삶을 염원하는 종교문화의 심성을 가지고 있다. 한민족에게 죄는 허물이다. 퇴계 이황은 〈도산십이곡〉이라는 시에서 산속에 살면서 "허물이나 없고져 한다"고 노래하였다. 허물이 조금도 없는 것은 하늘이다. 그러므로 윤동주는 "하늘을 우러러 한 점 부끄러움이 없기"를 노래하였다.

험난하고 고통스러운 한국 근·현대의 중심과 선봉에 서면서도 도산은 하늘을 우러러 한 점 부끄러움이 없는 삶을 살았다. 도산 자신은 하늘과 민족 앞에 늘 죄송하고 부끄러운 맘을 가지고 살았지만 우리가 보기에 도산은 하늘을 우러러 한 점 부끄러움이 없는 삶을 살았다. 그는 허물을 찾으려 해도 찾기 어려운 사람이다. 도산은 한국 종교문화의 심성을 가장 잘 구현한 인물이다. 한국 전통종교인 유불도 삼교는 인간의 몸과 맘을 갈고 닦는 수행종교이며 몸과 맘으로 정성을 다하는 생활종교다. 몸과 맘을 갈고 닦으며 수행과 수련에 힘썼고 몸과 맘이 마르고 닳도록 지극 정성을 다해서 살았다는 점에서 도산은 동아시아 종교의 근본정신을 가장 잘 실현하고 실행한 분이다.

도산은 서양의 기독교 정신을 깊이 받아들여 실천하였다. 하나님의 뜻에 따라 나와 세상을 구원하기 위해서 도산은 겸허하게 남을 섬기며 자신을 희생하고 헌신하였다. 도산은 예수와 기독교(성경)의 뜻을 깊이 이해하고 체득하여 알뜰하게 실행하였다. 그는 기독교 교리를 설파하지는 않았으나 겸허히 남을 섬기며 기쁘게 자신을 희생하고 헌신한 예수의 삶과 정신을 가장 잘 드러내고 실천하였다. 또한 도산처럼 과학 정신과 사상을 가지고 합리적이고 현실적으로 생각하고 판단하고 결정하고 행동한 사람은 적어도 한국 근·현대 지도자들 가운데 찾아보기 어렵다. 그는 언제나 현실을 깊이 분석하고 진단하여 구체적이고 합리적인 대안과 방책을 마련하고 제시하였다. 그가 말한 무실역행의 정신은 현실에 적합한 과학적 사고와 행동을 추구하는 정신이다. 도산은 미신적인 운명론이나 결정론을 거부하고 허황한 교리와 신화를 쓸어버리고 과학적이고 합리적인 생각을 했다. 그러므로 그는 스스로 행동할 수 있는 힘을 강조했고 환난과 시련을 스스로 이겨나가는 환난상구(患難相救)를 주장했다. 또한 도산은 민의 한 사람으로서 민중 속에 들어가서 민과 함께 일어섰던 타고난 민주주의자였다. 도산처럼 뼛속 깊이 민주정신과 민주주의가 몸과 삶에 밴 사람은 없다. 도산은 서양의 기독교 정신, 과학사상, 민주정신을 깊이 체화하여 실현하였다.

도산은 동양의 정신문화와 서양의 정신문화를 깊고 온전하게 통합한 인물이다. 도산을 통해서 근·현대 이전에는 없었던 새로운 세계 보편적 인간정신이 생겨났다. 도산과 같은 인격과 인물은 미국과 유럽에서도 나올 수 없고 근·현대 이전의 한국과 동아시아에서도 나올 수 없다. 도산의 삶과 정신은 한국적이면서 세계적이다. 도산은 한국 근·현대가 낳은 한국적이면서 세계적인 사상가다.

3) 한국 근·현대의 인식론적 특권

도산은 어떻게 생명철학을 확립하고 세계 보편적인 정신과 철학을 낳았는가? 도산이 살았던 한국 근·현대는 인생과 역사, 사회와 국가의 진실을 깊이 볼 수 있는 인식론적 특권을 가진 시대였다. 한국 근·현대는 동·서 문명의 만남과 민주화 과정으로 전개되었다. 왕과 지배계급이 주도하는 신분체제와 질서를 깨트리는 민중의 주체적 자각과 민주화 과정은 5천 년 민족사에서 처음 경험하는 새로운 일이었다. 중국 중심의 동아시아 문화권에서 벗어나 동·서 문명이 합류하는 세계 문명의 새로운 지평이 열리는 것도 한국 민족사뿐아니라 세계인류사에서 처음 경험하는 일이었다. 동·서 문명의 만남과 민주화 과정은 새로운 시대정신과 진리를 드러내는 위대한 시대였다. 원효, 퇴계, 율곡은 경험하지도 못하고 상상하지도 못했던 놀라운 문명사적 혁신과 전환이 일어나는 한국 근·현대의 중심과 선봉에서 도산은 그 문명사적 전환과 혁신을 진지하고 철저하게 경험하고 체득하고 실행하였다. 한국 근·현대의 중심과 선봉에서 살았던 도산은 인생과 역사의 진리를 인식할 수 있는 한국 근·현대의 특권을 온전히 누리고 인생과 역사의 진리를 온전히 체득하고 깨닫고 실행하였다.

나라를 잃고 고난 당하는 민족의 역사였다는 점에서 한국 근·현대는 또 다른 인식론적 특권을 지니고 있었다. 역사와 사회의 바닥에서 고난 당하는 사람만이 역사와 사회의 진리를 온전히 볼 수 있다. 불의를 저지르며 역사와 사회의 꼭대기에 올라간 가해자들에게는 역사와 사회의 진리가 제대로 보이지 않는다. 불의한 강대국의 폭력에 의해서 나라를 잃고 고난 당한 한민족은 역사와 사회의 진리를 깊이 보고 체험하고 깨달을 수 있는 자리에 있었다. 불의한 폭력을 저지른 일본과 유럽과 미국의 국민들은 볼 수 없는 역사와 사회의 진리를 도산은 나라를 잃고 고난당하는 한민족과 함께 깊이 체험하고 깨닫고 이해할 수 있었다. 또한 국가의 권력이 강성할 때는 지배 권력과 이념에서 벗어나 인생과 역사의 진리를 자유롭게 체험하고 표현하고 실행할 수 없다. 나라를 잃었기 때문에 도산은 국가의 지배 권력과 이념에서 벗어나 자유롭게 인생과 역사의 진리를 생각하고 체득할 수 있었다. 한국 근·현대를 살았던 모든 사람들이 이런 인식론적 특권을 가지고 있었지만 그 인식론적 특권을 온전히 누리고 행사한 사람은 도산이었다. 그러므로 도산은 위대한 철학자와 사상가가 될 수 있었다.

3. 어떤 내용을 썼는가?

1) 도산의 진리 체험과 사상 형성

도산은 생각하는 능력이 뛰어났고 배우려는 열망이 컸다. 공부하려고 미국유학을 갔으나 길거리에서 한인 동포들이 상투 잡고 싸우는 것을 보고 유학공부를 중단하고 동포들을 교육하고 조직하는 일에 앞장섰다. 그는 미국의 정규학교들에서 배우지는 못했으나 삶과 일 속에서 민중을 교육하고 훈련하고 조직하는 과정에서 일제의 식민통치에 맞서 싸우는 과정에서 인생과 역사의 진리를 배우고 체험하고 깨달았으며 그 진리를 체화하고 실천하였다. 그는 무엇보다도 자신의 삶과 정신 속에서 스스로 생각하고 체험하고 깨달았다. 자신의 몸과 맘과 얼을 통해서 확인하고 체득한 그의 이론과 사상은 쉬우면서 깊다. 또한 동포들을 교육하고 훈련하고 조직하는 과정에서 깨닫고 실행한 그의 이론과 사상은 삶과 현실 속에서 충분히 검증되고 확인된 것이다. 그의 삶과 사회와 역사를 관통하는 그의 철학과 사상은 스스로 한 걸음씩 발전해간 것이다. 그의 사상과 철학은 일생을 살면서 스스로 조금씩 쌓아올린 것이다. 마치 작은 씨알이 싹이 트고 줄기와 가지를 뻗고 자라서 큰 나무가 되고 숲을 이루듯이 그의 사상과 철학도 그렇게 진리의 작은 씨알이 자라서 큰 사상의 나무가 되고 숲을 이룬 것이다. 도산에게서 홍사단이 나오고 위대한 한국철학자 유영모와 함석헌이 나왔다.

2) 삶

도산은 한국 근·현대의 중심과 선봉에서 시대정신을 밝히고 실현한 사람이다. 한국 근·현대의 시대정신은 민주, 통일(통합), 과학기술, 세계보편의 정신이다. 스물의 젊은 나이에 도산은 평양 쾌재정의 연설에서 민중과 하나로 되어 민중과 함께 깨어 일어나는 체험을 하였다. 미국에서는 유학공부를 중단하고 민중 속으로 들어가 민중과 함께 일어서는 공립협회를 조직하고 공립정신을 확립하였다. 민이 서로 보호하고 단합함이 문명부강의 뿌리와 씨라고 함으로써 민주공화의 정신을 확립하고 실현하였다. 한국으로 돌아와서 신민회를 조직하고 대성학교와 청년학우회를 조직하여 민족을 깨워 일으키는 교육독립운동을 벌였다. 도산은 애국가를 짓고 함께 부르면서 한민족이 '대한 독립 만세!'를 고창하게 하였다. 흥사단을 만들고 대한인국민회를 이끌면서 한민족이 함께 일어나도록 이끌었다. 도산의 일생은 민주와 통일의 정신으로 사무쳐 있었다.

도산은 한민족의 가슴에 민주정신과 통일 정신의 불씨를 심어주었다. 삼일운동이 일어나기 10여 년 전에 이미 도산은 나라를 빼앗긴 한민족과 함께 애국가를 부르며 '대한 독립 만세!'를 외쳤다. 삼일운동은 한민족이 함께 일어나 애국가를 부르며 '대한 독립 만세!'를 외친 운동이다. 도산이 심은 민주와 통일의 불씨들이 삼일운동에서 크게 타올랐고 그 후로도 끊임없이 줄기차게 민중이 불의와 억압에 맞서 함께 일어서게 하였다. 삼일운동이 일어나자 도산은 상해로 가서 임시정부를 조직하고 이끌었다. 임시정부의 초석을 놓고 정신과 기풍을 확립한 것은 도산이다. 도산은 삼일운동과 임시정부의 정신을 낳은 사람이다. 삼일운동과 임시정부의 정신을 낳은 도산은 대한민국 헌법(전문) 정신을 형성한 사람이다.

도산은 전문적인 기술과 기예를 익힐 것을 강조하면서 한국과 미국에서 도자기 회사를 만들고 서점을 운영하고 북미실업회사를 운영함으로써 경제와 산업의 자립을 추구하였다. 그는 과학적인 인과관계를 중시했으며 현실적인 힘과 역량을 강조하였다. 민주공화의 정신과 무실역행의 과학 정신을 바탕으로 민족을 교육한 도산은 민주화와 산업화를 위한 한민족의 정신적 기초와 자격을 확립했다. 한국정신문화와 동아시아의 정신문화를 충실히 계승하면서 서양의 정신기술문화를 잘 받아들여 한국현대사회의 시대정신을 확립했다는 점에서 도산은 대한민국 문명의 초석을 놓은 이다.

3) 사상

인류사에서 근·현대는 민주혁명과 과학혁명을 이룩한 시대다. 근·현대의 인간은 인생과 역사, 사회와 나라의 주인과 주체로서 저마다 저답게 제 삶을 살아가야 한다. 또한 과학적 합리적으로 생각하고 판단하고 결정하고 행동하여 자신과 세상의 운명을 스스로 결정하고 만들어가야 한다. 그러기 위해서는 과학적 합리적 사고를 가져야 할 뿐 아니라 도덕과 정신, 얼과 혼의 깊이와 높이를 가져야 한다. 서양의 근·현대는 과학적 합리적 사고를 확립했으나 과학적 합리적 사고와 종교 도덕의 깊이를 통합하지 못했다. 서양문명은 고대 그리스의 이성 철학과 기독교 신앙의 영적 깊이를 통합하지 못하였다.

인생과 역사의 주인과 주체로서 개성과 창의를 가지고 저마다 제 삶을 저답게 살아가는 근·현대의 인간은 전체의 통합을 강조한 고대와 중세의 합일적 신비적 가르침을 넘어서야 한다. 합일과 통합의 철학을 계승하면서도 개성과 창의를 강조하는 주체 '나'의 철학을 확립해야 한다. 도산은 합일과 통합을 강조하면서도 자아의 혁신을 추구하여 자아를 새롭고 힘 있게 하였다. 도산은 동·서의 정신문화를 통합하였을 뿐 아니라 과학적 합리적 사고와 종교 도덕적 깊이를 통합하였다. 도산은 새 시대의 정신적 기초를 놓았다.

도산은 새 기축시대의 패러다임을 만든 이다. 기축시대는 인류정신사를 근본적으로 새롭게 바꿔놓는 시대다. 첫째 기축시대는 2,500년 전 공자, 노자, 석가, 예레미야와 제이 이사야, 소크라테스가 열어놓았다. 첫째 기축시대는 고대와 중세의 정신과 도덕을 지배한 철학을 낳았다. 고대와 중세는 개인과 전체(진리)의 합일과 일치를 추구했다. 첫째 기축시대의 가르침은 흔히 극기복례, 무위자연, 천인합일, 범아일여로 표현되는데 이것은 모두 개인을 전체와 일치시키거나 통합시키는 가르침이었다. 소크라테스와 플라톤과 아리스토텔레스는 인간을 진리(법도)와 이념(이데아)으로 통제하려고 했는데 이것 역시 개인의 주체를 전체의 보편적 진리와 이념에 귀속시키는 가르침이었다.

도산은 기축시대의 합일과 통합의 철학, 진리와 이념을 앞세우는 이성적 관념 철학을 넘어서서 새롭고 현대적이고 민주적이면서 도덕과 정신의 깊이를 지닌 생활철학을 확립하였다. 도산의 사상을 깊이 살펴보면 여러 요소들이 역동적이면서도 정교하고 치밀하게 유기체적으로 결합되어 있음을 알 수 있다. 도산사상의 중심에는 애기애타의 원리가 있다. 애기애타는 자아혁신과 협동 사이에 있다. 자아혁신은 덕·체·지의 삼대교육과 무실역행 충의용감의 사대정신을 길러서 건전한 인격을 확립하는 것이다. 이렇게 건전한 인격을 확립할 때 비로소 애기애타의 삶을 살 수 있다. 애기애타를 실천할 수 있을 때 협동의 삶을 살 수 있다. 서로 보호하고 단합하는 협동의 삶을 살 때 민주공화의 나라를 이루어 문명하고 부강한 세상을 만들 수 있다.

애기애타의 사랑은 대등하고 자유로운 관계 속에서 이루어지는 친구와 동지의 사랑이다. 이런 사랑은 나와 남(타인)을 대상이 아니라 주체로 존중하는 사랑이다. 도산의 애기애타는 나와 남을 주체 '나'로 존중하고 사랑하는 원리다. 주체로 존중하고 사랑한다는 것은 서로 살리고 크게 길러주는 것이고 서로 격려하고 힘을 실어주는 것이다. 애기애타에서 애타도 남의 주체 '나'를 존중하고 사랑하는 것이므로 '애기'라고 할 수 있다. 도산의 애기애타 사상은 애기에서 시작하여 애기로 끝난다. 그러나 도산의 애기 사상은 심리적인 자아에 갇혀 있는 것이 아니다. 애기애타는 민주와 통일의 원리이고 근거이며 목적이다. 애기애타의 정신이 없다면 민주와 통일은 이루어질 수 없다. 애기애타는 도산의 대공(大公) 사상과 깊이 결합되어 있다. 애기는 한 사람 한 사람이 저마다 자신의 '나'를 사랑하고 존중하는 것이며 애타는 동지와 친구, 이웃을 사랑하는 것일 뿐 아니라 나라와 세계 전체를 사랑하는 것이고 자연환경과 우주 전체를 사랑하는 것으로 확장된다. 애기는 사적 영역을 나타내고 애타는 공적 영역을 포함한다.

애기와 애타는 서로 구분되면서도 깊이 통합되어 있다. 나를 사랑하는 것은 나를 혁신하여 덕체지를 기르고 무실, 역행, 충의, 용감한 정신을 기르는 일이다. 도산은 늘 공사병립, 공사병행을 강조함으로써 사적인 일과 공적인 일을 엄격히 구분하면서도 사적 일과 공적 일을 함께 존중하고 강조하였다. 나를 새롭고 힘 있게 함으로써 조직과 단체의 공고한 단결에 이르고 공고한 단결을 바탕으로 나라의 독립과 통일을 이루고 나라의 독립과 통일을 바탕으로 세계의 정의와 평화에 이르려 했다. 개인의 나를 힘 있게 함으로써 공의 세계를 열어가는 활사개공(活私開公)의 철학이 도산사상의 중심에 있다. 도산은 정치경제교육의 평등과 민족의 평등을 바탕으로 건전한 민주공화의 나라를 세움으로써 세계대공에 이른다고 하였다. 도산은 공사병립, 활사개공, 세계대공의 확고한 공공철학을 확립하였다.

덕·체·지 삼대교육과 무실·역행·충의·용감 사대정신을 기르는 자아혁신, 서로 살리고 길러주는 애기애타의 상생철학, 서로 보호하고 단합하여 서로 구원하고 해방하는 협동과 공립(共立)의 철학은 민주정신과 통일정신을 확립하고 실행하는 공사병립, 활사개공, 세계대공의 공공철학과 맞물려 있다.

4. 21세기와 도산 사상

자신의 삶과 정신 속에서 그리고 역사 속에서 도산이 스스로 배우고 깨닫고 체험한 진리는 학교에서 이론으로 배우고 깨달은 진리보다 더 깊고 크다. 공자, 노자, 석가, 소크라테스, 예수, 간디와 같은 성현들은 모두 자신의 삶과 역사 속에서 스스로 진리를 깨닫고 실천한 이들이다. 학교에서 책과 이론으로 진리를 배운 학자들의 사상과 정신세계는 결코 성현들의 사상과 정신세계와 비교될 수 없다. 성현들의 사상과 정신세계가 훨씬 깊고 크다. 자신의 삶과 역사 속에서 진리를 깨닫고 실천한 도산은 20세기의 성현이다. 나는 이 책에서 동·서 정신문화를 융합하고 민주공화의 정신을 구현하고 '나'철학을 확립한 도산의 사상과 정신의 세계가 고대 노예제 사회와 봉건사회의 시대적 제약에 갇혀 있는 공자·소크라테스·플라톤의 사상과 정신의 세계를 훨씬 능가하며 이성주의와 과학주의의 포로가 된 서양 근·현대의 사상과 정신세계보다 훨씬 깊고 풍부하다는 것을 확인하고 제시하였다.

'나'를 발견하고 확립한 도산의 '나' 철학은 동·서 정신문화를 아우르며 민주공화의 정신을 구현한 한국철학이며 세계보편철학이다. 도산은 2,500년 전 공자, 석가, 소크라테스 등이 이룩한 기축시대의 패러다임을 넘어서 새로운 기축시대를 여는 새 문명의 패러다임을 만들었다. 이전 기축시대는 성현과 성현들의 가르침을 중심으로 사는 시대다. 그러나 민주혁명과 과학혁명을 일으킨 근·현대는 민이 스스로 생각하고 판단하고 결정하여 제 삶을 제가 살아야 하는 민주시대다. 성현이 아니라 '내'가 내 삶과 역사의 주인과 주체가 되어야 한다. 성현의 가르침을 이어서 내가 내 삶을 나답게 사는 시대가 온 것이다. 그것이 민주시대이고 과학의 시대다.

도산은 국민 한 사람 한 사람의 '나'를 중심과 전면에 놓고 '나'를 사랑하는 애기(愛己)의 원칙을 확립하고 '나'를 사랑하는 공부를 역설했다. 이제까지 어떤 종교철학에서도 '나'를 사랑하는 애기를 가르침과 사상으로 제시한 이는 없었다. 그는 나를 사랑하고 존중하는 일에서 시작하여 공(公)과 사(私)를 함께 세우는 공사병립, 나를 바로 세움으로써 공의 세계를 열어가는 활사개공(活私開公), 건전한 민주국가를 건설하여 세계정의와 평화를 이루는 세계대공을 말하였다. 나라의 주인과 주체인 자신을 사랑하고 존중하여 스스로 과학적으로 생각하고 행동할 것을 가르친 도산은 새로운 기축시대의 패러다임을 만든 이다. '그(성현)의 시련'이 아니라 '나의 시련'을 노래한 김민기의 〈아침이슬〉도 '나'를 사랑하는 법을 배우며 나를 형성해간다고 노래하는 방탄소년단의 노래 'Love yourself(Answer: Love my-self)', 'Map of the Soul(outro: Ego)'도 나를 중심에 놓고 나를 사랑하며 스스로 자신의 삶을 만들어가라는 도산의 '나' 철학과 일치한다. 도산의 철학과 사상은 20세기에 한정되지 않는 미래의 새로운 패러다임을 제시한 철학이며 '나'의 삶을 저마다 저답게 살려는 젊은이들의 철학이다.

제1부

도산 안창호의 철학

1장
이성의 철학에서 생명철학으로

1. 이성의 철학

철학은 물질, 생명, 정신의 깊이와 전체를 드러내는 학문이다. 철학이 추구하는 지식은 표면과 부분을 알리는 단편적이고 실증적인 지식이 아니라 주체의 깊이와 전체의 통일을 드러내는 지식이다. 세상에는 물질과 생명과 정신, 세 가지 존재의 층이 있다. 철학은 세 가지 존재의 내적 깊이를 뚫어보고 세 존재 층들의 관계와 통일적 전체에 관해 탐구한다. 철학은 물질과 생명과 정신의 실증적 사실과 현상을 넘어서 가치와 의미, 존재 이유와 목적에 대해서 탐구하는 학문이다.

과학은 인간의 감각적 경험과 이성적 분석에 의존하는 학문이다. 감각은 표면과 부분에 대한 지각이고 이성은 부분들로 쪼개고 분석해서 이해하는 능력이다. 감각적 경험과 이성적 분석만으로는 존재의 내적 깊이와 전체의 통일을 탐구할 수 없다. 물질은 표면과 내면이 같고 쪼개고 갈라도 같은 물질이다. 따라서 물질에 대해서는 과학적 탐구가 적합하고 유효하다. 그러나 생명은 스스로 하는 주체이고 내적으로나 외적으로 통일된 전체다. 생명은 겉과 속이 다르고 쪼개고 가르면 생존할 수 없다. 따라서 생명에 대한 과학적 탐구는 생명의 물질적 측면과 차원에 대한 연구에 한정된다. 그런 탐구는 생명의 주체적 깊이와 전체적 통일을 드러내지 못한다. 또한 생명은 스스로 변화하여 새롭게 되는 존재다. 스스로 변화하여 새롭게 되는 생명은 지향과 목적, 가치와 보람을 가진 존재다. 물질적 존재와 현상에 대한 자연과학적 연구는 생명의 새로움, 지향과 가치를 드러낼 수 없다.

1) 인간과 세계의 존재론적 구조와 철학적 탐구

인간과 세계의 존재는 세 층으로 이루어져 있다. 사람은 몸, 맘, 얼로 이루어져 있고 우주는 물질(땅), 생명(人), 정신(하늘)으로 이루어져 있다. 인식의 방법과 과정도 세 겹 감성(감각), 이성(생각), 영성(영감)으로 이루어져 있다. 하나님은 사람과 우주를 통합하는 궁극적인 전체이며 감성과 이성과 영성을 통합하고 통일하는 참된 주체다. 참된 주체와 전체의 궁극적 통일로서의 하나님(하나이신 임, 진리와 진실)은 감각과 이성의 탐구 대상이 될 수 없다.

존재론	몸	맘	얼	사람
	땅(물질)	생명(人)	하늘	우주
인식론	감성(감각)	이성(생각)	영성(영감)	하나님(신, 얼)

철학은 상식이나 과학을 넘어서는 지식을 추구하는 학문이다. 철

학이나 과학과 구별되는 상식은 불확실한 감각 경험과 부정확한 생각들을 바탕으로 형성된, 많은 사람들의 일반적 지식이다. 인간은 불확실한 감각정보를 가지고 모호한 느낌, 감정으로 불명료한 분석 판단에 의해 행동한다. 상식은 인간이 삶 속에서 얻은 지식이다. 상식은 모호하고 불확실할 수 있지만 감각, 감정, 이성, 영성이 통합된 생활의 지식이고 삶의 행동이다. 상식은 시대와 지역에 따라 달라질 수 있다. 시대와 지역의 편견과 제약에서 벗어날수록 상식은 과학과 철학의 지식에 가까워진다.

과학은 보이는 물체들의 본성과 구조, 운동과 작용, 현상과 변화에 대한 실증적 지식(정보, 데이터)과 인과관계의 법칙과 원리를 감각적 경험과 이성에 의해 탐구한다. 과학은 주어진 사실에 대한 감각적 경험에 근거한 것이며 물체들의 작용과 현상에 대한 이성의 논리적 분석과 합리적 추론(유추 비교)을 통한 탐구이다. 과학은 구체적인 사물들을 하늘의 이성적 평면에 비추어 보는 것이다. 하늘의 순수한 이성적 평면이란 말은 생성 소멸하는 물질세계의 불확실하고 모호하고 변동적인 성격을 초월한 비물질적 논리와 개념, 산술과 기하학적 도형의 추상적이고 보편적인 평면세계를 가리킨다. 따라서 과학은 구체적이고 특수한 것들(물체들)에 대한 일반·보편적 지식·이치를 탐구하는 것이다. 과학은 감각적 지식과 논리적 지식의 결합이며 산술 계산적 논리·법칙적 인과관계를 탐구한다. 이성적 평면은 거짓과 숨김을 허용하지 않는다. 과학은 정직하고 충실한 이치와 법칙을 탐구하고 드러낸다.

과학이 물질적 사실과 변화의 인과관계, 사실에 대한 지식과 변화의 법칙을 탐구하는 학문이라면 철학은 표면과 부분의 사실적 지식을 넘어서 생명 주체의 깊이와 전체 생명의 하나 됨에 대한 성찰과 지혜를 추구하는 학문이다. 감각과 마찬가지로 이성도 대상의 부분과 표면을 분석하고 이해할 뿐 주체의 깊이와 전체의 하나 됨을 파악할 수 없다. 따라서 칸트가 말했듯이 인간의 감각과 이성은 사물 자체를 지각하고 인식할 수는 없고 감각과 이성에게 파악되는 사물의 현상을 지각하고 인식할 뿐이다. 과학도 이성 철학도 감각의 지각과 이성의 사유에 근거하고 의존한다. 그러므로 과학뿐 아니라 이성에 의존하는 이성 철학도 생명의 주체와 전체를 파악하는 생명철학에 이를 수 없다. 과학과 이성 철학과 생명철학의 차이를 생각해보자. 과학은 감각을 통해 지각된 지식과 정보 자료(데이터)를 이성에 의해 분석하고 정리하고 추론함으로써 물질과 논리의 인과적 법칙과 이론을 밝히는 것이다. 이성 철학은 감각적 지식과 정보, 인과 법칙과 이론의 근거와 의미, 가치와 체계를 탐구하는 것이다.

본래 감각의 지각과 이성의 사유에는 생명의 주체와 전체가 총체적으로 관여한다. 욕망과 감정, 감성과 지성과 영성, 얼과 혼이 감각의 지각행위와 이성의 사유행위에 참여한다. 그러나 과학이 다루는 감각적 지각의 자료(데이터)는 생명의 총체적 참여를 배제한 것이다. 이성의 사유에도 생명의 주체와 전체가 총체적으로 참여한다. 그러나 순수이성이 파악하고 설명하는 이성 철학적 사유의 내용은 이성이 보고 받아들인 관념적이고 논리적인 것뿐이다. 감각의 지각행위와 이성의 사유행위에서 일어나는 생명의 총체적 활동을 과학과 이성 철학은 감각과 이성의 좁은 틀 안에서 인식하고 받아들이고 이해함으로써 지각행위와 사유행위 속에 들어 있는 생명의 총체적 지각과 사유를 축소하고 잘라낸다. 따라서 과학과 이성 철학은 생명의 주체와 전체와 창조적 진화를 실현하는 생명활동의 진리를 온전히 파악할 수 없다.

생명과 정신의 철학이 되려면 이해하고 설명하는 로고스(이성) 철학을 넘어서야 한다. 생의 주체와 전체와 진화(창조)를 탐구하는 철학의 인식과 성찰 방법은 대상의 부분과 표면에 머무는 감각과 이성을 넘어 추론과 비유, 상징과 은유를 사용하고, 몸, 맘, 얼을 통합하는 영감과 깨달음을 포함한다. 물질과 생명과 정신을 통합하는 전체의 자리에서 보면 생각은 단순히 논리적이고 계산적인 이성의 행위가 아니라 몸과 생명과 정신의 총체적이고 통합적인 행위다. 생각은 생의 자각[生-覺]이며 몸, 맘, 얼이 주체로 참여하는 행위이며 몸, 맘, 얼을 통일하는 것이다. 생명의 근본 행위로서 생각에는 생의 의지와 지향, 바람과 목적이 담겨 있다. 물질과 생명과 정신의 주체와 전체를 통합하는 철학의 자리에서 보면 스스로 하는 주체와 전체의 하나 됨이 궁극적인 존재의 본질이고 가치이고 의미다. 스스로 하는 주체가 참이고 선이고 아름다움이며 전체의 하나 됨이 참이고 선이고 아름다움이다. 생의 주체와 전체의 일치는 정지된 것이 아니라 더 깊고 높고 커지는 창조적 진화와 고양의 과정 속에 있다. 물질에서 생명을 거쳐 정신에 이르는 생명 진화와 인류 역사의 과정은 주체의 깊이와 자유에서 전체의 하나 됨에 이르는 과정이다. 인간의 감각적 지각과 이성적 사유는 주체와 전체의 통일, 창조적 진화와 혁신의 활동이 일어나는 생명의 깊이에서 우러난 것이며 생의 총체적 본질과 목적, 창조와 혁신, 의미와 가치에 대해서 열린 것이다.

생명과 정신의 철학은 이성적 논리적 사유만이 아니라 주체의 깊이와 전체의 크기, 창조적 진화와 고양을 온전히 드러내고 실현하는 인간의 실천적 성찰이고 체험적 깨달음이다. 인간은 생명과 정신의 주체일 뿐 아니라 물질, 생명, 정신을 아우르는 전체다. 우주(물질), 생, 정신의 주체와 전체를 드러내는 철학의 진리는 평면적이고 단일한 진리가 아니라 다양하고 중층적이며 복합적이고 입체적인 진리다. 철학의 진리는 과학의 논리·실증적 진리뿐 아니라 신, 생명, 사랑의 진리, 역사와 사회의 다양하고 복합적인 진리를 포함한다. 물질과 생명과 정신의 중층적이고 입체적인 진리는 우주와 자연 생명과 역사의 진리일 뿐 아니라 몸, 맘, 얼로 이루어진 인간 자신의 실존적 진리다. 생명과 정신의 철학은 스스로 하는 주체와 전체의 일치를 추구하고 실현하는 생명과 정신의 입체적이고 통합적인 진리를 탐구하는 구도자적 철학이 되고, 역동적이고 과정적인 변화와 고양을 이루는 실천적인 철학으로 되어야 한다. 생명의 철학은 물질에서 생명을 거쳐 정신에 이르는 초월과 진화의 변증법적 과정을 탐구하는 학문이며 주체의 깊이와 자유에서 전체의 하나 됨에 이르는, 개체(주체)와 전체의 역동적 입체적 통일을 탐구하고 실현하고 완성해 가는 실천적 학문이다. 실존적이고 우주적인 이런 진리의 철학을 체득하면 어떤 시련과 유혹이 있어도 흔들림 없이 옳은 길을 갈 수 있다.

2) 이성 중심적 서구 철학의 한계와 비판

그리스 철학에서 시작된 서구 철학은 자연과학(수학)에 바탕을 둔 이성 철학의 확고한 전통을 가지고 있다. 그리스의 건국신화에서 보여주듯이 그리스인들은 하늘을 제거하고 전복시킨 후에 나라를 세웠다. 모호하고 불확실한 하늘을 제거하고 구체적이고 확실한 땅의 물질세계를 확실하고 명료한 이성에 의해서 탐구하려고 하였다. 기본적으로 이성(로고스)은 계산하고 헤아리는 능력이다. 이성은 산술계산의 합리성과 효율성을 추구한다. 이성 철학은 보이는 물체들의 존재와 변화(운동)에 대해서 이성적이고 논리적인 본질과 구조, 항구적이고 보편적인 관계와 법칙을 탐구했다. 이런 철학에서는 가시적 물질세계와 비물질적 이성적 사유의 세계가 맞서 있다. 이성 철학은 가시적 물질세계를 이성의 논리·질서에 비추어 보고 이성적 합리적 보편성을 탐구했다. 이성의 인식은 인식대상을 대상화, 타자화/논리화, 객관화함으로써 비주체화한다. 감각의 지각과 마찬가지로 이성의 인식은 부분적 표면(현상)적 분석적이므로 인식대상의 주체와 전체를 볼 수 없다. 하늘(하나님)은 생명의 주체와 전체 그리고 그 양자의 통일, 다시 말해 생명의 본성과 목적을 드러내고 실현하는 자리다. 그리스와 서구의 이성 철학은 하늘의 영성을 제거하고 배제했으므로 생명의 주체와 전체를 이해하고 드러내고 실현할 수 없었다.

3) 물질론과 관념론

감각의 구체적 경험과 이성의 분석적 이해에 근거했던 서구의 철학은 물질론과 관념론의 두 흐름을 형성하였다. 인간의 감각과 이성은 대상 자체(주체와 전체)를 정확하고 온전하게 인식할 수 없다. 인식의 주체인 이성의 사유세계와 대상의 물질세계 사이에는 간격과 불일치가 있다. 따라서 철학자들은 인식의 주체인 이성의 사유세계를 중심으로 세계를 보는 관념론과 인식의 대상인 물질세계를 중심으로 세계를 보는 물질론을 주장하게 되었다.

물질론은 물질이 스스로 존재하고 변화하고 운동하며 발전한다고 주장하였다. 고대 그리스의 철학은 물질을 실재로 보는 자연철학에서 시작하였다. 탈레스는 물이 헤라클레이토스는 불이 데모크리토스는 원자가 만물의 근원이라고 보았다. 물질론에 따르면 물질이 근본적이고 일차적인 존재이고 관념과 정신은 물질에서 파생되거나 우연적으로 덧붙여진 것이고 정신과 의식은 물질의 반영일 뿐이다.

관념론의 전통도 뿌리가 깊다. 고대 그리스의 철학자 아낙사고라스는 정신(누스)에 의해 만물이 생성되고 발전해간다고 보았다. 피타고라스는 수(數)가 만물의 본질이라고 하였다. 플라톤은 순수한 수학적 이성적 관념을 이데아로 보고 이데아가 참된 실체이고 본체라고 보았다. 플라톤에 따르면 로고스의 이념적 이데아는 완전하고 영원불변하고 확실한 실재이고 물질은 불완전하고 불확실하며 가변적이고 덧없는 것이다. 중세에는 관념과 교리를 보편적이고 항구적인 실재로 보는 실재론이 관념론의 전통을 견지했다. 이러한 관념론적 실재론에 대해서 보편적 관념은 명칭일 뿐이고 구체적이고 특수하고 개별적인 것들만이 실재한다는 유명론이 물질론을 대변하였다. 고대와 중세의 관념론은 자연 물질세계를 넘어서 존재의 차원과 영역을 영원불멸한 형이상학과 영원무한한 초월적 신학으로 확장하고 심화하였다.

근세에 이르러 영국의 경험론자들은 물질적 실재들에 대한 감각적 경험을 중시함으로써 물질론의 전통을 이어갔다. 유럽대륙의 합리론은 인간의 본질을 이성으로 보고 인간의 이성이 신의 이성의 일부라고 함으로써 이성의 논리와 지식을 가지고 인간과 세계를 설명하였다. 과학적 경험적 물질론과 보편적 합리적 관념론을 결합하려고 했던 칸트는 인식주체인 이성과 인식대상인 물질 자체를 함께 존중하려고 했다. 그에 따르면 인식의 대상인 물 자체(Ding an sich)는 인식할 수 없고 물 자체가 나타내는 현상만을 인간의 이성이 인식한다. 물질 자체가 제공하는 내용(감각적 경험 자료)을 인간의 이성이 관념의 틀과 형식 속에서 구성함으로써 인간의 인식이 이루어진다. 인식대상인 물질 자체는 인식주체인 이성의 사유세계 속에 들어오지 못한다. 다만 물질 자체가 제공하는 현상만이 이성의 사유세계 속으로 들어온다.

칸트의 인식론 철학에서는 인식대상인 물질 자체와 인식주체인 이성 사이에 불일치와 간격이 생긴다. 피히테는 칸트의 인식론적 이원론을 극복하기 위해서 인식대상을 인식주체인 이성적 자아의 사유세계 속으로 끌어들여서 인식주체인 자아가 인식대상인 비아(非我)를 정립한다고 보았다. 그는 인식주체의 자아인 이성의 사유세계만 인정했으며 이성의 사유세계에서 행동하는 주체로서 존재하는 것은 이성적 의지적 자아뿐이라고 하였다. 헤겔은 이성의 주관적 자아에 머물지 않고 이성적 자아의 변증법적 변화와 발전으로 세계를 설명하였다. 그에 따르면 인간의 역사와 사회, 우주와 정신의 세계는 인간 이성의 주관적 정신이 자기를 부정함으로써 자기와 모순과 대립의 과정을 거쳐서 객관정신과 절대정신으로 변화하고 발전해가는 정신의 세계다. 칸트, 피히테, 헤겔은 독일관념론을 형성했다.

독일관념론은 인식론적 또는 주관적 관념론이다. 칸트는 플라톤과 중세의 실체론적 관념론을 인식론적 관념론으로 바꾸어버렸다. 그에게 실재하는 것은 경험하고 탐구할 수 있는 자연 물질세계이며 이성과 관념은 자연 물질세계를 인식할 때 인식의 내용을 주도적으로 구성한다. 사물에 대한 인식의 행위와 과정에서 관념이 주도적인 구실을 하지만 관념은 실재하는 것이 아니다. 그가 안셀무스의 관념론적인 신 존재 증명을 부정하면서 "호주머니에 돈이 없는데 있다고 생각한다고 해서 없는 돈이 실제로 있는 것은 아니다"고 했을 때 그는 관념론적 형이상학적 존재론을 거부하고 자연과학적 탐구의 대상인 물질세계의 존재만을 인식과 사유의 대상으로 인정한 것이다. 칸트는 자연과학적 물질세계만을 '실재'로 보고 자연 물질세계에 대한 이성적 인식행위의 주도성과 초월성만을 강조함으로써 그리스철학의 형이상학적 실체론적 관념(이데아)과 히브리 기독교의 초월적 하나님(영혼) 이해를 이성적 인식과 사유의 세계에서 배척하였다. 따라서 칸트 이후에 자연 물질세계를 뛰어넘는 고결한 형이상학적 이념과 목적, 초월적 하나님(영혼)에 대한 성찰과 이해가 학문의 세계에서 추방되었다. 이로써 서양철학의 학문과 정신의 세계는 편협하고 빈곤하게 되었다.

포이에르바하는 신을 인간의 욕망과 욕구로 환원시킴으로써 감각적 물질론을 주장했다. 마르크스는 물질은 근원적이고 현실적인 실재이며 관념과 정신은 물질적 실재에서 파생된 것이고 물질적 실재를 반영하는 것으로 보았다. 인간의 의식은 사회적 존재(물질적 현실)를 반영할 뿐 아니라 사회적 존재에 구속되고 사회적 존재에 의해서 규정된다고 하였다. 그는 물질론과 헤겔의 관념론적 변증법을 결합하여 물질론적(유물론적) 변증법을 주장하였다. 그에 따르면 물질적 생산력이 발달함에 따라 인간의 의식도 변화한다. 물질적 생산력(생산관계)과 인간의식은 변증법적 모순과 대립의 과정을 거쳐서 서로 변화해가지만 기본적으로 물질적 생산력이 인간의 관계와 의식을 형성하고 변화시킨다. 오늘날 물질의 실재적 구성과 변화, 작용과 운동의 인과관계와 법칙을 탐구하는 과학자들은 모두 물질론적 관점을 가지고 있다.

물질론과 관념론은 물질, 생명, 정신으로 이루어진 인간과 우주의 세계를 이해하고 설명하는 데 적합하지 않다. 마르크스의 물질론적 변증법에 따르면 사회의 하부구조인 물질적 생산력이 발달하면 생산관계가 변화하고 생산관계가 변화하면 상부구조인 인간의 의식과 정신, 관계와 제도도 변화하고 발전해간다. 물질적 생산력의 발달은 기존의 생산관계 및 상부구조와 모순 대립하게 되고 결국 생산관계와 상부구조의 변화와 발달을 가져온다. 그러나 아무리 복잡하고 교묘하게 설명을 해도 물질론적 변증법에 의한 변화와 발전은 물질론적 한계를 넘어서지 못한다. 물질적 생산력과 생산관계가 아무리 변화하고 발전해도 물질의 변화와 발전은 생명과 정신의 질적 초월적 변화를 위한 조건과 환경, 계기와 발판은 될 수 있어도 물질의 변화와 발전 자체가 생명과 정신의 질적 초월적 변화를 가져오지는 못한다. 헤겔의 관념론적 변증법도 관념론의 테두리를 벗어나지 못한다. 비물질적인 관념과 정신의 변증법적 변화는 물질적 현실과 몸을 가진 생명의 구체적인 삶에 영향을 미치는 데는 한계가 있다. 모든 관념론은 구체적이고 특별하고 다양한 생명의 주체를 제대로 파악하지도 드러내지도 못한다. 관념론은 물질에 이르지 못하고 물질론은 관념에 이르지 못한다. 물질론과 관념론은 인식주체인 이성과 인식대상인 물질의 대립적 관계 속에서 세상을 이해하고 설명하는 편향적이고 일방적인 설명체계일 뿐이다.

생명은 물질 안에서 물질을 초월하여 의식과 정신에 이른 것이고, 인간의 생명은 의식과 정신을 넘어서 얼과 뜻, 영혼과 신을 향해 나아가는 것이다. 물질 안에서 물질을 초월한 생명은 시공간적 제약과 구체성을 가지면서도 시공간적 제약과 속박을 초월하여 자신을 형성하고 심화 발전시켜가는 존재다. 생의 주체성, 전체성, 창조성은 물질 안에서 물질을 초월하는 것이며, 시공간적 현실성과 구체성 속에서 시공간적 제약과 속박을 넘어서 스스로 자기를 실현하고 완성해간다. 생명체는 몸과 의식이 통일된 구체적이고 현실적인 존재다. 인간은 몸, 맘, 얼이 통일된 구체적이고 현실적이며 주체적인 존재다. 인간과 우주의 세계는 물질과 생명과 영(정신, 얼)의 세 겹과 층으로 이루어져 있다.

물질과 생명, 인간과 우주의 세계를 이해하려면 인식주체와 인식대상의 관계에서만 보아서는 안 된다. 물질과 생명과 인간과 우주의 존재를 그 자체로부터 그리고 그것들의 상호주체적 관계와 변화발전의 역사적 과정에 비추어 이해하고 설명해야 한다. 물질론과 관념론은 물질과 생명, 인간과 우주의 통합적 존재와 관계, 주체적 변화과정과 지향을 이해하고 설명하는 데 전혀 적합하지 않다. 물질 안에서 물질을 초월하여 물질이 아닌 의식과 정신에 이른 생명은 물질과 의식을 통합한 것이다. 생명은 스스로 하는 주체이며 물질과 의식을 통합한 통일적 전체다. 생명은 주체와 전체의 통일 속에서 끊임없이 진화 발전해가는 것이다. 물질론과 관념론은 생명의 주체와 전체를 이해할 수도 설명할 수도 없다. 그것들은 물질과 생명과 정신과 신의 관계와 변화, 의미와 가치, 목적과 방향에 대해서 말할 수 없다.

2. 생명의 철학

1) 생명이란

생명은 물질 안에서 물질을 초월한 것이다. 생명은 물질의 제약과 속박에서 해방된 기쁨과 자유를 가진 것이다. 생명은 이 지구에서 어떻게 생겨났는가? 생명의 비물질적 기원과 원천을 물질적으로, 물질에 대한 자연과학적 연구로 증명하거나 확인할 수 없다. 다만 물질 속에서 생명이 생겨난 물리화학적 조건과 현상에 대해서 추정하고 논증할 수는 있다. 일반적인 물질상태에서는 공존·상생·통합·일치할 수 없는 서로 다른 물질 원소들이 특수하고 비상한 상태와 조건에서 자신을 열고 서로 다른 존재를 받아들이고 서로 다른 존재에 참여함으로써 공존·상생·통합·일치함으로써 생명이 탄생한 것이다. 따라서 생명 사건은 서로 다른 물질요소들이 자신의 존재를 비우고 개방하여 서로를 받아들이고 서로에게 참여하는 사랑의 사건이며, 서로 다른 배타적이고 폐쇄적인 요소들이 공존하고 상생하는 평화의 사건이고 서로 다른 이질적 요소들이 일치와 통합에 이른 통일의 사건이다. 물질 안에서 물질을 초월한 생명은 그 자체가 사랑이고 평화이며 통일이다.

물질 안에서 물질을 초월한 생명은 물질과 비물질(초물질)의 공존과 상생이고 통합과 일치다. 생명의 관점에서 보면 생명 사건은 물질의 제약과 속박에서 자유롭게 되는 해방과 구원, 초월과 고양의 사건이다. 그러나 생명이 여전히 물질(육체)의 제약과 속박 안에 있다는 점에서 생명은 물질과 육체에 갇혀 있는 것이다. 물질의 관점에서 보면 물질은 생명 안에서 자신의 속박과 제약에서 해방되고 구원된 것이며 쇠퇴하고 소멸하는 물질의 운명과 한계를 넘어서 자유롭고 영원하며 무한한 생명의 존재에 참여하는 것이다. 생명 안에서 비물질적 정신은 물질화, 육화하고 물질은 정신화, 영화한다. 영원하고 무한한 생명은 시공간적 구체성과 현실성을 가진 물질 속에 육화되고 구체화한다. 시공간적 제약과 속박에서 벗어난 생명 안에서 물질과 육체는 부패하고 소멸할 운명에서 벗어나 초월적이고 영원하며 무한한 생명의 기쁨과 자유, 사랑과 믿음에 참여한다. 생명 안에서 정신과 영은 물질적 구체성과 현실성 속에서 아름다움과 고상함, 진실함과 거룩함을 구체적이고 감각적으로 표현하고 구현할 수 있다. 파괴와 소멸, 허무와 죽음의 운명 속에 있는 우주 물질세계는 생명 속에서 비로소 해방되고 구원되어 영원한 생명에 참여할 수 있다.

물질 안에서 물질을 초월한 생명은 물질과 정신, 육체와 영의 대립과 적대, 분열과 갈등, 모순과 역설, 저항과 투쟁 속에 있다. 그러나 생명은 물질과 정신, 육체와 영의 이러한 대립과 적대, 분열과 갈등, 모순과 역설, 저항과 투쟁 속에서 공존과 상생, 평화와 통일, 사랑과 희생, 초월과 고양을 이루어가고 있다. 생명은 정지된 상태가 아니라 끊임없이 순간순간 물질의 제약과 속박에서 벗어나 새로운 존재의 차원을 열어가는 사건이고 과정이다. 생명은 반은 정신·영이고 반은 물질·육체인 것이 아니라 전적으로 물질·육체이면서 전적으로 정신·영이다. 생명은 끊임없이 물질·육체로서의 자기를 부정하고 극복하고 초월하고 고양시켜서 탈바꿈하여 새로운 보다 높은 생명의 차원을 열어감으로써 해방과 구원에 이르는 사건이고 과정이다.

물질 안에서 물질을 초월한 생명은 세 가지 본성과 원리를 가지고 있다. 스스로 하는 자발적 주체, 안팎으로 하나로 이어지고 통합된 전체, 끊임없이 새롭게 자라고 크고 향상하며 고양되고 초월하는 창조적 진화, 다시 말해 주체성, 전체성, 창조적 진화성이다. 모든 생명체는 스스로 하는 자발적 주체이며 내적으로 통합되고 외적으로 소통하고 연락하는 전체이고, 새롭게 변화하며 창조적으로 진화하는 존재다. 생명의 세 가지 본성과 원리, 주체, 전체, 진화를 관통하는 하나의 원리는 주체인 '나'다. 스스로 하는 자발적 주체가 '나'인데 '나'는 전체의 통일이 이루어지는 초점과 중심이다. 그리고 '내'가 바로 창조적 진화의 동인과 주체, 대상과 목적이다. '나'는 생명 사건의 시작과 끝이며 중심과 목적이다. 그러므로 생명은 내가 나를 더 깊고 높고 크게 하는 과정이고 전체의 통일을 이루어가는 과정이며 자기 부정과 초월, 버림과 비움, 고양과 탈바꿈을 통해서 창조적 진화를 이루어가는 과정이다. 생명은 주체와 전체의 일치 속에서 창조적 진화를 이루어가는 과정과 사건이다. 생명은 물질과 정신, 육체와 영의 대립과 갈등, 분열과 적대 속에서 자유와 사랑, 평화와 통일을 이루어가는 사건이고 과정이다. 생명은 물질 육체의 자아를 극복하고 초월하여 정신 영의 참되고 새로운 나로 되어가는 사건적 과정이다. 생명은 물질적 조건과 상태, 자연환경과 사회조건 속에서 자기가 자기를 극복하고 초월하여 새로운 '나'로 만들어가는 과정이고 사건이다. 생명, 인간은 자신의 피조물이며 창조자다.

생명은 물질과 정신, 육체와 영의 통합이다. 생명의 통합은 물리 기계적 결합이 아니라 유기체적 전일적, 입체적 심층적 통합이다. 생명 안에서 물질과 정신, 부분과 부분, 기관과 기관의 통합은 기계의 통합이 아니다. 기계 부품의 통합은 해체하고 분해할 수 있으며 다시 조립하고 조작할 수 있다. 그러나 생명의 통합은 부분과 요소들을 해체하거나 조립할 수 없다. 생명을 가진 육체가 물질로 이루어졌다는 점에서 물리 기계적 성격을 가진 것은 사실이다. 그러나 생명을 가졌다는 점에서 육체는 물질적 제약과 속박을 초월한 성격을 가지고 있다. 육체를 기계로만 대하는 것은 육체의 생명을 부정하는 것이다. 육체는 물질과 기계를 초월한, 물질과 기계보다 깊고 높은 생명의 차원을 가진 것이다. 물질과 기계, 수와 관념은 법칙적이고 평면적이며 안과 밖이 동일한 것이라면 생명은 생명 안에 있는 육체와 정신은 입체적이고 심층적이며 다차원적이다.

생명 안에서 물질(몸)과 정신(영)의 통합은 땅의 물질에서 하늘의 영에 이르는 입체적 다차원적 단계, 과정이며 사다리와 무지개처럼 중층적으로 통합되어 있다. 따라서 물질 안에 정신이 있고 정신 안에 물질이 있어 물질과 정신은 무한히 서로 받아들이고 서로 참여하고 있다. 물질 안에 정신이 무한히 반영되고 정신 안에 물질이 무한히 반영된다. 땅에 속한 물질적 육체 속에 하늘에 속한 정신적 영이 무한히 반영되고 깃들어 있으며, 영에 물질과 육체가 무한하게 반영되고 깃들어 있다.

생명 안에서 모든 단계와 차원의 존재들은 저마다 생명의 주체이며 전체다. 주체 속에 전체가 무한히 반영되고 깃들어 있으며 전체속에 주체가 무한히 반영되고 깃들어 있다. 생명의 모든 단계와 차원들, 물질, 육체, 본능, 욕망, 감정, 의식, 지성, 영성, 신성은 몸, 맘, 얼은 생각, 양심, 영혼은 모두 생명의 부분이 아니라 전체이고 주체다. 나의 몸, 맘, 얼 속에, 나의 욕망, 생각, 감정, 의지, 인격 속에, 내 생명의 주체와 전체가 다 담겨 있고 실려 있다. 그 모든 것들은 나의 한 부분이나 요소가 아니라 나의 생명 전체를 드러내고 표현하며 나타내는 나의 온전한 주체이고 전체다.

생명의 모든 단계와 차원, 요소와 부분, 몸, 맘, 얼은, 욕망과 감정과 의지와 인격은 생각과 주장은 내 생명의 온전한 주체와 전체이므로 그 자체로서 창조자와 피조물이고 목적이면서 수단이다. 물질이 생명에게 얼마나 소중한가. 간디가 말하듯 굶주려 죽어가는 사람에게 하나님은 밥으로 나타난다. 또 생명이 없으면 육체는 죽은 것이요, 정신이 없으면 육체는 고깃덩어리다. 생명 안에서 물질과 정신은 서로에게 얼마나 소중하고 고마운 것인가. 서로가 서로에게 수단이고 목적이다. 예를 들어 몸은 맘과 얼의 수단이면서 목적이 되기도 한다. 맘과 얼의 뜻과 목적은 몸을 깨워 일으켜 바로 세우는 데 있다. 맘과 얼의 목적지, 종착역은 몸, 육체다. 또 육체, 몸의 목적은 맘과 얼을 품고 제 속에 새기고 힘차고 풍부하게 하는 것이다.

생명의 세계는 수와 도형의 세계, 기계와 관념의 세계처럼 평면적인 세계가 아니라 입체적이고 심층적이고 중층적인 다차원의 세계다. 생명 안에는 땅의 물질에서 하늘의 영에 이르는 단계와 과정, 사다리와 무지개가 있다. 생명은 땅의 물질에서 하늘의 영에 이르는 다차원적 과정과 단계의 사다리를 밟고 올라가는 과정이고 사건이다. 그러나 이것은 단일한 위계질서는 아니다. 생명이 이 사다리를 밟아 올라갈수록 물질, 육체, 욕망, 감정은 정화되고 승화되면서 정신화하고 영화(靈化)하며, 얼과 혼은 지성화하고 생명화하며 물질화, 육체화한다. 따라서 생명이 하늘의 영으로 높이 올라갈수록 몸과 맘, 욕망과 감정, 의식과 생각은 정신과 이념, 얼과 신으로 아름답고 거룩해지며 얼과 혼, 정신과 이념은 욕망과 감정, 물질과 육체 속에서 풍성하고 다양하며 아름답고 힘차게 된다.

우주 역사와 생명 진화와 인류 역사를 통해 새롭게 발전 진화하고 전개된 우주 자연 생명 세계의 모든 존재의 차원들이 켜켜이 층층이 알뜰하게 인간의 생명과 정신 속에 압축되어 있다. 우주, 생명, 인류의 역사가 인간의 생명과 정신 속에서 지속되고 살아 있고 축적되어 있다. 인간의 생명과 정신 속에서 자연 생명 정신의 모든 차원들이 새롭게 열리고 펼쳐졌다. 인간은 우주 물질과 생명과 정신의 씨올이다. 인간 속에서 우주 물질과 생명과 정신의 모든 요소와 차원들이 압축되어 있다. 인간은 작은 우주다.

우주와 인간 속에는 몇 개의 차원이 열려져 있는가? 입체적인 물질세계의 3차원이 있고 시공간 4차원이 있다. 3~4차원의 물질세계에는 물리의 법칙과 이치가 성립한다. 4차원 시공간의 물리법칙을 초월한 생명의 세계는 서로 다른 기관들과 요소들이 서로 주체로 공존하고 상생하는 5차원의 생리 세계가 있다. 5차원 생명 세계를 초월한 욕망과 감정과 의식의 심리세계가 6차원이다. 심리세계를 초월한 역사, 사회의 세계는 서로 다른 심리를 지닌 인간의 주체들이 갈등하고 대립하며 소통하고 협력하는 7차원 도리(道理)의 세계다. 갈등하고 대립하는 서로 다른 주체들이 이루어가는 역사와 사회의 7차원 도리 세계를 초월하는 종교 예술의 몰아적 합일과 신명의 8차원 영리(靈理, 靈感)의 세계가 있다. 몰아적 합일과 신명의 8차원 영리 세계를 초월한 9차원 세계는 주체의 깊이와 자유에서 전체의 합일에 이르는 구도자적 애리(愛理)의 세계다. 9차원 세계는 몰아적 신명과 합일, 초월적 깨달음과 신비한 체험을 넘어서 갈등하고 대립하는 역사 사회의 현실 속에서 개별적 주체의 개성과 창의, 깊이와 자유에서 전체의 하나 됨으로써 나아가는, 참된 주체와 참된 전체의 합일을 이루어가는 구도자(그리스도, 보살)가 역사와 사회, 우주와 생명의 구원과 해방을 이루어가는 세계다.

우주와 생명과 정신의 이런 차원들은 분리 해체하고 조립 종합할 수 있는 것들이 아니다. 모든 차원들은 입체적이고 중층적이고 유기체적으로 내포되고 융합되고 결합되어 있다. 5차원 생리 세계는 4차원 물리 세계를 내포하고 구현하고 충족시키면서 4차원을 초월하여 새로운 차원을 연 것이다. 마찬가지로 9차원 애리의 세계는 4, 5, 6, 7, 8차원의 세계들을 모두 내포하고 구현하고 충족시키면서 초월하여 새로운 차원을 연 것이다. 9차원 구도자적 세계를 초월한 10차원 신리의 세계는 개체와 전체, 주체와 전체의 완전한 합일과 일치에 이른 신리(神理)의 세계다. 신리의 세계는 나, 너, 그의 구별과 분리가 없는 온통 하나의 세계. 그것은 개별적 생명과 정신의 주체들이 녹아들어서 참 나이고 참 전체인 하나님, 생명과 정신의 참된 주님, 그이, 영원무한한 생명의 임의 생명과 존재에 참여하는 세계다. 10차원 영원무한의 정신세계는 다시 우주 물질, 생명, 정신의 세계와 역사를 낳을 것이다.

인간은 10차원의 세계 속에서 살면서 자신 안에 10차원의 세계를 품고 있다. 인간의 생명과 정신 속에는 땅의 물질에서 하늘의 얼과 신에 이르는 사다리와 무지개가 놓여 있다. 인간은 이 사다리와 무지개를 밟아 올라가는 존재다. 이것은 끊임없는 자기부정과 초월의 과정이고 자기 혁신과 창조, 탈바꿈의 과정이다. 이 존재와 가치의 사다리는 인간의 생명과 정신 안에만 있지 않고 인류의 역사와 사회 속에 우주의 자연 생명 세계 속에 놓여 있다. 인간은 자신의 생명과 정신 속에서 그리고 사회와 역사와 우주 자연 생명 세계 속에서 자기 자신과 이웃과 사회와 역사, 뭇 생명 세계와 우주 자연 물질세계와 함께 땅의 물질에서 하늘의 얼과 신에로 올라가는 존재와 가치의 사다리, 무지개를 밟아 올라가는 사명과 목적을 지니고 있다. 솟아 올라 나아감은 생명과 정신의 근본적인 원리이고 사명이다.

2) 물질론과 관념론을 넘어선 생명과 정신의 철학

생명은 물질 안에서 물질을 초월한 존재로서, 물질의 법칙적 속박과 제약에서 자유로운 주체이며 물질과 의식을 통합한 전체다. 물질 안에서 물질을 초월하여 질적 진화와 고양을 일으키는 생명의 발전과 변화는 물질론적 변증법이나 관념론적 변증법으로는 설명하거나 이해할 수 없다. 물질 안에서 물질을 초월하여 생명에 이르고 생명에서 의식과 정신에로 의식과 정신에서 얼과 신으로 질적 초월과 고양을 통해 진화 발전하는 생명의 변증법은 정반합이라는 형식적이고 기계적인 변증법이 아니라 자기부정과 희생, 자기초월과 해방을 통한 질적 초월의 변증법이다. 그것은 죽음을 통해 새로운 생에 이르는 죽음과 신생의 초월적 변증법이다. 물질론적 변증법이나 관념론적 변증법은 물질에서 생명으로 생명에서 정신으로 진화하고 고양 변화하는 생명의 변증법이 될 수 없다.

물질과 생명과 정신의 내적 깊이와 통일된 전체를 탐구하는 철학은 물질론과 관념론을 넘어서 생명의 주체와 전체를 탐구하는 철학이어야 한다. 생명은 물질 안에서 물질을 초월한 것이다. 생명은 물질 안에서 물질을 초월하여 정신과 영을 향해 스스로 진화, 고양해 가는 존재다. 따라서 생명의 철학은 진화와 고양을 스스로 이루어가는 생[1]의 주체 철학이다. 또한 생은 주체와 전체의 일치와 통일이다. 생명체는 물체와 생의 통합이며, 물질, 육체, 감각·감정, 의식·생각, 지성·영성의 입체적 통일이다. 따라서 생명의 철학은 생의 주체와 전체를 아우르는 통합과 일치의 철학이다. 부분과 표면의 지각과 인식에 머문 감각과 이성은 생의 주체와 전체를 제대로 인식할 수 없다. 이성은 물자체를 알 수 없다. 생의 철학은 감각·이성을 넘어 몸 맘 얼을 통합하는 생각의 철학이며, 영성·영감의 철학이다. 생의 철학은 과학과 종교를 통합하는 주체의 철학이다. 생의 철학은 과학과 종교를 통합한 철학이며 감각과 이성과 영성을 아우르는 전체의 철학이다.

생의 철학은 주체와 전체인 생이 자신의 주체와 전체를 인식하고 이해하고 실현하고 완성하는 철학이다. 생의 철학적 인식은 생의 주체가 생의 주체를 인식하는 것이고 생의 전체가 생의 전체를 인식하는 것이다. 생 자신이 생 자체를 인식하는 것이므로 생의 자기인식과 실현으로서의 생철학은 가능할 뿐 아니라 필요하고 마땅한 것이다. 모든 생은 자기를 의식하고 표현하고 실현해 가는 존재다. 벌레도 밟으면 꿈틀거리고 꽃잎도 상처를 입으면 시든다. 이처럼 생은 내적으로 통일된 주체로서 외부의 침입과 공격에 대하여 주체적으로 반응한다. 높고 낮은 수준의 차이는 있지만 모든 생은 주체와 전체로서 자신을 의식하고 표현하고 실현하는 존재다. 따라서 주체와

---

1 생명은 물질(육체) 안에서 살아가는 구체적인 생을 뜻한다면 생은 물질(육체)과 구별되는 생 그 자체를 가리킨다.

전체로서 생은 자신과 타자의 생을 주체와 전체로서 인식하고 표현하고 반응하고 교감할 수 있다.

생의 철학은 인간의 철학이어야 한다. 인간은 생명의 본질과 목적을 가장 높고 순수하고 깊이 실현한 존재다. 인간은 역사와 사회 속에서 형성되는 존재이면서 역사와 사회를 형성하는 존재다. 따라서 인간의 철학은 역사와 사회의 철학이어야 한다. 생명은 스스로 자신을 형성하는 창조자이면서 자신에 의해서 형성되는 피조물이다. 오랜 생명 진화과정에서 생명은 스스로 자신을 형성함으로써 진화하고 발전해왔다. 인간은 역사와 사회를 형성하고 창조하는 존재이면서 역사와 사회 속에서 형성되고 창조된 존재다. 인간의 역사와 사회 속에서 인간은 의식적으로 자신을 형성해왔다. 자신을 창조하고 형성하는 인간은 자신의 창조자이고 피조물이다.

스스로 자신을 형성하고 창조해온 생명과 인간은 시공간의 중심과 근원이고 창조자적 주체다. 우주 물질세계는 시공간에 예속되어 있으며 시공간과 일치한다. 물질 안에서 물질을 초월한 생명과 인간은 시공간 안에 있으면서 시공간을 초월한다. 인간은 시공간의 조건과 환경에 의해서 영향을 받고 형성되는, 시공간에 매이고 속박을 받는 피조물이면서 시공간(의 조건과 환경)을 변화시키고 창조하는, 시공간의 창조자다. 이러한 인간의 생명과 영혼에 대하여 함석헌은 이렇게 말했다. "고마움, 기쁨, 평화, 생동을 느끼게 되는 거룩은 내 가슴의 골방에 숨어 있는 동시에 하늘 밖에 환하게 초월해 계시는 공적, 전적이신 이에게만 있는 것이요, … 그것은 누가 보나 언제 보나 진(眞)이요, 선(善)이요, 미(美)다. 그러므로 거룩이다. 그것은 마음이요, 혼이요, 정신이다. 그것을 시간이 부술 수 없고 시간이 도리어 거기서 나오며, 그것을 공간이 감출 수 없고 우주가 도리어 그 품에 안기며, 법칙이 그것을 다스릴 수 없고 모든 법칙이 도리어 그에게서 나온다."[2] 생명과 인간의 가장 두드러진 특징은 변화, 성장, 진보, 고양이며 스스로 자신을 변혁하고 개조, 창조한다는 것이다.

인간 생명의 철학은 역사와 사회를 형성하고 창조하는 실천적 철학이다. 인간은 시공간 안에서 시공간을 초월한 존재이며 시공간을 새롭게 창조하고 형성하는 존재다. 인간은 역사와 사회 속에서 형성되는 존재이면서 역사와 사회를 창조, 변화시키는 존재다. 역사와 사회는 인간에 의해서 형성되고 인간을 형성한다. 인간의 본성과 목적이 역사와 사회 속에 실현되고 반영된다. 인간은 목적과 뜻을 가지고 역사와 사회를 형성한다. 역사와 사회는 스스로를 형성하고 스스로 형성되는 정신과 방향, 목적과 뜻을 가지고 있다. 스스로 형성되고 형성하는 역사와 사회의 정신과 이념이 시대와 사회의 정신이고 철학이다. 어느 시대나 그 시대와 사회의 철학과 정신이 있다. 시대정신과 철학을 자각하고 표현하고 실현하는 이가 그 시대의 철학자다.

3) 이성의 철학에서 생명철학으로

플라톤에서 현대에 이르기까지 서구 철학은 이성의 철학이었다. 이성의 철학은 인식과 판단의 주체인 이성이 사물과 생명과 정신의 존재와 활동에 대해서 인식하고 평가하고, 설명하고 해석하는 철학이었다. 기본적으로 이성의 철학은 '~에 대한 철학'이다. 인식주체로

---

2 함석헌, "청년교사에게 말한다," 『함석헌전집』 5권 (한길사, 1984), 186-187.

서 이성은 인식대상을 대상화, 타자화한다. 인간의 이성은 인간 자신의 생명과 정신, 몸과 맘과 얼을 인식하고 평가할 때도 대상과 타자로 인식하고 평가한다. 이성의 철학에서는 모든 인식대상이 인식과 판단의 대상으로 남는다.

이성의 철학은 이성의 한계 안에 머문다. 이성의 활동은 이성 자신의 한계 안에 머물러 있다. 이성은 이성 자체를 평가하고 반성할 수 있지만 제한적이고 부분적으로만 평가하고 반성할 수 있다. 이성은 자기 자신에 비추어 자신을 평가하고 반성할 뿐이다. 이성이 이성 자신을 부정하고 깨트리고 초월하며 갱신하고 혁신할 수는 없다. 이성은 스스로 죽고 다시 날 수 없다. 이성은 자신의 인식과 사유의 지평 안에서 존재하고 활동할 뿐이다. 이성의 주체는 자기 활동의 영역 안에서만 주체로서 존재하고 활동한다. 이성이 이성 자체를 초월하고 창조 혁신할 수 없다는 점에서 이성은 이성 자신에게 속한 것이며 이성이 하는 철학은 이성에게 속한 이성의 철학이다.

이성과 이성의 활동은 생명과 역사의 중요한 부분이지만 작은 부분에 지나지 않는다. 생명과 역사는 이성보다 훨씬 복잡하고 중층적이고 더 크고 깊고 높다. 이성의 세계는 수와 도형, 논리와 개념의 세계지만 생명과 역사의 세계는 물질, 생명, 감정, 의식, 지성, 영성, 신성의 세계다. 이성의 세계는 생명과 역사의 세계의 지극히 작은 한 면에 지나지 않는다. 이성의 세계에는 고정불변한 수와 도형, 개념과 논리가 있을 뿐 생성과 소멸, 신생과 죽음, 창조와 파괴가 없다. 생명과 역사의 세계에는 생성과 소멸, 신생과 죽음, 창조와 파괴, 혁신과 고양이 있다. 생명과 역사는 고정불변한 것이 아니라 끊임없이 새롭게 변화 발전하는 것이며 자기를 부정하고 초월하여 갱신하고 고양되는 것이다. 그러므로 생명과 역사는 자기 자신 안에 있으면서 자기를 넘어서 새로운 존재가 되어가는 것이다. 생명과 역사는 자기 자신에게 속해 있으면서 자기 자신을 부정하고 초월하여 자기와 다른 새로운 존재가 되어가는 어떤 것이다. 생명과 역사를 가진 인간은 자신의 생명과 역사에 속해 있으면서 그 생명과 역사를 부정하고 초월하는 존재이며 새로운 생명과 역사를 지어가는 존재다.

생명과 역사 속에서 인간은 자기 자신을 부정하고 초월하여 새로운 자신을 형성하고 창조하는 주체다. 이성 안에 머물러 있고 이성에 충실한 이성의 철학은 이성에 속한 철학이다. 이에 반해 생명의 철학은 생명 안에 머물러 있으면서 생명을 부정하고 초월하여 새로운 생명을 지어간다는 점에서 생명에 속한 철학은 아니다. 생명의 철학은 생명을 창조자적으로 새로 형성하고 지어가는 생명 주체의 철학이다. 생명은 스스로 자기를 느끼고 체험하고 변화 발전시키고 새롭게 되어가는 주체다. 생명과 정신을 지닌 인간은 자신의 생명과 정신 속에서 자신의 생명과 정신을 느끼고 체험하고 깨닫고 인식하고 표현하고 실현하며 스스로 새롭게 진화하고 고양해가는 주체다. 생명의 철학은 생명에 관한 철학에 머물 수 없다. 생명의 철학은 기본적으로 스스로 자신의 생명을 느끼고 인식하고 실현하는 생명 주체의 철학이다. 또한 자신의 생명을 새롭게 탈바꿈하고 창조한다는 의미에서 생명 창조의 철학이다. 생명철학은 생명을 생명으로 탐구하고 이해하고 설명하고 실현하려 한다는 점에서 생명에 관한 철학이다. 그러나 생명철학은 생명에 관한 철학으로 머물지 않고, 생명 자신이 자신을 이해하고 드러내고 실현해가는 생명 주체의 철학이며, 자신을 새롭게 변화시켜가는 생명 창조의 철학이고, 상생과 공존, 자치와 협동의 삶을 실현하고 완성해가는 생명 공동체의 철학이다. '생명의 철학'은 생명에 관한 철학, 생명 주체의 철학을 의미할 수 있지만 생명을 부정하고 초월하여 새롭게 창조해간다는 의미를 나타내기 어렵다. 따라서 생명의 철학보다는 그저 '생명철학'이라고 하는 것이 좋다.

생명철학을 이해하기 위해서 과학과 이성 철학이 무엇인지 알아보자. 과학은 구체적이고 개별적인 사물들의 존재와 성질, 인과관계와 작용, 법칙과 원리를 탐구하는 실증적 논리적 학문이다. 과학은 물질의 세계 안에서 물질을 물질과 비교, 측정하고 계산하고 추론하여 물질의 구조와 성분, 관계와 법칙을 연구한다. 과학은 물질로써 물질을 측정, 비교하고 추론하는 것이므로 물질적 존재의 영역 안에서 물질을 탐구하는 학문이다. 물질로서 물질을 연구하는 과학은 감각과 이성의 제한 속에서나마 물질 자체의 존재와 성질을 드러내고 실현한다.

이성 철학은 수학과 자연과학에 기초하여 물질의 존재와 관계와 법칙이 지닌 항구적 가치와 의미를 탐구하는 학문이다. 이성은 지능이 진화·발전하고 정화·고양된 것이다. 지능은 생의 본능적 욕구와 원초적 의지를 효율적으로 실현하기 위해 생겨난 것이다. 지능은 생의 꾀부림이고 심부름꾼이며 도구다. 지능에서 발전된 이성의 동기와 목적은 생명 속에 있다. 이성의 주인은 생명이며 이성은 생명에 대하여 종속적이고 도구적이다. 인식의 주체로서 이성은 비물질적이며 물질에 대하여 지배자적이고 정복자적이다. 이성은 물질 위에 군림한다. 이성의 본성과 활동이 순수하게 드러나고 실현되는 자리는 산술계산과 기하학적 도형의 세계, 개념과 논리의 세계다. 이성은 인식의 주체로서 물질적 존재자들을 대상화, 타자화한다. 물질에 대한 지배자와 정복자로서 이성은 물질에 이성의 본질과 성격을 추가하고, 물질 속에서 이성적 본질과 원리를 이끌어냄으로써, 물질을 이성의 사유세계, 개념과 논리의 세계 안으로 끌어들여서 인식하고 이해한다. 플라톤은 물질세계 밖에 이성의 관념적 이데아 세계를 설정하고 이데아의 세계에서 물질세계의 본질적 실체와 목적을 찾았다. 아리스토텔레스는 이성의 관념적 논리적 인과적 체계 속에서 물질과 정신의 우주 세계를 이해했으며, 이성의 관점에서 공격적이고 지배자적으로 물질적 존재자들을 이해하고 설명하려고 했다. 사물을 인식하고 설명하는 아리스토텔레스의 네 원인(형상, 질료, 운동, 목적)은 인식대상에 대한 인식주체 이성의 공격적이고 지배자적 이해와 설명의 방식이다.

이성 철학은 물질적 존재자들을 대상화 타자화하고 관념화 이론화함으로써 물질적 존재자들의 주체와 전체의 온전한 실현에 이르지 못한다. 이성 철학의 한계는 분명하다. 이성 철학은 구체적이고 개별적인 사물들에 대한 감각 경험과 자료들의 가치와 의미, 인과관계와 작용, 법칙과 원리를 이성적으로 분석하고 이해하고, 설명하고 해설하는 철학이다. 이성 철학은 물질과 생명의 주체와 전체를 실현하고 창조하는 철학이 될 수 없다. 이성 철학은 인식주체의 인식행위를 다루는 인식론적 철학과 인식대상의 존재를 탐구하는 존재론적 철학으로 나뉜다. 과학과 (이성의) 철학은 구체적이고 개별적인 사물들에 대한 감각경험과 자료들의 이성적 분석과 이해라는 점에서는 동일한 학문이다. 자연과학과 이성의 철학은 땅의 물질적 현실 세계를 이성적으로 합리적이고 효율적으로 이해하고 이용하고 대처하려 한다는 점에서 일치한다. 다만 연구의 범위와 영역이 다를 뿐이다. 과학은 물질세계 안에서 물질과 물질을 비교 계산 측정하는 실험적이고 경험적인 학문이다. 이성 철학은 이성의 관점과 영역에서 이성 자신에 비추어서 물질세계를 이해하고 평가한다. 과학은 물질적 존재자들의 성질과 구조, 관계와 법칙을 탐구하고 이성 철학은 이성의 관점에서 물질적 존재자들의 가치와 의미를 탐구한다. 자연과학은 개별적 사물들의 성질과 원리를 탐구하여 물리법칙과 수학적 계산에 의해 우주의 시작과 끝을 확인할 수 있을 정도로 연구의 영역을 확장해왔다. 자연과학이 연구의 영역을 확장하면서 발전해온 정도만큼 이성의 철학은 그 영역이 줄어들고 위상이 낮아졌다. 고대 그리스 철학에서는 이성 철학이 자연과학 위에 군림했으나 근·현대철학에서는 이성 철학이 자연과학에 예속되고 자연과학의 부속물처럼 되었다. 결국 서양철학에서는 생명과 역사의 가치와 의미, 목적과 지향을 말할 수 없게 되었다.

이에 반해 생명철학은 생명과 정신의 주체와 전체로서 인간이 자신의 생명과 정신 속에서 생명과 정신을 주체와 전체로 느끼고 체험하고 인식하고 이해하여 새롭게 형성하고 창조해가는 철학이다. 생명과 정신은 땅의 물질세계서 생명과 정신을 거쳐 하늘의 얼과 신에로 나아가는 과정 속에 있다. 생명과 정신은 땅의 물질서 하늘의 얼로 나아가는 과정이면서 스스로 그 길이고 또 그 길을 가는 나그네이고 그 길을 낳고 짓고 열어가는 창조자적 주체다. 생명철학은 생명의 주체와 전체인 내가 나를 느끼고 체험하고 인식하고 이해하여 표현하고 드러내고 새로운 참 나로 되어가는 철학이다.

따라서 생철학은 '스스로 하는' 개별적 존재자들의 주체 철학이면서 과학, 이성의 철학, 종교 도덕의 철학을 아우르는 통합의 철학이다. 생철학은 주체와 전체의 일치 속에서 초월과 고양, 변화와 개혁을 이루어가는 진화(진보)의 철학이다. 생철학은 과학과 이성의 철학을 넘어서 자신의 생을 표현하고 실현하고 완성해가는 생활철학이다. 생철학은 이성의 철학과 종교를 아우르는 철학이다. 탈레스의 자연철학과 소크라테스, 플라톤, 아리스토텔레스의 이데아 철학은 이성의 철학으로 시작되었고 이성의 철학은 서구 철학사에서 확고한 주류 철학의 전통을 이루고 있다. 이에 반해 아시아의 유교, 불교, 도교, 힌두교 전통과 중동의 유대교, 기독교, 이슬람교 전통은 이성의 철학과 종교 도덕의 철학을 종합하는 철학의 흐름을 이어왔다. 서양에서는 이성의 철학과 종교가 분리되었고 이러한 분리가 서구 근·현대의 정신사에서 확립되었다.

서양의 2천 년 역사에서 이성의 철학과 종교가 분리되어 왔고 그리고 근·현대의 역사에서 서양정신문화가 세계를 지배하고 주도했으므로 그리스와 서양의 철학 전통에 충실한 철학연구자들은 이성의 철학만이 철학이라는 편견을 갖게 되었다. 그리스-서양의 이성철학만이 철학이라고 생각했으므로 다른 사상 전통들은 철학의 영역에서 배제되었다. 그러나 2008년 여름 22차 세계철학대회가 동양에서 최초로 서울서 열리게 되었다. 이때 처음으로 유교, 불교, 도교의 사상이 철학의 분과로 공식 인정되고 논의될 수 있었으며 유영모와 함석헌의 씨올사상이 이틀에 걸쳐 발표되면서 많은 관심을 끌게 되었다.[3] 고대세계에서 그리스에만 지혜를 사랑하는 철학이 있었고

---

3 서유석, "향연이 끝난 자리, '우리의 철학'을 되돌아 보다-제22차 세계철학대회 참관기," 「교수신문」 2008.8.25.

다른 지역에는 철학이 없었다는 주장은 편협하고 독단적인 편견에 지나지 않는다. 그리스 밖의 세계 이집트, 중동, 인도, 동아시아에는 그리스 철학이 생겨나기 이전부터 지혜를 사랑하는 철학의 전통이 있었다.

중동의 유대 기독교 사상, 이슬람교의 사상, 아시아의 유불도 사상, 한국의 씨올사상은 이성과 종교 도덕의 영역을 포함한 생명철학이다. 공자, 노자, 석가, 예수가 보여주는 삶과 사상은 이성적 합리성과 종교 도덕적 영성을 아우르는 통합적 생활철학이다. 이들의 철학이 생의 주체성과 전체성 그리고 진화와 혁신의 성격을 잘 드러내고 실현한다. 서양의 이성 철학이 과학기술 문명을 탄생시키고 발전시키는 데 큰 기여를 했지만 이성 철학만으로는 생명과 역사의 본성과 목적을 실현하고 완성하는 철학이 될 수 없다. 이성 철학은 온전한 생명철학이 될 수 없다.

생철학은 생명과 역사의 철학으로서 언제나 그 시대의 시대정신을 드러내고 실현하는 철학이 되어야 한다. 엄격한 의미에서 생명과 역사에서 과거는 지나간 것이고 죽은 것이며 더 이상 살아 있지 않는 것이기 때문이다. 과거가 살아 있다면 기록과 기억 속에서만 살아 있는 것이며 이것은 진정한 의미에서 살아 있는 것은 아니다. 과거가 만일 진정으로 살아 있다면 살아 있는 생명의 현재 속에 살아 있다. 생명과 정신 속에 과거의 역사가 새겨져 있고 살아 있는 것이다. 모든 생명체는 생명의 지나온 역사를 압축한 씨올들이다. 또 만일 미래가 살아 있다면 미래는 잠재태와 가능성으로서, 계획과 준비, 꿈과 의지, 이상과 뜻으로서 삶의 현재 속에 씨올로서 심겨져 있다. 현실적으로 생명은 언제나 지금 여기서만 살아 있는 것이다. 과거는 지나가서 없는 것이고 미래는 아직 오지 않아서 없는 것이다. 살아 있는 것은 지금 여기의 생명뿐이다. 지금 여기의 생명 속에서 과거는 새로워지고 미래는 새롭게 창조되는 것이다.

따라서 생철학은 살아 있는 생명 자신의 철학이므로 언제나 당대의 철학이며 당대의 시대정신을 구현하고 완성하는 철학이다. 생철학의 기준은 과거의 정신과 사상이 아니라 현대의 시대정신이다. 과거의 생이 아니라 현재의 생이 표준이고 중심이다. 과거의 정신과 사상이 참고가 될 수 있으나 표준이 될 수 없다. 따라서 현대의 시대정신을 가지고 지금 여기 나의 삶을 중심에 놓고 과거의 삶과 정신과 사상을 평가하고 이해해야 한다. 과거의 생과 정신을 기준으로 현대의 삶과 정신을 평가하고 이해해서는 안 된다. 그것은 살아 있는 생의 철학이 아니라 과거의 죽은 정신과 사상의 철학이다. 생명과 역사는 끊임없이 자기를 부정하고 초월하여 새롭게 자기를 형성하고 창조하면서 새로운 차원의 생으로 진화하고 진보해왔다. 그러므로 지금 여기의 생명과 정신이 가장 크고 깊고 새롭고 좋은 것이다. 과거의 모든 생과 역사는 오늘의 생과 역사를 위해 거름이 되고 희생하고 바쳐진 것이다. 오늘 살아 있는 생과 역사가 과거의 생과 역사를 살려내면 과거도 살아나는 것이고 오늘의 생과 역사가 잘못되고 망하면 과거의 모든 생과 역사도 함께 망하고 잘못되는 것이다.

3. 안창호는 철학자인가?

안창호는 철학자인가? 그는 철학 논문이나 책을 쓰지 않았고 스스로 철학자라고 하지도 않았다. 만일 철학이 수학과 자연과학에 기초하면서 순수이성의 인식과 평가에 머무는 것이라면 도산은 철학자라고 할 수 없다. 철학이 감각 경험과 자료에 대한 이성의 분석과 비판에 한정된 학문이라면 도산은 철학자가 아니다. 도산은 플라톤이나 아리스토텔레스, 칸트나 헤겔 같은 체계적이고 방법적인 이성의 철학자가 아니었다. 그는 과학적 인과관계와 이성적 합리성을 중시하며 생각하고 판단하고 행동했지만 인식론과 존재론을 체계적으로 연구하고 제시하지는 않았다. 그러나 넓은 의미에서 삶과 역사에 대한 감성과 이성과 영성(도덕적 양심)의 통합적 이해와 성찰을 철학이라고 한다면 도산은 철학자다. 도산 자신이 철학자로 자처하지는 않았으나 철학을 중시하였다. 그는 현실에 대한 과학적 이해와 철학적 성찰을 가진 사람이 독립운동의 인도자가 되어야 한다고 했다.[4] 그는 누구보다 치열하게 역사적 현실을 과학적으로 분석하고 이해했으며 역사와 사회의 현실에 대하여 깊은 도덕적 영적 성찰을 하였다. 그는 생과 역사의 일원으로서 생과 역사를 이해하고 개혁하고 창조함으로써 자기 자신의 생명과 정신을 실현하고 완성하려고 했다. 그는 생과 역사를 이해하고 개조하는 일에 과학적 지성과 철학적 정신을 가지고 했다는 점에서 통합적이며 실천적인 철학자였다. 과학적 진실과 인과관계를 존중했던 그는 역사 사회의 현실과 도덕 정신의 세계에서도 인과관계를 인정하고 합리성과 효율성을 추구하였다. 과학적 사고방식을 바탕으로 높은 도덕과 정신의 원칙과 목적을 가지고 민중독립운동을 계획적으로 일관성 있고 철저하게 준비

---

4 안창호, "절대낙관: 낙관과 비관," 주요한 편저, 『안도산전서』, 증보판 (홍사단, 2015), 745.

하고 추진하고 실행하였다. 그는 몸·맘·얼, 감성·이성·영성을 아우르는 사상가요 실천가였다. 만일 철학을 과학주의 철학이나 이성주의 철학을 넘어서 몸·맘·얼, 감성·이성·영성을 아우르는 생의 철학으로 본다면 도산은 다른 누구보다 더 진실한 철학자다. 생의 본성과 원리인 주체성, 전체성, 창조성을 온전히 추구하고 실현하려 했다는 점에서 그리고 생의 중심과 주체이고 목적인 '나'를 탐구하고 실현하고 완성하려 했다는 점에서 그는 누구보다 진지한 생명철학자이고 생활 철학자였다.

또한 안창호는 자기 시대의 시대정신에 충실했다는 점에서 철학자였다. 그가 살았던 근·현대의 시대정신을 세 가지로 나타내면 민주화, 과학화, 세계화다. 근·현대에 이르러 민은 비로소 자신의 삶을 스스로 결정하며 역사와 사회를 형성하고 개혁하는 주체로 등장하였다. 산업기술혁명으로 비과학적 미신과 신화, 운명론적이고 결정론적 사고에서 벗어나 민은 합리적이고 과학적이고 효율적으로 생각하고 행동하게 되었다. 좁은 지역과 공동체적 생활에서 벗어나 지역주의와 파벌주의를 극복하고 통일된 민족국가를 형성하게 되었다. 더 나아가서 민족국가를 넘어 민은 국제적 세계적 전망을 가지고 살게 되었다.

봉건 신분질서와 체제에서 개인의 자아를 해방하고 개인을 역사와 사회의 주인과 주체로서 확립하고 파벌주의와 지역주의를 타파하고 민족국가의 통일을 이루는 것이 근·현대의 가장 근본적이고 중요한 정신이고 원리였다. 또한 근·현대는 동·서 문명이 합류하면서 동서고금의 정신과 문화가 하나로 되고 인류가 하나의 세계로 들어가는 시대였다. 따라서 근·현대의 정신과 특징은 인류(전체)가 하나의 세계를 이루어가는 것이었다. 동아시아의 전통문화를 바탕으로 서구의 기독교 정신, 과학 정신, 민주정신을 철저히 받아들이면서 주체적 자아의 확립과 민족 전체의 통일을 추구했던 안창호는 누구보다 그의 시대정신에 충실했고 시대정신과 철학을 구현하고 실행했다.

안창호는 인간의 주체인 '나'를 중심에 놓고 모든 책임을 '나'에게 돌렸으며 '나'와 민족 전체를 일치시켰다. 그는 누구보다도 주체인 나를 깊이 탐구하고 바로 세우려고 했으며 전체(나라, 민족)의 단결과 통일을 이루기 위해 헌신했다. 또한 그는 덕력과 체력과 지력을 기를 것을 강조하고 한 사람 한 사람이 저마다 덕체지를 발달시킬 것을 강조함으로써 덕(얼, 뜻), 체(몸), 지(지성, 맘)의 세 차원을 함께 실현하고 완성함으로써 몸, 맘, 얼의 주체적이고 통합적인 실현과 완성을 추구하였다. 몸, 맘, 얼의 세 차원을 강조하고 실현시키려 했다는 점에서 그는 주체적이면서 통합적인 사유와 실천에 힘쓴 철학자였다. 그는 물질적 환경과 조건을 중시하고, 물질적 과학적 인과관계와 역사·사회적 도덕적 인과관계에 충실할 것을 요청하면서도 물질적 조건과 환경, 인격과 민족의 개조를 강력히 주장하였다. 역사와 사회의 사실과 진실을 존중하고 과학적이고 합리적인 인과관계에 충실했던 안창호는 과학적 진실성과 합리성과 효율성을 추구한 과학적 철학자였다. 그는 물질적 현실과 역사적 현실, 인간의 인격과 습관, 민족의 성격과 습성을 철저히 반성하고 부정하고 초월하여 변혁하고 개조하려고 했다. 이 점에서 그는 자기부정과 초월, 치열한 자기반성과 비판을 통해서 인격과 민족, 역사와 사회의 개조와 갱신을 추구한 생명과 정신의 초월적 변증법의 철학자였다.

안창호는 '~에 대한 철학'을 제시한 철학자가 아니다. 그는 이론적으로 체계적으로 '~의 철학'을 제시한 사람도 아니다. 그의 철학은 스스로 '하는 철학'이며 스스로 '되는 철학'이었다. 또한 그의 철학은 더불어 '하는 철학'이며 함께 '~으로 나아가는 철학'이었다. 따라서 그의 철학에는 그의 삶, 함, 생각, 뜻, 시대의 정신과 목적이 함께 담겨 있다. 그의 철학을 읽으면 그의 삶과 뜻을 따라 함께 시대의 정신과 목적을 가지고 생명과 역사의 뜻과 목적을 실현하고 완성해가게 되고 그와 함께 참된 생명과 정신을 살고 참 사람이 되게 된다. 안창호의 삶과 정신, 말과 행동 속에서 시대정신과 철학이, 주체와 전체를 통일하는 전체 생명(하나님)의 뜻이 뚜렷하고 일관성 있게 드러나고 구현되었다. 생과 인간의 주체와 전체와 진화(개조와 혁신)를 치열하고 온전하게 추구하고 실현했다는 점에서 그는 생의 철학자이고 인간의 철학자였다. 역사와 사회에 대한 깊은 이해와 성찰을 가지고 역사와 사회를 새롭게 형성하고 창조하려고 했다는 점에서 그는 역사와 사회의 철학자였다. 물질적 환경과 인격과 민족성을 개조하려고 했다는 점에서 그는 질적 초월적 변화와 창조를 추구하고 실천했던 참된 개조와 초월의 철학자였다.

2장
도산철학의 배경

1. 역사의 깊은 어둠 속에서 진리의 빛을 밝힌 안창호의 생애

안창호는 1878년에 평안남도에서 태어나 1938년에 죽음으로써 60년을 살았다. 그는 나라가 망해가던 암울한 시대에 태어나 나라를 잃은 식민지 백성으로 살았으며 2차 세계대전을 앞두고 일제의 엄혹한 식민통치 아래서 삶을 마쳤다. 그러나 그가 살았던 시대는 서양의 과학기술과 기독교 정신과 민주정신을 받아들임으로써 억압과 수탈의 낡은 봉건사회에서 자유롭고 평등한 새로운 문명으로 나아가는 시대였다. 그는 암울하고 불행한 역사의 어둠 속에서 살았으나 새로운 시대의 정신과 문명의 빛을 밝히 드러내는 삶을 살았다.

안창호가 살았던 시대의 흐름과 맥을 짚어보자. 그가 태어나기 2년 전인 1876년에 조선왕조는 강화도 조약을 맺음으로써 근·현대로 나아가는 개화의 물결을 받아들이기 시작했다. 당시 조선왕조는 무능하고 부패했을 뿐 아니라 세계의 새로운 정세와 문화에 무지했다.

1894년에는 동학농민혁명이 일어났으나 실패로 끝나고 농민 수십만 이 죽임을 당했다. 1895년에 청일전쟁이 일어났고 1905년에 러일전쟁이 일어났다. 두 전쟁에서 승리한 일본의 세력이 한반도와 동아시아에서 커졌다. 1905년에 조선은 을사늑약으로 주권을 일제에게 빼앗겼고 1910년에는 나라를 잃고 일제의 식민지가 되었다. 안창호는 1905년에 미국에서 공립협회를 조직하고 1906년 말에 '대한신민회취지서'를 쓰고 1907년에는 한국으로 돌아와 신민회를 조직하고 교육독립운동을 벌였다. 1914~1918년에는 1차 세계대전이 일어났다. 1차 대전이 끝나고 삼일 독립운동이 일어나자 도산은 상해로 가서 임시정부를 조직하였다. 임시정부를 나온 다음에는 민족대표회의를 소집하여 독립운동 세력의 통합을 추진했다. 그는 정치, 경제, 교육, 민족의 평등과 세계대공을 내세우며 한국독립당 건설에 앞장섰다. 일제는 1931년에 만주사변을 일으켰고 1937년에는 중국을 침략함으로써 2차 세계대전을 시작하였다. 안창호는 1932년 상해에서 일본 경찰에 체포되어 한국에서 옥고를 치르다가 1935년에 석방되었다. 1937년 한국의 흥사단이었던 수양동우회 사건으로 다시 감옥에 갇혔다가 병보석으로 입원했던 경성제대 부속병원에서 1938년 3월 10일에 숨을 거두었다.

안창호의 철학은 그의 삶과 시대 속에서 형성되었다. 그의 철학이 지닌 특징과 의미를 파악하기 위해서는 먼저 시대와 문화의 배경을 살펴보아야 한다. 그리고 안창호가 자신의 철학과 사상을 어떻게 형성하고 발전시켜갔는지를 그의 시대와 관련해서 그의 삶 속에서 밝혀야 한다. 그렇게 형성된 안창호의 철학이 기존의 철학과 어떻게 다른지 어떻게 새로운지 짚어보아야 한다.

2. 시대 문화적 배경과 전환

안창호가 살았던 시대·문화적 배경을 세 가지로 말할 수 있다. 첫째로 봉건 왕조사회에서 근·현대 민주사회로 나아가는 역사 사회의 전환기를 살았다. 둘째로 중국 중심의 동아시아 문화권에서 동·서 문명을 아우르는 보편적 세계문화로 나아갔다. 그가 살았던 한국의 근·현대는 중국 중심의 동아시아 정치 종교문화와 서양의 정치 종교문화가 합류하는 시대였다. 유·불·도를 중심으로 오랜 세월 형성된 한민족의 정신과 의식이 서양의 기독교 정신, 민주정신, 과학 정신을 만나서 새로운 정신문화를 형성하였다. 셋째로 제국주의 식민 지배의 불의와 억압에서 벗어나 자유롭고 정의로운 민주국가를 형성해가는 시대였다. 안창호의 철학과 사상은 이러한 세 가지 정치 문화적 배경 속에서 형성되고 발전되었다.

1) 봉건 왕조사회에서 근·현대 민주사회로

안창호가 살았던 시대는 조선왕조의 봉건적 신분질서와 가치체계가 무너지고 근·현대의 민주적인 사회질서와 가치체계가 확립되는 격변기였다. 봉건왕조 사회는 상하 신분 관계와 수직적인 위계질서가 지배하는 사회였다. 근·현대의 민주사회는 자유롭고 평등한 자치와 자립의 자발적 사회이고 수평적인 협력과 협동의 사회다. 특히 조선왕조는 중앙집권적인 봉건사회였다. 서울을 포함한 경기도와 충청도 일부 지역인 기호 지역이 권력과 부와 학문을 독점하고 지배하였다. 도산이 나고 자랐던 평안도는 조선왕조 500년 동안 정치 문화적으로 소외된 지역이었다.

봉건사회는 지역과 집단 중심의 패거리 사회였다. 왕에 대한 맹목적 충성은 지역과 집단의 지도자에 대한 맹목적 충성으로 쉽게 대체되었다. 많은 사람들이 소영웅적인 지도자를 중심으로 지역감정과 혈연의 결속력을 가지고 생각하고 말하고 행동하였다. 봉건사회는 지역, 혈연, 지도자 중심의 사회다. 지역과 혈연과 지도자에 대한 맹목적 충성과 헌신을 가지고 집단화하고 패거리를 지었다. 당시 독립운동 지사들도 양반의식과 기호세력의 패권의식에서 자유롭지 못했다.

이러한 봉건사회의 정신은 근·현대의 민주정신과는 상반되고 대립하였다. 민주시대는 한 사람 한 사람이 주권적 자치의식을 가지고 자유롭고 평등하게 협력하고 사귐으로써 통일된 민주국가를 세우는 시대다. 봉건시대에서 근·현대로 바뀌는 가장 중요한 특징과 원리는 두 가지다. 첫째로 개인의 주체적 자각과 확립이다. 봉건적 신분질서와 체제에 예속된 인간들에게는 개인의 인격적 주체적 자유가 없었다. 낡은 신분질서와 체제의 속박에서 해방된 인간들이 역사와 사회의 주체임을 자각하고 인격적 주체의 자유를 갖게 되었을 때 민주시대가 열렸다. 봉건시대와 구별되는 근·현대 민주시대의 가장 중요한 특징은 개인의 주체적 자각과 주체적 자아의 확립이다. 개인의 인격적 자유와 주체가 있을 때 책임을 지고 권리를 내세우고 의무를 감당할 수 있다. 둘째로 자유로운 주체를 가진 민중들이 하나로 통일된 민주국가를 세우는 것이다. 봉건 신분 사회는 지역과 혈연과 인물을 중심으로 뭉쳐진 패거리 사회다. 이런 패거리 집단사회에는 개인의 참된 인격적 주체적 자유가 없었고 개인의 인격적 주체적 자유를 바탕으로 통일된 민족국가를 이룰 수 없었다. 한 사람 한 사람의 인격적 주체와 자유를 바탕으로 통일된 민족국가를 세우는 것이 근·현대 민주사회의 가장 뚜렷한 특징이다.

안창호의 철학과 사상은 개인의 건전한 인격(주체)을 확립하고 민족 전체의 통일과 단결을 이루는 데 집중되었다. 그는 인격적 주체인 '나'와 민족 전체의 국가인 '나라'를 직결시켰다. 그는 '나'를 찾고 바로 세운 '나'의 철학자였고 민족의 통일과 단결을 추구한 통일의 철학자였다. 봉건 신분 사회의 낡은 의식과 관행은 민주시대로 나아가는 데 거침돌이고 장해물이었다. 민주정신을 가지고 민족의 단결과 통합을 위해서 헌신했던 안창호는 분열적이고 당파적이고 소영웅주의적인 봉건사회의 낡은 관념과 의식, 관행과 언행에 맞서 싸웠다. 순수한 민주정신을 가지고 민족의 통일을 위해 헌신했던 안창호는 봉건적 의식과 악습에 물든 많은 사람들의 공격과 비난을 온몸으로 겪어야 했다.

도산이 보았던 조선왕조와 지배층은 부패하고 무능했을 뿐 아니라 세계의 정세와 변화에 무지하고 배타적이었다. 오랫동안 서양의 근·현대적인 정신과 문화를 배척하는 쇄국정책을 씀으로써 한국은 동아시아에서 가장 늦게 근대화의 흐름에 참여했다. 조선왕조와 지배세력은 일본이나 중국에 비해서 서양 근·현대의 문물을 받아들이는 데 뒤떨어져 있었다. 또한 국력이 너무 약화되어 있었기 때문에 근대화를 추진할 수 있는 힘도 없고 확실하고 일관된 방책도 마련하지 못했다. 게다가 동학 농민전쟁으로 국가와 민족의 힘은 고갈되었고 청나라와 일제가 개입하는 빌미를 주었으며 청일전쟁이 일어나는 계기가 되었다. 청일전쟁에서 승리한 일제는 더욱 한반도 침략과 정복의 길로 나아가게 되었다.

안창호의 어린 시절에 이미 조선왕조와 양반지배세력은 멸망과 몰락의 길로 가고 있었다. 왕조와 지배세력에게 희망과 기대를 가질 수 없게 되었다. 오직 믿을 것은 한민족을 구성하는 대다수 평민들뿐이었다. 한민족은 5천 년에 이르는 오랜 세월 한반도에서 같은 문화와 언어를 가지고 비교적 단일한 혈연적 인종적 동일성을 지키며 더불어 살아왔다. 통일 신라부터 따져도 1200여 년 동안 한민족은 단일한 민족국가를 형성하고 살아왔다. 한민족은 '한'(큰 하나, 하늘, 하나님)을 우러르고 그리워하며 몸과 맘에 품고 살아온 겨레다. 큰 하나로 되려는 열망을 품은 민족이다. 따라서 한민족은 '큰 하나'로 될 수 있는 열망과 잠재력을 지닌 민족이다. 1860년대 초에 최제우는 한울님을 모시고 사람을 한울처럼 섬기는 동학운동을 펼쳤고 만민평등의 새로운 시대를 열망하는 동학운동이 활발하게 일어났다. 1894~1895년에 뼈저린 실패를 맛보았지만 동학농민혁명운동은 탐관오리를 척결하고 외세를 배격하며 만민평등의 세상을 향해 큰 걸음을 내디뎠다. 동학 농민군은 여러 차례 정부군을 제압하고 전라도 지역에서 봉건적인 신분질서를 철폐하고 자유롭고 평등한 세상을 잠시 이룩하기도 하였다. 일본군의 개입으로 동학 혁명군은 패배하고 수십만 농민이 살육을 당하였다. 동학농민혁명운동이 참혹한 실패를 맛보았지만 자유와 정의를 위해 죽음을 무릅쓰고 떨쳐 일어난 민중의 힘이 얼마나 장엄하고 아름다운지를 뚜렷이 드러내 보였다.

안창호는 조선왕조 500년 동안 정치 문화적으로 소외당했던 평안도에서 가난한 농민의 아들로 태어나서 자랐으므로 양반 관료의식과 중앙집권적 지배의식과 지역 패권의식에서 자유로울 수 있었다. 그에게는 아무 특권도 없었다. 그가 가진 것은 몸과 맘뿐이었다. 그에게는 권력도 부도 명예도 없었다. 평안도는 중국을 통해서 서양의 새로운 문물과 기독교 정신을 먼저 받아들일 수 있었다. 중앙집권적 패권의식과 양반 관료의식에서 자유로웠기 때문에 안창호는 서양의 새로운 정신과 문화를 온전히 받아들이고 민주적이고 민중적인 평민의식을 확립할 수 있었다. 가진 것이 없고 지킬 것이 없었기 때문에 그는 옳고 바른 것을 추구하는 투철한 진리의식과 모든 사람이 자유롭고 평등하다고 생각하는 확고한 민주정신을 가질 수 있었다.

그는 민족의 구성원 한 사람 한 사람을 나라의 주인과 주체로 깨워 일으켜서 민족 전체를 하나로 통일할 때 일제의 지배에서 벗어나 새롭고 민주적인 나라를 바로 세울 수 있다고 생각했다. 그는 평생 민중의 자리에서 민중과 함께 민족의 독립과 번영의 길로 가려고 했다. 그는 한 사람 한 사람의 건전한 인격을 바로 세우고 민족 전체를 하나로 일으켜 세우는 일에 믿음과 열정을 가지고 혼신을 다하여 헌신했다. 안창호는 독립협회와 만민공동회에 참여하여 민주정신과 민족의 자주독립정신을 확립한 이후 민주정신을 실현하고 민족의 단결과 통일을 이루기 위해 앞장섰다. 미국에서 교포들과 함께 공립협회를 조직하고 운영할 때나 한국에서 신민회를 조직하고 교육독립운동을 할 때나 상해에서 임시정부를 조직하고 이끌 때나 그는 처음부터 끝까지 시종일관 건전한 인격을 확립하고 민주정신을 가지고 민족통일을 이루기 위해 헌신하였다.

그는 평생 실패와 좌절의 아픔을 맛보며 살다가 일제의 압제 속에서 쓸쓸한 죽음을 맞았다. 그러나 그는 평생 민족의 한 사람 한 사람의 정신과 인격을 바로 세우고 민족 전체를 하나로 일으켜 세우려고 온 힘과 정성을 다하였다. 한 사람 한 사람의 건전한 인격을 나라의 주인과 주체로 바로 세우고 민족 전체를 하나로 일으켜 세우는 일은 봉건왕조의 낡은 신분질서와 가치관과 신념체계를 깨트리고 일제의 식민지배에서 벗어나 민주적이고 정의로운 통일국가를 이루는 일이었다. 일제의 식민통치에 맞서 온 민족이 떨쳐 일어난 3·1독립혁명을 보고 안창호는 상해로 달려가 임시정부를 조직하고 바로 세우는 일에 헌신하였다. 그가 임시정부를 조직하고 세우는 원칙과 신념도 민주정신과 민족통일을 실현하는 데 있었다. 그의 삶과 행동, 말과 사상, 정신과 철학은 민주정신과 민족통일의 정신을 깊고 온전하게 보여주었다.

안창호는 전근대적 봉건왕조의 낡은 신분체제와 가치관, 낡은 봉건적 의식과 관행을 철폐하고 민주적이고 통일적인 국가를 세우는 일의 중심과 선봉에 섰다. 그보다 민주정신에 투철한 사람도 없었고 민족의 통일과 단결을 위해 뜨거운 열정을 가지고 행동한 인물도 없었다. 그에게는 양반 관료의식도 권력을 차지하려는 패권의식도 소영웅주의의 흔적과 자취도 찾아볼 수 없었다. 그보다 순수하고 그보다 치열한 민주정신과 민족통일의식을 가진 사람은 없었다. 그는 끊임없이 배신을 당하고 실패와 좌절을 맛보고 오랜 옥고를 치르다 병들어 죽었지만 순수한 민주정신을 가지고 민족 전체를 하나로 일으켜 세우려는 신념과 열정은 결코 시들지 않았다.

독립협회와 만민공동회 때부터 그는 민중을 나라의 주인과 주체로 깨워 일으켜 독립된 민주국가를 세우기 위해서 교육운동과 조직운동을 쉼 없이 줄기차게 벌여나갔다. 그의 뜻에 공감하고 동조한 많은 사람들이 교육독립운동에 나섰고 이러한 정성과 신념과 열정이 헛되지 않아서 1919년 3·1독립혁명이 일어나게 되었다. 그 후 민주정신을 가지고 온 민족이 한마음으로 떨쳐 일어나는 한민족의 민주혁명운동은 끊임없이 이어져 왔다. 그의 교육독립운동은 3·1독립운동으로 이어졌고 3·1독립운동이 일어나자 그는 임시정부를 조직하고 바로 세우려 혼신을 다했다. 3·1독립운동과 임시정부는 헌법 전문에서 대한민국의 역사적 정신적 정통을 형성하였다. 민주적 교육독립운동, 3·1독립운동, 임시정부의 전통을 이어서 독재 권력에 맞서 온 국민이 함께 일어난 4·19혁명으로 민주정부가 들어섰고 군사독재에 맞서 민주화 운동이 줄기차게 일어났고 군사독재의 총칼에 맞서 5·18민중항쟁이 일어났고 군사정부에 맞서 1987년 민주시민 항쟁이 일어나 민주헌법을 새롭게 제정했다. 2016~2017년에는 부패하고 무능한 반민주권력에 맞서 수백만 명이 참여한 촛불혁명이 일어나 민주정부를 세웠다. 민주정신을 일깨우고 민족 전체가 하나로 일어서는 한국 민주화 운동의 전통에는 안창호의 민주정신과 철학, 신념과 헌신이 중요한 자리를 차지하고 있다.

2) 중국 중심 동아시아 지역 문명에서 동·서를 아우르는 보편적 세계 문명으로

안창호가 살았던 시대는 동·서 문화의 만남과 민주적 각성이 이루어진 시대였다. 동·서 문화의 만남을 통해서 한민족은 중국 중심의 동아시아 지역 문명에서 동·서를 아우르는 보편적 세계문명으로 나아가게 되었다. 민중의 주체적 자각이 이루어짐으로써 중국의 정치와 문화에 의존하는 사대주의 봉건왕조사회에서 주체적이고 창조적인 민주사회로 나아가게 되었다. 안창호는 서양의 기독교 정신과 민주정신과 과학 정신을 받아들이고 민의 주체와 자립을 위해 헌신함으로써 이러한 문명사적 전환의 중심에 서게 되었다. 그의 삶과 정신, 인물과 성격은 새롭고 창의적이고 주체적이고 민주적일 뿐 아니라 세계시민적 보편성을 드러냈다.

한민족은 5천 년 가까이 한반도에서 정치 문화적 전통을 이어왔다. 중국 대륙과 일본 사이에서 5천 년 동안 민족의 정치문화 전통을 이어온 것은 놀라운 일이다. 그러나 중국의 정치 종교 문화로부터 결정적인 영향을 받았다. 일본과 마찬가지로 중국의 한자를 문자로 사용했고 중국의 정치와 종교철학의 영향을 크게 받았다. 중국 대륙과 직접 맞닿아 있는 한국은 일본보다 중국의 정치 문화적 영향을 직접 크게 받았다. 특히 중국에 대한 사대주의를 명분으로 나라를 건설한 조선왕조는 중국의 성리학을 국교로 받아들이면서 중국보다 더 중국적인 나라를 만들려고 하였다. 조선왕조와 양반지배층은 중국의 정치 문화와 깊이 결합되어 있었다. 새로운 근·현대적인 나라를 만들려고 했던 개화파 지식인들은 중국의 정치 문화적 지배로부터 독립하는 것이 중요하다고 생각했다. 조선왕조가 끝날 무렵에 개화파 지식인들은 중국의 정치 문화에 대한 예속에서 벗어나 서구의 새로운 문물을 받아들여 현대적인 독립 국가를 만들려고 하였다. 1896년에 창립된 독립협회와 독립신문은 중국 청나라로부터의 독립을 염두에 두고 독립정신을 불러일으키고 독립운동을 벌였다. 청일전쟁과 러일전쟁에서 승리한 일본이 한반도를 침략하고 정복하려 하자 한국의 지식인들과 민중은 일본을 대상으로 독립운동을 벌여나갔다.

중국 중심의 동아시아 문화는 전근대적인 낡은 과거의 문화로 여겨졌으며 서양의 새로운 정신과 과학기술 문화는 새로운 미래의 문화로 여겨졌다. 그러나 수천 년 동안 한민족은 중국에서 형성된 유교·불교·도교의 철학과 사상을 깊이 받아들였고 체화하고 새롭게 발전시켰다. 전근대적인 봉건사회에서 근·현대의 민주사회로 넘어가는 시기에 전통종교 사상인 유교·불교·도교의 영향은 약해졌으나 그 사상과 정신의 뿌리는 한민족의 정신과 삶 속에 깊이 살아 있었다. 조선왕조가 쇠퇴하고 망하는 시기에 국가권력과 지배이념이 약화되었을 때 한민족은 서양의 정신문화와 과학기술을 자유롭게 깊이 받아들일 수 있었다. 정신문화적 주체성을 가지고 한민족이 서양의 정신문화를 받아들인 것은 다행스런 일이었다.

안창호는 한민족의 문화적 주체성을 가지고 서양의 정신문화를 깊이 받아들였다. 한민족의 정신문화적 핵심과 특징은 무엇인가? 한민족은 '한'을 품고 한을 이루기 위해 힘써온 민족이다. '한'은 '하늘, 큰 하나, 하나님'을 뜻한다. '한'을 품고 모시고 그리워하며 살아온 한민족은 큰 하나가 되려는 맘, 하나로 통하려는 맘(通心)을 지녔다. 그것은 착하고 인정 많은 맘이다. 한민족은 유교, 불교, 도교의 깊고 높은 사상을 통해서 '한'의 맘을 깊고 높고 크게 갈고 닦아냈다. 유교를 통해서 어질고 성실한 맘을 길렀고 불교를 통해서 자비롭고 단단한 맘을 익혔고 도교를 통해 넉넉하고 여유로운 맘을 배웠다.

안창호는 큰 하나가 되려는 맘, 하나로 통하는 맘, 착하고 인정 많은 맘을 가지고 살았다. 또 안창호의 맘은 어질고 성실하고 자비롭고 단단하고 넉넉하고 여유로웠다. 안창호는 한민족의 오랜 정신문화를 그의 삶과 정신 속에 말과 행동 속에 구현하였다. 그가 무실·역행·충의·용감을 내세우고 민족의 통일과 세계대공(世界大公)을 앞세우고 사랑하기 공부와 애기애타를 강조하고, 문명과 부강의 뿌리와 씨를 민이 사랑으로 '서로 보호하고 단합함'으로 보고, 환난상구를 말하며 민주공화의 이상촌을 추구한 것은 한민족의 이러한 정신문화적 전통을 표현하고 구현한 것으로 여겨진다. 그러나 또한 안창호는 한민족의 전통적인 정신문화와는 전혀 다른 서양의 기독교 정신과 민주정신과 과학사상을 깊이 받아들였다. 기독교는 개인 영혼의 자유와 절대자 하나님을 직결시키는 종교였다. 절대자 하나님 신앙은 절대 정직을 요구했다. 민주정신은 개인의 개성과 인격의 주체적 자유를 강조했다. 과학사상은 계산적 합리성과 효율성, 인과관계의 정직성과 확실성을 가르쳤다. 그러므로 그는 절대 정직과 진실을 주장하고 무실역행과 과학적 인과관계와 합리성을 추구했다.

안창호는 다른 누구보다도 기독교 신앙정신과 민주정신과 과학사상을 깊고 철저하게 받아들였다. 한민족의 주체적인 정신문화와 서양의 새로운 정신과 과학기술문화를 결합함으로써 안창호는 한민족의 정신문화적 주체성을 가지면서도 세계시민적 보편성을 가진 새로운 정신과 인격의 인간상을 구현하였다. 그는 전통적인 동아시아인들보다는 더욱 개성과 창의를 드러내는 자유롭고 활달한 인간이 되었고 합리적이고 과학적인 사고를 하였으며 절대자 앞에서 절대 정직과 진실을 주장하면서 자기를 철저하게 부정하고 개조 개혁하는 갱신과 변화의 역동적 인간이 되었으며 역사의 진화와 진보를 믿고 앞으로 나아가는 진취적 인간이 되었다. 동아시아의 정신문화와 한민족의 심성을 물려받은 안창호는 서양인들과 달리 어질고 포용적이고 여유롭고 넉넉한 심성과 정신을 가지면서 자기의 정신과 삶을 갈고 닦아서 새로운 자아를 형성하는 삶을 살았다. 그는 '큰 하나'를 지향하는 한민족의 정신을 물려받아 대공과 통심을 이룬 큰 인물이 되었다. 그는 한국 근·현대의 새로운 인간형을 구현하고 창조하였으며 스스로 그런 인간이 되었다.

안창호의 철학과 사상이 어떻게 형성되었는지를 알기 위해서는 한국 근·현대의 역사 속에서 중국 중심의 동 아시아적 사유체계가 어떻게 변화되어갔는지를 먼저 살펴보아야 한다. 조선왕조 정치문화를 지배한 철학과 사상은 유교의 성리학과 불교와 도교였다. 성리학이 조선왕조의 지배이념이었지만 불교와 도교도 조선왕조 사회와 민중의 삶과 정신에 깊은 영향을 주었다. 유교와 불교와 도교는 우주와 자연 생명과 인간을 일치와 조화 속에서 보는 통합적 사유를 제시한다. 유교는 인성과 천성의 일치와 조화를 추구하여 천인합일(天人合一)의 실현과 완성을 지향하였다. 도교는 자연과 인간의 일치와 조화를 추구하여 무위자연을 말하였다. 불교는 물질적 욕망과 집착에서의 해방을 추구하여 매임과 걸림이 없는 무아사상과 없음과 빔의 열반적정(涅槃寂靜)을 말하였다. 유교, 도교, 불교의 이러한 통합적 사상들은 모두 물질적 시공간의 구체적이고 주체적인 현실을 넘어서 보편적이고 초월적인 진리와 인간의 일치를 추구하였다. 유교의 천인합일, 도교의 무위자연, 불교의 열반적정은 모두 시공간적 역사와 사회의 구체적인 인간을 보편적이고 초월적인 전체로 귀속(歸屬)시킨다. 이런 사상들은 개인의 구체적이고 주체적인 자아를 보편적이고 초월적인 전체로 해체하는 경향이 있다.

한국의 근·현대로 넘어오는 길목에 있었던 실학자 다산 정약용은 성리학과 도교와 불교의 이런 경향을 근본적으로 비판하였다. 마테오 리치의 『천주실의』를 통해 개인의 영혼과 의지를 강조하는 서양 기독교 사상을 받아들이고, 서학(西學)에서 비판적이고 합리적인 과학 정신과 지식을 배웠던 정약용은 도덕적 의지와 비판적인 이성을 지닌 개인의 주체를 중시하였다. 그는 보편적이고 전체적인 하늘(天)이나 무(無)와 공(空)의 초월적 세계에 인간을 귀속시키는 성리학, 도교, 불교의 가르침이 과학적이고 비판적으로 탐구하는 인간의 인식론적 주체를 약화시키고 도덕적으로 행동하는 인간의 의지와 주체를 약화시킨다고 보았다.[5] 정약용은 개인의 인식론적 도덕적 주체를 약화시키는 성리학과 불교와 도교의 보편적 전체주의적 사상을 비판했다는 점에서 근·현대의 세계로 한 걸음 나왔다고 생각한다.

중국 중심의 동아시아적 문화에 예속된 조선왕조와 양반 지배체제의 정신과 문화에서 근·현대의 민주사회로 나아가는 과정에서 정약용보다 한 걸음 더 나아간 것이 최제우·최시형의 동학사상이다. 최제우는 모든 인간이 한울님(天主)를 모시고 있으므로 만민이 존귀하고 평등하다고 보았다. 한 사람, 한 사람의 인간 속에서 천지의 창조와 진화(造化)가 일어난다고 하고 "내가 천황씨(중국인의 시조이며 스승)다!"고 함으로써 역사 문화적 주체성을 선언하였다. 그는 중국 중심의 낡은 시대가 지나고 지금 여기서 새로운 시대가 시작된다고 보았다. 그의 후계자인 최시형은 "사람을 한울처럼 섬기라"(事人如天)고 함으로써 사람을 한울처럼 존귀한 존재로 높였으며 과거의 조상들을 제사하는 향벽설위(向壁設位)에서 벗어나 지금 여기의 나에게 제사하는 향아설위(向我設位)를 제시함으로써 과거의 조상과 낡은 전통에서 벗어나 지금 여기의 나를 중심에 놓았다.

최제우와 최시형이 제시한 동학사상은 매우 창조적이고 지금 여

---

5 윤사순, 『韓國儒學思想論』(열음사, 1986), 138; 김영일, 『丁若鏞의 上帝思想』(경인문화사, 2003), 83, 87.

기의 나에게 집중하고 한 사람 한 사람의 존엄과 주체를 강조한다는 점에서 매우 현대적이다. 그러나 동학사상이 주문과 부적을 강조하고 운명론적이고 비과학적인 사고를 드러낸다는 점에서 과학기술을 중시한 정약용의 사상보다 뒤쳐져 있다. 동아시아의 전통 종교사상이 지닌 가장 큰 문제는 두 가지다. 첫째로 왕과 양반 관료지배층을 중심에 세운 위계적 신분질서와 이념에 매여 있으며, 둘째로 과거를 지향하는 비과학적 운명론적 사고를 지니고 있다는 것이다. 단순히 천인합일을 말하지 않고 구체적이고 현실적인 인간 개인 속에서 하늘과 땅의 창조와 진화를 말하고 만민의 존엄과 평등을 내세움으로써 동학사상은 첫째 문제는 잘 극복하였다. 그러나 동학은 둘째 문제를 극복하지 못한 것 같다. 동학의 지도자들은 근·현대의 과학적 이론과 지식(생명 진화론과 우주론)을 알지 못했던 것 같다. 동학의 경전들에는 운수를 말하는 운명론적 결정론적 사고가 인간의 창조적 주체를 강조하는 사상과 혼재되어 있다. 최제우는 중국 중심의 세계관에서 벗어나 우리나라(我國) 중심의 세계관에 이르고 인간의 존엄과 주체를 뚜렷이 드러냈다. 그러나 그는 운수, 운세라는 말을 자주 쓰고 주문과 부적을 사용하였다. 동학은 개인의 주체와 존엄과 함께 우리나라를 중심으로 보고 만민평등을 내세웠다는 점에서 근·현대의 신분 해방적이고 민주적 사고를 확립했지만, 동아시아의 전근대적 비과학적 운명론적 사고를 극복하지 못했다.

전통적인 동아시아 종교문화 사상은 생명 친화적이고 통합적인 사고를 발달시켰지만, 시공간의 구체적 현실 속에서 개인의 창조적 개성과 주체를 온전히 드러내지 못했을 뿐 아니라 비과학적인 운명론적 사고를 온존시켰다. 전통적인 동아시아 사상의 좋은 유산을 발전시켜 나아가야겠지만 비과학적이고 운명론적 사고를 철저히 극복하고 청산할 뿐 아니라 개인의 구체적이고 실존적인 개성과 주체를 강조하는 사상을 보완하고 발전시켜야 한다. 예를 들어 주역, 음양오행설, 풍수지리설에는 생명 친화적이고 통합적인 심오한 사상이 담겨 있을 수 있지만 비과학적이고 신비주의적인 결정론적이고 운명론적인 사고가 깃들어 있다. 이런 개념들과 사상들의 비과학적이고 운명론적 요소를 철저히 비판하고 청산하지 않으면 이런 개념과 사상들은 현대의 민주사회에서 통용될 수 없다.

안창호는 동아시아 문화의 주체성을 가지고 서양의 기독교 정신과 민주정신, 과학 정신을 철저히 받아들였다. 그는 단체의 신성한 단결과 민족의 통일을 강조하면서 성실과 사랑, 포용과 원만을 내세우고 실천함으로써 동아시아의 정신문화를 충실히 계승하였다. 그러나 철저하게 과학적 인과관계와 합리적 사고를 중시하고 개인의 실존적 인격과 창의적 주체인 '나'를 중심과 전면에 내세움으로써 그는 현대 민주사회를 위한 정신과 철학의 기초를 확립하였다. 안창호는 한 사람 한 사람을 나라의 주인과 주체로 깨워 일으킴으로써 나라를 되찾고 바로 세우려 하였다. 그는 역사와 사회의 구체적 현실 속에서 책임적 인격적 주체를 강조하였고, 인격과 민족의 창조적 혁신을 말하고, 역사와 사회의 창조적 변화를 추구하였다. 개인의 인격과 민족의 성격을 새롭게 개혁하고 창조할 것을 역설하고 인간의 덕력, 체력, 지력을 길러서 건전한 인격이 될 것을 주장함으로써 안창호는 인간의 창조자적 주체를 확립하였다.

안창호에 따르면 인간은 자신의 인격과 민족성을 개혁하고 창조하는 주체다. 인간은 자신과 민족, 역사와 사회를 혁신하는 주체다.

안창호는 하늘과 하늘의 뜻을 강조했지만 하늘과 하나님(上天)은 결코 인간의 주체를 제약하고 속박하는 존재가 아니었다. 인간은 단순히 하나님과 그리스도를 믿고 따르는 존재가 아니라 스스로 자신과 세상을 구원해야 할 주체다. 도산은 인간 밖에서 인간을 구원하는 구원자, 하나님, 그리스도, 진인, 영웅 또는 강대국을 부정하였다. 개인이든 민족이든 스스로 자신을 구원해야 한다고 보았다. 안창호에게 하나님과 그리스도는 인간의 창조적 주체인 '나'를 억압하고 제약하는 존재가 아니라 '나'의 속의 속에서 뒤에서 위에서 있으면서 '나'를 깊고 높고 크게 하는 존재다. 하나님은 나의 결함과 부족, 잘못과 모자람을 바로 잡아서 거짓되고 잘못된 나를 개조하여 참되고 바른 온전한 나로 되게 하는 이다. 안창호에게 인간의 주체(자아)는 나라를 이루는 역사·사회의 현실적 과정 속에 있는 주체다. 그에게 인격과 주체의 자유는 물질적 제약을 받는 삶과 역사와 사회의 구체적 현실 속의 자유였다. 그의 자유는 자신의 인격과 민족, 역사와 사회를 개혁하고 창조하는 자유였다.

3) 식민지 백성의 독립운동: 제국주의 침략과 정복에서 상생평화와 정의의 민주 세계로

안창호는 나라가 망해가는 시대에 태어나 일제의 식민통치를 받는 고통스럽고 불행한 시대를 살았다. 나라가 망하는 깊은 슬픔을 맛보고 불의하고 폭력적인 식민통치 아래서 나라 잃은 민족으로서 비참하고 고통스러운 삶을 살았다. 그러나 그렇기 때문에 그는 근·현대의 고통과 진실을 깊이 체험하고 근·현대의 참된 시대정신과 철학을 체득할 수 있었다. 그는 나라를 잃고 외국을 떠돌며 망명생활을 했기 때문에 민족과 국가의 경계를 넘어서 보편적 세계시민의 안목을 가지고 세계의 정의와 평화에 이르는 길로 갈 수 있었다. 식민지 백성으로서 역사와 사회의 바닥에 섰기 때문에 그는 깊고 철저한 민주정신과 사상을 가질 수 있었다. 그 시대와 사회의 모든 특권과 위선을 벗고 민중과 더불어 사랑과 진실, 정의와 평화, 민주와 통일의 길을 갈 수 있었다.

나라가 망했기 때문에 중국 중심의 낡은 신분질서와 지배이념에서 벗어날 수 있었던 안창호는 민중과 함께 새로운 민족국가의 이념과 정신을 확립할 수 있었다. 제국주의의 해악과 불의를 깊이 체험했기 때문에 그는 배타적이고 저항적인 민족주의에 머물지 않고 다른 민족국가들과 함께 정의와 평화의 세계를 열어가는 개방적인 민족이해와 국가관을 갖게 되었다. 나라가 망하고 식민지가 되었기 때문에 안창호는 민중을 깊이 만나고 민중과 함께 새 나라를 열어갈 수 있었다. 나라가 망하고 기존의 신분질서와 지배이념과 권력이 약화되면서 역사와 사회의 바닥에서 눌려 지내던 민중이 역사와 사회의 중심과 선봉에 서게 되었다. 안창호는 나라가 망해가는 절박한 상황에서 민중을 깊이 만나고 민중 속으로 들어갈 수 있었다. 조선왕조의 지배층과 지배지식인들이 힘과 명분을 잃었으므로 나라를 지키고 바로 세울 세력은 민중밖에 없었다. 독립협회와 만민공동회를 통해서 민중을 나라의 주인과 주체로 깨워 일으키는 운동이 힘차게 전개되었고 십대 후반의 안창호는 민중교육운동에 적극적으로 참여하여 민중과 하나로 되는 깊은 체험을 하게 되었다.

안창호는 식민지 백성으로서 역사와 사회의 바닥에서 고통받는 민중과 더불어 보고 느끼고 생각하고 말하고 행동하였다. 안창호는 낡은 신분질서와 이념에서 벗어나 민중의 한 사람 한 사람을 나라의 주인과 주체로 깨워 일으키려 했으며 그 자신이 노동자들과 함께 노동자들 속에서 노동하며 살았다. 그는 아무런 특권의식이나 엘리트 의식을 갖지 않고 역사와 사회의 바닥에서 민중의 한 사람으로서 노동하며 사는 노동자 민중의 정신을 가졌다. 민중의 자리에서 민중의 관점을 지키면서도 민족국가를 되찾고 바로 세우려고 헌신했던 안창호는 민족 전체를 아우르는 포용적이고 통합적인 심정과 세계 개방적인 사고를 끝까지 잃지 않았다.

일제의 불의한 침략에 의해서 나라가 망하고 식민지가 되었기 때문에 안창호는 제국주의의 불의와 폭력을 깊이 체험하고 알게 되었다. 일찍이 근대 산업사회를 이룩한 유럽에서 시작된 제국주의는 국가의 부강을 위해서 식민지 쟁탈전을 벌였다. 제국주의 국가들의 식민지 쟁탈전은 1차 세계대전으로 발전했고 2차 세계대전으로 이어졌다. 안창호는 제국주의 국가들의 식민지 쟁탈전과 양차 세계대전이 일어나는 시기에 살았다. 부국강병을 추구한 제국주의 국가들은 약육강식의 야만적이고 폭력적이고 잔혹하고 불의한 부도덕한 세계를 만들었다. 제국주의 국가들의 불의한 침략과 정복으로 약소국가들은 억압과 착취와 소외를 당했다. 제국주의 국가들은 근대화에 앞선 국가들이고 식민지가 된 약소국가들은 근대화에 뒤쳐진 국가들이었다. 서구 유럽에서 이성적이고 합리적인 과학기술을 통해서 근대화와 산업화가 이루어졌으나 유럽의 근대 산업화에는 도덕의 숭고함과 영성의 심오함이 결여되어 있었다.

안창호는 불의하고 야만적인 제국주의적 침략과 정복, 억압과 수탈을 체험함으로써 제국주의 국가들의 불의와 야만을 극복하고 청산할 수 있는 높은 도덕과 깊은 정신에 이를 수 있었다. 야만적이고 불의한 제국주의 국가들의 폭력적이고 잔혹한 압박과 지배에서 벗어나기 위해서 안창호는 높은 도덕과 깊은 정신의 민주 철학과 사상을 형성하였다. 불의하고 야만적인 제국주의 국가의 억압과 착취 속에서 큰 고난을 겪었기 때문에 안창호는 순수하고 높은 도덕적 인격과 전체를 아우르는 크고 넓은 정신을 닦아내고 깊고 높은 철학과 사상을 형성할 수 있었다.

안창호는 역사의 고통스러운 골짜기를 걸어가면서 순수하고 철저한 민주정신과 이념을 체득했다. 민주(民主), 민의 주권에 관한 그의 생각과 주장은 그가 갑자기 지어낸 것이 아니다. 그것은 오랜 인류 역사의 험난한 과정과 치열한 고뇌와 고투 끝에 나온 것이다. 안창호는 역사의 나락에서 자신의 몸과 맘을 다 바쳐 살면서 민주정신과 이념을 발견하고 체득하였다. 국민주권이란 말 속에는 생명 진화와 인류 역사의 고통스러운 과정이 담겨 있고 고통과 죽음의 어둠 속에서 오랜 세월 헤매며 싸우고, 희생하고 헌신하며 흘렸던 피와 땀과 눈물이 배어 있다. "민이 주체다", "민이 나라의 주인이다", "민이 나라의 주권자다"라는 말은 많은 희생과 헌신, 땀과 눈물과 피, 정성과 노력, 기쁨과 보람이 담긴 말이다. 민주와 국민주권이란 말을 헌법에 글자로 새겨놓고 입으로 외는 것만으로는 민주와 국민주권은 실현되지 않는다. 생각과 정신 속에서 사무치고 삶과 사회 속에서 실행되고 실천될 때 비로소 민주와 국민주권은 현실이 된다. 안창호의 삶과 행동, 말과 글 속에는 사무치고 절절한 민주와 국민주권의 정신이 살아 있다.

3장
도산철학의 탄생과 형성

1. 낡은 철학에서 새로운 철학으로

철학은 삶과 역사에서 위치와 방향을 알려주는 길 안내 지도와 같은 것이다. 어떤 사람이 철학이 있다고 한다면 그는 삶과 정신, 역사와 사회에서 헤매지 않고 위치와 방향, 지침과 길을 알고 있는 사람일 것이다. 오늘 우리의 삶과 정신, 역사와 사회의 위치와 방향을 잘 알려주는 지도를 만들려면 어떻게 해야 할까? 삶과 정신, 역사와 사회의 가장 높은 산봉우리에 올라서 전체를 내려다보고 두루 살펴보아야 할 것이다. 인류 정신사와 사회역사의 가장 높은 봉우리는 어디 있는가? 민주화, 과학기술화, 세계화가 동시에 이루어지는 근·현대가 고대와 중세보다 인류의 정신문화사에서 훨씬 높은 산봉우리다. 오늘 우리가 살고 있는 역사와 사회, 삶과 정신이 가장 높은 자리다. 그렇다면 오늘 우리 삶과 역사의 길잡이 지도를 만들려면 오늘 우리의 삶과 정신, 역사와 사회의 중심과 꼭대기에서 과거와 현재와 미래를 두루 살펴보아야 할 것이다. 근·현대의 삶과 정신과 역사가 삶과 역사의 지도인 철학을 형성하는 중심과 기준이 되어야 한다.

오늘날 동양철학과 서양철학이 삶과 역사의 철학이 되지 못하는 까닭은 철학의 방법과 관점이 근본적으로 잘못되었기 때문이다. 흔히 전문철학자들은 플라톤이나 칸트의 철학을 기준으로 오늘 우리의 삶과 정신을 이해하고 평가하려고 한다. 또는 유교나 불교, 도교의 가르침을 기준으로 근·현대인인 우리의 삶과 정신, 역사와 사회를 이해하고 평가하려고 한다. 이것은 근본적으로 잘못되었을 뿐 아니라 오늘 우리의 삶과 정신, 역사와 사회를 왜곡하고 혼란에 빠트리는 것이다. 이런 접근과 방법으로는 근·현대의 삶과 정신, 역사와 사회를 이끌어가고 완성하는 철학이 나올 수 없다. 거꾸로 현대 우리의 삶과 정신, 역사와 사회의 중심과 꼭대기에서 과거의 모든 철학들과 종교들과 사상들을 이해하고 평가해야 한다. 오늘 나의 삶과 정신, 우리의 역사와 사회가 동·서양의 전통 철학과 종교문화들을 이해하고 평가하는 기준이 되어야 한다. 늘 자신을 극복하고 초월하여 새 생명과 정신의 세계를 열어가는 생명과 정신의 본성과 성격이 지금 여기의 삶과 역사에서 과거와 현재를 비판, 극복, 청산하고 새로운 미래를 열어가도록 되어 있다. 생명과 정신은 과거로 돌아갈 수도 없고 현재에 머물 수도 없다. 과거는 없는 것이고 미래는 아직 오지 않은 것이다. 생명과 정신은 현재를 넘어서 새로운 미래로 나아갈 수 있을 뿐이다. 오늘 여기의 삶과 정신이 과거와 현재의 낡은 껍질을 깨고 넘어서서 새로운 미래의 삶을 창조해야 한다. 생명과 정신의 본성 자체가 오늘 여기의 삶을 기준으로 과거를 이해하고 비판하도록 요청한다.

다시 철학이란 무엇인가 물어보자. 철학은 표면적 지식이 아니라 심층적 깊이를 가진 주체적 지식을 추구하며 단편적 부분적 지식이 아니라 통일적 전체적 지식을 탐구한다. 그러나 인간의 감각은 표면을 지각할 뿐이고 이성은 부분을 이해할 뿐이다. 따라서 감각과 이성에 의존하는 철학은 자발적 주체의 깊이에 이르지 못하고 통일적 전체를 파악할 수 없다. 플라톤에서 칸트에 이르는 서구의 관념철학은 관념적 이성에 의존했으므로 생명과 정신의 깊은 주체와 통일적 전체를 통합적으로 파악할 수 없었다. 또한 주체와 전체의 통일을 부정하고 단편적 사건이나 우연한 계기에 관심을 집중한 포스트모더니즘은 인간의 주체와 전체에 접근할 수 없다.

철학은 물질과 생명과 정신의 차이와 일치를 말하고, 그 변화와 방향, 의미와 가치, 동인과 목적을 말할 수 있어야 한다. 우주물질세계는 변화하는 세계이고 생명과 정신은 진화 발전하는 것이기 때문이다. 인간의 생명과 정신은 진화하고 발전해온 것이고 끊임없이 새로운 역사를 지어가는 존재다. 인간은 물질, 생명, 정신의 서로 다른 차원을 가진 존재이고 몸, 맘, 얼의 서로 다른 세 존재의 층으로 이루어져 있다. 인간의 몸, 맘, 얼을 분리할 수 없듯이, 역사와 사회의 물질과 생명과 정신의 세 차원을 분리할 수 없다. 사회와 역사의 주인과 실체인 인간은 자연과 인간, 생명과 역사를 통합적으로 이해하고 평가할 수 있어야 한다. 따라서 철학은 물질, 생명, 정신을 통합적으로 파악하는 학문이다.

그러나 서양철학에서는 얼마 전까지만 해도 자연과 인간을 엄격히 분리시켰고 생명과 역사를 갈라놓았다. 플라톤에서 데카르트, 라이프니치, 칸트를 넘어 화이트헤드, 러셀은 모두 뛰어난 수학자이거나 수학이나 물리학에 근거하여 철학을 탐구하고 형성한 사람들이다. 수학적 물리학적 이성에 기초한 탐구는 자연과 인간, 생명과 역사를 통합적으로 파악할 수 없게 하였다. 물질 기계적 결정론과 환원론에 귀결되는 이러한 서구 철학에서는 실증적 사실과 그 사실들의 인과관계를 밝힐 뿐 역사의 의미와 목적, 방향을 말할 수 없게 되었다.

오늘날 포스트모더니즘의 도전으로 역사연구는 역사에 대한 실증적 과학주의적 연구에서 벗어나 자유롭게 역사의 의미를 탐구하는 것이 허락되고 권장되기도 한다. 현대의 역사 연구자 라카프라(LaCapra)에 따르면 역사연구는 "역사가의 의미와 문서의 의미 사이의 대화"이다.[1] 또한 현대의 역사연구는 역사적 사실에 의해 단련된 "시와 상상력"의 사용을 허락할 뿐 아니라 요청하고 있다.[2] 이처럼 포스트모더니즘 철학은 역사학에 상상력과 비유를 끌어들이고 자연과 인간, 생명과 역사의 이원론적 분리를 극복하려고 했다. 그러나 그것은 생명과 역사를 통합하고 주체와 전체를 통일시키는 통합적 철학에 이르지는 못하였다. 생명과 역사의 단편적 사실과 우연적 계기를 강조하는 포스트모더니즘은 사물과 생명과 정신의 주체적 깊이와 전체적 통일을 말할 수 없기 때문이다.

생명과 역사에서 주체의 깊이와 전체의 통일을 추구한 안창호와 함석헌이 비유를 많이 쓰는 것은 주목할 만하다. 인생과 역사를 논할 때 비유를 많이 사용하는 것이 안창호의 중요한 특징이다. 그가 사실적 과학적 인과관계와 합리성을 추구하면서도 비유를 많이 사용하는 것은 물질 생명 정신의 입체적 심층적 존재와 의미를 드러내

---

[1] 리처드 에번스/이영석 옮김, 『역사학을 위한 변론』 (소나무, 1999), 148.
[2] 같은 책, 324.

기 위한 것이다. 한국 근·현대의 정신사에서 안창호를 계승한 함석헌도 한국역사를 서술할 때 비유를 많이 썼다. 역사의 의미를 드러내기 위하여 시와 상상력, 상징과 영감을 자유롭게 역사연구에 끌어들인 함석헌의 역사서술방식은 오늘날 새롭게 평가되어야 한다. 그러나 대학교에서 과학적 역사연구를 배우고 익힌 전문역사학자들은 문헌자료와 개별적 사실에 집착하는 실증주의 역사연구방법에 함몰되어 있으므로 함석헌의 이러한 역사서술을 이해하기 어렵다.[3]

동양철학에서도 생명과 역사와 정신을 주체의 깊이와 전체의 통일 속에서 파악하지 못하였다. 유교는 인간의 본성을 도덕적 본성(仁義)과 기질적 본성(욕망과 감정)으로 분리시켰고, 도교는 현실적 국가권력의 지배와 속박에서 이탈한 개인의 자유를 추구했고, 불교도 인간의 초월적 본성인 불성과 본능적 본성(욕망과 감정)을 분리시켰다. 이로써 동양의 전통 종교철학은 변화하는 역사와 사회의 구체적이고 창조적인 인간 주체를 확립하지 못했으며, 인간과 자연, 물질과 생명과 정신을 통합하는 인간 철학, 생명과 역사를 통합하는 역사철학에 이르지 못하였다. 이에 반해 안창호는 인간의 주체 '나'를 깊이 탐구하여 민족 전체의 통일에 이르렀을 뿐 아니라 덕(얼, 영혼)·체(몸)·지(맘, 지성)를 통합하는 인간교육철학에 이르렀다. 그는 역사와 국가사회를 생명의 관점에서 파악함으로써 자연생명과 역사·사회를 통합적으로 파악했고 인간의 덕·체·지를 통합적으로

---

[3] 원로 국사학자 이만열은 함석헌학회 회장을 3년 지내면서 교수들과 함께 매달 함석헌의 글을 읽고 토론하였다. 그는 내게 함석헌의 글을 이해할 수 없다고 말하였다. 과학적 역사학 연구방법에 충실한 학자들은 역사의 주체적 깊이와 전체적 의미를 탐구한 함석헌의 글을 이해하기 어려울 것이다.

파악함으로써 인간의 물질 신체적 차원, 감정 의식적 차원, 도덕 영성적 차원을 통합적으로 파악하였다. 그는 또한 인격과 민족의 개조를 말함으로써 생명 진화의 철학을 심화 발전시켰고 '앞으로 나아감'을 역설함으로써 역사진보의 철학을 철저화하였다. 그는 누구보다 주체 '나'의 깊이와 변화를 추구했고 인간의 내적 통일과 민족 전체의 단결과 통일을 추구함으로써 주체와 전체의 하나 됨을 실현하려고 하였다. 그는 또한 생명과 역사의 창조적 진화와 초월적 고양과 갱신을 추구하였다. 그는 20세기에 주체적이고 전체적이며 창조적 진화와 향상을 추구하는 통합적이고 심오한 철학을 형성하였다.

2. 철학의 탄생

근·현대 민주정신과 철학의 핵심은 국가의 주인과 주권자인 민의 주체를 확립하고 국가(세계)의 통일된 전체를 확립하는 것이다. 한 마디로 주체의 깊이와 자유에서 전체의 하나 됨에 이름이다. 민 한 사람 한 사람이 자신의 주체의 깊이와 자유에서 나라 전체의 하나 됨에 이를 때 비로소 나라의 주인과 주권자로서 제 구실을 할 수 있다. 안창호의 말과 글, 생애와 실천을 살펴보면 민주정신과 이념으로 일관되어 있음을 알 수 있다.

안창호는 어떻게 민주정신과 철학에 이르렀는가? 안창호는 나라가 망해가는 시절에 정치·사회·문화적으로 소외되었던 평안도에서 가난한 평민의 아들로 태어났다. 그의 아버지는 농민으로서 서당 훈장을 지냈는데 중풍에 걸려 7~8년을 누워 지내다가 도산이 12세 때 죽었다.[4] 일찍 아버지를 잃은 소년 안창호에게는 지켜야 할 특권이나 재산이 없었고 내세울 만한 가문이나 배경도 없고 권위와 명예도 없었다. 밑바닥 민중의 한 사람으로서 그는 무엇이든 스스로 하지 않으면 안 되었고 스스로 하는 사람이 되었다. 그는 자신의 몸과 맘과 정신을 스스로 닦아 일으켜 세웠다. 그는 자기 삶과 운명을 스스로 결정하고 형성하고 개혁하고 창조하는 주체가 되었다.

1) 안창호의 진리 체험과 철학의 탄생

안창호의 배움과 깨달음

안창호는 어려서 아버지와 할아버지에게 그리고 서당 훈장에게 한문을 배웠고 조금 자라서는 유학자 김현진에게 유교 경전을 배웠다. 김현진의 문하에서 배울 때 3~4년 선배인 필대은과 깊이 사귀면서 그의 영향으로 새로운 문명과 민족의식에 눈을 떴다. 16세 때부터 서울의 구세학당에서 선교사로부터 기독교 신앙과 과학사상을 배우고 독립협회의 서재필, 윤치호로부터 민주주의와 새 문명에 대해서 배웠다. 그러나 그는 기독교와 서양문화를 주체적이고 비판적으로 받아들였다. 그는 우리 민족이 본래 영특한 민족이었으나 일본과 중국에 비하여 새 문화를 늦게 받아들였기 때문에 다른 나라들보다 뒤떨어지게 되었음을 지적하면서 기독교 선교사들의 한계에 대해서도 이렇게 말하였다. "늦게 수입한 문화도 미국 선교사로 말미

---

4 안창호, "도산 선생 신문기," 주요한 편저, 『안도산전서』, 증보판 (흥사단, 2015), 1048-1049.

앞아 왔습니다. 그런데 한국에 들어온 미국 선교사들은 미국 사람들 중에 문화운동에 상당한 활동을 할 만한 수양을 넉넉히 가진 이가 적었고 또는 그들의 정책이 단순한 종교만 전파하고 문화운동에는 매우 등한히 여겼습니다. 다시 말하면 우민정책을 썼다 하여도 과언이 아닙니다. 그들이 얼마 전까지라도 영어 배우는 것을 금지하는 것만 보아도 알 것이외다. 그러므로 늦게 들어온 문화이나마 속히 발전되지 못하고 매우 더디게 되었습니다."[5] 그가 가장 높이 평가하고 가장 큰 영향을 받은 사람은 유길준이었다.[6] 1985년에 발간된 유길준의 『서유견문』을 통해 그는 서양의 새 문명과 주체적이고 실질적인 문명개화의 방법을 배울 수 있었다. 그는 유길준을 가장 높이 평가했으므로 유길준이 모든 국민을 교육하여 선비로 만들겠다는 뜻을 가지고 만든 단체 '흥사단'의 이름을 이어받아 훗날 미국에서 흥사단을 조직하였다.

그는 25세 때 미국으로 유학을 갔는데 유학의 목적은 교육학을 제대로 배우고 기독교와 성경의 깊은 뜻을 연구하는 것이라고 하였다. 미국에서 학교공부를 중단하고 한인 동포들을 교육하고 조직하는 일에 힘쓸 때도 그는 기회가 있는 대로 미국 목사들에게서 성경과 신학을 배웠다. 그는 스스로 몸과 맘을 닦고 단련하는 일에 힘쓰면서 사람들에게서 배우고 책 읽는 일을 게을리하지 않았다. 임시정부 시절 눈코 뜰 새 없이 바쁘고 몸과 맘이 과로와 병으로 고통을 당하면서도 책을 읽고 몸과 맘을 수양하는 데 힘썼다. 임시정부 시절에 읽은 책은 주로 심신을 단련하고 건강을 지키는 책들, 체조, 국민성

---

5 안창호, "낙관과 비관," 『안도산전서』, 744-745.
6 안창호, "동포에게 고하는 글," 『안도산전서』, 527-528.

과 인격, 의지를 수양하는 책들, 논리학과 심리학, 헌법과 국가의 구조와 원리, 정부를 운영하는 것과 관련된 책들이었다.[7] 임시정부 시절 과로로 인한 소화기 장애, 전신의 피로, 심한 두통과 치통에 시달렸던 안창호의 하루 일과는 "새벽에 일어나 냉수욕을 하고 흥사단 단소에 가서 동지들과 함께 정좌법(靜坐法)을 하고, 홍십자 병원으로 가서 수치료(水治療)를 받거나 그 병원의 김창세 의사를 집으로 오게 하여 수치료를 받았다."[8] 그는 매일 『정좌3년』을 4~5쪽씩 읽었으며 1920년 2월 24일 일기에는 이날부터 매일 냉수욕과 정좌법을 실행한다고 기록하였다. 정좌법은 "눈을 감고 꿇어 앉아서 아랫배에 힘을 주고 심호읍을 하면서 정신통일을 하는 것"이다. 정좌법을 행할 때는 이광수, 박현환, 주요한 등이 함께 했는데 "도산은 명상하는 상태에 있다가 돌연 몸을 후루루 떨기도 하고 전신이 방석 위에서 뛰어 오르기도 하였다. 무심 중에 그렇게 된다고 그는 설명하였다."[9] 그는 또한 매일 아침 임시정부 조회 시간에도 직원들과 함께 애국가를 부르며 정좌의 시간을 가지며 마음공부를 하였다. 임시정부 초기 국무원 비서장 김여제는 조회 때마다 애국가를 부른 것에 대해서 이렇게

---

7 그가 소화 불량 위통, 치통으로 그리고 심신의 피로로 고생하면서도 책을 구입하고 시간을 쪼개어 책을 읽었다는 기록이 그의 일기에 나온다. 이때 그가 구입하려고 한 책들은 瑞典式療病體操, 體操上生理, 體育上之論理及實際, 師範學校新教科書論理學, 新體論理學講義, 師範學校教科書心理學, 心理學(楊保恒著), 教育學講義(蔣准喬著), 國民性之訓鍊, 人格收養法, 意志收養法, 歐美憲政眞相, 萬國比較政府議院之權限, 政法名詞票, 普通教育生理衛生學, 人種改良學, 德國富强之由來, 江間式心身鍛鍊법, 藤田式心身調和法, 靜坐三年, 康德人心能力論, 因是子靜坐法 22종인데 모두 중국에서 발간된 서적으로 보인다. 안창호, "일기 1920.1.16., 18," 『안도산전서』, 776, 780.

8 김창세는 그의 동서였으며 홍십자병원은 미국의 안식일교에서 설립한 병원이었다. 『안도산전서』, 256.

9 주요한, 『안도산전서』, 257.

회고했다. "아침 8시 반에 등청하면 정부 요인들이 모두 강당에 모여 조회를 하였다. 태극기에 대한 경례를 하고 애국가를 불렀다. 몸소 손을 내어 흔들고, 신이 나면 누가 더 부르라고 하지 않았는데도 몇 번을 거듭 불렀다. … 애국가 합창에 이어 업무시달과 도산의 규칙적인 훈사(訓辭: 가르치어 훈계함) 그리고 정좌(靜坐), 정심(定心: 마음을 가라앉힘)으로 조회가 끝난다."[10]

그는 참으로 몸과 맘이 마르고 닳도록 희생하고 헌신했으나 민족의 독립과 통일을 위해 이룬 일이 없음을 부끄러워하고 자신을 책망하였다. 1932년에 상해에서 일본군에게 체포되었을 때 그는 아내를 위로하는 편지에 이렇게 썼다. "나와 같은 길에서 걸어가다가 나보다 먼저 철창 밑에서 고생한 사람이 얼마입니까? 이제 내가 이만큼 고생을 받는다고 특별히 슬퍼하고 탓할 것이 무엇입니까? 다만 나의 과거를 돌아보건대 무엇을 한다는 것이 모두 위명뿐이었고 실제로는 아무것도 이룬 것이 없이 공연히 여러 사람에게 근심만 끼치게 되었으니 이것을 위하여는 스스로 부끄러워하고 스스로 책망을 마지아니합니다." 단식하지 말고 몸을 보전하라는 아내의 전보를 받고 아내의 당부대로 할 것을 약속하면서 이렇게 말하였다. "앞으로 내 자신에 관한 모든 것을 자연에 맡기고 스스로 안심하기를 공부하여 이 시간으로써 수양하는 시간을 지으려 합니다. … 아침마다 세수하고 방을 소제한 후에 20분 동안 동맹운동을 하고 30분씩 세 번 정좌하고 그 날에 보는 독서와 실내 산보 등으로 시간을 보냅니다."[11]

---

10 한승인, 『민족의 빛 도산 안창호』 (흥사단 뉴욕지부. 전자출판 민들레 출판그룹 [더키친], 2014), '11장 상해 임시정부 시대 4. 임시정부' 참조.

11 안창호, "체포된 상해에서 부인을 위로하며," 『안도산전서』, 1033-1034.

안창호는 늘 자신의 몸과 맘을 갈고 닦는 일에 힘을 썼다. 그러면서도 늘 자신의 부족하고 모자람을 인정하고 아내에게 기쁨과 위안을 주지 못한 것을 괴로워하였다. 대전형무소에 있을 때는 아내에게 이렇게 편지를 썼다. "내가 평생에 당신에게 기쁨과 위안을 줌이 없었고 이제 늘그막에 와서는 근심과 슬픔을 주게 되오니 불안한 마음을 측량할 수 없습니다. … 내가 조용한 곳에 홀로 있어 평소에 그릇한 여러 가지 허물을 생각하고 한탄하는 중에 남편의 직분과 아비의 직분을 다하지 못한 것이 또한 스스로 책망하는 조건입니다." 그는 이어서 아내를 이렇게 위로하였다. "(나 때문에) 근심하지 말고 모든 것을 자연에 맡기고 집안일을 돌아보며 아이들을 교양하는데 수고하는 것으로 낙을 삼으시오. 당신이 만일 수심하는 빛을 띠고 있다면 집안에 화기가 없어지고 따라서 아이들의 신체 발육과 정신 발달에 큰 영향을 줄 터이니 내게 관한 모든 것은 아주 없어진 양으로 일소하여 버리고 가정에 유쾌한 공기와 아이들의 활발한 기상을 만들기에 주의하시오." 그는 이어서 자신의 죄과를 참회하고 심신을 새롭게 단련하는 데 힘쓰겠다고 다짐하였다. "내 친구 중 나보다 먼저 세상을 작별하고 간 사람이 있다면 얼마입니까? 옥에서 목숨을 멈춘다 하여도 한할 것이 없습니다. 나는 나의 장래는 자연에 맡기고 다만 평소에 지은 죄과를 참회하고 심신을 새로이 단련하여서 옥에 있거나 어디서든지 남아 있는 짧은 시간을 오직 화평한 마음으로 지내려고 스스로 준비하고 힘씁니다." 그는 끝으로 인생의 밟아 나갈 최고의 진리가 사랑이라면서 아내에게 '사랑'이라는 두 글자를 선물로 보내고 사랑하는 공부를 권하였다.

나는 나의 지나간 역사의 그릇된 자취를 더듬어보고 양심의 책망을 받으므로 비상한 고통을 때때로 받습니다. … 지나간 모든 것을 다 끊어버리고 오직 살아 있는 짧은 시간을 어떻게 보낼까 함이외다. 옛날 그릇된 자취를 다시 아니 밟겠다는 결심은 물론이지마는 새로 밟아 갈 것이 무엇일까 함이외다. 아무 별 것이 없고 오직 사랑뿐입니다. 사랑, 이것이 인생의 밟아나갈 최고의 진리입니다. 인생의 모든 행복은 인류 간의 화평에서 나오고 화평은 사랑에서 나오는 때문입니다. … 사랑이 있는 사회는 화평의 행복을 누립니다. '사랑'을 최고 진리로 믿고 사랑을 실행하는 사람의 사랑으로 인하여 가정이나 사회의 화평이 행복이 촉진될 것은 물론이거니와 가정보다 먼저 사회보다 먼저 사랑을 믿고 사랑을 품고 사랑을 행하는 그 사람 자신의 마음이 비상한 화평 중에 있으므로 남이 헤아리지 못할 무상한 행복을 받을 것입니다. … 우리의 마음이 완전히 화평에 이르도록 '사랑'을 믿고 행하십시다. 내가 이처럼 고요함을 공부할 생각만 하자는 동시에 이것을 당신에게 선물로 줄 마음이 있어서 '사랑' 두 글자를 보내오니 당신은 당신의 사랑하는 남편이 옥중에서 보내는 선물을 받으소서. … 친족들이며 그 밖에 친구들한테 평시의 감정을 쓸어버리고 오직 사랑으로 대하기를 시험하소서. 효과가 곧 날 것입니다. 그리하여 어떤 사람에게든지 자비의 정신을 품고 대하기를 공부하여 보소서.[12]

1935년에 대전형무소에서 나와 전국을 둘러보고 나서 국내 동지들을 만나서 자아혁신과 인격혁명이 "한국민족 재생의 유일한 길임을 일깨웠다."[13] 또한 천도교의 중진 이종린을 만나서도 인격혁명을 강조하였다.

---

12 안창호, "대전 형무소에서 가족들에게," 『안도산전서』, 1035-1038.
13 『안도산전서』, 465.

우리가 할 일이 많은 줄 압니다. 물산 장려도 해야 되고, 문학운동도 해야 하고, 발명도 힘써야 하고, 할 일이 많지요. 그러나 우리가 무엇을 하든지 근간 되는 바는 인격혁명이라고 생각합니다. 민족변화란 말씀이오. 이거 또 춘원 식의 민족개조론이구나 하고 비웃을지 모릅니다만 지금 제일 필요한 것은 인격 혁명인 줄 압니다. 우리는 지금 무슨 일을 하려고 할 때에 서로 믿고 일하는 게 아니라, 시기와 질투와 당파 가림을 먼저 하게 됩니다. 과거에 우리가 망하게 될 때의 심리를, 인격을 여전히 가지고 있단 말씀이오. 이런 인격을 가진 인간들이 무엇을 해요. 인격을 배양하는 일에 나쁜 제도를 타파하여야 지 지금쯤 케케묵은 인격 수양이란 무슨 수작이냐 할 것입니다. 과연 나쁜 제도를 타파하지 않으면 훌륭한 인격을 내기가 불가능할 줄 압니다. 그러나 나쁜 제도를 타파하는 것은 누가 하는 것입니까. 망국의 인격으로 무슨 사회혁명입니까. 근간은 인격혁명에 돌아가고 맙니다. … 우리 사회에 인격혁명 한 이가 한 해에 열, 스물 늘어갈수록 우리 사회는 좋아져 갈 것이 분명합니다. 가시나무엔 가시가 열리고 포도나무엔 포도가 열리는 것입니다. 인격 혁명을 못한 이는 제 아무리 나쁜 사회 제도를 타파한다 해도 다시 나쁜 제도밖에 나오지 않습니다. 보시오. 같은 데모크라시가 멕시코에 떨어진 것과 아메리카에 떨어진 것과 다르지 않습니까. 본바탕이 그르면 아무리 좋은 씨라도 글 렀단 말씀이오."[14]

안창호는 '민족대표회의'가 실패로 끝난 후 독립운동의 후방기지로서 이상촌 건설을 추진하였다. 대성학교 제자이며 독립군 지도자였던 이탁에게 이상촌 건설의 임무를 맡기고 도산은 잠시 미국으로

---

[14] 「사해공론」 1936년 3월호. 『안도산전서』, 466-467 재인용.

돌아갔다가 1926년에 중국으로 돌아온 도산은 만주 길림성 지역에서 이상촌 건설에 힘썼다.[15] 그러나 1931년에 일본군이 만주로 진출하면서 이상촌 건설의 시도는 좌절되었고 다른 지역에서 이상촌 건설을 시도하다가 1932년 일본군에 체포됨으로써 중단되었다. 인격혁명과 이상촌 건설은 안창호의 평생에 걸쳐져 가장 중요한 사업이었다고 생각된다. 1935년에 출옥하여 평양 근교의 대보산에서 송태산장을 지을 때도 인격혁명과 이상촌 건설의 구상을 염두에 두고 있었다.[16]

안창호의 공적 생애는 쾌재정 연설에서 시작하여 옥중에서 병을 얻어 순국하는 것으로 끝났다. 쾌재정 연설에서 하늘과 땅 사이에 곧게 서서 생명의 깊이와 높이를 온전히 드러냈듯이 마지막 죽는 순간까지 생명의 높은 뜻과 기개를 보여주었다. 1937년 11월 추운 날에 서대문 형무소에 들어갈 때 차가운 소독수 사격을 발가벗은 몸 앞뒤로 받을 때 다른 사람들은 '악' 소리를 지르며 냉큼냉큼 뛰었으나 도산만은 조금도 흐트러짐 없이 꼿꼿한 몸과 맘으로 이겨냈다. "도산은 까딱없는 자세, 오히려 근엄한 자세로 이 얼음물 사격을 받았다. 인간 본능마저 눌러 버릴 수 있는 그의 자제력만이 그런 자세를 가질 수 있게 한 것이라고 믿는다. 그는 분명 이런 경우에서라도 민족 지도자로서의 명예와 체면은 물론 민족 전체의 엄연한 모습을 보이고 싶었던 것"이다.[17] 그는 인간의 욕망과 감정을 존중하면서도 욕망과 감정을 정화하고 승화하려고 했으며, 욕망과 감정을 뛰어넘어 하

---

15 〈이탁 항일투쟁기〉; https://namu.wiki/이탁.
16 『안도산전서』, 471.
17 장리욱, 『도산의 인격과 생애』 (흥사단, 2014), 173-174.

늘의 높은 뜻과 사명을 이루려고 했다. 그는 자연환경과 강산을 사랑하고 존중했고 사회적 조건과 환경에 충실했지만 환경과 조건을 초월하여 민족의 독립과 통일을 이루려 하였다. 자연환경과 사회현실의 조건을 초월하여 나라의 독립을 이루려 했던 애국가의 초월적 정신처럼 그는 자연환경과 사회조건을 뛰어넘는 초월적 정신과 철학을 확고히 가지고 있었다. 그의 초월적 정신주의는 물질 안에서 물질을 초월한 생명의 본성과 목적에 충실한 생명철학에 근거한 것이다. 그의 정신적 초월주의는 애기애타와 대공주의로 표현되었고 공적 활동을 시작한 쾌재정의 연설에서 서대문 형무소에서 병을 얻어 순국할 때까지 일관되었고 갈수록 심화되고 발전되었다.

애기애타와 마을공화국(이상촌)

생명철학자 안창호는 생명의 본성과 원리인 '스스로 하는 주체' ('나')에 충실한 '주체'(나)의 철학자였으며 자기와 남을 모두 주체로 보았다. 그는 나와 이웃뿐 아니라 물건과 풍경, 자연물과 인공물을 그 자체로서 다 사랑하고 아끼고 소중히 여겼다.[18] 그의 애기애타는 나와 남(이웃과 환경, 사물)을 주체로 사랑하고 존중하는 것이었다. 그는 여성에 대해서도 맑은 심정으로 특별한 경의와 겸양을 가지고 접대하였다. 그는 여성을 친애하였으나 여성의 유혹에 대하여는 엄격하여 여성 문제로 비난을 받은 일은 한 번도 없었다. 최희송에 따르면 "선생이 30세 내외 때 대성학교 창설 당시 평양 기생들이 여러

---

18 이광수, 『도산 안창호』 (하서출판사, 2007), 258.

가지 방법으로 선생을 꾀는 데 경쟁하였다고 한다. 그러나 선생이 그 시험에 빠졌다는 소문이 없었으며, 금전에 있어서는 더욱 분명하였다."[19] 안창호는 자기와 기질과 성정이 다르고 도덕적 감정과 행동 방식이 다른 사람과도 깊은 우정을 가지고 존중하고 사랑하며 사귀었다. 추정 이갑은 군인 출신으로서 독립운동을 하였는데 정직과 진실을 강조했던 도산과는 달리 정치적 수단과 술책을 쓰는 사람이었다. 도산은 이갑과 서로 다름을 넘어서 친구와 동지로서 가까이 지냈다. 이갑이 북만주로 망명했다가 전신불수로 여관에서 신음하고 있을 때 도산은 미국에서 내외가 노동해서 번 돈 1천 달러를 그에게 보냈다. 이갑은 "도산은 운하공사 인부가 되어서 벌고, 도산 부인은 삯빨래를 하여서 번 돈이래" 하면서 감격한 눈물을 떨구며 사람들에게 말하였다. 훗날 상해에서 잡혀 와서 경찰부에서 조사를 마치고 입감되던 날 도산은 면회 온 동지에게 금시계 하나를 내어 주면서 이렇게 말하였다. "이것은 추정(秋汀)이 애용하던 시계인데 뉴욕에서 작별할 때에 내게 준 것이오. 내 사랑하던 친구의 유일한 기념품이오. 그대가 맡아두었다가 내가 만일 살아나오거든 내게 도로 주고, 그렇지 않거든 추정과 나의 기념으로 그대가 가지시오."[20]

가장 믿고 사랑했던 동지 안태국이 상해에서 장질부사로 입원했을 때도 도산은 그의 병상 옆에 돗자리를 깔고 그가 운명할 때까지 간호하였다. 도산은 그의 오줌똥 처리도 손수 하였다. 그가 죽었을 때는 장례를 성대하게 치렀고 도산이 안태국의 진실한 인품과 애국 정신을 말하여 수백의 동지들이 함께 울었다. 안태국의 장례식에서

---

19 『안도산전서』, 419. 「새벽」 1954년 9월호.
20 이광수, 『도산 안창호』, 245, 258.

안창호가 했던 추도사는 안창호가 그를 얼마나 믿고 사랑하고 존중했는지 알려준다. "명예·지위·권력 이 모든 것에 조금도 거리낌 없이 오직 성충을 다하여 20년을 종시 여일하게 위국 분투하시는 안 선생의 성격과 열성은 내 입으로 다 말할 수 없소. 나 보는 한인 중에는 진실로 유일한 애국자요, 선생의 옥중 생활과 적의 악형이 선생의 그 좋던 얼굴과 체격을 손하게 하고 이제 또 돌아가시게까지 한 것이오. … (도산은 목이 메어 말을 끝맺지 못하였다)." 그 다음 해 추도회 때 안창호는 말하였다. "누가 나더러 묻기를, 네가 믿는 사람 중에 가장 믿던 이와, 네가 사랑하던 이 중에 가장 사랑하던 이가 누구인가 하면 나는 안태국 선생이라 하겠나이다…. 남아 있는 우리들은 선생과 같이 변함이 없고 간사함이 없는 애국자의 생활을 끝까지 지어나가기를 바라나이다."[21]

임시정부에서 도산과 가까이 지낸 임시정부 차장 윤현진이 병들었을 때도 도산은 가족처럼 지극한 애정으로 간호하였고 자신의 생활비뿐 아니라 소지품까지 잡히거나 팔아서 윤현진의 치료에 부족함이 없게 하였다. 도산의 우정은 자기를 잊는 우정이었다. 북경의 하등 여관에 머물 때도 한인 동포가 찾아와서 돈 걱정을 하면 시계도 내어주고 의복도 내어주었다. 그는 마치 우정을 위하여는 목숨까지 내어주려는 것 같았다. 내일 걱정을 아니 하려는 사람 같았다.[22] 도산의 우정에는 차별이 없었다. 개인의 우정이나 호의에 대해서는 귀천 빈부의 차별이 없었고 민족의 차별도 없었다. 자신에게 호의를 베푼 일본 순사에게도 반드시 감사의 표시를 하였다. 자신을 수사한

---

21 주요한 편저, 『安島山全書』 (서울: 흥사단, 2015 증보), 276-277.
22 이광수, 『도산 안창호』, 245-246.

일본 경찰 책임자도 인격적으로 존중하고 진실하게 대하였다. 그러므로 도산을 수사했던 일본 경찰 간부 부부는 도산을 충심으로 사랑하고 존경하였다.[23]

도산은 우리 민족이 서로 질시 증오가 많고 서로 사랑하고 존경하는 따뜻한 기운이 부족함을 한탄하였다. 도산은 송태 산장 입구에 문을 세우고 '벙그레', 또는 '빙그레'라고 간판을 써 붙일 것을 말하였다. 도산의 가장 큰 즐거움은 동지들과 함께 밥을 먹고 차를 마시는 것이었다. 식후에 차를 마시고 담배를 피우며 담화를 할 때 도산은 얼굴 가득 웃음을 담고 천하의 일을 다 잊어버린 듯하게 모든 긴장을 다 풀어버려서 평소에 그를 외경하던 젊은 사람도 마음 놓고 하고 싶은 말을 다 하고 농담까지 할 수 있을 만한 안심을 준다. 도산은 누가 하는 말이나 골고루 귀를 기울이고 거기 흥미를 보였다. 그는 흥사단의 대회에서도 희락회 시간을 두어서 서로 즐거움을 나누게 하였다. 도산 자신도 연구하고 연습하여 사람들을 즐겁게 하려고 노력하였다.[24]

도산은 국토와 민족 전체를 사랑하였다. "그에게는 국토의 풀 한 포기, 나무 한 그루, 한 덩어리 돌, 한 줌 흙이 다 내 집의 것이요, 국민의 남녀노소가 다 내 식구다. 그러므로 그는 어느 산의 한 귀퉁이 사태 난 것을 볼 때에 제 살이 뜯긴 듯이 아프고, 어느 동포 한 사람이 잘못함을 볼 때에 제가 잘못한 듯이 슬프다."[25] 그의 민족운동은 민족에 대한 연애요, 국토에 대한 연애였다. 그는 우리 민족의 장점

---

23 같은 책, 246-247; 『안도산전서』, 461, 485.

24 이광수, 『도산 안창호』, 250-251.

25 같은 책, 253-254.

을 잘 아는 동시에 단점도 잘 알았다. 그가 민족의 장점을 말할 때는
제 자랑같이 기뻐하였고 단점을 말할 때에는 제 살을 깎는 듯이 슬
퍼하였다. 그러나 그는 민족의 단점을 숨겨서 민중에게 영합하지 아
니하였다.[26] 그의 동지애는 상호 신뢰와 존경의 감정을 기조로 한 담
담한 애정이다. 도산은 "동지를 믿어서 속으라"고 말하였다. 또 "세
상에 마음 놓고 믿는 동지가 있다는 것처럼 큰 행복이 어디 있소?"라
며 만족한 표정을 지었다. 도산은 우리나라를 사랑의 나라, 미소의
나라로 만들고 싶어했다. 그리하기 위하여 도산은 자신이 사랑과 미
소를 공부하고 또 동지들에게 사랑과 미소 공부를 권면하였다. '훈
훈한 마음, 빙그레 웃는 낯' 이것이 도산이 그리는 새 민족의 모습이
었다.[27]

안창호가 평생 하려고 했던 일은 무엇인가? 그는 밥을 먹어도 잠
을 자도 민족의 독립과 통일을 이루기 위해서 먹고 잔다고 했다. 그
러면 민족의 독립과 통일을 이루기 위해서 그가 진정으로 힘쓴 일은
어떤 것인가? 그가 임시정부를 조직하고 임시정부를 위해 잠시 일을
하였고 임시정부를 나와서는 '민족대표회의'를 열고 그것이 실패한
다음에는 한국독립당을 조직하기도 하였다. 그러나 그가 평생 가장
하려고 힘썼던 일은 인격혁명과 이상촌(마을공화국) 건설이다. 인격
혁명은 모든 일의 시작이고 끝이었다. 그리고 인격혁명과 민족의 독
립, 세계대공 사이에 있는 것이 이상촌 건설이었다. 그는 민중을 깨
워 일으켜 서로 보호하고 단합하는 공동체를 만들려고 하였다. 그가
민중 속으로 들어가 민중을 교육하고 훈련하고 조직하면 서로 보호

---

26 같은 책, 254.
27 같은 책, 260-261.

하고 단합하는 자치와 협동의 공동체가 형성되었다. 그는 이상촌을 온전하게 건설하지 못했지만 이상촌, 마을 자치 공화국의 건설은 그의 삶과 사업의 가장 중심에 있었다.

이상촌, 마을공화국은 인격혁명과 민주국가 사이를 잇는 사다리이고 그가 주장한 모범적 민주화국의 내용이다. 참된 민주공화국은 수많은 마을 자치공화국으로 이루어진다. 그는 미국에서 한인 동포들을 교육하고 조직하여 공립협회를 만들었는데 공립협회의 강령은 민이 '서로 보호하고 단합함'이었다. 민이 서로 보호하고 단합하는 모임이 곧 마을공화국의 씨앗이고 뿌리다. 그는 민이 서로 보호하고 단합함이 문명 부강의 뿌리와 씨라고 하였다.[28] 문명하고 부강한 나라의 뿌리와 씨가 민이 서로 보호하고 단합함이라면 서로 보호하고 단합하는 이상촌을 건설하는 것이 모범적인 민주공화국을 건설하는 지름길이고 토대일 것이다. 도산은 미국에서 그리고 멕시코에서 한인 노동자들을 깨워 일으켜 서로 보호하고 단합하는 공동체를 만들었다. 그러므로 그가 미국에서 이룩한 한인공동체를 보고 사람들은 '도산공화국'이라고 하였다. "도산이 가는 곳마다, 세운 조직마다, 모두 평화 화해 단결이 넘치는 작은 이상촌이 되었다. 흥사단이란 단체를 만들고 운영하는 방법 속에, 도산은 정의돈수라는 특수한 방법을 택했다. 희락회라는 순서를 모든 행사에 넣어서, 반드시 즐겁고 유쾌한 시간을 참석자들이 갖도록 하였다. 공립협회, 청년학우회, 신민회, 국민회, 흥사단, 상해임시정부 등 수 많은 조직에서, 도산이 있는 곳은 정과 의리가 넘쳐흘렀다."[29]

---

28 안창호, "공립협회 1주년 기념 연설,"『안도산전서』, 581.
29 흥사단 미주 위원부 윤창회 위원장이 독서동맹을 하며 쓴 글의 일부다.

사실 안창호는 삼일운동이 일어나고 상해로 갔을 때 임시정부보다는 독립당을 조직하고 이상촌을 건설할 생각을 했던 것 같다. 그는 민족지도자들이 분열되어 있는 상태에서 권력기구인 정부를 구성하는 것보다 해외 각 지역의 동포들을 조직하고 훈련하여 경제 상태를 개선하고 대동단결할 수 있는 길을 생각하였다.[30] 그러나 임시정부를 세워야 한다는 주장과 열망이 컸기 때문에 그는 임시정부를 건설하는 일에 힘을 쏟게 되었다. 임시정부 일을 하면서도 그는 "이상촌 겸 농장 사업을 경영하기 위하여" 미국 흥사단 동지들로부터 미국 돈 1만 달러를 토지대금으로 받아서 가지고 있었다. 그러나 그 돈은 임시정부의 절박한 요구로 임시정부에게 빌려주었으나 돌려받지 못했다.[31] 안창호가 임시정부에서 나와서 하려고 했던 일은 이상촌 건설이었다. 임시정부와 독립군의 후원기지로서 이상촌을 세우려고 했지만 단지 후원기지만 아니라 인격혁명과 민주국가 건설을 위한 토대와 뿌리로서 이상촌을 건설하려고 했던 것이다. 그는 민족대표회의가 실패한 이후 줄곧 만주 길림 지역에서 이탁을 위시한 흥사단 동지들과 이상촌을 건설할 후보지를 찾으며 이상촌 건설을 추진하였다.[32] 이미 1920년 상해서 행한 흥사단 입단문답에 마을 자치 공화국은 모범 마을의 형태로 자세하고 구체적으로 제시되어 있다. 흥사단의 사업 목적은 "전 민족에게 덕·체·지 삼육을 수양할 기회를 주기 위하여" "(흥사단) 약법에 있는 대로 강습소·강연회·서적 출판부·도서 열람소·간이 박물원·체육장·구락부·학교 등"을 세우는 것

30 『안도산전서』, 228-229.
31 『안도산전서』, 387.
32 『안도산전서』, 440-441.

이다. 안창호는 이런 기관들이 동리(마을)마다 세워져야 한다고 보았다. "한 동리에 하나씩 이러한 시설이 있어야 하지 않겠소? 그래야 우리 동포 전부가 남자나 여자나 다 문명한 백성이 되지 않겠소? … 동리마다 이러한 시설이 없이 우리 민족이 세계에 일등 가는 문명한 민족이 될 수 있을까요?" 도산은 한국 방방곡곡에 2만 5천 부락과 수백의 도시에 이런 시설과 기관들을 세워야 한다고 하였다. 흥사단 입단문답은 "ㅇ군은 이 사업(마을공화국)을 위하여 무엇을 바치겠소? 전 생명과 전 재산을 다 바치겠습니다"라는 다짐으로 마쳤다.[33]

　만주사변으로 만주에서 이상촌 건설이 어려워지자 1931년에 도산은 남경에 약간의 토지를 매입하고 이상촌 건설을 추진하였다. 그러나 일본군의 중국 본토 진출로 이마저 어렵게 되었다. 1932년에 윤봉길 의사 폭탄 투척 사건으로 안창호는 일본군에 체포되어서 한국으로 돌아오게 되었다.[34] 이로써 그가 10년 동안 생각하고 꿈꾸었던 일이 수포로 돌아가게 되었다. 이상촌 건설 계획의 좌절은 도산에게 가장 마음 아픈 일이었다. 그는 한국에서 3년의 옥고를 치른 후에도 이상촌 계획을 추진하였다. 그가 추진한 국내의 모범촌 계획은 다음과 같았다. 오랜 세월 도산을 가까이 모시고 배운 이광수의 글을 길게 따온다. "산과 강이 있고 지미가 비옥한 지점을 택하여서 2백 호 정도의 집단 부락을 세우는 것이다. 그 부락은 재래의 한국농촌과는 달라서 도로망과 하수도 시설을 현대 도시의 규모로 하고, 가옥 건축 양식도 위생과 경제와 미관의 여러 각도로 합리화하되, 반드시 서양식을 본받는 것이 아니라 한국 건축의 특징과 미관을 살리자 하

---

33 이광수, 『도산 안창호』 (하서출판사, 2007[6쇄]), 209-211.
34 '도산선생 연보,' 『안도산전서』, 1088-1089 참조.

는 것이었다. 도산이 평안남도 강서군 대보면 송태에 스스로 설계하고 감독하여 건축하고 그가 최후로 체포될 때까지 거주하던 한 채의 집은 이상촌 주택의 한 모형이었다. 이것은 4, 5인의 식구를 담을 수 있는 조그마한 자작 농가 정도의 집이었다. 모든 방과 부엌과 광이 한 평면에 연하였지마는 안채, 사랑채, 대문, 안마당, 마루, 퇴, 솟을마루 등 한국 가옥의 모든 전통을 살린 것이었다"(234쪽). "도산이 설계한 이상촌에는 공회당·여관·학교·욕장(浴場)·운동장·우편국·금융과 협동조합의 업무를 하는 기관이 설치될 것이었다. 집단생활과 사교생활의 훈련은 도산이 생각하는 민족훈련에서는 매우 중요한 과목이었다. … 이웃이 한 곳에 모여서 같이 이야기하고 같이 먹고 마시고 즐기고 같이 의논하고 할 처소와 기회를 만드는 것이 민족의 사회적 습관과 예의와 욕망을 발달시키는 길이라고 도산은 주장하였다. 그 중에서도 집단적인 회식과 오락을 중요시하였다. 그러므로 공회당과 그 안에 하는 모든 설비는 부락을 한 가족으로 화하는 힘을 가진 것이어서 서로서로 이곳을 아름답게 하고 재미있게 하기를 힘씀으로써 애향애린(愛鄕愛隣)의 공동생활의 정신을 함양하는 것이니 이것이 곧 애국정신의 기초라고 도산은 보는 것이었다"(235-236쪽). "모범촌이란 것은 온 나라의 농촌이 다 이만만큼만 되면 문명국민으로 세계의 존경을 받을 수 있다 할 정도의 것이면 족할 것이다. 첫째로는 법치적으로 국법을 준수하고 민주적 자치 능력이 있고, 도덕적으로 허위에서 해탈하고 이기심을 절복하여서 공공생활의 신뢰할 각 원(員)이 되고, 경제적으로는 부채 없이 문화생활을 독립·자영할 재산을 가지고 자녀는 모두 교육을 받고 성인은 모두 독서를 하는 그러한 부락을 이름이다"(238쪽).

"도산 자신은 배를 젓는 것과 가옥청소를 자기의 장기라 하여 자기는 이 재주로 언제나 생활할 능력이 있다고 말하였다. 아무리 학자나 정치가나 예술가라도 체력노동으로 또 생산기술로 자기의 생활을 유지할 수 있는 힘을 갖추는 것이 인격 수양의 중요한 일과라고 하였다. … 도산의 인생관으로 보면 인생의 제1 의무는 우선 제 힘으로 제 의식(衣食)을 버는 일이었다. 부모나 친우에게도 의뢰 말고 독력으로 제 생계를 영위하는 것이었다. … 도산은 민족의 각 사람이 저마다 제 밥벌이를 하는 것이 곧 민족경제력의 원천이요, 본체라고 보았다. 정치는 국민 각 사람으로 하여금 '저마다 제 밥벌이를 가능하게, 유쾌하게 하는 기술'이라고 도산은 보았다"(240-241쪽). "도산은 대동강 연안, 황해도 해안 지방 등 여러 곳을 실지로 답사하여 후보지를 물색하였고 또 자금을 낼 동지도 수십 명을 구하였으나, 1937년 수양동우회 사건으로 체포되어 이 모든 계획은 도산 일생에 관한 한 수포로 돌아가고 말았다. 만일 도산이 오늘에 살아 있다면 자유로 전국 각지를 순회하여서 모범촌 건설과 농촌 개혁에 분주하였으리라고 믿는다"(241쪽).[35]

안창호의 생명체험과 생명철학

안창호의 철학은 그의 삶과 실천 속에서 형성된 것이다. 그의 철학은 그의 삶과 정신에서 우러난 것이고 생명과 정신, 몸, 맘, 얼로 체득하고 실현한 것이다. 그의 철학과 정신은 생의 본성과 진리를

---

35 이광수,『도산 안창호』, 234-241 발췌.

그의 삶 속에 역사와 사회 속에 실현하려고 애쓴 것이다. 그는 자신의 몸과 맘에서 생명의 본성과 진리를 체험하고 깨달았다. 그러므로 그는 연설할 때 유기체적 생명의 비유를 많이 사용했고 생의 세 가지 본성과 원리, 주체, 전체, 진화(개조)에 충실히 생각하고 말하고 행동했으며 생명의 본성과 원리를 관통하는 '나'를 중심에 두고 '나'의 철학을 확립했다.

수십억 년 진화해온 생의 본성과 진리는 무엇인가? 생은 물질 안에서 물질을 초월한 것이다. 물질 안에 있지만 물질의 제약과 속박에서 해방된 것이므로 자유롭고 신나는 것이며 기쁜 것이다. 생의 이러한 자유와 기쁨은 자기 안에 갇혀 있지 않고 자기를 넘어서 서로 다른 주체와 교감하고 소통하며 사랑의 관계를 만들어가고 상생과 공존의 공동체를 이루어간다. 모든 생명체는 물질·신체적 차원, 생명적 차원, 의식적 차원을 가지고 있다. 또한 모든 생명체는 스스로 하는 자발적 주체이고 신체의 모든 기관들과 부분들이 하나로 통일된 전체이며 끊임없이 새롭게 진화 발전하고 고양 향상되는 것이다. 박테리아에서 인간까지 진화해온 생명의 세 가지 본성과 특징은 스스로 하는 자발적 주체성, 유기적으로 통일된 전체성, 끊임없이 탈바꿈하며 진화와 고양을 이루어가는 창조적 변화다. 생명은 주체와 전체의 통일 속에서 창조적 진화와 갱신을 이루어가는 것이다. 안창호의 철학은 스스로 하는 자발적 주체를 탐구한 '나'철학이고 조직의 신성단결과 민족통일을 추구한 통일(전체)의 철학이며 끊임없이 자신과 민족을 새롭게 개조하고 앞으로 나아가는 진화와 진보의 철학이다.

생명은 물질의 제약과 속박에서 벗어난 기쁨과 상생공존의 관계를 실현하는 사랑과 끊임없이 창조적 변화의 미래를 열어가는 희망을 품은 것이다. 생의 철학자로서 그는 현실의 고난과 시련을 끊임없이 겪으면서도 평생 기쁨과 사랑과 희망을 잃지 않았다. 그는 홀로 기뻐했을 뿐 아니라 흥사단에서 희락회를 자주 가짐으로써 동지들과 함께 기뻐하려고 하였다. 그는 또한 사랑이 생과 역사의 근본임을 깨닫고 실천하였다. 말년에 감옥에 갇혀서도 인생과 역사에서 사랑이 궁극적 진리임을 강조하였고 '애기애타'(愛己愛他)의 원리를 내세웠다. 그가 기쁨과 사랑을 잃지 않은 것은 생명의 본성과 원칙을 확고하게 지킨 것이다. 그가 정의돈수(情誼敦修) 사랑공부를 강조하고 애기애타를 삶과 운동의 원칙으로 세운 것은 사랑을 근본으로 삼은 것이다. 그는 또한 어떤 경우에도 생의 낙관과 희망을 버리지 않고 앞으로 나아가려 했다. 그는 희망의 사람이요, 절대 낙관의 사람이었다. 절대 낙관은 믿음이다. 물질의 작용과 법칙을 초월한 생명의 가장 중요하고 기본적인 덕목은 믿음이다. 믿음에서 생명의 다른 덕목들 사랑, 희망, 기쁨이 나온다. 그는 하늘(하나님)을 믿고 동지를 믿고 자기 자신을 믿었다. 건전한 인격을 확립하고 절대 정직과 성실을 추구한 것은 하늘을 믿고 자신을 믿은 것이며, 신성한 단결을 추구한 것은 동지를 믿은 것이다. 하늘을 믿고 자신을 믿은 사람만이 동지를 믿을 수 있다. 그는 믿음의 사람이었다. 하늘을 믿고 자신을 믿은 믿음은 동지에 대한 믿음으로 귀결되었다. "동지를 믿고 속으라… 세상에 마음 놓고 믿는 동지가 있다는 것처럼 행복이 또 어디 있으리오."[36]

---

[36] 『안도산전서』, 30.

생명은 물질 안에서 물질을 초월한 것이다. 물질의 속박과 제약에서 초월한 생명은 말할 수 없는 기쁨과 자유를 지녔다. 자신의 물질적 속박과 제약에서 벗어나 기쁨과 자유를 가진 생명은 다른 생명과 서로 다른 주체로서 상생공존의 사랑 관계를 가지게 된다. 물질적 차원에서는 서로 공존하고 결합할 수 없는 물질요소들이 생명체 안에서는 상생공존의 관계를 가지고 깊이 결속하게 된다. 이것은 생명체가 이미 서로 다른 물질적 존재들의 상호수용과 참여에 근거한 상생공존의 사랑 관계를 형성했음을 뜻한다. 그러므로 기쁨과 사랑은 생의 본질이며 특징이고 원리다. 생은 본래 기쁜 것이므로 숨 쉬고 밥 먹고 잠자고 소화·흡수·배설하는 일체가 기쁜 것이다. 어린 아기를 보라. 아기가 얼마나 기쁘냐! 아기를 보는 것만으로도 기쁨을 느낄 수 있다. 새싹과 꽃 봉우리를 보아도 기쁘다. 그러나 인간의 뇌는 생을 위태롭게 하는 고통을 잘 기억하고 기쁨은 기억할 필요가 없으므로 쉽게 잊어버린다. 그래서 사람은 흔히 고통의 기억을 많이 가지게 된다. 이러한 생의 기쁨과 사랑은 물질적 차원을 초월해서 나오는 것이므로 본디 물질적 조건과 환경에 관계없이 누릴 수 있는 것이다. 성공과 실패, 삶과 죽음에 관계없이 살아서 숨을 쉬는 한 생은 기쁨과 사랑을 누릴 수 있다. 안창호는 시련과 고통 속에서 사랑과 기쁨을 누린 현자였다.

물질적 제약과 속박에서 벗어난 생의 기쁨과 사랑을 지닌 사람은 물질적 조건과 환경, 역사 사회적 상황과 형세에 좌우되지 않는 낙관과 희망을 가질 수 있다. 안창호는 큰 시련과 역경 속에서 눈물을 흘리며 통곡하기도 했지만 어떤 경우에도 그가 살아 있는 동안 희망과 낙관을 버리지 않았다. 그는 임시정부를 조직하고 민족대표회의를 소집하면서 독립운동세력과 민족 전체의 통일을 위해 힘썼으나 실패하였다. 1926년 도산은 미국에서 흥사단 단우들 앞에서 '낙관과 비관'이라는 주제로 강연하였다. 그는 이 강연에서 하는 일과 사업이 실패하고 비참한 지경에 빠지더라도 "나는 우리 사업에 대하여 비관을 가지지 않고 낙관을 가졌다"고 했으며 "나의 목숨을 다하여 (이 사업을) 끝까지 붙들어 가겠다"고 절대 낙관을 말하였다.[37] 그는 물질적 현실적 상황과 조건에 흔들리지 않는 절대희망과 낙관을 가지고 살았다. 도산철학의 계승자라고 할 수 있는 함석헌도 광주에서 시민학살이 일어나고 전두환 군부세력이 권력을 잡았을 때 '절대승리'라는 주제로 강연을 하였다.[38] 그에게 생은 이기고 짐, 성공과 실패를 넘어서 절대낙관과 희망을 가지고 절대 승리하는 것이다. 생은 권리 이전에 사명과 책임을 가진 것이었다. 인생은 살까 죽을까 선택할 수 있는 권리를 가진 것이 아니라 어떤 조건과 상황에서도 살아서 생의 사명과 목적을 이루어야 하는 것이다. 함석헌의 이러한 생명철학은 권리 주장을 넘고 성공과 실패를 넘어서 생의 본직과 천직에 충실했던 도산의 생명철학을 이어받은 것이다.

안창호의 민중체험

안창호는 어려서 유교 경전을 배우고 십대 후반에 선교사 학교에서 기독교 정신과 과학적 사고를 익혔으며 서재필과 윤치호가 주도

---

37 안창호, "낙관과 비관," 『안도산전서』, 741-742.
38 함석헌, "절대 승리" (1980년 8월 설교), 「씨올의 소리」 96호 (1988.12); 그 밖에 함석헌 "절망 속의 희망," 「기독교사상」 1975.3. 참조.

한 독립협회와 만민공동회에서 민주정신과 원리를 배웠다. 어린 나이였지만 동·서 정신문화를 아우르고 민주정신을 확립하였다. 그는 21세 때 선배이고 동지인 필대은과 함께 관서독립협회를 조직한 다음 평양의 쾌재정에서 관민공동회를 개최하고 많은 군중과 평양 감사와 진위대장 같은 고위 관리들 앞에서 연설하였다. 하늘과 땅 사이에 곧고 당당하게 서서 안창호는 민중의 한 사람으로서 말하였다. 그는 나라의 위기를 자각하고 부패하고 무능한 관리들의 악행을 준엄하게 고발하고 꾸짖었다. 나라와 민중에 대한 지극한 사랑과 정성으로 거침없이 진실과 정의를 선포하는 안창호의 연설을 듣고 청중은 발을 구르고 손뼉을 치며 환호하였고 고위관리들도 함께 박수를 쳤다고 한다.

　평양 부근에서 가난한 평민의 아들로 태어나고 자랐던 청년 안창호에게 그 지역 청중은 부모나 집안 어른들 같았다. 곧고 당당하게 서서 진실과 정의를 말할 때 안창호는 민중과 하나로 될 수 있었고 하나로 된 민중에게서 큰 감격과 용기와 힘이 분출하는 것을 경험하였다. 이로써 안창호는 민중을 깊이 신뢰하고 사랑하며 존중하게 되었다. 그는 이때 민족역사의 주인과 주체로 우뚝 설 수 있었고 민을 민족의 주체와 전체로 일으켜 세울 수 있었다. 쾌재정의 연설에서 안창호는 민중과 함께 서로 주체로서 일어서는 체험을 하였다. 이것은 안창호 자신의 '나'를 발견하고 체험한 것이고 민중을 민족역사의 중심과 주체로 확인하고 체험한 것이다. 이때 안창호는 생명의 진리 체험, 역사와 사회의 민중체험을 깊고 철저하게 하였다. 이러한 그의 진리 체험이 그의 철학을 형성하고 평생 올곧고 창조적인 생을 살게 하였다.

안창호의 민중체험이 지닌 의미는 인류 정신사에서도 확인된다. 인류 정신사의 초기 자연종교와 국가종교 단계에서 인간은 자신의 바깥에서 생의 진리(하나님, 힘, 가치)를 찾았다. 자연종교 시대에는 자연환경과 만물에서 생의 진리(하나님)를 발견하고 체험하였다. 그 다음 국가종교 시대에서 인간은 사회적 권력(군왕)과 기관(국가)에서 생의 진리(하나님)을 발견하고 체험하였다. 그 다음 단계인 기축 시대에 이르러서 인간은 생의 궁극적이고 보편적인 진리를 인간 자신의 내면, 지성과 영성에서 발견하고 체험하였다. 넷째 단계에서 인간은 생의 궁극적 진리인 하나님을 역사와 사회의 고통 받는 민중과 나의 일치 속에서 발견하고 체험하였다. 나를 배제한 바깥 타자들에게서도 아니고 바깥 타자들을 외면한 나의 주관적 내면에서도 아니고, 사회와 역사의 민중 현실 속에서 나와 다른 민중 전체의 일치에서 생의 진리, 하나님을 체험한 것은 궁극적이고 가장 높은 진리 체험의 방식이다. 이런 진리 체험을 통해서만 생의 주체와 전체가 참되게 일치하며 새로운 사랑의 공동체적 관계가 창조될 수 있다. 사회와 역사 속에서 이루어지는 잔혹한 폭력과 불의의 사슬을 끊고 정의와 평화의 새로운 생명공동체를 실현할 수 있고, 역사와 사회를 새롭게 창조할 수 있다.

진실과 정직, 사랑과 정의 속에서 민중과 하나 됨을 체험한 안창호는 생의 궁극적 진리를 역사와 사회 속에서 경험하고 실현하는 철학을 형성하였으며, 이 철학을 바탕으로 정의와 사랑과 평화를 실현하는 새로운 역사와 사회를 만들어가는 일에 평생 앞장설 수 있었다. 그가 평생 지치거나 절망하지 않고 기쁨과 사랑과 희망을 가지고 앞으로 나갈 수 있었던 것은 그의 진리 체험이 깊고 철저했기 때문이다. 안창호가 대중연설을 통해서 민중과 하나로 되는 체험을 한 것은 한국 근·현대의 역사와 민족을 체험한 것이고 자기를 발견하고 확립한 것이었다. 그것은 궁극적인 생의 체험일 뿐 아니라 근·현대 역사와 사회 속에서 자기를 발견하고 체험한 순간이었고 자기와 민족(민중)의 동일성을 확인하고 체험한 순간이었다. 그는 이 체험 이후에 다시 이 체험 이전으로 돌아가지 않고 이 체험을 심화하고 발전, 승화시킴으로써 민주, 인간, 민족의 자주독립과 통일의 길을 갔다.

그는 인간의 인격적 주체를 개조하고 혁신하여 참되고 온전한 주체 자아를 확립하려고 평생 힘썼으며 자아의 혁신을 통해 주체적 자아와 민족 전체가 일치하는 삶을 추구하였다. 그는 평생 자아의 혁신을 추구했으며 민족 전체의 통일을 추구했다. 낡은 신분질서와 미신적 운명론적 사고를 타파하고 과학적이고 주체적인 삶을 추구했다. 그는 자연현상뿐 아니라 역사와 사회, 도덕과 정신의 세계에서도 과학적 인과관계가 성립한다고 생각하였다. 따라서 언제나 현실 문제의 원인과 결과를 탐구하고 분석하고 진단하고 평가하면서 구체적인 방안과 대안을 제시하였다. 그리고 그는 원인과 결과를 만드는 것은 사람의 주체라고 보았으므로 주체적인 책임과 실천을 강조하였다. 그는 지역감정과 소영웅주의, 당파주의를 극복하고 민의 주체적 자각과 민족 전체의 통일을 이루려고 혼신을 다하였다. 그는 또한 제국주의 국가들의 침략과 지배를 극복하고 정치, 경제, 교육, 민족의 평등을 바탕으로 세계정의와 평화를 이루는 대공주의를 주장하였다. 그가 단체와 조직의 신성단결을 말하고 민족 전체의 자리에서 대공주의를 말한 것도 민주정신의 바탕에서 민족 전체의 통일을 추구한 것이다.[39] 그는 주체의 깊이와 자유에서 민족 전체의 하나 됨에 이르려 했던 주체와 통일의 철학자였다.

2) 철학의 기준과 자리

인류의 근·현대 특히 민주화와 동·서 문명의 만남으로 전개된
한국 근·현대가 인류 정신사에서 가장 높은 봉우리다. 기존의 철학
은 과거의 철학을 기준으로 한국 근·현대의 정신과 철학을 이해하
고 평가하려고 하였다. 고대와 중세에 이루어진 낡은 철학을 기준으
로 오늘의 삶과 정신을 이해하고 평가하는 것은 잘못이다. 그런 방
식으로는 결코 오늘 우리의 삶과 정신을 이해하고 바로 세울 수 없
다. 거꾸로 오늘 우리의 삶과 정신에 비추어서 과거의 종교와 철학
을 이해하고 평가해야 한다. 그래야 오늘 우리의 삶을 제대로 이해
하고 새로운 미래의 삶과 정신을 창조적으로 형성할 수 있다.

과거와 현재를 비판하고 넘어서서 새로운 미래를 창조하는 것은
인간의 본분이고 책임이다. 본능에 따라 사는 파충류는 현재의 순간
에 충실하게 살고 과거의 기억과 감정을 가지고 사는 포유류는 과거
와 현재를 연결 지으며 살아간다. 그러나 지성과 영성을 가진 인간
은 과거와 현재를 비판하고 새로운 미래를 창조하며 살아간다. 생명
진화와 인류 역사는 끊임없이 자기를 넘어서서 새로운 자기를 형성
해온 것이고 과거와 현재를 비판하고 극복하여 새로운 미래를 열어

---

39 대공주의에 관해 도산이 말한 문헌을 발굴하고 대공주의에 대한 연구와 논의를 촉진
   시킨 사람은 박화만이다. 박화만, "도산 안창호의 민족혁명운동과 대공주의(大公主義)
   – 정치평등을 중심으로," 『도산 안창호 사상의 재조명: 대공주의(大公主義) 이해와
   실천 과제』, 흥사단 창립 104주년 기념 심포지엄 자료집 (2017), 119-168.

왔다. 현재는 과거보다 나아간 것이고 미래는 과거와 현재보다 나아가야 할 것이다. 과거와 현재에 달라붙어 머물러 있는 생명과 정신은 이미 죽었거나 곧 말라 죽을 것이다.

하나님이나 진리가 있다면 그것은 오늘 나의 삶과 정신 속에 그 위에 그 뒤에 살아 있어야 한다. 그래서 율법학자들이 모세의 율법 경전을 내세워 예수와 그의 친구들을 비난하고 정죄할 때 예수는 당당하게 "모세는 그렇게 말했으나 나는 이렇게 말한다"고 선언하였다. 과거의 경전을 오늘 나의 삶의 기준에서 이해하고 평가하는 것이 진정한 창조적인 경전해석법이다. 안창호는 오늘 나의 삶에 비추어 철학과 사상, 경전과 교리를 이해하고 평가하였다. 그에게는 오늘 근·현대의 정신과 삶이 주이고 중심이었다. 모든 종교와 철학 경전과 교리는 오늘 나와 민족을 살리고 구하는 데 도움이 되는 만큼만 쓸모와 효용이 있는 것이다.

생명과 정신의 주체적 깊이와 전체적 통일 속에서 끊임없이 자기와 민족을 개조하며 앞으로 나아가려고 했던 안창호는 자기의 삶과 역사 속에서 사상과 철학을 형성하였다. 그에게 철학의 기준과 자리는 그의 삶과 역사였다. 과거의 어떤 종교나 철학에 매이지 않고 자신의 삶과 역사에 충실하게 생각하고 행동함으로써 그는 주체적이며 현대적인 철학을 형성할 수 있었다. 한국의 근·현대가 낳은 안창호의 정신과 철학은 한민족의 삶과 역사 속에서 형성되고 닦여졌다는 점에서 주체적이고 창조적이다. 그리고 그것은 민주화, 과학화, 세계화를 온전하고 바르게 실현하고 완성한다는 점에서 현대적이며 세계적이다.

서양의 플라톤에서 칸트에 이르는 관념론적 이성의 주체철학이

나 삶의 단편적이고 우연적인 성격에 주목하는 포스트모더니즘 철학은 역사와 사회의 불의와 폭력, 시련과 갈등을 극복하고 근·현대 인간의 주체와 전체를 온전히 실현하고 완성할 수 없다. 하늘, 본성, 불성, 자연과 같은 보편적 전체에 개별 인간의 주체를 귀속시키는 동양철학도 근·현대 인간의 주체와 전체를 통일시키며 민주화, 과학화, 세계화의 길을 완성할 수 없다. 안창호는 한국 근·현대의 중심에서 근·현대의 모순과 갈등을 극복하고 민주화, 과학화, 세계화를 실현하는 정신과 철학을 형성했다. 근·현대 역사와 사회의 모순과 갈등의 중심에서 제국주의적 불의와 폭력을 극복 청산하고 민주, 정의, 평화의 나라를 실현하려고 안창호는 끊임없이 투쟁하고 실천했다. 역사적 투쟁과 실천 속에서 형성된 안창호의 철학은 개별 인간의 책임적 주체 '나'와 통일된 민족 전체 '나라'를 일치시키면서 민주화 과학화 세계화의 길을 열고 그 길로 나아간다는 점에서 창조적인 한국철학이면서 보편적 세계시민의 철학이다.

생명 진화와 인류 역사를 통해 스스로 자신을 형성해온 생명과 정신은 자기의 창조자이며 피조물이다. 인간은 역사와 사회의 창조자이며 피조물이다. 인간이 자신을 새롭게 혁신하면서 역사와 사회를 새롭게 형성해가는 것은 생명 진화와 인류 역사의 목적을 실현하고 완성하는 것이다. 인간이 자신의 자아를 확립하여 국가의 민주적 주권자와 주체가 되고 동·서 정신문화를 융합하여 세계 보편적 시민이 되는 것은 동·서 정신문화의 한계와 제약을 극복하고 근·현대의 과제와 사명을 완성하는 것이다. 안창호는 누구보다 생명과 정신의 본성과 목적에 충실하면서 근·현대의 과제와 사명을 이루기 위해 치열하게 살았다. 민중의 주체적 자각과 민족의 독립 통일을 동시에 추구하면서 동·서 문명의 창조적 융합을 자신의 삶과 정신 속에서 구현했던 안창호는 동·서 사상의 제약을 극복하고 세계시민이 되는 새로운 철학을 형성했다.

자신의 삶과 정신 속에서 그리고 한국 근·현대 역사의 중심과 선봉에서 자아의 혁신, 민족의 독립 통일, 세계대공을 실현하려 했던 그에게는 오늘 여기 '나'의 삶의 자리가 가장 중요하고 가장 높고 큰 자리이며, 한국 근·현대의 역사와 사회가 가장 소중하고 존귀하다. 과거의 모든 전통과 학설은 참고와 거울일 뿐이다. 나와 우리의 삶의 자리가 인류 정신사의 가장 높은 봉우리이며 생명과 진리가 살아 숨 쉬는 곳이고 거룩한 얼(하나님)이 살아 계신 자리다. 도산 안창호는 오늘 우리의 삶 속에서 우리 자신을 위한 우리의 철학을 형성했다.

안창호에게 철학의 자리와 기준은 오늘 여기 나의 삶이다. 오늘 여기 나, 우리의 삶을 기준으로 서양철학과 동양철학을 이해하고 평가해야 한다. 서양철학과 동양철학을 기준으로 오늘 여기 나, 우리의 삶을 이해하고 평가해서는 안 된다. 하나님도 진리도 오늘 여기, 나, 우리의 삶 속에 살아 있는 것이다. 과거는 없는 것이고 미래는 아직 오지 않은 것이다. 삶은 오직 지금 여기에 살아 존재한다. 삶의 진리와 철학은 지금 여기의 삶이 기준이 되고 중심이 되어야 한다. 안창호는 지금 여기서 나와 민족사회를 개조(개혁과 창조)하는 것이 가장 근본적이고 중요한 일로 보았다. 그는 나와 사회를 새롭게 함으로써 민족을 통일하고 새로운 미래를 창조하고 혁신하려고 하였다. 그의 철학은 오늘 여기 나의 철학이면서 새 역사를 창조하는 미래의 철학이다.

3) 근 · 현대와 새로운 철학의 탄생

　문명개화의 길에 앞장선 일본의 침략과 정복으로 한민족은 나라가 망하고 식민지가 되는 고통스러운 과정을 겪었다. 한국의 근 · 현대는 전쟁과 폭력을 극복하고 정의와 평화를 추구하며 민족의 자주독립을 실현해가는 시대였다. 지난 150년 동안 한민족은 불의하고 무능했던 조선왕조, 식민통치, 남북분단, 민족전쟁, 군사독재로 이어진 불의와 폭력의 끝없는 터널을 지나왔다. 한민족은 불의와 폭력에서 벗어나 생명, 정의, 평화가 가득한 민주화, 과학기술화, 세계화를 열망하고 그 길을 향해 나아가야 했다. 한민족은 근 · 현대의 위기와 고통 속에서 정의와 평화, 생명과 사랑을 추구하고 실현하는 위대한 혁명의 행진을 계속하였다. 삼일혁명, 4 · 19혁명, 촛불혁명은 낡고 불의한 정권에 맞서 새로운 정부를 수립했다는 점에서 큰 의미를 지니고 있다. 삼일혁명, 4 · 19혁명, 촛불혁명은 불의와 폭력에 맞서 정의와 평화, 생명과 사랑을 실현하는 위대한 도정이고 승리였다. 이 혁명들은 모두 한민족의 한 사람 한 사람이 민주적 주체로 자각하여 민족 전체가 하나로 되어 떨쳐 일어난 위대한 혁명적 사건들이었다.

　삼일혁명에서 촛불혁명까지 한민족이 열어온 민주화의 여정은 개인의 주체적 각성과 민족 전체의 통일이 일치하는 것이었다. 한 사람 한 사람이 주체로 일어서면서 민족 전체가 하나로 움직이는 것이 참된 민주의 실현이면서 민족(세계) 전체의 통일을 이루는 것이었다. 한 사람 한 사람의 주체적 자각과 함께 민족 전체의 통일을 이루는 것이 불의한 제국의 압제와 사슬을 끊고 정의롭고 평화로운 자주독립의 민주국가를 이루는 것이었다. 한 사람 한 사람의 주체적 자각을 이루고 정의롭고 평화로운 민주국가를 수립하는 것이 세계 정의와 평화로 나아가는 것이었다. 한국 근·현대를 이끌어간 중심 축은 민의 주체적 자각에 기초한 민주화다. 교육독립운동에 의해서 각성된 민이 있었으므로 민주화, 산업화, 세계화가 가능했다. 그러 므로 민주화는 과학기술화와 세계화의 토대와 근거다. 민주시민만 이 과학적이고 합리적인 사유를 하고 산업기술 사회의 주인이 될 수 있으며 세계정신과 보편가치를 실현할 수 있다. 자주독립의 민주국 가를 이루는 과정은 민주화 과정이면서 과학적이고 합리적인 산업 사회로 되는 과정이며 세계 보편적 가치와 정신을 실현해가는 과정 이었다. 한국 근·현대는 세계 근·현대에서 왜곡되고 변질된 민주 화, 과학기술화, 세계화를 온전하고 충실하게 실현하는 과정이었다.

일제의 식민지배와 통치로 한민족에게는 민주화, 과학화, 세계화 라는 근·현대 인류의 길이 왜곡되고 막혀버렸다. 나라를 잃은 민족 의 한 사람으로서 안창호는 민을 깨워 일으키며 일제의 불의한 억압 과 지배에 맞서 싸웠고, 민족의 자주독립과 통일을 이루기 위해 희 생하고 헌신하였다. 나라 잃고 고통당하는 밑바닥 민중의 자리에서 안창호가 걸어갔던 민족의 독립과 통일에 이르는 길은 세계평화와 정의에 이르는 지름길이었으며 민주화, 과학화, 세계화를 실현하고 완성하는 길이었다. 민주화, 과학화, 세계화로 나아가는 근·현대 인 류의 막혀버린 길을 뚫고 닦아낸 안창호는 근·현대 인간의 모범과 전형이 되었다.

마치 조개가 상처를 입고 진주를 만들어내듯이 강대국들의 불의 와 폭력으로 짓밟히고 상처받은 한국의 근·현대는 생명과 역사의 진리를 깊이 깨닫고 체험하여 정의와 평화를 실현하는 위대한 민주 정신과 생명철학을 탄생시켰다. 일제의 침략과 정복으로 나라를 잃고 큰 슬픔과 고통 속에 있었던 한민족은 서양의 기독교 정신과 과학 정신, 민주정신을 열렬하면서 순수하고 온전하게 받아들일 수 있었다. 또한 누구보다 간절하고 진실하게 정의와 평화를 갈구하고 실현하려고 하였다. 한국 근·현대사의 중심에서 진지하고 철저하게 근·현대의 정신과 철학을 추구하고 실현한 인물이 도산 안창호다. 안창호는 어려서 유교 경전을 공부하고 10대 후반에는 기독교 정신을 배우고 받아들였으며 과학적이고 합리적인 사고를 익혔으며 민주정신을 체화하고 실천하였다. 그는 유교 경전을 익힌 주체적 한국인으로서 서양의 정신문화와 과학기술문화를 깊이 창조적으로 받아들였다. 서양의 정신문화를 주체적이고 체험적으로 받아들임으로써 안창호는 자신의 삶과 정신 속에서 동·서 정신문화를 융합하고 창조하는 새로운 주체적이고 보편적인 정신문화의 세계를 열 수 있었고 주체적이고 세계 보편적인 정신문화의 형성을 통해 새로운 철학을 낳을 수 있었다.

그는 20대 초반의 나이에 미국으로 유학 가서 미국의 문화와 생활을 배우고 익혔으며 미국과 중국에서 독립운동을 주도함으로써 국제적이고 세계적인 면모를 지니게 되었다. 그는 21세 때부터 대중연설을 하면서 민중 속으로 들어가 민중과 하나로 되는 체험을 하였다. 미국과 멕시코에서는 가난한 한인 노동자들을 교육하고 조직 훈련하여 공립협회, 대한국민회 중앙총회를 이끌며 독립운동의 토대를 마련하였다. 세계적인 안목을 가진 사람으로서 안창호는 민중의 삶과 소통하고 교감하며 인간과 역사를 깊고 크게 볼 수 있었다. 민족사의 중심과 선봉에서 몸과 맘과 얼을 다해서 치열하게 생각하고 행동했던 그는 자신의 삶과 정신 속에서 생명의 주체와 전체와 혁신(진화)을 체험적으로 인식하고 이해하고 깨달을 수 있었다. 이러한 체험적 인식과 깨달음에서 안창호의 생명철학은 형성되었다.

3. 철학의 형성과정

1) 쾌재정의 연설과 민중체험

1898년에 도산은 평양에 독립협회 관서지부를 설립하는 데 앞장서고 만민공동회를 열어 그 유명한 쾌재정의 연설을 하였다. 그는 평안도 가난한 평민의 아들이었다. 황제의 탄신일을 기념하여 열린 만민공동회의 연설에서 도산은 평양감사를 비롯한 고위 관리들, 지역유지들, 수많은 청중들 앞에서 당당하게 관리들의 부정부패와 억압과 수탈을 통렬하게 비판하였다. 곧고 바른 맘으로 정성을 다해 간절하게 진실하고 정의로운 말을 했을 때 청중은 손뼉을 치고 발을 구르며 환호하였고 관리들도 함께 동조하며 박수를 칠 수밖에 없었다.

쾌재정의 연설에서 도산은 '나'를 곧고 바르게 세우면 다른 사람들도 함께 일어나게 할 수 있음을 깨닫고 체험하였다. 그는 또한 민중과 높은 관리들과 유지들이 하나로 되는 큰 감격 속에서 민족 전체의 엄청난 힘이 솟아나는 것을 체험하고 깨달았다. 나를 바로 세워서 나의 깊이와 자유에 이를 때 민족 전체가 하나로 될 수 있다는 진리를 깨달은 것이다. 개인의 주체('나')와 민족 전체('나라')가 일치할 때 개인과 민족을 개혁하고 창조하는 힘이 나온다는 생명과 역사의 진리를 도산은 일찍 체험하고 깨달은 것이다. 그는 또한 생명과 역사의 이러한 진리는 죽음과 실패를 두려워하지 않는 용기를 통해서만 실현된다는 것을 알았다. 평양감사와 진위대장 같은 고위관리들 앞에서 고위관리들의 부패와 부정, 억압과 수탈을 신랄하게 비판하는 것은 고난과 죽음을 두려워하지 않는 용기가 없으면 할 수 없는 일이었다. 생명과 역사는 언제나 죽음과 패배, 시련과 좌절을 통해서 진화하고 진보해 왔다. 같은 해 종로에서 열린 만민공동회서 도산은 만여 명의 청중 앞에서 "지금부터 목숨을 내놓을 결심으로 모이자"고 역설하였다.[40] 쾌재정의 연설을 통해서 체험하고 깨달은 진리가 도산의 삶과 철학의 핵심을 이룬다.

2) 민과 함께 일어서는 공립협회

1902년 미국으로 유학을 온 도산은 샌프란시스코 길거리에서 상투를 잡고 싸우는 한인동포를 보고는 유학공부를 중단하고 동포들을 교육하고 조직하고 훈련하는 일에 헌신하였다. 1905년에 도산은 이들을 조직하여 '공립협회'(共立協會)를 만들었다. 공립협회는 민이 서로 함께 일어서자는 단체다. 공립협회의 강령은 한인 동포들이 '서로 보호하고 단합함'이었다. 1906년에 공립협회 1주년 기념 강연에서 도산은 문명과 부강의 뿌리와 씨를 민이 '서로 보호하고 단합함'이라고 하였다.[41] 어느 나라 어느 민족이든 문명하고 부강하려면

---

40 주요한 편저, 『안도산전서』, 증보판 (흥사단, 2015), 36-38, 56.
41 안창호, "공립협회 1주년기념연설," 『안도산전서』, 581.

민이 사랑으로 서로 보호하고 단합하여 협력해야 한다. 이것은 민을 억압하고 수탈하는 봉건왕조의 지배를 부정하는 민중해방과 민중주체의 민주원리일 뿐 아니라 약육강식의 원리에 따라 약소민족과 국가들을 지배하고 수탈하는 제국주의를 거부하는 상생과 협동의 공화원리였다.

도산은 청소부, 농장일, 부두에서 하는 노동을 하면서 생계를 유지했고 다른 한인 노동자들과 함께 서로 보호하고 단합하는 민주공화의 세계를 열었다. 그는 남의 집 일을 할 때도 자신의 일처럼 정성을 다하고 오렌지 하나를 따도 나라를 위해 정성껏 땄다. 나라를 잃고 남의 나라에서 고난을 당하는 동포들이 서로 돕고 구원하는 환난상구의 삶을 추구하였다. 민이 서로 주체로서 서로 보호하고 단합하여 서로 구원해야 한다는 것은 도산이 발견한 민주공화와 문명부강의 근본원리였다. 그는 이 진리를 공립협회, 대한인국민회를 통해서 실천하고 확인할 수 있었다. 민이 서로 보호하고 단합하여 서로 구원한다는 이 진리가 그의 삶과 철학의 근본원리였다. 이러한 민주공화와 환난상구의 원리는 도산의 삶과 철학에서 토대가 되었다.

3) 신민회를 조직하는 뜻

을사늑약으로 일본에게 나라의 주권을 잃자 도산은 1906년 말에 미국에서 '대한신민회취지서'(大韓新民會趣旨書)를 쓰고 한국에 돌아와서 신민회를 조직하고 민을 깨워 일으키는 교육독립운동을 벌이고 새로운 나라를 이루기 위한 혁신운동을 시작했다. '대한신민회취지서'를 보면 도산의 기본적인 사상과 철학이 이미 확립되어 있을 뿐 아니라 민족의 독립과 민주국가 건설을 위한 실천적인 구상과 방안이 마련되어 있음을 알 수 있다. 도산은 신민회의 목적과 방법을 제시하였다. 신민회의 목적은 "대한의 부패한 사상과 관습을 혁신하여 국민을 유신케 하며 쇠퇴한 교육과 산업을 개량하여 사업을 유신케 하며 유신한 국민이 통일 연합하여 유신한 자유문명국을 성립케 함"이다. 그 방법은 "… 신문 잡지 및 서적을 간행하여 인민의 지식을 계발케 할 일, 정미(精美)한 학교를 건설하여 인재를 양성할 일, … 합자로 실업장을 설립하여 실업계의 모범을 만들 일…"이다.[42] 한국의 부패한 사상과 관습을 혁신하여 국민을 새롭게 하고 새롭게 한 국민이 통일 연합하여 새로운 자유문명국을 이루는 것이 도산의 사상과 실천을 관통하는 기본 내용이었다.

이 글에서 도산은 먼저 나라를 잃고 망하게 된 한국 사회를 분석하고 진단하였다. 한국 사회가 낡은 습관에 매어 있으며 거짓말과 허위로 가득 차 있고 공론공담과 당파싸움에서 벗어나지 못하고 있다고 도산은 한국 사회를 통렬하게 비판하였다. 또한 한국 사회는 약자를 압제하고 강자에게 의뢰하는 이중적이고 위선적인 사회라고 보았다. 한국 사회는 약자에게는 거만하고 강자에게는 굽실거리는 노예성질과 사대주의로 오염된 사회다. 나라의 주권을 되찾고 자유문명국이 되려면 정치사회문화 교육도덕의 모든 분야를 쇄신해야 한다. 민의 새 정신을 일깨워 새 단체를 만들고 나아가 새 나라를 건설하는 것이 유신(維新)이다. 유신은 "심장을 토하고 피를 말려서 실행할 일"이다. 하늘의 도가 새로워지고 인간의 일을 새롭게 하는 유

---

42 "대한신민회취지서,"『안도산전서』, 1071-1072.

신의 시작과 끝은 민을 새롭게 하는 것이다. 도산은 '나·민'(我 民)이란 말을 거듭 되풀이하면서 '나 민'이 새로워져야 한다고 역설하였다. "나 민이 새롭지 않으면 누가 나의 대한을 사랑하고 나 민이 새롭지 않으면 누가 나의 대한을 보호하겠는가." 도산이 '나·민'(我 民)이란 말을 쓴 것은 민을 중립적이고 객관적으로만 보지 않고 국민 한 사람 한 사람을 주체적인 '나'의 관점과 자리에서 본 것을 의미한다. 그는 국민, 민중을 '나'(我)로 보았다. 그는 '나·민'을 새롭게 하고 민족사회의 온갖 낡은 습관과 버릇을 고치고 정신문화와 제도, 사상과 의식을 새롭게 하기 위해서 심장을 토하고 피를 말려가면서 헌신할 것을 다짐하고 "가시밭길 험한 길에도 나아갈 뿐 물러섬은 없을 것"이라고 약속하였다.[43] 그에게 민의 '나'는 나의 심장을 토하고 피를 말려서 새롭게 해야 할 나 자신이다.

1907년 2월에 도산은 인간과 민족의 혁신을 위한 철학과 함께 독립운동의 분명한 계획과 방안을 마련해 가지고 한국으로 와서 신민회를 조직하고 대성학교를 세우고 청년학우회를 만들어 교육독립운동을 펼쳤다. 그의 연설이 많은 사람을 사로잡고 움직일 수 있었던 것은 그가 뛰어난 웅변가였기 때문만이 아니라 그의 말 속에 깊은 철학과 구체적이고 합리적인 방안이 담겨 있고, 민과 나를 일치시키는 절실하고 사무친 심정과 뜻을 지녔기 때문이다. 민을 나라의 주인과 주체로 보고 민이 서로 보호하고 단합하는 것이 문명과 부강의 뿌리와 씨라고 보았으므로, 도산은 민을 나라와 역사의 주인과 주체로 깨워 일으키기 위해서 애국가를 짓고 부르며 민중 교육독립운동

---

43 "대한신민회취지서,"『안도산전서』, 1067-1070.

을 벌였다.

4) 삼선평 연설, 민이 나라다

같은 해 5월 12일의 '삼선평 연설'과 12월 8일의 '서북학생친목회 연설'은 이 시기 교육독립운동을 위한 도산의 정신과 철학을 잘 드러내 보인다. 두 연설문을 살펴보면 그의 철학이 어떻게 형성되어갔는지 알 수 있다. 삼선평 연설에서 도산은 "비상한 원인은 비상한 결과를 낳는다"면서 "한국인민이 자기 아들 사랑하듯 나라 사랑하면" 나라를 구할 수 있다고 하였다. 그는 먼저 개인이 나라를 소유하고 지배한 왕조 국가와 민이 나라의 주인인 오늘의 민주국가를 대비시켰다. 민은 왕조 국가를 개인의 소유로 보고 왕조 국가는 민을 고기로 여겼다. 그래서 큰 고기는 중간 고기를 잡아먹고 중간 고기는 작은 고기를 잡아먹는 사회가 되었으며 서로 빼앗고 해치고 침탈하는 낡은 관습과 관행에 사로잡혀 있다가 일본에게 나라를 빼앗기게 되었다. 그러나 이제는 한 인간이 나라를 소유하는 시대가 아니다. 민이 나라의 주인인 시대가 되었다. "우리 어깨 위에 대한(大韓) 두 글자를 각각 짊어졌다." 도산은 민의 나라를 민의 생명공동체로 보았다. 몸의 한 곳에서 생맥이 끊어지면 몸 전체가 아프듯이, 국가의 어느 부분에 생맥이 끊어지면 국민 전체가 생명을 유지할 수 없다. 따라서 국민이 나라를 사랑하는 것(愛國)은 국민이 제 몸을 사랑하는 것(愛身)이다.

국민이 나라를 어깨 위에 짊어졌다고 보고 나라를 민의 생명공동체로 생각한 도산은 환난에 빠진 나라를 구하는 것은 국민 자신뿐이라고 여겼다. 하나님을 믿으면 하나님이 도우실 것이라는 주장을 도산은 먼저 비판하였다. 하나님은 지난 4천 년 동안 돌보고 도우셨지만 우리가 잘못하여 나라가 망하게 된 것이므로 우리 자신이 스스로 반성하고 참회하여 나라를 되찾고 지켜야 한다. 계룡산 진인이 와서 구원할 것이라든가 일본, 영국, 미국이 우리나라를 도와줄 것으로 믿는 것은 모두 망령되고 거짓되며 부패한 주장들이다. 그는 이러한 낡고 부패한 주장들을 깨끗이 끊어버리고 "죽음을 결단할 심정으로" 개전(開戰)을 준비하자고 하였다.[44] 생명철학의 관점에서 도산은 국가를 유기체적 생명공동체로 보고 국민 개개인의 주체와 국가 전체를 일치시켰다. 생명철학의 첫째 원리는 '스스로 하는 자발적 주체성'이다. 도산은 나라를 잃고 환난에 빠진 한민족을 구원하는 것은 한민족 자신이라고 보았다. 한민족이 스스로 깨어나 제 힘으로 자신을 구원하는 길밖에는 환난에 빠진 한민족을 구원할 길이 없다.

5) 서북학생친목회 연설, 도덕과 지식의 두 날개로 날아야

'서북학생회친목회 연설'에서 도산은 "우승열패와 약육강식이 널리 이루어지고 공공연한 본보기가 되고 있"는 "오늘의 시대"를 "인류가 서로 삼키고 멸망하는 때"라고 진단하였다. '삼선평 연설'에서 이미 도산은 과거 한국의 왕조사회를 서로 잡아먹고 해치고 속이고 빼앗는 약육강식의 사회로 보았다. 이번 연설에서는 오늘의 국제사회를 약육강식과 우승열패의 사회로 규정하고 "인류가 서로 삼키고 멸

---

[44] 안창호, "삼선평 연설," 『안도산전서』, 582-585.

망하는 때"라고 보았던 것이다. 도산은 강대국들의 제국주의와 한국의 봉건왕조사회를 똑같이 약육강식의 사회로 본 것이다. 연설의 첫머리에서 도산은 학생이 공부하는 궁극의 목적은 "사람이 되기 위한 방책을 배워서 얻으려는" 것이라고 말했다. 그리고 사람은 이미 짐승과의 약육강식과 우승열패의 싸움에서 승리하였다. 인간은 우승한 존재가 되었고 짐승은 열패한 존재가 되었다. "인간이 우승하고 짐승은 열패한 것이다." 그런 의미에서 인간은 약육강식과 우승열패의 싸움과 경쟁을 졸업한 존재다. 과거의 조선 왕조사회나 오늘의 국제사회는 인간다운 삶을 사는 것이 아니라 인간 이전의 짐승 같은 삶을 살고 있는 것이다.

약육강식과 우승열패의 짐승 같은 삶에서 벗어나 사람 되는 방법을 도산은 도덕과 지식에서 찾았다. 사람은 도덕과 지식의 두 날개로 날면서 사람 구실을 할 수 있다. 도산은 도덕과 지식을 "인자하고 존귀하신 하나님(上天)이 주신 것"이라며 도덕과 지식에 대한 깊고 의미 있는 정의(定義)를 제시하였다. "도덕이란 것은 하나님이 내게 주신 것을 받은 것이라 맘과 몸에 있는 것이고 그것을 사물에 행하여 하늘을 체험하여 차별 없이 평등하게 사랑으로 대하고 남을 나처럼 사랑하여 인류사회에 서로 살리고 서로 기르는 요소다."[45] 도덕은 하늘에서 받은 것이면서 인간의 몸과 맘에 있는 것이며, 사물에 실행하는 것이다. 도산에게 도덕은 하늘과 인간(몸, 맘)과 사물(땅의 현실에서 일어나는 사물)을 아우르는, 종합적이고 실천적인 것이다. 또한 "하늘을 체험하여 차별 없이 남을 나처럼 사랑하여 서로 살리고

---

[45] "夫道德者는 受上天之賦予하야 存諸心身하고 行之事物하야 體天同仁하고 愛人如己하야 人類社會에 相生相養之要素라." 안창호, "서북학생친목회 연설,"『안도산전서』, 586.

서로 기르는 요소"인 도덕은 상생 공존하는 공동체적 삶의 원리와 토대다. 도산이 제시한 도덕은 짐승처럼 우승열패와 약육강식의 삶을 살아가는 낡은 정신과 원리를 극복하고 사랑으로 서로 살리고 서로 기르는 인간다운 삶을 살아가는 새로운 정신과 원리다. 그의 도덕에서 하늘을 체험하는 것(體天)은 남을 나처럼 사랑하여 서로 살리고 서로 기르는 삶을 위한 근거와 토대다. 하늘을 체험하고 본받지 못하면 남을 나처럼 사랑할 수 없고 서로 살리고 기르는 일을 할수 없다. 그러므로 도산은 하늘을 체험하는 종교의 차원을 중시하였다. 하늘을 체험하는 것은 역사와 사회의 현실을 벗어난 것이 아니다. 하늘을 체험하는 일은 곧 인류사회에서 서로 생명을 살리고 기르는 힘과 요소가 된다. 하늘의 체험에 근거와 토대를 둔 도덕은 생명을 살리고 기르는 구체적인 힘과 요소다. 도덕과 생명은 직결된다. 도덕에 힘쓰지 않으면 개인은 "몸을 망치고 집에는 화가 닥칠" 것이다. 국가들이 "도덕의 근기를 닦지 않고 오로지 침략과 정벌에만 힘써서 귀중한 인명으로 살육의 참화를 당하게 하면 천도에 반역하는 것과 다르지 않아서 나라가 망하고 인종이 멸절하는 일이 닥치리니…" 도덕에 힘쓰면 살고 도덕을 버리면 망하고 죽는다.

도산은 도덕과 함께 지식을 강조했다. 그는 지식에 대해서 이렇게 규정했다. "지식은 우리 고유의 지각으로 모든 사물의 이치를 미루어 헤아려서 연구해서 그 지극한 데까지 통하고 도달하고 마르고 이루어서 그 작용을 다 하게 하는 것이다." 여기서 말한 '지각'은 뒤의 문장을 미루어보면 감각과 지성을 아우르는 말이다. 지식은 모든 사물의 이치를 헤아리고 연구해서 지극한 데까지 통하고 그 작용을 다하게 하는 것이다. 여기서 지식은 단순한 정보와 자료가 아니라 자연과학적 연구와 과학이론과 산업기술을 아우르는 말이다. 도산이 말한 '지식'은 사물의 이치를 이해하는 앎에 머무는 것이 아니라 사물이 "그 작용을 다 하게 하는 것"이다. 사물이 그 본성과 이치에 따라 가치와 아름다움을 드러내고 실현하게 하는 것이 지식이다. 지식에 대한 도산의 생각은 실용적일 뿐 아니라 깊고 통합적이다. 지식에 대한 도산의 간결한 설명에서 산업기술사회에 대한 그의 깊은 이해와 통찰을 엿볼 수 있다.

조선왕조는 도덕만 내세우고 실질적인 과학과 산업의 지식을 무시하면서 "서로 속이고 빼앗으며 서로 침탈하는" 사회가 되었고 결국 망하게 되었다. "서로 속이고 재물을 빼앗으며 서로 침탈하여 대어(大漁)는 중어를 잡아먹고 중어는 소어를 잡아먹음으로 살아가더니, 마지막에는 도적이 온 사방에 가득하게 되어서 우리 불쌍한 동포가 하루도 편안히 잠들지 못하게 되었다. 이렇게 되어 고유한 도덕도 홀연히 이제 망하게 되었다." 실질적인 지식을 무시한 조선 사회가 내세운 도덕은 실질과 정직이 없는 공허하고 위선적인 것이다. 지식 없는 도덕 사회도 망하지만 도덕 없는 지식사회도 망하게 된다. 도덕 없는 지식인은 나라를 팔고 동족에게 잔학을 저지르는 간웅난적이 된다. 그러므로 도산은 인간과 인간사회는 도덕과 지식의 두 날개로 날아야 한다고 말했다.

도산은 도덕과 함께 지식(과학)을 매우 중시했다. 그는 학문의 궁극 목적을 사람다운 사람이 되는 것으로 보았다. 사람다운 사람이 되려면 도덕과 지식을 함께 탐구해야 한다. 그는 학문하는 길을 이렇게 설명했다. "학문을 하는 길은 반드시 먼저 가까이 있는 작은 것을 힘써 배워서 소홀함이 없어야 하고 차례를 따라 점점 나아가서 멀고 큰 것에 통달하게 되는 것이 옳다." 가까이 있는 작은 것을 힘써 배워서 소홀함이 없어야 하고 차례를 따라 점점 나아가서 멀고 큰 것에 통달하는 도산의 학문방법은 생명철학적 학문방법이다. 가까이 있는 작은 것은 일상생활에서 경험하는 구체적인 것들이다. 삶 속에서 경험하는 구체적인 것들에서 공부를 시작해야 한다. 구체적인 작은 것들은 전체 생명과 이어져 있으므로 구체적인 작은 것들을 배워서 제대로 알게 되면 생명 전체의 깊은 뿌리와 큰 전체를 헤아려 알게 된다.

그리고 도산은 이어서 말하였다. "스스로 마음에 물어서 '내가 과연 사람의 직분을 수행할 수 있을까' 생각하면서 미세한 행위나 작은 항목이라도 그 낡은 껍질을 힘써 제거하고 그 새로움을 시도하여 오직 신사상과 신지식을 뇌수에 흘러들어가게 하여 신선하고 완전한 인재가 되어 신세계에 신문화를 발달하기로 힘쓰기 바란다." 공부하는 목적은 사람다운 사람이 되어서 사람의 직분과 구실을 수행하는 것이다. 사람이 되는 공부도 작고 미세한 데서 시작해야 한다. 일상생활의 "미세한 행위나 작은 항목이라도 그 낡은 껍질을 힘써 제거하고 그 새로움을 시도하여 오직 신사상과 신지식을" 배우고 익혀야 한다. 사람다운 사람이 되려면 삶과 행위를 새롭게 해야 한다. "낡은 껍질을 힘써 제거하고 그 새로움을 시도하여"는 생명의 원리를 잘 드러내는 말이다. 낡은 껍질은 생명이 자라고 새롭게 되는 데 장해가 된다. 본래 껍질은 생명의 알맹이를 보호하고 살리려는 것이다. 그러나 속 알맹이가 알이 차게 자라고 커지면 낡은 껍질을 깨고 나와야 한다. 생명은 낡은 껍질을 깨고 늘 새롭게 자라야 하는 것이다. 낡은 껍질을 깨고 자신을 새롭게 하지 못하면 사람다운 사람이 될 수 없고 사람의 직분을 다 할 수 없다. 애쓰고 노력하여 새로운 사상과 지식을 배우고 익혔어도 그 새로운 사상과 지식을 "뇌수에 흘러 들어가게 하여 신선하고 완전한 인재"가 되지 않으면 안 된다. 뇌수에 흘러 들어가게 한다는 것은 완전히 체화한다는 말이다. 사상과 지식이 단순히 관념과 이론, 정보와 데이터에 머물지 않고 '뇌수에 흘러 들어가' 나의 몸과 맘에 체화하고 체득되어야 한다. 그리고 새로운 사상과 지식을 몸과 맘에 체화한 사람은 신선하고 완전한 인재가 된다. 신선하고 완전한 인재가 되면 "신세계에 신문화를 발달하기로" 힘써야 한다. 새로운 사상과 지식은 새 세계와 새 문화를 발달시키는 생명력을 가진 것이다. 끝으로 도산은 시기와 경쟁심을 버리고 지역주의와 개인주의를 벗어나서 공동의 사업을 반드시 공동의 심력으로 하자면서 간곡히 부탁하였다. "함께 구제할 것을 생각하여 서로 통하고 하나로 되어서 단합주의로써 기약하고 꾀하여 일을 성공시켜서 무궁한 공리(公利)를 함께 지켜내기를 천만 면려한다."[46]

쾌재정의 연설을 통해서 그리고 공립협회의 조직과 활동을 통해서 도산은 민이 서로 단합하여 하나로 될 때 큰 힘이 나온다는 것을 체험하였다. 자신이 속한 서북지역의 학생들에게 도산은 이처럼 지역주의와 영웅주의를 벗어나서 대동단결할 것을 간곡하고 절절하게 호소하고 당부했다. 훗날 임시정부와 독립운동의 지도자라는 이들이 도산에게 지방열을 조장하는 야심가라는 낙인을 찍고 음해하고 중상한 것은 안타깝고 가슴 아픈 일이다. 민을 나라의 주인과 주체로 깨워 일으켜 민족의 독립과 통일을 이루려는 교육독립운동을 펼

---

46 안창호, "서북학생친목회 연설," 585-588.

쳤던 1907~1910년 사이에 도산은 민을 나라의 주인과 주체로 섬기고 받들고 민에게 앞장서도록 호소하는 민주교육과 정치의 모범을 세웠다. 그는 경제적 자립과 실력을 기르며 독립전쟁을 추진하였다. 민을 새롭게 하고 주체로 깨워 일으키는 교육독립운동이 그의 삶과 철학을 관통하는 내용이고 원리다.

6) 흥사단의 철학

한일병합으로 나라를 완전히 잃었을 때 도산은 미국으로 돌아와서 1913년에 흥사단을 조직하였다. 흥사단은 공립협회와 신민회의 이념과 목적을 모범적으로 실현하고 수행하기 위해 만든 단체다. 흥사단의 목적은 한 사람 한 사람의 나를 나라의 주인과 주체로 확립하고 책임의식을 가진 주체적 '나'들이 공고하게 단결한 조직과 단체를 만들고 단결된 조직과 단체의 힘으로 민족의 독립과 통일을 이루자는 것이다. 흥사단의 이념과 실천 속에 도산의 생명철학이 오롯이 담겨 있다. 흥사단의 기본철학은 덕력·체력·지력을 기르는 삼대육(三大育), 무실·역행·충의·용감의 사대 정신, 정의돈수(사랑하기 공부), 공고한 단결과 민족의 독립과 통일이다. 흥사단의 철학은 인간의 건전한 인격을 확립하고 공고한 단결을 이루어서 민족의 독립과 통일에 이르기 위해서 삼대육과 사대 정신과 정의돈수를 교육하고 수련하자는 것이다. 민족의 독립과 통일을 이루는 것은 자유로운 문명국가를 이루는 것이고 민주적이고 문화적인 문명국가를 이루는 것이 세계의 정의와 평화를 이루는 길이다. 한 사람 한 사람 개인(私)의 건전한 인격을 확립함으로써 단체와 조직의 공고한 단결을 이루고 그 공고한 단결을 통해서 당파주의와 영웅주의를 극복하고 민족 전체의 독립과 통일(公)을 이루는 흥사단 철학의 기본원리는 '나를 살려서 공의 세계를 연다'(活私開公)는 말로 표현할 수 있다. 이것은 개인(私)과 전체(公)를 함께 살리는 절묘하고 균형 잡힌 원리다.

도산은 수양을 강조했으나 그가 말한 수양은 동양의 전통적인 소극적 개인적 수양이 아니라 동지들과 함께 하는 적극적이고 진취적인 동맹수련이다. 전통적인 수련은 홀로 조심하고 삼가는 소극적 수련이지만 도산의 수련은 실패와 패배를 두려워 않는 적극적 수련, 홀로 하지 않고 더불어 하는 동맹수련이었다. 그의 수련 목적은 개인의 도덕과 정신을 고양시키는 데만 있지 않고 당파주의와 지역주의를 타파하고 민족 전체의 독립과 통일을 추구하는 인격과 정신을 교육하고 훈련하자는 것이었다. 당파주의와 지역주의를 타파하기 위해서 그는 팔도 대표의 발기로 흥사단을 창립했다.[47] 나라를 잃고 환난을 당한 한민족의 고통과 절망 속에서 그는 흥사단 단우들과 함께 사랑과 기쁨과 희망을 삶의 원리로 삼고 적극적이고 진취적으로 앞으로 나아가는 삶을 추구하였다.

7) 대공주의를 실현하는 사랑과 개조의 철학

1919년 삼일혁명이 일어나자 대한인국민회 중앙총회 회장이었던 도산은 삼일혁명의 정신을 받들어 상해 임시정부를 조직하고 노동국 총판이라는 낮은 자리에서 임시정부를 이끌었다. 그는 민족의 통

---

47 『안도산전서』, 169.

일을 독립운동의 수단과 목적으로 세우고 민족의 단결과 통일을 위해 혼신을 다하였다. 민족의 단결과 통일을 위해 도산은 영웅주의와 지역 당파주의를 극복하려고 애를 썼으나 오히려 당파주의와 영웅주의에 물든 이들로부터 지방열을 조장하는 야심가라는 비난을 받았다. 같은 해 도산은 '개조', '사랑'에 대한 연설을 하여 개조와 사랑의 철학을 확립하였다. 도산이 개조와 사랑의 철학을 내세운 것은 그의 생명철학에 충실하고 철저한 것이다. 생명은 늘 새롭게 스스로 진화하고 발전하는 것이며 스스로 탈바꿈하여 더 새롭게 큰 생명으로 변화해 가는 것이다. 또한 생명의 본질과 원리는 사랑이며 사랑 속에서 생명은 잘 자라고 힘 있게 되고 새롭고 크게 변화할 수 있다. 그가 말한 개조는 부분적인 교정이 아니라 근본적이고 철저한 창조적 변화를 뜻한다. 말 그대로 개조(改造)는 개혁과 창조다. 그는 개조의 철학자이면서 사랑의 철학자였다. 사랑으로 서로 보호하고 단합하는 것을 문명과 부강의 뿌리와 씨로 본 도산은 평생 이상촌을 건설하려고 애를 썼다. 이상촌은 덕·체·지의 힘과 무실·역행·충의·용감을 기르는 교육과 훈련의 도장이면서 민주공화의 이념을 실현하는 마을공화국이었다. 나(我)와 민(民)을 새롭게 하는 일과 민이 서로 보호하고 단합하는 일이 그의 삶과 철학의 핵심이고 목적이었다.

임시정부 시기에 도산의 민주사상은 보다 구체화되었고 심화·발전되었다. 그는 민이 나라의 주인과 주체임을 강조하면서 민의 책임과 의무를 앞세웠고 민과 지도자의 관계를 보다 명확하게 규정하였다. 대통령은 국민 전체의 명령에 복종해야 하고 개인으로서의 국민은 국민 전체의 명령에 충실한 대통령에게 복종해야 한다. 또한 그는 국민과 모든 지도자들과 모든 당파와 단체들은 서로 치열하게 대화하고 토론하고 연구하고 성찰하여서 공론(公論)을 세울 것을 강조하고 공론이 세워지면 모두 공론에 복종할 것을 역설하였다.[48] 그가 주장한 민주정신과 원리는 영웅주의와 당파주의를 극복하고 사심 없고 공정한 인격을 가진 사람들만이 지킬 수 있는 것이다. 이 시기에 도산은 공과 사를 구별하고 함께 강조하는 공사병립(公私並立)의 원칙을 확립했다. 모든 당파주의와 영웅주의를 넘어선 대공주의를 내세웠다. 그의 민주정신과 대공정신은 그의 민중체험에서 우러난 것이다. 민중의 자리에서 보면 당파주의와 영웅주의는 성립할 수 없다. 그는 쾌재정의 연설을 통해 민중과 하나로 되는 체험을 하였고 공립협회와 대한인국민회를 통해 민중을 교육하고 훈련하고 조직하는 활동을 통해서 민중을 깊이 신뢰하고 존중하게 되었다. 그의 민주정신과 대공정신은 그의 머리로 지어낸 것이 아니라 민중과 더불어 살았던 그의 삶에 뿌리를 박고 자라난 것이다. 주요한의 말처럼 대공주의는 "(도산이) 50 평생에 생각하여 온 인생관과 정치 철학을 정리·종합한 것"이다.[49]

후기로 갈수록 도산은 사랑을 더욱 강조하였다. 그는 사람들이 서로 사랑할 때 하나님이 우리 안으로 들어온다고 했으며 사랑이 "인류 행복의 최고 원소"이며 "진정한 신령"이라고 하였다.[50] 옥중에서 아내에게 쓴 편지에서는 사랑이 "인생의 밟아 나갈 최고 진리"라고 했다.[51] 그는 이러한 사랑의 철학을 애기애타(愛己愛他)로 표현하였

---

[48] 안창호, "국민대표원 제군이여," 『안도산전서』, 734.

[49] 『안도산전서』, 443.

[50] 안창호, "사랑," 『안도산전서』, 648-650.

[51] 안창호, "대전형무소에서 가족들에게," 『안도산전서』, 1037.

다. 애기애타는 생명의 이기심과 이타심을 통합하는 생명철학의 근본원리다. '나를 사랑하고 존중하는' 애기(愛己)를 앞세운 도산의 철학은 근·현대 주체성의 원리를 나타내는 현대철학의 새로운 원리다. 동서고금의 사상들 가운데 '나를 사랑하는' 애기를 앞세운 철학이나 사상은 없다. 애기와 애타를 병립하고 결합한 것은 타자를 주체로 존중하고 사랑하는 서로 주체의 공동체적 원리이고 서로 보호하고 단합함으로써 서로 살리고 구하는 환난상구의 원리를 나타낸다. 나를 사랑하고 남을 사랑하는 것을 공부하자고 역설한 것은 사랑을 자연발생적이고 본능적인 것으로만 보지 않고 도덕적으로 정신적으로 애쓰고 노력하여 정화하고 고양시켜야 할 것으로 본 것이다.

4장
도산철학의 위치와 특징

1. 인식론적 특권과 철학의 위치: 관념적 인식론과 물질적 존재론에서 생명철학으로

1) 한국 근·현대의 인식론적 특권

　도산은 탁월한 지도자요 사상가였다. 민중을 교육하고 조직하며 민중과 더불어 민주공화적인 삶을 실현하고 민족의 독립과 통일을 추구해간 자신의 삶과 민족의 역사 속에서 그는 참된 지혜를 깨닫고 터득하였다. 그는 또한 중국의 정치문화에 예속된 민족국가의 지역적 사회문화적 한계를 벗어나서 동·서 정신문화가 만나는 위대한 정신문명사적 시기에 살면서 역사와 정신의 깊고 큰 진리를 체험하고 깨달을 수 있었다. 또한 그는 일제의 불의한 침략으로 나라를 잃은 슬픔과 고통 속에서 고통받는 민중과 더불어 민족의 독립과 해방을 추구하면서 더 진실하고 깊은 삶의 진리를 깨닫고 체험할 수 있었다.

도산은 철학적 인식론을 연구하거나 정립하여 제시하지는 않았으나 어떤 이성주의 철학자보다 생명과 역사와 정신을 깊고 크게 보고 느끼고 깨닫고 이해할 수 있는 자격과 능력을 가지고 있었다. 생명과 역사의 중심에서 치열하게 살았던 그는 적어도 세 가지 인식론적 특권을 가지고 있었다.

첫째로 도산은 생명철학적 인식론의 특권을 가지고 있었다. 자신과 민족의 시대적 삶에 충실하고 치열하게 살았던 그는 이성적 인식의 한계 안에서 생각하고 인식하고 판단하는 사람보다는 훨씬 깊고 정확하고 크게 생명과 역사와 정신을 체험하고 깨닫고 이해할 수 있었다. 이성은 모든 인식대상을 대상과 타자로만 볼 뿐 주체와 전체로 보고 이해하지 못한다. 그러나 생명은 자신을 포함한 모든 인식대상을 주체와 전체로 그리고 진화하고 혁신하는 과정 속에서 느끼고 체험하고 이해할 수 있다.

생명은 주체와 전체로서 새롭게 진화 발전해가는 것이다. 생명은 주체와 전체로서 자신을 주체와 전체로 느끼고 체험하고 인식하고 깨닫는다. 생명은 이성적 인식의 대상과 타자성에서 벗어나 서로 주체로서 교감하고 인식하고 깨닫는다. 생명과 정신을 가진 인간은 자신의 생명과 정신 속에서 자신을 주체와 전체로 느끼고 체험하고 인식하고 깨닫는다. 또한 인간은 자기 생명의 주체와 전체로서 다른 인간의 생명을 주체와 전체로 느끼고 헤아리고 이해할 수 있다. 서로 입장을 바꾸어 생각하고 이해하며 살 수 있다. 인간은 자신의 생명과 정신 속에서 생의 진화와 발달에 참여할 수 있다.

역사 속에서 주어진 자신의 삶에 충실히 살았던 생명철학자 안창호는 생명철학의 인식론적 특권을 가지고 있었다. 자신의 삶에 충실했던 안창호는 생의 주체와 전체를 온전히 인식하고 깨달았으며 생의 창조적 진화와 혁신을 체험하고 실현할 수 있었다. 그는 자기와 타자를 주체와 전체로 인식하고 존중하고 사랑할 수 있었고 생명과 정신의 창조적 진화와 혁신을 자신의 삶 속에서 실현해 갈 수 있었다. 그는 자신과 역사의 삶 속에서 자신과 동지의 삶과 정신을 주체와 전체로 느끼고 체험하고 깨달을 수 있었고 시대정신과 하늘의 뜻을 체화하며 살 수 있었다. 그는 생과 역사를 깊고 온전하게 이해하고 실현하고 개혁하고 창조할 수 있었다. 생의 실천적 인식은 이성의 인식보다 훨씬 깊고 크다. 이성의 인식은 생의 인식의 작은 부분이며 생의 인식을 위해 사용되는 도구적 방법적 인식이다. 역사 속에 주어진 자신의 삶에 충실했던 안창호는 이성의 도구적 방법적 인식을 넘어서 생의 주체적이고 실천적인 인식을 통해서 생명과 역사의 깊고 높은 진리를 체득하고 실현할 수 있었다.

둘째로 도산은 근·현대 한국역사의 인식론적 특권을 누렸다. 근·현대 한국의 역사에서 민의 주체적 자각과 동·서 문명의 합류가 본격적으로 온전하게 이루어졌다. 근·현대 이전의 한국인들, 예컨대 원효, 퇴계, 율곡은 도산이 누린 이러한 인식론적 특권을 가질 수 없었다. 민중의 주체적 자각과 동·서 문명의 만남은 5천 년 한국역사에서 처음 있는 일이다. 민의 주체적 자각과 해방이 이루어지면서 생명과 역사와 정신에 대한 인식론적 사유의 지평은 훨씬 깊고 커졌다. 또한 동·서 문명이 합류함으로써 한국과 동아시아의 좁은 정신문화적 지평에서 벗어나 세계 보편적 지평을 갖게 되었다. 인간과 역사, 사회와 국가에 대해서 아무 제약 없이 자유롭고 진실하게 이해하고 설명할 수 있게 된 것이다. 안창호는 자신의 삶과 정신 속에서 동·서 정신문화의 창조적 융합을 이루었으며 민의 주체적 자각과 해방을 온전히 실현하였다.

셋째로 도산은 피압박자 민중의 인식론적 특권을 누렸다. 일본 제국주의 국가의 불의한 침략과 지배로 나라를 잃고 깊은 슬픔과 고통 속에서 신음하는 백성으로서 도산은 생명과 역사와 정신에 대한 인식론적 특권을 가졌다. 그는 역사와 사회의 정의와 평화, 사랑과 진실을 인식하는 감수성과 영감을 가지고 독립과 해방을 지향하는 사상과 실천의 철학에 이르렀다. 역사와 사회의 나락에서 고통당하는 민중의 심정과 처지에서 보면 역사와 사회의 진실과 사랑, 정의와 평화, 자유와 평등에 대한 간절한 생각과 이해를 갖게 된다. 불의한 억압자와 수탈자는 알기 어려운 역사와 사회의 진실을 고난당하는 민중은 절실히 느끼고 체험하고 깨달을 수 있다. 나라 잃은 백성으로서 고난당하는 민중과 함께 독립과 해방의 길을 걸었던 도산은 역사와 사회의 진실을 보고 느끼고 체험하고 깨달을 수 있는 민중의 인식론적 특권을 가지고 있었다.

도산이 누린 한국 근·현대의 세 가지 인식론적 특권은 근·현대 이전의 한국인이나 근·현대에 살더라도 동·서 문명의 창조적 합류를 직접 경험하지 못하는 다른 지역의 인간들은 누릴 수 없는 특권이었다. 물론 이런 특권이 한국의 근·현대 인간들에게 주어졌지만 도산처럼 이런 특권을 철저하고 완전하게 사용한 사람들은 드물었다. 근·현대의 삶과 정신을 치열하게 살았던 도산은 생명 친화적이며 세계 보편적이고 민주적이고 공동체적인 새로운 인간의 정신과 유형을 형성하고 제시하였다. 생명철학자로서 그는 어디서나 서로 보호하고 살리며 협력하고 협동하는 생명 친화적 삶을 살았다. 고통당하는 민중이 서로 구원하는 환난상구의 삶을 도산은 추구하였다. 그 자신이 병들고 죽어가는 동지들과 이웃들을 돌보고 살리는 일에 헌신하였다. 또한 그는 동·서 정신문화를 아우르는 새로우면서 세계적인 인간 정신과 유형을 보여주었다. 세계 보편적인 정신과 사상을 지녔던 도산은 한국·중국·일본의 인간들과 잘 소통하고 공감할 수 있었을 뿐 아니라 인종 문화적 차이를 넘어서 미국·유럽의 인간들과도 소통하고 협력할 수 있었다. 나라를 잃고 신음하며 고통당하는 민중의 심정과 처지에서 생각하고 살았던 그는 억눌린 민중과도 소통하고 교감할 뿐 아니라 미국과 멕시코의 기업주와 농장주들과도 소통하고 협력할 수 있었다. 그는 어디서나 민주적이고 공화적인 삶의 길을 찾고 열 수 있었다.

2) 철학의 위치: 동·서양의 철학을 넘어 주체적이며 보편적인 세계 철학으로

근·현대의 인식론적 특권을 누렸던 도산은 동·서양의 전통철학을 넘어서 민주적이며 보편적인 세계철학을 지향하였다. 한국의 근·현대에서 민중의 주체적 자각이 이루어지고 동·서 정신문화와 철학의 전통이 창조적으로 합류하였다. 서양문명에서 기독교, 과학 정신, 민주정신을 깊이 받아들인 도산은 그의 삶과 정신, 말과 행동 속에서 동·서 정신문화를 창조적으로 새롭게 합류시킴으로써 동·서를 아우르는 보편적 세계철학의 지평을 열었다. 따라서 그의 철학은 인간의 정신과 역사에서 새로운 인간 유형과 정신세계를 열어가는 실천적인 삶의 철학이었다.

그의 철학은 동·서 정신문화를 계승하면서 동·서의 정신과 철학을 극복하고 넘어서는 혁신적인 철학이었다. 그는 먼저 한국과 동양의 철학에서 모든 비과학적 결정론과 신비적 운명론의 잔재를 말끔히 씻어냈다. 그는 맑고 투명한 지성을 가지고 과학적이고 합리적이고 효율적인 사고와 행동을 닦아냈다. 그는 생의 철학자로서 감성과 지성과 초 지성(영성)을 아우르는 통합적 철학을 추구하였다. 하늘의 뜻과 도덕을 내세워 민족의 단합과 통일을 추구하면서도 그는 개인의 개성적이고 창의적인 주체를 강조했다. 생의 주체와 전체, 진화와 혁신을 추구한 도산의 철학은 개인의 주체를 하늘의 보편적 전체에 귀속시키는 동양의 전통철학에서 벗어나 개성 없는 보편적 전체를 극복하고, 주체의 자유와 개성의 창의를 드러냈다.

한국과 동양의 전통 철학을 넘어서

도산의 철학은 한국 근·현대 3백 년 역사의 시행착오를 거쳐 형성된 것이다. 한국 근·현대의 중심과 정점에서 살았던 도산의 철학은 민의 주체적 각성과 동·서 문명의 창조적 합류로서 전개된 한국 근·현대의 정신을 드러내고 완성하는 철학이다. 도산의 정신과 철학에서 민의 주체적 각성이 순수하고 철저하게 이루어졌고 동·서 정신문화의 창조적 합류와 융합이 온전하게 실현되었다. 도산의 이러한 철학은 17세기 초에 중국의 정치문화에 예속된 조선의 정신과 문화를 반성하고 민족의 주체적 삶과 문화를 탐구하고 표현하려고 했던 실학운동에서부터 온갖 시행착오를 거쳐서 20세기 초에 민을 주체로 깨워 일으켜 민족 전체의 독립과 통일을 이루려 했던 안창호 이승훈의 교육독립운동에 이르는 한국 근·현대의 역사 속에서 닦여진 것이다.

조선왕조 후반에 일어난 실학운동은 중국 중심의 정치와 문화에서 벗어나 민족 주체의 삶과 문화에 관심을 가지고 연구했으나 학자들의 연구 활동에 그쳤고 민의 정치사회·문화적 주체에 대한 분명한 자각에 이르지 못했고 동·서 정신문화의 창조적 만남과 융합에 이르지는 못했다. 조선 사회를 개혁하려는 실학자들의 노력은 조선왕조의 시대 사회적 제약과 한계를 벗어나지 못하고 좌절되었다. 실학운동을 계승한 개화파는 부패하고 무능한 조선왕조의 자발적 개혁을 기대하기 어렵게 되자 쿠데타를 일으켜 정권을 잡았으나 청나라 군대의 개입으로 권력을 잃고 쫓겨났다. 급진적 개혁을 추구한 개화파도 민의 주체적 각성과 동·서 정신문화의 창조적 융합에 이르지 못하고 조급하게 외세 일본군의 힘을 빌려서 정치 사회의 개혁을 이루려 했으나 실패하고 말았다. 실학운동과 개화파의 개혁이 실패함으로써 한국 근·현대사에서 지식인 엘리트의 개혁운동은 좌절되고 말았다.

실학자들과 개화파가 추진한 위로부터의 개혁이 실패한 후 아래로부터 농민의 혁명운동이 일어났다. 중국 문명이 쇠퇴하고 서양문명이 침입해오는 격변기에 최제우와 최시형은 민을 하늘(天)과 직결시키는 동학운동을 일으켰다. 동양의 전통적인 종교철학이 인간과 하늘(道, 法)을 일치시키면서 인간을 보편적 전체인 하늘에 귀속시켰다면 동학은 하늘을 민과 일치시킴으로써 민의 주체적 자각과 실천을 강조했다. 민의 존엄과 평등을 강조한 동학사상은 억압과 수탈 속에서 짓밟히고 신음하던 민중에게 받아들여짐으로써 혁명운동의 불씨가 되었다. 1894년에 일어난 동학농민혁명운동은 민중의 힘을 장엄하게 분출시켰으나 교육, 훈련, 준비 없이 일어났다가 5만 명의 동학 혁명군이 현대적인 일본군 2천 명에게 무참하게 패배하였다. 이때 농민군과 농민 10~30만 명이 일본군과 정부군에게 살육을 당했다.

동학은 민중의 주체와 해방을 추구한 창의적이고 혁신적인 사상이었지만 주문과 부적을 사용했으며 민중의 지성을 일깨우는 교육활동이 부족했다. 교육과 훈련 없이 일어난 동학농민혁명이 장엄한 패배를 맞고 수많은 민중이 학살을 당했기 때문에 이에 대한 반성과 반동으로 민중을 교육적으로 깨워 일으키는 교육운동이 전 민족적으로 일어나게 되었다. 1896년 이후 민중계몽운동을 벌인 독립협회와 만민공동회는 교육운동이 크게 일어나는 계기가 되었다. 독립협회와 만민공동회 활동에 참여했던 안창호는 미국에서 공립협회, 흥사단, 대한인국민회를 조직하고 한국에서 신민회, 대성학교, 청년학우회를 조직하여 민중을 나라의 주인과 주체로 깨워 일으키는 교육독립운동을 펼쳤다. 안창호의 교육독립운동에서 비로소 민주공화정의 이념이 확실하게 나타나고 민의 주체적 자각과 민족 전체의 통일을 결합하는 철학이 확립되었다.

서양의 전통 철학을 넘어서

안창호는 서양정신문화에서 기독교, 과학 정신, 민주정신을 깊이 받아들임으로써 민의 주체적 각성과 민족의 독립·통일을 지향하는 주체의 철학을 형성하였다. 도산은 주체인 '나'를 발견하고 확립한 철학자였다. 안창호는 '나'라는 말을 주체로서 가장 적극적이고 중요

하게 쓴 사람이다. 그는 삶과 역사, 사회와 국가에서 '나'를 중심에
두고 주체인 '나'에게 무한하고 궁극적인 책임을 돌렸다. 그에게는
건전한 인격('나')의 확립이 건전한 나라의 토대였다. 우리말에서는
흔히 '나'가 생략되거나 '우리'로 뭉뚱그려진다. 신분체계와 위계질
서가 확고한 전통 사회에서는 '나'를 자유롭게 말하고 쓸 수 없었다.
한국과 동양뿐 아니라 서양에서도 고대와 중세에는 '주체'를 나타내
는 말이나 개념이 없었다. '나'를 주체로서 분명하게 사용한 것은 근·
현대 이후의 일이다. 도산이 '나'를 또렷하게 내세우고 쓴 것은 우리
말과 전통사회와 의식에서 혁신적이고 창조적인 기여를 한 것이다.

민족의 독립과 통일의 토대로서 '나'의 주체를 확립하고 앞세운
도산의 철학은 서양철학과도 대조된다. 도산의 철학은 통합적이고
현실적인 생명주체의 철학이다. 이에 반해 고대 그리스철학을 계승
한 서양 주류철학은 로고스적이고 관념적인 '이성'(인식주체)의 철학
이다. 이러한 관념적 이성 철학을 비판하고 나선 것이 에마뉘엘 레
비나스(Emmanuel Lévinas)의 타자 중심 윤리철학이다. 서양 정신문
화의 한 축을 이루는 히브리 기독교 철학도 신을 절대타자로 보는
타자 중심의 철학이다. 생과 역사의 주체인 나를 중심에 세운 도산
의 철학은 주체와 전체를 일치시키고 생과 역사의 개혁과 창조를 이
루어가는 생명 주체의 철학이다. 도산은 서양의 정신문화를 깊고 철
저히 받아들이면서도 한국과 동아시아의 문화적 주체성을 가지고
동·서를 아우르는 보편적 생명철학을 형성하였다. 사랑하기 공부
와 적극적 수양을 내세운 도산의 철학은 한국과 동양의 역사 문화적
전통을 계승하여 도덕과 인격, 수행과 실천을 강조하였다. 그리고
그는 서양의 정신문화에서 기독교 신앙과 민주정신과 과학사상을

깊이 받아들임으로써 근·현대의 새로운 정신과 사상을 확립하고 새로운 삶과 관계를 형성하였다. 종교와 과학과 민주주의를 통합하고 이성주의를 넘어서 영적 깊이와 실천적 치열함을 지님으로써 그는 동·서를 아우르는 새로운 철학의 지평을 열었다.

그의 철학은 단순한 이론과 관념의 철학이 아니고 도덕과 수양·명상의 철학도 아니다. 그의 철학은 고정불변의 실체와 본성에 매인 정태적 철학이 아니라 근본적인 변화와 혁신의 과정 속에 있는 생명과 역사를 탐구하고 실현하고 완성해가는 역동적 철학이다. 그는 자기와 세상의 변화와 혁신을 추구하였다. 그의 철학은 자신의 생명과 정신 속에서 그리고 역사와 사회의 현실 속에서 자신과 세상을 개혁하고 창조해가는 실천적이고 행동적인 생명철학이다. 무엇보다 먼저 그는 자기 자신을 새롭게 하고 보다 낫게 하는 자기 혁신의 철학자였다. 참된 주체인 '나'가 되려고 그는 자신의 욕망과 감정을 깊고 높게 정화하고, 습관과 버릇을 새롭고 보다 낫게 바꾸려 했다. 개인과 집단의 본능적 욕망, 감정, 편견, 낡은 습관, 버릇은 참된 주체가 되지 못하게 한다. 욕망과 감정에 매인 나는 자유로운 주체가 되기 어렵다. 사람에게 물질, 욕망, 감정, 편견, 오해가 없을 수 없다. 그것들은 맑은 지성과 높은 뜻으로 자유롭고 투명해져야 한다. 그래야 참된 주체로서 전체의 하나 됨에 이를 수 있다. 도산이 추구한 참된 주체의 '나'와 전체의 통일은 주어진 사물이 아니며 완결된 이념이나 제작된 완성품이 아니다. 그것은 끊임없는 내적 변화와 갱신, 고양과 초월을 통해서 늘 새롭게 참된 주체로 되어야 하고 참된 전체의 하나 됨에 이르러야 하는 것이다. 도산의 철학은 낡은 거짓 나에서 참된 나로, 분열과 갈등, 대립과 다툼 속에서 전체의 하나 됨을 향해 나아가는 의지와 결단, 믿음과 모험, 사랑과 희망의 구도자적 탐구이다.

20세기 한국이 낳은 세계적 생명철학자

도산 안창호는 20세기 한국이 낳은 세계적 생명철학자다. 그의 사상과 실천은 민주화, 과학화, 세계화라는 근·현대의 특징과 원리뿐 아니라 자발적 주체성, 전체적 통일성, 창조적 진화라는 생명의 본성과 원리를 충실하고 일관성 있게 표현하고 실현했다. 그는 근·현대의 정신과 이념을 구현하고 실현한 주체적이고 통합적인 사상가이며 생의 주체적이고 보편적인 진리를 체화하고 실현한 생명철학자다. 그러나 그 동안 아무도 그를 철학자로 평가하지 않았다. 왜 그랬을까? 안창호의 삶, 정신, 말, 행동, 생각을 통해 그의 철학이 드러나고 표현되었으나 사람들이 그것을 알아보지 못했던 것이다. 왜 그의 철학을 알아보지 못했을까? 그의 철학이 이전의 어떤 철학과도 비슷하지 않았기 때문이다. 동양철학과도 서양철학과도 달랐기 때문에 사람들은 그를 철학자로 인정하지 않았다. 그러나 나는 그의 철학이 동·서양의 기존 철학들과 내용과 형태가 다르기 때문에 오히려 참된 생명과 역사의 철학이라고 생각한다.

도산은 자기의 시대정신과 삶을 가장 충실히 반영한 철학자였다. 동·서 정신문화의 만남과 민의 주체적 자각으로 전개된 한국 근·현대의 시대정신과 철학이 안창호의 삶과 정신을 통해 가장 순수하고 온전하게 표현되고 실현되었다. 그는 '나'를 적극적이고 중심적으로 내세우고 강조했으며 민족 전체의 일치와 통일을 추구했다. 그의 이러한 '나'철학은 서양의 전통 철학과 확연히 구별된다. 하늘을 제거하고 수립한 그리스-로마의 철학은 기본적으로 하늘의 영성이 배제된 에로스(욕망)와 로고스(이성)의 철학이다. 그리스·서양 철학은 로고스 철학이므로 로고스적 논리, 이치, 효율을 추구하고 이성의 지배·실현을 추구하며, 에로스 철학이므로 존재와 선(善)의 결핍과 부재를 채우려는 갈망과 열정에 사로잡혔다.

안창호는 로고스적 과학적 인과관계와 이치를 탐구하여 진실과 성실을 추구하면서도 사실과 사건, 원인과 결과를 형성하는 생과 정신의 주체를 확립하고 실현하고 완성하려 했다. 생과 인간, 민족과 정신의 주체 '나'는 단순한 로고스적 이치가 아니다. 논리와 이치는 생명에 대하여 도구와 수단이고 단순하고 평면적인데, 생의 주체 '나'는 주체이면서 목적이고, 입체적이면서 통합적이다. 도산은 이성적 인과관계를 바탕으로 그리고 이성적 인과관계를 넘어서 사랑으로 주체와 목적인 나를 확립하고 실현하려 했다. 에로스는 결핍된 대상에 대한 욕망과 충동이다. 주체로서 나는 생명의 근원적 욕구와 의지에 대하여 결여, 결핍, 부재가 될 수 없다. 생명과 역사의 주체인 '나'는 내적으로 스스로 자발적으로 솟아나고 흘러넘치는 것이다. '나'는 결핍·부재의 대상으로 추구되지 않고, 결핍·부재의 상태에 머물 수 없고, 스스로 솟아올라 흘러넘치고 스스로 자유롭고 온전한 주체로서 늘 새롭게 생성되고 창조되고 늘 새롭게 다시 태어나야 한다. '나'는 물리·신체를 초월한 것이므로 물리 신체의 기준으로 보면 없고 빈 것이지만 단순한 결핍이나 부재, 공허가 아니라 '가득한 없음'(충만한 무)이고 '거룩한 빔'(성스러운 공허)이다.

안창호는 예수를 믿고 따랐다기보다 예수를 이어 살았다. 예수가 그의 삶과 정신 속에 살아 있었고 그는 자기 안에 살아 있는 예수를 살았다. 안창호는 예수를 통해서 한민족의 역사·문화적 제약과 속박에서 해방되었고 예수는 안창호를 통해서 서구정신문화의 역사적 오류와 한계에서 벗어날 수 있었다. 한국인 안창호와 서양 종교문화의 중심인 예수는 서로 주체('나')로서 만나서 하나로 될 수 있었다. 안창호와 예수의 만남에서 한국인 안창호는 한국정신문화의 민족적 역사적 한계와 제약을 벗어나고 서양 종교인 예수는 서양문화의 오류와 제약을 극복하고 치유함으로써 생명철학적 깊이를 가지면서 세계 시민적 보편성을 가지는 새로운 인간형이 형성되었다. 안창호가 구현한 새로운 인간형은 한국 동양의 인간형이나 서양의 인간형을 보완하고 혁신하면서 종합하고 완성해가는 인간형이다. 안창호는 서양에서 민주정신과 과학적이고 합리적인 사고를 배웠고 참회와 회개를 강조하는 기독교 신앙을 받아들였으나 자신과 민족의 정신과 도덕을 심화하고 고양시키기 위해서 끊임없이 자기를 수행하고 단련하며 지극 정성을 다함으로써 한국과 동아시아의 종교전통에 충실했다.

안창호는 개성적이고 창의적인 인물이면서 민주정신, 도덕과 인격, 포용과 통일의 정신에서 누구보다 앞서 있다. 주체의 '나'를 닦아 세우고 전체의 통일을 실현한 참된 민주 철학자다. 그는 어찌하여 철학자로 인정되고 평가되지 못했는가? 소크라테스에게 플라톤이 있고 예수에게 바울이 있었으나 도산에게는 그의 사상과 철학을 닦아 정리한 이가 없다. 육당, 춘원이 수제자라는데 일찍 변절했고 도산의 정신 철학의 깊이에 이르지 못했다. 춘원이 도산의 철학을 이해하고 알았으나 몸 맘 얼에 체화하지는 못했다. 도산에게 건전인격(덕체지)은 의로운 나라의 토대이고 의로운 나라는 세계 인류의 복이었다. 관념과 지식으로서의 앎은 생각의 가장 엷고 가는 것이다. 그것은 맘에, 맘의 감정·욕구·의식에 아직 사무치지 못한 것이다. 앎은 몸에 배고 익지 않으면 그저 관념일 뿐이다. 앎은 얼과 뜻에 사무치고 얼·맘·몸을 꿰뚫어야 불멸하는 지혜가 된다. 감정과 욕망의 물결에 휘둘리는 앎도 앎과 일과 함을 통일한 참된 철학이 아니다. 욕망과 감정의 에로스, 지식과 이해의 로고스를 넘어서 몸·맘·얼에 사무치고 욕망과 감정, 지식과 이해를 꿰뚫은 체험적 깨달음에 이를 때 비로소 도산 안창호처럼 주체와 전체의 일치 속에서 진화와 초월을 이루는 생과 역사의 철학자가 될 수 있다.

2. 철학의 성격과 특징

1) 자기 개혁과 창조의 철학: 자신의 창조자와 피조물로서 자신을 개혁하고 창조하는 인간

도산의 생명철학은 '~에 대한 철학'도 '~의 철학'도 아니고 '스스로 하고 스스로 되는 생명 주체 철학'이다. 인간의 생명과 정신 속에서 우주와 생명과 인류의 역사가 생성되고 새롭게 개혁되고 창조되고 있으며 인간이 자기 자신을 새롭게 형성하고 개혁하고 창조해 가고 있다. 도산의 생명철학은 자신의 창조자와 피조물인 인간이 자기를 개혁하고 창조해가는 철학이다.

동학에서 후천개벽을 말하고 인간 속에 천주를 모시면 천지의 조화(造化: 창조와 변화)가 일어난다고 한 것처럼 도산도 저마다 가슴에 진실과 정직을 모시어 들여서 인격과 정신과 민족의 개혁과 창조(改-造)를 이루어야 한다고 말했다. 도산의 철학과 실천은 동학의 후천개벽과 '시천주 천지조화'[1]를 더 구체적이고 현실적으로 이성적이고 인격적으로 표현하고 실천한 것이다. 도산은 민의 한 사람 한 사람의 '나'에게 무한책임을 지우고 그 '나'를 새롭게 개조(개혁과 창조)할 것을 주장하였다.

무슨 일이든 '내'가 책임을 지고, '내'가 해야 한다고 나를 내세운 도산은 나라의 주인과 주체인 민을 민족의 독립과 통일을 이루는 주체로 세웠다. 민이 이러한 주체가 되도록 이끌었던 도산은 민 한 사람 한 사람의 '나'와 민족 전체의 개조를 주장했다. 자기를 개조함으로써 나라를 바로 세우고 새 세상을 여는 주체가 될 수 있다는 것이다. 1919년 상해에서 도산은 '개조'라는 연설을 통해 자아와 민족과 환경을 개혁하고 창조하는 생명철학을 제시하였다. 자아와 민족과 환경을 개혁하고 창조하는 일은 인류의 완전한 행복과 행복한 문명을 이루기 위해서 가장 근본적으로 요구되는 일이다. 황폐하고 메마른 강산을 개조하여 산에 울창한 숲이 우거지고 강에 물이 풍부하게 흐르게 하면 "저 울창한 숲속과 잔잔한 물가에는 철인도사와 시인화객이 자연히 생깁니다. 그래서 그 민족은 자연을 즐거워하며 만물을 사랑하는 마음이 점점 높아집니다. 이와 같이 미묘한 강산에서 예술이 발달되는 것은 사실이 증명하오."[2] 그는 또한 자아와 민족을 개조하는 일은 인간이 평생 힘써야 할 의무이고 과제라고 하였다.

---

[1] 동학의 주문 '시천주조화정'(侍天主造化定)은 천주를 모시면 사람 속에서 천지의 창조와 변화(진화)가 일어난다는 의미를 담고 있다.

[2] 안창호, "개조," 『안도산전서』, 644.

그는 인간을 "개조하는 동물"이라고 하였다. 이것은 그가 인간의 본성을 고정불변의 실체나 초월적 본성으로 보지 않고 창조적 진화와 혁신의 과정 속에서 보았음을 의미한다. 이 연설에서 도산은 민족 전체를 개조하려면 나 자신을 개조해야 하고 나 자신을 개조하려면 나의 습관과 버릇을 개조해야 한다고 주장했다. 도산이 나의 습관과 버릇을 개조하는 일에서 시작한 것도 그가 인간을 추상적 관념이나 원리에 비추어 보지 않고 구체적인 삶의 현실과 변화 속에서 보았음을 말해준다. "한국 민족 전체를 개조하려면 그 부분의 각 개인을 개조하여야 하겠고, 각 개인을 다른 사람이 개조하여 줄 것이 아니라 각각 자기가 자기를 개조하여야 한다. … 천병만마(千兵萬馬)를 쳐 이기기는 오히려 쉬우나 내 습관을 이기기는 어려운 일이니 우리는 이 일에 일생을 노력해야 한다. … 모든 큰일은 가장 작은 것으로부터 시작하고 크게 어려운 일은 가장 쉬운 것에서부터 풀어야 한다. … 나는 사람을 가리켜 개조하는 동물이라고 하오."[3] 사람은 개조의 주체이면서 대상이다. 다시 말해 사람은 자신의 창조자이면서 피조물이다. 이것이 생명 진화와 역사의 진리다. 도산은 누구보다 진지하고 철저하게 이런 생명과 역사의 진리에 충실한 철학자였다.

---

3 안창호, "개조," 645-647.

2) 민중과 더불어 생각하고 행동한 민주정신과 철학

민과 하나로 된 안창호

안창호는 1894년(고종 31) 17세가 되던 해 서울로 와 언더우드가 세운 구세학당(救世學堂)에 입학하여 그리스도교 교육을 받으면서 서구문물을 접하게 되었다. 1897년 서울로 다시 올라와 독립협회에 가입했다. 1898년 독립협회 관서지부 주최로 열린 평양 쾌재정 연설회와 이 해 11월 서울 종로에서 열린 만민공동회 연설을 통해 깊은 공감과 큰 감동을 일으키고 큰 명성을 얻었다. 만민공동회의 연설을 통해서 안창호는 수많은 민중들과 소통하고 교감할 수 있었다.

21세 젊은 나이로 안창호가 수천, 수만 청중의 깊은 공감과 큰 감동을 일으킨 것은 민족을 대표해서 나온 청중들을 하나로 만들고 민족을 하나로 일으켜 세운 것이다. 그의 연설은 청중을 하나로 만들고 일깨워 일으켜 세웠다. 이것은 무엇보다도 연설자 안창호와 청중의 깊은 교감과 하나 됨의 사건이었다. 민중과 하나 되는 체험은 안창호의 정신과 실천의 성격과 방향을 결정하는 큰 사건이었다. 당시에 민중과 민족은 거의 동일한 개념이었다. 민중과 하나 되는 체험은 안창호로 하여금 개인의 이해(利害)와 생사를 넘어서 민족 전체의 자리에서 생각하고 느끼고 결단하고 행동하게 했다. 민중을 일깨워 하나로 일으켜 세움으로써 민중과 하나가 되는 체험을 했던 안창호는 민중의 몸과 마음을 움직여 주체로 일으켜 세우는 일에 몸을 다하고 마음을 다하고 뜻과 정성을 다해서 겸허히 헌신하였다.

일제 식민 통치 시기에 많은 사람들이 도산과 함께 독립운동에 앞장섰다가 말년에는 변절하고 친일로 돌아섰다. 민족을 위해 큰일을 했던 이광수와 최남선이 그랬다. 이들과 안창호의 차이가 무엇일까? 한 마디로 인간과 역사에 대한 깊은 신념과 철학이 없었기 때문이다. 안창호에게는 인간과 삶에 대한 깊은 종교 도덕적 신념이 있었고 역사에 대한 확고한 철학이 있었다. 그렇기 때문에 어떤 경우 어떤 조건에도 흔들리지 않고 한 길을 갈 수 있었다. 그는 민중의 각성과 민족정신의 개조를 주장했지만 민중과 민족에 대한 깊은 신뢰와 신념을 가지고 있었다. 민중과 민족에 대한 안창호의 깊은 신념과 철학은 민중과 하나로 되는 체험에서 나온 것이다. 그의 신념과 철학은 역사 속에 깊이 뿌리를 박은 것이고 역사적 토대를 가진 것이다.

민을 새롭게 하는 교육독립 운동을 일으키다

을사보호조약이 맺어지고 일제의 억압이 거세질 무렵인 1907년에 안창호는 "독립협회의 전통을 이은 기독교 인사들을 중심으로" 신민회를 조직했다. 그는 "교육의 진흥과 산업의 부흥을 통하여 국민의 지적·도덕적 수준을 향상시키고 경제적 부강을 이룩함으로써 독립을 쟁취할 수 있다"고 하였다.[4] 독립협회 시절의 만민공동회의 경험과 분위기가 안창호의 신민회 활동에 반영되었다고 생각한다. 안창호는 백성 한 사람 한 사람이 "덕스럽고 지혜롭고 힘 있게" 되어야 힘 있는 나라가 되어 나라가 독립할 수 있다고 하였다.[5] 신민회는 말 그대로 나라의 토대와 주체인 민을 새롭게 하자는 운동 단체였다.

---

4 이기백, 『韓國史 新論』, 개정판 (일조각, 1985). 400.

5 김기석, 『南岡 李昇薰』, (한국학술정보, 2005), 86.

신민회는 한국에서 민주 공화정의 이념을 제시한 최초의 단체였다. 민을 일깨워 새롭게 주체로 일으켜 세움으로써 나라를 되찾고 바로 세우자는 것이었다.

신민회의 강령에 따라 안창호와 이승훈은 민중과 밀착하고 민중을 중심에 세우고 앞장세우는 운동과 교육의 원칙을 세우고 실천하였다. 안창호는 나라를 살릴 길은 민을 일깨워 일으켜 세우는 길밖에 없다고 보고 교육운동을 일으켰다. 그는 민을 나라의 토대와 주체로 세우려 했으며, 민의 주체적 자각을 기다리고 민이 지도자로 나설 때까지 기다린 사람이다. 안창호가 평생 지켜간 민중운동과 사업의 원리는 "첫째, 점진적으로 민중의 자각을 기다려서 하는 것과, 둘째, 민중 자신 중에서 지도자를 발견하여 그로 하여금 민심을 결합케 하고 도산 자신이 지도자의 자리에 서지 아니한다는 것이었다."[6]

백성 한 사람, 한 사람을 새롭게 하여 나라를 바로 세운다는 안창호의 생각은 씨ᄋᆞᆯ사상의 기본이 되었다. 백성 한 사람 한 사람을 일깨우려 했던 안창호는 씨ᄋᆞᆯ정신의 씨앗을 심었다. 그러나 1910년에 해외로 망명함으로써 한국에서 그 씨앗을 가꾸고 자라게 하지 못 했다.

---

6 지명관, "도산의 생애와 사상," 안창호, 『나의 사랑하는 젊은이들에게』, 279-280.

3) 동·서 정신문화를 융합한 생명철학

한국의 한사상과 서양정신문화의 통합

도산의 철학은 한국의 전통적인 한사상과 서양정신문화의 창조적 만남으로 형성된 것이다. 도산은 서양에서 기독교의 하나님 신앙, 민주주의(민주공화정), 과학사상을 받아들였다. 한국 전통의 한사상과 정신이 동학에서는 시천주(侍天主) 사상으로 나타났다면 안창호에게는 '진실과 정직'을 저마다 가슴에 모시어 들이는 무실역행으로 나타났다.[7] 그가 말한 절대 정직과 진실은 여러 가지 덕목들 가운데 하나가 아니다. 죽더라도 거짓말을 해서는 안 되고 꿈에서도 성실을 잃었으면 통회하라는 그의 가르침은 어떤 상황과 조건에도 매이지 않는 절대적이고 초월적인 진리의 선언이다. 그가 말한 '진실과 정직'은 생명과 역사의 시공간적 구체적 현실 속에서 실행되는 가르침이면서 영원무한과 절대초월(하나님)의 진리다. 도산이 내세운 진실과 정직은 칸트가 말한 도덕적 정언명령도 아니다. 칸트도 이성적 진리에 기초하여 절대 정직을 내세우고 이성적 사유의 주체인 인간을 수단으로 대하지 말고 목적으로만 대하라고 하였다. 이성의 진리에 기초한 칸트의 이러한 도덕적 정언명령의 윤리는 조건과 상황을 초월한 형식적 의무윤리다. 형식적 의무윤리는 삶의 욕망과 감정과 이해관계를 배제하는 관념적이고 이성적인 윤리다. 그러나 도산이 내세운 정직과 진실의 도덕은 이성 철학적 도덕이 아니라 생

---

7 안창호, "동포에게 고하는 글," 주요한 편저, 『安島山全書』, 증보판 (흥사단, 2015), 524.

명철학적 도덕이다. 그가 말한 도덕은 '인류사회의 서로 살리고 길러주는 요소'이며 덕·체·지의 힘을 기르고 무실·역행·충의·용감한 정신과 감정을 고취하고 나를 사랑하고 남을 사랑하는 사랑의 도덕이다.

그의 도덕은 절대 정직을 말하면서도 결코 정직에만 머물지 않는다. 정직의 도덕은 곧 사랑의 도덕이며 사랑의 도덕은 바로 믿음의 도덕으로 이어진다. 그가 "동지를 믿고 속으라!"고 말한 것은 그의 도덕이 형식적 관념적 이성의 도덕이 아니라 생의 위기와 모험 속에서 서로 믿고 사랑하는 생명의 도덕임을 나타낸다. 도산이 말한 진실과 정직의 도덕은 생의 욕망과 감정을 배제한 엄숙한 형식적 도덕이 아니라 사랑과 믿음의 도덕이고 사랑과 믿음에서 솟아나는 기쁨과 희망과 행복의 도덕이다. 도산이 말한 정직과 진실의 도덕은 생명의 도덕이다. 생명 안에서 진실과 정직은 사랑과 믿음, 기쁨과 희망, 행복과 보람으로 이어지며 서로 뗄 수 없이 결합되어 있다.

그의 하나님 신앙은 절대타자에 대한 신앙이 아니다. 하나님은 인간의 삶과 행위 속에 숨겨져 있다. 그의 하나님은 사랑 속에서 진실과 정직으로 나타나고 만나지고 체험된다. 민이 서로 보호하고 돕고 사랑할 때 하나님은 인간의 삶 속으로 들어와 현재하는 신이다. 하나님 신앙에서 개인 주체의 나와 전체의 나가 통합되었다. 그에게 하나님은 나를 참 나로 되게 하는 '참 나'의 임이면서 전체를 하나로 되게 하는 하나 됨의 임이고 주체와 전체의 일치 속에서 거듭 나고 새로 나고 진화하고 고양되게 하는 자기혁신과 초월의 임이다.

기독교의 하나님은 "나는 나다!"(야훼)고 선언하면서 모든 것을 아우르고 포용하는 하나님 나라로 나타난다. 안창호의 하나님 신앙과 사상은 한사상을 보다 철저화하고 인격화했으며 인간의 삶과 행동 속에 내재화했다. 한사상과 정신은 한민족과 한(하늘, 하나님)을 동일시한 것이다. 인간과 하늘, 하나님을 동일시함으로써 인간 주체의 깊이와 자유를 드러내고 인간의 주체와 하늘의 전체를 통합한 것이다. 한국인의 정신과 문화 속에서 다소 모호하고 막연하게 표현된 한사상과 정신이 한민족의 큰 위기 속에서 서구정신과 역사를 만남으로써 닦여지고 높이 뚜렷이 구현되었다. 안창호의 철학과 사상은 한국의 전통적인 한사상과 서양의 기독교 신앙, 민주정신, 과학사상이 결합되어 나타난 것이다. 안창호의 삶과 정신은 하늘처럼 맑고 투명하면서 깊고 컸다. 그는 하늘을 우러러 한 점 부끄러움 없는 삶을 살려는 사람처럼 지극 정성을 다하여 온전하게 살았다. 그의 삶과 활동, 사상과 정신에서 '나'의 지극한 인격적 책임적 주체가 뚜렷이 드러나고 민족 전체의 하나 됨이 온전히 드러났다. 그는 멀리 하늘에 있는 상제, 하나님을 단순하고 막연하게 믿었던 이가 아니라 하나님을 그의 삶과 정신 속에 구체적이고 체험적으로 모시고 살았던 이다.

본래 한국전통사상과 동아시아의 유불선의 종교철학 사상에서는 '나'가 강조되지 않는다. 우리말에서는 흔히 '나'가 생략되거나 '우리'로 뭉뚱그려진다. 불교는 무아(無我)사상으로 시작되었고 유교의 천인합일은 인간의 주체를 보편적 전체인 하늘(天)과 동일시하거나 거기에 편입시킨다. 도교의 무위자연도 인간의 개성과 주체를 자연 생명세계에 순응케 하는 것이다. 한울님을 모시고 사람을 한울처럼 섬기라고 한 동학은 사람 안에서 창조와 진화가 일어난다고 보고 나를 향해 제사를 차리라고 함으로써 나를 중심에 세웠으나 나에 대한 구체적이고 현실적인 이해를 제시하지 않았다. 동학의 3대 교주 손병희가 자아에 대해 자세한 논의를 하지만 인간의 본성을 천리와 천도로 보는 성리학의 관념적 논의에 머물고 참나(眞我)를 불교의 불성처럼 초시간적인 모호하고 초월적인 것으로 생각함으로써 역사와 사회, 국가의 구체적이고 현실적인 주체로 제시하지는 못했다.[8] 이런 사상들에서는 개성적이고 창의적인 주체가 강조되기 어렵다. 참나는 역사와 사회, 국가의 중심과 주체로서 과거와 현재와 미래의 중심과 주체로서 이제 여기의 구체적이고 현실적인 삶 속에서 찾아야 한다.

  '나'를 강조한 히브리 기독교의 하나님 신앙과 개인의 주체적 자각을 강조한 근·현대의 원리와 특징이 안창호의 정신과 사상에서 높이 발현되었다. 도산은 흥사단 입단심사 문답에서 "누가 독립운동을 합니까?"라는 질문을 끈질기게 되풀이함으로써 끝내 "내가 합니다"라는 대답을 이끌어냈다. 그리고 도산은 "그렇습니다. 내가 하지 않으면 아무도 하지 않는 것입니다. 나의 나가 하든지 너의 나가 하든지, 그의 나가 하든지 반드시 내가 해야 합니다"고 말했다. 안창호, 이승훈, 유영모, 함석헌처럼 '나'를 강조한 사상가는 일찍이 없었다. 이들은 나를 내세우면서 전체의 공공성을 강조했다. 주체의 깊이와 자유에서 전체의 하나 됨에 이른 것이다. 이것이 바로 생명의 본성과 목적이다. 생명은 스스로 하는 주체를 가진 것이면서 내적으로나 밖으로나 전체의 하나 됨(통일)을 실현한 것이다. 생명의 진화는 주체와 전체의 일치를 심화하고 고양시켜 가는 것이다. 주체의 깊이와

---

8 손병희는 자아를 성리학적으로 설명하고 진아를 불교의 불성과 무일물(無一物)처럼 설명했다. 이에 대해서는 천도교 본부 홈페이지에 있는 '의암성사법설'의 '無體法經' 참조.

자유에서 전체의 하나 됨에 이르려는 안창호의 정신과 사상은 이승훈의 교육독립운동, 유영모, 함석헌의 씨올정신과 사상, 삼일독립운동과 임시정부의 운동에서 표현되고 추구되고 실현되었다.

서양 정신문화의 비판적 수용

주체의 깊이와 자유에서 전체의 하나 됨에 이르려는 한국 근·현대의 정신과 사상은 안창호에게서 가장 높고 알뜰한 형태로 구현되었다. 안창호의 정신과 철학으로 표현된 한국 근·현대의 정신과 사상은 서양 근·현대의 정신과 사상과는 구별된다. 서양의 언어와 정신문화에서는 나(자아)가 두드러진다. 서양 정신문화의 자아는 타자와 갈등과 대립 속에 있으며 전체 사회에 대하여 닫혀져 있다. 서양 근·현대철학의 뿌리를 이룬 고대 그리스 철학은 하늘을 전복하고 거세하고 죽이고 나라를 세웠다는 건국신화에 바탕을 두고 있다. 그리스의 철학은 에로스와 로고스(이성)의 철학인데 여기에는 하늘의 깊이와 자유, 속에서 흘러넘치는 순수한 사랑 아가페가 결여되어 있다. 기독교의 신앙적 영성을 밀어내고 순수한 과학적 이성의 철학을 추구한 서양의 근·현대철학에도 하늘의 깊이와 자유가 결여되어 있다. 따라서 서양의 나(자아)는 공적인 전체와 단절된 것이고 다른 주체와 갈등과 대립 속에 있다. 서양에서 나를 나타내는 person은 가면을 뜻하고 ego는 병적인 욕심과 감정으로 가득한 것이다. 병리학(pathology)는 인간의 감정(pathos)을 병과 고통으로 보는 관점을 드러낸다.

한국인은 하늘을 열고 나라를 세웠다. 한국인은 높은 산에서 하늘을 우러르며 제사를 지낸 오랜 종교전통을 가진 민족이다. 하늘을 우러러 한 점 부끄러움이 없기를 염원하는 겨레다. 한국의 근·현대는 동학과 기독교와 같은 종교들이 이끌었다. 한국의 근·현대는 서양의 근·현대보다 철학적으로 훨씬 깊고 풍부하다. 안창호는 인간의 책임과 사명을 하늘과 연결 지었다. "개인은 제 민족을 위해서 일함으로 인류와 하늘에 대한 의무를 수행한다."[9] "대한 민족 전체가 대한의 독립을 믿으니 대한이 독립될 것이요, 세계의 공의가 대한의 독립을 원하니 대한의 독립이 될 것이요, 하늘이 대한의 독립을 명하니 대한은 반드시 독립할 것이다."[10]

절대 정직과 사랑, 주체적 자립정신과 겸허한 섬김으로 일관한 도산의 삶은 자발적 주체의 깊이와 우주적 전체의 통합을 나타내는 한 사상과 정신의 구현이다. 인격적 주체의 책임을 강조하면서 공공의 정신을 강조한 도산의 삶과 실천을 통해서 홍익인간과 재세이화의 정신과 이념(건국이념)이 실현되었다. 도산이 내세운 애기애타(愛己愛他)의 정신은 주체적 자아의 독립이 전체(나라)의 독립과 일치함을 내보인다. 애기애타의 정신은 공자가 말한 극기복례와도 다르고 석가가 말한 무아열반과도 다르다. 그것은 구체적인 생명의 주체를 존중하고 세워서 생명의 전체를 실현하고 진화 고양시키는 것이다. 그것은 민의 개별적 주체의 자각으로 시작된 근·현대의 정신을 반영한 것이며 남을 사랑하는 애타의 정신을 통해서 공동체적 전체를 살리는 공공성의 정신에 이른다.

도산은 한 사람 한 사람을 나라의 주인과 주체로 깨워 일으키려고

---

9 이광수, 『도산 안창호』, 132.
10 주요한 편저, 『안도산전서』, 479.

했다. 한 사람의 나와 전체의 나가 하나로 되게 하려고 한 것이다. 한 사람의 나와 전체의 나가 일치하려면 곧아야 하고 사랑해야 한다. 도산에게서 절대 정직과 사랑이 결합되었다. 기독교의 인격적인 하나님 신앙에서 개인의 주체인 나(영혼)의 깊이와 높이가 드러나고 절대 정직과 지극하고 순수한 사랑이 결합될 수 있었다. 개체와 전체를 아우르는 원만하고 둥그런 한사상과 정신에서 개인의 나와 전체의 나가 하나로 통합될 수 있었다. 한국의 한사상과 서양의 인격적 하나님 신앙을 결합한 안창호는 자아의 자존과 주체를 강조하면서 민족 전체에 대한 겸허한 섬김과 사랑을 강조할 수 있었다. 도산은 스스로 하는 나의 혁신과 변화를 강조하면서 늘 주변을 깨끗이 청소하고 환경과 상황을 변화시켰고 다른 사람들(타자 민족)을 주체로서 사랑하며 깨워 일으키고 새롭게 변화시켜갔다. 자아의 혁신과 함께 자연, 사회, 민족의 갱신을 추구함으로써 도산은 주체의 깊이와 자유에서 전체의 하나 됨에 이르는 생명의 본성과 목적을 실현하고, 그의 생명철학적 진리와 깨달음을 실천궁행하려고 했다.

모든 생명은 저마다 하늘(하나님)을 품은 존재다. 하늘을 품은 생명은 지극히 작은 벌레의 꿈틀거림 속에서도 시공간의 물질적 제약과 속박을 받는 우주 대자연에 대해서 한없이 값지고 아름다우며 부드럽고 섬세하고 큰 것이다. 모든 생명은 주체적이고 구체적이며 특별한 존재이면서 안으로는 물질과 정신을 통합한, 전체 하나로 통일된 존재이고 밖으로는 자연생명과 우주 전체와 하나로 소통하고 이어진 대종합의 존재다. 자신의 생명과 정신에 충실했던 도산은 지극히 작은 일에도 진실하고 정직하게 지극 정성을 다했기 때문에 모든 일과 관계를 꼼꼼하고 섬세하게 추진했으며, 하늘(하나님)의 심정으로 살았기 때문에 모든 것을 아우르고 사랑으로 품으려고 했다. 자신과 자신의 일에 대해서는 한없이 엄격하고 치밀하면서도 민족과 동지들에 대하여는 하늘처럼 한없이 넓은 품을 지녔다. 1923년 상해에서 민족대표회의가 열렸을 때 오리가리 찢어진 독립운동계열들의 민족적 대통합을 위해 그는 입에서 피를 토하면서 밥 먹는 것을 잊으면서 헌신하고 희생했다. 당시 안창호의 이런 모습을 지켜보았던 한국공산당 당수였던 김철수에 따르면 안창호는 소수 반대파를 끌어안아 통합된 민족대표기구를 만들기 위해서 "토혈을 하면서도 주야 없이 그야말로 망식분주(忘食奔走)하는 것이었다."[11] 이승만을 비난하고 그와 결별하라고 주장하는 이들에 대해서 안창호는 "이혼 못할 아내거든 분이라도 발라 놓고 기뻐하시오"[12]라고 말하면서 달랬다. 자식을 사랑하는 어머니처럼 그는 나라와 민족을 사랑하고 나라와 민족을 위해 지극정성을 다하였다.

무실역행(務實力行)을 강조한 도산은 실학의 사상을 계승하고 인격적 하나님 신앙을 강조한 도산은 한사상과 동학의 시천주 사상을 보다 인격적이고 과학적이고 구체적이고 실천적으로 발전시켰다. 하늘을 우러르며 하늘을 품고 살았던 도산은 자신과 동지들에게 하늘처럼 절대 정직한 심정과 행동을 요구했다. 꿈에서도 거짓말은 하지 말라고 했고 죽더라도 거짓말은 하지 말라고 했다. 그는 하늘과 땅 사이에 곧게 선 이고 언제 어디서나 떳떳하고 당당한 이였다. 그는 하늘처럼 누구나 믿을 수 있고 누구나 우러를 수 있는 이였다. 하늘을 우러르며 흐트러짐 없는 올곧은 자세로 살았던 도산은 절대 정

---

11 "김철수 회고록," 『역사비평』 (1989년 여름호), 358.
12 안창호, "6대사업"(시국대강연), 『안도산전서』, 656.

직과 공의를 말하면서도 정의돈수(情誼敦修)를 강조하고 훈훈한 사랑과 신뢰를 강조하였다. 하늘을 품고 살았으므로 그이는 식민통치시대의 어려운 상황과 형편에서도 하늘의 자유와 여유를 가지고 언제나 빙그레 웃는 얼굴로 사람을 대할 수 있었다. 나라를 잃고 세상을 떠돌면서도 정의돈수와 훈훈한 사랑을 말하며 빙그레 웃는 도산의 얼굴은 하늘을 잃고 가면(person)을 쓰고 병적인 욕망과 감정으로 가득한 자아를 말하는 서양의 심리학과 철학과는 얼마나 다른가! 그이는 평생 하늘을 우러르며 주체의 깊이와 자유에서 전체의 하나 됨에 이르는 생명과 역사의 큰 길을 흐트러짐 없는 자세로 성큼성큼 걸어갔다.

4) 스스로 체득하고 깨달은 진리의 철학

민중체험과 생명진리의 깨달음

도산의 철학은 대학교에서 학문적으로 배운 것도 아니고 책을 통해 공부한 것도 아니다. 그는 자신의 삶과 활동 속에서 생과 역사의 진리를 스스로 체험하고 깨달음으로써 그의 철학을 형성하였다. 독립운동 과정에서 겪은 수많은 실패와 좌절 속에서 끝없는 음해와 공격을 받으면서, 역사의 한없이 무거운 짐을 지고 고통당하며 체득한 진리와 깨달음이 그의 삶과 행위, 말과 글 속에 담겨 있다. 조순 서울대 명예교수는 안창호에 대해서 이렇게 말한다. "그(안창호)는 탁월한 지도자요 사상가였다. 그는 학교다운 학교에 다닌 적이 없고, 안중근과 같은 수준의 한문 실력이 있었던 것도 아니었다. 그는 소시 때 기독교에 귀의한 적이 있으나 일찍이 성경의 어구를 인용한 일은 없었다. 그의 탁월한 식견과 신념은 모두 스스로 터득한 것이었다."13 안창호의 탁월한 식견과 신념이 모두 스스로 터득한 것이라는 말은 옳은 것이지만 성경의 어구를 인용한 일이 없었다는 말은 잘못된 것이다. 1932년 경성 예심판사의 심문조서에서 안창호는 자신이 '기독교 장로파의 신도'임을 밝혔고 교육학을 연구하고 기독교의 깊은 뜻을 알기 위하여 미국 유학을 갔다고 하였다.14 미국에 머무는 동안 교회에 열심히 다녔을 뿐 아니라 성경과 신학공부에 열중했다. 대성학교를 운영할 때도 자신이 교회에 예배에 충실히 참여했고 학생들에게도 교회예배 참석을 권하였다. 그는 교회에서 성경 구절을 가지고 여러 차례 설교도 했고 성경과 기독교 정신을 깊이 체화하고 실천하였다. 또한 도산이 "안중근 같은 수준의 한문 실력"이 없었는지는 모르지만 도산은 16세까지 한문 공부와 유교 경전 공부를 충실히 하였다. 그가 대단한 유교 경전연구자는 아니었다고 해도 '대한신민회취지서'나 상해 임시정부 시절에 쓴 국한문 일기를 보면 그의 한문 실력이 대단한 수준에 이르렀음을 알 수 있다. 그의 연설문들을 보면 그가 하늘과 땅과 인간을 아우르며 관통하는 한국과 동아시아의 정신세계를 체화하고 있음을 알 수 있다.

그의 생명철학은 잘 정리되고 완결된 이론체계가 아니다. 그의 철학은 생과 역사의 바른 길과 방향, 목적과 뜻을 가리키고 드러내며, 그 길을 가는 마음가짐과 자세를 가리키는 손가락이다. 그의 글을 읽고 그의 삶과 행위를 알면 인생과 역사의 길을 안내하는 지도를

---

13 신동립,『애국가 작사자의 비밀』, 154-157.
14 "도산선생 신문기,"『안도산전서』, 1046, 1049.

얻을 뿐 아니라 그 길을 가는 심정과 자세를 배우고 익힐 수 있다. 생명의 진리를 실현하고 완성해가는 생명철학은 이념과 이론의 완결된 체계가 아니라 인생과 역사의 길을 안내하는 지도와 같은 것이다. 그의 삶이 많은 사람들의 사표가 되었듯이 그의 말과 글에 담긴 사상은 인생과 역사의 어지러운 길을 안내하는 지도와 같고 인생과 역사의 어두운 길을 밝히는 별빛과 같고 인생과 역사의 험한 바다를 비추는 등대와 같다.

그의 삶과 활동에서 인생과 역사의 바른 길을 가리키는 손가락을 다시 한 번 살펴보자. 그의 공적 생애의 입구는 쾌재정의 연설이고 출구는 마지막 옥중생활과 죽음이다. 만 스무 살이 채 되지 않은 도산이 평양감사를 비롯한 고위관료와 지역유지 그리고 수많은 민중 앞에서 역사와 사회의 진실을 드러냈고 그 진실 앞에서 모두 하나가 되는 체험을 하였다. 진실 앞에서 모두 하나가 되는 체험이 도산의 공적 생애의 입구가 되었다. 도산이 하늘과 땅 사이에 바르고 곧게 서서 진실과 정의를 말할 때 주체로서의 나와 전체로서의 민족이 하나로 될 수 있음을 체험한 것은 생과 역사의 궁극적 진리를 체험한 것이다. 이러한 안창호의 체험은 개인의 주체의 깊이와 자유에서 민족(민중, 인류) 전체의 하나 됨에 이르는 궁극적인 생명체험이고 하늘의 체험이면서 역사 사회적으로 민중과 하나로 되는 민중체험이었다. 자신이 바른 주체로서 하늘을 향해 진실하고 정직하게 곧게 설 때 다른 이들도 모두 곧고 바르게 설 수 있고 나와 다른 이들과 온 민족이 하나로 될 수 있으며, 서로 주체로서 하나가 될 때 민중의 엄청난 생명력과 정신력이 분출함을 도산은 체험하고 깨달을 수 있었다. 인격적 주체의 깊이와 자유에서 민족 전체의 하나 됨에 이르고 그 하나 됨에서 엄청난 힘이 솟아 나옴을 도산이 체험하고 깨달은 것은 그의 삶과 행동. 사상과 정신을 형성하는 핵심이고 그의 삶과 정신을 이해하는 열쇠다. 도산은 쾌재정의 연설에서 체험하고 깨달은 생명과 역사의 진리를 추구하고 실현하며 살았다. 쾌재정의 연설에서 얻은 생명(민중) 체험과 궁극적 진리(하늘)에 대한 깨달음이 그의 삶과 사상을 형성하고 이끌어가는 원동력이 되었다.

쾌재정의 연설에서 깨달은 진리를 그가 평생 추구하고 실현하고 완성하며 살았다는 것은 민족의 독립과 통일로 나아가는 길에서 흔들림 없이 배신하거나 변절하지 않고 어떤 역경과 시련, 좌절과 절망 속에서도 불사조처럼 새롭게 일어서는 도산의 자세와 의지에서 확인할 수 있다. 절망과 체념을 모르는 그의 삶과 정신 속에는 엄청난 생명력과 정신의 불꽃이 숨겨져 있음을 알 수 있다. 그의 평생에 마르지 않는 생명력과 꺼지지 않는 정신의 불꽃은 그의 깊은 민중체험과 생명진리의 깨달음에서 나온 것이다. 그의 마지막 삶의 모습도 그가 일찍이 쾌재정의 연설에서 깨달은 인생과 역사의 힘과 진리를 드러낸다. 인생과 역사의 진리는 스스로 하는 개체의 주체인 '나'가 곧고 바르게 설 때 '나'의 깊이와 자유에서 전체가 하나로 되는 길이 열리고 나와 전체가 하나로 될 때 엄청난 힘이 나온다는 것이다.

오랜 세월 해외에서 독립운동을 하면서 지극 정성을 다하고 자신의 몸과 맘이 마르고 닳도록 희생하고 헌신했던 도산은 쇠약해지고 병이 들었다. 그가 지극 정성을 다하고 희생하고 헌신했지만 독립운동 지도자들의 영웅주의와 당파주의로 갈등과 분열을 겪으면서 도산의 몸과 맘은 피로가 쌓이고 약해졌다. 2년 반 옥고를 치르면서 그의 몸은 더 약해졌다. 1937년 6월 수양동우회 사건으로 다시 경찰서 유치장에 갇혀 뜨거운 여름을 지내면서 그의 몸은 병이 깊어지고 거의 파괴되었다. 그 해 11월 추운 날 형무소에 수감되면서 도산은 발가벗고 차가운 소독수 세례를 앞뒤로 받아야 했다. 다른 사람들은 차가운 소독수가 몸에 닿기만 해도 비명을 지르며 펄쩍펄쩍 뛰어야 했다. 도산은 몸이 약해질 대로 약해진 상태였지만, 조금도 흔들림 없이 꼿꼿하게 서서 태연하게 그 차가운 소독수를 앞뒤로 받아냈다. 생명과 정신의 껍질인 몸은 낡은 옷처럼 약해졌으나 그의 정신과 얼, 뜻과 생각은 하늘로 솟은 높은 산처럼 확고하고 태연하였다. 옥중에서 생활할 때나 병원에서 마지막 숨을 거둘 때까지 하늘을 향해 곧고 바른 주체로서의 '나'를 지켰고 동지들이 사랑으로 하나가 되도록 위로하고 격려하였다. "슬퍼하지 마오. 나는 죽음의 공포가 없다. 일본은 전쟁에 패할 것이니 끝까지 인내하시오. 낙심 마오" 하는 말을 남기고 일본 왕 목인을 크게 꾸짖고 도산은 마지막 숨을 거두었다. 쾌재정의 연설에서처럼 인생과 역사의 진리를 드러내고 표현하고 실현한 그의 마지막 삶도 인생과 역사의 진리를 드러내고 가리키는 손가락이었다.

독립과 통일의 길을 걸어간 구도자적 철학자

민을 깨워 일으키는 교육독립운동가였던 안창호는 조직가, 교육가, 독립투사였다. 그는 그의 삶을 실존적으로 진실하고 알차게 살았고 역사와 사회의 바닥에서 민중과 더불어 살면서 하늘에 닿도록 높은 뜻을 품고 그의 삶을 전체로 옹글게 살았다. 그는 아래로 내려가 노동자들과 더불어 민주공화의 세계를 열어갔다. 그는 민의 주체적 자각과 확립을 추구하는 민주정신과 철학을 정립했다. 그는 나라를 잃고 절망에 빠진 민을 깨워 일으켜 하늘을 향해 우뚝 서게 하였다. 그는 민족 한 사람 한 사람의 주체의 깊이와 자유에서 민족 전체의 하나 됨에 이르게 한 민족의 철학자요, 민족의 삶 속에서 땅의 구체적 현실과 하늘의 높은 뜻을 통합한 생명철학자였다. 그는 한 사람 한 사람의 덕력·체력·지력을 기름으로써 몸 맘 얼의 통일과 발달을 이루고 민족 전체의 독립과 통일을 실현하려 했다. 그는 봉건시대의 낡은 질서와 이념, 인간관, 국가관을 극복하고 일제의 식민통치에 맞서 싸우면서 자아와 민족의 혁신을 이루고 국민주권의 민주정신과 더불어 사는 공화의 이념을 확립하였다. 제국주의 강대국의 침략과 지배에 맞서면서 봉건적인 낡은 관행과 의식을 극복하고 민주정신을 확립하고 민족의 독립과 통일에 이르는 도산 안창호의 길은 어렵고 험했다.

참된 나를 확립하고 민족 전체의 통일에 이르기 위해 안창호가 걸어갔던 길은 한민족과 인류가 함께 걸어가야 할 길이었다. 그것은 고립되고 단절된 개체들의 분열과 소외를 극복하고 당파주의와 영웅주의를 넘어서서 약육강식과 우승열패의 반인간적 이념을 추구하는 제국주의 국가들의 폭력적 지배에 맞서 싸우며 서로 다른 주체들의 자치와 협동, 상생과 공존의 공동체적 삶으로 나아가는 어렵고 험난한 길이었다. 이것은 개인의 주체와 민족 전체가 일치하는 민주공화의 삶에 이르는 과정이었으며, 개인의 진실하고 정직한 실존적 삶에서 시작하여 정치 경제 교육 국가의 평등을 바탕으로 민족의 독립과 통일을 이루고 세계의 정의와 평화를 바탕으로 세계대공(世界大公)에 이르는 과정이었다. 실존적인 진실한 삶에서 시작하여 민족의 독립과 통일을 통해 세계대공으로 나아가는 도산의 일생은 하늘의 높은 뜻을 이루기 위한 끊임없는 구도자적 편력의 과정이었다. 그의 삶과 생각 속에는 언제나 하늘의 차원이 깃들어 있었다. 그가 강조한 정직과 사랑은 하늘의 차원을 품은 것이며 그의 사귐과 만남, 관계와 헌신은 하늘의 뜻을 이루려는 것이었다. 기독교, 과학 정신, 민주주의와 같은 서구정신문화를 주체적이고 체험적으로 받아들인 도산은 자신의 삶과 역사 속에서 동포들의 조직과 단체 속에서 민족 사회 전체 속에서 자유롭고 평등하며 진실하고 정직하며 사랑과 기쁨이 가득한 나라를 이루려고 하였다.

하늘은 그의 삶과 생각과 행동 밖에 있지 않고 그 속에 있었다. 한 민족이 본래 하늘(큰 하나, 하나님)을 품고 살았듯이 그는 하늘을 품고 살았다. 기독교 신앙을 주체적이고 체험적으로 받아들인 도산은 믿음과 행동을 일치시켰으며 타력 구원을 비판하고 환난 속에서 서로 구원하는 민중의 자력구원을 주장했다. 그는 서양 선교사와 성직에 예속되지 않았으며, 교리와 문자에 매이지 않았고, 사랑이 정통이고 영험한 것이라고 했으며 우리가 서로 사랑할 때 하나님이 우리의 삶과 관계 속에 들어오신다고 하였다. 민주주의를 주체적이고 체험적으로 받아들인 도산은 민중에 대한 깊은 신뢰와 사랑 속에서 하늘의 맘을 가지고 민중과 더불어 자유롭고 평등한 민주공화의 세상을 열어가려고 하였다. 과학사상을 깊이 받아들인 도산은 사물과 역사의 인과관계와 작용을 중시하고 합리성과 효율성을 추구했으나 과학적 이성적 사고보다 더 깊고 높은 하늘의 자리에서 생명과 정신의 주체와 전체의 일치에 이르려 했으며 주체와 전체의 일치 속에서 자아와 민족의 혁신을 이루려 했다.

하늘을 품고 살았던 도산은 한국독립운동의 최고 지도자였으나 자아혁신을 위해서 일상생활 속에서 끊임없이 자기를 갈고 닦는 수행과 수련에 힘썼고 민족을 깨워 일으켜 민족을 새롭게 하려고 끊임없이 민족교육운동에 힘썼다. 그는 동지들과 함께 사랑하기 공부를 하자고 역설하면서 우리 민족은 사랑하는 민족이 되자고 하였다.[15] 그가 말년에 제시한 애기애타의 원리는 나와 남을 주체와 전체로 받들어 섬기고 나와 남을 혁신과 통일의 길로 이끄는 구도자적 삶과 행동의 원리이면서 생명철학의 근본원리였다. 기꺼이 민중 속으로 들어가서 민중과 함께 평생 구도자적 삶을 살았던 도산은 하늘처럼 자유롭고 고상하고 품이 넓었다. 그는 일찍이 1907년 '서북학생친목회 연설'에서 도덕을 "하늘을 체험하여 차별 없이 평등하게 사랑으로 대하고 남을 나처럼 사랑하여 인류사회에 서로 살리고 서로 기르는 요소"(體天同仁하고 愛人如己하야 人類社會에 相生相養之要素)로 파악하였다. 하늘을 체험하여 하늘을 품고 살았던 그는 늘 기쁘고 사랑이 넘쳤고 늘 높은 뜻을 가지고 젊은이처럼 푸르게 살았다. 하늘이 한없이 깊고 높으면서도 뚜렷하고 분명한 것처럼 그는 누구보다 비범하고 깊고 높은 정신과 뜻을 지녔으면서도 자신의 깊은 정신과 뜻을 아주 쉽고 평범한 말과 글로 표현했다. 그는 자신이 한 말을 자기 스스로 가장 깊이 듣고 가장 열성적으로 실행하였다. 그는 자신이 쓴 글을 가장 진지하게 읽고 깊이 받아들여서 실천으로 옮겼다. 하늘은 개인의 주체적 깊이에서 민족 전체의 하나 됨에 이르는 자리이며, 나와 너와 그의 얼과 혼 속에 깃들어 있는 것이고 그의 말과 글,

---

15 "홍사단 입단문답," 주요한 편저, 『安島山全書』, 증보판 (홍사단, 2015), 382.

행동과 사귐 속에서 표현되고 실현되는 것이다. 그의 삶과 정신 속에 깃든 하늘을 울리고 나온 그의 말과 글은 그의 몸·맘·얼을 울리고 뚫고 나온 것이므로 남의 삶과 정신에 깊이 스며들 수 있었고 남의 몸·맘·얼을 울리고 뚫고 들어가 남의 얼과 혼을 사로잡고 움직일 수 있었다.

5장
나의 확립과 민주정신의 철학
: 나는 어떻게 민주시민이 되는가?

한국 근·현대의 가장 두드러진 특징은 나라가 망하고 식민지가 되어가는 위기 상황에서 민을 나라의 주인과 주체로 깨워 일으키는 교육독립운동이 일어났다는 것이다. 동학농민혁명이 준비와 훈련 없이 일어났다가 농민군과 농민 수십만 명이 현대적으로 교육 훈련되고 현대 무기로 무장한 소수의 일본군에게 죽임을 당했다. 이런 처참한 패배와 좌절을 겪고 나서 한민족은 교육문화운동에 몰입하였다. 독립협회와 만민공동회, 안창호 이승훈의 교육독립운동은 민을 나라의 주인과 주체로 존중하고 섬기면서 민이 앞장서 나라를 구하도록 호소하는 운동이었다. 이런 운동의 결과로 온 민족이 나라의 독립을 위해 떨쳐 일어선 삼일독립운동이 나왔고 임시정부가 수립되었다. 한국 근·현대 교육독립운동의 중심에 안창호가 있다.

일본의 식민통치에 맞서 온 민족이 일어나 독립운동을 일으킨 삼일혁명의 전통은 4·19혁명, 6월 민주화운동, 촛불혁명으로 이어졌다.

민을 나라를 구할 주인과 주체로 존중하고 섬기는 자세로 민을 깨워 일으키는 한국 근·현대의 교육독립운동은 민중을 무지몽매한 계몽의 대상으로 보는 서구의 계몽주의와도 다르고 중국의 정치혁명이나 공산혁명과도 다르고 군국주의로 치달은 일본의 명치유신과도 다르다. 통일된 민주국가를 이루지 못하고 분단의 고통을 겪고 있다는 점에서 한국은 중국이나 일본보다 뒤졌다고 할 수 있다. 그러나 민을 나라의 주인과 주체로 깨워 일으키는 교육독립운동의 위대한 전통이 이어져 왔고 민주혁명이 줄기차게 이어져 왔다는 점에서 한국은 중국이나 일본보다 앞서 있다.

1. 나의 발견과 확립: 나는 어떻게 나가 되는가?

한국 근·현대는 인간의 자아 '나'를 역사와 사회, 민족과 국가의 주체, 민주(民主)로 자각하고 실현하고 확립해가는 과정이다.

1) 나의 혼란과 상실: 나를 찾아 헤맨 인류정신사

우리말에서는 흔히 '내'가 생략되거나 우리로 뭉뚱그려지고 상대(객어)를 존중하고 상대와 교감하고 소통하며 상대를 중심으로 문장이 형성된다. 이에 반해 그리스어·라틴어에서는 주어가 홀로 문장을 주도하고 객어와 술어를 지배한다. 그리스어·라틴어는 매우 명석하고 논리적이지만 주어와 상대(객어)는 분리되어 있다. 우리말은 교감·소통적이지만 모호하다. 주어 나를 명확하고 떳떳하게 쓰기 어렵다. 머리말에서 '나'라는 말을 쓰면 출판사에서 흔히 '나'를 '필자'로 바꾸어 놓는다. '나'라는 말이 어색하고 불편하게 느껴진다. 민주사회가 되려면 주체로서의 나를 분명하고 당당하게 쓸 수 있어야 하며 또한 상대와 교감하고 소통하여 상생 공존의 관계를 이루어갈 수 있어야 한다. 나와 상대 그리고 민족과 국가 전체와 일치하고 교감하는 주체로서 나를 확립해야 한다.

'민의 주체적 자각'은 중세 신분사회의 속박에서 벗어나 역사와 사회의 주체로 깨어나는 일이었다. 민의 주체적 자각은 결코 쉽고 편한 일이 아니었다. 주체 '나'는 결코 자명하지 않았다. 고대와 중세의 '나, 자아'라는 말은 억압적 통치와 신분질서 아래서 고통받고 신음하는 피지배 민중의 억눌림과 굴종을 담고 있다. 동양과 한국에서는 '나'라는 말을 잘 쓰지 않았다. 중국어에서 나, 우리를 가리키는 我는 손에 창을 들고 서로 싸우는 것을 나타낸다. 나(我)는 서로 편을 갈라 싸우는 집단의 일원(兵卒)으로서 지배 권력에 예속된 존재였다. 서양에서는 인간의 주체와 정체를 ego, person으로 나타냈다. ego(자아)는 탐욕과 병든 감정으로 가득 찬 존재이고 person(인격, 성격)은 탐욕과 병든 감정으로 가득한 자아를 가리키는 가면을 의미했다. 근·현대의 의미에서 역사와 사회의 주체로서의 '나'는 고대와 중세에는 없었던 셈이다.

한국과 동양에서 주체라는 말은 쓰이지 않았다. 주체(主體)라는 말은 19세기에 서양문화와 학문을 받아들이던 일본에서 만들어낸 말이다. 오늘날 널리 쓰이는 정치, 교육, 문화, 철학, 종교, 사회 등 대부분의 말들도 일본에서 만들어낸 말이다. 서양에서 주체를 뜻하는 subject는 '~아래 던져진, ~아래 놓인' 존재라는 말이다. 고대와 중세에 모든 인간은 신민(臣民), 노예, 농노였으며 지배 권력과 체제 아래 놓인 존재(subject)였다. 한국의 고대와 중세까지 영혼을 가리키는 말 '넋'은 인간을 지배하고 해코지하는 존재, 병들게 하고 괴롭히는 존재, 달래고 섬겨야 하는 영적 존재를 가리키는 말이 되었다. 영어의 subject도 우리말 넋도 고대와 중세의 억눌리고 짓밟힌 민중의 삶과 의식을 반영한다. 이러한 '넋'이나 'subject'는 자유로운 주체의 의미를 가질 수 없다. 한국 근·현대에서 대종교와 정인보가 본래 생명의 기운, 기(氣), 정기(精氣)를 뜻했던 '얼'[1]을 역사와 사회의 주인과 주체로서 영혼과 신의 의미로 썼다. 한국 근·현대의 역사는 개별적 주체의 나에서 국가 전체의 공적인 나로 나아가는 과정이며 민주시민운동은 개별적 주체들이 서로 주체로서 정의롭고 평화로운 생명공동체를 실현하는 운동이다.

히브리 기독교 전통도 억압받고 고통당하는 민중의 해방을 지향한다. 기독교와 유대교의 경전인 히브리 성경에 따르면 신은 이집트에서 종살이하는 이스라엘 백성을 해방하는 사명을 모세에게 주었다. 당황한 모세는 신에게 이름을 물었다. 신은 이름을 말하는 대신에 "나는 나다!"(나다!, 에흐예 아셰르 에흐예, 야훼)고 선언했다.[2] 자아를 잃고 종살이하는 백성을 해방하려는 신은 "나는 나다!"고 선언한다. "나는 나다!"는 선언은 타자의 부당한 간섭과 개입, 지배와 정복, 조종과 조작을 거부하고 허락하지 않는 것을 나타낸다. '나'를 선언하는 신은 불의한 타자의 지배와 정복, 간섭과 개입을 거부하는 자유의 신이며, 억압받는 민중을 해방하여 상생과 공존의 공동체적 관

---

1 서정범, 『國語語源事典』 (보고사, 2000), 431-432.
2 공동번역 또는 새 번역의 성경 출애굽기 3장 14절.

계로 이끄는 사랑과 정의의 신이다. 이러한 신의 나라를 선포하고 실현하려 했던 예수는 자기와 다른 인간들을 하나님의 자녀, 하나님 나라의 주인과 주체로 선언하였다. 그는 늘 "나는 …이다"(ego … eimi)고 선언했고 "너, 너희는 …이다"고 말했다. 그의 나라는 사랑과 진리, 정의와 평화를 실현하는 나라, 서로 다른 주체(나)들이 자유롭게 평등하게 상생 공존하는 나라였다.

히브리 성경과 기독교 성경에서 신과 인간의 주체 '나' 선언이 이루어지기는 했으나 시대적 한계와 제약 때문에 역사와 사회를 창조적으로 형성하는 진보적 주체로서 민의 자각과 실천은 이루어지지 못했다. 히브리 성경과 기독교 성경의 이러한 생명철학적 해방적 주체 '나' 선언은 유대교와 기독교에서 타자 중심의 철학으로 왜곡되고 변질되었다. 유대인 철학자 마틴 부버는 신을 '영원한 너'로 파악했고 에마뉘엘 레비나스는 고통 받는 타자의 얼굴 속에서 신을 보려고 했다. 20세기의 대표적 신학자 칼 바르트는 신을 '절대 타자'로 이해했다. 이들이 신을 궁극적 타자로 파악한 것은 서구언어와 철학에서 주어(자아, 주체)의 지배와 정복을 해체하고 거기서 벗어나려는 것이었다. 서구언어 특히 그리스어·라틴어에서 주어(subject)는 문장과 객어를 지배하고 정복하는 배타적 주체다. 그리고 그리스철학과 근·현대철학에서 인간의 주체는 관념적 인식론적 주체인 이성이었다. 관념적 인식론적 주체인 이성은 인식대상을 객관화하고 타자화할 뿐 주체로 파악하기 어렵다. 관념적 이성적 주체는 서로 다른 생명과 정신의 주체들을 대상화하고 타자화함으로써 서로 다른 주체들의 상생과 공존에 이르는 길을 차단한다. 이에 대한 반동으로 마틴 부버와 에마뉘엘 레비나스, 칼 바르트는 신을 영원한 너, 타자의 얼굴, 절대타자로 파악하였다. 이로써 이들은 서로 다른 주체들을 타자화 대상화하고 지배하고 정복하려는 서구적 인간들을 배타적 관념적 주체(이성)의 속박에서 벗어나게 하려 했던 것이다. 신을 궁극적인 너, 절대타자로 파악하는 타자 중심의 철학은 배타적 관념적 이성이 지배한 서구정신사에서 의미가 있다. 그러나 이러한 타자 중심의 철학은 민의 주체적 자각과 민주국가의 수립, 과학기술화와 세계화를 이루어가는 근·현대의 철학으로는 근본적인 제약과 한계를 가진 것이다. 궁극적 존재인 신을 타자로 파악하는 서구 철학과 종교는 민의 주체를 자각하고 실현하는 근·현대의 과제를 실현하기 어렵다.

2) 나의 발견과 확립

안창호는 생명과 역사, 사회와 나라의 주인과 주체로서의 '나'를 발견하고, '나'를 끊임없이 새롭게 개혁하고 새롭게 확립하려고 하였다. 나를 새롭게 개혁하고 창조하려 했던 도산에게 '나'는 고정된 존재론적 실체도 아니고 불변하는 관념적 실재도 아니었다. 그에게 '나'는 생명과 역사의 창조적 주체이며 생명과 역사 속에서 끊임없이 새롭게 형성되고 끊임없이 새롭게 스스로 자신을 형성하는 과정적 존재였다. '나'는 관계 속에서 살아 있는 사회적 존재이며 개체 속에 전체를 품고 전체 속에 개체가 사는 유기체적 생명체였다. '나'는 개별적 인간의 '나'이면서 모든 살아 있는 것들의 '나'이고 전체 하나의 '나'다. 안창호가 발견한 나는 안창호 개인의 나이면서 민족 전체의 나였다. 그것은 민족의 한 사람 한 사람의 나, 나의 나, 너의 나, 그의 나이면서 민족 전체와 하나인 나였다. '나'는 생명 진화와 인류 역사 속에서 형성된 과정적 존재이면서 물질과 생명과 정신과 얼을 아우르는 입체적이고 심층적이며 복합적이고 중층적인 존재였다.

1906년 말에 작성한 '대한신민회 취지서'에서 안창호는 '아(我) 대한신민(大韓新民)'이라는 말을 거듭 썼다. '아(我)라는 말을 거듭거듭 되풀이하며 강조한 것은 도산이 주체로서의 '나'를 깊이 생각하고 중시했다는 것을 나타낸다. '아(我)-민(民), 我 大韓新民'. 我는 나를 가리키는 말이지만 우리라는 의미로도 쓰인다. 그에게 나(我)는 개체로서의 자기에게 갇힌 주체가 아니라 공동체적 주체인 '우리'였다. 그가 '나(我)를 강조하고 앞세운 것은 나와 우리의 주체적 책임을 강조하려는 것이었다. 실존적이고 공동체적인 주체로서의 나에 대한 강조는 그의 사상과 삶에서 일관성 있게 나타나며, 나에 대한 생각은 세월이 지날수록 더욱 강화되고 심화되었다. 그는 '나를 사랑하고 남을 사랑하라'(愛己愛他)고 말함으로써 나(己)를 사랑하는 것을 앞세우면서도 나를 사랑하는 애기(愛己)를 남을 사랑하는 애타(愛他)와 뗄 수 없이 결합시켰다. 애기와 애타의 연결과 통합은 나(己, 我)에 대한 깊고 공동체적인 이해를 드러낸다. '나'를 실존적 도덕적 주체로서 그리고 나라의 주인과 주체로 깊이 사랑하고 탐구했다는 점에서 도산은 독보적이고 현대적이다. 안창호는 흥사단 입단문답을 통해서 민족 독립의 주체를 확고히 세우려 했다. 그는 "누가 독립운동을 해야 합니까?"라는 질문을 집요하게 물음으로써 "내가 해야 합니다"라는 대답을 이끌어냈다. 그리고는 "나의 나든, 너의 나든, 그의 나든, 내가 해야지 내가 하지 않으면 아무도 하지 않는 것입니다"고 확언했다.3 그는 민족 한 사람 한 사람의 나를 민족(국가) 전체의 나로 공적인 나로 깨워 일으키려고 혼신을 다했다.

3) 나의 무한책임

안창호는 '나'를 깊이 탐구하여 나와 민족(국가)이 일치하는 지경까지 나아갔다. 나는 국가 민족에 대하여 주인으로서 무한책임을 져야 한다. 그는 흥사단 입단문답에서 이러한 '나'철학을 제시하였다. 그는 담대하게 말했다. "우리나라를 망하게 한 것은 일본도 아니요, 이완용도 아니오. 그러면 우리나라를 망하게 한 책임자가 누구요? 그것은 나 자신이오. 내가 왜 일본으로 하여금 내 조국에 조아(爪牙)를 박게 하였으며, 내가 왜 이완용으로 하여금 조국을 팔기를 허용하였소? 그러므로 망국의 책임자는 곧 나 자신이오."[4] 우리 민족 각자가 한국은 내 것이요, 한국을 망하게 하거나 흥하게 하는 것이 내게 달렸다고 자각하는 때에 비로소 민족의 자주독립과 부흥의 여명이 온다는 것이다. 나라와 민족의 주인인 국민은 남에게 책임을 미루거나 남 탓을 해서는 안 된다. 남에게 책임을 돌리고 남 탓을 하고 있는 동안에는 아무런 바람직한 변화가 일어나지 않는다. 남에게 책임을 돌리고 남 탓 하는 일을 중단하고 내가 책임을 지고 일어설 때 비로소 나라와 민족의 살길이 열린다. "자손은 조상을 원망하고 후진은 선배를 원망하고, 우리 민족의 불행의 책임을 자기 이외에 돌리려고 하니 대관절 당신은 왜 못하고 남만 책망하시오. 우리나라가 독립이 못 되는 것이 '아아, 나 때문이로구나' 하고 왜 가슴을 두드리

---

3 주요한, 『안도산전서』 (흥사단, 2015), 349-353.
4 이광수, 『도산 안창호』, 135.

고 아프게 뉘우칠 생각을 왜 못하고 어찌하여 그놈이 죽일 놈이요, 저 놈이 죽일 놈이라고만 하고 가만히 앉아계시오? 내가 죽일 놈이라고 왜들 깨닫지 못하시오?"[5] 남에게 책임을 돌리고 그놈, 저놈을 죽일 놈으로 탓하고 있으면 더욱 불행한 나쁜 상황으로 내몰린다. 내 탓이라 하고 스스로 책임을 지고 일어나 행동하면 새로운 변화를 만들 수 있다는 것이다.

4) 나: 생명과 정신의 존재론적 근원과 창조적 주체

안창호는 흥사단 입단문답을 통해서 모든 존재의 근원이 '나'라는 결론에 이른다. "흥사단의 주인도 책임자도 나다. 내가 있는 동안 흥사단은 없어지지 않을 것이다."[6] 데카르트(René Descartes)가 "나는 생각한다. 그러므로 나는 존재한다"고 말했다면 안창호는 "내가 있다. 그러므로 모든 것이 있다", "내가 있다. 그러므로 그것이 있다"는 주장과 결론에 이르렀다. 주인은 창조자적 주권자다. 주인은 무엇이든 할 수 있다. 그리고 흥사단의 주인으로서 '내'가 있는 한 흥사단은 있다. 안창호는 인간의 자발적 의지를 강조하는 주의주의(voluntarism)를 철저화하여 '나'를 존재와 일, 생명과 정신의 존재론적 근원과 창조적 주체로 내세운다. 흥사단 입단문답에서 그는 우리나라를 참된 나라로 만드는 일은 누가 하는가 묻고 "내가 한다"는 대답이 나올 때까지 같은 물음을 되풀이하였다.[7] 도산은 '흥사단 입단문답'

---

5 이광수, 『도산 안창호』, 135-136.

6 "흥사단 입단문답," 『安島山全書』, 353.

7 "흥사단 입단문답," 『安島山全書』, 349-350.

에서 '나'의 철학을 제시했다. 그는 모든 문제와 책임을 '나'에게 돌리고 모든 일을 '나'에게서 시작하였다.[8] 그는 국민 한 사람 한 사람의 '나'가 하지 않으면 결국 아무도 하지 않는 것이라고 하였다. 따라서 내가 하면 하는 것이고 내가 하지 않으면 아무도 하지 않는 것이다. 어떤 일도 나의 나, 너의 나, 그의 나가 해야 하는 것이지 그 어떤 나가 하지 않으면 결국 아무도 하지 않는 것이다. 생명체에서 스스로 하는 주체와 내적으로 통일된 전체가 하나의 생명으로 일치되어 있듯이 국가와 민족에서도 한 사람 한 사람의 주체와 민족 국가 전체가 하나로 연결되어 있다.

"내가 있다. 그러므로 모든 것이 있다"는 도산의 철학 원리는 주관적이고 관념적인 원리가 아니다. 그것은 생명과 정신의 주체 철학이다. 생명과 정신의 세계는 물질과 관념의 세계와는 다른 존재론을 가지고 있다. 물질과 관념의 세계에서 사물과 관념, 숫자와 도형, 돈과 기계는 있거나 없는 것이다. '반드시 있어야 할 것'도 '있으려는 것'도 없다. 그저 있는 것은 있고 없는 것은 없을 뿐이다. 생명과 정신의 세계에서는 생명과 정신의 주체와 전체 그리고 진화가 단순히 있거나 없다고 말할 수 없다. 그것은 있는 것이면서 있어야 할 것, 있으려는 것이다. 사물과 관념도 생명과 정신의 세계에 들어올 때 비로소 있음과 없음을 넘어서 있어야 할 것, 있으려는 것이 될 수 있다. 물질과 관념을 초월한 생명과 정신의 세계는 물질과 관념의 기준으로 보면 없는 것이다. 생명과 정신은 없으면서 있는 것이고 없음에서 있음을 이끌어내는 창조자적인 것이다. 그것은 언제나 없음에서

---

8 '나'에 대한 집중적 논의는 "흥사단 입단문답," 『安島山全書』, 349 이하 참조.

있음으로 나아가는 과정 속에 있는 것이며 자기 자신을 혁신하고 개조하는 것이다. 그러므로 그것은 있어야 할 것이며 있으려 하는 것이다. 생명철학자 유영모는 "있을 것이 있을 곳에 있는 것이 참이고 선이고 아름다움이다"[9]고 하였다. 생명철학자 함석헌은 하나님도 생명 속에서 파악했다. 생명의 창조적 근원과 중심과 목적인 하나님은 고정불변한 완전자가 아니라 절대자로서 완전한 존재인 동시에 '자람'이며 '영원의 미완성'이다. 하나님은 '있는' 존재가 아니라 '있을 이, 영원히 있으려는 이'이다. 함석헌은 하나님의 역동성을 나타내기 위해 하나님을 "…려 함"이라고도 한다.[10]

생명과 정신의 주체인 '나'는 '있는' 것이면서 '있어야 할' 것이고 '있으려는' 것이다. 나에게 '너'도 마찬가지다. '너'도 있는 것이고 있어야 할 것이며 있으려는 것이다. 생명과 정신은 간절하고 사무친 것이다. 그러므로 생명과 정신의 주체인 '나'는 죽은 물건처럼 자기 안에 가만히 머물러 있는 존재가 아니다. '나'는 간절하고 사무치게 '나'로 되고 '나'이려는 존재다. 또한 '나'는 나이면서 나를 넘어서고 너이면서 너를 넘어서고 그이면서 그를 넘어서는 '임'을 간절하고 사무치게 찾고 부르는 존재다. 그 '임'이 '나'에게는 있는 존재이며 꼭 있어야 할 존재이며 있으려는 존재다. 생명과 정신의 임은 한 님, 하느님, 하나님이다. 임은 생명과 정신의 주체인 '나'가 찾고 부르고 만나고 내 속에 모시고 내가 임으로, 임이 나로, 나와 임이 하나로 되어야 할 존재다.

생명과 정신은 '나'에게서 시작하고 '나'가 중심이고 목적이다. 생

---

9 이것은 내가 1975년경에 다석의 집에서 다석에게 직접 들은 말이다.
10 함석헌, "열 두 바구니," 『함석헌전집 4』, 365, 373.

명과 정신의 '나'가 없다면 생명과 정신의 세계도 없다. 생명과 정신의 주체인 '나'가 이룩한 모든 정신문화의 세계, 문명과 역사, 사회와 종교, 예술과 학문의 세계도 없다. '나'가 없으면 이 모든 것은 생겨나지 못했고 생겨났다고 해도 신기루처럼 사라질 것이다. 생명과 정신의 주체로서의 '나'는 우주 자연 물질세계의 존재보다 앞선 것이고 더 깊고 근원적인 것이다. 이러한 '나'는 감성과 이성의 모든 지각과 인식 행위보다 앞선 것이고 더 깊고 근원적인 것이다. 창조자적 주체로서의 '나'는 물질적 존재론과 관념적 인식론보다 더 근원적이고 더 깊고 더 궁극적인 것이다. 생명과 정신의 주체인 '나'는 우주적 시공간과 시공간의 물질세계와 그 법칙보다 앞선 것이고 더 근원적이고 궁극적인 것이다.

물질의 세계도 그것다운 고유한 본질과 성격이 없고, 내적 결합력과 통합력이 없으면, 존재할 수 없다. 물체들도 존재의 깊이와 내적 통일성을 가지고 있으므로 존재하는 것이다. 도산 철학의 계보를 이루는 다석 유영모는 물체도 물질의 주체라고 하였다. 물체도 존재의 한없는 깊이와 가치를 지니고 있으며 전체 하나와 연결되고 통합되어 있다.[11] 그리고 물질의 가치와 의미는 생명과 정신의 '나'를 통해서 발견되고 드러나고 표현되고 실현된다. 만일 인간 생명과 정신의 '나'가 없다면 햇빛과 바람, 물과 흙이 그렇게 소중하고 아름답고 값진 것임을 어떻게 알았겠는가? 생명과 정신의 '나'에 의해서 비로소 햇빛, 바람, 물, 흙의 가치와 아름다움, 보람과 의미가 드러나고 표현되고 실현된다. 만일 '내'가 없다면 햇빛, 바람, 물, 흙과 같은 물질들

---

11 유영모, 『다석강의』(현암사, 2006), 250, 237.

은 아무런 보람과 의미를 잃고 떠돌다가 소멸하고 말 것이다. 이러한 우주의 물질들조차도 파괴와 소멸의 운명에서 벗어나 생명과 정신 속에서 참되고 영원하게 '있으려'는 열망과 기대를 품고 있다.

안창호가 창조자적 주권자로서 민중의 '나'를 민주적 주체로 내세우는 것은 이스라엘의 신 야훼가 종살이하는 백성을 해방하기 위하여 "나는 나다!"고 선언한 것과 일치한다. "나는 나다!"는 신의 선언은 지배와 정복을 위한 배타적인 자기주장이 아니라 주체적 자아를 잃고 종살이하는 이스라엘 백성의 해방을 위한 주체 선언이다. 신의 '나'는 종살이하며 '나'를 잃은 백성에게 참된 나를 형성해준다. 신의 나는 모든 생명과 인간의 서로 다른 '나'들을 이끌어 전체 하나로 만드는 참된 나다. 이와 마찬가지로 안창호의 '나' 선언과 주장도 지배와 정복을 위한 배타적 선언과 주장이 아니라 생명체와 인간들의 서로 다른 주체들을 상생공존의 삶으로 이끄는 것이다. 도산은 나의 철학을 확립한 사람이다. 도산은 평생 일관성 있게 '나'를 중심에 세우고 높이 닦아낸 '나'의 철학자다. 도산처럼 '나'의 탐구에 집중한 철학자는 없다. 그는 '나'를 일인칭과 주체로서 가장 깊고 바르게 사용한 철학자다.

그는 '나'를 확립함으로써 민족 전체의 통일과 세계평화에 이르려고 하였다. 개인의 구체적이고 주체적인 '나'를 가장 뚜렷하고 분명하게 쓰면서 나를 교감하고 소통하는 주체, 민족 전체와 일치하는 주체로 확립하였다. 그는 나의 무한책임을 강조했다. 그는 민 한 사람 한 사람의 '나'가 국가를 어깨에 짊어졌다고 하였고 국가를 민의 생명공동체라고 봄으로써 나와 민족(국가)을 일치시켰다.[12] 내가 곧 나라이고, 국가다. 그는 민족 전체의 자리에서 민족의 대동단결과 통일을 추구했다. 그는 개인의 인격적 주체인 '나'와 민족 전체의 일치에 이르기 위해서 인격적 자아의 자기 개조와 혁신을 추구했다. 인격의 자기 개조를 위해서 덕·체·지의 통일과 혁신을 추구했다. 나와 너(상대)의 공립과 상생공존을 위해서 사랑공부와 정의돈수를 말하고 애기애타(愛己愛他)를 말했다. 안창호의 '나' 철학은 민의 주체를 확립하는 민주철학이고 고통받는 주체들을 섬기고 받들고 서로 살리고 더불어 살며 서로 구원하는 삶에로 이끄는 공동체적 공화를 실현하는 철학이다.

2. 민주의 길: 어떻게 나는 민주시민이 되는가?

1) 국민이 황제다

안창호는 한국 근·현대에서 가장 먼저 확실하고 일관성 있게 민주정신과 원리를 파악하고 주장하고 실천한 인물이다. 그가 조직한 신민회는 가장 먼저 민주공화정의 이념을 제시한 단체였다. 그는 1906년에 했던 공립협회 창립 1주년 기념강연과 '대한신민회'의 뜻과 목적을 밝히는 글에서 민이 나라의 주인과 주체임을 명확하게 제시했다. 공립협회 1주년 기념강연에서 그는 미국이 이룩한 문명부강의 씨와 뿌리를 '민이 서로 보호하고 단합함'으로 보았다. "워싱턴이 혼자 일한 것이 아니다. 강한 자나 약한 자나 유식한 자나 무식한

---

12 안창호, "삼선평 연설," 『안도산전서』, 584-585.

자나 잘난 놈과 못난 놈을 물론하고 일체로 공합하여 힘쓴 고로 (미국은) 영국을 물리치고 독립이 되어 부강을 일으켰다. 또한 오늘까지 그 문명과 부강을 부지하고 진보하는 것도 또한 서로 보호하자는 뜻으로 합심 협력함이라."[13] 대한신민회의 뜻과 목적을 밝히는 글에서도 "나·민(我-民)이 새롭지 않으면 누가 대한을 사랑하며, 나·민이 새롭지 않으면 누가 대한을 보호하겠는가"[14]라고 함으로써 민으로서의 '나'와 나라를 직결시키고 일치시켰다. 1907년 5월에 한 삼선평 연설에서는 "국가는 한 인간의 소유가 아니다. 우리 어깨 위에 대한(大韓) 두 글자를 각각 짊어졌으니 바라건대 전날의 생각을 계속 가지고 있지 말라"고 함으로써 우리 각자가 나라를 책임질 주인임을 밝혔다. 더 나아가서 국가를 유기적 생명체인 몸으로 이해함으로써 나라와 민의 몸을 동일시했다. "국가는 한 몸이니 한 몸의 오장육부와 지체 사이에 병든 곳이 있어서 생맥(生脈)이 갑자기 끊어지면 몸 전체가 따라서 죽는다. 한 나라 가운데 생맥이 갑자기 끊어진 곳이 있으면 국민이 자신의 생명을 홀로 온전하게 지킬 도리가 있겠는가. 그러므로 나라 사랑하기(愛國)를 마땅히 제 몸 사랑하는 것(愛身)처럼 해야 할 것이 아닌가."[15] 나라를 유기적 생명체인 몸으로 비유하고 나라와 민의 몸을 일치시킨 것은 그가 나라를 생명공동체로 파악하고 나라와 민을 일치시키는 민주정신과 원리를 확고하게 지녔음을 나타낸다.

그의 민주정신과 원리는 상해임시정부 시절에는 더욱 뚜렷하고

---

[13] 안창호, "공립협회 1주년 기념강연,"『안도산전서』, 581.

[14] 안창호, "대한신민회취지서,"『안도산전서』, 1070.

[15] 안창호, "삼선평 연설,"『안도산전서』, 584-585.

확실하게 제시된다. "예전에는 한 사람만이 황제였으나 이제 민 한 사람 한 사람이 황제다. 모든 국민이 다 황제다"고 하였다. 민이 곧 황제 주권자라는 그의 생각은 정부와 인민의 관계를 설명하는 데서 더욱 분명하게 드러난다.

> 오늘날 우리나라에는 황제가 없나요? 있소. 대한 나라에는 과거에는 황제가 일인밖에 없었지마는 금일에는 이천만 국민이 다 이 황제요. 제군의 앉은 자리는 다 옥좌며 머리에 쓴 것은 다 면류관이다. 황제란 무엇이요? 주권자를 이름이니 과거의 주권자는 일인이었으나 지금은 제군이 다 주권자다. 과거에 주권자가 일인이었을 때는 국가의 흥망은 일인에 있었지마는 지금은 인민 전체에 있소. 정부 직원은 다 노복이니 이는 정말로 노복이오. 대통령이나 국무총리나 다 제군의 노복이다. 그러므로 군주인 인민은 그 노복을 선히 인도하는 방법을 연구하여야 하고 노복인 정부직원은 군주인 인민을 선히 섬기는 방법을 연구하여야 하오.[16]

황제 한 사람이 주권자로서 국가를 지배할 때는 임의로 할 수 있으나 국민 전체가 황제 주권자 노릇을 하려면 엄격한 민주정신과 신념, 원칙과 실천이 요구된다. 안창호는 먼저 나라의 주인으로서 국민의 주인의식과 책임의식을 강조한다. 주인 노릇을 책임 있게 하려면 먼저 과학적이고 합리적으로 생각하고 행동해야 한다. "영·미인과 우리의 차이가 무엇이라고 생각하오? 영·미인은 인과를 믿는데 우리는 그것을 안 믿고, 영·미인은 저 스스로가 제 생활과 제 나라의 주인이요, 따라서 책임자로 자처하는데 우리는 제 생활의 행

---

16 안창호, "6대사업"(시국대강연), 1920년 1월 3일, 5일에 한 강연임. 주요한 편저, 『안도산전서』, 655.

(幸)·불행도, 국가의 흥망도 저는 말고 다른 누가 주인이요 책임자인 것같이 생각하고 있습니다. 이것이 근본적 차이인 것 같습니다. 옳소. 꼭 그대로요. 민주주의란 것은 백성 저마다가 그 나라의 주인이란 말이오. 가령 어떤 집이 하나 있고 그 집에 주인도 있고 나그네나 고용인이 있다고 하면 그들에게 무슨 차이가 있을까? 주인은 그 집이 제 집이므로 그것을 언제나 사랑하고 아끼고 언제나 그것을 생각하고 그것을 잘 되게 하기 위하여 힘쓸 것이요, 나그네나 고용인은 제 집이 아니기 때문에 제가 편안할 것만 생각하지 그 집 생각은 안 할 것입니다.[17]

주인의식을 가지고 책임 있게 행동하지 않으면 제 나라를 포기하고 버리는 것이다. 제 나라를 포기하고 버리는 것은 나라를 팔아먹는 것이다. 안창호는 나라의 주인으로서 품위 없게 행동하는 것도 나라의 품격을 해치고 나라를 팔아먹는 것과 같다고 하였다. "우리 나라에는 나라를 팔아먹을 사람이 이완용 하나뿐일까요? 나라를 제 것으로 알고, 제가 나라의 주인으로 알지 아니하는 사람은 누구나 이완용 모양으로 나라를 팔아먹을 수 있다고 생각합니다. (이완용 외에도) 작은 규모로 나라를 팔아먹는 일은 날마다 수없이 있다고 생각합니다. 예를 들어 상해 거리에서 중국사람 인력거꾼에게 차값을 적게 주어 우리나라 사람을 원망케 하는 것도 매국적(賣國的)이라고 생각합니다. 그는 우리 민족 전체를 미워할 것입니다."[18]

---

17 "홍사단 입단문답," 『안도산전서』, 374.
18 "홍사단 입단문답," 『안도산전서』, 375.

2) 국민과 정부의 관계

안창호는 인민과 정부의 관계에 대한 논의를 인민의 자유에서 시작한다. "우리는 자유의 인민이니 결코 노예적이 되어서는 아니 된다. 우리를 명령할 수 있는 것은 오직 각자의 양심과 이성뿐이라야 할 것이다. 결코 어떤 개인이나 어떤 단체에 맹종하여서는 아니 된다."[19] 우선 그는 인민이 정부의 주인이고 주권자임을 밝힌다. 그리고 그 인민은 막연한 집단적 존재가 아니라 구체적이고 개별적인 한 사람 한 사람의 주체인 '나'다. 홍사단 입단문답은 다음과 같이 진행된다. "우리나라의 주인은 누구요? 대한민국 임시정부. 임시정부의 주인은 누구요? 대통령 이승만. 대통령 이승만의 주인은 누구요? 대한 국민 우리 2000만 민족. 대한 국민 우리 2000만 민족은 누구요? 우리들 모두. 우리들 모두란 누구요? 대한국민아 나서라, 하고 하나님께서 부르신다면 예, 하고 나설 자가 누구요? 나는 나 안창호라고 대답합니다."[20] 나라의 주인은 민족 한 사람 한 사람의 구체적인 '나'다. 안창호가 생각한 '나'는 우주와 자연, 역사와 사회를 초월하는 존재이면서 시공간의 구체적 현실 속에서 역사와 사회 속에서 살아 있는 구체적인 개별적 존재다. 인간의 '나'는 몸, 맘, 얼의 주체이고 전체다. 하늘을 우러르는 정신과 얼로서의 나는 시공간적 현실의 제약과 속박을 초월한 존재다. 그러나 육체 속에서 욕망과 감정을 가지고 사는 나는 시공간적 현실을 벗어날 수 없는 구체적이고 특별하며 작고 약한 존재다.

---

[19] 안창호, "동포에게 고하는 글," 『안도산전서』, 522-523.
[20] "홍사단 입단문답," 『안도산전서』, 352.

인민 하나하나는 나라의 주인과 주권자로서 자유로운 주체이지만 개인과 정부와의 관계는 이중적이고 복합적이다. 안창호는 이런 이중적이고 복잡한 관계를 나와 우리의 관계로 설명한다. "우리 대한 사람은 남자나 여자나 저마다 다 대한국민이요, 저마다 다 대한의 주인이요, 대한민국 임시정부의 주인이요. 대통령을 우리가 뽑아서 우리의 대표, 지도자로 내세웠소. '우리'라는 것은 곧 나요. 대통령은 우리의 법과 우리의 여론에 복종하고 나는 대통령의 명령과 지도에 복종합니다. '우리'일 적에는 우리는 대통령보다 높고 '나'일 적에는 나는 대통령보다 낮다고 생각합니다. 우리 대통령으로는 우리가 감시하고 내 대통령으로는 내가 경애(敬愛)합니다."[21] 개인으로서의 '나'는 민족 전체로서의 '우리'와 일치하면서도 구별된다. 나라의 주인이라는 점에서는 나와 우리가 일치한다. 나와 우리는 모두 나라의 주인이고 주권자다. 그러나 책임과 의무를 감당할 때는 나와 우리가 구분된다. 전체로서의 우리는 대통령을 뽑고 세우고 감시한다. 그러나 개인으로서의 나는 대통령을 경애하고 대통령의 명령과 지도에 복종한다. 개인으로서의 나와 전체로서의 우리가 분리되는 것은 아니다. 전체 우리로서의 나는 대통령을 비판하고 감시할 수 있다. 그러나 개인의 욕망과 감정, 편견과 이해관계에 따라 대통령을 비난하고 무시해서는 안 된다.

안창호는 나라의 주인과 주권자로서 민은 어른으로서 성숙하게 노복인 관료직원들을 부리고 이끌어야 한다고 보았다. 한국인은 칭찬을 좋아하니 나무라지만 말고 칭찬하면서 이끌어달라고 당부하였

---

[21] "홍사단 입단문답," 『안도산전서』, 352-353.

다. "황제인 제군은 신복인 직원을 부리는 법을 알아야 하오. 노복은 명령과 견책으로만 부리지 못하나니 얼러주고 추어주어야 하오. 동양 사람만 많이 부려 본 어떤 미국 부인의 말에, 일인은 매사에 간섭을 하여야 하고, 중국인은 간섭하면 골을 내며 무엇을 맡기고는 뒤로만 슬슬 보살펴야 하고 한인은 다만 칭찬만 하여 주면 죽을지 살지 모르고 일을 한다 하오. 잘난 이도 칭찬하면 좋아하는 법이오. 그러니까 여러분도 당국자를 공격만 말고 칭찬도 하여 주시오."[22]

국민이 주권자가 되려면 조직적으로 단합하고 의식적으로 통일되어야 한다. 흩어진 개인은 주권을 상실하고 연합하면 국민이 되어 주권을 향유한다고 하였다. 개인으로서는 국가의 명령에 복종하고, 연합하여 국민이 되면 국가에 명령을 발하자는 자가 된다.[23] 주권자로서 성숙한 국민의 자세를 안창호는 다음과 같이 말했다. "만일 이 종들이 불만하여서 다른 종이 필요하거든 다 내쫓고 새 종을 갈아대시오. 만일 쓸 만하거든 얼러주어 가면서 부리시오. 나는 단언하오. 장래에는 모르지마는 현재에 이 이상의 내각은 얻기 어렵소. 이혼 못 할 아내거든 분이라도 발라 놓고 기뻐하시오."[24] 나라의 주인으로서 국민이 주인 노릇을 잘 하려면 대통령과 장관, 관리들을 잘 부릴 수 있어야 한다. 엄하게 꾸짖고 내쫓을 수도 있어야 하지만 잘 달래고 칭찬하기도 해야 한다. 이혼 못 할 아내거든 분이라도 발라놓고 기뻐하라는 말은 성숙한 어른의 심정을 가져야 나라의 주인 노릇을

---

22 1920년 1월 3, 5일에 행한 안창호의 시국 대 강연 "6대사업,"『안도산전서』, 655.

23 "여러분이 나누면 개인이 되어 주권을 상실하고 합하면 국민이 되어 주권을 향유하는 것이다. 그러므로 여러분은 합하면 명령을 발하는 자가 되고 나누이면 명령에 복종하는 자가 되는 것이오." 앞 글, 656.

24 앞 글.

할 수 있음을 보여준다. 임시정부의 초창기에 이미 이승만 대통령과 이동휘 총리에 대한 비판과 불만이 쏟아져 나왔다. 특히 미국에 있으면서 재정문제와 외교문제를 독단적으로 처리하는 이승만에 대한 비판과 불만은 갈수록 커졌다. 그러나 이승만과 이동휘를 배척하면 임시정부가 분열될 뿐 아니라 제이의 대통령, 제이의 임시정부가 생겨날 것을 예상했던 안창호는 민족의 단결과 통일을 위해서 끝까지 이승만과 이동휘를 받들고 함께 가야 한다고 생각했다. 이혼 못 할 아내거든 분이라도 발라놓고 기뻐하라는 안창호의 말은 이승만과 이동휘를 끌어안고 함께 가려는 성숙한 자세를 보여준다. 안창호는 자신이 누구보다 이승만과 이동휘의 단점을 잘 안다고 하였다. 그러나 임시정부와 독립운동과 민족의 현실을 감안할 때 이승만과 이동휘를 끌어안고 가야 한다고 생각했던 것이다. 안창호는 민족과 임시정부가 단합하고 통일하면 민족의 독립을 이룰 수 있고 분열하면 일제의 식민지배에서 벗어날 수 없다고 보았다.[25]

안창호는 국민의 개별적인 '나'와 전체로서의 '우리'를 구분하였다. 주인과 책임자로서 '나'는 정부의 주인과 주권자이지만 개인적이고 사적인 내가 정부의 주인과 주권자인 것은 아니다. 민족과 국가 전체와 하나로 된 통합된 국민으로서의 '우리'가 정부의 주인과 주권자다. 개인으로서의 나는 정부와 대통령보다 낮지만 '우리로서의 나'는 정부와 대통령의 주인이다. 개인으로서의 나는 정부와 대통령을 존중하고 그 명령에 따라야 하고 우리로서의 나는 주인과 주권자로서 여론을 형성하여 정부와 대통령을 바르게 이끌어야 한다. 개인으

---

[25] 앞 글, 669.

로서의 나와 전체로서의 우리의 관계는 평면적이고 단순한 관계가 아니다. 나와 우리는 서로 비추는 거울처럼 나 속에 우리가 여러 겹으로 투영되고 살아 있다. 또 우리 속에 내가 깊이 반영되고 살아 있다. 나의 의식과 수준이 우리를 결정하고 우리의 의식과 수준이 나를 결정한다.

개인으로서의 나와 우리로서의 나가 지닌 의식과 수준을 높이려면 어떻게 해야 할까? 정부와 대통령을 잘 이끌어가면서 나라를 바로 세우고 발전시키려면 어떻게 해야 하는가? 나라의 주인과 주체인 국민이 주인의식과 주체의식을 확고하게 가져야 한다. 나라의 주인으로서 민주의식은 높은 도덕과 성숙한 인격과 책임의식을 요구한다. 안창호는 서로 주인이 되어서 서로 믿으며 힘써 일하자고 한다. 그는 공(功)은 우리에게 돌리고 책임은 내게 돌리자고 하였다. "너도 믿고 나도 믿자. 너도 일하고 나도 일하자. 너도 주인이 되고 나도 주인이 되자. 공(功)은 '우리'에게 돌리고 책임은 '내'게로 돌리자."[26] 그러나 이렇게 인민이 나라의 주인과 주체로서 제 구실을 하며 사는 것은 쉬운 일이 아니다. 나라의 주인과 주체로서 민주시민으로 살려면 민주시민의 정신과 자격, 철학과 이념을 확립하고 훈련하고 실행할 수 있어야 한다. 그래서 안창호는 민주시민의 자격과 정신, 철학과 신념을 훈련하고 실행하기 위해서 흥사단을 조직하고 스스로 훈련하고 수행하였다. 임시정부 시절에도 그는 매일 아침 임시정부 요인들과 함께 애국가를 부르며 몸과 맘을 갈고 닦는 일에 힘썼다. 임시정부 초기 국무원 비서장 김여제는 임시정부의 조회 시간을 이렇

---

26 "흥사단 입단문답,"『안도산전서』, 354.

게 회고했다. "아침 8시 반에 등청하면 정부요인들이 모두 강당에 모여 조회를 하였다. 태극기에 대한 경례를 하고 애국가를 불렀다. 몸소 손을 내어 흔들고, 신이 나면 누가 더 부르라고 하지 않았는데도 몇 번을 거듭 불렀다. … 애국가 합창에 이어 업무시달과 도산의 규칙적인 훈사(訓辭: 가르치어 훈계함) 그리고 정좌(靜坐), 정심(定心: 마음을 가라앉힘)으로 조회가 끝난다."[27]

3) 서로 다름의 존중: 사상의 차이와 여론의 형성

안창호는 민이 나라의 주인노릇을 하려면 통일된 여론을 형성하여 민의 여론으로 정부를 이끌어야 한다고 보았다. 그리고 국민의 통일된 여론을 형성하려면 민이 서로 대화와 소통, 토론과 논쟁을 통해서 바른 생각과 견해를 가질 수 있어야 한다. 민이 대화와 소통, 토론과 논쟁을 하는 원칙은 서로 주체로서 서로의 자유를 인정하고 존중하는 데서 시작해야 한다. 서로의 자유를 인정한다는 것은 상대의 생각이 옳을 수 있음을 인정하고 상대의 생각과 주장을 존중하는 것이다. "서로서로 남의 자유를 존중하면 싸움이 대부분 없어질 것이요, 내게 한 옳음이 있으면 남에게도 한 옳음이 있는 것을 인정하여서 남의 의견이 나와 틀린다 하여 그를 미워하는 편협한 일을 아니하면 세상에는 화평이 있을 것이오." 안창호는 봉건시대의 당쟁은 상대의 주장을 인정하지 않는 독단적 논쟁이며 결코 민주적인 대화와 토론의 방식이 아니라고 비판했다. "우리나라에서는 예로부터 나

---

27 한승인, 『민족의 빛 도산 안창호』, '11장 상해 임시정부 시대 4. 임시정부' 참조.

와 다른 의견을 용납하는 아량이 없고 오직 저만 옳다 하므로 그 혹독한 당쟁이 생긴 것이오. 나도 잘못할 수 있는 동시에 남도 옳을 수 있는 것이거든, 내 뜻과 같지 아니하다 하여서 이를 사문난적(斯文亂賊)이라 하여 멸족까지 하고야 마는 것이 소위 사화(士禍)요 당쟁이었으니, 이 악습이 지금까지도 흐르고 있소. 그러므로 우리는 서로서로 사상의 자유, 언론의 자유를 인정하고 존중하면서 비록 의견은 서로 다르더라도 우정과 존경에는 변함이 없음이 문명국인의 본색일 것이오."[28]

민주사회에서는 서로 치열하게 토론하고 논쟁하더라도 서로의 존재와 견해를 존중하므로 우정과 애정을 지킬 수 있을 뿐 아니라 서로 민주의식과 정신을 단련하고 훈련하는 과정이 될 수 있다. 이렇게 민주적인 토론과 논쟁을 한다면 "우리나라에서 천만 가지 사상과 의견이 대립하더라도 우정과 민족적 애정만은 하나일 수가 있으니, 그리하면 사상의 대립은 서로 연마·발달하는 자극이 될 수 있고 서로서로의 존경과 애정은 민족 통일의 묶는 실이 되어서 안으로 아무러한 의견의 대립이 있더라도 외모(外侮)나 전 민족의 운명이 달린 일에 대하여서는 혼연(渾然)히 하나가 되어서 감연(敢然)히 막아낼 수가 있을 것이오. 제 의견의 주장도 민족을 위함이거든 민족을 깨뜨려서까지 제 의견을 살릴 사람이 어디 있겠소? 그런데 사실은 그만 저라는 것이 눈이 어두워 민족이 아니 보이는 일도 있는 모양이니 가히 한탄할 일이오."[29] 내 욕심과 감정과 편견이 내 눈을 가리면 민족도 동지도 국민 여론도 보이지 않는다. 민주정치와 민족통일

---

28 "흥사단 입단문답," 『안도산전서』, 381.
29 같은 글, 381-382.

200 ㅣ 제1부_ 도산 안창호의 철학

의 첫걸음은 사람마다 저 자신의 '나'를 새롭고 자유롭게 하는 것이다. 이것을 위해서 도산은 신민회를 조직하고 흥사단을 만들고 사랑하기 공부를 역설하며 나와 민족의 혁신을 추구했던 것이다.

민주적 토론은 나라와 민에 대한 사랑을 바탕으로 이루어져야 한다. 나라의 주인으로서 서로 사랑하고 존중하는 심정으로 사상과 의견에 대하여 민주적으로 토론한다면 서로를 연마하고 발전시킬 뿐 아니라 통일된 여론을 형성할 수 있다. 서로 다른 사상과 견해의 대립과 차이를 가진 사람들이 서로 연마하고 발전시키면서 통일된 여론에 이르려면 서로를 주체로 존중하고 사랑할 수 있어야 한다. 사랑이 없으며 서로 다른 생각을 가진 사람들이 생각의 차이를 넘어서 통일된 여론을 형성할 수 없다. 그러므로 도산은 사랑을 강조했고 사랑공부를 주장했다. "너도 사랑을 공부하고 나도 사랑을 공부하자. 남자도 여자도, 우리 2000만이 다 서로 사랑하기를 공부하자. 그래서 2000만 한민족은 서로 사랑하는 민족이 되자."[30]

4) 자치와 공화의 길

미국에서 지낼 때 안창호는 미국인들의 집안 청소부, 농장 노동자, 부두 노동자로 일하면서 생활하였다. 그는 스스로 노동자의 삶을 살면서 노동자들의 삶 속으로 들어가 민주와 공화의 세계를 열었다. 나라의 주인과 주체인 민을 안창호는 깊이 신뢰하고 사랑하였다. 민의 주체적 자각을 통해 민족의 자주독립과 통일을 이루려고

---

30 같은 글, 382.

했던 안창호는 민을 사랑으로 섬기고 받들려고 하였다. 민을 사랑으로 섬기고 받들면서 나라의 주인과 주체로 깨워 일으키려고 했던 것이 안창호의 교육운동의 특징이다. 강제로 억지로 민을 일으켜 세워 나라의 주인이 되게 할 수 없다. 민은 스스로 깨닫고 스스로 일어나야 한다. 또한 민은 홀로 일어서지 않고 서로 주체로서 더불어, 함께 일어나야 한다. 민을 믿고 사랑했으므로 안창호는 민을 받들어 섬겼으며, 민과 함께 일어서기 위해서 민의 삶 속으로 들어가서 민과 함께 생활하였다.

1902년에 안창호는 미국유학을 갔다가 한인 동포들이 길거리서 상투를 잡고 싸우는 것을 보고 공부를 중단하고 한인노동자들을 교육하고 조직하고 훈련하는 일에 나섰다. 그래서 1905년에 세운 것이 공립협회(共立協會)였다. 공립협회란 이름에 그의 정신과 철학이 담겨 있다. 독립은 홀로 서는 것이고 공립은 함께 서는 것이다. 민주주의는 홀로 서는 것이 아니라 함께 더불어 서는 것이다. 안창호는 민이 함께 서는 것이 민주주의의 원리일 뿐 아니라 문명부강의 뿌리와 씨라고 하였다. "서로 보호하자는 뜻으로 합심 협력함"이 문명과 부강의 뿌리와 씨이고 "문명과 부강을 부지하고 진보하는 것"이라고 하였다.[31]

이런 정신과 사상을 가지고 조직한 공립협회는 한인 동포들 사이에 깊이 뿌리를 내리고 빠르게 확장되었다. 공립협회 기관지 공립신보에 따르면 1908년 11월경에는, 이미 지사만도 총 54개 곳(미주 7개, 하와이 4개, 해삼위[현 블라디보스톡] 3개, 한국 39개, 멕시코 1개)으로 확

---

[31] 안창호, "공립협회 1주년기념 연설," 『안도산전서』, 581.

장되었고, 공립협회 지회가 설립된 곳에 〈공립신보〉 지사 또한 설립된 특징이 있었고, 공립신보는 4000여 부 이상이 배포되었다(국사편찬위원회). 공립협회가 1912년에 대한인국민회로 확대 개편되어 미국에서는 한국정부의 구실을 하였다.[32]

안창호는 공립협회, 대한인국민회를 조직하고 어디서나 자치와 공화의 세상을 열었다. 미주에서나 멕시코에서나 한인 노동자들을 중심으로 자치와 공화의 세계를 이룩했다. 그는 미국에서 한인 노동자들과 함께 서로 돕고 보호하며 합심 협력하는 사회를 만들었다. 그는 대한인국민회 중앙총회장으로서 1917~1918년에 멕시코를 방문하고 가난하고 비참한 생활을 하던 한인 노동자들과 10개월 동안 함께 지내면서 그들을 교육 훈련하고 조직하여 새로운 생활공동체를 이룩하였다. 안창호와 함께 한 한인 노동자들은 '무지하고 무기력한' 삶에서 벗어나 스스로 그들의 힘과 지혜를 깨닫고 단합하여 활기찬 삶을 살게 되었고 '더럽고 게으른' 삶에서 깨끗하고 부지런한 삶을 살게 되었다. 한인 노동자들의 물질적 경제적 삶은 윤택해지고 정신과 의식은 풍성하게 되고 한인사회는 서로 돌보고 사랑하는 따뜻한 사회가 되었다. 그가 가는 곳에는 어디나 공화국이 생겨났다. 미국의 교민사회도 멕시코의 한인 노동자사회도 안창호가 함께 하면 자치와 협동의 공화국으로 바뀌었다. 안창호는 미국에서도 멕시코에서도 상생과 공존의 길을 열었다. 미국 정부와 한인교포 사이에 미국 농장주들과 한인 노동자들 사이에 멕시코 정부 및 농장주들과 멕시코 한인 노동자들 사이에 상생과 협력과 공존의 길을 열었다.

---

32 『안도산전서』, 160 이하.

안창호가 멕시코에서 활동한 결과 멕시코 정부도 한인을 우대했고 농장에서도 한인의 임금을 올려주었다. "안창호라는 지도자가 오더니 한국 사람들은 면목이 일신하여 열심히 노력함으로써 농장에 큰 이익을 올리게 하였다"고 어느 멕시코 신문은 보도하였다.[33]

민을 신뢰하고 사랑하며 민의 삶 속으로 들어가서 민과 함께 일어나 새로운 민주공화의 세계를 열었다는 점에서 안창호는 독립협회와 만민공동회를 이끌었던 서재필·윤치호와는 다르다. 서재필과 윤치호는 미국의 선진문명과 민주주의를 한국에 알리고 민중 계몽운동을 이끌었던 선각자였으나 민중에 대하여 깊은 불신과 멸시를 품고 있었다. 그들에게 민중은 게으르고 더러운 존재였고 무지하고 무력한 존재였다. 그들은 한국 민중에 대하여 냉혹하고 오만하였다. 그들은 명문 세도가의 자녀였으며 고위관료를 지낸 최고 엘리트였고 명망가였다. 이에 반해 안창호는 소외와 차별을 받던 평안도의 가난한 평민이었다. 안창호는 서재필·윤치호에게서 많이 배웠지만 오만한 지식인 엘리트였던 이들과는 다르게 민중을 신뢰하고 사랑하였다. 서재필과 윤치호는 민중을 무지하고 못난, 더럽고 게으른 존재로 보고 멸시하고 멀리하였다.[34] 윤치호는 "민중은 능력 없고 무지한 집단이고 수세기에 걸친 종속적인 습성에 의해서 공공정신이 결여되어 있기 때문에 국가의 문제를 위임하는 것은 불가능하다고

---

33 한승인, 『민족의 빛 도산 안창호』, 제8장.

34 윤치호의 일기 1898년 1월 15일의 기록에 따르면 서재필은 길거리에서 거지를 발로 차서 동행했던 사람들을 당혹스럽게 하였다. 서재필은 자기 때문에 고문을 당하고 죽은 전처의 가족들을 돌아보지 않았을 뿐 아니라 박대하였다. 민중에 대한 윤치호의 불신과 적대감은 그의 영문일기 1898년 3월 10일, 5월 1일, 2일. 1898년 11월 6일, 1899년 1월 1일, 24일, 2월 1일, 10일 참조.

생각했다."[35] 그러나 안창호는 민중을 깊이 신뢰하고 사랑하였고 그들의 삶 속으로 들어가 함께 살며 민주와 공화의 세계를 열었다. 안창호와 함께 민중은 더러운 거리와 환경을 깨끗하게 하였고 게으름에서 벗어나 부지런한 일꾼이 되었으며 무지와 무력함을 떨치고 지혜롭고 힘 있는 사람들이 되었다. 안창호는 민중과 함께 민중의 협력과 지원에 힘입어 상해 임시정부를 조직하고 이끌 수 있었다.

3. 민주정신과 철학

민주시민이 가져야 할 민주정신과 철학은 무엇인가? 민주시민이 가야 할 민주공화의 길은 민이 서로 주체로서 함께 일어서는 공립(共立)의 길이다. 공립의 길은 서로 사랑으로 함께 일어서서 서로 돕고 살리는 길이다. 안창호는 일찍이 1906년 공립협회 1주년 기념연설에서 문명과 부강의 뿌리와 씨는 (민이) "서로 보호하고 단합함"이라고 하였다. 민이 서로 사랑으로 보호하고 단합하여 협동하는 것은 민주공화의 길일 뿐 아니라 인간의 삶과 사회의 토대와 목적이다.

그러나 인간은 서로 주체로서 사랑으로 보호하고 단합하는 존재로 확립되어 있지 않다. 감각과 이성은 생명의 중요한 요소이고 기능이지만 분명한 한계와 제약을 가지고 있다. 인간의 감각과 이성은 자신과 타자를 부분적 표면적으로 지각하고 인식할 뿐 주체와 전체로 지각하고 인식하기 어렵다. 욕망과 감정도 생명의 중요한 부분이

---

35 윤치호 일기, 1898년 5월 1일, 2일. 양현혜, 『윤치호와 김교신』(한울, 1994), 68.

지만 잘못되기 쉬운 것이다. 부분적이고 표면적인 물질에 집착하는 욕망과 감정에 사로잡힌 인간은 자기와 타자를 주체와 전체로 사랑하고 보호하기 어렵다. 도리어 인간의 감각과 이성은 자기와 타자를 부분화, 대상화, 타자화하고, 사적 욕망과 감정은 자기와 타자를 지배하고 이용하고 소모시키려 한다. 사적 욕망과 감정이 감각과 이성을 사로잡을 경우 감각과 이성은 자기와 타자의 진실을 왜곡하고 자기와 타자의 공동체적 관계를 파괴한다. 그러나 인간은 생명 진화와 인류 역사 속에서 끊임없이 자기를 새롭게 형성하고 변화 발전시켜 온 존재다. 서로 보호하고 단합하는 존재가 되기 위해서 인간은 자신의 욕망과 감정을 정화하고 승화시키며, 감각과 이성을 심화하고 고양시킴으로써 자신을 새롭게 형성하고 변화시키는 개조(改造: 개혁과 창조)의 철학과 신민(新民)의 교육이 필요하다.

1) 환난상구의 공동체 생활 철학

안창호에 따르면 인간은 스스로 자기를 구원해야 한다. 나라를 잃고 환난을 당하는 한국민족이 남이 구원해 주기를 기다리며 넋 놓고 있다면 한민족의 독립은 이루어지지 않을 것이다. 한민족은 스스로 일어나서 서로 구원해야 했다. 외국선교사들이 민족의 독립운동에 관심을 가지지 않고 개인의 영혼구원과 죽은 다음의 천국에 대해서 강조할 때 안창호는 외국 선교사들을 비판하였다. 그는 선교사들이 교회 안에서 그들과 함께 선교활동을 하자고 제안했을 때 단호하게 거절하였다. 안창호는 민족을 일깨워 독립운동을 하는 것이 곧 하나님의 일을 하는 것이라고 확신하였다.[36]

안창호가 민주를 말하고 민의 자기구원을 강조한 것은 새로운 신앙관과 진리관을 나타낸 것이다. 하나님, 예수, 불성, 진리는 '지금 여기 나와 우리의 고통스러운 삶'을 떠나서 있을 수 없다. 그는 나라를 잃고 고통을 당하는 한국민족의 환난을 떠나서 어떤 하나님도 어떤 진리도 없다고 보았다. 1919년 상해의 교회에서 한 설교에서 '신령하다'는 것은 "하나님이 내 속에 있음을 이름이다"고 했다. 그리고 "나의 신이 하나님의 속에 있고 하나님의 신이 내 속에 있게" 하려면 '우리가 서로 사랑해야 한다'고 하였다. "우리가 서로 사랑한즉 하나님이 우리의 속에 들어오오. 고로 신성한 사랑이 있는 사람이 신령한 사람이오."[37] 병든 사람을 사랑으로 구원하는 것이 신령한 것이며 그의 삶 속에 하나님이 있는 것이다. 사랑으로 서로 보호하고 단합하며 서로 구원하는 것이 가장 신령하고 위대한 일이다. 전 민족을 구원하기 위하여 사랑과 정성을 다해서 희생하고 헌신하여 독립운동을 하는 것은 더욱 신령한 것이라고 하였다. 안창호에 따르면 환난 속에서 사랑과 정성으로 서로 구원하는 것이 하나님이 우리의 삶 속에 있게 하는 신령한 행위이고 민족을 구원하기 위해 사랑하고 헌신하는 것은 가장 신령한 일이다.[38]

안창호는 '환난 속에서 서로 구원한다'(患難相救)는 구호를 내세우고 실천하였다. 사랑을 공부하고 길러서 무정한 사회를 유정한 사회로 만들어야 한다면서 말하였다. "서양인은 길에서 환난당한 사람을 만나면 기어이 살려 주려고 귀천을 분별 않고 애쓰고 간호합니다. 남

---

36 『안도산전서』, 52-53.
37 안창호, "사랑," 『안도산전서』, 649-650.
38 같은 글.

의 환난을 볼 때에 참으로 동정하는 이가 우리 (흥사단) 단우이오."[39]
그는 어려운 사람, 병든 사람을 돌보는 데 누구보다 힘쓰고 정성을
바쳤다. 최남선, 이광수, 이갑, 여운형, 윤현진, 안태국, 피천득 등은
그의 헌신적인 간호와 정성스러운 돌봄을 받고 크게 감동한 이들이
다. "그는 친우와 동지의 불행을 볼 때는 매양 자기를 잊어버렸다."[40]
"환난 속에서 서로 구원하자"는 이 간단하고 소박한 말 속에 그의 민
주 생명철학이 오롯이 담겨 있다. 환난에 빠진 사람들이 서로 구원
한다는 것은 과거의 모든 전통 철학과 종교의 사상을 뛰어넘는 주체
적이며 공동체적인 철학의 원리다.

환난상구는 민주와 과학의 시대를 대표하는 진리다. 신화시대의
사람들에게는 신이 팔과 다리를 가지고 사람들을 돕는다고 생각하
였다. 그러나 민주와 과학의 시대를 사는 사람들에게는 신이 팔과
다리를 가지고 있지 않다. 신들이 있다면 신들은 모두 사람들의 속
에, 뒤에 곁에 그리고 위에 함께 있고 사람들 속에서 사람들과 함께
사람들을 통해서 존재하고 살아 있고 말하고 행동할 뿐이다. 그러므
로 역사와 사회에서 말하고 행동하여 서로 구원하는 것은 사람뿐이
다. 미신과 신화가 지배하는 노예와 농노의 시대에는 구원자가 하늘
에서 구름을 타고 오든지 산에서 진인이 나와서 구원해 주기를 기대
했다. 그러나 민주와 과학의 시대에는 구원자가 없다는 것을 알기
때문에 밖에서 구원자가 오기를 기다리지 않고 민중이 스스로 자신
을 구원하고 서로가 서로를 구원해야 한다. 민주와 과학의 시대에

---

[39] 안창호, "동지들께 주는 글,"『안도산전서』, 543.
[40] 1920년 6월 15일 안창호 일기. 주요한 편저,『安島山全書』, 증보판 (흥사단, 2015),
932; 이광수,『도산 안창호』(하서, 2007), 217-218, 245-248.

민중을 구해 줄 메시아, 진인, 정도령 같은 구원자는 없다. 또한 남이 나의 삶을 대신 살아 줄 수 없으므로 남에게 의지해서는 안 된다. 민족적으로도 외세의 도움에 의지해서는 안 된다. 내가 나를, 우리가 우리를 스스로 구원해야 한다. 스스로 돕는 자를 하나님이 돕는다 (God helps those who help themselves). 내가 스스로 나를 돕고 구원할 때 하늘, 하나님도 나를 돕고 구원한다.

환난을 당한 민중이 서로 주체로서 서로 구원하자는 말은 민주공화정에 대한 안창호의 확고한 신념에서 나온 것이다. 이것은 또한 그의 독립정신과 공립정신을 함께 나타내는 말이다. 민은 서로 주인이고 주체이므로 환난과 어려움 속에서 서로 돕고 살리며 구해줘야 한다. 남의 도움에 의지하고 남의 도움을 기다리는 것은 주인과 주체가 아니다. 무슨 일이든 스스로 하고 제가 해야 한다. 환난 속에 있는 민중은 스스로 제 힘으로 환난을 이겨내야 한다. 환난을 이겨내는 길은 민이 서로 주체로서 서로 돕고 보호하며 단합하여 서로 구하는 길밖에 없다. 안창호는 어떤 경우에도 독립은 자력으로 해야 하며, 민족의 자력은 민이 단합하고 서로 협력하여 통일할 때 생겨나고 커진다고 보았다. 따라서 안창호는 자주독립과 통일을 한결같이 주장했다. 자주독립과 통일을 위해서 그는 민의 자각과 협력을 이루는 조직과 공동체를 만들어갔다.

환난상구는 역사와 사회의 구체적인 현실에서 서로 돕고 보호하고 살리는 책임 있는 주체의 행동을 요구한다. 환난을 당한 민중이 자신의 환난 속에서 스스로 자신을 구원하려면 주어진 환난의 현실을 과학적으로 인식하고 주체의 역량을 기르고 합리적이고 효율적인 방안을 마련해야 한다. 안창호는 언제나 현실에 대한 과학적 분석과 진단을 하였고 그 분석과 진단에 근거하여 합리적이고 효율적인 방안과 대책을 마련했으며 덕력과 체력과 지력을 길러서 서로 단결하고 협력하려고 하였다.[41]

환난 속에서 민이 서로 구원하려면 서로 믿고 사랑해야 한다. 안창호는 서로 주체로서 사랑하고 구원하는 민의 인간관계를 삶 속에서 이해했고 그러한 민의 나라를 생명공동체로 이해했다. 나라는 유기체적인 한 몸 생명체다. 손가락 끝이 아프면 온 몸이 아프듯이, 나라의 한 부분이 잘못되면 국민 전체가 아프고 잘못된다. 그에게 민족과 국가는 한 몸을 이룬 생명공동체였다. 나라를 한 몸 공동체로 여긴 그는 남의 아픔을 제 몸과 맘의 아픔으로 여겼고 민족과 국가의 문제를 제 몸과 맘의 문제로 여겼다. 그러므로 그는 권력욕이나 명예욕에 매이지 않고 환난 속에서 서로 구원하는 삶을 살 수 있었다. 안창호는 고통받는 민중에 대한 깊은 관심과 사랑을 가지고 살았다. 1927년에 만주의 한인 동포들을 시찰하며 동포들과 독립운동자들의 가난과 어려움을 둘러 본 안창호는 상해로 돌아와 동포들에게 알리면서 눈물을 흘리고 목이 메었다.[42] 민중에 대한 믿음과 사랑을 가지고 안창호는 민중 속으로 들어가 민중을 깨워 일으켜 서로 돌보고 구원하는 삶을 살았다.

2) 공사병립과 활사개공의 철학

안창호는 공사병립(公私竝立)을 주장했다. "공적과 사적이 다 필

---

[41] 안창호, "흥사단 제7회 원동대회에서 대회장 연설," 『안도산전서』, 685-686.
[42] "간도 동포의 생활실태 - 안도산의 시찰담," 「新韓民報」 1927.10.27.

요하고 서로 떠나지 못할 관계가 있는 것이므로 누구든지 놀고 입고 놀고먹지 말고 오직 공과 사의 두 가지가 다 서게 하려 함이다."[43] 공과 사의 영역은 서로 구분되고 서로 존중되어야 한다는 안창호의 원칙이 공사병립이다. 정부와 인민의 관계에서도 안창호는 공과 사의 구분을 분명히 하였다. 정부직원은 인민의 공복이지만 개인의 사복은 아니다.

> 정부직원은 인민의 노복이지마는, 결코 인민 각개의 노복이 아니요, 인민 전체의 공복이오. 그러므로 정부직원은 인민 전체의 명령을 복종하려니와 개인의 명령을 따라 마당을 쓰는 노복은 아닐 것이오. 그러니까 정부의 직원으로써 사적인 친구나 사적인 노복을 삼으려 하지 마시오. 그러지 말고 공복을 삼으시오.[44]

안창호는 공과 사를 구분하면서도 공과 사의 깊은 관련성을 논구했다. 그에게는 개인과 국가 민족이 서로 구별되면서도 하나로 결합되어 있다. 국가를 생명공동체로 본 안창호에게 개인과 국가 민족은 심층적이고 중층적으로 결합되고 연결되어 있다. 따라서 사적 영역과 공적 영역이 구별되면서도 긴밀하게 결합된다. 사적 영역과 공적 영역은 서로 대립하는 것이 아니라 서로 살리는 관계에 있다. 공적 영역이 잘 되어야 사적 영역이 잘 될 수 있고 사적 사업이 잘 되어야 공적 사업도 잘 될 수 있다.[45]

---

43 안창호, "동지들께 주는 글,"『안도산전서』, 538.

44 안창호, "6대사업,"『안도산전서』, 655.

45 안창호, "동지들께 주는 글,"『안도산전서』, 538.

안창호가 제시한 공사병립의 원칙은 주체의 깊이에서 민족 전체의 하나 됨에 이르려 했던 안창호 생명철학의 중요한 원리다. 그는 개인의 주체적 깊이를 강조하면서 민족 전체의 통일을 강조했다. 생명철학자 안창호는 개인의 주체적 깊이에서 민족 전체의 통일에 이르려 했다. 공과 사는 서로 깊은 관계에 있음을 강조한 안창호는 공의 영역인 전체에 관한 추상적 관념적 원리나 이론에서 시작하지 않고 구체적으로 지금 여기서 살아 있는 한 사람 한 사람의 주체인 '나'에게서 시작한다. 구체적인 개인들의 삶의 영역인 사의 영역이 활발하게 제대로 힘 있게 발달할 때 비로소 공의 영역도 활발하고 힘 있게 열린다. 개인적이고 사적 영역을 활발하게 살려서 공적 영역과 세계를 활발하게 열어가는 것을 일본 교토포럼 공공철학연구소에서는 21세기에 이르러 활사개공(活私開公)으로 표현했다.[46] 일찍이 안창호는 1924년에 쓴 '동지들께 주는 글'에서 이미 공사병립과 활사개공의 원칙을 분명하게 말했다.

(자기의 몸과 집을 위해서 하는) 사적 사업과 (민족과 국가를 위해서 하는) 공적 사업은 서로 밀접한 관계가 있기 때문에 사적 사업이 잘 되어야 공적 사업도 잘 되고, 공적 사업이 잘 되어야 사적 사업도 잘 되는 법이 아닙니까. 다시 말하면, 자기의 한 몸과 집을 능히 건질 힘이 없는 자로서 어찌 나라를 바로 잡는다 하며, 나라가 바로 되지 못하고서 어찌 한 몸과 집인들 안보될 수

---

[46] 일본 공공철학연구소 소장이었던 김태창 박사가 활사개공(活私開公)이란 말을 만들어서 이 말이 일본에 널리 알려졌는데 김 박사는 함석헌의 씨올사상에서 영향을 받아 이 말을 만들었다고 하였다. 씨올사상의 원조인 안창호의 사상에서 활사개공의 원리를 확인하는 것은 의미가 깊다.

있습니까. … 농부는 농업, 상인은 상업, 학생은 학업으로써 각각 자기 그 때의 책임적 직무를 삼아 이것에 충성을 다하다가 다른 때 다른 경우를 당하면 또 그것에 충성을 다하여 각각 자기 맡은 바 일에 좋은 결과가 있게 할 따름이외다. 다시 말하면, 공적과 사적이 다 필요하고 서로 떠나지 못할 관계가 있는 것이므로 누구든지 놀고 입고 놀고먹지 말고 오직 공과 사의 두 가지가 다 서게 하려 함입니다."47

사적 사업이 잘 되어야 공적 사업이 잘 되고 공적 사업이 잘 되어야 사적 사업도 잘 된다는 말은 공사병립을 넘어서 공과 사의 긴밀한 상호관련성을 말해준다. 사람들이 저마다 사적 사업을 충실히 잘 해서 힘과 실력을 충분히 길러 놓아야 때가 왔을 때 공적 영역에서도 큰 기회를 만들고 성공을 거둘 수 있다. 덕력과 체력과 지력을 길러서 건전한 인격을 세우고 건전한 인격을 바탕으로 조직과 단체의 공고한 단결을 이루고 공고한 단결을 바탕으로 민족 전체의 통일에 이른다고 한 흥사단의 이념과 실천은 활사개공의 원리를 오롯이 담고 있다. 나를 힘 있게 하고 바로 세우면 공의 세계가 깊고 높고 크게 열린다. 안창호는 평생 공사병립과 활사개공의 원칙을 지키고 실천하였다. 사적 영역과 공적 영역을 이처럼 역동적이고 입체적으로 생각했기 때문에 안창호는 상해에서 독립전쟁을 준비하면서도 임시정부를 이끌 때에도 동포들과 학생들에게 각자 직업과 학업에 힘쓸 것을 끊임없이 강조하고 권면하였다. 그는 결코 공과 사를 혼동하거나 뒤섞지 않았으며 분리하거나 단절된 것으로 여기지 않았다. 공과 사

---

47 안창호, "동지들께 주는 글,"『안도산전서』, 538.

는 함께 서야 하며 개인과 사적 영역이 먼저 활발하게 살아나야 공의 영역과 세계도 크게 열리고 확장되고 융성해진다고 보았다.

안창호의 애기애타는 공사병립과 활사개공의 원칙에 확고하게 서 있다. 나를 사랑하는 것과 남을 사랑하는 것, 사적 영역과 공적 영역은 직접 동일시되거나 혼동해서는 안 된다. 나와 남, 사와 공은 각각 서로 다른 제 영역에서 심화되고 고양됨으로써 서로 통합되고 일치될 수 있다. 따라서 나를 깊고 높이 사랑하고 존중하여 나의 힘과 뜻과 덕이 깊고 높아질 때 나는 남을 바로 사랑할 수 있다. 사적 사업이 잘 될 때 공적 사업을 잘 할 수 있다. 내가 바로 서서 남을 사랑할 수 있고 사적 사업이 잘 되어 공적 사업을 잘 할 수 있을 때 비로소 민족과 국가를 자주독립과 통일의 길로 이끌 수 있다.

3) 건전한 개인주의와 공동생활

저마다 '나'를 살려 공(公)의 세계를 열어가는 도산 안창호의 활사개공(活私開公)은 건전한 개인주의에서 시작하여 "전부가 일체 동력하는 공동주의"를 지향한다. 도산에 따르면 옛날부터 한국인은 공동생활을 중요하게 여긴 민족이다. 그러나 해외 한인의 생활에서 도산은 불건전한 공동주의와 불건전한 개인주의를 보았다. 도산은 먼저 불건전한 공동주의와 불건전한 개인주의를 비판한다. 불건전한 개인주의와 불건전한 공동주의는 악순환 속에서 서로 맞물려 있다. 자아확립이 없는 불건전한 개인주의가 불건전한 공동주의를 낳고 불건전한 공동주의가 다시 불건전한 개인주의를 조장한다. "(불건전한) 개인주의는 필경 세상을 마르게 하며, 인류를 자진케 하여 돌이면

돌이 부스러지고, 쇠면 쇠가 녹아 없어지게 하느니라. … 이른바 공동주의가 불건전하면 굳게 잡을 능력이 없어 … 불건전한 개인주의로 변하느니, 바꾸어 말하면 내가 아무리 힘을 쓰고 애를 써도 한 가지도 되는 일이 없으니 내가 이리 하다가는 내 몸까지 없어질 터이라 이제는 내가 살아야 하겠다 함이라."[48]

내가 살고 세상을 살리기 위해서 도산은 건전한 개인주의를 확립한다. 건전한 공동주의는 건전한 개인주의에서 나오고, 건전한 개인주의는 건전한 인생관에서 나온다. 결국 건전한 공동주의는 건전한 인생관으로부터 길러져 나온다. "소위 공동주의란 것은 건전한 인생관으로부터 길러 나온 것이 아니면 돌 위에 뿌린 씨와 같아서 겨우 싹이 돋아 나오다가 떡잎을 펴 보지도 못하고 곧 말라 죽나니 이러한 공동주의는 그 원질이 박약하여 사업상의 양호한 결과를 얻을 수 없다 하노라."[49] 도산은 먼저 자아를 확립하고 나라를 편안히 하고 천하를 다스림으로 그 몸을 세우면 그 몸이 박람회의 주보탑같이 된다고 하였다. '박람회의 주보탑'은 많은 사람이 우러러보고 찬탄하는 크고 높은 탑이다. 자아를 확립하고 자아에 갇혀 사는 것이 아니라 나라를 편안히 하고 천하를 다스리는 일에 헌신하는 사람의 몸은 박람회의 주보탑처럼 우뚝 서게 된다. "저가 먼저 자기가 있는 줄 알아서 자기부터 튼튼히 서 있을 곳을 정하여 놓았으면 어찌 중도에 담기가 서늘할 이치가 있으리오. … 저가 먼저 내가 있는 줄 알고 나 밖

---

48 도산이 미주로부터 하와이를 순행하고 돌아와 느낀 점을 구술한 내용의 일부로 1916년 6월 22일자 「신한민보」에 실렸다. 안창호, "해외 한인의 주의(主義)," 『안도산전서』, 596.

49 같은 글.

에 남이 있는 줄 알은 후 나라를 편안히 하며 천하를 다스림으로 그 몸을 세울진대 그 몸은 과연 박람회의 주보탑같이 될지니."[50]

도산은 생활철학을 세 가지로 구분하여 개인주의, 소수인의 특종주의, 공동주의를 "인류사회의 계통적 3대주의"라 하였다. 도산은 철학을 주의(主義)로 표현하였다. "개인주의는 일개인 내가 나의 생활과 및 수양을 위하여 농사나 장사나 학업이나에 그 힘을 완전히 부음을 이름이요, 소수인의 특종주의는 영업 수양 간에 단독으로는 창설 또는 유지할 수 없는 경우에 소수 타인의 동력을 결합한 자를 이름이오. 공동주의는 그 목적한 사업이 소수인의 힘으로는 도저히 그 효과를 얻지 못할 경우에 대하여 전부가 일체 동력하는 자를 이름이라."[51]

생활철학을 나타내는 주의, 주장은 집단적 욕구와 신념을 나타낸다. 도산은 주의 속에 집단적 욕망이 담겨 있음을 간파하였다. "주의는 욕망의 실상이니 욕망은 한쪽으로 기울어지기 쉬운 것이라."[52] 한쪽으로 치우치면 개인주의는 집단주의나 공동주의를 거부하고 개인주의로만 치닫고 공동주의는 개인주의를 부정하고 집단주의, 전체주의로만 치닫는다. 도산은 건전한 개인주의와 건전한 공동주의가 맞물리고 결합되어야 한다고 보았다. 건전한 개인주의와 건전한 소수인의 특종주의와 건전한 공동주의가 결합될 때 비로소 나라가 발달할 수 있다. 그는 미국이 건전한 개인주의와 소수인의 특종주의와 건전한 공동주의가 결합되어 있는 나라라고 보았다. 미국인들은 개

---

50 같은 글, 596-597.
51 같은 글.
52 같은 글, 597.

인주의가 풍부하지만 상업, 농업, 공업 등 기업 단체에 힘을 아울러 쓰는 동시에 "공동생활을 하는 공심의 힘이 넉넉하여 학교 건축과 병원 설립과 도로, 공원의 수축과 도서종람소 등의 박애관을 구비하고 무거운 담보로 해륙군을 확장하여 전체 행복을 도모함에 게을리 하지 않나니 이것이 미국 사람이 미국 사람 된 원인이라 하노라."[53] 조선왕조의 낡은 생활습관을 간직하고 일제의 식민통치 아래 짓눌려 살거나 나라를 잃고 헤매는 한민족의 생활에 비교할 때 미국인들의 생활은 건전한 개인주의와 건전한 공동주의가 발달한 것으로 도산은 보았던 것이다.

건전한 개인주의를 확립하기 위해서 도산은 사람이라는 가치를 존중하여 개인주의를 잡으라고 하였다. 건전한 개인주의는 사람이라는 가치를 존중하여 그 가치를 실현하고 존중하는 개인주의다. 흥사단의 삼대육과 사대정신은 인간의 가치를 존중하고 실현하는 건전한 개인주의 철학을 담은 것이다. 개인의 덕력·체력·지력을 기르고 무실역행·충의용감한 정신을 길러서 건전한 인격을 확립하는 일은 건전한 개인주의 철학과 도덕이다. 이런 개인주의를 확립한 다음에는 개인의 학문과 사업에 힘쓰고 학문과 사업을 통해 얻은 지식과 금전으로 단결하여 특종 조직에 힘쓰고 공고한 단결을 이루는 특종 조직을 만든 다음에는 재외 한인의 일동 단결을 도모하여 공동생활에 힘써서 해외 한인 전부와 내지 한인 전부까지 공동생활을 확장해야 한다는 것이다. 도산은 건전한 개인주의는 인류 행복의 기초라고 하였다.

---

[53] 같은 글.

사람이라는 가치를 존중하여 개인주의를 잡으라. 이것이 진실로 건전한 개인주의니라. 이러한 개인주의를 잡거든 각기 농사에 힘쓰며, 장사에 힘쓰며, 학문을 힘쓰라. 이것만 하고 그치면 나의 일신의 멸망을 면치 못하나니 지식, 금전으로 단결하여 특종 조직에 힘쓰라. 또 이것만 하고 그치면 또 멸망을 면치 못하나니 재외 한인의 일동 단결을 도모하여 공동생활에 힘쓰라. 그 다음에는 해외 한인 전부와 내지(內地) 한인 전부까지 이루어 나갈지라. 어시호(於是乎) 개인주의가 성공할지니 이렇게 건전한 개인주의는 인류 행복의 기초라 하나니라.[54]

건전한 개인주의는 건전한 단체와 조직의 토대가 되고 건전한 단체와 조직은 건전한 나라와 민족과 세계의 발판이 된다. 안창호의 생명철학에서는 이처럼 개인적 자아의 확립에서 건전한 단체와 조직의 단결을 거쳐 건전한 나라와 민족의 독립과 통일, 더 나아가 세계의 정의와 평화에 이르기까지 하나로 뚫려 있으며 중층적 입체적으로 통합되어 있다.

4) 자아혁신은 어떻게 하는가

독립과 통일을 이룬 민족이 되려면 우리 겨레가 낡은 습성과 버릇, 관행과 전통에서 벗어나 새로운 민족이 되어야 한다고 안창호는 생각하였다. 독립되고 통일된 민주국가를 세우려면 봉건왕조시대의 낡은 습성과 관행을 버리고 '능력 없는 우리 민족'을 '능력 있는 민

---

54 같은 글, 598.

족'으로 만들어야 한다. 민족을 새롭게 하려면 민족의 구성원인 각 개인이 새롭게 되어야 한다. "한국 민족이라는 한 전체를 개조하려면 먼저 그 부분인 각 개인을 개조하여야 하겠소." 그리고 각 개인의 개조는 각 개인이 스스로 하지 않으면 안 된다. "이 각 개인을 누가 개조할까요? 누구 다른 사람이 개조하여 줄 것이 아니라 각각 자기가 자기를 개조하여야 하겠소. 왜 그럴까? 그것은 자기를 개조하는 권리가 오직 자기에게만 있는 까닭이오. 아무리 좋은 말로 그 귀에 들려주고 아무리 좋은 글이 그 눈앞에 벌려 있을지라도 자기가 듣지 않고 보지 않으면 할 수 없는 일이오. 그런 고로 우리는 각각 자기 자신을 개조합시다. 너는 너를 개조하고 나는 나를 개조합시다. 곁에 있는 김군이나 이군이 개조 아니 한다고 한탄하지 말고 내가 나를 개조 못하는 것을 아프게 생각하고 부끄럽게 압시다. 내가 나를 개조하는 것이 즉 우리 민족을 개조하는 첫걸음이 아니오? 이에서 비로소 우리 전체를 개조할 희망이 생길 것이오."[55] 민족을 새롭게 하는 일은 민족의 구성원인 각 개인을 새롭게 하는 일이고 각 개인을 새롭게 하는 일은 각 개인이 스스로 자기를 새롭게 해야 할 일이다. 민족을 새롭게 하는 안창호의 민족교육은 민족의 구성원 한 사람 한 사람의 자기 교육 다시 말해 인간의 자아혁신으로 귀결된다.

5) 나를 사랑하는 민주시민의 자기 교육

안창호는 민주국가의 건설을 위해서 민족의 혁신을 말했고 민족

---

[55] 안창호, "개조," 『안도산전서』, 645-646.

의 혁신을 위해 인간의 자아혁신을 추구했다. 인간의 자아혁신을 바탕으로 독립과 통일의 민주국가를 건설하기 위해서 그는 1913년에 미국에서 흥사단을 조직했다. 흥사단의 목적은 "무실역행으로 생명을 삼는 충의 남녀를 단합하여 정의를 돈수하고 덕·체·지 삼육을 동맹 수련하여 건전한 인격을 작성하고 신성한 단결을 조성하여 우리 민족 전도 대업의 기초를 준비함에 있음"이다.[56] 흥사단의 목적과 이념은 민주시민의 자기 교육을 위한 핵심과 원리를 담고 있다. 안창호는 거짓과 헛된 말들을 버리고 진실하게 힘껏 행동하자는 무실역행을 내세웠다. 무실역행은 진실하고 힘차게 행동하는 것을 뜻한다. 진실하게 행동할 수 있는 힘을 가진 사람을 만들자는 것이고 그런 사람이 되자는 것이다.

'정의(情誼)를 돈수'한다고 한 것은 정의 곧 사랑과 인정을 두텁게 닦는다는 말이다. 안창호는 정의가 인생과 사회에 얼마나 중요한 것인지를 잘 이해하였다. "사회에 정의가 있으면 화기(和氣)가 있고, 화기가 있으면 흥미가 있고, 흥미가 있으면 활동과 용기가 있습니다. 유정한 사회는 태양과 우로(雨露)를 받는 것 같고 화원에 있는 것 같아서 거기는 고통이 없을뿐더러, 만사가 진흥(振興)합니다. 흥미가 있으므로 용기가 나고 발전이 있으며 안락의 자료가 일어납니다. 이에 반하여 무정한 사회는 가시밭과 같아서 사방에 괴로움뿐이므로 사람은 사회를 미워하게 됩니다. 또 비유하면 음랭한 바람과 같아서 공포와 우수만 있고 흥미가 없음에 그 결과는 수축될 뿐이요, 염세(厭世)와 유약과 불활발(不活潑)이 있을 따름이며, 사회는 사람

---

56 『안도산전서』, 169.

의 원수가 되니 이는 사람에게 직접 고통을 줄 뿐 아니라 따라서 모든 일이 안 됩니다."[57] 사랑과 인정이 인간과 사회를 힘 있고 활기차게 만든다. 인간과 사회를 보다 낫게 개조하려면 사랑과 인정이 풍부해야 한다.

사랑과 인정을 도탑게 닦은 사람이 진실하고 힘차게 행동할 수 있다. 안창호는 인생과 역사에서 정의(情誼)를 중시하고 정의를 공부하고 연습하자고 했다. "정의는 친애와 동정의 결합입니다. 친애라 함은 어머니가 아들을 보고 귀여워서 정으로써 사랑함이요, 동정이라 함은 어머니가 아들이 당하는 고(苦)와 낙(樂)을 자기가 당하는 것같이 여기는 것입니다. 그리고 돈수(敦修)라 함은 정의를 더 커지게, 더 많아지게, 더 두터워지게 하는 것입니다. … 친애하고 동정하는 것을 공부하고 연습하여 이것이 잘 되도록 노력하자는 것입니다."[58] 사랑과 인정은 자연스러운 것이고 저절로 되는 것이라고만 생각하지 않고 공부하고 연습하자고 한 것이 안창호의 인간교육이 지니는 특징이고 장점이다. 사랑과 인정은 생명의 샘과 같아서 깊이 팔수록 더욱 풍부하게 솟아나온다.

안창호는 사랑으로 인간을 새롭게 하는 자아혁신을 내세웠다. 그의 자아혁신은 인성을 새롭게 변화시키는 인성교육이며 사람을 사람답게 만드는 인간교육이다. 사람을 만드는 인간교육은 남이 나의 사람됨을 만들 수 없으므로 내가 나를 만드는 교육이다. 따라서 사람을 만드는 인간교육은 결국 사람 되는 교육, 내가 나로 되는 교육이며 내가 나에게 하는 교육이다. 무능력한 사람이 능력 있는 사람

---

57 안창호, "동지들께 주는 글," 주요한 편저, 『安島山全書』, 증보판, 539.
58 같은 곳, 538.

이 되고 악하고 불의한 사람이 선하고 의로운 사람이 되는 교육은 남이 강제로 할 수 있는 것이 아니라 저마다 스스로 해야 하고 스스로 되어야 하는 교육이다. 따라서 이것은 자발적으로 다시 말해 사랑과 기쁨으로 그리고 희망으로만 할 수 있는 일이다. 그러므로 안창호는 사랑공부(정의돈수)를 강조했고 기쁨(희락)을 복돋우는 희락회를 자주 열었다. 사랑공부는 나와 이웃을 사랑하는 법을 공부하는 것이다. 생의 기쁨과 희망은 사랑에서 나오는 것이다. 거꾸로 기쁨과 희망을 가지면 사랑을 할 수 있게 된다. 사랑과 기쁨과 희망은 생의 서로 다른 표현일 뿐이다. 그래서 안창호는 말년에 대전교도소에서 그의 아내에게 생명과 역사는 결국 사랑으로 귀결된다고 하면서 사랑이 진리이고 긍극적인 것이라고 말했다.[59] 생의 기쁨과 희망 속에서 나를 사랑하고 남을 사랑하는 힘과 지혜와 방법을 배우고 익힐 수 있다.

도산이 세상에 남긴 붓글씨는 세 점뿐이다. 하나는 1934년 4월 대전 감옥에 있을 때 쓴 '協同'(협동)이라는 글씨이고 다른 하나는 감옥에서 나온 후 1936년 가을에 서울에서 쓴 '爱己爱他'(애기애타)이고 같은 해(1936년 병자(丙子)년) 12월에 잡지사인 삼천리사(三千里社)에서 쓴 '若欲改造社會 先自改造我窮'(만일 사회를 개조하고 싶으면 먼저 스스로 나의 궁핍을 개조하라)이다.[60] 그가 남긴 세 개의 붓글씨 속에 자아혁신, 애기애타, 협동을 추구한 그의 정신과 철학이 오롯이 담겨 있다. 자아혁신과 개조, 민족의 독립과 통일을 말하고 서로 다른 주체의 공립(共立), 공사병립, 활사개공, 대공주의를 제창한 그가 자아혁신

---

59 주요한 편저,『安島山全書』증보판, 1037.

60 도산이 남긴 붓글씨에 대해서는 안병욱,『島山思想』(서울: 삼육출판사, 2010[重版]), 21-22 그리고 주요한 편저,『안도산전서』맨 앞에 수록된 자료 사진들을 참조하라.

과 협동과 애기애타를 말한 것은 자연스럽고 당연해 보인다.

그가 말년에 남긴 붓글씨 '애기애타' 속에 그의 사상과 철학의 기본 원리가 그대로 담겨 있다. 특이한 것은 그가 애기애타를 愛己愛他로 쓰지 않고 "爱己爱他'로 썼다는 사실이다. 본래 愛는 마음 '心'과 천천히걸을쇠발 '夊'을 담은 글자인데 '爱는 그 대신에 벗 '友'를 담은 글자다. '爱는 愛의 간체자인데 안창호는 1920년대 중국 상해에 있으면서 '爱라는 글자를 알게 되었을 수 있다. 마음 心과 천천히 걸을 쇠발 夊이 들어 있는 愛 대신에 벗 友가 들어 있는 '爱를 쓴 것은 안창호의 특별한 생각과 의지가 반영된 것이다. 마음 心과 천천히 걸을 쇠발 夊을 벗 友로 바꿈으로써 도산은 감정적인 사랑보다 높고 맑은 뜻으로 이루어지는 동지적 사랑을 나타냈다. 도산의 애기애타(爱己爱他)는 격정적이고 감정적인 사랑을 넘어선 지성과 영성의 깨달음을 담은 사랑이다. 그것은 덕력과 체력과 지력을 길러주고 높여주는 사랑이며 나를 나로 너를 너로 인정하고 존중하고 실현하고 높여주는 친구와 동지의 자유롭고 평등한 사랑이다.

여기서 나를 사랑하는 애기(愛己)를 앞세운 것이 주목된다. 과거의 철학과 종교들에서도 남을 사랑하는 애타(愛他)는 자주 강조되었다. 나를 사랑하는 애기는 현대의 민주적 원리와 특징을 나타낸다. 나를 사랑하고 나를 주인과 주체로 바로 세우는 것이 근·현대에 이르러 중요하게 된 것이다. 고대와 중세에서는 나를 주인과 주체로 내세울 수 없었기 때문에 나를 사랑하고 존중하는 일에 대해서는 말하지 않고 남을 사랑하고 존중하는 일에만 집중했던 것이다. 애기는 주체적이고 적극적인 현대인의 삶에 필요한 원칙이다. 이것은 '나'에 대한 적극적이고 긍정적이고 주체적인 심정과 태도를 반영한다. 애기는 자아를 기르고 키워서 더 힘 있고 높고 풍성하게 하는 것이다. 유교의 수기(修己), 극기(克己)는 애기에 비해 소극적이고 부정적이며 불교의 멸아(滅我)와 무아(無我)는 더욱 부정적이고 소극적이다. 나와 남을 똑같이 사랑하라는 묵자의 겸애(兼愛)도 남(이웃)에 대한 사랑에 초점이 있다. 겸애는 나를 사랑하듯 남을 사랑하고 내 부모를 사랑하듯 남의 부모를 사랑하고, 내 나라를 사랑하듯 남의 나라를 사랑하라는 것이니 평등하고 보편적인 사랑을 말한 것이다. 그러나 겸애는 사적 영역과 공적 영역의 구별을 없앰으로써 추상적인 사랑이 되었다. 나와 남, 내 부모와 남의 부모, 내 나라와 남의 나라의 경계와 영역을 제거하는 것은 현실적이지 않다. '네 이웃을 네 몸처럼 사랑하라'는 기독교의 가르침도 개인의 자아가 죽고 다시 사는 체험과 변화가 없다면 추상적이고 비현실적인 원칙에 지나지 않는다. '네 이웃을 네 몸처럼 사랑하라'는 기독교의 가르침도 나를 사랑하는 애기가 아니라 이웃사랑에 초점을 두고 있다.

안창호가 내세운 애기(愛己)의 사상과 정신은 주체의 자각과 실천을 내세우는 근·현대 인간의 사상과 정신이다. 그것은 생명과 정신의 입체적이고 심층적인 주체를 살리고 키우는 사상이다. 남을 사랑하라는 것은 과거의 많은 성현들이 가르친 것이다. 고대와 중세의 가르침과 철학에는 '나'를 사랑하고 존중하라는 이론과 사상이 없었다. 나를 사랑하라는 안창호의 가르침은 민의 주체적 자각을 추구한 근·현대의 새로운 가르침이다. 방탄소년단의 노래 "너 자신을 사랑하라"(Love yourself)는 노랫말은 '나를 사랑하라'는 말인데 현대인에게 울림을 준다. 방탄소년단의 앨범 'Love yourself'에서 'Answer: love myself'(대답: 나 자신을 사랑하라) 가사는 인간의 몸, 맘, 얼을 살리는 안창호의 애기(愛己)를 잘 나타낸다.

눈을 뜬다. 어둠 속 나, 심장이 뛰는 소리 낯설 때, 마주 본다 거울 속 너, 겁먹은 눈빛 해묵은 질문, 어쩌면 누군가를 사랑하는 것보다, 더 어려운 게 나 자신을 사랑하는 거야, 솔직히 인정할 건 인정하자, 니가 내린 잣대들은 너에게 더 엄격하단 걸, 니 삶 속의 굵은 나이테, 그 또한 너의 일부 너이기에, 이 제는 나 자신을 용서하자. 버리기엔 우리 인생은 길어, 미로 속에선 날 믿어, 겨울이 지나면 다시 봄은 오는 거야, 차가운 밤의 시선 초라한 날 감추려 몹시 뒤척였지만, 저 수많은 별을 맞기 위해 난 떨어졌던가. 저 수천 개 찬란한 화살의 과녁은 나 하나. You've shown me I have reasons I should love myself. 내 숨 내 걸어온 길 전부로 답해, 어제의 나 오늘의 나 내일의 나. I'm learning how to love myself. 빠짐없이 남김없이 모두 다 나 정답은 없을지도 몰라. 어쩜 이것도 답은 아닌 거야, 그저 날 사랑하는 일조차 누구의 허락이 필요했던 거야. 난 지금도 나를 또 찾고 있어, But 더는 죽고 싶지가 않은 걸, 슬프던 me, 아프던 me 더 아름다울 美 그래 그 아름다움이 있다고 아는 마음이 나의 사랑으로 가는 길 가장 필요한 나다운 일 지금 날 위한 행보는 바로 날 위한 행동 날 위한 태도 그게 날 위한 행복 I'll show you what i got. 두렵진 않아 그건 내 존재니까 Love myself. 시작의 처음부터 끝의 마지막까지 해답은 오직 하나 왜 자꾸만 감추려고만 해 니 가면 속으로 내 실수로 생긴 흉터까지 다 내 별자린데 You've shown me I have reasons I should love myself. 내 숨 내 걸어온 길 전부로 답해 내 안에는 여전히 서툰 내가 있지만 You've shown me I have reasons I should love myself. 내 숨 내 걸어온 길 전부로 답해 어제의 나 오늘의 나 내일의 나 I'm learning how to love myself. 빠짐없이 남김없이 모두 다 나.

이 노래 속에는 인생의 겨울과 차가운 밤 속에서 생명의 봄을 기다리며 거울에 비친 '나'와의 대화 속에서 '나'의 지나온 아프고 슬픈 삶 속에서 나를 사랑해야 할 이유들을 발견하고, 나를 사랑하는 법을 배우고 있다고 노래한다. '나'는 불안과 어둠에 쌓인 '나'지만 '나'는 "저 수많은 별을 맞"을 존재이며 홀로 "저 수천 개 찬란한 화살의 과녁"인 소중한 존재다. 나는 '내' 속에서 나를 사랑해야 할 이유들을 발견한다. 슬프고 아프던 나에게 아름다움이 있음을 아는 마음이 나의 사랑으로 가는 길이다. "내 숨 내 걸어온 길 전부로" "나는 나를 사랑하는 법을 배우고 있다." 이 노래에는 구체적인 시공간의 현실 속에서 나를 찾고 모든 별들의 존재 이유와 목적이 되는 나의 소중함을 깨닫고 나를 사랑해야 할 이유들을 발견하고 나를 사랑하는 법을 배워가는 과정이 담겨 있다. 이 노래의 가사를 지은 이가 안창호의 애기애타를 알고 지었는지는 알 수 없다. 알고 지었든 모르고 지었든 이 노래의 가사는 안창호의 생명철학적 애기사상을 잘 드러내고 표현했다고 생각한다.

'아침이슬'은 1970~1980년대 대학생들이 가장 많이 부른 노래다. 최근에 '아침이슬'을 지은 김민기가 jtbc의 뉴스룸에서 아침이슬을 지은 과정을 이야기했다. 노래를 짓다가 '그의 시련'이라고 쓴 대목에서 꽉 막혔다고 한다. 오래 쓰지 못하다가 '그의 시련'을 '나의 시련'으로 바꾸자 바로 노래를 완성할 수 있었다고 한다. 공자, 석가, 예수 같은 위대한 인물 '그'를 중심으로 생각하니까 막혔는데 '그'를 '나'로 바꾸니까 막힌 것이 확 풀렸고 젊은 사람들의 사랑을 받는 노래가 되었다는 것이다. 아침이슬의 가사도 '나'를 중심에 놓으니 많은 사람들의 중심을 움직이는 노래가 된 것이다. "긴 밤 지새우고 풀

잎마다 맺힌 진주보다 더 고운 아침이슬처럼 내 맘의 설움이 알알이 맺힐 때 아침 동산에 올라 작은 미소를 배운다. 태양은 묘지 위에 붉게 떠오르고 한낮의 찌는 더위는 나의 시련일지라. 나 이제 가노라 저 거친 광야에 서러움 모두 버리고 나 이제 가노라 나 이제 가노라." 이 노래는 설움과 시련을 이겨내고 내 삶을 내가 살고자 거친 광야로 나아가는 사람을 말한다. 김민기의 '아침이슬'은 삶의 주인과 주체로 '나'를 일으켜 세우고 거칠고 험한 광야 같은 세상으로 나아가게 함으로써 한국 젊은이들의 마음을 움직였다. 방탄소년단의 '나 자신을 사랑하라'는 노래는 '나'를 찾고 사랑하고 존중하는 법을 배우라고 격려함으로써 세계 젊은이들의 마음을 사로잡았다. 이 두 노래는 안창호의 사랑공부와 애기애타에 담긴 정신과 생각을 잘 드러내고 있다.

안창호가 말한 애기는 애타와 직접 동일시되지 않는다. 그는 사적 사랑과 관계를 공적 사랑과 관계와 구분하였다. 사적 영역에서는 친밀한 관계와 친밀하지 않은 관계가 구별된다. 나와 남은 다르고 내 부모와 남의 부모도 다르고 내 나라와 남의 나라도 다르다. 가까운 사람과 먼 사람이 있기 마련이다. 안창호는 "애정에 차별이 있어도 좋음을 허용하였다. 부자·부부·형제·친구·동지·동포·인류·중생·자연, 이 모양으로 대상을 따라서 애정의 질적 차이도 있는 것이… 인정의 자연으로 보았다."[61] 따라서 사적 사랑과 관계를 확장하는 것이 그대로 공적 사랑과 관계로 되는 것은 아니다. "사정적·의형제적 통일"은 국가와 민족의 단결이 될 수 없다. 사적 친구 관계는 국가,

---

61 이광수, 『도산 안창호』, 259.

민족의 공적 관계가 될 수 없다. 따라서 안창호는 "국민이 다 통일된다고 남의 아내를 제 아내와 같이 사랑할 수는 없는 것"이라고 말한다. "여러분 공과 사를 가르시오. 삼천만이 모두 동지로 통일하더라도 모두 사우(私友)나 의형제는 못 될 것이니 사우를 편당이라 하면 영원히 편당이 없어질 날이 없을 것입니다."[62] 사적 영역은 그것대로 존중되고 지켜져야 한다. 그러나 공적 영역은 사적 영역과 다른 관계와 원칙이 적용되어야 한다. 안창호에 따르면 단결과 통일이 되지 않는 것은 사적 관계와 사랑을 공적 관계와 사랑과 혼동하기 때문이다. 공과 사를 혼동하는 사람은 사적 관계에 집착하고 사적 관계를 확장하여 공적 관계를 파괴함으로써 공적 관계와 질서를 분열과 혼란에 빠트린다. 공적 관계에서는 사적 감정과 관계를 넘어서 공적으로 명령하고 복종할 수 있어야 한다. 안창호는 인간의 이기적 욕망과 감정을 존중하면서도 헌신과 희생의 이타적 정신을 강조했다. 생명은 자기를 지키고 존중하는 개인의 사적 주체성을 지닌 존재이면서 타자를 아우르는 공동체적 전체성을 가진 존재다. 개인의 주체성과 민족의 공동체적 전체성은 생명과 정신의 심층적 깊이와 입체적 높이에서 일치되고 통합된다. 생명의 본성과 본질인 사랑(仁, 자비)은 주체성과 전체성을 심층적 깊이와 입체적 높이에서 통일한 것이다. 생명은 이기와 이타가 결합됨으로써 존재한다. 이기와 이타가 심층적이고 역동적으로 결합됨으로써만 생명은 진화의 길로 나아갈 수 있었다. 이기와 이타의 종합을 안창호는 애기애타로 표현했다. 나를 사랑하면서 남을 함께 사랑하는 것은 생명철학의 진리를 실현

---

[62] 안창호, "6대사업," 『안도산전서』, 667-668.

하는 심오하고 성숙한 경지다.

4. 민주시민의 자기 수양과 교육

자치와 협동의 민주공화 세계를 이룩하려면 민주시민이 자기를 사랑하고 존중하면서 남을 존중하고 사랑할 수 있어야 한다. 나를 사랑하고 존중하면서 남을 존중하고 사랑하려면 끊임없는 자기 수양과 교육이 요구된다. 나라의 주권자로서 국민이 나라의 중요한 일을 이해하고 판단하고 결정하려면 국민은 매우 높은 수준의 이해력과 판단력을 가져야 하며 올바르게 결정하고 행동할 수 있어야 한다. 오늘날 정치경제사회문화는 급진적이고 혁명적으로 변화하고 있으며 매우 복합적이고 중층적으로 형성되어 있다. 국민이 주권자로서 정치경제사회문화를 새롭게 형성하고 이끄는 주체가 되려면 정치·경제·사회·문화와 그 주체인 인간에 대한 깊고 폭넓은 이해와 판단을 할 수 있어야 한다. 오늘의 사회는 나라의 주권자인 국민에게 높은 도덕과 깊은 철학을 요구한다. 높은 도덕과 깊은 철학을 가지려면 국민은 끊임없이 공부하고 자기를 수양하고 자신을 교육해야 한다.

1) 적극적으로 나아가는 수양

인간의 자기개조와 교육을 추구한 안창호는 적극적 수양을 주장했다. 그는 자신의 허물과 잘못을 고치고 바로 잡는 데서도 소극적이지 않고 적극적이었다. 자기개조를 주장했던 안창호는 자기의 완전을 주장하거나 변호하지 않고 자기를 개조하고 고쳐야 할 미완의 존재로 보았다. 그는 자기의 부족과 결함을 솔직히 인정하고 동지들과 함께 서로 배우고 고쳐나가려고 하였다. 상해 임시정부 시절에 그는 비서였던 유상규와 김복형에게 말했다. "두 사람은 나와 늘 가까이 지내니 나의 부족한 것을 본받을까 두렵다. 두 사람이 새 결심을 가지고 수양하여 나아갈 때 나의 단점에 대해서 지극히 주의하라."[63] 안창호가 자기의 허물과 부족한 것을 솔직히 인정하고 동지들과 함께 서로 잘못을 고치고 더욱 나은 존재가 되기 위해 함께 수양해 나아가려고 했던 것은 안창호의 수양법이 매우 적극적임을 보여준다. 자신의 감정을 드러내지 않고 극기와 수기를 통해 자신의 완벽을 추구했던 유교의 수행법은 자기의 죄악과 허물을 고백하고 드러내기보다는 극복하고 제거하려고 한다. 여간해서는 자신의 잘못과 허물을 드러내지 않고 인정하지 않았던 동양의 전통적 수양법과는 확연히 다르게 안창호는 자신의 잘못과 허물을 인정하고 드러내며 자신의 자아를 개혁하고 창조해가는 적극적이고 진취적인 수양법과 자세를 알려준다.

동양의 전통적 수양법은 실수와 잘못을 저지르지 않으려고 조심하고 삼가려는 자세를 가졌다. 그러나 안창호는 실수와 잘못을 두려워하지 않고 진취적으로 대담하게 앞으로 나아가는 수양을 강조했다. "소극적 수양을 취하는 자는 한번 실수에 빠지면 전율하여 다시 일어나는 힘이 없어 점점 연약하여 가되, 적극적 수양을 취하는 자

---

63 안창호 일기, 1920.2.27. 『안도산전서』, 828.

는 설혹 한 둘의 실수가 있더라도 다시 접촉하고 다시 힘써서(再接再勵) 나아가고 또 나아갈 뿐 포기하지 않소(進進不棄)."[64] 그의 적극적 수양은 수양 자체에 목적을 둔 것이 아니라 역사와 사회 안에서의 삶과 실천을 위한 것이다. 사람다운 사람이 되어서 사람의 직분을 잘 감당하기 위해서, 민족의 독립과 통일을 이루기 위해서 그는 끊임없이 자기를 수양하고 교육하였다. 그의 수양과 교육은 홀로 하는 것이 아니라 동지들과 더불어 하는 수양이고 교육이었다. 동지들과 더불어, 함께 하는 수양이라는 점에서도 안창호의 수양은 적극적이고 진취적인 수양이었다.

2) 삶과 수행

나를 사랑하고 남을 사랑하는 일은 삶 전체, 인격 전체를 바쳐서 할 일이다. 사랑하는 공부는 삶과 인격을 바로 세우는 공부다. 자신의 인격을 바로 세우고 나와 남을 사랑하기 위해서 안창호는 일상생활에서 몸과 맘을 수련했다. 도산은 옷을 바르고 가지런하게 입으면 맘의 중심이 잡히고 행동거지가 신중하고 조심스러워진다고 믿었다(衣冠整齊 中心必飭). 더 나아가서 거처와 환경은 거기 사는 자의 정신에 영향을 주는 동시에 그의 정신의 표현이라고 보았다.[65] 그는 앉고 서고 걷고 움직일 때 몸을 단정히 하는 습관이 있었다. "그는 앉을 때에 허리를 굽히지 아니하고, 설 때에 몸을 기대거나 기울이지 아니하고 걸음을 걸을 때에도 팔다리를 일률(一律) 맞춰 놀리고 고개

---

64 안창호, "흥사단의 발전책," 『안도산전서』, 718.
65 이광수, 『도산 안창호』, 147-148.

를 기울이지 아니하였다."[66] 단정히 앉는 것(端坐)과 바르게 걷는 것
(正步)은 생리학적으로 좋을뿐더러 심리학적으로도 마음이 흩어지
지 않도록 다잡는(攝心正心) 효과가 있다고 안창호는 말하였다. 그는
단정하게 앉고, 바르게 걸을 뿐 아니라 일체의 언행과 몸놀림을 바
르게 하고자 오랜 세월 고행하고 수련하였다. 그의 말소리(語音)가
또렷하고, 말하는 속도와 음량이 조절되어 있는 것은 모두 오랜 세
월 고행하고 수련한 끝에 이루어진 것이다. 그가 한 잔의 차를 들이
마시는 데도 다 고행수련의 자취가 있었다. 이렇게 반성과 수련을
쉬지 아니하므로 도산은 날마다 새롭고 날마다 무엇이 더하였다.[67]
이러한 생활수련은 도산이 '나'를 사랑하는 애기의 길이고 방법이었
다. 그리고 나를 사랑하고 존중할 줄 아는 사람은 남을 사랑하고 존
중할 수 있는 능력을 가진 사람이며 역사와 사회를 보다 낫게 할 힘
을 가진 사람이다.

3) 정좌법과 수행

상해임시정부에서 일할 때 그는 새벽에 찬물로 목욕하고 흥사단
단소에서 단우들과 함께 정좌회를 가졌다. 단전호흡을 하며 고요히
묵상에 잠길 때 도산은 저도 모르게 몸이 떨리고 앉은 자리에서 몸
이 솟구쳐 오르기도 했다. 그의 삶, 수행, 믿음, 철학이 하나였다. 정
좌법을 행할 때는 이광수, 박현환, 주요한 등이 같이 행했는데 도산
은 명상하는 상태에 있다가 돌연 몸을 후루루 떨기도 하고 몸 전체

---

66 이광수, 같은 책, 129-130.
67 같은 책, 130.

가 방석 위에서 뛰어오르기도 하였다. 무심중에 그렇게 된다고 그는 설명하였다.[68] 상해에서 체포되어 갇혀 있을 때도 수행에 힘썼다. "이즈음에 내가 날마다 지나는 과정은 대개 아침마다 세수하고 방을 소제한 후에 20분 동안 동맹운동을 하고 30분씩 세 번 정좌하고 그 날에 보는 독서와 실내 산보 등으로 시간을 보냅니다."[69]

안창호에게는 일상생활이 수양하는 것이고 철학하는 것이었다. 밥 먹고 잠자고 앉고 서고 사람을 만나 말하고 일하는 일체가 '내가 나로' 되고 전체가 하나 됨에 이르는 일이고 나와 민족이 새롭게 되어 새로운 미래를 창조하는 일이었다. 도산에게는 참된 나가 되려고 생각하고, 살아 숨 쉬는 것이 기도이고, 전체가 하나로 되게 하려고 사람을 만나 말하는 것이 찬미이고, 목숨과 정성을 바쳐 일하는 것이 예배였다. 그에게는 삶이 수행이고 생각하는 것이 기도이고 뜻을 새기고 불태우는 것이 철학이었다.

4) 민의 자기 교육

한민족은 강대국의 침략과 지배로 나라를 잃고 고통당하였다. 일제의 식민통치 아래서 한민족은 불의한 억압과 수탈을 당하며 짐승 취급을 받았다. 사람에게 폭력을 행하는 자는 스스로 짐승이 될 뿐 아니라 폭력을 당하는 사람까지 짐승이 되게 한다. 폭력을 행하고 폭력을 당하다 보면 모두 사람다움을 잃고 야만적이고 야수적으로 되는 것이다. 나라를 잃은 슬픔과 고통 속에서 종살이하는 민족이

---

68 주요한 편저, 『安島山全書』 증보판, 257.
69 안창호, "아내에게 보낸 편지"(1932년 5월 27일), 『安島山全書』, 1034.

해방과 구원을 얻으려면 먼저 자신이 사람임을 깨달아야 한다. 스스로 사람임을 깨달아야 건전한 인격을 확립할 수 있다. 그러므로 도산은 '인간의 가치'를 확실하게 붙잡아야 '건전한 개인주의'에 이를 수 있고 건전한 개인주의를 가진 사람만이 건전한 공동주의를 가질 수 있다고 하였다. 스스로 사람임을 깨달은 이만이 건전한 인격을 확립하고 건전한 인격을 확립한 사람만이 건전한 공동주의 철학을 가질 수 있다. 건전한 공동주의 철학을 가진 사람만이 하나로 단결하고 통일하여 독립을 이루고 정의와 평화의 사람다운 세상을 이룩할 수 있다.

건전한 개인주의와 건전한 공동주의 철학을 가지고 나라의 주인과 주체로 사는 민주시민이 되려면 먼저 사람다운 사람이 되어야 한다. 사람다운 사람이란 생명 진화와 인류 역사를 실현하고 완성하는 인간이다. 사람은 생명 진화와 인류 역사를 통해서 스스로 형성되고 스스로 자신을 형성해온 존재다. 따라서 사람답다는 것은 생명과 역사의 본질과 진리에 일치하는 사람이다. 사람은 생명과 역사의 실체이며 주체다. 사람다운 사람이 되는 길은 저마다 스스로 사람다운 사람이 되는 길밖에 없다. 생명과 역사의 실체와 주체인 사람은 자신의 생명과 역사에 대하여 무한하고 궁극적인 책임을 져야 한다. 나라는 인간의 '나'와 함께 역사를 통해 형성되고 또한 역사를 형성해온 주체다. 나라는 생명 진화와 인류 역사를 통해 닦여지고 피어난 꽃이고 열매다. 나라의 주인인 국민으로서 사람은 나라에 대해 무한책임을 져야 한다. 나라의 주인으로서 나라에 대해 무한책임을 지기 위해서도 먼저 사람다운 사람이 되어야 한다. 나라의 주인인 국민을 사람다운 사람이 되도록 깨우치려면 먼저 국민을 사람으로 대접하고 나라의 주인으로 받들어 섬겨야 한다. 국민을 나라의 주인으로 깨워 일으키려면 안창호와 이승훈과 함석헌이 그랬듯이 주인인 국민에게 절하고 호소하며 깨우쳐야 한다.

민을 나라의 주인과 주체로 신뢰하고 사랑했던 안창호는 어떤 일을 하든지 사랑과 정성을 다하면서도 겸허하게 섬기는 자세를 잃지 않았다. 도산은 상해에 갔을 때 동포들 앞에서 "나는 여러분의 머리가 되려 하지 않습니다. 여러분을 섬기러 왔습니다"고 선언하였다.[70] 공립협회, 신민회, 청년학우회, 흥사단, 대한인국민회, 임시정부를 조직하고 이끌면서 그는 평생 민중을 섬기고 받들었다. 민중 속에서 민중과 더불어 살았던 그는 민주정신을 체화하고 민주정신에 사무친 사람이었다. 그러므로 그는 민주적으로 대화하고 소통하며 교육하고 조직하고 조직을 민주적으로 이끌 수 있었다. 섬기는 자로서 도산은 사랑으로 겸허하게 민중을 섬기며 교육하고 조직하고 훈련했다. 한국민족사의 엄혹하고 고통스러운 상황에서 안창호는 사랑으로 겸허하게 그리고 지극 정성을 다해서 섬기고 받드는 심정으로 민족을 깨워 일으켰다.

안창호의 교육독립운동은 민의 주체적 자각을 이루는 것이었다. 민의 주체적 자각은 기본적으로 민이 스스로 해야 할 것이지 남이 강제로 할 수 있는 것이 아니다. 따라서 안창호는 인간의 자기 개조, 민의 주체적 자각과 자기 교육을 강조했다. 그에게 인간교육은 '내가 나를 새롭게 변화시키는 일'이다. 힘없는 나가 힘 있는 나로 되기 위해서 나의 덕력과 체력과 지력을 기르고 나의 잘못된 습관을 좋은

---

70 안창호, "제1차 북경로 예배당 연설,"『安島山全書』, 619.

습관으로 바꾸는 것이다. 이전의 인간교육은 공자, 석가, 예수 같은 모범적 인물을 제시하고 그 인물을 배우고 따르는 교육이었다. 아니면 이상적이고 아름다운 인간상(인간 이데아)을 만들어 놓고 그 인간상을 나의 삶과 정신 속에 구현하려고 하였다. 또는 근·현대 교육학의 이론에서처럼 인간의 발달과정을 단계화, 이론화하여 그 단계와 이론에 따라 인간의 삶과 정신을 형성하려고 하였다. 이러한 인간교육에서는 교육의 목표와 모델이 '남'이거나 '그'로서 인간의 자아 밖에 있다. 따라서 인간교육은 타율적이고 주입식이 되기 쉬웠다. 그러나 안창호의 인간교육은 인간의 주체적 자아에서 시작되고 그 자아로 귀결된다. 그의 인간교육에서는 교육의 주체도 '나'이고 대상과 목표도 '나'다. 기본적으로 인간교육은 내가 나 스스로 나에게 하는 교육이며 그 교육의 내용과 목적은 내가 나다운 나, 참되고 더 나은 나가 되는 것이다. 그것은 '나'를 존중하고 사랑하는 애기(愛己)의 교육이다. 인간교육의 주체와 대상, 중심과 목적을 '나'로 삼았다는 점에서 안창호의 인간교육은 민의 주체적 자각과 실천을 추구하는 근·현대의 정신과 원리를 반영한다. 기본적으로 인간교육은 나의 문제이고 내가 더 좋고 힘 있는 나로 되는 일이다. 더 좋고 힘 있는 나는 서로 보호하고 협동하는 나이며 공고하고 신성한 단결을 이룸으로써 민족통일과 세계평화의 길을 열어가는 나이다.

민의 주체적 자각과 실천을 추구한 안창호의 교육운동은 민을 주인과 주체로 받들고 섬기는 자세로 하는 교육이었다. 스스로 자각을 하게 하고 스스로 자각 한 사람이 되게 하는 교육이므로 사랑과 정성으로 하는 교육이고 호소하고 안내하는 교육이다. 인간교육은 결코 주입식교육, 타율적 강제교육이 될 수 없다. 안창호는 자신의 약점과 결함을 감추려 하지 않았고 자기를 과장하거나 돋보이려고 하지도 않았다. 그는 인간의 수양과 교육에서도 진실과 진심을 으뜸으로 삼았다. 또한 도산은 권위를 가지고 일방적으로 가르치려고 하지도 않았다. 교육과 수양은 함께 사람다운 사람이 되는 것이며 서로 배우는 것이다. 사람교육은 스스로 하고 스스로 되는 교육이다. 자기가 자기를 개혁하고 창조하는 자기교육이다. 교사와 학생이 서로 함께 사람이 되는 교육이다.

그는 자기 자신의 일상생활에 대하여 반성하고 참회하는 자세로 하루하루 충실하게 살려고 힘썼다. "만일 우리가 우리 몸부터, 우리 집부터 고치는 것을 큰일로 보지 않는다고 하면 우리는 세상을 속이는 사람이요, 우리가 스스로 속는 사람입니다. 내가 오늘 할 일을 제대로 못하는 것은 나의 허위의 죄악 때문입니다. 오늘에 우리의 일이 생각대로 되지 못함을 한탄하다 보면 결국 나의 죄를 스스로 책하지 않을 수 없습니다. 그러나 나는 나의 생명을 다하여 내가 오늘 할 일을 오늘마다 다하여 보려고 힘씁니다."[71] 자기 몸을 고치고 집을 고치는 일이 날마다 힘써 해야 할 인생의 가장 중요하고 근본적인 큰일이었다. 도산은 자신의 몸을 고치고 집을 고치는 일을 충실히 하지 못하는 것은 '나의 허위의 죄악 때문'이라고 하였다. 내가 나의 몸을 고치고 나의 집을 고치는 일은 내가 나를 개혁하고 창조하는 일이요 하늘의 높은 뜻과 사명을 이루는 일이고 생명 진화와 인류 역사의 목적을 실현하는 일이다. 그러므로 도산은 "나의 생명을 다하여 내가 오늘 할 일을 오늘마다 다하여 보려고 힘쓴다"고 하였다.

---

71 안창호, "동지들께 주는 글," 535-536.

그는 또한 자신의 허물과 잘못에 대하여 솔직히 인정하고 고백하였다. "여러 동지 중에서 2, 3차, 혹 4, 5차 보내는 편지를 받고도, 더욱이 어떤 동지는 특별한 사건으로 물음에 대하여도 일체 답장이 없었으니 이것이 내가 동지에게 대한 신과 의리에 어기는 허물을 지은 것입니다. 나는 이에 대하여 충심으로 자각하고 아울러 여러분 앞에서 자복합니다. 이것은 내가 마땅히 고쳐야 할 악습 가운데 하나입니다."[72] 그에게는 동지들과 민중 위에 군림하는 권위주의적 자세가 조금도 없었다. 그는 자신을 맘껏 낮추었다. 자신의 허물과 악습을 인정하고 고백하며 고치려고 애를 씀으로써 그는 민주시민의 자기 교육을 위한 모범이 되었다.

5) 나와 환경의 일치

자기와 타자를 철저히 주체와 전체로 본 생명철학자 도산은 인간과 환경을 서로 주체로 보았으며, 자연만물, 물건 하나하나를 주체와 전체로 존중하고 배려하려고 하였다. 생명은 안과 밖, 자신과 환경이 분리될 수 없는 것이다. 인간의 환경에는 자연뿐 아니라 사회와 역사도 포함된다. 인간은 생명체로서 주변 환경과 분리될 수 없다. 생명과 자연환경은 서로 깊게 결합되어 있다. 인간과 자연·사회 환경은 깊이 결합되어 있다. 신토불이라 하지만 그보다 더 깊게 인간은 주위환경과 결합되어 있다. 인간의 생명과 정신 속에는 밖의 환경과 사물이 깊이 들어와 있고 인간의 생명과 정신이 환경과 사물

---

[72] 안창호, "동지제위께," 『安島山全書』, 1015.

에 깊이 반영되어 있다. "울창한 숲과 잔잔한 물가에는 철인 도사와 시인 화객이 자연히 생깁니다. 그래서 그 민족은 자연을 즐거워하며 만물을 사랑하는 마음이 점점 높아집니다. 이와 같이 미묘한 강산에서 예술이 발달하는 것은 사실이 증명하오. 만일 산과 물을 개조하지 아니하고 그대로 자연에 맡겨 두면 산에는 나무가 없어지고 강에는 물이 마릅니다. 그러다가 하루아침에 큰 비가 오면 산에는 사태가 나고 강에는 홍수가 넘쳐서 그 강산을 헐고 묻습니다. 그 강산이 황폐함을 따라서 그 민족도 약하여집니다."[73] 도산이 산과 물을 개조한다고 말한 것은 산과 물을 돌보고 가꾸어서 아름답고 풍성하게 한다는 말이다. 자연에 맡겨둔다는 말은 산과 물을 사람들이 이용하고 수탈하기만 하고 버려두는 것을 의미한다. 산과 물을 돌보고 가꾸는 것은 산과 물의 본성과 이치에 따라 아름답고 풍성하게 실현되고 완성되게 하는 것이다. 사람이 산과 물을 주체와 전체로 사랑하고 존중하며 돌보고 가꾸면 산과 물은 그 존재의 깊이와 이치, 아름다움과 값짐을 풍성하게 드러낼 것이다. 사람이 산과 물의 아름다움과 값짐을 느끼고 체험하고 알고 누리면 사람도 깊고 풍성하고 아름답고 값진 존재가 될 것이다. 사람 속에는 우주와 자연생명이 깃들어 있고 우주와 자연생명은 사람 속에서 그 존재의 깊이와 오묘함, 이치와 뜻, 그 아름다움과 값짐을 드러내고 실현되고 완성될 수 있다.

인간과 환경, 인간과 사회, 인간과 역사는 분리될 수 없다. 양자는 서로 깊이 반영되어 있다. 이러한 생명과 인간 정신의 원리를 가장 깊이 이해하고 실천한 사람이 안창호였다. 안창호는 언제나 주변의

---

73 안창호, "개조," 643-644.

사물과 환경을 소중하고 아름답고 깨끗하게 가꾸었다.[74] 그에게는 사물과 환경이 자아와 분리되어 있지 않았다. 사물과 환경을 깨끗하고 아름답고 소중하게 만드는 것이 곧 자신의 생명과 정신을 깨끗하고 아름답고 소중하게 만드는 것이었다. 그가 길과 마당, 집안을 깨끗하고 아름답게 한 것은 그저 보건위생이나 환경미화를 위해서 한 것이 아니다. 사람은 안과 밖이 하나로 연결되어 있고 뗄 수 없이 결합되어 있다. 길과 마당, 환경을 깨끗하고 아름답게 하면 인간의 삶과 정신도 깨끗하고 아름답게 될 수 있다. 사람의 생명과 정신이 환경에 표현되고 실현되는 것처럼 환경도 인간의 삶과 정신에 반영된다. "도산은 집과 주위 환경의 정결과 정돈이 민족 개조의 중요 과목이요 제1과목이라고 생각했다. 몸가짐과 거처부터 개조 일신하지 않으면 문명한 독립 국민이 되지 못한다고 생각했다."[75] 안창호와 이승훈이 언제 어디서나 민중과 더불어 주위 환경을 쓸고 닦아서 깨끗하고 아름답게 만들면 민중의 삶도 깨끗하고 아름답게 되었다. 민주시민의 자기수양과 교육은 주위 환경과 자기 몸가짐을 깨끗하고 아름답게 하는 데서 시작된다는 것을 안창호는 언제 어디서나 몸으로 보여주었다.

---

[74] 이광수, 『도산 안창호』, 147-148, 253-254.
[75] 같은 책, 165-166.

6장
과학적 합리성과 무실역행의 철학
: 나는 어떻게 진실한 삶을 살 수 있는가?

    안창호의 철학과 사상에서 두드러진 것은 과학적 합리성을 강조하고 인과율과 인과관계를 중심에 놓은 것이다. 안창호는 자연세계뿐 아니라 역사와 사회, 도덕과 정신의 세계에서도 인과율과 인과관계가 작용함을 인정하고 과학적 합리적 인과의 진실을 강조했다. 과학적이고 합리적인 인과관계를 중시하고 현실적이고 진실한 삶과 행동을 추구한 안창호는 비과학적인 낡은 사상과 교리적이고 독단적 주장을 깨끗이 쓸어버리고 실용적이고 실천적인 사상과 주장을 역설했다. 그는 과학적 인과를 중시하면서도 인과를 만드는 인간의 주체를 더욱 강조했다. 과학적 인과관계를 중시하면서 인과를 만드는 인간의 주체적 실천을 강조한 안창호는 무실역행(務實力行)의 철학을 확립했다. 무실은 과학적 인과의 진실에 충실한 것이고 역행은 인과를 만드는 인간의 주체적 실천을 강조한 것이다. 무실역행은 도산의 사상과 실천을 아우르는 원칙이다.

1. 과학적 사고와 주체적 실천의 철학

인생과 역사에는 인과율이 지배한다고 보고 과학적이고 합리적인 사고와 행동을 강조한 안창호는 원인과 결과를 만들어내는 주체의 실천을 내세우는 무실역행의 철학에 이르렀다. 작은 원인에는 작은 결과가 있고 큰 원인에는 큰 결과가 있다. 원인과 결과를 짓는 역사의 주인과 주체는 인간이다. 인간이 결단하고 단합하여 큰 원인을 지으면 큰 결과를 낼 수 있다는 것이 안창호의 지론이었다. "무릇 천하의 일은 비상한 원인이 있기 때문에 비상한 결과가 있는 것이다. 과거와 현재의 역사를 살펴보라. 인생 사업에서 노력하지 않고 얻은 자가 없고 힘을 다 해서 이루지 못한 사람도 또한 없으니, 어찌 할 수 없다는 한 마디로 앉아서 멸망을 기다리겠는가?"[1] 인간의 창조자적 주체성을 강조한 안창호는 어렵고 큰 위기에서 더 크고 놀라운 일을 해낼 수 있다고 보았다.

과학적 합리성과 인과의 진실

안창호는 문명의 핵심을 과학적 합리성과 인과율적 사고에서 보았다. 문명국가에서는 모든 일을 과학적이고 합리적으로 그리고 계획적이고 의식적으로 하는데, 문명화되지 못한 나라들에서는 무의식적, 무계획적으로 한다. "사업에 대해서도 의식적으로 하는 이도 있고 무의식적으로 하는 이도 있는데, 문명한 나라 사람의 하는 사

---

[1] 안창호, "삼선평 연설," 『安島山全書』, 583-584.

업은 유의식적으로 하는 것이요, 미개한 나라 사람이 하는 사업은 무의식적으로 하는 것이외다. 문명한 나라 사람은 사업에 대한 방법을 연구하고 통계적 관념 아래에서 하기 때문에 그들의 사업은 흥왕(興旺)하고, 미개한 나라 사람은 이것이 없기 때문에 그 사업이 쇠퇴하는 법입니다. 그날그날을 살아가기 위하여 하는 고식적 사업이라든지, 형세에 몰리고 자연에 흘러서 구차하게 하는 사업은 이것이 다 미개한 나라 사람의 무의식으로 되는 일입니다."[2]

도산은 인과율과 합리성, 무실역행의 정신과 철학을 '흥사단 입단문답'에서 더 자세히 밝히고 있다. 1920년 1월 29일 상해에서 이루어진 흥사단 입단문답은 심사자인 도산의 물음과 심사받는 사람의 답변으로 이루어져 있다. 이 문답의 과정과 내용은 도산이 주도한 것이다. 답변으로 제시된 내용도 도산의 깨우침과 이끌림에 의해 나온 것이고 도산이 전적으로 동조한 것이다. 따라서 물음과 답변의 내용 모두 도산의 사상을 반영한다고 보아도 좋을 것이다. 도산은 흥사단의 이념과 철학에 대한 자신의 신념과 생각을 심사받는 자의 마음속에 심어줄 뿐 아니라 그의 마음에서 이끌어내고, 그의 생각과 말로 표현하게 하였다. 또한 도산은 심사받는 사람의 생각과 신념이 더욱 깊고 철저하도록 깨우치고 이끌었다. 이 입단문답은 질문과 대답을 통해서 답변자에게서 진리를 이끌어내는 교육적 산파술의 모범을 보여준다. 흥사단 입단문답에 따르면 "방법을 연구하고 통계적 관념 아래서" 하는 것은 과학적으로 하는 것이고 "유의식적으로" 하는 것은 주체적, 능동적으로 하는 것이다. 안창호는 문명과 비문명

---

[2] 안창호, "동지들께 주는 글," 537.

의 차이를 과학적 인과관계를 인정하고 과학적 합리적으로 생각하고 계획하고 실천하는가, 그렇지 않은가에서 찾았다. 과학적 인과관계를 존중하면서 의식적으로 생각하고 현실을 분석하고 계획하고 실천하면, 갈수록 우월한 힘을 갖게 되고 우월한 지위를 차지하게 된다. 그러나 아무런 생각과 계획 없이 타성에 젖어 얼렁뚱땅, 아무렇게나 일을 하면, 갈수록 힘을 잃고 빈천한 처지에 이르게 된다.[3]

그는 과학적 합리성과 인과율의 사고를 자연의 영역에서 인생과 역사의 차원으로 확장한다. "우리 동포들이 '인과'를 믿나요? … 자연계의 인과는 안 믿는 사람이 없으면서도 사람 일의 '인과'는 잘 믿지 않는 것 같습니다. … 가령, 벼를 심으면 벼를 거두고, 또 거름을 준 벼는 안 준 벼보다 많이 나고, 김을 세 번을 맨 논은 두 번을 맨 논보다 소출이 많다는 것은 누구나 다 알면서도, 남은 잘 사는데 저는 못 사는 것 같은 것은 그러한 원인에서 오는 필연적인 결과라고 생각하지 아니하고 운수니 요행이니 하여 남이 잘 된 것은 요행, 제가 못 된 것은 운이 좋지 못한 것이라고 생각하니, 이것이 '인과'를 무시한 생각입니다."[4]

안창호는 과학적 합리성과 인과의 진실을 말했지만 주어진 사실과 현상에 대한 과학적 인과적 사고에 머물지 않았다. 과학적 합리성과 인과율에 대한 도산의 사고는 매우 중층적이고 입체적이며 역동적이었다. 그는 자연 물리의 세계뿐 아니라 생명과 정신, 역사와 사회, 도덕과 정신의 모든 영역에서 인과율과 인과관계가 성립한다고 보았다. 도산에게 과학적 합리성과 인과율은 생명의 진리였다.

---

[3] "흥사단 입단문답," 372.
[4] 같은 글, 372-373.

그는 좋은 나무가 좋은 열매를 맺고 나쁜 나무가 나쁜 열매를 맺는다고 확신했다.[5] 그것은 또한 도덕과 정신의 진리였다. 그는 주어진 사실과 현상의 인과관계를 넘어서 원인과 결과를 만드는 인간의 주체를 강조했고 원인과 결과를 만드는 인간의 주체적 역량을 중시했다. 그는 인간의 주체적 역량을 기르고 현실에 적합한 과학적 인과적 방법을 탐구했으며 개인과 집단의 역량을 조직하고 통일함으로써 역사의 원인과 결과를 짓는 역량을 최대로 강화하려고 하였다. 그는 인과법칙을 무시하고 계산이나 노력 없이 요행을 바라며 적당히 일하는 것을 거짓되고 공허한 삶으로 보았고 인과법칙에 따라 계산하고 계획하고 조직하여 좋은 결과와 목적을 얻기 위해서 합리적이고 효율적으로 생각하고 판단하고 행동하는 것을 착실한 삶으로 보았다.[6]

안창호는 자연 물리의 인과관계와 합리성을 넘어서 인간의 생명과 정신, 도덕과 실천의 인과관계와 합리성을 강조했다. 그는 인간이 살아가는 모든 현실을 인과관계와 인과율이 지배하고 적용되는 세계로 보았다. 그는 언제나 현실의 인과관계를 분석하고 진단하고 이해하여 대안과 지침을 제시하였다. 그는 현실의 진실을 알기 위해 늘 깊이 생각하고 성찰하는 사람이었고 현실에 적합한 실천방안과 지침을 제시하고 실천하고 행동한 사람이었다.[7] 안창호는 현실의 원인과 결과를 만드는 것은 인간이고 인간의 주체적 능력에 따라 현실의 원인을 지을 수 있다고 보았다. 인간의 주체적 힘이 크면 큰일을

---

5 "대한신민회취지서," 『安島山全書』, 1069.
6 안창호, "부허에서 떠나 착실로 가자," 『安島山全書』, 530-532.
7 장리욱, 『도산의 인격과 생애』 (흥사단, 2014), 14-18.

할 수 있고 작으면 작은 일을 할 수 있다. 따라서 그는 어떻게 인간의 주체적 능력을 크게 할 수 있는가를 생각했고 개인과 집단의 주체적 역량을 결집하여 큰 힘을 가지기 위해서 민족의 단결과 통일을 추구하였다.

왜 혼자서 하지 않고 흥사단에 들어와서 이 일을 하려 하오? 이 일은 혼자서는 못할 일이요. 여럿이 뭉쳐서야 할 일이므로. 단결을 이루어서 하면 수명이 무한히 길 수 있고 여럿이 한 목적으로 일을 하니까 큰 힘을 낼 수가 있다. 큰 힘은 무엇에 쓰자는 것이오? 작은 일이면 작은 힘으로 되지마는 큰일은 큰 힘으로만 되니까요. … 한 사람씩 완전한 국민이 되도록 수양하면서 그 사람들이 굳게 단결하여서 전 국민을 다 건전한 국민이 되도록 힘쓰는 길밖에는 없다. … 단결이 절대로 필요하다. 큰일은 큰 힘으로만 할 수 있고, 큰 힘은 큰 단결에서만 생기므로. 흥사단은 약법에 쓰인 대로 단결을 통해 우리 민족 전도 대업의 기초를 준비해야 한다. 전도 대업이란 무엇인가? 힘 있고 영광 있는 독립 국가를 완성하는 일이다.[8]

과학적 인과율을 역사와 도덕의 영역까지 확대한 도산은 먼저 결정론을 극복하였다. 그는 인과율에서 결정론과 운명론을 이끌어내지 않고 주체적 책임과 희망을 이끌어냈다. "인과를 믿으면 숙명론자(宿命論者)가 되지 않겠소? 모든 것이 다 팔자요 운명이라 하여서 그만 단념하고 낙심해 버리지 않을까요? 만일 전 국민이 다 그런 생각을 가진다면 큰일인데. … 인과를 믿는 사람은 현재에 받는 불행

---

8 "흥사단 입단문답," 361-365.

에 대하여서는 제 책임으로 알기 때문에 하늘을 원망하거나 사람을 탓하지 않고(不怨天不尤人) 단념하지마는 장래에 대하여서는 자신 있는 희망을 가지기 때문에 결코 낙심하는 일이 없습니다. 왜 그러냐 하면, 장래를 만드는 것이 내가 하는 일이니까, 내가 지금부터 짓는 원인이 장래의 결과를 결정할 것이니까, 인과를 안 믿는 사람이 도리어 자포자기하고 하늘과 사람을 원망하여서 바란다면 요행만을 바라니 자신도 희망도 없다고 생각합니다."[9] 오히려 인과율은 도산에게 인간의 주체적 책임을 위한 근거가 되었다. 그는 원인과 결과를 만드는 인간 주체의 책임을 더욱 강조하였다. 또한 인간은 자기 자신을 고치고 새롭게 함으로써 주체의 자격과 역량을 높이는 데 힘써야 한다는 결론에 이르렀다. "인과를 안 믿는 사람의 특색은 첫째로 제가 당하는 일의 책임이 제게 있다고 아니하고 혹은 하늘에 혹은 세상에 원망을 돌리는 것이오. 인과를 믿는 사람의 특색은 어떠한가? 제가 받는 것은 다 제가 지은 일의 필연적인 대가요 갚음이라고 알기 때문에 제게 불행이 있을 때 마음과 제 행실을 반성하고 검토하여서 지금 받는 불행의 원인이 어디 있는가를 알아내어서 그것을 고치거나 제거하기를 힘쓰는 것입니다."[10]

과학적 인과율에 따르면 크고 좋은 원인을 만들면 크고 좋은 결과를 가져올 수 있다. 따라서 과학적 인과론은 성실하고 바르게 일을 하면 크고 좋은 결과에 이른다는 낙관과 성공의 근거가 되었다. "부허(浮虛)는 패망의 근본이요, 착실은 성공의 기초." 인과율에 따라 거짓과 부실은 패망으로 이끌고 착실은 성공에로 이끈다. "착실이란

---

9 같은 글, 373.
10 같은 글.

것은 무슨 일이든지 실질적 인과율(因果律)에 근거하여 명확한 타산 하에 정당한 계획과 조직으로써 무엇을 어떠한 결과를 지어내겠다 하고 그 목적을 달하기까지 뜻을 옮기지 않고 그 순서에 의지하여 각근한 노력을 다하는 것입니다. 부허는 이와 반대로 인과의 원칙을 무시하고 정당한 계산과 노력을 하지 아니하고 천에 한 번 만에 한 번 뜨이는 요행수만 표준하고 예외적 행동으로 여기 덥쩍 저기 덥쩍 마구 덤비는 것이요, 또한 당초에 일의 성 불성 여하는 문제도 삼지 아니하고 다만 한때의 빈 명성이나 날리기 위하여 허위적 행사를 취 하여 마구 들뜨는 것입니다. 이상에 말한 착실과 부허의 뜻만 밝게 이해하면 긴 이론이 없더라도 어느 것이 성공적이요 어느 것이 패망 적임을 쉽게 판단할 것입니다."[11]

안창호는 인과율을 믿었기 때문에 결코 비관하거나 체념하지 않 을 수 있었다. 인과율을 믿었기 때문에 그는 정직하고 진실하게 적 합한 계획을 가지고 서로 협력해 나아가면 반드시 성공할 수 있다고 생각하였다. 그러므로 그는 어떤 역경과 시련 속에서도 낙관과 희망 을 가지고 앞으로 나아갈 수 있었다. "나는 (곤란한) 시세와 경우를 큰 문제로 삼지 않고 다만 우리 무리가 일제 분발하여 의로운 자의 자격으로 의로운 목적을 굳게 세우고 의로운 일을 꾸준히 지어 나가 면 성공이 있을 줄 확실히 믿기 때문에 비관은 없고 낙관뿐입니다."[12] 그는 인과의 진리를 믿었기 때문에 수양을 통해 건전한 인격을 이루 고 옳은 일을 힘써 행하면 반드시 뜻하는 것을 이룰 수 있다고 믿었 다. 그러므로 그는 의심하거나 불안해하거나 좌절하지 않고 희망과

---

[11] 안창호, "동포에게 고하는 글,"『安島山全書』, 530-531.
[12] 안창호, "동포에게 고하는 글," 516.

신념을 가지고 앞으로 나아갔다. "흥사단은 인과의 원리 위에 섰다고 봅니다. 우리가 4대 정신으로 3대 수양을 하여서 저마다 건전한 인격을 이루고, 또 일심 화합하여서 신성한 단결을 이루면 필연적으로 민족전도(民族前途)의 대업이 실현될 것이므로. 우리 민족의 전도에 대하여서는 불안이나 의심이 없소? 없습니다. 우리가, 내가 하기만 하면 우리 민족은 반드시 잘 살게 되지, 잘 살게 되지 못할 수는 없다고 생각해요. 천지간에 인과의 이론이 있는 동안 우리의 희망과 신념은 변동할 리도 실패할 리도 없다고 믿습니다."[13]

인과율의 진리에 근거한 도산의 낙관적 신념은 역사적 도덕적 우주적 신념으로 확장된다. 도덕과 지식을 닦고 힘쓰면 힘 있게 살고 그것들을 버리고 무시하면 약해지고 망하게 된다. 1907년 '서북학생회 친목회 연설'에서 도산은 이렇게 말했다. "만일 개인이 선량한 도덕을 힘쓰지 않고 물욕과 탐음에 빠지면 몸을 망치고 집에 화가 닥칠 것을 내다 볼 수 있고 만일 국가들이 도덕의 근기를 닦지 않고 오로지 침략과 정벌에만 힘써서 귀중한 인명으로 살육의 참화를 당하게 하면 천도에 반역하는 것과 다르지 않아서 나라가 망하고 인종이 멸절하는 일이 닥치리니 어찌 두렵지 않겠는가. … 인간들 가운데 부지런히 그것[도덕과 지식]을 닦는 자는 안강복지를 받아 누리고, 게을러서 버려두는 자는 기꺼이 뒤집어지고 망하는 불행한 길을 밟아 가는 것이니 교묘한 모든 역사에 밝히 드러난 것이고 증거가 많은 것이다."[14]

인과율의 원리는 안창호에게 정직과 성실을 위한 근거다. 과학적

---

13 "흥사단 입단문답," 373-374.

14 안창호, "서북학생친목회 연설,"『安島山全書』, 587.

인과율은 거짓과 허영을 용납하지 않고 정직과 성실, 지극 정성을 요구한다. 안창호는 지극 정성의 사람이다. 작은 일이나 큰일이나 정직하고 성실하게 지극 정성을 다했다. 그러므로 임시정부를 이끌 때 독립을 위한 혈전(血戰)을 역설하면서도 직업과 학업과 생활의 성실과 충실을 강조했다. "대한 국민은 독립 운동하는 기간에 평시보다 더욱 더욱 직업에 집착하여 배울 자는 배움에, 벌이할 자는 벌이에 성충(誠忠)과 노력을 다하여 광복사업의 원동력이 더욱 충실하게 되기 바랍니다."[15] 과학적 인과율과 합리성을 믿었던 그는 정직과 성실을 잃지 않고 무실역행의 정신과 철학을 굳건히 지켜 나아갈 수 있었다.

2. 인과율의 확장과 주체적 힘의 철학

1) 인생과 역사를 바꾸는 힘

19세기 말 20세기 초반 서양문명 세계를 지배하는 것은 힘이었다. 과학기술과 군사력을 바탕으로 부국강병을 추구한 강대국들은 약한 국가들을 식민지로 삼으며 세력을 확장해갔다. 모든 것을 힘이 지배하고 결정한다고 보았으며 강대국이 약소국을 정복하고 지배하는 것을 당연하게 여겼다. 독립협회와 만민공동회를 이끌었던 윤치호는 부강한 문명을 최고의 가치와 목적으로 보았다. 그는 민족이나

---

[15] 안창호의 1920년 신년사 "대한민국 2년 신원(新元)의 나의 기원"의 일부로 「독립신문」 1920월 1월 13일에 소개된 글. 『安島山全書』, 670-671.

국가보다 문명이 더 크고 중요한 가치를 지녔다고 여겼다. 또한 그는 문명의 현실적 힘을 군사력 '칼'로 파악했으며 칼로 상징되는 물리적 힘이 현실을 지배하고 결정한다고 보았다. 그는 강대국이 약소국을 지배하고 결정하는 것을 당연하게 여겼고 힘의 작용과 지배를 정당화했으며 힘의 지배가 곧 정의라고 생각했다. "이 세계를 실제로 현실적으로 지배하는 원리는 정의가 아니고 힘이다. '힘은 정의'라는 것이 이 세계의 신이다."[16]

독립협회와 만민공동회 활동을 통해 윤치호의 영향을 크게 받았던 안창호도 힘이 모든 것을 지배하고 결정한다는 생각을 받아들였다. 힘이 없으면 아무 일도 할 수 없고 살 수도 없다고 보았다. "대개 일과 힘은 수평선과 같이 평균한 것입니다. 일의 분량은 힘의 분량과 같다 하겠습니다. 힘이 없으면 일이 없고, 힘이 적으면 일이 적고, 힘이 크면 일이 큽니다. 그러므로 일을 요구하는 분량만큼 힘의 분량을 요구합니다."[17] 인과율이 지배하는 세상에서 현실적으로 작용하는 것은 힘뿐이다. 아무리 좋은 뜻과 계획이 있어도 힘이 없으면 실행하거나 구현할 수 없다. 원리와 법칙, 관념과 논리, 비전과 정책은 그 자체로서는 저절로 작용하거나 스스로 실행되지 않는다. 그것들은 물질과 생명과 역사의 현실에서는 힘을 통해서만 작용하고 실행된다.

힘을 중심으로 인간의 삶과 역사를 파악한 안창호의 인간 철학은 인간에 대한 동·서양의 전통적 이해와는 뚜렷이 구별된다. 그의 인간 이해는 인간의 본성을 하늘로부터 타고난 것으로 보는 동양의 전

---

16 1890년 2월 14일자 윤치호 일기.
17 안창호, "건전한 인격과 신성한 단결," 『安島山全書』, 748-749.

통적인 인성론, 인간의 본성을 관념적인 로고스로 보는 서양철학의 관념론적 인간론, 또는 원죄를 타고 났다는 기독교의 인간론에 비해서 매우 현실적이고 실용적이다. 도산이 힘을 중심으로 인간과 역사를 본다는 것은 과학적이고 합리적으로 현실적 인과관계 속에서 인간과 역사를 본다는 것이다. 오늘날 가장 큰 힘을 가지고 있는 영·미인들도 힘을 타고난 것이 아니라 스스로 길러낸 것임을 도산은 강조했다. "현재 세계에서 영·미인이 가장 우월한 지위를 차지하고 있으니 그것이 우연한 일일 리가 없습니다. 반드시 우월한 지위를 차지할 우월한 국민성과 우월한 수양과 노력이 있기 때문이라고 생각합니다. 왜 그러냐 하면 세상만사, 우주의 모든 현상은 다 정확한 인과관계(因果關係)의 지배를 받는 것이므로, 영·미인이 탁월한 지위를 가진 것이나 우리 민족이 빈천한 처지에 있는 것이나 다 인과 관계지 결코 우연이 아니라고 생각합니다."[18]

안창호는 인간과 역사를 힘의 관점에서 보고 힘이 작용하는 인과관계를 바꾸는 힘을 인간이 가졌다고 보았다. 인과관계를 바꾸는 인간의 힘을 인간이 기를 수 있는 것으로 생각했으므로 안창호는 인간의 주체적 역량과 책임을 강조하였다. 인간은 없는 힘을 있게 할 수 있고 작은 힘을 크게 할 수 있다. 또한 작은 힘을 가지면 작은 일을 할 수 있고 큰 힘을 가지면 큰일을 할 수 있다. 따라서 모든 것은 인간에게 달려 있다. 인간은 주체적이고 창조적이며 책임적 존재다. 개별적인 개인의 힘보다 단합된 조직과 단체의 힘이 더 크다. 그러므로 작은 힘을 큰 힘으로 만들기 위해서 사람마다 덕·체·지의 힘을

---

18 "흥사단 입단문답," 372.

길러서 건전한 인격을 이루고 조직과 단체의 공고하고 신성한 단결을 이루어 민족 전체의 독립과 통일에 이르러야 한다.

힘에 대한 안창호의 이러한 이해는 윤치호가 받아들였던 국가주의적 힘 이해와는 전혀 달랐다. 당시 강대국들은 군사력과 경제력을 앞세워 약소국에 대한 지배와 수탈을 일삼으며 전쟁과 폭력의 시대로 치달았다. 군대와 산업자본의 힘을 앞세운 서구 문명의 강대국들과는 달리 안창호는 힘의 근원을 나라의 주인인 민의 생명과 정신에서, 민의 덕력·체력·지력에서 찾았다. 안창호는 물리 군사적 힘이 세상을 지배하는 궁극적 힘과 정의라고는 생각하지 않았다. 안창호도 모든 것은 힘에 의해 결정되고 실현된다고 보았다. 그러나 세상과 역사를 바꾸는 힘은 인간의 주체적 정신적 힘이라고 생각했다. 그는 군대와 산업자본의 힘조차도 결국 인간의 도덕·정신적 힘에서 나온다고 보았다. "건전한 인격과 신성한 단결이 없이는 부력도 병력도 생길 수가 없습니다."[19] 세상과 역사를 움직이고 바꾸는 힘은 건전한 인격과 신성한 단결에서 나오고 건전한 인격과 신성한 단결을 이루는 인간의 주체(정신)적 힘은 도덕과 지식에서 나온다. 그리고 도덕과 지식의 힘을 기른 인간들이 단결하고 통합될 때 비로소 큰 힘이 나온다. 그러므로 안창호는 도덕과 지식의 힘을 기를 것을 역설했으며, 도덕과 지식의 힘을 기른 사람들이 단결하고 통합되는 단체와 조직을 만들어야 한다고 주장했다. "우리에게 어찌 힘이 없는가? 힘을 낼 만한 그 사람과 힘을 낼 만한 단결이 없는 까닭입니다. 다시 말하면 도덕의 힘과 지식의 힘을 말할 만한 건전한 인격자

---

[19] "흥사단 입단문답"의 내용은 흥사단의 정신과 사상을 가르치고 입단문답을 이끌어간 도산의 생각이 반영된 것으로 생각된다. 같은 책, 344 이하.

가 없고 위대한 사업을 진행할 만한 신성한 단체가 없는 때문입니다. 건전한 인격을 작성하며 신성한 단체를 조직하기로 목적을 세우고 흥사단을 조직하였습니다."[20] 그는 평생 덕력·체력·지력을 기르고 지식과 기술을 배우고 익혀서 건전한 인격과 능력 있는 사람이 되도록 가르치고 이끌었고 그 건전한 인격과 능력을 가진 사람들을 조직하고 단결시켜서 큰 힘을 가지고 큰일을 하도록 하였다.

2) 힘의 원천

군사 물리적 힘보다 도덕과 지식의 힘을 앞세운 안창호는 부국강병과 약육강식의 국가주의적 '힘' 철학을 극복하고 민주공화와 민족통일 그리고 세계평화에 이르는 도덕적 정신적 힘을 기르는 새로운 '힘'의 철학을 제시하였다. 안창호의 힘 이해는 그의 독특한 문명이해에서 나온 것이다. 그는 문명부강의 뿌리와 씨를 민이 서로 주체로서 사랑으로 "서로 보호하고 단합함"에서 찾았다. 문명의 기반이 되는 정치, 문화, 경제, 군사의 모든 힘의 원천은 민이 서로 보호하고 단합함에 있다는 것이다. 민이 서로 보호하고 단합하지 않으면 모든 힘은 근거를 잃는다. 서로 보호하고 단합한다는 것은 서로 믿고 사랑한다는 것이다. 안창호는 힘의 원천을 서로 보호하고 단합하는 사랑으로 본 것이다.

안창호가 말한 인격개조는 추상적이고 관념적인 것이 아니라 구체적으로 나의 덕력과 체력과 지력을 기르는 것이다. 그는 하늘로부

---

[20] 안창호, "건전한 인격과 신성한 단결," 『安島山全書』, 748-749.

터 타고난 고정불변의 본성을 논하지 않았으며, 관념적 이성과 이념을 가지고 인간의 본성을 말하지도 않았다. 안창호에게 중요한 것은 능력 없는 인간이 능력 있는 인간으로 되는 것이었다. 능력 있는 인간이 되어 역사와 사회의 주인과 주체로서 할 일을 할 수 있는 존재가 되는 것이 중요했던 것이다. 안창호는 힘의 성격과 종류를 말했다. 기본적으로 힘은 인간 개인의 구체적이고 주체적 능력이다. 그래서 그는 개인의 인격이 덕과 체와 지로 이루어진다고 보고 덕력과 체력과 지력을 길러야 한다고 보았다. 개인의 인격적 힘에서 시작했지만 고립된 개인의 힘은 약하므로 더 큰 힘에 이르기 위해서 조직되고 단결된 집단과 민족의 통일된 힘을 강조했다. 따라서 그는 건전한 인격과 신성한 단결에서 힘이 나온다고 하였다. 그는 개인의 건전한 인격을 기르기 위해서 삼대육(덕력·체력·지력의 양성)과 사대정신(務實·力行·忠義·勇敢)을 강조했다. 그리고 개인의 건전한 인격을 넘어서 조직과 단체의 공고한 단결을 강조하기 위해서 '신성단결'을 말했다. 건전한 인격과 공고한 단결은 개인적이건 집단적이건 아직 주관적이고 주체적이다. 이 힘이 사회와 역사에서 큰일을 이루려면 객관적이고 현실적인 힘으로 형성되어야 한다. 안창호는 객관적이고 현실적인 힘으로서 신용의 힘, 자본의 힘, 지식의 힘을 말했다. "속이거나 거짓말하지 아니하고 진실하여 '신용의 자본'을 동맹 저축합시다. 한 가지 이상의 학술이나 기능을 학수하여 전문 직업을 감당할 만한 '지식의 자본'을 동맹 저축합시다. 각기 수입에서 10분지 2 이상을 저금하여 적어도 10원 이상의 '금전의 자본'을 동맹 저축합시다. 이 주의와 이 방침이 곧 우리의 '힘'을 예비하는 정경이요 순서이외다. 그러므로 힘을 준비함에 충성과 노력을 다한다 함은 곧 이 위에 말한 이것에 대하여 충성과 능력을 다함을 이름입니다."[21] 주관적인 힘은 객관적 힘을 통해서 발휘되고 작용한다. 신용의 자본, 금전의 자본, 지식의 자본이 충분하게 준비되고 마련되었을 때 정치, 경제, 사회, 문화, 군사의 힘도 강력해질 수 있다.

인과율이 지배하고 힘이 작용하는 세계는 객관적이고 합리적이며 법칙적이다. 따라서 인과율과 과학적 합리성에 대해서는 그 자체로서는 선과 악의 가치판단을 할 수 없다. 선과 악의 가치를 판단하는 기준과 근거는 힘이 작용하는 동기와 목적이다. 수학과 자연과학의 세계에는 동기와 목적이 없다. 동기와 목적은 인간의 생명과 정신에 속한 것이다. 힘을 행사하는 인간의 주체와 집단이 어떤 동기와 목적을 가지는가에 따라서 선한 결과와 악한 결과가 나온다. 서로 속이고 빼앗기 위해서 힘을 사용하면 서로 파괴하고 망하게 되고, 서로 믿고 사랑하며 보호하고 단합하기 위해서 힘을 사용하면 서로 살리고 더욱 힘 있게 된다. 따라서 안창호는 좋은 나무는 좋은 열매를 맺고(善樹善果) 나쁜 나무는 나쁜 열매를 맺는다(惡樹惡果)고 하였다.[22] 생명과 정신의 좋은 동기와 목적을 가진 사람이 좋은 사람이고 나쁜 동기와 목적을 가진 사람은 나쁜 사람이다. 따라서 좋은 사람이 되기 위해서 좋은 힘을 길러야 한다. 좋은 힘을 기르기 위해서 덕력과 체력과 지력을 기르는 것이다. 덕력·체력·지력을 길러서 좋은 힘을 얻으면 건전한 인격이 될 수 있고 건전한 인격이 되면 좋은 사람이 될 수 있다. 그리고 건전한 인격과 신성한 단결을 통해서 서로 보호하고 단합하는 인간과 단체가 되는 것이 역사와 사회의 좋

---

21 "동지제위께," 1018.
22 "대한신민회취지서," 1069.

은 나무가 되는 것이다. 인간이 좋은 사람이 되어 좋은 열매를 맺으려면 힘을 행사하는 동기와 목적이 분명해져야 한다. 힘을 행사하는 활동의 동기는 나 자신이 좋은 힘을 가진 좋은 사람이 되어 사람다움을 드러내고 사람다운 사람의 구실을 하려는 데 있다. 그리고 힘을 행사하는 활동의 목적은 나뿐 아니라 너와 그도 좋은 힘을 가진 좋은 사람이 되게 하여 사람다움을 드러내고 사람다운 사람의 구실을 하게 하는 것이다. 더 나아가서 생명과 인류 전체가 하나로 되어 모두 함께 서로 보호하고 구원하여 정의와 평화 속에서 전체가 아름답고 존엄하고 행복하게 살자는 것이다. 힘을 행사하는 동기와 목적을 바로 세웠기 때문에 안창호는 건전한 인격의 형성에서 조직과 단체의 공고한 단결, 민족의 독립과 통일을 거쳐 세계 인류의 평화와 평등에 이르는 통합된 힘의 철학을 제시할 수 있었다.

생명철학자 안창호에게 힘의 원천은 생명 자체 속에 있었다. 생명의 힘은 생명 자신이 스스로 내는 힘이다. 생명이 죽었다면 힘은 없는 것이고 생명이 살았다면 힘은 있는 것이다. 살았다고 해도 절망과 좌절, 체념과 슬픔에 빠져 있다면 힘은 없는 것이다. 참된 힘은 생명의 속에서 스스로 우러나는 것이다. 진정한 힘은 제가 스스로 내는 '내 힘과 우리의 힘'이지 남이 주는 힘이 아니다. 따라서 안창호는 어떤 시련과 난관 속에서도 어떤 실패와 좌절 속에서도 스스로 일어나 힘을 내고 힘을 키워 나아갈 수 있었다. 그는 힘이 없는 데서 힘을 만들어내고 힘이 작을 때도 힘을 크게 하였다. 그는 1917년 대한인국민회 나성 지방회의 졸업생 축하 연설 '내 힘과 우리의 힘'에서 "우리에게 없는 것을 있게 하려면, 우리의 작은 것을 크게 하려면 오직 내 힘과 우리의 힘으로야 (한다)"고 말했다.[23] 안창호는 주체인 '나'의 창조자적 힘을 믿었다. 그는 '내 힘과 우리 힘'을 키워 나아가면 없는 힘이 생겨나고 작은 힘이 큰 힘이 된다고 확신했다. 그는 무에서 유를 이끌어내고 작은 것에서 큰 것을 만들어낼 수 있다고 생각하고 그렇게 살았다.

그가 기르려고 했던 힘은 생명의 총체적 힘이었다. 그것은 입체적이고 중층적이고 다차원적인 힘이었다. 그가 흥사단을 만들고 동지들과 함께 모인 것은 이러한 생명의 큰 힘을 기르기 위한 것이었다. "우리가 크게 모여 크게 사랑하여 큰 사랑의 힘을 기르자 함이요, 크게 모여 연구하여 큰 이상의 힘을 기르자 함이오, 크게 모여 크게 운동하여 큰 용장(勇壯)의 힘을 기르자 함이오, 크게 모여 크게 힘을 다하여 큰 사업을 진흥케 함이오, 크게 모여 크게 기뻐하여 큰 쾌락의 힘을 기르자 함이오, … 우리에게는 큰 사랑과 큰 이상과 큰 용장과 큰 사업의 진흥과 큰 쾌락의 힘이 필요할지라."[24] 분열의 늪에서 헤어나지 못하는 임시정부를 사퇴하고 안창호가 국민대표회의를 소집한 목적도 큰 힘을 기르기 위한 것이었다. 그는 서로 다른 주장과 생각을 가진 사람들이 함께 모여 한번 크게 싸우고 큰 해결을 지어 크게 하나로 되자고 하였다. "각방이 다 모여들어 한 번 크게 싸워 큰 해결을 지어 크게 평화하고 크게 통일하여 가지고 군사행동이나 외교운동이나 모든 운동을 일치한 보조를 통일 진행하기를 바랍니다."[25]

민족과 정부의 힘을 기르려는 그의 노력은 끊임없이 좌절과 실패를 경험하였다. 그러나 그는 결코 비관하지 않고 낙관하였다. 생명

---

23 안창호, "내힘과 우리의 힘," 『안도산전서』, 598.
24 안창호, "흥사단 제7회 원동대회에서 대회장 연설," 『안도산전서』, 681.
25 안창호, "정부에서 사퇴하면서," 『안도산전서』, 706.

이 실패와 좌절의 오랜 과정을 거쳐 점진적으로 진화하여 크고 다양하고 풍성한 진화와 고양을 이루었듯이 점진적으로 나아가서 큰 성공에 이를 것을 확신하였다. 그가 세운 점진(漸進)학교와 대성(大成)학교는 점진하여 대성에 이르는 그의 삶과 철학을 나타낸다. 임시정부와 국민대표회의에서 큰 실패와 좌절을 경험했음에도 안창호는 오직 낙관을 가지고 앞으로 나아갔다. 그의 이러한 끊임없는 낙관은 자신의 생의 체험과 진리에서 우러난 것이었다. 생은 본래 고난과 죽음, 실패와 좌절을 이기고 사는 것이고 질병과 상처를 견디고 더 힘차게 살아나는 것이다. "나는 국가단체나 사설단체가 아무 병 없이 자라온 단체가 절대로 없다고 생각합니다. 나의 한 몸을 두고 말하더라도 어렸을 때부터 오늘까지 40년 자라오는 동안에 병난 때가 한두 번이 아니었습니다. 한때 한때의 병을 위하여 비관을 품지 아니하였고, 병이 있을 때에는 상당한 치료를 다하여 건강을 회복하기에 노력하였습니다. 그런즉 우리 국가와 민족을 위하여 단체나 개인으로나 옳은 목적을 세우고 사업을 하다가 한때 한때의 흠결된 일이나 실패가 있더라도 의례히 있을 것으로 알면 비관할 바가 아니오, 다시 나갈 것을 위하여 낙관할 것입니다."[26] 그는 우리 민족이 품격이 높고 자질이 우수한 영특한 민족이라며 민족에 대한 신뢰와 사랑을 가지고 있었다. 그러므로 어떤 실패와 좌절을 겪더라도 현실을 깊고 바르게 분석하는 과학적 두뇌와 큰 이념과 뜻을 지닌 철학을 가지고 민족을 이끌면 큰 성공을 거둘 것으로 확신하였다. 우리 민족이 실패와 좌절을 겪는 것은 신문명을 늦게 받아들여서 과학과 철

---

26 안창호, "낙관과 비관," 『안도산전서』, 742.

학을 갖지 못한 탓이다. 과학과 철학이 없으므로 억측과 공론(空論)을 가지고 서로 싸움만 하고 일의 취지를 찾지 못하는 것이다.[27] 따라서 오늘의 불만족한 상황은 당연한 것으로 알고 안창호는 신념을 가지고 앞으로 나아가려고 하였다. "오늘에 당하는 불만족이라 하는 것은 당연한 과도 순서로 보는 때문에 어떠한 좋지 못한 현상을 보더라도 나는 크게 놀라거나 상심하지 아니하고, 현재에 진보하여 나가는 상태와 앞날에 크게 발전될 것을 아울러 보고 낙관합니다."[28]

힘에는 책임이 따른다. 힘은 언제나 생의 주체인 '나'의 힘이다. 힘을 잘못 쓰면 나를 망치고 내 생명과 내 나라를 망친다. 힘은 오직 나와 내 생명과 내 나라를 살리고 힘 있게 하는 데 쓰여야 한다. 생명과 나라의 주인과 주체인 나는 생명과 나라에 대해서 무한하고 궁극적인 책임을 지는 존재다. 안창호에게는 나와 나라와 생명이 하나였다. 생명의 힘을 다하여 책임을 지고 나라를 사랑하고 바로 세워야 한다. 따라서 그는 책임적 애국자가 되어야 한다고 역설하였다. 책임적 애국자는 힘을 책임 있게 바로 써서 나와 내 생명과 내 나라를 바로 세우고 크고 힘차게 하는 사람이다. 참된 힘을 바로 쓰는 책임적 애국자는 어떤 조건과 상황에도 흔들리지 않고 생명의 길, 자립과 독립, 평화와 통일의 길을 가는 이다. 책임적 애국자는 감정적 애국심에 그치지 않고 어떤 시련과 난관 속에서도 신념을 가지고 앞으로 나아가며 "국가의 사업을 자기의 일로 담책하고 주인의 직분을 다하는 자"다. 그는 "참말 그 일(우리 민족의 자유와 독립)을 꼭 이루기로 결심하고 자나 깨나, 괴로우나 즐거우나, 성공하거나 실패하거나

---

27 같은 글, 745.
28 같은 글.

그 책임심을 변하지 않고 진심으로 연구하며 계획을 세우며 그 계획을 간단없이 밟아 행하는 책임적 애국자"다.[29]

3) 인과율이 지배하는 조건과 상황에 대한 인격적 주체의 자유와 절대희망

안창호의 일생을 돌아보면 그는 어떤 조건과 상황에서도 좌절하거나 절망하지 않고 절대적인 낙관과 희망을 가지고 앞으로 나아갔다. 그의 이러한 절대 낙관과 희망은 어디서 온 것일까? 그 근거를 세 가지로 말할 수 있다. 첫째로 인과율과 인과관계가 지배하는 과학적이고 합리적 세계가 낙관과 희망의 근거가 되었다. 인과율을 믿었기 때문에 안창호는 제대로 힘차게 일하면 반드시 좋은 결과를 얻을 수 있다고 확신하였다. 둘째로 원인과 결과를 만들어낼 수 있는 힘을 인간이 가지고 있으며 그 힘을 기를 수 있다는 신념이 그에게 상황과 조건에 흔들리지 않는 낙관과 희망을 가질 수 있게 하였다. 나와 우리가 힘을 기르면 힘을 가질 수 있고 서로 단결하고 통일하면 큰 힘을 낼 수 있으므로 그는 언제나 낙관과 희망을 가질 수 있었다. 셋째로 사랑으로 서로 보호하고 단합하여 민족통일과 세계평화에 이른다는 인생과 역사의 동기와 목적은 인과율이 지배하는 조건과 상황을 넘어서 있다. 그가 지닌 인생과 역사의 동기와 목적은 하늘에 근거를 둔 것이므로 땅에서 펼쳐지는 역사와 사회의 상황과 조건을 초월해 있었다. 조건과 상황, 시련과 실패를 넘어서 있는 인생

---

29 안창호, "책임적 애국자," 『안도산전서』, 747.

과 역사의 동기와 목적이 그에게 어떤 역경과 시련 속에서도 절망하거나 체념하지 않는 절대 낙관과 희망을 가지게 하였다.

인과율과 힘이 지배하는 세계는 힘의 유무와 크기에 따라 그리고 주어진 물질적 현실적 조건과 상황에 따라 인과관계가 결정된다. 따라서 인과율이 지배하는 땅 위의 현실세계는 상대적이고 조건적이다. 힘이 없으면 일을 할 수 없고, 힘이 작으면 큰일을 할 수 없다. 그리고 힘이 있다고 해도 물질적 현실적 환경의 조건에 따라 그리고 맞서는 상대에 따라 일이 될 수도 있고 되지 않을 수도 있다. 그러나 힘의 주체인 인간의 자아는 외적 조건과 환경에서 자유로울 수 있다. 물질 안에서 물질을 초월하여 생명이 생겨났고 생명의 본능과 욕구, 감정과 의식을 거쳐 인간은 물질의 조건과 법칙에서 자유로울 수 있는 지성과 영성에 이르렀다. 지성과 영성을 지닌 인간은 땅의 물질에 발을 딛고 선 존재이면서 하늘의 영성과 신성에 닿은 존재다. 인간의 자아는 땅의 물질과 생명의 본능과 욕망, 감정과 의식에 휘둘리지만 또한 그 모든 것을 초월하여 하늘의 자유를 누린다. 생명과 정신의 주체로서 물질을 초월하여 하늘의 자유를 누리는 인간의 내적 자아는 물질적 환경과 조건에 매이지 않는다.

생명과 정신의 주체인 인간의 자아는 자기 안에 삶의 존재이유와 가치, 뜻과 목적을 지니고 있다. 인간은 자신 안에 삶의 동인과 힘을 가지고 있다. 따라서 어떤 시련과 조건에서도 인간의 인격적 자아는 자기 의지와 뜻을 흔들림 없이 지키고 나아갈 수 있다. 외적 조건과 상황에서 자유로운 인간의 주체는 어떤 역경과 악조건 속에서도 희망과 낙관을 가지고 나아갈 수 있다. 과학적 합리성과 인과율이 지배하는 객관적 현실세계는 절망하거나 체념하지 않고 힘을 다해서 일을 추진해가면 뜻하는 결과를 얻을 수 있음을 보장해주는 정직하고 진실한 세계다. 인생과 역사를 지배하는 과학적 인과율과 (인생과 역사를 새롭게 할 수 있는) 도덕적 정신적 힘에 대한 확고한 철학과 사상을 가졌기 때문에 안창호는 체념하거나 절망하지 않고 희망과 낙관을 가지고 앞으로 나아갔다.

또한 인생과 역사의 목적은 인과율과 힘의 조건적 상대적 지평을 넘어서 있다. 인생과 역사의 목적은 생명과 정신의 내면에 있는 것이면서 생명과 정신을 넘어서 생명과 정신을 새롭게 변화시키면서 실현되어가는 것이다. 인생과 역사의 목적은 하늘에서 주어진 것이며, 하늘과 마찬가지로 생의 주체를 살리고 힘 있게 하는 것이며 생의 전체가 하나로 되게 하고 생을 새롭게 진화 고양시키는 것이다. 인생과 역사는 생의 주체와 전체의 일치와 통일을 위해서 전진과 향상, 진화와 진보를 이루어가야 한다. 인생과 역사의 모든 활동의 목적은 생의 주체와 전체를 실현하고 완성하며 주체와 전체의 일치를 심화 고양시키기 위해서 전진하고 향상하며 진화하고 진보하는 것이다. 이러한 목적은 인과율과 힘의 조건적 상대적 상황과 환경에 관계 없이 그러나 그 상황과 환경 속에서 추구되고 실현되어야 한다. 따라서 인간의 주체 '나'는 인생과 역사의 목적을 실현하기 위해서 어떤 역경과 시련 속에서도 어떤 상황과 환경 속에서도 온갖 힘과 노력을 다해서 흔들림 없이 일을 추진해 나아가야 한다. 인생과 역사의 높은 이념과 뜻을 지녔던 안창호는 어떤 역경과 곤경 속에서도 서로 애호하며 즐거이 일을 붙잡고 나아가자고 했다. 임시정부 일을 할 때 "동지들이 서로 애호함과 형세를 헤아려 오늘의 부족한 형편을 즐기어 붙들고 진행하자 하였다."[30] 어렵고 부족한 형편과 조건 속에서도 동지들이 서로 애호하며 "오늘의 부족한 형편을 즐기어 붙들고 진행하자"는 말은 오늘의 주어진 현실적 조건과 상황에 충실하면서도 하늘의 즐거움과 자유를 가지고 사는 안창호의 정신과 철학을 잘 드러낸다. 이런 정신과 철학에 사무쳤던 안창호는 어떤 역경에서도 좌절하거나 절망하지 않았고 어떤 억압과 유혹에도 굴복하지 않을 수 있었다.

자유로운 주체인 나의 의지와 뜻은 조건과 환경에서 자유로운 것이다. 그리고 자유로운 주체로서의 내가 힘을 사용하는 활동의 목적은 민족과 인류 전체의 일치와 통일이다. 하늘의 자유를 누리는 인간의 주체는 원칙적으로 물리적 현실적 조건과 상황에서 자유로운 것이며, 주체와 전체의 일치를 위한 진화와 진보의 목적도 조건적이고 상대적인 상황을 초월한 것이다. 그러나 하늘의 자유와 생명의 진리, 생명의 본성과 목적은 주어진 조건과 상황 속에서 실현되어야 한다. 따라서 역경과 시련 속에 있을 경우에는 더욱 힘써 나아가야 한다. 안창호의 철학에서 인간 주체인 '나'의 확립, 민족(인류) 전체의 통일, 앞으로 나아감(개조, 진화와 진보)은 확고한 세 가지 원칙이다. 주체성, 전체성, 진화, 이 세 가지 원칙은 생명과 정신의 본성과 목적이기도 하다. 주체인 나의 자유, 전체인 민족의 통일, 끊임없는 자기 개조와 진보를 추구한 안창호의 독립운동과 민족통일의 철학은 생명과 정신의 진리에 근거한 것이다.

안창호에게 민족의 자주독립과 통일운동은 한민족의 한 사람 한 사람의 인격과 정신을 살리는 일일 뿐 아니라 민족을 구원하는 일이

---

30 안창호 일기 1920년 1월 4일. 『안도산전서』, 774.

며 세계정의와 평화를 이루는 일이다. 그에게 민족의 자주독립운동은 인격적 자아를 확립하고 심화 고양시키는 일일 뿐 아니라 나라와 민족을 구하고 세계정의와 평화를 실현하는 일이다. 그리고 그것은 인간의 생명과 정신의 주체를 심화 고양시키고 민족 전체를 상생과 공존으로 이끌고 세계를 정의와 평화 속에서 하나로 이끄는 일이었다. 따라서 안창호에게 민족의 자주독립 운동은 개인의 권리와 집단의 이익을 실현하는 정치 사회적인 운동에 머물지 않는다. 그것은 인간의 생명과 정신의 사명과 목적을 실현하는 근본적인 일이다. 생명과 정신은 욕망과 감정보다 훨씬 깊고 높은 것이며, 권리주장과 이해관계보다 훨씬 깊고 높은 근원과 지향을 가진 것이다.

그러므로 안창호는 이해관계와 권리주장에 머물러 있는 청년학생들과 독립 운동가들을 비판하였다. 민족의 독립운동을 한다면서 관념적으로 '자주'와 '평등'을 앞세우는 사람들은 권리주장에 머무는 사람들이 되기 쉽다. 권리주장은 결국 이기적이고 감정적인 자기주장의 한계를 벗어나지 못한다. 인간의 이기심은 자연스럽고 당연한 것이지만 자기주장과 감정에 머물러서는 역경과 시련을 당할 때 독립운동을 계속해 나아갈 수 없다. 따라서 안창호는 자주와 평등을 내세우는 권리주장을 넘어서 '대한민족에 대한 헌신적 정신과 희생적 정신'을 가져야 한다고 보았다. "자기의 생명을 본위로 함은 이것이 진리요 자연입니다. 그런데 이제 자기의 몸과 목숨을 내놓고 부모나 형제나 동포나 국가를 건진다 함은 모순이 아니겠습니까. 아닙니다. 이 헌신적과 희생적으로 하여야 부모와 형제가 안보되고 민족과 사회가 유지되는 동시에 자기 몸도 있고 생명도 있으려니와, 만일 이 정신으로 하지 아니하면 내 몸과 아울러 사회가 다 보전되지 못하는 법입니다."[31] 자기와 가족의 생명을 살리려는 이기심과 자기 목숨을 바치는 희생적 헌신은 평면적으로 보면 모순되는 것처럼 보이지만 생명의 현실 속에서는 서로 뗄 수 없이 입체적이고 중층적으로 결합되어 있다. 자기와 가족의 생명을 살리고 사업을 성공시키기 위해서라도 제 목숨을 희생하고 헌신할 수 있어야 한다. 생명은 자기를 부정하고 버리고 극복하고 초월함을 통해서 참되고 바르게 살 수 있다. 여기서 관념적인 권리주장을 넘어서 이기심과 이타심, 권리와 의무, 개인과 민족 전체를 통합하는 도산의 생명철학을 확인할 수 있다. 권리주장을 넘어서 인간의 주체와 민족의 전체에 대한 생명철학적 신념과 목적을 가질 때 비로소 흔들림 없이 순경과 역경, 생과 사에 좌우되지 않고 한 길을 갈 수 있다. 안창호는 죽어서도 한 길을 갈 수 있는 신념과 목적을 가져야 한다고 보았다. 안창호는 주체의 힘을 길러서 민족의 독립을 위해 흔들림 없이 나아가는 것이 "나의 본직이고 천직"이라고 했다.[32] 그는 인간의 본성을 말하는 대신에 건전한 인격을 말했고 덕과 체와 지를 말했고 본직과 천직을 말했다. 이것은 그가 고정불변한 본성이나 관념적 이념에 집착하지 않고 변화하고 진화하는 생명과 역사의 과정 속에서 주체로서 자기와 타자(세상)를 개조하고 형성해 나가려고 했기 때문이다. 그는 확고한 생명철학을 가졌기 때문에 지극정성을 다해서 자신을 희생하고 헌신하면서 줄기차게 앞으로 나아갈 수 있었다.

---

[31] 안창호, "오늘의 대한학생," 『안도산전서』, 549-550. 이 글은 1924년에 도산이 이광수에게 구술한 것으로서 「東光」 1926년 12월호에 실렸다. 『안도산전서』, 513-514, 548.
[32] 안창호, "전쟁종결과 우리의 할 일," 『안도산전서』 612; "동지제위께," 1019.

3. 무실역행의 철학

안창호가 흥사단의 정신과 원칙으로 가장 중요하게 내세운 것이 무실역행(務實力行)이다. 그는 누구보다 진지하고 성실하게 무실역행의 정신을 실천하였다. 도산이 추구한 무실역행의 철학은 과학적 인과관계와 인과율에 대한 신념을 전제한 것이며 스스로 하는 생명의 창조자적 주체에 대한 도덕적 신념에 근거한 것이다. 생명철학의 관점에서 무실역행의 의미를 살펴보자.

1) 무실: 진실에 힘씀

무실(務實)은 인생과 역사의 진실, 실제, 현실에 충실하자는 것이다. 생명의 진실은 주체와 전체의 일치 속에서 진화하자는 것이고 생명의 주체로서 나의 진실은 나를 힘 있는 존재로 개조하여 덕력·체력·지력을 가진 힘 있는 사람이 되어 나와 전체의 생명과 역사를 바르게 실현하고 완성하는 것이다. 생명과 인간은 과거와 현재를 딛고 새로운 미래를 열어가는 것이다. 생명과 인간의 목적은 과거와 현재를 개조하여 새롭게 진화 향상하는 것이고 그렇게 할 수 있는 개인과 집단과 민족의 힘을 기르는 것이다. 무실은 생명과 인간, 개인과 민족(전체), 역사와 사회의 이러한 진실에 충실하자는 것이다.

거짓과 진실

안창호는 한국이 패망하게 되고 도덕적으로 타락하게 된 근본원인이 거짓과 허영이라고 보았다. "오늘 우리 사회의 위협 강탈과 사기 협잡과 골육상전(骨肉相戰)하는 모든 악현상이 거의 다 이 부허(浮虛)로 기인하였다. 대한 사람이 대한 사람으로 더불어 서로 믿고 의탁하여 협동할 길이 막힌 것과 외인한테까지 신용을 거두지 못하게 된 모든 원인이 또한 이 부허 때문이다. 다시 말하면 우리는 부허로 인하여 무엇이든지 실제로 성공하기는 고사하고 패망하게 되었다."[33] 거짓과 허영은 사기 협잡과 죽고 죽이는 투쟁의 원인일 뿐 아니라 서로 믿고 의지하며 협동하지 못하는 원인이고 신용을 잃는 원인이기도 하다. 한국민족이 패망하게 된 것도 거짓과 허영에 빠졌기 때문이다.

거짓과 허영이 망하게 하는 원인이라면 정직과 진실은 흥하고 성공하는 원인이다. 안창호는 거짓과 허영에서 벗어나 착실하고 진실한 방향으로 노력하면 성공의 길이 환하게 보일 것이라고 하였다. "착실한 방향으로 절실히 노력하면 성공이 있을 줄을 확실히 믿는다. 여러분이 과연 착실한 관념을 품고 앞을 내어다 보면 내 말이 없더라도 여러분의 눈앞에 성공의 길이 환하게 보일 줄을 믿는다. 더욱이 우리가 하려고 하는 위대하고 신성한 사업의 성공을 허(虛)와 위(僞)에 기초하지 말고 진(眞)과 정(正)으로 기초하자. 허와 위는 구름이요, 진과 정은 반석이다."[34] 안창호의 삶과 정신, 사상과 철학은 정직과 진실로 사무쳐 있다. 그는 나라가 망하게 된 근본원인이 거짓과 속임에 있다고 보았으므로 속임이 "우리의 가장 큰 원수"라고 하였다. 대한민족을 건지려면 속임을 버리고 "각 개인의 가슴 가운

---

33 안창호, "동포에게 고하는 글," 532.
34 같은 글, 532-533.

데 진실과 정직을 모시어야" 한다고 하였다.[35] 안창호에게 진실과 정직은 결코 추상적인 도덕의 원리나 교훈이 아니었다. 진실과 정직은 생명과 정신, 역사와 사회의 근본원리이고 토대이며 힘이고 목적이었다. 그것은 진리의 근원이고 궁극적 실재였다. 진실과 정직은 안창호에게 궁극적 실재로서 하나님을 나타내는 표현이었다. 따라서 그는 각 개인의 가슴에 "진실과 정직을 모시어야" 한다고 말했던 것이다. 그에게 진실과 정직은 실패와 패배, 파멸과 죽음에서 벗어나 성공과 승리, 번영과 참된 생명에 이르는 길이고 힘이고 토대였다. 그것은 생명과 정신의 주체와 전체에 이르는 길이며 진화와 향상, 신뢰와 협동으로 나아가는 문이었다. 그것은 또한 단체와 조직의 단결, 민족의 통일에 이르는 길이었다.

안창호는 한국의 과거 역사가 지배층의 거짓과 협잡에 빠져서 패망하게 되었음을 통렬하게 비판하였다. 평민들은 노동(勞動) 역작(力作)하며 살아왔는데 중류 이상 상류인사들은 "그 생활한 것이 농사나 장사나 자신의 역작을 의뢰하지 아니하였고 그 생활의 유일한 일은 협잡"이었다. 그러므로 "그네들은 거짓말하는 것이 자기의 생명을 유지하는 유일한 방법"이었고 "거짓말하고 속이는 것이 가죽과 뼈에 젖어서 양심에 아무 거리낌 없이 사람을 대하고 일에 임함에 속일 궁리부터 먼저 하게 되었다"고 통렬하게 비난하였다. 그리고 이런 풍습이 "후진인 청년에게까지 전염이 되어 대한 사회가 거짓말 사회가 되고 말았다"고 하였다.[36] 과거 한국 사회의 지배층이 일하지 않고 놀고먹으면서 거짓과 협잡에 빠져 "거짓말하고 속이는 것이 가

---

35 같은 글, 524.

36 같은 글.

죽과 뼈에 젖었다"고 하면서 도산이 진실에 힘쓰고 힘껏 일하자는 뜻에서 무실역행을 강조한 것은 사회 혁명적 의미를 가진다. 그가 내세운 무실역행은 단순히 도덕적 권면이나 주장이 아니라 반민주적이고 특권적인 사회를 뒤집고 자유롭고 평등하며 서로 보호하고 협동하는 민주공화의 세계를 여는 혁명적 주장이고 원리다.

안창호는 대한민족을 구하는 길은 거짓을 버리고 참으로 채우는 것이라고 하였다. "대한의 정치가로 자처하는 여러분이시여, 만일 대한 민족을 건질 뜻이 없으면 모르거니와 진실로 있다고 하면 네 가죽 내 가죽 속에 있는 거짓을 버리고 참으로 채우자고 거듭거듭 맹세합시다."[37] 거짓과 진실에 대한 그의 이런 사회 혁명적 통찰은 1906년 말에 쓴 '대한신민회 취지서'의 첫 머리에도 분명하게 강조되어 나타나며 그 후 줄기차게 되풀이되고 있다. 1921년 신년사에서도 성실과 역작(力作)의 새 정신이 새로운 복지와 생활을 가져오는 유일한 길이라고 하였다. "지난해까지 허위와 나태의 옛 습성이 있었으나, 올해부터는 성실과 역작(力作)의 새 정신을 가져라. 이것이 곧 해가 새로워짐을 따라 새 복지로 나아가 새 생활을 짓는 유일의 길이다."[38]

안창호는 평생을 두고 거짓을 비판하고 정직과 진실을 찬양하였다. 안창호의 정신과 신념을 대표하는 어록으로 널리 알려진 말들은 단순한 도덕교훈이 아니라, 생명과 정신, 역사와 사회를 사랑하고 살려내려는 그의 근본적인 철학과 신념에서 나온 것이다. "부허(浮虛)는 패망의 근본이요, 착실은 성공의 기초다. 거짓이여! 너는 내 나

---

37 같은 글, 524-525.
38 안창호, "1921년 신년사," 『안도산전서』, 687.

라를 죽인 원수로구나. 군부(君父)의 원수는 불공대천이라 했으니 내 평생에 죽어도 다시는 거짓말을 하지 아니하리라. 죽더라도 거짓이 없어라. 농담으로라도 거짓말을 말아라. 꿈에라도 성실을 잃었거든 통회하라." "네 가죽 속과 내 가죽 속에 있는 거짓을 버리고 성(誠)으로 채우자고 거듭 거듭 맹서합시다. 진리는 반드시 따르는 자가 있고 정의(正義)는 반드시 이루는 날이 있다고 나는 믿소. 우리는 어디를 가든지 오직 정의돈수(情誼敦修) 네 글자에 의지해서 삽시다. 왜 우리 사회는 이렇게 차오. 훈훈한 기운이 없소. 서로 사랑하는 마음으로 빙그레 웃는 세상을 만들어야 하겠소."[39]

반민주적 특권 사회의 불의와 기만에 대한 혁명적 비판과 진실의 추구

무실은 생과 역사의 진실에 충실하자는 것, 알짬 알맹이에 충실하자는 것이다. 안창호가 추구한 정직과 진실은 개인의 주관적 도덕에만 해당하는 것이 아니라 역사와 국가사회의 현실과 직결된 것이다. 안창호에게는 개인의 도덕과 국가사회의 도덕이 결코 분리되지 않았다. 그가 강조한 무실역행은 반민주적이고 특권적인 과거 한국 사회에 대한 통렬한 비판과 반성에서 나온 것이다. 조선왕조에서 평민은 일해서 먹고 사는데 양반지배층은 놀고먹으면서 공담공론에 빠져서 당쟁과 살육에 힘쓰고 민중을 억압하고 수탈하는 허위의 삶을 살았다. 안창호는 반민주적이고 특권적인 조선왕조 사회 지배층의

---

39 장리욱, 『도산의 인격과 생애』(홍사단, 2014), 195 이하 "도산의 말씀" 참조; 『安島山全書』, 29-34.

먹이 사슬 구조를 "큰 고기는 중간 고기를 잡아먹고 중간 고기는 작은 고기를 잡아먹는다"고 통렬하게 비판하였다.[40] 안창호는 민주적이고 평등한 삶을 위해서 '저마다 땀 흘려 일해서 먹고 사랑으로 서로 보호하고 구원하자!'고 호소하고 주장하였다. 놀고 헛소리하면서 남의 노동에 의존하여 남에게 뺏어먹는 거짓된 삶에서 벗어나 진실하게 힘써 일하며 사랑으로 서로 돕고 살자는 것이다. 반민주적 특권적 왕조 봉건사회의 거짓과 부패와 착취의 삶에서 자유롭고 평등하게 더불어 사는 민주공화의 삶을 살기 위해서 안창호는 저마다 땀 흘려 열심히 일해야 한다고 생각하였다.

안창호는 절대 정직을 말했다. 그가 말한 정직은 단순히 사실과 논리에 맞는 것을 뜻하지 않는다. 자연과학적 수학적 진리에 맞는 것만을 뜻하지도 않는다. 단순히 도덕과 정신의 이치와 도리에 맞는 것을 뜻하지도 않는다. 그것은 그 모든 것과 함께 역사와 사회의 정의와 사랑을 실현하는 것이다. 안창호에게 정직은 매우 통합적이고 심층적인 것이다. 자연과 생명의 진실, 역사와 사회의 진실, 도덕과 정신의 진실에 맞는 것을 그는 정직이라고 보았다. 그는 자연과학적 인과관계와 인과율을 넘어서 생명과 역사의 본성과 목적을 실현하고 완성하는 것이 정직이라고 생각했다. 그러므로 도산은 정직과 함께 사랑을 강조했다. 그는 정직과 성실의 사람이면서 사랑과 협동, 기쁨과 희망의 사람이었다. 그에게 생명의 본성(알짬, 알맹이)과 진리는 생의 본래적 기쁨과 자유, 사랑과 협동이다. 생의 기쁨과 자유, 사랑과 협동을 실현하고 완성하는 것이 정직하고 진실한 것이다. 물

---

[40] "삼선평 연설," 584; "서북학회 친목회 연설," 587.

질적 욕망과 집착은 생의 거죽, 껍데기에 속한 것이다. 물질적 욕망과 집착을 넘어서 생의 알짬과 진리를 실현하는 것이 정직하고 참된 것이며, 물질적 이기적 탐욕을 위해서 생의 알짬과 진리를 해치는 것이 거짓되고 헛된 것이다. 생의 기쁨과 자유, 사랑과 협동(통일)을 증진·고양시키는 것은 선하고 의로운 것이며 그것을 해치고 파괴하는 것은 악하고 불의한 것이다. 생의 기쁨과 자유, 사랑과 협동을 실현하는 민주공화와 공립의 나라를 이루는 것이 정직한 것이요, 나라를 잃고 생의 기쁨과 자유, 사랑과 협동 없이 서로 속이고 빼앗으며 서로 넘어뜨리는 삶을 사는 것은 거짓과 부패의 죄악 속에 사는 것이다. 안창호에게는 나라를 잃고 식민지 백성으로서 종살이를 하는 것은 생의 자유와 기쁨을 잃은 것이고 죽은 것과 같은 것이다. 그는 나라를 잃고 자유 없는 삶을 사는 것은 죽는 것보다 못한 것이라고 하였다. "대개 나라가 없는 자는 따라서 자유가 없소. 자유가 없으면 그 사람은 죽은 사람과 같소. … 사람이 아주 죽으면 아무것도 모를 터인데 살아 가지고 죽은 사람 노릇을 하려니, 그 괴로움이 죽은 사람보다 더 할 것이올시다."[41] 생의 기쁨과 자유, 사랑과 협동의 나라를 실현하는 것은 생의 본성과 목적을 실현하는 일이고, 나라를 잃고 생의 기쁨과 자유, 사랑과 협동 없이 사는 것은 생명의 본성과 목적을 망치는 일이다.

그러므로 그는 생의 기쁨과 자유, 사랑과 협동을 인생과 문명의 근본과 토대로서 강조했다. 생의 기쁨과 자유, 사랑과 협동은 민이 서로 주체로서 보호하고 단합하는 데서 실현되고 완성된다. 그는 문

---

41 안창호, "불쌍한 우리 한인은 희락이 없소,"『安島山全書』, 604-605.

명과 부강, 민주정신과 사회의 뿌리와 씨를 민이 서로 주체로서 사랑으로 보호하고 단합함에서 보았다. 서로 사랑하고 협동하여 서로 보호하고 단합할 때 인간은 참된 기쁨과 자유를 누릴 수 있다. 문명과 부강, 민주정신과 사회의 토대와 원리가 되는 '민의 서로 보호함과 단합함'을 해치는 것이 거짓이고 악이고 불의다. 역사와 사회의 진실은 민이 서로 보호하고 단합하는 것이며 이것을 존중하고 실현하는 것이 정직이고 선이며 이것을 해치고 파괴하는 것이 거짓이고 악이다. 민이 서로 보호하고 단합하면 문명과 부강을 이룰 수 있고 민주사회를 실현할 수 있다. 한국 사회는 권력을 독점하고 국민을 억압하고 착취하다가 망했다. 힘써 일하지 않고 국민을 수탈하면 반드시 망한다. "우리나라는 수 천 년 동안 국가와 민 사이에 서로 막혀 있어서 민은 나라를 보기를 다른 한 개인의 소유로 여겼다. 이전 왕조 시대에는 왕씨의 나라라고 하고 본 왕조에서는 이씨의 나라라고 해서 국가의 흥망이 자기와 무관하다고 여겼다. 국가는 민을 대하기를 물고기로 여겼으니 큰 고기는 중간 고기를 먹고 중간 고기는 작은 고기를 먹음으로써, 빼앗고 해치고 침탈하는 것을 잘 하는 일로 여겨서 천지가 뒤집어지는 변화와 기회가 다가와도 돌아보지 않다가 끝내 (일본에게) 노예 문건을 만들어주는 데 이르렀다. 지금도 여전히 옛날 상태로 직책은 감당하지 않고 자리만 차지하고 봉급만 타먹으면서 일은 하나도 하지 않고 다만 다른 사람의 눈치만을 보고 편안해하거나 걱정하니 천리와 인정에 어찌 이렇게 할 수 있으리오."[42]

---

42 "삼선평 연설," 584.

조선 사회에서는 일하지 않고 공허한 담론을 일삼는 양반 귀족들이 명예와 권력을 독점하고, 실지 생업에 종사하는 사람들은 멸시와 학대를 당했다. 일하지 않는 양반 귀족들이 생업에 종사하는 사람들을 멸시하고 학대했으므로 갈수록 물자는 부족해졌다. 물자가 부족한 조선 사회는 서로 속이고 재물을 빼앗으며 살아가다가 망하였다. "오로지 도덕만 숭상하고 지식을 천시하여 우리 민족 가운데 입으로 공맹을 말하고 앉아서 인성과 천명(性命)을 말하는 자는 상등인(上等人)이라 부르고 농업, 상업, 공업에 종사하는 자는 하등지위에 추락하여 사람으로 여기지도 않았다. 이렇기 때문에 일체 인생의 이용후생(利用厚生)하는 지식은 전혀 강론하지 않았다. 이런 방식으로도 땅이 넓고 사람이 적었던 원시시대에는 겨우겨우 살 수 있었지만 인종이 늘고 필요한 물건들이 많아진 오늘에 이르러서는 옛날에 생산한 물자의 분량으로는 생명을 구제할 수가 없다. 이러하므로 굶주림과 추위가 골수에 사무쳐서 염치를 불고하고 김씨가 가진 것을 이씨가 빼앗는다. 서로 속이고 재물을 빼앗으며 서로 침탈하여 대어(大漁)는 중어를 잡아먹고 중어는 소어를 잡아먹음으로 살아가더니, 마지막에는 도적이 온 사방에 가득하게 되어서 우리 불쌍한 동포가 하루도 편안히 잠들지 못하게 되었다. 이렇게 되어 고유한 도덕도 홀연히 이제 망하게 되었다."[43]

'대한신민회 취지서'에서 안창호는 관리들이 공허한 헛소리만 일삼으면서 부패하여 뇌물을 탐하고 인민은 거짓과 부패에 빠져 명예와 이익만 추구한다고 비판하였다. 인순고식(因循姑息: 낡은 습관이나

---

[43] "서북학생 친목회 연설," 587.

폐단을 벗어나지 못하고 눈앞의 편안함만을 취함)과 허위부사(虛僞浮詐: 허망하고 들뜬 거짓말과 거짓행위)가 한국 사회의 정신과 삶을 지배하는 원리가 되었다고 안창호는 통렬하게 비판하고 탄식하였다. "이런 때 우리는 아직도 꿈에 취하여 잠꼬대만 지껄이고 있으며 위로 관리들은 뇌물을 탐하고 아래로 인민은 거짓과 부패에 빠져 명예와 이익만을 추구하고 있다. 법령은 거짓말의 우상이고 법문은 폐기되어 폐지가 되었다. 따라서 인순고식의 한 구절은 전후상전(前後相傳: 앞뒤로 서로 전함)의 심법(心法)이요, 허위부사의 네 글자는 조정과 민간에 통하는 율령이 되었다."

안창호는 조선의 선비들이 공허한 문장만 숭상하고 실제가 없으며 공업과 상업을 하는 이들은 속이는 일에 힘써 정치와 문화, 예술과 기술이 퇴보하게 되었다고 보았다. "선비들이 숭상하는 것은 공허한 문장뿐이고 실제가 없으며, 공업과 상업을 하는 이들은 속이는 일에 힘써 정치와 문화 그리고 모든 예술과 기술이 퇴보하지 않음이 없다. 고대 신농(神農) 시대의 쟁기가 여전히 밭 가는 기계가 되고 고려의 자기(瓷器)는 만드는 기법을 잃어버린 보물이 되었다. 이러하므로 하늘이 펼치는 공공연한 흐름에 상반되어 고대를 돌이켜 보면 오히려 부러운 감정을 억제하기 어렵다." 더 나아가서 안창호는 당파싸움을 통렬하게 비판하였다. 당파의 논쟁은 웃으며 그럴 듯한 말을 하지만 상대의 잘못과 약점을 잡아서 서로 죽이는 일이 어디서나 일어나게 되었다. 그리하여 서로 경계하고 두려워하여 "잠잠한 것을 거룩하다 하고 어둡고 모호한 것을 현명하다"고 하였다. 따라서 시국에 대한 담론을 하지 못하고 "일을 당하면 미봉에 그치며 관리에게 아첨하고 친구를 만나면 농담으로 시간을 허송하니 풍속은 부패하고 질서는 문란해졌다." 그리하여 조선 사회는 "압제하는 헛소리 (虛談)"와 "의뢰(依賴)의 열등한 성질"을 발전시켰다는 것이다.

'대한신민회 취지서'를 읽으며 그 내용을 함께 살펴보자. "불행하게 조선왕조 중엽 이래로 당파의 논쟁이 일어나서 웃으며 이야기하는 가운데 날카로운 칼날이 들어 있고 한 글자의 잘못을 찾아내어 서로 죽이는 일이 어디서나 일어나게 되었다. 이것이 훈련이 되고 습관이 되어 온 세상이 서로 경계하여 입을 두려워하고 글을 두려워하여 잠잠한 것을 거룩하다 하고 어둡고 모호한 것을 현명하다고 하였다. 이러하므로 시국에 대한 담론을 하지 못하고 일을 당하면 미봉에 그치며 관리에게 아첨하고 친구를 만나면 농담으로 시간을 허송하니 풍속은 부패하고 질서는 문란해졌다. 동방에 있는 예의의 나라라고 말하지만 이미 오래 전에 가치가 타락했으니, 어찌 슬프지 아니한가. 인심과 세상의 도리가 이와 같이 저하되면서 진보된 두 가지가 있으니, 그 하나는 압제하는 헛소리(虛談)이고 다른 하나는 의뢰(依賴)의 열등한 성질이다."

압제와 의뢰는 서로 의지해서 함께 있는 것이다. 더 큰 권력자에게 의뢰하지 않으면 압제할 수 없다. 상민은 양반 선비들에게 의뢰해서 동족을 압제하고 선비는 수령에게 의뢰해서 상민을 압제하며 수령은 명문귀족에게 의뢰해서 선비들을 압제하고 명문귀족은 권력자에게 의뢰해서 전국을 압제한다. 따라서 조선 사회는 압제와 의뢰의 사슬에 매이게 되었다.

압제와 의뢰는 항상 서로 의지해서 함께 있는 것이다. 상민(常民)은 반드시 양반 선비들에게 의뢰하지 않으면 동족을 압제하지 못하며, 선비는 반드시 수령에게 의뢰하지 않으면 상민을 압제하지 못하며, 수령은 반드시 명문 귀족(巨室)에게 의뢰하지 않으면 선비들을 압제하지 못한다. 명문 귀족 역시 권력자에게 의뢰하지 않으면 전국을 압제하지 못하게 된다. 그러므로 이쪽에 굴복하더라도 저쪽에 가서 뽐내며, 이쪽에서는 굴욕을 당하지만 저쪽에 가서는 영예를 스스로 자랑하니 노예 성질은 이미 관습이 되고 나쁜 생각(惡心)은 벌써 몸과 맘에 배게 되어서 다른 나라 있음은 알지만 제 나라 있음은 모르며 제 한 몸의 존재는 알되 동포 있음을 알지 못한다. 그래서 동쪽에 강한 적이 있으면 나는 두 번 절하고 서쪽에 강적이 있으면 나는 또 세 번 절하여 나를 소, 말같이 취급하여도 기쁘고 즐겁게 복종한다.[44]

이처럼 도산은 조선사회의 압제와 의뢰가 노예성질과 비굴한 사대주의를 낳았다는 것을 꿰뚫어보았다. 따라서 도산의 독립운동은 단순한 정치적 독립운동이 아니라 인간과 민족의 자아를 혁신하고 바로 세우는 정신과 도덕의 독립운동이 되었다. 그러나 도산이 추구한 정신과 도덕의 독립운동은 단순히 개인적이고 내면적인 수양운동이 아니라 사회의 낡은 구조와 체제를 혁신하는 혁명운동이었다. '대한신민회 취지서'에서 이미 안창호는 한국 사회의 구조적 착취와 억압을 깊이 꿰뚫어 보았으며 이러한 반민주적 억압과 착취의 사회체제가 얼마나 기만적이고 허위로 가득 찼는지 그리고 인간의 정신과 도덕을 얼마나 타락시켰는지를 갈파하였다. 21세 때 평양 쾌재정에서 열린 관민공동회에서 고위관리들의 기만적이고 불의한 억압과 착취에 대하여 통쾌하게 비판하고 규탄했을 때부터 안창호는 반민

---

[44] "대한신민회 취지서," 1067-1070.

주적이고 특권적인 한국 사회의 불의한 체제와 구조를 뒤엎으려는 혁명적 의식과 실천의지를 가지고 있었다. 그러므로 안창호가 한국 민족의 도덕과 정신을 쇄신하려고 정직과 진실을 내세운 것은 결코 개인의 도덕과 수양만을 강조한 것이 아니라 반민주적이고 특권적 인 낡고 부패한 사회구조와 체제를 타파하려는 혁명적인 의지와 지 향을 담은 것이다.

힘을 기르라

안창호에게 진실과 정직은 현실과 실질에 일치하는 것이다. 그는 현실과 실질에서 벗어난 공허한 생각과 주장을 미워했다. 자연과학 의 세계뿐 아니라 사회와 역사, 도덕과 정신의 세계에도 인과관계가 성립하고 인과관계를 결정하는 것은 힘이라고 보았다. 과학적 인과 관계와 현실적인 힘이 진실하고 정직한 것이다. 안창호는 인과관계 를 믿고 인과관계를 결정하는 것은 힘이라고 생각했으므로 힘의 철 학을 내세웠다. "세상만사에 작고 큰 것을 막론하고 일의 성공이라 는 것은 곧 힘의 열매이다. 힘이 작으면 성공이 작고, 힘이 크면 성공 이 크고, 힘이 없으면 죽고, 힘이 있으면 사는 것이 하늘이 정한 원리 요 원칙이다."[45] 역사와 사회를 움직이고 변화시키고 결정하는 것은 힘이다. "세상의 모든 일은 힘의 산물이다. 힘이 적으면 적게 이루고 힘이 크면 크게 이루고 만일 힘이 없으면 도무지 일은 하나도 이룰 수가 없다. 그러므로 누구든지 자기의 목적을 달하려는 자는 먼저

---

[45] "동지제위께," 1017.

그 힘을 찾을 것이다. 천 가지를 생각하고 만 가지를 헤아려보아도 우리의 독립을 위하여 믿고 바랄 바는 오직 우리의 힘이다."[46]

역사와 사회를 움직이고 변화시키는 힘은 역사와 사회의 중심, 주체, 목적인 생명의 힘이다. 생명은 남이 대신할 수 없는 것이고 스스로 하는 자발적인 것이므로 외부의 힘, 남의 힘이 아니라 생명 자신의 힘, '나'의 힘, '우리'의 힘이어야 한다. 역사와 사회, 생명과 정신을 혁신하고 고양시키는 것은 결국 자기가 자기를, 내가 나를, 우리가 우리를 혁신하고 고양시키는 일이다. 그것은 남이 나를 위해 대신해 줄 수 있는 것이 아니라 나 자신이 우리 자신이 스스로 해야 할 일이다. 그러므로 사회와 역사를 혁신하고 새로운 미래를 열어가려는 사람은 먼저 나와 우리의 힘을 길러야 한다. 아무 힘도 없으면서 또 힘을 기르려고 애를 쓰지도 않으면서 내세우는 이념과 주장은 공허한 것이다. 도산은 공허한 이념과 주장을 싫어하고 미워했기 때문에 무실역행을 내세웠다. 무실역행을 하려면 먼저 힘을 길러야 한다. 힘을 기르는 것이 무실이고 힘을 길러야 역행을 할 수 있다. 독립은 홀로 스스로 서는 것이므로 독립은 자력에서 나온다. 믿을 것은 우리의 힘뿐이다. 그러므로 안창호는 민족의 독립할 자격은 '독립할 만한 힘'이라고 했다. 요행과 우연을 바라지 말고 과학적 실제적 힘을 길러야 한다고 했다. 그는 간절하게 힘을 기르라고 당부했다.

독립이란 본뜻이 내가 내 힘을 믿고 내가 내 힘을 의지하여 삶을 이름이요. 이 반대로 남의 힘만 믿고 남의 힘을 의지하여 사는 것을 노예라 하오니, 만

---

[46] 안창호, "청년에게 부치는 글,"『安島山全書』, 544-545.

일 우리가 이름으로는 독립운동을 한다 하고 사실로는 다른 나라들의 관계만 쳐다보고 기다린다 하면 이는 독립운동의 정신에 크게 모순이 되지 아니합니까. 우리가 설혹 외국의 관계나 세계의 시운을 이용한다 하더라도 그것을 이용할 만한 힘이 있은 후에야 가히 이용치 아니하리까. 내가 일찍 여러 번 말하였거니와 참배나무는 참배가 열리고 돌배나무에는 돌배가 열리는 것처럼 독립할 자격이 있는 민족에게는 독립국의 열매가 열리고 노예가 될 만한 자격이 있는 민족에게는 망국의 열매가 있다고 하였습니다. 독립할 만한 자격이라는 것은 곧 독립할 만한 힘이 있음을 이름입니다.[47]

안창호는 자치와 독립의 자격과 표준을 자발적 힘과 자치의 능력에서 찾았다. "무엇이 자치할 능력과 독립할 자격이 있는 표준이 되겠습니까. 자기 일은 자기의 돈과 자기의 지식으로 하는 사람, 자기를 자기의 법으로 다스리는 그 사람입니다. 남의 돈 빌려 쓰지 않고 제가 제 세납 바쳐서 쓰면 가난하더라도 독립입니다. 지식이 많거나 적거나 우리 지식이 다 한 깃발 아래 들어와 통일적으로 일하면, 제가 세운 법률로 스스로 다스려 나갈 각오만 있으면, 이는 자치의 능력이 있는 증거입니다. … 우리에게 자치할 능력과 독립할 자격이 있으면, 태평양 회의가 없더라도 독립이 될 터이요, 아무리 침략자라도 반성 아니 하지 못할 것입니다. 장차 대한 청년의 손에 아지 못할 무엇이 생겨서 일본을 크게 징계할 날이 있습니다. 우리가 제 돈 제 지식을 내고 제 법으로 저를 다스리는 그 날입니다."[48]

안창호는 모든 일은 힘이 결정하므로 힘을 길러서 큰 힘을 갖지

---

47 안창호, "동지제위께," 1016-1017.
48 안창호, "태평양회의(太平洋會議) 외교후원(外交後援)에 대하여,"『安島山全書』, 721.

못하면 아무것도 할 수 없다고 주장하였다. 그 점에서 그는 힘의 철학자였다. 그가 내세운 힘의 철학의 특징은 가장 근원적이고 궁극적인 힘을 정신 도덕의 힘으로 보았다는 데 있다. "힘은 건전한 인격과 공고한 단결에서 난다는 것을 나는 확실히 믿는다."[49] 그는 문명부강의 뿌리와 씨를 '민이 서로 보호하고 단합함'에서 찾았다. 민이 서로 보호하고 단합하려면 건전한 인격과 공고한 단결이 요구된다. 문명부강을 외적으로 나타내는 군사력, 산업력의 토대와 근거도 도덕적, 지적, 신체적 힘을 가진 민이 서로 보호하고 단합함에 있다. 그는 건전한 인격을 형성하고 공고한 단결을 이루며 민족통일에 이를 때 국가와 민족의 부강한 힘이 나온다고 보았다.

안창호는 도덕적 인격의 힘, 조직의 단결, 민족의 통일, 문명의 부강을 통합적으로 보았다. 민족의 통일과 문명의 부강이 한 사람 한 사람의 구체적인 힘, 인격적 도덕적 힘에서 나온다고 보았으므로 민족의 독립과 통일을 위해 일하려면 건전한 인격을 기르고 희생적이고 헌신적 정신을 길러야 한다고 주장했다. 권리, 이해관계, 사상과 이념을 주장하는 것만으로는 민족의 독립과 통일 운동을 끝까지 할 수 없다. 도산은 권리나 이념을 주장하는 것은 결국 자기를 본위로 하는 이기적인 것이라고 보았다. 자기 본위의 이기적 주장은 감정적 열정을 일으킬 수는 있지만 민족을 위해 자기 목숨을 희생하는데 이르지는 못한다. 자기를 희생하고 헌신할 수 없으면 가정도 사업도 독립운동도 제대로 힘차게 할 수 없다. 안창호는 권리주장을 넘어서 희생과 헌신의 정신에 이르러야 한다고 주장했다. 따라서 그는 인격

---

[49] 안창호, "청년에게 부치는 글," 『安島山全書』, 544-545.

의 힘, 희생과 헌신의 힘을 기를 것을 강조했다.

남은 알든지 모르든지 대한 민족에 대한 헌신적 정신과 희생적 정신을 길러야 하겠습니다. 대한 민족을 다시 살릴 직분을 가진 자로서 이 정신이 없으면 아니 되겠습니다. 자주라 독립이라 평등이라 하는 것은 다 자기를 본위로 하는 이기적인 것입니다. 어떤 때의 일시적 자극으로 떠들다가도 그 맘이 가라앉으면 다시 이기심이 납니다. 자기의 생명을 본위로 함은 이것이 진리요 자연입니다. 그런데 자기의 몸과 목숨을 내놓고 부모나 형제나 동포나 국가를 건진다 함은 모순이 아니겠습니까. 아닙니다. 이 헌신과 희생으로 하여야 부모와 형제가 안보되고 민족과 사회가 유지되는 동시에 자기 몸도 있고 생명도 있으려니와, 만일 이 정신으로 하지 아니하면 내 몸과 아울러 사회가 다 보전되지 못하는 법입니다. 가령 상업이나 공업을 하는 것도 자기의 생명을 위하여 하는 것이지마는, 여기도 헌신과 희생의 정신으로 하지 않으면 안 됩니다.[50]

'자주, 독립, 평등'과 같은 권리주장이나 이념의 주장은 개인과 집단의 이기적 자기주장이며 그것은 인간의 이기심을 초월하지 못한다. 그 속에 이기심이 살아 있다. 안창호는 인간의 이기심을 부정하지 않는다. 오히려 자기의 생명을 본위로 함은 "진리요 자연"이라고 하여 이기심을 적극적으로 긍정한다. 그러나 자연적인 이기심에 머물러 있으면 가정과 사회, 사업과 민족 독립운동은 제대로 보전될 수 없고 성공할 수 없다. 이기심은 내 생명을 보전하자는 맘이다. 그

---

[50] 같은 글, 549-550.

러나 내 생명을 보전하고 가정과 사업을 보전하기 위해서도 내 목숨
을 희생하고 바치는 희생과 헌신의 이타적 정신이 요구된다. 이기심
을 충족시키고 바르게 실현하려면 이타적 희생정신이 요구된다. 이
기심과 희생심이 맞물려 있다. 타원형의 두 중심처럼 긴장과 균형
속에서 둘은 서로 지탱하고 서로를 실현하고 고양한다. 이기심의 깊
이에서 이타적 헌신적 희생정신과 자기의 생명을 보전하고 실현하
려는 이기심은 일치한다. 이기심과 이타심의 일치를 도산은 이렇게
말한다. "이기적으로뿐 아니라 정의적(情意的)으로도 민족에 대한 정
을 억제하지 못하여 헌신적 희생적 활동을 아니 할 수 없습니다."[51]
이기심도 이타심도 결국 생명을 지키고 살리자는 것이니 인간 생명
의 깊은 자리에서 그리고 전체의 자리에서 보면 이기심과 이타심은
일치한다. 이기심과 이타심이 서로 결합되어 있듯이 개인과 민족,
공과 사도 그렇게 깊이 결합되어 있다.

안창호는 인간의 삶을 입체적 심층적 전체적으로 보았다. 인격의
깊이, 단체의 단결, 민족의 통일, 문명의 부강을 동시에 그리고 통합
적으로 파악했던 안창호는 결코 인격수양과 개인의 헌신만을 강조
하지 않았다. 현실적으로 민족의 독립과 문명의 부강을 위해서 어떤
일을 이루려면 헌신과 희생의 정신 외에도 사회적 신용과 경제적 재
정과 지식(기술·사상)이 필요하다. 그는 신용의 자본, 지식의 자본,
금전의 자본, 삼대자본의 동맹저축을 강조했다.[52] 헌신과 희생의 정
신이 인격과 도덕의 힘이라면 신용과 지식과 금전의 자본은 사회의
힘이다. 안창호가 만든 조직과 단체의 구성원들은 회비를 잘 내는

---

51 같은 글.

52 안창호, "동지제위께," 1018.

특징을 가지고 있었다. 금전이 있어야 교육과 문화와 독립의 사업을 추진할 수 있다는 것을 도산은 누구보다 절실하게 파악하고 있었다.

안창호는 민족의 힘을 사회와 역사의 현실 속에서 구체적으로 그리고 입체적이고 전체적으로 생각하였다. 그는 민족의 단결과 통일에서 큰 힘이 나온다고 보았다. 민족의 단결과 통일 속에서 큰 힘을 이끌어내기 위해서 그는 심층적이고 체계적이고 통합적으로 생각하였다. 민족의 단결과 통일을 위해서는 먼저 민족의 마음을 하나로 모을 수 있는 대표적 인물이 있어야 한다. 대표적 인물만이 아니라 대표적 인물을 뒷받침하며 민족을 단결시킬 중견세력이 있어야 한다. 그리고 민족과 나라를 사랑하는 애국심과 함께 분별하고 판단하는 상식을 가진 국민이 있어야 한다. 안창호는 높은 인격을 가지고 과학적 두뇌와 철학적 두뇌를 가지고 민족을 이끌 대표적 인물을 기다렸고 젊은이들이 대표적 인물이 되도록 인격과 사상을 닦아야 한다고 생각했다. 또한 공고하고 신성한 단결을 이룸으로써 대표적 인물과 애국적 민중 사이를 이어주는 중견세력이 있어야 한다고 본 것이다. 그리고 나라와 민족을 사랑하는 애국적 민중을 길러야 한다고 생각하였다. 민족의 힘을 기르려면 애국적 민중을 기르고 중견세력을 기르고 대표적 인물이 나오게 해야 한다. 대표적 인물과 중견세력과 애국적 민중이 결합될 때 한국민족은 단결과 통일을 이루고 금전과 지식과 신용의 큰 힘을 내어서 강대한 일제와 맞서 싸우고 민족의 독립을 이룰 수 있다.[53] 안창호는 애국적 민중을 기르기 위해서 교육독립운동을 일으키고 애국가를 지어 부르고 민족의 꽃 무궁화

---

53 같은 글, 1018-1019; 안창호, "우리 혁명운동과 임시정부 문제에 대하여," 『安島山全書』, 757-759.

와 태극기를 앞세웠다. 그는 중견세력을 기르기 위해서 청년학우회를 만들고 흥사단을 조직하였다. 그리고 자기는 민족의 대표적 인물이 될 자격이 없다면서 겸허한 심정과 자세를 견지했지만 대표적 인물이 지녀야 할 과학적이고 철학적인 사상을 확립하기 위해서 끊임없이 생각하고 실천하였다. 안창호의 이러한 모든 노력은 생명과 정신, 역사와 사회의 진리를 실현하려는 무실역행의 정신에서 비롯된 것이다.

무실은 무엇인가? 중용의 성실을 넘어서다

안창호가 생각한 무실이 무엇인지 다시 새겨보자. 생명철학자 안창호에게 무실은 인생과 역사의 진실, 알맹이, 알짬에 충실하자는 것이다. 생명과 역사의 진실은 무엇인가? 생명과 역사의 진실은 자발적 주체성, 통일적 전체성, 창조적 진화다. 주체성과 전체성은 생명의 창조적 진화를 통해 표현되고 실현되고 고양된다. 주체와 전체의 일치를 위해 솟아올라 나아가는 진화의 원리가 생명의 진리다. 생명과 역사는 과거와 현재를 밟고 앞으로 나아가는 것이다. 과거와 현재를 딛고 새롭게 앞으로 나아가려면 먼저 생명과 역사의 주인과 주체인 나의 인격을 개조해야 한다. 안창호에게 나의 인격을 개조하는 것은 덕·체·지의 힘을 기르는 것이고, 나와 가정을 고치는 것이다. 창조와 혁신이 생명과 역사의 진리다. 생명과 역사의 이러한 진리는 개인과 사회를 통해서 실현되고 완성된다. 생명과 사회의 진실은 나를 새롭게 하고 역사와 사회의 힘을 길러서 서로 보호하고 단합하며, 협력하고 협동하는 민주공화 사회를 이루는 것이다. 생명과 사회의 진실은 협동하고 단합하는 것이다. 무실은 생명의 자발적 주체, 통일적 전체, 창조적 진화에 충실한 것이고 개인의 인격을 새롭게 하여 사회의 협동을 증진하고 고양시키는 것이다.

민이 역사와 사회의 실체이고 주체다. 역사와 사회는 민의 삶을 통해서 형성되고 혁신되고 고양된다. 문명부강의 뿌리와 씨는 서로 협동하고 보호하는 민의 삶 속에 있다. 그러므로 안창호는 민이 서로 단합하고 협동하여 서로 보호하는 것이 문명부강의 뿌리와 씨라고 하였다. 문명부강의 나라가 되려면 민이 서로 주체로서 사랑으로 보호하고 단합하는 사회가 되어야 한다. 그러기 위해서는 자연물질과 생명과 정신의 진실에 충실하고 사회와 역사의 진실에 충실하면서 모든 인민이 저마다 자기를 위해서 그리고 서로를 위해서 힘껏 일하고 행동해야 한다. 민이 자연물질, 생명, 정신, 사회, 역사의 진실에 충실하면서 서로 보호하고 단합하는 삶을 살려면 저마다 건전한 인격을 확립하고 조직과 단체의 공고한 단결을 이루고 민족의 독립과 통일을 이루어야 한다. 서로 개인의 인격을 확립하고 고양시키기 위해서 그리고 민족을 독립시키고 통일하여 민주공화의 나라를 세우기 위해서 안창호가 내세운 원리가 무실역행이다. 무실(務實)은 공허한 거짓말과 위선적인 행위, 특권과 불의, 폭력과 착취를 버리고, 물질과 생명과 정신을 살리고 사회와 국가를 힘 있게 하는 실속 있고 진실한 말과 행동을 하는 것이다. 인민을 억압하고 해치는 모든 말과 행위는 거짓되고 악한 것이다. 서로 빼앗고 해치는 모든 말과 행위는 거짓되고 불의한 것이다. 무실은 생명과 정신, 개인과 사회를 살리고 힘차게 하는 것이다. 무실은 민이 서로 보호하고 단합하게 하는 것이다.

그러나 권력을 독점하고 권력자에게 의존해서 인민을 수탈해서 먹고 사는 양반귀족들은 일하지 않고 거짓말만 일삼으며 살아갔기 때문에 나라가 망하게 되었다. 또한 부강한 외세의 침략과 정복으로 나라의 주권을 잃고 종살이를 하게 되었다. 서로 보호하고 단합하는 자립과 독립의 힘을 잃고 외세의 불의한 침략과 정복에 굴복하는 것은 생명과 역사의 진리를 거스르고 파괴하는 것이고, 거짓되고 악한 것이었다. 생명과 역사의 철학자 안창호에게 나라의 주권을 잃고 식민지 백성으로서 종살이하는 것은 반생명적이고 반역사적이며 반도덕적인 것이었다. 이 시기에 안창호에게 가장 진실하고 의로운 것은 외세의 불의한 지배와 정복에 맞서 싸워서 나라의 독립과 주권을 회복하고 민주공화의 나라를 세우는 것이다. 생명의 진리에 충실히 살기 위해서 그리고 생명의 진리를 실현하기 위해서 안창호는 자신의 생명과 정신을 다해서 목숨과 힘, 생각과 뜻을 다해서 민족의 독립과 통일을 이루고자 힘껏 살고 행동하였다.

안창호는 자아를 혁신하고 수련하는 일이나 단체의 단결과 민족의 통일을 이루는 일이나 더 나아가 세계의 정의와 평화를 실현하는 일에 이르기까지 지극 정성을 다해서 진실하게 생각하고 말하고 행동하였다. 정직과 성실이 안창호의 삶과 정신에 살과 뼈에 사무쳐 있었다. 그리고 그의 정직과 성실은 생명의 속 알인 사랑과 직결되어 있다. 생명을 사랑할 때 생명의 진리에 따라 정직하고 성실하게 살 수 있다. 거짓은 생명의 껍데기, 거죽에 매인 것이고 참(진리, 성실)은 생명의 알맹이, 사랑에 충실한 것이다. 생명의 껍데기, 거죽은 외모, 형식, 외력(外力)을 뜻하고 생명의 속 알맹이는 맘, 정신과 뜻, 얼과 혼을 나타낸다. 생명과 정신의 속 알맹이에 충실하다는 것은 정직하고 성실하며 사랑한다는 것을 뜻하고, '나'의 맘과 생각과 힘과 뜻을 다해서 지극 정성을 다하는 것을 뜻한다. 안창호는 무슨 일이든 몸과 맘이 마르고 닳도록 지극 정성을 다한 사람이다.

안창호는 어떻게 이처럼 지극 정성을 다하는 사람이 될 수 있었을까? 그는 어려서부터 가정에서는 아버지와 할아버지에게서 동네 서당에서는 훈장에게서 그리고 나이가 좀 들어서는 유학자 김현진에게서 유학을 배웠다. 그는 이때 유교의 중요한 경전인 중용에 대해서 배우고 그 가르침을 깊이 체득했을 것이다. 그는 후에 조선왕조와 유교를 철저히 비판했으나 유교의 가르침을 깊이 체화하고 실천하였다. 1894년 서울에서 선교사 학교에 들어갈 때 도산이 공맹(孔孟)의 도에 대한 충성심 때문에 고민했다는 사실은 그가 유교의 가르침을 깊이 받아들였음을 보여준다. "공맹의 도를 숭상하는 한국인으로 어찌 오랑캐들이 세운 학교에 들어갈 수가 있을까? … 그러나 돈이 떨어졌으니 우선 들어가서 겉으로 예수를 믿는 척하고 속으로는 공맹의 도를 그대로 지키면 될 것 아닌가?"[54] 소년 시절 도산의 이런 고민은 그가 유교의 가르침을 숭상했으며 문화적 주체성과 정체성을 확고하게 가지고 있었음을 알려준다. 그는 유교의 번잡한 형식과 위선적 가르침을 비판하고 버렸으나 그 가르침의 핵심은 자신의 삶과 정신 속에 체화하고 실천하였다. "그의 일생의 좌우명은 '성심성의' 한마디로 요약된다. 스스로 행함에 있어서 작은 일에나 큰일에나 성(誠)을 다할 것을 그는 가르치고 또 몸소 실천하였다. 표리부동을 배제하고 모략중상을 극도로 경계하였다. 사람을 대함에 있어

---

54 『안도산전서』, 49.

서는 성심을 주로 하고 허례와 가식을 미워하였다. 애도나 경하는 성심으로 하여야 한다고 그는 항상 가르치었고 또 그렇게 하기를 몸소 노력하였다."[55] 그는 서양의 기독교, 민주주의, 과학사상을 깊고 철저하게 받아들인 것처럼 유교 경전 중용이 가르치는 '성심성의'를 깊이 체화하고 철저히 실천하였다.

사람이 정성을 다하면 하늘의 법도와 질서에 통할 수 있고 하늘에 통하면 하늘과 함께 인간의 본성과 만물의 본성, 자기의 본성과 남의 본성을 실현하고 완성으로 이끌 수 있다고 중용은 말하고 있다. 안창호는 자신의 본성, 덕성과 힘을 다하고 사람들과 사물의 본성을 다하게 하였다. 안창호에게 무실은 정직하고 성실한 것이니 몸과 맘과 얼을 다해서 힘과 뜻과 재주를 다해서 몸과 맘이 마르고 닳도록, 살과 피가 마르고 닳도록 정성을 다하는 것이다. 무실역행의 정신으로 지극 정성을 다해서 살았던 안창호는 유교 경전 『중용』(中庸)의 정신을 가장 잘 체화한 인물이다. 유교 경전 『중용』 20장에 따르면 하늘은 성실함 그 자체(誠者)이고 사람은 성실하려고 애쓰는 존재(誠之者)다.[56] 22장에 따르면 "지극 정성을 다하는 사람만이 자신의 본성을 다할 수 있고 자신의 본성을 다할 수 있는 사람이면 사람들의 본성을 다하게 할 수 있고 사람들의 본성을 다하게 하면 사물의 본성을 다하게 할 수 있고 사물의 본성을 다하게 할 수 있으면 천지의 화육(化育)을 도울 수 있고 천지의 화육을 도우면 천지와 더불어 참여할 수 있다고 하였다."[57] 23장에 따르면 "한쪽을 지극히 함이니,

---

[55] 박현환, "교육가 안도산," 흥사단본부 편찬, 『속편 도산 안창호』 (서울: 대성문화사, 1955); 주요한, 『안도산전서』, 47에서 재인용.

[56] 誠者天之道也 誠之者人之道也.

한쪽을 지극히 하면 능히 성실할 수 있다. 성실하면 나타나고, 나타나면 더욱 드러나고, 더욱 드러나면 밝아지고, 밝아지면 감동시키고, 감동시키면 변(變)하고, 변(變)하면 화(化)할 수 있으니, 오직 천하(天下)에 지극히 성실한 분이어야 능히 화(化)할 수 있다."[58] 지극정성을 다하면 자신의 본성을 다하고 다른 사람들의 본성을 다하고 사물의 본성을 다하고 세상의 참된 변화를 가져올 수 있다는 중용의 가르침은 오로지 안창호를 위한 것인 듯, 그의 삶과 정신, 생각과 실천 속에 온전히 구현되었다. 인간의 본성을 다한다는 것은 덕과 힘을 다한다는 것이고 사물의 본성을 다한다는 것은 사물의 값과 이치가 온전히 실현된다는 것이다. 인간과 사물의 본성을 다하기 위해서 그는 손과 발이 닳도록, 혀와 성대가 닳도록 살과 피가 마르고 닳도록 지극정성을 다해서 생각하고 말하고 행동하고 일하였다. 그가 사람을 깨워 일으키기 전에 길거리와 마당을 깨끗이 쓸고 닦은 것이나 밤이 맞도록 생각하고 또 생각한 것이나 풀 한 포기, 작은 물건 하나도 알뜰히 가꾸고 다듬어놓은 것이나 남의 농장에서 오렌지 하나를 따도 나라를 사랑하는 맘으로 정성을 다해서 딴 것은 모두 그가 지극정성을 다한 사람임을 말해준다. 그는 자신의 몸과 맘과 얼을 다해서 지극 정성으로 생각하고 행동하고 말하고 실천하였다. 지극 정성을 다한 사람으로서 안창호는 인도(人道)와 천도(天道)에 충실한 성현의 반열에 이르렀고 인도와 천도를 실현하여 인간의 참된 교육과 세상의 참된 변화를 가져왔다. 자신의 몸과 맘과 얼을 다해서 정

---

57 惟天下至誠 爲能盡其性. 能盡其性 則能盡人之性. 能盡人之性 則能盡物之性 則可以贊天地之化育. 可以贊天地之化育 則可以與天地參矣.

58 其次致曲 曲能有誠. 誠則形 形則著 著則明 明則動 動則變 變則化 唯天下至誠 爲能化.

직하고 진실하게 정성을 다해서 산 안창호는 무실의 정신과 모범을 보였다.

정직과 진실을 추구하고 실현한 안창호는 중용의 이념과 정신을 구현한 인물이다. 중용에서 중(中)은 '치우치거나 기울어짐이 없고 지나치거나 모자람이 없는 것'(不偏不倚無過不及之名)이라고 하였고, 용(庸)은 '변함없이 늘 그러함'(平常)이라고 하였다. 안창호야말로 삶과 정신, 생각과 행동에서 치우치거나 기울어짐이 없고 지나치거나 모자람이 없으며 큰일이든 작은 일이든, 편안할 때나 곤경에 빠질 때나 지극 정성을 다하면서 변함없이 늘 그러한 삶을 살았다. 그는 바르고 곧으면서 중심을 군게 잡고 힘차게 나아간 사람이다. 그러나 그는 중국 고대의 경전인 중용의 정신과 이념에 머물거나 매이지는 않았다. 그의 무실정신은 중용을 넘어서는 성격과 차원을 분명히 가지고 있다. 중용의 세계관은 비교적 정태적인 고대사회의 조화로운 자연주의적 세계관을 전제한다. 중용이 말하는 중심과 조화는 하늘과 땅 사이에서 형성되고 펼쳐지는 자연만물의 질서와 율동, 법도와 도리가 요청하는 조화와 균형이었다. 자연의 법도와 도리에 근거한 조화와 균형으로서의 중용은 자연 질서와 변화에 순응하는 농본질서를 바탕으로 한 고대사회의 삶과 윤리에 적합한 것이다. 그러나 고대사회의 농본질서를 바탕으로 형성된 중용사상은 낡은 질서를 혁파하고 새로운 질서를 창조해가는 역동적이고 진취적인 근·현대 사회의 삶과 윤리에는 적합하지 않다. 안창호는 중용의 기본정신과 원리인 성실과 중화(中和)를 체화하고 받아들였지만 이것을 근·현대의 혁신적이고 창의적인 정신과 원리에 비추어 새롭게 변화시키고 확장하였다.

중용에 나타난 성실과 중화의 정신이 안창호의 삶과 실천에서 어떻게 달라졌는지 살펴보자. 중용 1장에서는 한순간도 도(道)를 떠나지 않고 붙잡고 지켜야 할 것으로 보아서 도에서 벗어나는 것을 조심하고 삼가고 두려워하고 걱정하는 계신공구(戒愼恐懼)의 자세를 요청하였다. 또 감정이 일어나기 이전의 상태를 중(中)이라고 하고 감정이 일어나도 중절(中節), 중심과 절도를 지켜서 마치 감정이 일어나지 않은 것처럼 조화롭게 하는 것을 화(和)라 하여 감정을 극복하고 통제하고 조절하는 것을 수행의 이상과 방법으로 삼았다.

그러나 안창호는 잘못과 실수, 모험과 위험을 무릅쓰고 진취적이고 적극적인 수행을 주장함으로써 계신공구의 소극적 부정적 수행 방식과 태도를 뛰어넘었다. 진취적이고 모험적인 동맹수련을 강조한 안창호는 홀로 조심하고 삼가는 중용의 수행법을 벗어났다. 그는 또한 감정을 극복하고 통제하여 마치 감정이 일어나지 않은 것처럼 감정의 조절과 조화를 추구한 중용의 사상을 넘어섰다. 그는 생의 기쁨과 즐거움을 적극적으로 표현하였다. 그는 개인적으로 성을 내거나 화를 내는 모습을 보이지 않았으나 나라의 주권을 뺏은 일본제국의 불의와 폭력에 대해서는 분노하고 맞서 싸우려 하였다. 그는 인간의 욕망과 감정을 존중하고 적극적으로 표현하고 실현하려고 하였다. 그는 기쁨에서 희망을 이끌어내고 기쁨과 희망을 가지고 서로 사랑하고 협동하면서 민족의 독립과 통일을 이루려고 하였다. 중용에서는 천지자연의 도와 질서를 지키면서 조화와 균형을 유지하려고 했으나 안창호는 몸, 맘, 얼의 중심을 지키고 삶과 관계의 조화와 균형을 유지하면서도 낡은 질서와 관행을 혁파하고 새로운 세상을 창조하는 혁명적인 삶을 살았다. 그는 자아와 민족의 혁신을 통해 건전한 인격과 통합된 민족을 이루려 했고 건전한 인격과 동지적 단결을 바탕으로 확고한 중심을 가지면서도 조화로운 독립통일과 민주공화(民主共和)의 나라를 세우는 길로 쉼 없이 나아갔다.

십자가의 희생과 죽음을 통해 부활 생명에 이르는 기독교 신앙을 깊이 받아들인 안창호는 자기희생과 헌신을 통한 창조적 혁신과 초월적 변화를 추구하였다. 그가 몸과 맘이 마르고 닳도록, 살과 피가 마르고 닳도록 지극 정성을 다하고 희생 헌신한 것은 중정과 절도, 균형과 조화를 지키는 중용의 사상을 넘어서 철저한 자기부정과 창조적 혁신을 추구하는 기독교의 사무치는 절절한 심정을 실현한 것이다. 그가 절절하고 사무치는 자기희생과 헌신의 삶을 살면서도 자유롭고 활달하며 진취적이고 혁신적인 행동을 한 것은 그가 삶과 역사의 주인과 주체로서 살았기 때문이다. 그에게 도는 밖에 있지 않고 그의 내면에, 속의 속에 있었다. 생명과 정신의 주체와 주인인 하나님이 도보다 먼저 있고 위에 있으며, 하나님과 하나님을 모신 사람이 도의 주인이고 도를 부리고 움직이고 실현하고 완성해가는 주체다. 예수가 "나는 길이요 진리요 생명이다"고 선언한 것처럼 안창호도 길과 진리와 생명에 예속된 존재가 아니라 길과 진리와 생명의 주인과 주체로서 자유롭고 활달하게 살 수 있었다. 그러므로 안창호는 도를 지키려고 전전긍긍하지 않고 도의 주인으로서 도를 붙잡고 도를 타고서 낡은 세상을 혁파하고 새 세상을 창조하는 창조자로서 살 수 있었다.

2) 역행: 목숨을 바쳐 힘껏 일하라

역행(力行)은 힘껏 일한다는 말이다. 힘껏 일한다는 것은 목숨을 다하고 힘을 다하고 생각을 다해서 일하는 것이다. 제 힘으로 제 일을 힘껏 하는 것이 역행이다. 안창호는 독립은 제 힘으로 스스로 이루는 것이지 남에게 의지하고 호소해서 얻을 수 있는 것이 아니라고 보았다. 따라서 1차 세계대전 후에 미국의 윌슨 대통령에게 독립승인을 청원하는 글을 쓰는 것이 효과가 있을 것으로 여기지 않았다. "자기의 일을 자기가 스스로 아니하고 가만히 앉았다가 말 몇 마디나 글 몇 줄로써 독립을 찾겠다는 것이 어느 이치에 허락하리오."[59]

자기의 생명과 자아를 극복하고 초월하여 희생하고 헌신하며 일하는 것이 역행이다. 이러한 역행은 생의 본성과 목적에 일치하는 것이며 충실한 것이다. 생은 살고 죽고, 죽고 사는 것을 되풀이하면서 진화와 향상을 이루어왔다. 생은 본디 죽음을 넘어서 죽음을 이기고 살아온 것이다. 죽음이란 생의 물질적 신체적 삶이 다하는 것이다. 생명은 본래 물질 안에서 물질의 제약과 속박을 초월하여 기쁨과 사랑에 이른 것이니 물질적 신체적 삶을 넘어선 것이다. 생은 그 본성과 목적 속에 물질적 육체적 생명의 죽음을 초월하고 이겨내는 자유와 힘을 가진 것이다. 그러므로 힘껏 일한다는 것은 목숨을 다해서 죽을 각오로 일한다는 것이다. 도산이 말한 역행은 '동해물과 백두산이 마르고 닳도록', 손과 발이 닳아 없어지고 욕망과 감정, 생각과 뜻이 말라버릴 때까지 몸의 힘을 다하고 맘의 정성을 다하는

---

59 안창호, "전쟁 종결과 우리의 할 일," 『안도산전서』, 610.

것이다.

안창호는 1898년 서울 종로에서 열린 만민공동회에서 목숨을 걸고 일해야 함을 역설하였다. "독립협회 회원들이 나라와 백성을 위하는 충성이 있다면 총칼이 가슴에 들어와도 물러서지 않을 용기가 있어야 할 터인데, 정부에서 시키는 보부상 패의 몽둥이에 흩어지고 말았으니 이런 약한 정신으로 어찌 나라 일을 바로 잡겠는가. 우리가 다시 만민공동회로 모인 것이 지난번처럼 정부의 몽둥이나 기타 무엇이 무서워서 또다시 깨질 것이라면 아니 모임만 못 하다. 참으로 나라를 위한 모임일진대 지금부터 목숨을 내놓을 결심으로 모이자."[60] 이것은 21세의 젊은 나이에 한 말이지만 이 말이 정직하고 진실한 말이라는 것은 그의 생애가 확인해준다. 을사늑약으로 나라의 주권을 잃었을 때 도산은 '대한신민회 취지서'를 쓰고 한국으로 돌아왔다. 그 취지서에는 그가 목숨을 걸고 죽음을 넘어서 일하는 자세와 다짐이 담겨 있다. "어찌 일시적으로 슬프고 분한 감정에 빠져 자결을 꾀하며 또한 세상을 싫어하고 비관하여 자연으로 돌아가겠는가. 오직 우리의 앞길에는 나라를 위하는 일이 있을 뿐이다. … 심장을 토하고 피를 말려서 실행할 것은 이것 유신이다. … 내가 깨어 있을 때나 잠 잘 때나 잊지 못하는 대한(大韓)이여, 내가 죽거나 살거나 버릴 수 없는 대한이여. 나민(我-民)이 새롭지 않으면 누가 대한을 사랑하며, 나민이 새롭지 않으면 누가 대한을 보호하겠는가."[61] 삼일운동이 일어나자 나라의 독립을 위해 헌신할 결심을 하면서 한 강연에서도 대한인국민회 중앙 총회장으로서 나라를 위해 목숨을 바

---

60 주요한 편, 『안도산전서』, 56.
61 안창호, "대한신민회 취지서," 『안도산전서』, 1069-1070.

칠 것을 다짐하고 호소하였다. "오늘 전국 민족이 나라를 위하여 생명을 바치는 때에는 대한 민족의 일분자 된 우리는 재주와 힘을 다하여 생명을 희생하여 죽기까지 용감하게 나아갑시다. 죽기를 맹세하고 나아가면 우리는 서로 의리의 감동이 있을 것입니다. … 우리는 국가에 일이 있는 이때에 있어 생명과 재산이 내 것이 아니요 나라의 것이라. 어느 때에든지 다 나라에 바치기로 생각합시다. 나는 미주·하와이·멕시코 전부 동포를 대표하여 갈충보국(竭忠報國)할 것을 공적으로 말씀합니다."[62] 임시정부와 러시아의 한인 국민의회 사이에 오해와 갈등이 생겼을 때 안창호는 사태의 책임을 지고 사퇴할 뜻을 밝히면서 "안창호가 죽어서 한국이 통일된다면 죽으리라"고 하였다.[63] 안창호는 죽기를 맹세하고 나아가면 서로 의리의 감동이 있어서 시기와 질투에서 벗어나 민족이 단합하고 통일될 것이라고 기대했으나 임시정부 이후 남북분단과 군사정권으로 이어지는 한국 근·현대사가 보여주듯이 민족 지도자들의 갈등과 분열의 골은 쉽게 극복되지 않았다. 그러나 한결같이 민족의 독립과 통일을 위해서 목숨을 바칠 각오로 자신을 희생하고 헌신하며 진실하고 옳은 길을 힘껏 걸어간 안창호의 정신과 삶은 한민족의 민주와 통일을 위한 귀감이 되었다.

안창호의 철학과 사상을 계승하여 심화·발전시킨 유영모는 '일이 곧 죽음'(事卽死)이라고 하였다. 1956년 4월 17일의 일지에 쓴 '홀로 아침을 만난다'(獨朝會) 글에서 유영모는 "아침에 깨어 일어나면 생각하고 저녁에는 일체를 잊고 잔다"(覺日起想忘夜息)고 했고, 덧붙인

---

62 안창호, "삼일운동을 계승," 『안도산전서』, 616-617.
63 안창호, "국민의회사건 해명," 『안도산전서』, 676.

글에서 "생각하는 것이 생명이고 일하는 것이 죽음이다. 생각하는 것이 생명이니 힘을 다해서 마음을 다해서 생각한다"(想是生命也 事則死也, 想是生命也 盡心力以思焉)고 했다. 힘을 다하고 마음을 다해서 생각하고 죽을 각오로 일한다는 것이니 안창호의 무실역행을 잘 드러내는 말이라고 생각한다. 안창호의 삶에 대하여 말하면서 이광수도 "일상에 맞닥뜨리는 모든 일이 목숨을 걸고 거들어야 할 것 아님이 없고, 난 날부터 죽는 날까지의 찰나찰나가 집과 몸을 버리는 치명(致命)의 기회가 아님이 없다"고 한 것도 안창호의 무실역행의 정신을 보여주는 말이다.

목숨을 바치며 죽을 각오로 일한다는 것은 너무나 어렵고 높은 요구처럼 보인다. 그러나 생명 진화와 인류 역사를 돌아보면 죽음을 넘어서 죽음을 이기고, 죽음을 통해서 삶을 이어오고 일을 이루어 온 것을 알 수 있다. 살고 죽고 죽고 사는 일은 생명과 역사의 자연스럽고 당연한 일이다. 모든 생명체는 개체의 죽음을 통해서 전체의 생명을 이어가고 진화와 향상을 이루어왔다. 국가와 민족을 위한 일이 아니더라도 개인과 가족의 일이라 해도 자기의 삶을 희생하고 헌신하는 마음이 없으면 일을 제대로 할 수 없다. 생명은 죽음과 뗄 수 없이 결합되어 있다. 막연하게 죽음에 대한 공포와 불안 때문에 심리·관념적으로 죽음을 두려워하는 것뿐이다. 실제로는 모든 생명과 정신은 죽음의 위험을 감수하고 그 위험 속에서 살고 행동하고 일하는 것이다. 다만 개체의 생명과 정신이 너무 값지고 아름답고 위대한 것이기 때문에 죽음을 통해서 그것을 잃는다는 것이 아쉽고 안타깝고 슬픈 것이다. 그러나 아무리 안타깝고 아쉽고 슬퍼도 생명과 정신은 죽음의 위험 속에서 죽음을 감수하고 죽음을 이겨내면서 살아야 한다. 죽음을 통해서 비로소 생명의 아름다움과 위대함이 드러나고 실현된다는 것이 생명과 역사의 진실이고 진리다.

그럼에도 누구나 처음부터 안창호처럼 진실하고 정직한 삶을 목숨을 다해 살기는 어려울 것이다. 생은 미완의 과정이고 사람은 유한한 시공간 속에서 무한한 꿈과 뜻을 가지고 모자라고 아쉬운 삶을 살아가는 존재다. 안창호는 인생과 역사의 모범을 보인 사람이다. 그는 우리가 현대인으로서 살아야 할 길을 보여주고 밝혀준 분이다. 안창호처럼 살기 위해서는 많은 수행과 노력이 있어야 한다. 안창호가 걸어갔던 길은 근·현대의 정신과 이념을 실현하고 완성하는 길이다. 우리는 부족하고 모자란 대로 안창호와 함께 우리에게 주어진 근·현대 인간의 길을 걸어가야 한다. 우리는 안창호가 제시한 무실역행의 길을 어떻게 가야 하는가? 무실역행은 어떻게 하는 것인가? 역사와 사회, 생명과 정신의 진실을 드러내고 실현하기 위해 힘써 행동하려면 어디서부터 시작해야 하는가? 먼저 서로 해치고 속이는 거짓과 불의의 말과 행동, 절망과 체념의 습관과 버릇에서 벗어나야 한다.

절망 병에서 벗어나라

을사늑약 후 안창호가 귀국했을 때 한국청년들은 일제의 군사력에 의해 지배를 받으며 억눌러서 절망과 좌절 속에 있었다. 안창호는 100여 년 전 1907년에 청년학생들에게 절망병에서 벗어나라고 연설했다. 지금보다 그때의 청년들은 더 고통스럽고 절망적이었다. 청일전쟁, 러일전쟁에서 승리한 일제가 을사늑약을 맺고 나라를 삼킬 기회만 찾고 있을 때였다. 조선왕과 관리들은 무능하고 부패했으며 아무 대책 없이 무기력했다. 조선은 아무 희망이 없는 것 같았다. 당시 학생들은 나라를 위해 일을 하려고 해도 뚫고 나갈 구멍이 없다고 하였다.[64] 현실의 벽이 절망적으로 두텁게 여겨졌던 것이다.

안창호는 절망에 빠진 한국청년들에게 절망 병에서 벗어나라고 하였다. 나라와 민족이 큰 위기에 빠지고 현실의 상황과 조건이 절망적으로 여겨질 때 그 위기와 고통, 그 절망 속에서 오히려 안창호는 참되고 위대한 일을 할 수 있다고 하였다.[65] 안창호는 어렵고 고통스러운 순간에 더 빛나고 위대했던 인물이다. 어려움과 부족함 속에서 그는 정성을 다해 일하려 했다. 그는 홀로 일하지 않고 동지들, 민중들과 더불어 일했다. 그는 밖에서가 아니라 자기의 삶과 정신 속에서 희망과 힘을 찾았다. 사람은 생명과 역사의 창조자이며 피조물이다. 그러므로 도산은 인간의 삶과 역사에는 뚫고 나갈 구멍이 있다고 하였다. 언제나 나아갈 길은 있다. 생각이 살아있고 생명이 살아있고 정신이 살아 있는 사람은 언제나 희망을 가진다.

도산은 어떤 조건과 상황에서도 낙관과 희망을 잃지 않는 절대낙관과 절대희망을 가진 사람이었다. 어떻게 그럴 수가 있었나? 생명 자체가 물질적 조건과 상황에 대해서 창조적이고 초월적인 자유와 힘을 가지고 있기 때문이다. 생명 속에는 언제나 희망이 있다. 절망은 생명과 정신이 물질적 현실의 상황과 조건에 굴복하여 생명과 정신의 주체적 자아 '나'를 잃는 것이고 생명과 정신의 목적과 지향을 잃은 것이다. '나'를 잃고 목적을 잃었기 때문에 앞으로 나아가지 못

---

64 안창호, "삼선평 연설," 584.

65 같은 글.

하고 체념과 절망에 빠지는 것이다. 물질적 조건과 상황에 굴복하여 생명과 정신의 자아가 자기를 잃고 생명과 정신의 목적과 지향을 잃은 것은 생명과 정신의 속 알맹이 진실과 진리, 얼과 혼을 버리고 생명과 정신의 껍데기 거죽인 물질적 조건과 상황에 굴복한 것이다. 그것은 진실을 버리고 거죽 거짓에 굴복한 것이다. 그것은 생명과 정신이 자유로운 주체인 자기를 스스로 버린 것이다. 그것은 인과율에 매인 물질과 물질적 상황을 생명과 정신보다 더 높이고 받드는 것이다. 그것은 거짓된 것이고 허망한 우상숭배다.

생명과 정신의 진실은 생명의 주체와 전체와 진화다. 생명과 정신의 주체는 물질적 인과관계와 조건을 만들어내는 형성자와 창조자이며 생명의 통일된 전체는 물질적 인과관계와 조건 위에 이룩해야 할 궁극적 가치이고 목적이다. 생의 주체와 전체의 통일을 심화하고 고양시키는 진화는 물질적 조건과 인과관계를 통해서 실현해야 할 과정이고 방향이다. 그러므로 절망은 거짓이고 착오이며 잘못이다. 생명과 정신과 영의 자유로운 주체를 가진 인간이 물질적 조건과 상황에 굴복하는 것은 자기기만이고 우상숭배이기 때문이다. 생명과 정신은 본래 체념과 절망을 모르는 것이다. 절망과 체념은 생명의 껍질인 물질에 굴복한 것이다. 생명의 진실 알맹이는 스스로 자유로운 것이며 서로 하나가 되어 함께 앞으로 나아가는 것이다. 따라서 생명과 정신의 진실에 충실했던 도산은 어떤 역경과 시련 속에서도 절망하거나 체념하지 않고 희망과 낙관을 가지고 일어설 수 있었다. 오히려 도산은 가장 절망스럽고 고통스러운 이때야말로 큰 희망을 가지고 큰일을 할 때라고 하였다. 모든 역사에는 원인과 결과가 있다. 비상하고 어려운 때에는 큰 위기와 고통 속에서는 큰 변화를 일으킬 수 있는 가능성과 기회가 있다. 큰 원인을 지으면 큰 결과를 가져올 수 있다. 나라와 문명의 큰 전환기에 크고 위대한 일을 꿈꿀 수 있고 크고 위대한 일을 할 수 있다.

3) 현실에 대한 과학적 진단과 합리적 대안을 위한 성찰

안창호는 절대낙관과 희망 속에서 신념을 가지고 살았지만 그저 낙관과 희망으로 부풀린 신념만을 앞세우며 살고 행동한 것은 아니다. 그의 낙관과 신념과 의지는 과학적 합리성과 실천적 대안에 의해 뒷받침되었다. 과학적 합리성과 무실역행을 강조한 그는 모든 일과 상황을 과학적으로 연구하고 종합적 전체적으로 일을 계획하고 준비하고 추진하였다. "계통적 사상을 가지고 계통적으로 실천하라. … 공중누각에 신념을 붙이지 말고 확실한 관찰과 연구를 허비하여 명확한 판단을 얻은 후에 그것으로 우리의 신념을 지읍시다. … 각각 다 관찰하여 보고 연구하여 보아 같은 판단으로 신념을 지음이 필요하오."[66] 관찰과 연구를 강조하면서 안창호는 관찰과 연구도 각각 여러 사람이 저마다 관찰하고 연구하여 같은 판단과 신념에 이르러야 한다고 주장했다. 그는 과거와 현재에 대한 예리한 분석과 깊은 통찰을 바탕으로 현실의 원인과 결과를 분석하고 진단했다. 생각하는 사람으로서 그는 추론과 성찰에 힘썼다. 언제나 현실과 상황을 연구하고 분석했을 뿐 아니라, 인간의 정신과 조직을 분석하고 진단하고 평가하여 문제를 해결하려고 했다. 현실 상황을 향상 진보시키는 합

---

66 안창호, "흥사단 제7회 원동대회에서 대회장 연설,"『안도산전서』, 685.

리적 방안과 구체적인 대안을 모색하고 제시하고 실행하면서 앞으로 나아가려고 하였다. 그는 뛰어난 교육자, 훈련가, 조직가, 연설가였으며 합리적 정책과 방책, 현실적 대안 제시를 하는 민주적 지도자였다. 그는 과학적으로 사고하고 인간의 생명과 정신, 역사와 사회에 대하여 깊이 성찰한 다음 생명과 정신, 역사와 사회를 온전히 실현하고 완성하려고 주체적으로 행동한 생명철학자였다.

도산은 역사와 사회의 구체적인 삶의 현실 속에서 언제나 장기적인 전망과 방향을 모색했으며, 합리적 정책과 대안을 마련하고, 구체적인 지침과 대책을 제시했다. 한 가지 예를 들면 상해의 한국부인회를 위한 강연회에서도 그는 부인회를 위한 지침과 방안을 열두 가지로 구체적이고 자세하게 제시하였다.[67] 그는 현실의 문제와 일들을 누구보다도 깊이 파고들어 분석하고 진단하고 평가하고 대안을 모색하고 제시하는, 생각하고 성찰하는 사람이었다.

그의 연설은 머리에서만 나온 게 아니라 그의 몸, 맘, 얼을 울리고 나온 것이다. 그의 말과 글은 삶과 역사와 사회의 모든 차원과 측면에서 원인과 결과를 따져보고 검증하고 확인하여 스스로 납득하고 공감하고 감격한 생각과 주장과 말씀이었다. 그러므로 그의 연설은 남을 감동시키고 움직일 수 있었다. 그의 연설은 먼저 그 자신의 몸, 맘, 얼을 하나로 꿰뚫는 것이고 역사와 사회의 시대정신과 문제를 꿰뚫는 것이며, 사람과 사람의 몸과 맘과 얼을 울리고 꿰뚫는 것이었다. 인간은 머리만으로 생각하지 않고 온 몸과 맘과 얼로 생각한다. 니체가 말했듯이 '육체의 대이성'이 머리의 이성보다 크다. 온 몸

---

67 안창호는 1920년 1월 17일 일기에서 "대한애국부인회의 진행사건"에 관해 연설하였다. 주요한 편, 『안도산전서』, 778-779.

과 맘을 울리고 나온 도산의 생각과 말은 깊은 감동과 큰 울림을 주었다.

그는 깊이 사무치게 느끼고 생각한 생각의 사람이면서 진실하고 정직한 정신과 심정으로 힘껏 실행한 행동의 사람이었다. 그는 참으로 삶, 생각, 행동이 일치한 사람이었다. 그는 개인의 주체('나')와 민족 전체의 일치와 통일 속에서 삶과 생각의 일치 속에서 살고 행동하였다. 따라서 그는 생명력을 다해 지극 정성을 다해 생각하고 행동하였다. 그는 사변적이고 의례적인 공허한 생각이나 말은 하지 않았다. 그의 말과 행동은 인간의 생명과 정신을 일깨우고 고양시키는 것이고 현실에서 실효적인 결과를 가져오는 것이었다.

과학적 사고와 철학적 행동

독립과 자립을 추구한 안창호에게는 나의 힘, 우리의 힘이 중요했다. 나의 힘을 기르려면 먼저 나를 긍정하고 사랑하고 존중해야 한다. 통합된 큰 힘을 내기 위해서는 서로 다른 '나'의 힘들이 통합되어 우리의 힘이 되어야 한다. 자립하는 힘이 없으면 남에게 의존하고 요행을 바라게 된다. 자립과 독립을 이루려면 남에게 의존하거나 요행을 바라서는 안 된다. 독립운동은 제 힘으로 스스로 해야 하는 것이지, 남의 힘에 의존해서 요행을 바라며 할 수는 없는 것이다. 그러므로 안창호는 얼렁얼렁 적당히 요행을 바라며 일하는 것을 가장 싫어하였다.[68] 그는 '내 힘과 우리의 힘'이란 연설에서 "우리에게 없는

---

[68] 안창호, "흥사단 입단문답," 372.

것을 있게 하려면, 우리의 적은 것을 크게 하려면 오직 내 힘과 우리의 힘으로야"[69] 할 수 있다고 하였다. 모든 일은 나와 우리의 힘으로 할 수 있고 나와 우리의 힘을 기르는 일도 나와 우리의 힘으로 할 수 있다. 나라의 자립과 독립은 나라의 주인인 나와 우리의 힘으로만 할 수 있다.

역경과 시련 속에서 주인과 주체로서 나와 우리의 힘을 가지고 독립운동을 하려면 감정적으로 즉흥적으로 생각하고 행동해서는 안되고 책임을 지고 현실에 맞는 계획과 방침을 가지고 일해야 한다. 도산은 '동포에게 고하는 글'에서 민족 사회의 책임 있는 주인에 대해서 말했다. "그 민족 사회에 스스로 책임심이 있는 자는 주인이요 책임심이 없는 자는 여객(나그네 손님)입니다. 우리가 한때에 우리 민족 사회를 위하여 뜨거운 눈물을 뿌리는 때도 있고 분한 말을 토하는 때도 있고… 우리 민족을 위하여 몸을 위태한 곳에 던진 때도 있다 할지라도 이렇다고 주인인 줄로 자처하면 오해입니다. … 내가 알고자 하고 또 요구하는 주인은 우리 민족 사회에 대하여 영원한 책임심을 진정으로 가진 주인입니다. … 자기 민족 사회가 어떠한 위난과 비운에 처하였든지 자기의 동족이 어떻게 못나고 잘못하든지 자기 민족을 위하여 하던 일이 몇 번 실패하든지, 그 민족 사회의 일을 분초 간에라도 버리지 아니하고, 또 자기의 능력이 족하든지 부족하든지 다만 자기의 지성으로 자기 민족사회의 처지와 경우를 의지하여 그 민족을 건지어낼 구체적 방법과 계획을 세우고 그 방침과 계획대로 자기의 몸이 죽는 데까지 노력하는 자가 그 민족 사회

---

69 안창호, "내 힘과 우리의 힘," 『안도산전서』, 598.

의 책임을 중히 알고 일하는 주인이외다."[70]

위에서 길게 인용한 글은 도산이 1924년 북경에서 이광수에게 구술한 것이다. 도산은 온갖 음해와 공격을 받고 1921년 5월 12일 임시정부를 나와서 오랜 준비와 노력 끝에 1923년 민족대표자회를 소집하고 민족 지도자들의 대동단결과 통합을 이루기 위해서 혼신을 다했으나 그마저 실패하고 말았다. 상해 임시정부와 민족대표자회에서 심혈을 기울여 희생하고 헌신한 일들이 실패로 끝난 후에 도산은 '동포에게 고하는 글'에서 민족 사회에 대하여 영원한 책임심을 가진 주인에 대하여 말하였던 것이다. 이 글에는 도산의 체험적 고백과 다짐이 담겨 있다. 이 글에는 도산의 간절하고 사무친 생각과 진실한 뜻이 배어 있다.

안창호는 덕력과 체력과 지력을 길러서 건전한 인격을 이루려고 하였다. 건전한 인격은 얼과 혼의 고귀한 정신력(사랑과 뜻, 德力)과 몸의 생명력(精氣와 生氣, 욕망과 감정, 體力) 그리고 이성적 합리적 사고의 능력(생각과 학문, 智力)을 통합하는 것이다. 욕망, 감정, 이성적 합리적 사고, 높은 도덕과 의지를 통합하여 생각과 행동의 주체인 인격을 형성하는 것은 매우 높고 종합적인 도덕과 철학을 요구하는 것이다. 안창호는 인간의 욕망과 감정을 존중했지만 욕망과 감정에 머물러서는 독립운동을 바르게 할 수 없다고 보았다. 독립운동을 제대로 바르게 하려면 과학적이고 합리적인 관찰과 연구를 거쳐 현실적이고 구체적인 방안과 지침이 나와야 한다. 그리고 인간과 사회와 역사를 아우르는 종합적이고 체계적인 사상과 철학을 가지고 독립

---

[70] 안창호, "동포에게 고하는 글," 『안도산전서』, 518-519.

운동을 해야 한다. 그래야 당파주의와 영웅주의를 극복하고 일제의 불의한 지배와 정복을 청산하며 온전한 민족통일을 이루고 건전한 민주국가를 건설하여 세계정의와 평화에 이를 수 있다. 도산의 사상과 실천은 매우 통합적이고 심층적이다. 도산처럼 생각하고 살려면 주어진 현실 속에서 과학적으로 합리적으로 생각하고 행동할 뿐 아니라 역사와 사회의 객관적인 현실과 조건을 헤아리면서 주체의 힘과 의지를 고양시키고 생명과 문명의 목적을 아우르는 심층적이며 체계적인 철학이 요구된다.

안창호는 여러 번 과학과 철학의 두뇌로써 체계적이고 계통적인 사상을 가지고 독립운동을 해야 한다고 주장하였다. 안창호는 아직 과학과 철학을 가지고 독립운동을 이끄는 지도자가 없다고 하였다. 그는 자신이 과학과 철학을 가지고 독립운동을 한다고 자처하지도 않았다. 그러나 억측과 공론(空論)으로 싸우지 않고 군중을 단합하고 통일시켜 민족의 독립을 이루려면 과학적 두뇌와 철학적 사고가 필요하다고 하였다. "우리 민족은 영특한 민족입니다. 그러나 아직 철학이나 과학을 근거로 하여 인도하는 인도자가 없습니다. 철학이나 과학을 근거로 하여 저술한 책자도 우리 군중에게 보여준 일이 없습니다. 이러면서 무엇을 하겠다고 모이면 억측과 공론으로 서로 싸움만 하고 일에 취지를 찾지 못하게 됩니다. 현대 우리 사회는 완전한 철학이나 과학의 두뇌로서 인도자 노릇을 할 그 사람이 없는 때입니다."[71]

안창호는 과학적 두뇌와 철학적 사고를 가진 지도자로 자처하지

---

[71] 안창호, "낙관과 비관,"『안도산전서』, 745-746.

않았다. 그러나 그의 삶과 행동을 살펴보면 그는 누구보다 과학적 두뇌와 철학적 사고를 가지고 생각하고 행동했던 지도자였다. 안창호는 언제나 과학적이고 합리적으로 현실을 분석하고 진단하여 현실적이고 합리적인 방안과 대책을 제시하였으며 인간의 건전한 인격과 조직 단체의 공고한 단결, 민족통일과 세계평화를 아우르는 체계적이고 종합적인 사상과 철학을 추구하고 그 사상과 철학에 따라 말하고 행동하였다. 그는 흥사단을 조직하여 건전한 인격과 신성한 단결을 이루고 민족통일과 세계평화를 지향하는 그의 삶과 실천 속에서 과학적이고 체계적인 이론과 철학을 형성하고 체화했다고 생각된다. 민족의 독립과 통일을 위해 평생 헌신한 안창호의 삶과 사상은 매우 체계적이고 일관성이 있다. 그의 삶과 사상에서 민족통일은 건전인격과 세계평화 사이에 그리고 독립운동의 목적과 수단으로서 확고하게 자리 잡고 있었다. 그러므로 안창호는 처음부터 끝까지 민족의 단합과 통일을 중심 주제와 목표로 가지고 살았으며, 줄기차게 민족통일을 추구하였다. 과학적 사고와 철학적 두뇌를 가졌기 때문에 그의 사상과 실천은 깊고 통합적이다. 체계적인 철학과 사상을 가졌기 때문에 안창호는 어떤 경우에도 낙담하거나 체념하지 않고 흔들림 없이 민족의 자주독립과 통일을 향해 낙관과 희망을 가지고 나아갈 수 있었다. "우리 국가와 우리 민족을 위하여 단체나 개인으로나 옳은 목적을 세우고 사업을 하다가 한때 한때의 일이나 실패가 있더라도 의례히 있을 것으로 알면 비관할 바가 아니오. 다시 나아갈 것을 위하여 낙관할 것입니다."[72]

---

72 같은 글, 742.

4. 비신화화, 비종교화, 탈케리그마화: 개조와 진보의 철학

1) 가장 진보적이고 현대적인 사상

과학적 합리성과 인과관계의 진실을 강조한 안창호는 절대 정직을 내세웠다. 과학적 합리적으로 생각한 도산은 모든 운명론과 결정론의 사상적 잔재를 씻어버렸으며 인간의 운명을 기적과 우연에 맡기지 않았다. 그는 밖에서 구원자가 와서 우리 문제를 대신 해결해 주고 우리를 구원해 줄 것으로 기대하는 모든 타율적 신앙과 기대를 잘라버렸다. 인간의 주체와 성찰과 실천을 약화시키는 미신적이고 타율적인 모든 신앙과 교리와 신화를 그는 거절했다.

안창호에게 인간의 수양과 교육의 목적, 자기 개조와 건전한 인격 확립의 목적은 무실역행하는 인간이 되는 데 있다. 무실역행은 인과율과 인과관계가 성립하는 자연, 역사, 도덕, 정신의 이치와 현실에 적합한 진실한 행동을 힘차게 하는 것이다. 부허하고 공허한 담론과 주장에 머물지 않고 현실적이고 실제적인 그리고 과학적이고 진실한 삶과 정신을 드러내고 실현하는 말과 행동을 하자는 것이다.

도산의 무실역행은 생명과 정신, 역사와 사회의 진실을 드러내고 실현하는 생명철학의 실천 원칙이고 방법이다. 생명과 정신의 참된 실상은 끊임없이 새롭게 변화하는 생의 역동과 과정, 창조적 진화와 진보, 혁신과 향상이다. 혁신과 향상을 위해 머무름 없이 나아가는 삶의 실천이 무실역행이다. 무실은 생명과 정신의 진실에 힘쓰고 그 진실을 실현하자는 것이고, 역행은 새롭게 진화하고 탈바꿈하며 앞으로 나아가는 생의 진리를 힘껏 실행하자는 것이다. 물질 안에서 물질을 초월한 생명은 물질과 신체 안에 있다는 점에서 시공간적 구체성을 가지고 물질과 신체, 환경과 조건에 맞추어 사는 존재이고, 물질과 신체를 초월한다는 점에서 자기를 극복하고 초월하여 끊임없이 자기변화와 쇄신을 이루어가는 주체이다. 이러한 생명의 본성과 목적을 실현하고 완성하는 것이 인간의 책임이고 사명이다. 역사 사회의 시공간적 주체로서 자신과 세상을 창조적으로 새롭게 변화시켜 가는 것이 인간의 본분이다.

과학적 합리적 사고를 존중했던 안창호는 모든 미신적 비합리적 운명론과 비주체적 타율적 심리 태도를 극복하고 청산했다. 그는 교리, 신화, 종파의 온갖 독단적 사고, 모든 비과학적 사고방식과 태도를 깨끗이 쓸어버렸다. 그는 기독교인으로 자처했으나 기독교의 교리나 종교적 관습, 종교적 냄새를 전혀 풍기지 않았다. 그는 종파와 당파의 벽을 허물고 인생과 역사의 보편적 진리에 이르렀다. 그는 도덕과 정신의 깊이와 높이를 추구하고 세계 보편적 가치와 진리를 실현하려 했다. 그는 물질(사물과 환경)과 생명과 정신의 가치와 이치와 아름다움을 깊고 높고 풍부하게 드러내고 표현하고 실현하였다. 그는 개인의 덕력·체력·지력을 기름으로써 몸·맘·얼의 생명과 정신을 고양시키고 심화 발전시켰다. 그는 개인을 넘어서 역사와 사회 속에서 인간과 단체를 힘 있고 새롭게 하였다. 그는 식민지 백성으로서 민족의 모순과 불의를 청산하고 세계정의와 평화에 이르는 길을 열었다. 그는 개인의 삶과 정신을 새롭게 고양시키고 힘 있게 했으며, 동맹수련을 통해서 단체와 조직의 공고한 단결을 이루게 하였고, 민족의 독립과 통일을 이룸으로써 세계의 정의와 평화로 나아가는 일관되고 통일된 생명철학과 실천적인 윤리를 확립하였다. 민중을 억압하고 수탈하는 봉건왕조사회의 위선적이고 불의한 전통과 관행에서 벗어나고, 약소한 민족을 정복하고 지배하는 제국주의 세력과 싸워 이기고, 도산은 인생과 역사의 창조적 진화와 역사적 진보를 이루려 하였다. 그는 군사력과 산업자본과 과학기술을 앞세운 강대국들의 불의하고 잔혹한 거짓 진보를 극복하고, 생명과 정신을 고양시키고 진화시키는 정의로운 참된 진보를 실현하려고 했다.

안창호가 추구한 무실역행과 애기애타의 사상과 실천은 물질과 생명과 정신, 몸과 맘과 얼, 인생과 역사의 진리와 본질을 드러내고 실현하고 완성하는 것이었다. 이러한 도산의 사상과 실천은 근·현대의 정신과 진리를 가장 충실하게 드러내고 실현하는 사상과 실천이다. 안창호의 철학과 실천은 근·현대의 정신과 원리에 비추어 볼 때 가장 심오하고 새로우며 진보적이다. 불트만(Rudolf Bultmann)의 비신화화, 본회퍼(Dietrich Bonhoeffer)의 비종교화, 프리츠 부리(Fritz Buri)의 탈케리그마화는 20세기 서구신학의 가장 현대적이고 진보된 이론이다. 비신화화는 교리들에서 비과학적인 신화적 요소를 걷어내고 과학적인 사고와 현실 속에서 실존적인 진실한 삶을 드러내고 실현하자는 것이다. 비종교화는 종교적 관념과 관행, 감정과 생각을 씻어내고 인간다운 인간이 되어 고난당하며 죽어가는 이웃들과 함께 고난을 당하며 사랑과 정의를 드러내고 이루자는 것이다. 탈케리그마화는 기독교가 선포하는 설교의 핵심 용어인 십자가와 부활이라는 말에서도 벗어나서 오직 생명과 정신을 심화하고 고양시키는 진리만을 말하고 실천하자는 것이다.

비신화화, 비종교화, 탈케리그마화는 모두 도산이 죽은 후에 나온 이론들이다. 무실역행을 말한 안창호의 삶과 정신, 사상과 실천은 비신화화, 비종교화, 탈케리그마화의 이론보다 시기적으로 앞선 것이지만 놀랍게도 그 이론들이 말하고 지향하는 목적을 앞당겨 구현하고 있다. 무실역행과 애기애타를 추구한 안창호의 말과 생각, 행동과 실천은 신화적 비과학적 요소가 전혀 없으며 구체적인 삶의 현실 속에서 실존적인 진실한 삶을 드러내고 실현하였다. 또한 도산은 종교적 냄새나 위선을 보이지 않고 종교적 언어나 관행을 내세우지 않고 인간다운 인간으로서 고난당하며 죽어가는 동포들과 함께 고난당하면서 고난과 죽음의 현실 속에서 사랑과 정의를 드러내고 실천하는 데 헌신하였다. 그는 십자가와 부활이란 말을 하지 않고도 자신을 희생하고 헌신하는, 회개하고 새로운 삶을 사는, 낡은 자아가 죽고 새로운 자아로 다시 사는 기독교의 생명철학적 진리를 누구보다 진지하고 치열하게 실천하였다. 신화적이고 종교적이고 교리적인 언어와 전통에 의존하지 않으면서 인간의 생명과 정신을 심화하고 고양시키며 풍성하게 하는 삶과 사상과 실천을 보여주었다는 점에서 안창호는 비신화화, 비종교화, 탈케리그마화를 앞당겨 실현하였다.

불트만과 본회퍼와 푸리츠 부리가 비신화화, 비종교화, 탈케리그마화에 대한 생각과 논의를 하기도 전에 안창호가 자신의 삶과 사상과 실천 속에서 비신화화, 비종교화, 탈케리그마화의 신학적 성찰과 목표를 앞당겨 구현했다는 사실은 참으로 놀라운 일이다. 어떻게 이런 일이 가능할 수 있었을까? 당시 한민족의 역사적 현실에 충실했기 때문에 도산은 진실하고 현대적이고 진보적인 사상과 이론에 이를 수 있었다. 당시 기독교인은 전체 인구의 2%도 되지 못했다. 기독교 신앙을 깊이 받아들이면서도 한민족의 중심과 선봉에서 교육운동과 독립운동을 이끌었던 안창호는 기독교의 신화, 종교적 관행과 전통, 성경과 교리의 언어와 개념에 매일 수 없었다. 외래 종교였던 기독교와 성경의 그런 특수한 용어와 개념을 가지고는 한국민족과 소통할 수 없었다. 기독교인이 아니었던 대다수의 한국 민중과 소통하기 위해서도 그는 기독교 신앙의 진리를 생명과 역사의 진리로만 받아들이고 실천해야 했다. 기독교에 대한 도산의 이런 태도와 언행은 이승훈, 유영모, 함석헌에게도 그대로 전승되고 심화 발전되었다.

안창호가 서구 정신사에서 가장 진보한 사상과 이론을 자신의 삶과 사상 속에서 앞당겨 구현한 것은 한국 근·현대의 정신과 특징을 반영한다. 비신화화, 비종교화, 탈케리그마화는 한 마디로 서양 종교인 기독교의 낡은 관념과 생각, 낡은 전통과 관행의 껍질을 깨고 생명과 정신과 역사의 진실을 드러내고 사랑과 진리, 정의와 평화를 실현하자는 것이다. 한국의 근·현대는 일제의 불의한 침략과 정복으로 나라를 잃고 고통과 시련 속에서 정의와 평화, 사랑과 진리를 갈구하는 시기였다. 안창호는 한국 근·현대의 중심에서 생명과 역사의 진실을 누구보다 깊이 체험하고 그 진실을 충실하게 실현하려고 하였다. 생명과 역사의 진실에 충실하게 살고 생각하면서 불의한 상황과 조건을 타파하고 정의와 평화의 나라를 이루려고 힘차게 행동했던 안창호는 기독교의 낡은 껍질과 거짓된 관념을 깨트리고 기독교의 진실과 진리만을 붙잡고 살 수 있었다. 한국 근·현대의 고통스러운 역사가 안창호로 하여금 서양종교와 정신의 낡은 껍질을 벗겨내고 거짓 관념과 감정을 씻어낼 수 있게 하였다. 한국 근·현대의 고통스러운 역사의 진실을 누구보다 진술하게 철저하게 대면하고 진실하게 살기 위해 무실역행을 추구했던 안창호는 서양종교와 정신(기독교, 민주정신, 과학사상)의 진리와 알짬만을 드러내고 실현할 수 있었다. 성경과 기독교의 진리를 체화했던 안창호는 기독교의 종교적 울타리를 넘어서 누구에게나 통할 수 있는 생명과 정신의 보편적 진리에 이를 수 있었다. 그의 치열한 삶과 사상 속에는 기독교의 참된 신앙과 정신이 녹아들어 있다.

2) 개조와 진보의 철학

무실역행의 철학은 자아를 혁신하고 역사와 사회의 진보를 이루는 것이다.

자기를 개혁하고 창조하라

인생과 역사의 시련과 역경 속에서 절망을 이기고 나아가려면 생의 주체인 나를 찾아 바로 세워야 한다. 내가 생의 주체로서 바로 서려면 생의 기쁨과 사랑을 잃지 말아야 한다. 생은 물질 안에서 물질을 초월한 것이다. 물질의 속박에서 해방된 생의 본질은 기쁨과 신명과 자유다. 생의 기쁨과 자유는 그 기쁨과 자유를 나누고 누리기 위해 필연적으로 사랑의 관계를 이룬다. 생명은 사랑에서 생겨난 것이다. 서로 다른 물질요소들의 특별하고 비상한 상생공존에서 생명이 나왔다. 이런 상생공존은 생명 없는 물질의 세계에서는 존재할 수 없는 것이다. 서로 다른 물질요소들이 특별한 사랑 속에서 유기화합적으로 결합하여 상생하고 공존하게 되었을 때 생명이 생겨난 것이다. 한 생명체의 서로 다른 기관들은 서로 주체로서 자율적으로 상생 공존하면서 한 몸을 이루고 있다. 인간의 생명과 정신은 안과 밖에서 물리 육체적 제약과 속박에서 그리고 그 제약과 속박을 넘어서 상생과 공존을 이루려 한다.

생명의 주체적 자아는 물질적 자아를 극복하고 초월한 것이며 나와 너의 물질적 경계를 돌파하고 초월한 것이다. 생명의 기쁨과 자유는 나의 나와 너의 나를 사랑하고 존중하고 그리워하는 것이며, 내 속에 너 있고 네 속에 나 있는 경지다. 안창호는 평생 생의 기쁨과 사랑을 잃지 않았다. 그는 언제나 기쁨과 사랑을 추구했다. 그러므로 그는 흥사단의 모임에서 반드시 희락회를 갖도록 했고, 사랑하기 공부를 강조했다. 왜 안창호는 그렇게 사랑하기 공부를 강조했던가? 사랑과 열정, 기쁨이 있으면 절망에서 벗어날 수 있기 때문이다. 그는 기쁨과 사랑 속에서 솟아올라 앞으로 나아가라고 가르쳤다. 그는 '나'를 새롭게 혁신하고 개조하면서 이웃 동지들과 함께 기쁨으로 나아갔던 사람이다.

내가 새롭게 되고 더 나은 존재가 되는 것이 인생에서 가장 크고 중요한 일이다. 그것이 가장 아름답고 값지고 행복하고 보람 있는 일이다. 생명과 정신의 나는 환경이나 이웃, 사회, 체제와 뗄 수 없이 결합되어 있다. 나와 세상은 서로 속해 있고 서로 참여하고 있다. 내가 새롭게 되고 더 나은 나가 되면 반드시 주위환경과 관계, 제도와 체제에 표현되고 반영되며 구현되고 실현된다. 환경과 사회제도, 이웃과 관계가 새로워지고 나아지면 나도 새로워지고 나아진다. 그러나 나를 새롭게 하는 일이 먼저 할 일이고 또 마지막에 할 일이다. 나는 삶과 행동의 주체이고 환경과 사회체제는 주어지고 만들어지는 것이기 때문이다. 나는 나를 바꿀 수 있지만 환경과 타자는 내가 함부로 바꿀 수 없다. 내 속에 있는 나는 내가 맘대로 할 수 있지만 나의 밖에 있는 환경과 타자는 내가 맘대로 할 수 없다. 그러나 사회 환경과 제도, 전통과 관습은 역사가 짧지만 생명과 정신의 나는 생명 진화와 인류의 오랜 역사를 거쳐 형성되었다. 따라서 환경과 제도를 바꾸는 일보다 나를 새롭게 하는 일은 훨씬 더 어려운 일이다. 그렇지만 생명과 역사에서 시작과 끝은 생명과 역사의 주인과 주체인 '나'이며 생명과 역사를 새롭게 하는 일은 '나'에게서 시작해야 한다.

무실역행을 강조한 안창호는 먼저 자기를 새롭게 개혁하고 창조하려고 하였다. 그는 개조의 철학자다. 사람은 개조하는 동물이라고 하였다. 인간은 개혁하고 창조하는 존재다. 사회와 국가, 역사와 문명은 인간의 개조활동의 산물이다. 그는 행복의 어머니는 문명이고 문명의 어머니는 개조하는 노력이라고 했다. 세상을 개조하려면 먼저 자신을 개조해야 한다.[73] 도산에게서 모든 개조활동의 시작과 끝은 인간의 자아 개조다. 그는 인격의 개조를 위해서 덕·체·지의 힘을 기르자고 하였다. 그의 말을 요즈음 말로 표현하면 "자기를 디자인하라! 자기의 성격과 습관, 인생과 미래를 디자인하라!"로 바꿀 수 있다. 생명과 역사에서 고정되고 불변하는 것은 없다. 생명과 역사에서 변함없는 단 하나의 진리가 있다면 그것은 사랑(仁, 慈悲)의 진리다. 생명은 사랑 속에서 큰 힘이 나고 새롭게 변화된다. 생명을 새롭게 변화시키는 힘과 진리는 사랑이다. 세상을 바꾸고 다른 사람과의 관계를 바꾸고 다른 사람과 자기의 생각과 감정을 바꾸고 싶으면 먼저 자기와 남을 사랑할 수 있어야 한다. 자기와 남을 사랑하는 그

---

[73] 안창호, "개조," 『안도산전서』, 642-643, 644-645.

사랑 속에서만 사람은 자기와 남의 생각과 감정, 습관과 버릇을 새롭게 바꿀 수 있다.

앞으로 나아가라

무실역행은 생명과 정신, 역사와 사회의 진실과 알맹이에 충실하게 힘껏 행동하자는 것이다. 생명과 정신, 역사와 사회의 알맹이 진실은 무엇인가? 생명은 진화하고 역사는 진보한다. 생명 진화의 낮은 단계에서는 수학적 물리학적 법칙과 원리에 순응하며 물질적 조건과 상황에 맞추어 생존하며 변화해 간다. 이 단계에서 생명의 진화는 우연적이고 우발적으로 이루어진다. 그러나 생명 진화의 단계가 높아질수록 생명은 수학과 물리학의 법칙과 원리, 물질적 조건과 상황에 맞추어가면서도 스스로 자기를 형성하고 진화 발전시켜 나아간다. 포유류는 새끼를 제 몸 속에서 기를 뿐 아니라 낳아서 오랜 기간 기름으로써 자기 생명의 번식과 진화에 주체적이고 능동적으로 참여한다. 생명이 자신의 번식과 성장에 능동적 주체적으로 참여함으로써 생명은 더욱 빠르고 새롭게 진화의 길을 스스로 열어가게 되었다. 인간의 생명은 생명의 진화와 고양을 스스로 주체적이고 책임적으로 이루어가게 되었다.

인간은 자연물질과 생명의 본성과 본질, 자기 자신의 본성과 본질을 바꿀 수 있는 창조자적 주체가 되었다. 인간은 이제 자연 생명과 자기 자신의 본성과 본질을 파괴하고 타락에 빠트릴 수도 있고 혁신하고 고양시킬 수도 있다. 인간은 이제 악마가 될 수도 천사(신의 대리자)가 될 수도 있다. 어쨌든 인간은 더 이상 자연물질 세계의 시공간적 제약과 속박에 매여서 과거와 현재에 머물러 있을 수는 없다. 인간의 생명과 역사는 어떤 물질적 조건과 상황에서도 그 조건과 상황을 넘어서 솟아올라 앞으로 나가는 것이다. 물질적 제약과 속박의 조건과 상황 속에서 그리고 그 조건과 상황을 극복하고 위로 솟아올라 향상하고 앞으로 나아가는 것이 생명과 정신의 알맹이 진실이고 생명과 정신이 사는 길이다.

앞으로 솟아올라 나아가는 것이 생명과 정신의 진실한 실상일 뿐 아니라 생명과 정신의 진실을 실현하는 것이다. 생명과 인간은 저마다 서로 주체이면서 전체가 하나로 되기 위해서 더불어, 함께 상생 공존하는 존재다. 앞으로 나아가는 생명의 진화와 역사의 진보는 생명과 인간의 주체를 더욱 심화하고 고양시키는 일이며 전체의 일치와 통일을 이루기 위해서 협동하고 단합하는 것이다. 그것은 주체인 나를 개조, 혁신하는 것이고 전체의 통일을 실현하는 것이다. 그러므로 앞으로 나아가는 것은 더 크고 더 나은 삶을 향해 더 위로 올라가는 것이다.

도산은 끊임없이 앞으로 나아갔던 이다. 도산이 살았던 시절에 한민족은 일제의 식민통치 아래 사슬에 묶여 종살이하였다. 종살이를 면하기 위해 한민족은 그 질곡과 사슬을 깨트리고 독립과 해방을 위해 앞으로 나아가야 했다. 또한 민주국가를 건설하기 위해서 봉건적 잔재, 낡은 풍습과 전통, 지역주의, 소영웅주의를 청산하고 앞으로 나아가야 했다. 안창호는 낡은 과거와 악습을 청산하고 일제의 불의한 억압과 수탈에서 벗어나 새로운 미래를 창조하려고 앞으로 나아갔다.

'나아간다'는 말은 안창호의 정신과 철학을 드러내는 핵심어다.

그는 옳은 일을 하며 옳은 길로 나아가면 반드시 좋은 결과가 나온다고 믿었다. "무엇이든지 그 때의 경우와 생각에 옳아 보이는 것을 잡고 나아가면 끝에 가서는 그보다 더 좋은 것이 나옵니다."[74] 안창호는 원인과 결과의 관계가 세상을 지배한다고 믿었고 인간은 원인과 결과를 만드는 창조적 주체라고 생각했다. 창조자인 인간이 좋은 원인을 지어내면 좋은 결과를 가져올 수 있다고 믿었다. 어떤 형편과 경우에도 더 낫고 좋은 길로 나아갈 수 있는 실마리와 근거가 있고 보다 나은 세상으로 나아갈 수 있는 길이 있다고 믿었다. 아니, 인간이 그 길을 만들고 열어 갈 수 있다고 생각하였다. 당장에는 어려워도 결국 창조적 인간은 곤란과 역경을 이겨낸다. 그러므로 안창호는 어떤 경우에도 낙망하거나 좌절하지 않고 곤란과 역경을 이겨내고 사랑과 기쁨과 희망을 가지고 앞으로 나아갔다. 그는 이런 자세를 가지고 임시정부 일을 하였다. 1920년 1월 4일에 상해 유지들을 만난 자리에서 그는 이렇게 말했다. "동지들이 서로 애호함과 형세를 헤아려 오늘의 부족한 형편을 즐기어 붙들고 진행하자."[75] 이 말 속에 서로 애호하는 사랑, 형세를 헤아리는 과학적 이성적 성찰, 부족한 형편을 즐기어 붙들고 나아가는 기쁨이 있다. 여기에 그의 정신과 철학이 오롯이 담겨 있다.

안창호는 어려운 역경과 시련 속에서 방황하고 주저하는 것은 죽음에 이르는 것이라고 하였다. 살기 위해서 앞으로 나아가는 길밖에 없다고 하였다. 살기 위해서만이 아니라 죽음을 무릅쓰고 다 같이 죽을 때까지 전진해야 한다고 말하였다. "생(生)하여도 진하려니와

---

[74] 안창호, "청년에게 부치는 글," 『안도산전서』, 546-548.
[75] 안창호 일기, 1920년 1월 4일. 주요한 편, 『안도산전서』, 774.

사(死)하여도 진(進)하여야 하오. 독립이 완성하는 날까지. 그렇지 아니하면 우리가 다 죽는 날까지 전진하여야 하오."[76] 그는 삶과 죽음의 경계를 넘어서 사는 이였다. 언제나 죽을 각오로 살았고 죽음을 이기고 살았다. 죽을 각오로 살면 죽어도 살고, 죽어도 이기는 삶을 살 수 있다. 역경과 시련 앞에서 방황하고 주저하는 것은 물질적 조건과 제약에 굴복한 것이고 이미 죽은 것이다. 물질적 조건과 제약에 굴복하는 것은 이미 생을 포기한 것이고 패배하고 죽은 자로서 사는 것이다. 진정한 생명은 물질적 조건과 제약을 극복하고 초월한 것이다. 참된 생명은 육체의 죽음을 넘어서 사는 것이다. 죽음을 이기고 사는 사람은 살거나 죽거나 참되고 영원한 삶을 사는 것이며 죽어도 죽지 않는 삶을 사는 것이다.

그러므로 그는 청년의 앞길을 막는 큰 원수는 방황과 주저라고 했다. 방황하고 주저하면 고통이 생기고 고통이 생기면 낙망하게 된다고 했다. 낙망하는 삶은 이미 죽어서 사는 삶이고, 죽은 삶이다. 낙망은 죽음에 이르는 병이고 죽음에서 나온 것이다. 낙망은 나와 남을 함께 죽음으로 이끈다. 도산은 청년이 낙망하면 나라가 망하게 된다면서 살길은 앞으로 나아가는 것이라고 했다. "낙망은 청년의 죽음이요, 청년이 죽으면 민족이 죽습니다. 나아가면 될 일이라도 안 나아가서 안 됩니다. 또 낙망한 끝에는 남을 원망하게 되고 심하면 남을 죽이게까지 됩니다. 이 얼마나 위험한 일입니까. 그래서 방황과 주저는 우리의 큰 원수라고 합니다."[77] 참고 나아가는 것이 사는 길이고 성공하는 길이다. 옳은 일, 좋은 일을 끝까지 붙잡고 나아

---

76 안창호, "물방황(勿彷徨)," 『안도산전서』, 651.
77 안창호, "청년에게 부치는 글," 『안도산전서』, 546-547.

가면 좋은 결과를 거두고 성공하게 된다. 안창호에게 무실역행은 역사와 사회의 구체적인 현실 속에서 구체적으로 어떤 일을 꾸준히 하면서 앞으로 나아가는 것이다. 사명감을 가지고 어떤 일을 성심을 다해 하는 것은 사람에게 가장 가치 있고 보람 있는 일이다. 그래서 그는 청년들에게 말했다. "어떤 신이 무심중에 와서 갑자기 네게 묻기를 너는 무엇을 하느냐 할 때에 나는 아무 것을 하노라고 서슴지 않고 대답할 수 있게 하라."[78]

꾸준히 앞으로 위로 나아가는 것에 대해서 도산은 이렇게 말했다. "사람이라는 것은 늘 올라만 가는 것이 아니라 가다가 간혹 떨어질 때도 있나니 떨어짐을 깨닫는 때에 다시 올라가며 식음을 깨닫는 때에 다시 덥게 하는 것이 위로 향하고 앞으로 나아가는 도입니다."[79] 민족을 구하는 옳은 일을 붙들고 앞으로 나아가는 것이 자신의 본직이고 천직이라고 하였다. "우리 민족을 건지는 데 합당한 것이라고 깨달은 그것을 붙들고 끝까지 나가려 합니다. 옳은 것으로 깨달은 것은 이롭거나 해롭거나 성하거나 망하거나 그냥 꾸준히 붙들고 나가는 것이 나의 천직이요 본직일 줄 압니다."[80] 1921년 신년축하연설에서 그는 괴로우나 즐거우나 나아가자고 역설했다. "과거 2년간 무수한 역경에 처하여 오늘에 이르렀소. 금년에는 순경일까 역경일까 하면 그냥 역경이외다. 그러나 역경에서 잘 걸어 나가면 머지않아 반드시 순경이 있으리다. 금일에 우리들이 능히 역경을 파하고 순경으로 나가겠다는 결심을 가지며 세인은 우리를 가치 있게 보든지 없

---

78 안창호, "대한청년의 용단력과 인내력,"『안도산전서』, 548.

79 안창호, "동지제위께,"『안도산전서』, 1018.

80 같은 글, 1019.

이 보든지 우리는 큰 가치의 인물로 자처하여 오늘의 정신을 발휘합시다. 첫째는 과거 2년보다 더욱 결합력을 더하고 신앙을 두텁게 하여 원근이 다 신앙케 하며 둘째 역경에는 인내력이 필요하니, 고난을 참으며 설상(雪霜)을 감내하여 한 가지로 순경으로 들어갑시다."[81]

안창호의 말과 글에서 가장 많이 나오는 문구는 '앞으로 나아가자'(前進)는 말이다. 그가 지은 '흥사단 단기가' 셋째 연 "두 날개를 널리 피어 향상하고 전진하네"라는 구절은 기쁨과 사랑과 희망을 가지고 올라가고 나아간다는 그의 정신과 철학을 잘 드러낸다.[82] 1907년 삼선평 연설에서는 청년들을 향해 '용왕맹진(勇往猛進), 용왕직진(勇往直進)'하자고 했으며[83] 그가 지은 노래들에서도 '나아간다'는 말이 핵심에 있다. '학도가' 3절에는 "모든 곤란 무릅쓰고 쉬임 없이 나아가면 못할 일이 무엇인가 일심으로 나아가세"라고 하였고 '혈성대' 5절은 "대포소리 부딪치고 칼이 앞을 막더라도 유진무퇴 혈성대는 겁이 없이 나아가네"라고 했다.[84] 그가 죽기 한 해 전인 1937년에 마지막으로 평양 감리교 연합회에서 설교할 때에도 '앞으로 나아가자'고 절절하고 사무치게 호소했다. 일제의 식민지배 아래서 낙담하고 있는 동포들에게 말했다. "나의 경애하는 동포들아 나아가자. 너도 나아가자. 오늘도 내일도 모레도 나아가자. 나아가지 않으면 죽는 것이오, 나아가면 산다." "너희들은 왜 슬퍼하느냐 나아가자. 나아가지 않으면 죽는다." "나아간다는 말은 곧 옛 발자국에서 떠나서 새 발자

---

81 안창호, "1921년 신년축하연설," 『안도산전서』, 687-688.

82 안창호, "흥사단 단기가," 『안도산전서』, 579.

83 안창호, "삼선평 연설," 『안도산전서』, 585.

84 "학도가"와 "혈성대"에 대해서는 『안도산전서』, 565, 576, 577.

국을 디디는 것이외다."[85] 한국민족이 일제의 억압과 착취의 사슬에 묶여 있을 때 안창호는 그 사슬을 끊어버리고 머무름 없이 앞으로 위로 나아간 사람이다. 나라를 잃고 나라 없이 살았기 때문에 그는 더욱 자유롭고 활달하고 진취적으로 살 수 있었다. 그는 미국, 멕시코, 중국, 러시아로 나아가서 동포들의 생각과 힘을 하나로 모아서 새로운 나라, 새로운 미래의 길을 열고 그 길로 줄기차게 나아갔다.

---

[85] 안창호, "기독교인의 갈 길," 『안도산전서』, 768.

7장
민족통일과 세계평화의 길
: 안창호는 어떻게 민족통일과 세계평화의 길로 갔는가?

안창호는 민중의 한 사람으로 태어나서 민중의 심정과 처지에서 생각하고 행동했다. 그는 민중과 더불어 살면서 민중을 교육, 훈련, 조직하여 민중과 함께 민족의 독립과 통일, 세계평화의 길을 열어갔다. 그가 죽은 후 3년째 되는 기념일에 그와 더불어 살며 그를 따랐던 사람들은 이렇게 회고하였다. "선생은 일찍이 우리와 같이 다뉴바에서 포도를 땄고 리버사이드에서 귤을 땄으며 또 땅도 파고 채소 장사도 하였습니다."[1] 도산이 훌륭한 지도자인 것은 그의 일상생활에서 입는 옷과 먹는 밥과 하는 일이 평범한 동포들과 같았고 그들과 고락을 함께 하는 것이었다고 사람들은 회고하였다. 그는 민중과 더불어 살았던 민주적인 지도자였고 삶과 사상이 일치한 생활 철학

---

1 「신한민보」 1940년 3월 10일.

자였다. 그의 사상과 실천은 삶에서 우러난 것이었다.

을사늑약 이후 한국의 초대통감이었던 이토 히로부미와 안창호의 대담에서 안창호의 생명철학적 평화사상과 함께 그가 어떤 길을 걸으려 했는지가 드러난다. 1908년경 이토 히로부미는 전국을 돌아다니며 애국 계몽연설을 하는 안창호를 초청하여 회유하였다. 이토는 "우리 동양 사람끼리 서로 합해서 잘해 나가야 백인들의 화를 면할 것이 아닌가?" 하면서 동아시아를 위해서 협력할 것을 안창호에게 요청하였다. 침략자 이토의 위선적인 협력 요청에 대하여 안창호는 한중일 삼국을 유기적인 한 몸 생명체로 비유하면서 한중일 관계의 실상을 직설적으로 말하였다. "동양 문제를 말하자면, 일본을 대가리라 하면 한국은 모가지요, 중국은 몸뚱이라. 대가리와 모가지와 몸뚱이가 한 데 달려 있지 않고 서로 믿지 못하고 의심하여 동강이가 나 있다." 그러자 이토는 서구 열강에 맞서 일본과 한국과 중국을 강대하고 부강한 국가로 만들려고 한다면서 은근히 안창호의 손을 잡고 말하였다. "그대는 나와 같이 이 큰 사업을 경영하지 않겠는가. 내가 청국으로 갈 때에 나와 함께 가서 세 나라의 정치가가 힘을 합하여 동양의 영원한 평화를 세우자." 이토의 제국주의적 사업과 협력 요청에 대하여 도산은 민족과 민중의 주체적 관점에서 진실하고 정직하게 자신의 신념과 판단을 말하였다. "세 나라의 정립 친선이 동양 평화의 기초라는 데에는 동감하며, 그대가 한국을 사랑하며 도우려는 호의는 감사한다. 그러나 일본을 잘 만든 것이 일본인인 그대였던 것처럼 한국은 한국인으로 하여금 혁신하게 하라. 일본이 불행히도 한국이나 청국에서 인심을 잃었다. 이것은 일본의 불행인 동시에 세 나라 전부의 불행이다. 그대가 막으려고 하는 서양 세력의 침해를 끌어오는 원인이 될 것이다. 일본은 열강의 적이 되고 동양 여러 민족의 적이 될까 두렵노라."[2]

안창호와 이토 히로부미의 대화에서 안창호의 생명철학적 평화 이해를 엿볼 수 있다. 일본은 머리, 한국은 모가지, 중국은 몸통이라고 함으로써 안창호는 동양 3국을 유기체적 생명을 가진 한 몸으로 보았다. 유기체적이고 생명철학적으로 동양 3국을 한 몸으로 이해하면 필연적으로 한국, 중국, 일본 세 나라의 평화로운 공존과 협력을 말하지 않을 수 없다. 몸을 이루는 신체 기관들 염통, 허파, 위장이 저마다 스스로 움직이고 기능을 하면서 서로 긴밀하게 협력함으로써 몸의 평화와 건강을 지탱하는 것처럼 일본, 한국, 중국도 저마다 스스로 자신을 새롭게 하여 힘차게 살아 있는 상태에서 서로 긴밀하게 협력할 때 동양 3국의 평화와 번영을 이룰 수 있다. 만일 대가리가 모가지를 공격하고 염통이 허파를 침략하고 지배한다면 몸 전체의 건강과 평화를 이룰 수 없듯이 일본이 한국과 중국을 침략하면 세 나라가 함께 불행에 빠질 뿐 아니라 바깥 서양 세력의 침해를 끌어온다는 것이다. 일본이 한국을 침략하면 한국과 동양 여러 나라들의 적이 될 뿐 아니라 서구 열강의 적이 될 것이라고 안창호는 말한 것이다. 몸을 이루는 여러 기관들이 서로 공격하고 싸우면 몸의 평화와 건강을 유지할 수 없듯이, 한 몸과 같은 동양 3국이 서로 싸우고 공격하면 평화와 번영을 이룰 수 없다. 안창호는 일찍이 '삼선평 연설'에서 국가를 유기체적인 한 몸 생명체로 파악하였다. 여기서 그가 다시 동양 3국인 한국, 일본, 중국을 한 몸으로 본 것은 그가

---

2 주요한 편, 『안도산전서』, 90-94.

생명의 관점에서 생각하고 판단하고 행동한 생명철학자임을 나타낸다.

앞에서 나는 안창호를 생의 철학자로 규정하였다. 생의 철학으로서 그의 철학은 주체로서의 '나'를 확립한 민주철학이며, 과학적 합리성과 진실에 충실한 무실역행의 철학임을 밝혔다. 그의 철학은 그의 삶과 실천 속에 실현되었으며 그의 삶과 실천을 통해서 형성되었다. 그가 흥사단의 강령과 이념으로 제시한 덕·체·지의 삼육, 정의돈수(사랑하기 공부)와 공고한 단결은 민족의 독립과 통일을 이루는 민주공화 정신, 세계정의와 평화에 이르는 대공정신으로 이어졌다. 한 사람 한 사람의 건전한 인격을 확립하고 공고한 단결을 이루어 민족통일과 세계평화에 이르는 안창호의 사상과 실천은 일관되고 통합적이며 심층적이고 원대한 민주·통일·평화의 철학을 품고 있다. 여기서는 안창호의 생명 민주 철학에 근거하여 그의 통일과 평화철학을 탐구하고 통일과 평화 철학에 근거하여 그가 얼마나 진지하고 치열하게 민족통일과 세계평화의 길로 갔는지 살펴보려고 한다.

1. 민주·통일·평화의 생명철학

생명의 세 원리 주체, 전체, 진화로부터 민주·통일·평화의 실천적 사회원리가 나온다. 생의 스스로 하는 주체는 필연적으로 민주의 철학으로 귀결되고 생의 통일적 전체성은 필연적으로 통일의 철학으로 귀결되며 주체와 전체의 통일과 일치 속에서 창조적 혁신과 고양을 이루어가는 진화와 향상의 원리는 필연적으로 안팎으로 상생과 공존을 이루어가는 평화의 철학으로 귀결된다. 생의 진화가 생이 더욱 풍부하고 깊고 커지는 것이듯이 평화는 인간의 삶이 더욱 풍부하고 깊고 커지는 것이다. 진화가 생의 주체와 전체의 일치 속에서 이루어지는 것이듯이 평화는 나의 주체와 전체의 심층적 입체적 통일 속에서 그리고 서로 다른 주체들의 상생과 공존 속에서 생이 더욱 깊고 크고 풍성하게 되는 것이다. 평화는 단순히 전쟁과 폭력의 부재 상태가 아니라 생의 깊고 풍성한 실현과 완성이다.

안창호의 삶과 실천은 주체와 전체와 진화의 생명철학 원리에 충실하게 민주·통일·평화를 통합적으로 그리고 일관성 있게 추구하고 실현하였다. 모든 사람의 '나'를 확립하려는 그의 민주철학은 필연적으로 조직의 단결과 민족의 통일로 귀결되었고 민족통일은 필연적으로 세계정의와 평화로 귀결되었다. 끊임없는 자기개조를 통해 건전한 인격을 확립하고 서로 보호하고 단합하는 단결과 민족통일을 이룸으로써 세계정의와 평화의 대공정신에 이르는 안창호의 사상과 실천은 전체가 하나로 뚫려 있으며 시작과 끝이 하나로 이어져 있고 개인과 조직과 민족과 세계가 심층적이고 입체적으로 통합되어 있으며 물질, 생명, 정신, 영의 차원이 서로 주체와 전체로서 심층적이고 입체적이고 다차원적으로 결합되어 있다.

1) 생명철학의 세 원리와 '나' 철학

안창호의 통일과 평화 철학은 그의 생명철학에 근거한 것이다. 그는 책을 읽고 공부하기를 좋아하고 기꺼이 남에게서 배우려고 힘쓴 사람이지만 책의 사상이나 남의 이론을 그대로 받아들이지는 않았다. 그는 자신의 몸과 맘속에 있는 생명과 정신에서 스스로 느끼고 체험하고 깨닫지 않은 것은 말하거나 행동에 옮기지 않았다. 그의 철학과 실천은 그의 생명과 정신에서 체험되고 확인되고 실행된 것이다. 체험적 생의 철학자였던 안창호는 자신의 생명과 정신 속에서 자신의 '나'를 체험하고 깨닫고 이해하고 확립함으로써 '나'의 철학을 정립하였다. 그의 '나'철학은 자신의 몸, 맘, 얼을 통해서 확인되고 검증된 것이며 생의 진리를 심화하고 철저화한 생명철학으로 여겨진다.

안창호의 삶과 철학의 핵심은 인간의 자기개조, 민족통일, 끊임없이 나아감에 있다. 그가 말한 자기 개조는 자신의 창조자이며 피조물인 생명의 근본원리와 본성을 나타내고, 민족통일은 안팎으로 통일된 전체를 지키고 확장해가는 생의 본성과 원리를 나타내며, 나아감은 끊임없이 새롭게 자라고 진화 발전해가는 생의 본성과 원리를 나타낸다. 그의 생의 철학의 중심에는 '나'가 있다. 그에게 나는 자기개조와 민족통일과 나아감의 주체이고 목적이다. 그가 나에 대한 사변적 성찰을 하지는 않았지만 그의 삶과 행위, 말과 글에는 '나'에 대한 깊은 철학적 성찰이 담겨 있다. 그는 언제나 모든 책임을 스스로 지고 자기가 앞장서서 일을 하려고 했으며 모든 잘못과 죄책을 먼저 자신이 지려고 하였다. 그는 늘 자기를 스스로 개조하려고 했으며, 민족과 국가의 주인과 주체로서 민족의 독립과 통일에 대한 무한하고 영원한 책임을 지고 민족의 독립과 통일을 위해 모든 것을 희생하고 헌신했으며, 어떤 시련과 난관에도 앞으로 나아가려고 했다.

나는 내 생의 주인과 주체다. 나는 주체의 원리이고 주체를 창조하고 변화시키는 이유와 목적, 의지와 힘이다. 내가 나의 근거이고 목적이며 이유이고 뜻이다. 나는 내 생의 존재 이유와 목적, 가치와 보람을 내 속에 지니고 있다. '나는 나다!'고 할 때 나는 나 자신의 주인이고 주체이며 존재 이유이고 목적이며 한없이 소중하고 보람 있는 존재임을 선언한 것이다. 나는 언제나 나로서만 존재한다. 내가 나의 인식대상이나 개조의 대상이 될 때도 진정한 나는 나를 인식하고 나를 개혁하고 창조하는 주체로서의 나다. 대상으로서의 나는 나 아닌 나, 극복되고 버리고 부정되고 초월되어야 할 나다. 생의 주체로서의 나는 생의 의지와 뜻, 명령과 사명을 가진 존재이며 한없이 귀중하고 보람 있는 존재다. 따라서 생의 주체로서의 나는 살라는 명령(生-命)을 받은 존재이며 스스로 살 이유와 목적을 가진 존재다.

　나에게 삶은 선택의 대상이 아니고 조건 없이 절대로 살아야 할 것(거시기, 무엇)이다. 내가 바로 삶의 주인이고 중심이며 이유이고 목적이기 때문이다. 나는 내 삶의 주체 '나'의 중심과 주인, 이유와 목적이다. 물질세계에서는 존재와 활동의 원인과 결과가 밖에 있지만 생명의 주체인 나는 내 속에 존재와 활동의 원인과 결과, 이유와 목적, 가치와 보람을 가진 존재다. 따라서 나는 물건처럼 주어진 존재(대상)가 아니며 숫자나 도형, 논리와 개념처럼 고정된 것(관념)이 아니라 늘 새롭게 나로 되어야 할 주체(생명)다. 나는 그저 있는, 존재하는 무엇이 아니라 늘 새롭게 '있으려는, 있어야 하는, 있을 주체'다. 나는 늘 새롭게 나로 되어야 할 주체, 물질이나 숫자, 개념이나 논리, 법칙이나 원리가 아닌 자기초월과 갱신의 주체 '나'다. 나는 끊임없이 새롭게 자기를 부정하고 초월하여 새롭게 자기가 되어야 할 주체 '나'다. 내가 나의 존재 이유와 목적이다.

　나는 생의 통일된 전체의 중심이고 주인이며 목적이다. 내 속에 생의 통일된 전체의 중심과 주체가 있다. 내가 바로 전체의 중심과 주체이며 근거와 목적이다. 나는 전체의 통일된 초점으로서 생겨난 것이며 끊임없이 새롭게 전체의 통일된 초점과 중심을 낳고 지어내는 창조자적 주체다. 전체가 나를 낳기도 하고 내가 전체를 낳기도 한다. 그러나 생은 근본적으로 원리적으로 물질세계의 속박과 제약에서 해방된 주체 '나'로서 생겨난 것이다. 생은 물체와 달리 나를 가진 것이다. 나가 있다는 것은 생의 통일된 전체의 중심과 주체가 있다는 것이다. 생명이 생겨났다는 것은 내가 태어났다는 것이며 "나는 나다!" 하는 자각과 선언이 이루어진 것이다. 내가 바로 생의 통일된 전체의 하나(한, 一, 하나 됨, 하나임)를 이루는 초점이고 중심이며 주인이고 주체다. 내 속에 전체의 통일된 중심과 초점이 있고 내가 나로 되는 것은 통일된 중심과 초점을 낳고 짓는 것이며 통일된 전체를 심화하고 확장하는 것이다. 나는 나이면서 전체 하나의 큰 나로 되어야 할 나다.

나는 물건이나 숫자처럼 고정된 채 어떤 조건과 상황에 머물러 있을 수 있는 것이 아니다. 나는 언제나 다른 어느 것이나 다른 누구(타자)가 아니라 변함없이 나로서 있어야 하는 것이지만 그 '나'에게도 매이거나 머물러 있을 수 없는 주체다. 나는 끊임없이 새롭게 나로 되어서만 늘 그러한 나, 자유롭고 초월적인 주체로서의 나가 될 수 있다. 자유롭고 초월적인 나가 되려면 늘 새롭게 나로 되고 내가 나를 새롭게 하여 진화하고 향상해가야 한다. 나는 진화와 향상의 동인과 힘이고 이유이고 주체다. 늘 나 자신을 극복하고 초월해서만 나는 늘 자유롭고 초월적인 나가 될 수 있다. 따라서 나는 끊임없이 앞으로 위로 나아가야 할 주체다. '나'는 '나아가야'(進) 나가 될 수 있다. '나'는 새롭게 나를 '낳아야'(生) 나가 될 수 있다. '나'는 나를 '낫게'(治癒) 해야 나가 될 수 있다. '나'는 나를 '낫게'(改善) 해야 나가 될 수 있다. 나는 나를 나아가게 하는 것이고 낳는 것이며 낫게 하는 것이고 더 좋게 낫게 하는 것이다. 나는 진화와 향상의 힘과 이유, 목적과 뜻을 가지고 있다. 나아가고 낫게 되지 않으면 나는 내가 될 수 없다.

생명철학의 도덕적 원리는 기쁨, 사랑, 희망이다. 생이 주체와 전체와 진화를 심화 발전시키려면 기쁨, 사랑, 희망을 가져야 한다. 이것은 생의 본질과 특징이다. 생이 주체의 깊이와 자유에서 전체의 하나 됨에 이르기 위해 앞으로 나아가려면 기쁨과 사랑과 희망을 가져야 한다. 기쁨, 사랑, 희망의 근거와 목적도 나다. 물질의 제약과 속박에서 벗어난 자유로운 '나'이므로 '나'는 기쁘고 소중한 것이고, 소중하고 자유로운 '나'에 대한 그리움과 사랑이 사무치는 것이며 더 크고 자유로운 나에 대한 희망을 품는 것이다. 내가 없다면 기쁨도 사랑도 희망도 없다. 내가 나로서 있는 한 기쁨도 사랑도 희망도 있다. '나'는 해방과 구원의 근거와 목적이다. '나'는 정의와 평화의 근거와 목적이다. 예수가 "내가 길이요 진리요 생명이다"고 선언한 것은 생명의 주체로서의 나의 철학적 원리를 갈파한 것이다. 내가 생의 길을 지어내는 주체이며 내가 길 그 자체다. 길은 길 자신의 과정이고 목적이다. 길은 방법과 목적의 통합이다. 길은 생의 수단, 방법과 목적이다. 나는 생의 수단과 방법이면서, 생의 목적이기도 하다. 내가 생의 길의 시작이고 가운데이고 끝이다. 나의 밖에 길이 있어서 그 길을 가는 것이 아니라 내 속에서 길이 생겨나서 그 길을 가는 것이다. 생의 길은 내 속에 있으며 내가 곧 길이다. 진리는 생의 속알(깊이, 주체), 전체, 진화를 뜻한다. 생의 주체와 전체와 진화는 내게서 시작하고 나로 돌아온다. 그러므로 내가 진리의 기준이고 중심이다. 내가 빠진 내가 없는 진리는 없다. 내가 생명의 중심과 주체이고 이유와 목적이며 의지와 뜻이다. 내가 생명의 시작과 끝이다. 그러므로 참된 나를 가진 사람은 누구나 "내가 길이요 진리요 생명이다"고 할 수 있다.

물질의 제약과 속박에서 해방된 생명은 본성적으로 그리고 원칙적으로 스스로 하는 자발적 주체를 가진 것이고 안팎으로 통일된 전체를 가진 것이며 끊임없이 새롭게 진화 향상되어 가는 것이다. 주체성과 전체성과 진화의 세 원리 가운데 가장 근본적인 것은 주체성의 원리다. 물질의 제약과 속박에서 해방된 생명은 근본적으로 자유로운 주체를 가진 것이다. 스스로 하는 자발적 주체를 가졌기 때문에 내적으로 통일된 전체에 이를 수 있고 끊임없이 새롭게 진화 향상해 갈 수 있다. 생의 주체 자체가 내적인 중심에 통일된 초점을 가진 것이다. 물질의 속박과 제약에서 해방된 자유로운 주체는 바로 자기 안에 전체의 통일된 초점을 갖게 된 것이다.

서로 다른 물질요소들이 서로 결합하여 하나의 통일된 초점을 가지게 되었을 때 그 통일된 초점에서 물질의 속박과 제약을 벗어날 수 있는 초월적 생명의 주체가 생겨났다. 이 초월적 생명의 자유로운 주체는 스스로 통일된 초점을 가진 것이고 스스로 그 통일된 초점을 낳을 수 있다. 서로 다른 요소들의 통일된 초점은 자유로운 주체의 중심이면서 끊임없이 자기를 초월하여 새롭게 될 수 있는 자리다. 생의 주체는 자기 안에 초월과 변화를 일으킬 수 있는 통일된 초점을 가진 존재다. 따라서 생의 자유로운 주체는 보다 더 크고 자유로운 주체가 되기 위해서 끊임없이 전체의 통일을 지향하는 것이다. 보다 깊고 높고 큰 전체의 통일을 이룰수록 더 깊고 높고 큰 주체가 되는 것이다. 보다 큰 전체의 통일에 이르기 위해서 주체는 끊임없이 자신을 변화시켜 진화 향상해 간다. 생의 주체는 자기 속에 통일의 힘과 이유를 가지고 있으며 끊임없이 자기를 초월하여 진화 향상해 가야 할 동인과 근거를 가지고 있는 것이다.

생의 철학자로서 도산 안창호는 생의 주체적 깊이와 자유, 전체적 통일과 일치, 진화와 진보(개혁과 창조)를 추구하였다. 물질의 제약과 속박을 초월한 생의 주체인 '나'가 주체로서 느끼고 누리는 기쁨과 자유, 사랑과 희망이 생의 가장 근본적인 본질이고 특징이다. 생의 기쁨과 자유가 생의 첫째 근본적인 본질과 특징이라면, 생의 둘째 근본적인 본질과 성격은 생이 여전히 물질 안에서 물질에 의존하고 물질과 결합하여 존재한다는 것이다. 생은 물질의 제약과 속박에서 해방된 하늘의 초월적 자유와 기쁨을 지닌 것이다. 그러나 물질에 뿌리를 내리고 물질의 제약과 한계 속에서 물질의 형태로 존재한다는 점에서 유한하고 고통을 지닌 것이다. 생은 물질을 초월했다는 점에서는 하늘에 속한 것이며 하늘의 아들(天子)로서 영원 무한한 생명을 약속받은 존재다. 그러나 물질 안에서 물질에 의존하여 존재한다는 점에서는 유한한 물질적 존재로서 파괴와 소멸, 고통과 죽음의 운명 속에 사는 존재다. 생의 셋째 근본적 본질과 성격은 스스로 자라고 새롭게 변화하여 커지고 고양되고 향상한다는 것이다. 생은 정신적 자유와 기쁨을 가진 존재이며 물질 신체적 육체를 가진 존재로서 스스로 자라고 새롭게 변화하고 커지고 고양되는 존재다. 생의 진화와 향상은 정신과 물질, 영혼과 육체 사이에서 변증법적으로 역설과 모순, 갈등과 대립 속에서 정신을 물질화하고 영혼을 육체화하면서 그리고 물질을 정신화하고 육체를 영화(靈化)하면서 이루어진다.

나, 주체의 원리

물질의 세계는 존재와 활동의 원인과 결과가 밖에 있지만 물질을 초월한 생의 주체는 자기 안에 존재와 활동의 원인과 결과를 가지고 있다. 다시 말해 생의 주체는 존재와 활동의 원인과 결과를 스스로 창조하고 형성한다. 생의 주체는 생의 존재 이유와 목적, 가치와 의미를 자기 안에 가진 존재다. 여기서 물질과 생명의 구분과 차이를 절대적 배타적으로 생각해서는 안 될 것이다. 물질 속에서 생명이 나왔다는 점에서 그리고 생명이 물질 속에서 존재한다는 점에서 물질과 생명은 상통하고 공존하는 존재다. 생명과 영성의 철학자 유영모가 물체(物體)는 물질의 주체라면서 물체에도 한없는 존재의 깊이와 의미, 가치와 보람, 전체와의 연관성이 있다고 한 것[3]은 물질과 물체에 대한 바른 성찰이라고 생각한다. 다만 물질과 생명은 서로 다른 차원을 가진 것이며 다른 본성과 성향을 가졌다는 점에서 물질과 생명을 구분하고 그 차이를 말할 수 있을 것이다. 생명체 속에서 생명과 물질은 긴장과 대립, 갈등과 모순 속에 있으면서 뗄 수 없이 하나로 결합되어 있다.

생의 주체인 '나'가 곧 존재 이유와 목적이고 가치와 의미다. 생의 이유와 목적, 의미와 보람을 밖에서 찾을 필요가 없다. 다만 물질과 관념에 사로잡힌 '나'에서 참된 생명의 '나'로 새롭게 나아가야 한다. 물질과 관념에 사로잡힌 나는 타성에 젖은 거짓 나, 게으른 나이며 물질과 관념을 초월한 참된 생의 나는 자유롭고 기쁘고 창조적인 나

---

3 유영모, 『다석강의』(현암사, 2006), 237, 248-252.

다. 존재와 활동의 원인과 결과를 밖에 가진 물질세계는 타자에 대하여 닫혀져 있다. 그러나 물질세계를 초월하여 자기 안에 기쁨과 자유, 사랑과 희망을 가진 생의 주체는 타자에 대하여 무한히 열려 있으며 타자를 또 다른 나(주체)로서 그리워한다. 생의 주체는 타자와 서로 주체로서 기쁨과 사랑 속에서 새로워지고, 더 나아지려는 바람과 희망 속에서 사귐을 가지고 협동하려고 한다.

이런 생명의 본질과 특징에 비추어볼 때 통일과 평화의 첫째 철학 원리는 '나'(주체)의 원리다. 생명의 중심과 주체는 '나'다. 생명이 생겨났다는 것은 '나' 주체가 생겨났다는 것이다. 물질세계에서는 원인과 결과가 밖의 타자에게서 오므로 물질적 존재와 활동의 조건은 외부의 타자에 의해서 결정된다. 그러나 생명의 세계에서는 생명의 주체인 '나' 안에 존재와 활동의 이유와 목적, 힘과 가치가 있다. 근본적으로 생명은 나에서 시작하여 나에게 돌아간다. 타자에 의존하거나 타자와의 만남과 관계에서 나를 찾거나 발견하고 확립하려는 것은 생명을 물질적 법칙과 환경적 조건에 가두고 그 법칙과 조건 속에서만 생의 주체를 보려는 것이다.

생 자체가 통일과 평화의 원리를 실현하고 있다. 물질세계에서는 상생하고 공존할 수 없는 서로 다른 물질요소들이 특별하고 비상하게 공존하고 상생함으로써 생명이 생겨난 것이다. 그러므로 생명체 안에서는 서로 다른 물질 요소들의 평화로운 상생공존과 통일이 이루어져 있다. 생명 자체가 서로 다른 이질적 요소들의 평화와 통일이다. 인간의 몸속에서 염통과 허파와 간장과 쓸개와 위장과 콩팥은 얼마나 평화롭게 상생 공존하며 자치와 협동의 통일을 이루고 있는가! 작은 풀꽃 속에서 햇빛과 바람과 물과 흙은 얼마나 평화롭게 상생 공존하며 저마다 자기를 비우고 녹이고 버리고 내어주는 희생과 양보의 통일을 이루고 있는가! 거대한 우주 물질세계에서 작은 생명 하나가 싹이 트고 태어나는 것은 전혀 새로운 평화와 통일의 존재가 창조되는 것이다. 작은 풀씨 하나가 싹이 트고 작은 생명 하나가 알을 깨고 나올 때 우주 대자연의 위대한 창조와 진화가 일어나는 것이며 죽은 물질의 세계에서 생명이 탄생하는 것이다. 그것은 하늘의 햇빛과 바람, 땅의 흙과 물이 만나서 조화와 통일과 평화 속에서 더 깊고 높고 큰 조화와 평화와 통일을 이루면서 아름답고 존귀한 생명으로 태어나는 것이다. 그 평화와 통일의 중심과 초점, 창조자적 주체가 '나'다. 평화와 통일의 창조자적 주체인 나는 우주 자연 물질세계 전체를 아우르는 해방과 통일의 중심이다. 생명의 주체인 나가 우주 자연 생명 세계의 평화 통일을 이루는 초점이고 첨단이다. 따라서 나를 찾고 발견하고 바로 세우는 일이 평화와 통일에 이르는 시작이고 끝이다.

생의 주체로서의 나는 독단적이거나 배타적인 것이 아니다. 내가 생의 참다운 나가 될 때 비로소 밖의 타자에게서 생명의 자유로운 나를 찾고 발견하고 타자의 나를 존중하고 사랑하며 서로 사귀고 협동할 수 있게 된다. 생명의 나가 나로 된다는 것은 타자인 너를 주체 나로 보고 존중하고 사랑하게 된다는 것을 의미한다. 참된 나는 타자인 너를 주체(나)로 긍정하고 존중하며 사랑한다. 생의 주체로서의 나를 긍정하고 존중하는 것은 타자인 너도 그도 주체(나)로서 긍정하고 존중하게 되는 것이다. 서로 주체로서 긍정하고 존중하고 사랑하고 협력할 수 있을 때 비로소 평화와 통일에 이를 수 있다.

생명의 나가 참된 나로 되는 것은 물질과 육체의 속박에 매인 나,

욕망과 감정, 고정관념과 편견에 사로잡힌 나의 껍질과 감옥을 깨트리고 생명과 정신의 자유로운 주체가 되는 것이다. 내가 나의 물질적 육체의 감옥을 깨트리고 욕망과 감정, 고정관념과 편견, 낡은 관습과 버릇의 껍질을 뚫고 나오는 일은 남이 대신할 수 없고 생명의 주인과 주체인 내가 스스로 할 일이고 스스로 할 수 있는 일이다. 그러나 나는 자연 물질세계와 다른 인간들과 뗄 수 없는 관계 속에서 살아가는 존재다. 나와 부딪치고 맞서는 물질세계와 타자들이 내가 물질적 속박에 갇혀 있고 사로잡혀 있다는 것을 깨닫고 인식하는 계기와 기회를 마련해 줄 수 있다. 선각자들의 가르침과 일깨움이 나의 주체적 자각을 위한 계기와 기회를 마련해주고 도움이 될 수 있다. 그러나 그런 경우에도 타자들과 선각자들의 도움은 이차적이고 주변적인 것이다. 타자들과 선각자들은 나의 참된 해방자와 구원자가 될 수 없다. 기껏해야 그들은 민이 주체 '나'로서 스스로 깨닫고 일어서도록 조언자, 조력자, 길잡이가 될 수 있을 뿐이다. 그러므로 교육독립운동을 벌인 안창호와 이승훈은 민을 섬기는 겸허한 자세로 민을 향해 스스로 깨닫고 일어서도록 호소하며 일깨웠다.

일차적으로 그리고 근본적으로 내가 나를 깨닫고 나를 바로 세우는 일은 나 스스로 할 일이고 내가 스스로 해야만 할 일이다. 그러므로 생의 주체가 참 나로 되는 일은 사회문화적인 차원을 넘어서 종교적인 차원으로 깊이 들어가야 하는 일이다. 생명과 정신에게 신과 영은 단순한 타자가 될 수 없고 생명과 정신의 내면에서 나를 나로 되게 하는 근원과 목적, 힘과 길이 된다. 따라서 신은 외부의 타자가 아니라 생명의 속의 속에서 나보다 내게 더 가까운 존재이며 나보다 더 참된 나이며 나의 진정한 근원과 목적, 중심과 길이다.

진실과 정직의 원리

평화와 통일에 이르는 생명철학의 둘째 원리는 거짓을 깨고 진실에 힘쓰는 진실과 정직의 원리다. 이것은 도산이 내세운 과학적 합리성과 무실역행의 원리다. 생명의 진실은 주체와 전체와 진화의 역동적인 것이다. 사사로운 나, 껍질의 나에서 알맹이 나로, 전체의 나로, 과거와 현재의 낡은 습관과 관행에서 새로운 미래의 좋은 습관과 관행으로 끊임없이 새롭게 자기변화를 통해 스스로 탈바꿈하며 진화와 향상을 이루어가는 것이 생명의 진실과 정직이다. 생명이 자신의 주체와 전체와 진화를 충실히 실현하면서 자기를 스스로 새롭게 창조하고 형성해가는 일이 생명의 본분과 사명이다. 생명의 본분과 사명을 충실히 감당하려면 나 자신의 생명과 정신의 본질과 진실에 충실하면서 최선을 다해서 힘껏 생각하고 행동해야 한다. 거짓말을 하면서 자기와 남을 속이면서 평화와 통일에 이른다는 것은 거짓이다. 그것은 평화와 통일을 해치는 것이다.

여기서 진실과 정직은 실증적 사실에 일치하는 것만을 의미하지 않는다. 수학적 계산과 통계, 논리와 법칙, 개념과 규정에 일치하는 것만을 의미하지도 않는다. 생명과 역사의 진실은 새롭게 보다 낫고 크고 아름다운 존재로 되어가는 생명과 혼, 도덕과 정신의 주체적 진실에 일치하는 것이며 과거와 현재의 낡은 전통과 관행, 사상과 관념을 깨트리고 새로운 미래를 열어 나아가는 역사의 진실(창조와 혁신의 변화)에 일치하는 것이다. 진실과 정직의 기준은 개인의 생명에서는 주체로서의 나다. 생명의 창조자적 주체로서의 나가 최선을 다해서 힘껏 하지 않으면 나 자신에게 진실하지 않은 것이다. 생명의 진실과 정직은 일차적으로 주체적 진실이다. 일이 성공했거나 실패했거나 잘했거나 못했거나 관계없이 내가 잘났거나 못났거나 높은 지위에 있거나 낮은 지위에 있거나 관계없이 지금 주어진 현재의 나 자신에게 얼마나 충실했는가가 진실과 정직의 기준이다. 현실의 내가 지금의 나에게 충실하게 최선을 다하지 않고 얼렁뚱땅 적당히 했으면 그것은 진정한 내가 아니고, 내가 나를 진실하고 정직하게 대한 것이 아니다. 그것은 내가 나를 버리고 속인 것이다.

정직하고 진실하다는 것은 주체로서의 내가 타자의 주체 '나'에게 정직하고 진실하며 최선을 다하는 것이다. 내가 지금 하는 일이 현재의 나뿐 아니라 타자들의 나, 너의 나, 그의 나를 보다 낫고 좋게 향상시키고 진전시켰는가 하는 것이 진실과 정직의 기준이다. 나와 우리의 물질적 감정적 이기심을 충족시키기 위해서 너와 너희, 그와 그들을 해치는 것은 생명의 본질과 사명을 해치고 손상시키는 것이다. 생명의 정직과 진실은 나와 너와 그의 '나'들이 존중되고 실현되게 하는 것이며 나와 너를 넘어서 생명 전체의 주체가 존중되고 실현되게 하는 것이다. 생명과 역사의 진실과 정직은 생명과 역사의 진화와 진보를 이루는 것이다. 낡은 과거와 현재를 넘어서 늘 새롭게 보다 크고 나은 미래를 만들어가는 것이 생명과 역사에 대하여 진실하고 정직한 것이다. 생명의 진실과 정직은 생명의 본성과 사명에 일치하는 것이다. 생명의 본성과 사명에 충실하다는 것은 생명의 주체와 전체와 진화를 함께 실현하고 완성하는 것이다. 생명은 자신의 창조자이며 피조물이다. 생명은 자기가 자기를 형성하고 창조해가는 존재이므로 스스로 속일 수 없는 것이다.

생명에게, 생명과 정신을 가진 인간에게 거짓과 속임은 무엇인가?

생의 주체가 아닌 것을 주체로 여기고 전체가 아닌 것을 전체로 내세우고 진화와 향상이 아닌 것을 진화와 향상으로 여기는 것이 거짓이고 속임이다. 생명은 땅의 물질에서 나왔으나 물질 안에서 물질을 초월하여 본능과 욕망, 감정과 의식을 거쳐, 지성과 영성을 넘어 하늘의 얼과 신의 자유와 기쁨, 사랑과 정의에 이르렀다. 구체적으로 살아가는 생명체 안에서 하늘의 얼과 신, 사랑과 정의의 이념과 정신은 땅의 물질과 그 물질의 성질과 법칙에 체화되고 구현되었으며, 물질과 육체, 본능적 욕망과 감정은 정신화, 생명화, 영화(靈化)되었다. 생명체 안에서 얼과 신, 정신과 이념의 물질화, 육화가 이루어지고 물질과 육체의 정신화, 영화가 일어나지만 물질과 육체에서 정신과 이념을 거쳐 얼과 신에 이르는 역사의 과정과 방향, 지향과 목적은 확실하고 분명하다. 생명과 인간에게 거짓과 속임은 생명이 물질에 굴복하고 정신이 욕망과 본능을 받들고 섬기는 것이다. 물질과 육체를 생명과 정신 위에 두는 것이다. 이러한 생명의 온갖 도착과 왜곡은 타락이며 죄악이고 우상숭배이며 거짓과 속임이다. 생명의 진실과 정직은 땅의 물질 안에서 물질을 넘어 하늘(얼과 혼의 세계)로 솟아오르는 생명의 본성과 사명을 충실하게 실현하고 완성하는 것이다. 생명의 본성과 사명을 거스르고 파괴하는 것이 거짓이고 타락이며 통일과 평화를 가로막는 것이다.

자기초월과 헌신의 원리

평화와 통일에 이르는 생명철학의 셋째 원리는 자기초월과 헌신의 원리다. 물질과 정신의 결합으로 이루어진 생명은 자기 안에 근본적인 갈등과 분열, 긴장과 대립을 안고 있다. 생명의 주체적 자유와 전체적 통일은 물질(땅)과 정신(하늘)의 갈등과 대립을 극복하고 그 위에 형성된 것이다. 생의 주체인 자아 '나'도 물질-신체적 자아와 정신-영적 자아의 대립과 갈등 속에 있다. 인간은 물질-신체적 자아에서 정신-영적 자아로 진화 발전해가는 과정에 있다. 물질-신체적 자아와 정신-영적 자아의 갈등과 대립 속에 있으며 물질-신체적 자아에서 정신-영적 자아로 나아가는 과정 속에 있음을 아는 인간은 자신이 아직 부족하고 모자라며 허물과 잘못을 저지르는 연약한 미완의 존재임을 느끼고 체험하며 알게 된다.

자신이 미완의 과정적 존재임을 느끼고 체험하고 알고 고백하는 것이 내가 나로 될 수 있는 첫걸음이다. 내가 모자라고 부족하고 잘못을 저지르는 미완의 과정적 존재임을 알면 더 겸허할 수 있고 더 깊이 생각하게 되고 더 배우려는 맘을 갖게 된다. 그런 사람은 과거의 낡은 자기를 부정하고 보다 나은 새로운 사람이 될 수 있다. 내가 자유로운 주체로서의 나가 되려면 끊임없이 물질-신체적 자아를 부정 극복하고 초월하여 물질 신체의 속박에서 자유로운 정신-영적 자아로 새롭게 태어나야 한다. 물질 신체적 자아, 물질 신체적 욕망과 집착에 매인 자아가 물질 신체의 욕망과 집착에서 자유로운 나로 물질과 신체의 참된 주인과 주체로 탈바꿈해야 한다.

물질적 본능적 자아에서 정신적 영적 자아로 탈바꿈해 가려면 자기와 싸워야 한다. 무한한 하늘의 영신(靈神)적 자아가 유한한 땅의 육체적 본능적 자아와 끊임없이 싸워야 한다. 자기와 자기의 싸움에서 이긴 사람만이 생의 주체와 전체의 일치 속에서 진화와 고양을 이루어갈 수 있다. 자기와 싸워 자기를 이길 수 있는 사람만이 생의 주체와 전체에 이르고 자기를 변화 고양시켜 나아갈 수 있다.

자기와의 싸움은 자기를 부정하고 죽임으로써 새로운 자기로 태어나는 데까지 이르러야 한다. 자아가 부정되고 죽어서 새롭게 신생하고 부활해야 한다. 끊임없이 자기를 부정하고 스스로 죽고 다시 태어나는 과정을 거침으로써만 나는 물질과 정신의 주인과 주체로서 나다운 나로서 나답게 살 수 있다. 생명은 오랜 역사에서 개체의 죽음을 감수하고 전체 생명의 진화와 고양을 이루어왔다. 살고 죽고, 죽고 다시 사는 과정을 거쳐서만 생의 진화와 향상은 이루어졌다. 생의 진화 과정에서 죽음은 진화와 신생의 계기일 뿐 아니라 필연적인 통로이고 수단이다. 죽고 다시 사는 과정을 거치지 않고는 생의 진화와 향상은 이루어지지 않는다.

따라서 자기를 부정하고 초월하여 스스로 죽음을 감수하는 희생과 헌신의 정신이 없으면 생의 평화와 통일은 이루어질 수 없다. 생명과 정신의 세계에서 자기부정과 초월은 자기희생과 헌신과 뗄 수 없이 결합되어 있다. 자기를 부정하고 놓아버리고 초월할 수 없으면, 자기를 부정하고 초월하여 자기를 희생하고 헌신할 수 없으면, 인간과 인간 사이에 통일과 평화가 이루어질 수 없다. 자기의 죽음을 감수할 수 없으면 생의 진화와 고양도 없고 생의 통일과 평화도 없다. 생의 통일과 평화는 생의 본질과 본성에 속한 것이며 생의 본질과 본성은 자기부정과 초월, 자기희생과 죽음 없이는 실현될 수 없다. 생은 근본적으로 물질과 정신의 대립과 갈등 속에 있으며 고통과 파멸과 죽음의 위기 속에 있다. 생의 고통과 파멸과 죽음의 위험을 감수하는 희생과 헌신의 정신이 없으면 물질과 정신의 대립과 갈등을 극복하고 평화와 통일에 이르는 생의 본질과 사명을 실현하고 완성할 수 없다. 생의 평화와 통일에 이르는 셋째 원리는 이해관계와 생사를 넘어서는 희생과 헌신의 원리다.

2) 타자 중심의 철학에 대한 생명철학적 비판

타자 중심의 철학에 대한 반성과 비판

안창호의 생명철학은 '나'를 확립하는 민주 통일의 철학이다. '나'를 중심에 놓았다는 점에서 그의 철학은 생명철학이면서 근·현대의 민주철학이다. '나'를 중심에 놓는 근·현대의 민주 생명철학이 안창호에게서 시작되었다. 나라가 망하고 동·서 문명이 합류하고 민의 주체적 자각이 이루어지는 한국 근·현대의 중심과 전면에 안창호가 섰기 때문에 안창호에게서 근·현대의 민주 생명철학으로서 '나' 철학이 피어날 수 있었다.

그 전에는 동·서양의 전통 철학은 주로 타자 중심의 철학에 머물렀다. 동아시아의 유교 불교 도교는 개인의 자아를 보편적 전체의 진리와 도리에 귀속시키는 경향이 있었다. 유교에서는 나를 중심에 놓기는 하지만 나를 극복하고 수양하는 극기, 수기를 내세움으로써 전체의 조화로운 질서로 돌아가거나(克己復禮), 인간의 자아를 하늘의 도리와 합일시키려(天人合一) 했다. 도교에서는 인간의 몸과 맘을 자연 상태 그대로 존중하고 충만하게 하려고 했으나 자연의 질서와 법도에 순응하려고 함으로써 인간의 자아를 자연의 질서, 법도와 일치시키려 했다. 하늘이나 자연과 같은 보편적 전체인 타자와의 합일과 일치를 추구한 유교와 도교에서 인간의 자아는 구체적 시공간 속에서 활달한 자유를 가진 주체로서의 개성과 창의가 약화될 수 있었다. 개인의 자아보다는 하늘, 자연, 국가사회의 질서와 법도가 인간의 본성과 목적을 이루게 되었다.

불교는 인간의 자연적 욕망과 감정을 부정하고 제거하여 순수한 정신의 진리에 이르려 함으로써 생명적 주체로서의 인간의 자아를 무(無)와 공(空)에서 해체하려고 했다. 불교에서도 생명의 자유로운 주체로서 시공간적 구체성을 가진 인간의 자아는 무와 공 속에서 해체되고 소멸되었다. 무아(無我)와 멸아(滅我)를 추구하여 순수한 정신의 진리 속에서 자유와 해방을 얻으려 한 불교에서도 인간의 자아는 시공간적 구체성을 잃고 개인의 개성과 창의를 가진 활달한 자유를 실현하기 어렵다. 인간의 자아를 부정하고 초월하여 자연 생명의 주체인 인간의 자아 밖에서 궁극적이고 절대적인 진리와 해탈을 찾음으로써 불교도 인간의 욕망과 감정을 존중하고 승화하고 실현하는 애기의 철학이 되지 못했다. 대승불교에서 작은 나와 큰 나, 거짓 나와 참 나를 구별하여 참 나와 큰 나에 이르려 하지만, 본디 불교가 무아사상에서 시작했으며 생명의 시공간적 구체성과 주체성을 약화시킨다는 점은 부인할 수 없다. 대승불교에서 말하는 참 나와 큰 나가 시공간적 구체성과 개성과 창의를 지닌 활달한 자유를 지향한다고 보기도 어렵다.

서양의 정신과 철학은 타자 중심의 철학으로 더욱 확고하게 틀 잡혀 있다. 서양 정신문화의 두 기둥인 그리스철학과 히브리 기독교 정신은 기본적으로 타자 중심의 정신과 사상을 형성하였다. 이성 철학인 그리스 철학은 인간 자아의 본질과 주체를 이성으로 보았다. 이성은 인식론적 주체로서 모든 인식대상을 타자화한다. 인식 주체인 이성에게 모든 사물과 인간은 대상이며 타자일 뿐 주체와 전체로 파악되지 않는다. 인식 주체인 이성에게는 자기 자신마저도 타자와 대상으로 인식된다. 이성 철학으로서 그리스 철학은 모든 대상을 객관화 타자화하는 경향을 보인다. 그리스 철학의 이러한 이성적 과학적 사유 전통에서 인간의 자아는 언제나 인식 주체로 머물러 있으면서 모든 인식대상들을 주체로 보지 못하고 타자로 인식하며 모든 타자들을 주체로 보지 못하고 객체와 대상으로 보게 된다. 인간 자아의 본질과 주체인 이성은 인간 자신도 객관적 대상과 타자로 봄으로써 객관화 타자화 하게 된다. 인간의 이성은 인간 자신의 몸과 맘과 얼조차도 주체와 전체로 보지 못하고 객관적인 제삼자로서 분석하고 평가하는 대상으로 삼는다. 인간의 이성은 인간 자신의 욕망과 감정을 지배와 통제의 대상으로 삼을 뿐 욕망과 감정을 그 자체로서 주체와 전체로서 알아주고 존중하고 사랑하지 못한다. 따라서 그리스 이성 철학은 타자 중심의 사유에서 벗어나기 어렵다. 또한 그리스 이성 철학은 이성의 논리와 관념에서 추상화한 보편적 전체의 진리(이데아)에 인간의 자아를 귀속시킴으로써 역사와 사회 속에서 살아가는 인간 자아의 시공간적 구체성에 이르지 못한다. 플라톤은 이데아의 세계를 참된 존재의 세계로 보고 시공간적 구체적 사물의 세계를 그림자 세계로 보았다. 아리스토텔레스는 육체적 활동과 상업적 이해관계를 떠난 순수한 이성의 관조를 최고선과 최고 행복으로 보았다.

히브리 기독교 정신도 신을 절대타자, 궁극적 타자로 봄으로써 타자 중심의 사고에 붙잡혀 있다. 히브리 기독교인들은 오랜 세월 불의한 제국들이 지배하는 역사와 사회 속에서 고난을 당하며 정의롭고 평화로운 새 나라를 갈구하였다. 이집트, 아시리아, 바빌론, 페르시아, 로마에 이르기까지 강대국들의 억압과 수탈로 고통당하며 신음하던 히브리 기독교인들은 강대한 제국들의 권력과 부 앞에서 자신들의 무력함을 절감했다. 그들은 자기들의 힘으로 자신들과 세상을 구원할 수 있다고는 생각하지 못했다. 강대한 제국들을 물리치고 자신들을 구원해 줄 정의로운 신을 절대타자로 인식하고 믿고 그리워하고 기다렸다.

히브리 기독교 신앙은 고대 노예제 사회에서 형성되었다. 히브리 기독교 신앙은 불의한 제국의 통치자가 지배하는 사회에 순응하지 않고 그 불의한 억압과 수탈에서 구원받고 해방되려고 꿈틀거리며 몸부림쳤던 인간들의 신앙이다. 이들은 불의한 권력의 통치에 길들여지지 않았으며 불의한 통치에 안주하지 않았다. 신앙과 희망 속에서 그들은 생의 주체와 전체의 온전한 해방과 구원을 믿고 기다렸다. 따라서 히브리 기독교 전통에서는 고난받는 민중이 자신의 생의 주체와 전체를 자각하고 존중하며 민중의 생의 주체와 전체를 해방하고 구원하는 데 대한 관심과 열정이 있다. 민의 고통과 슬픔 속에서 민이 자신의 생의 주체와 전체가 해방과 구원에 이르기를 열망하고 기대하는 신앙과 희망이 있다. 히브리 기독교인들에게 몸, 맘, 얼은 인간의 생의 한 부분이 아니라 저마다 생의 온전한 주체이고 온전한 전체다. 인간의 욕망, 감정, 생각, 양심도 인간 존재의 한 부분이 아니라 저마다 인간의 온전한 주체와 전체다. 따라서 시편을 보면 인간의 감정이 억눌리거나가 왜곡되지 않고 전적으로 긍정되고 표현되고 받아들여진다. 히브리 성경에서 우주 자연 세계는 아름답고 좋은 것으로 긍정되고 물질의 풍요와 생의 번식은 축복으로 받아들여진다.

히브리 성경에서 하나님은 모세에게 "나는 나다!"고 선언하는 신으로 나타난다. 하나님은 고정된 실체나 불변하는 법칙이 아니라 주체인 '나'다. 자아의 주체를 잃고 종살이하는 히브리 백성을 해방하는 신은 자신을 자유롭고 창조자적인 주체로 선언하는 신이다. 기독교 성경에서 하나님 나라를 선포하는 예수는 스스로 "내가 길이고 진리요 생명이다"고 선언하고 고난당하는 민중에게 "너는 하나님의 자녀다. 너희는 하나님 나라의 주인이다."고 선언함으로써 자신과 민중의 주체를 선언하였다. 이처럼 히브리 성경과 기독교 성경의 중심에서는 하나님과 인간의 '나' 주체 선언이 있었지만 생의 주체로서의 하나님과 인간 영혼의 진리에 대한 체험과 인식과 깨달음은 제국의 불의한 권력 아래서 신음하며 종살이하는 민중들의 억눌리고 짓밟힌 정신과 의식 속에서 왜곡되고 변질되었다. 해방과 구원의 주체 '나'를 선언하는 출애굽의 하나님 야훼는 다른 민족들을 내쫓고 살육하는 배타적이고 호전적인 부족의 편협한 신 여호와가 되었다.

히브리 성경에서 '나'를 해방과 구원의 주체로 선언하는 하나님은 배타적이고 독선적이며 호전적인 부족의 신앙 속에 은폐되었다. 인간인 자신을 길과 진리와 생명의 주체로 선언하고 민중을 하나님의 자녀와 하나님 나라의 주인으로 선언한 예수의 하나님 나라 복음은 강대국의 압도적인 권력 아래서 짓눌려 사는 고대 노예제 사회의 무기력한 민중에 의해 예수를 믿고 따르는 수동적인 신앙으로 전락되었다. 예수는 기독교인들에게 믿음과 복종의 대상이 되었다. 하나님도 예수도 해방과 구원의 주체가 아니라 믿음의 대상이 되었고 민중도 하나님의 자녀이며 하나님 나라의 주인으로서 주체가 되지 못하고 타율적 해방과 구원의 대상이 되었다. 히브리 성경과 기독교 성경의 생명철학적 기쁨과 자유의 복음과 진리가 강대한 제국들이 지배하는 고대 노예제 시대에 왜곡되고 변질되어 하나님과 예수를 절대타자로 높이고 인간의 자아를 무력한 죄인과 구원의 대상으로 낮추게 되었다. 인간의 무력함과 사회의 불의한 죄악을 강조하면서 구원자 하나님을 절대타자로 높이게 되었다. 인간은 무력한 죄인이므로 전능한 절대자 하나님과 구원자 예수를 만남으로써 예수를 통해서만 구원과 해방에 이를 수 있다고 보는 것이 히브리 기독교 신앙 전통의 중요한 성격이 되었다.

서구의 근·현대 주류철학은 과학기술과 자본과 권력이 결합된 근·현대 사회에서 그리스 이성 철학을 보다 철저화했으며, 수학적 계산과 통계, 기하학적 개념과 논리, 과학적 인과관계와 작용에 관한 객관적 정보 지식과 실증적이고 실험적인 자료(데이터)에 의존하는 학문연구와 교육체계를 확립하고 발전시켰다. 이로써 서구 철학은 모든 인식대상을 객관화, 타자화하는 '그것'의 세계에 갇히게 되었으며 생의 주체와 전체 그리고 창조적 진화를 이해하지 못하게 되었다. 그것의 세계는 인식론적 주체인 이성이 홀로 지배하는 세계이며 실증적 지식과 과학적 인과관계에 의해 모든 것을 설명하고 이해하는 획일적이고 동일한 세계다. 그것의 세계에서 벗어나기 위해서 서양의 철학자들은 마르틴 부버나 에마뉘엘 레비나스처럼 히브리 기독교 전통에 의지해서 타자를 주체로 보는 타자 중심의 철학을 제시하거나 이성의 관념적 지배와 과학적 인과론의 획일적 평면적 연속성과 사슬을 부정하고 깨트리는 포스트모더니즘 철학을 제시했다.

자크 데리다 같은 포스트모더니즘 철학자는 인식론적 이성의 관념적 지배를 깨트리고 과학적 실증적 인과관계의 연속성과 연쇄를 부정하면서, 개별적 존재자들의 구체적이고 임시적인 느낌과 경험, 단편적이고 부분적인 사물과 존재의 특별한 경험과 느낌을 중시하였다. 그는 단편적이고 개별적인 사물과 사실에 대한 특별한 느낌과 이질적인 경험이 특수하고 다르며, 다른 느낌과 경험으로 환원되거나 대체될 수 없음을 강조하였다. 이러한 포스트모더니즘 철학은 그리스와 근·현대의 이성주의 철학을 극복하고 과학적이고 실증적인 인과관계의 사슬에 매인 평면적이고 획일화된 그것의 세계를 해체하는 데 기여할 수 있다. 그러나 임시적이고 우연한 경험과 느낌의 차이만을 강조하는 이런 철학은 생의 주체와 전체를 심화하고 고양시킬 수 없으며 창조적 변화와 쇄신을 이룰 수 없다. 이런 철학은 이성이 지배하는 그것의 세계로부터 인간의 자아를 해방하여 생의 진정한 주체와 전체가 되게 할 수 없으며 주체와 전체의 일치 속에서 창조자적 진화와 진보를 이루는 주체가 되게 할 수 없다. 그의 해체주의 철학은 그리스의 이성 중심 철학과 근·현대의 과학주의 철학을 참되게 비판하고 극복하여 새로운 생명철학을 이루는 데까지 이르지 못했다. 그것은 서구의 주류 철학인 이성과 경험과학의 철학에 맞서는 경쟁 철학이거나 그것을 보조하고 보완하는 철학에 지나지 않는다. 포스트모더니즘 철학은 플라톤에서 데카르트, 칸트, 러셀, 비트겐슈타인에 이르는 이성 철학에 대한 반동으로 생겨난 작은 물결에 지나지 않으며 결코 이성 철학의 굴레에서 벗어날 수 없다. 자연 물질세계를 초월한 정신과 이념의 형이상학과 초월적 무한자에 대한 신앙을 버린 포스트모더니즘 철학은 결코 물질론과 관념론의 결정론과 허무주의에서 벗어날 수 없으며, '그것'의 세계에 갇힌 인간 자아의 해방과 구원에 이르지 못한다.

근·현대의 철학과 신학에서 인간 자아의 유한성과 약함을 강조하며 타자와의 만남을 통해서 구원과 해방에 이름을 강조한 사람은 히브리 전통을 계승한 철학자 마르틴 부버와 에마뉘엘 레비나스, 20세기의 대표적 신학자 칼 바르트다. 마르틴 부버에 따르면 영원하고 무한한 너를 통해서 나는 비로소 내가 되고 그것의 세계에서 벗어나 구원을 받을 수 있다. 레비나스는 인간의 자아가 욕망과 감정, 관념과 의식의 유한한 존재에 갇혀 있으며 이러한 존재의 감옥에서 벗어나는 길은 타자와의 만남에서 열린다고 보았다. 그는 고난받는 타자의 얼굴에서 나를 구원하는 무한한 초월자(절대자 신)를 보려고 하였다.[4] 바르트는 1차 세계대전을 겪으면서 인간의 이성과 노력에 기초한 서구문명의 폐쇄성과 무기력을 절감하고 인간과 문명을 심판하고 구원할 초월적 절대타자로서의 하나님을 강조했다. 바르트에게 인간과 문명은 무력하고 자멸적인 존재로 나타나고, 구원자 하나님은 초월적 절대타자(창조자적 주권을 가진 주체)로서 나타난다.

모든 인식대상들을 타자로 파악하는 그리스 이성 철학이 근·현대 생명 주체의 해방철학이 될 수 없는 것처럼 타자와의 만남을 통해서 자아의 해방과 구원에 이르려는 히브리 기독교 철학도 민의 주체와 전체를 해방하는 근·현대의 생명철학이 될 수 없다. 타자와의 만남을 통해서 인간 자아의 구원과 해방을 이루려는 히브리 기독교 전통은 모든 인식대상을 객관화하고 타자화함으로써 생의 주체와

---

4 에마뉘엘 레비나스/서동욱 역, 『존재에서 존재자로』 (서울: 민음사, 2009), 7-8, 148, 160-163, 215 이하 참조.

전체를 잃어버리고 인간 이성의 인식론적 감옥에 갇힌 그리스 이성 철학 전통과 정확히 대립되어 있다. 그리스 철학에서는 인식론적 주체인 이성을 인간 자아의 본질과 주체로 보고 그것을 인식론적으로 절대화함으로써 주체와 전체로서의 생명 세계로부터 단절되었다. 그리스철학에서는 인간의 이성적 자아가 최고로 강조되었다. 히브리 기독교 전통에서는 거꾸로 인간의 자아를 무기력한 죄인으로 낮추었다. 이 전통은 자기의 주체와 전체를 부정하고 절대 타자인 하나님을 해방자와 구원자로 높임으로써 타자와의 만남을 통해서 자기의 구원과 해방에 이르려 했다. 자기 이외의 모든 인간을 대상화 타자화 하는 그리스 이성 철학은 인간의 자아를 민주적 주권자로 확립하고 다른 시민들과 서로 주체로서 협동하고 상생하는 관계를 이루는 근·현대 민주 생명의 철학이 될 수 없다. 타자와의 만남을 통해서 자아의 해방과 구원에 이르려는 타자 중심의 철학도 민의 자립과 자치를 바탕으로 상생 협력의 공동체를 지향하는 민주 생명철학이 되기 어렵다.

에로스와 로고스의 철학인 그리스철학에서는 로고스에 의해서 파악된 이념적 존재 자체(이데아)를 진실하고 선하고 아름다운 것으로 보았다. 로고스에 의해 파악된 이데아가 존재와 선의 실체와 표준이었다. 모든 존재자들과 존재는 그 나름으로 로고스의 순수한 실재인 이데아를 구현하고 실현한 것이므로 진실하고 선하고 아름다운 것이다. 이러한 철학에서는 존재(이성적 이데아)의 부재와 결핍이 악이었다. 존재의 세계를 부정하는 무와 공의 개념은 성립하기 어렵다. 존재의 세계에 대한 진정한 초월도 생각할 수 없고, 존재의 세계를 새롭게 혁신하고 창조하는 일도 생각하기 어렵다. 서양의 존재론적 철학에 맞섰던 레비나스는 이성이 지배하는 존재의 세계를 인간 자아의 감옥으로 보았으며 타자와의 만남을 통해서만 인간의 자아는 존재의 감옥에서 해방될 수 있다고 생각했다.[5] 그리스의 존재론적 철학도 레비나스의 탈존재론적 철학도 생의 주체와 전체와 진화를 실현하고 고양시키는 생명철학이 될 수 없다.

주체 생명철학의 형성과 실천

생명철학의 관점에서 보면 존재 자체(물질과 관념 자체)는 선도 악도 아니고 깨끗하고 더러운 것도 아니다. 선과 악, 깨끗하고 더러움의 기준은 생명의 본성과 목적인 주체, 전체, 진화를 실현하고 고양시킬 수 있는가에 있다. 생명의 본성과 목적을 실현하고 고양시키는 것은 선하고 깨끗한 것이며 그것을 가로막고 해치는 것은 악하고 더러운 것이다. 물질적 존재에서 생명이 나왔다는 것을 생각하면 물질적 존재는 기본적으로 선하고 아름다운 것이다. 그러나 물질적 존재가 생명을 억압하고 해친다면 그것은 악하고 추하고 더러운 것이다. 생명 안에서 물질적 존재는 극복되고 초월되어야 할 대상이면서 생명화, 정신화되어서 정화되고 고양되어야 할 것이다. 생명철학에서 무와 공은 모든 물질적 존재의 단순한 부정이나 결핍, 단절을 의미하지 않고 모든 존재자들과 존재를 극복하고 초월하는 계기와 기회이며 과정이다. 무와 공은 물질적 존재, 관념적 논리적 존재, 과거와 현재의 모든 굳어버린 존재를 깨트리고 부정하고 초월하여 새 생명

5 레비나스, 『존재에서 존재자로』, 같은 곳 참조.

을 형성하고 창조하는 역동적 변화, 신생과 혁신의 계기와 자유를 의미한다. 따라서 무와 공은 물질과 육체, 관념과 의식의 제약과 속박에서 해방되는 창조와 신생의 충만한 초월이다.

물질적 존재의 세계에서는 존재와 활동의 원인과 결과가 밖에 있다. 따라서 타자와의 만남과 관계를 통해서 존재와 활동이 결정된다. 생명은 본질적으로 물질의 제약과 속박을 초월한 것이며 존재와 활동의 원인과 결과, 존재 이유와 목적을 자기 안에 지닌 것이다. 따라서 생명의 자아가 참된 자아로 되는 것은 외부의 타자를 만나서 관계를 맺음으로 되는 것이 아니다. 내가 나로 되는 힘과 동기와 목적은 생명의 중심과 본질인 나의 속에 있다. 내가 나의 참된 주체가 되는 길은 나의 속에서 내가 새롭게 참된 나로 되는 길 밖에 없다. 밖의 타자가 나를 나로 되게 할 수 없는 것이다. 그러나 생은 물질적 속박과 경계를 돌파하여 자유로운 기쁨과 사랑에 이른 것이며 생의 자유로운 기쁨과 사랑은 생의 주체와 전체와 진화를 실현하고 고양시키는 데 있다. 생의 주체와 전체와 진화를 실현하고 고양시키려면 필연적으로 개별적 자아의 신체적 속박과 제약을 넘어서 타자의 주체와 만나서 관계를 맺으며 생의 기쁨과 사랑을 나누고 나와 타자의 주체와 전체와 진화를 함께 이루어가야 한다. 생명은 안과 밖에서 서로 다른 주체들의 상생과 공존, 평화와 통일을 이루고 있다. 상생과 공존, 평화와 통일을 통하여 생명의 주체를 심화 고양시키고 전체를 깊고 넓고 크게 하며 주체와 전체의 일치를 통하여 진화와 향상을 이루어가는 것이 생명의 본성과 목적이다. 이러한 생의 본성과 목적에 비추어 보면 나와 타자의 만남과 관계 맺음은 필연적이고 필수적이다. 물질적 신체적 존재의 속박과 제약에서 생의 주체를 해방하는 것은 밖의 타자가 아니지만 주체와 전체의 일치 속에서 생의 진화를 실현해 가려면 나의 주체와 타자의 주체가 서로 주체로서 만나서 상생과 협동의 관계를 만들어가야 한다. 그럼에도 생의 주체성, 전체성, 창조적 진화성을 관통하는 근본원리는 스스로 하는 자발적 주체로서의 '나'이며 상생공존과 평화통일을 이루어가는 모든 단계와 과정에서 '나'가 동인과 목적으로 참여하고 주도한다.

생명과 인간의 구원자는 밖에 있지 않고 생명과 인간의 속의 속에 있다. 인간의 진정한 해방과 구원은 인간의 생명과 정신의 내적 깊이와 중심에서 주어진다. 인간을 구원하고 해방하는 신, 하나님을 성경은 영이라고 하였다. 영은 물질적 존재자들, 육체와 물체들의 연장선 위에 있지 않으며 그 연장선의 바깥에 있지도 않다. 영은 물질세계를 내적으로 질적으로 초월한 것이다. 생명이 물질에서 생겨났지만 물질을 초월한 것이며 물질을 초월한 것이지만 다시 물질 안에 있는 것이다. 생명은 물질 안에 있으면서 물질의 연장이 아니다. 물질을 아무리 수평적으로 연장시켜도 생명이 되지는 않는다. 물질과 생명을 아무리 수평적으로 연장시켜도 영이 되지 않는다. 가장 깊고 높은 영으로서 하나님은 생명의 주체와 전체가 참된 일치와 통일에 이르는 자리에 있는 존재다. 그것(그 이)은 인간의 내적 초월의 자리에 있다. 존재와 생명의 가장 깊고 높은 주체이며 모든 것을 아우르는 가장 큰 전체인 하나님에게서 진정한 해방과 구원에 이르는 것이라면 인간은 밖에 있는 타자와의 만남을 통해 해방과 구원에 이르지 못한다. 인간의 진정한 초월은 생의 주체인 자아 안에서의 자기초월이며 자기초월을 통해서 참된 진화와 신생, 향상과 고양을 이룰 수 있다.

따라서 나와 타자의 진정한 만남은 서로 주체가 될 때 이루어질 수 있다. 내가 나의 주체, 참 나가 되고 너가 너의 주체, 참 나가 될 때 비로소 나와 너는 참된 주체 '나'로 만나서 서로 주체로서 상생과 공존의 관계를 이룰 수 있다. 욕망과 감정, 집착과 편견의 감옥에 갇혀 있는 내가 참된 해방과 구원에 이르는 길은 내 안에서 주체와 전체의 일치와 통일인 생명의 임(하나님)을 만나서 참 나가 되는 것이다. 내가 나 자신의 감옥에 갇혀 있는 한 어떤 타자도 나를 해방하고 구원할 수 없다. '나는 나다!'고 선언하는 하나님은 물질과 관념의 고정되고 정태적인 존재로 존재하지 않는다. 생명의 하나님은 언제나 서로 다른 '나'들을 참된 나가 되게 하고 서로 다른 '나'들이 전체 하나의 큰 '나'가 되는 '하나 됨과 하나님'의 해방과 구원 사건으로 존재한다. 하나님은 언제나 나를 참 나로, 더 큰 전체의 나로 해방하고 구원하는 사건으로 체험되고 인식되고 깨달아지고 만나게 된다. 하나님은 나를 참 나로, 나와 너와 그를 '서로 주체'로 해방하고 구원하는 사건으로만 존재한다. 그러므로 하나님은 생의 주체, 전체, 창조적 진화를 실현하고 완성하는 생명 사건으로만 존재하고 만나진다. 하나님은 생의 주체, 전체, 창조적 진화를 관통하는 '나'의 해방과 구원이며, 서로 다른 '나'들을 참된 주체와 전체로 해방하고 구원하는 공동체 사건으로만 체험되고 깨달아지고 만나진다.

히브리 기독교 성경은 하나님의 해방과 구원사건이 생명과 역사의 가장 고통스럽고 절박한 상황 속에서 일어난다고 말한다. 하나님은 고난받는 민중의 삶 속에서 생의 주체와 전체를 공동체적으로 해방하고 구원하는 사건으로 존재한다. 히브리 성경 이사야 53장은 고난의 종(고난받는 민중)을 통해서 우리가 치유되고 구원된다고 했다.

기독교는 십자가에서 고난받고 죽은 예수 그리스도(구원자)를 통해서 구원받는다고 하였다. 고난받고 죽어가는 민중을 하나님의 종, 그리스도로 인식하고 고백하는 것은 고난받는 민중의 삶의 상황에서 내가 참 나가 되고 서로 다른 나들이 공동체적인 전체의 나로 되는 하나님의 해방과 구원 사건이 일어나고 있음을 깨닫고 체험하고 고백하는 것이다. 고난받는 민중을 통해서, 십자가에서 고난받는 민중 예수를 통해서 내가 해방과 구원에 이르는 것은 나와 민중 사이에 자아와 타자의 경계가 무너져서 내 안에서 고난받는 민중을 만나고 그 민중에게서 참 나를 보고 민중과 내가 참된 생명 공동체(전체)로 되는 하나님의 생명 사건이 일어나는 것이다.

해방과 구원을 일으키는 하나님의 생명 사건은 나와 타자가 만나는 사건이 아니라 나와 타자가 서로 주체로서 만나는 공동체적 사건이다. 생의 주체로서의 자아 내가 해방과 구원에 이르는 것은 내가 내 안에서 참된 나가 되고 네가 네 안에서 참된 나(참된 너)가 될 때 나와 너(타자)가 서로 주체가 될 때 비로소 나와 네가 함께 주체로 서고 서로 구원과 해방에 이를 수 있다. 진정한 만남은 나와 타자의 만남이 아니라 나의 주체와 타자의 주체의 만남, 주체와 주체의 만남, 나의 나와 너의 나의 만남이다. 구원과 해방에 이르는 생명의 진정한 만남은 나와 타자의 만남이 아니라 주체와 주체의 만남, 나와 나의 만남이다. 나와 남이 서로 주체로서 만나는 생명 사건이 바로 '나는 나다!'고 선언하는 하나님의 생명 사건이다.

안창호, 유영모, 함석헌은 '나'를 일관성 있게 철저히 강조했다는 점에서 '나'를 찾고 새롭게 하고 확립한 주체의 철학자다. 주체의 철학에서 보면 타자가 내 밖의 타자로 있는 한 나는 타자와 진정한 만남에 이를 수 없다. 생명적 영적 갱신과 변화가 있을 때 내가 나로 되고 너도 나로 될 수 있으며 서로 나가 될 때 주체와 주체로서 나의 나와 너의 나가 만날 수 있다. 생의 주체로서 나는 나와 타자에 대하여 초월적이다. 생의 주체로서 타자도 자기와 나에 대하여 초월적이다. 초월적이라는 말은 매이지 않고 자유롭다는 말이다. 나와 타자가 서로 주체로서 서로에게 그리고 자기 자신에게 초월적일 때 다시 말해 자유로울 때 나와 타자는 서로 주체가 되어 자립적인 주체로서 서로 사귀며 상생하고 협동하는 관계를 이룰 수 있다.

나와 타자를 참되게 초월할 수 있는 자리가 하늘이며 나와 타자를 참되고 초월할 수 있는 이는 하나님(하늘의 임)뿐이다. 나와 타자 사이에는 생의 깊은 심연과 간격이 있다. 모든 생명과 정신은 무한한 질적 차이와 깊이와 높이를 가지고 있다. 나와 타자가 자유로운 주체로서 서로 협력하고 상생공존하려면 서로의 생명과 정신이 무한한 질적 차이와 깊이와 높이를 가지고 있음을 인정하고 존중해야 한다. 무한한 질적 차이와 깊이와 높이를 드러내고 존중하고 실현하는 자리가 하늘이다. 그러므로 안창호는 '하늘을 체험하고 본받는' 도덕의 차원을 강조하였다. 하늘은 물질과 관념, 탐욕과 편견의 제약과 속박에서 벗어날 수 있는 힘과 근원이다. 하늘은 또한 낡고 폐쇄적인 자아, 물질적 육체적 자아에서 새롭고 열린 자아, 영적 신적 자아로 탈바꿈하고 새롭게 될 수 있는 근거이고 자리다. 하늘을 체험하고 본받음으로써 안창호는 인격적 자아와 민족적 자아를 혁신하려 했다. 안창호는 서로 자립하고 독립한 인간들이 자유와 사랑 속에서 서로 주체로서 함께 서서 공립하여 서로 보호하고 단합하려고 하였다. 민이 공립하여 서로 보호하고 단합함으로써 환난을 이기고 서로 구원하고 구제하여 민족의 평화와 통일을 이루고 나아가서 인류의 복지와 정의에 이르게 하려고 하였다.

안창호의 철학은 하늘을 체험하여 차별 없는 사랑에 이름으로써 독립한 민중이 서로 주체로서 자립과 공립에 이르고 서로 보호하고 단결하여 통일과 평화에 이르는 길을 탐구하고 그 길로 민중과 함께 걸어가자는 사상이다. 그의 철학은 개인의 나, 사(私)에서 민족과 인류의 전체 공(公)에 이르는 철학이다. 사와 공을 심층적이고 입체적으로 조화 결합시키면서 평화와 통일에 이르는 그의 철학은 공사병립, 활사개공, 대공주의(세계대공), 애기애타의 원리를 제시하였다. 그의 철학은 '나'의 건전한 인격을 바로 세움으로써 서로 주체로서 서로 보호하고 단합함에 이르고 서로 보호하고 단합하여 민족의 독립과 통일에 이르고 세계의 정의와 평화에 이른다고 보았다. 이를 위해서 그는 인간의 자아와 민족과 세계 환경을 끊임없이 새롭게 개혁하고 창조해야 한다고 보았다. 평화와 통일을 추구하는 안창호의 철학과 실천은 '나'를 바로 세우는 일에서 시작된다. 1924년 '동포에게 고하는 글'에서 그는 "옳은 일을 성공하려면 간단없는 옳은 일을 하여야 되고, 옳은 일을 하려면 옳은 사람이 되어야 할 것을 깊이 생각하자"[6]고 말함으로써 인간의 자기 개조와 무실역행을 강조한 그의 '나' 철학 원칙을 표현하였다. 하늘을 체험하고 본받아서 차별 없는 사랑을 지녔기 때문에 안창호는 차별 없는 한결같은 심정으로 나와 타자의 주체를 함께 받들어 세우면서 어떤 역경과 시련 속에서도 굴복하지 않고 자아혁신과 민족통일과 세계대공의 길을 갈 수 있었다.

---

6 안창호, "동포에게 고하는 글," 『안도산전서』, 515.

3) 민주·통일·평화의 생명철학

　생명의 세 본성과 원리는 주체와 전체와 진화다. 생의 체험에서 우러난 안창호의 생명철학은 생의 주체와 전체와 진화를 실현하는 생활철학이었다. 그에게는 생의 주체성은 철저한 민주철학으로 귀결되었고, 생의 전체성은 통일철학으로 귀결되고 생의 진화와 진보는 생의 모든 질곡과 난관을 헤치고 더 깊고 풍성하고 자유로운 삶을 실현해가는 평화철학으로 귀결되었다. 그의 나 철학은 민주적 주체를 확립하는 철학이다. 나의 나뿐 아니라 너의 나, 그의 나를 존중하고 이해하고 사랑하는 안창호의 '나' 철학은 사물과 환경을 주체로서 존중하고 실현함으로써 통일과 평화의 철학을 위한 근거와 토대가 되었다. 생의 철학자였던 안창호에게는 생의 주체와 전체와 진화가 분리될 수 없듯이 사회(국가)의 민주와 통일과 평화가 분리될 수 없었다. 그는 철저히 민주주의자였고 철저히 통일주의자였으며 철저히 평화주의자였다. 그에게 민주와 통일과 평화는 서로 뗄 수 없이 결합되어 있는 것이며 저마다 수단과 방법과 과정이면서 동시에 근본 원칙이고 목적과 결과였다. 안창호에게 평화는 전쟁의 부재나 구조적 폭력의 부재가 아니라 생의 주체와 전체가 심화 확대되고 진화 고양되는 민주공화와 세계대공의 구현이었다. 그것은 사랑하기 공부와 애기애타를 통해 기쁨과 사랑이 충만하게 되는 과정이며, 서로 보호하고 단합하여 서로 해방하고 구원해가는 과정이었다. 안창호는 따로 평화에 대한 논설을 쓰거나 강론을 하지는 않았다. 그러나 그의 모든 말과 행동은 평화를 지향하고 실현하는 것이었다. 그는 한 번도 분란을 조장하거나 일으키지 않았고 임시정부와 민족의 대동단결과 통일을 위해 기꺼이 양보하고 희생할 각오가 되어 있었다. 상해 임시정부 시절에 쓴 그의 일기를 보면 갈등과 분란, 폭력과 다툼이 일어났을 때 그가 얼마나 참고 인내하며, 생각이 다르고 입장이 다른 사람들을 끌어안고 평화적으로 문제를 해결하여 평화와 통일에 이르려고 애를 썼는지 알 수 있다. 임시정부와 민족의 대동단결과 통일을 위하여 그는 자기가 만든 임시정부를 기꺼이 떠났으며, 민족대표자회의를 열어 민족의 대동단결과 통일을 이루려고 혼신을 다하며 자기를 희생하고 적대자들을 끌어안으려 하였다. 그는 마치 암탉이 병아리들을 끌어모으듯이, 임시정부와 민족의 어머니처럼 자기를 희생하고 헌신하면서 서로 다투는 독립 운동가들과 독립운동단체들을 끌어안으려 하였다. 그는 간디처럼 엄격한 비폭력 평화주의자는 아니었다. 그는 일제의 군대와 맞서 싸우려 했고 민족을 배신하고 일제에 협력하는 자들은 죽여야 한다고 공언하였다.[7] 그러나 그가 일제와 맞서 싸우는 목적은 국가와 세계의 정의와 평화를 실현하기 위한 것이었다. 그가 점진적인 준비과정을 통해 실력을 양성하고 건전한 인격을 형성하여 조직과 단체의 공고한 단결에 이르고 민족의 통일과 세계대공에 이르려 한 것은 그의 독립운동의 과정과 방식, 이념과 목적이 매우 평화적임을 말해준다. 그가 친일파의 거두로 알려진 윤치호와 끝까지 인격적이고 따뜻한 인간관계를 유지함으로써 윤치호의 깊은 존경과 사랑을 받은 것[8]은 그의 삶과

---

7 안창호, "6대사업," 『안도산전서』, 663; 안창호, "우리 혁명운동과 임시정부 문제에 대하여," 『안도산전서』, 755.

8 윤치호, 『윤치호 일기』 1933.9.11., 1933.10.6, 8, 1938.3.11; 윤경남 편저, 『좌옹 윤치호 평전』 (서울: 신앙과지성사, 2017), 906, 946.

정신과 실천이 얼마나 평화로운지를 말해준다. 더욱이 그를 수사했던 일본경찰 미와 경부를 인격적으로 존중하며 진실하게 대함으로써 안창호가 미와 경부 부부에게서 깊은 사랑과 존경을 받은 것[9]은 그의 삶과 정신이 지극히 평화적이었다는 것을 나타낸다.

나라의 주인과 주체인 민의 힘을 확대하는 유일한 방법은 민의 통일에 있었다. 안창호의 철저한 민주원리에서 철저한 통일원리가 나왔다. 자신과 자기 집단의 권력과 부를 탐하는 인간들은 철저한 민주주의자가 될 수도 없고 민의 통일을 위해 자신을 희생하고 헌신할 필요가 없었다. 그러나 민주주의자 안창호에게 민의 주체적 자각은 통일의 근거가 되고 민의 통일은 민의 주권을 실현하는 힘이 되었다. 그리고 민주와 민의 통일은 그 자체가 평화를 실현하는 것이었다. 전쟁은 결국 제 나라의 국민이나 남의 나라 국민을 살육하고 수탈하는 일이다. 민이 나라의 주인임을 자각하고 서로 단합하고 통일을 이루어 나라의 주인 노릇을 제대로 하면 민을 수탈하며 죽음으로 내모는 전쟁을 하는 일은 없을 것이다. 민을 수탈하기 위해 전쟁을 하는 무리들이 사라지면 평화는 자연스럽게 이루어질 것이다. 안창호에게 평화는 전쟁의 부재가 아니다. 그가 인간의 자기개조를 말하고 사랑하기 공부를 역설한 것은 인간들이 저마다 덕력·체력·지력을 길러서 서로 보호하고 단합하여 기쁨과 사랑이 충만한, 행복하고 존엄한 삶을 이루어가는 민주공화의 세계를 만들어가기 위한 것이다. 자기개조와 애기애타를 통해서 서로 보호하고 단합하는 사회를 이루어가는 것이 평화의 세계를 이루어가는 것이다. 인간의 자기개

---

9 주요한 편,『안도산전서』, 461, 485.

조와 애기애타를 바탕으로 민이 서로 주체로서 서로 보호하고 단합하는 민주공화의 세계를 열어가는 것이 그가 생각한 역동적인 평화다. 그는 온갖 난관과 시련을 뚫고 끊임없이 앞으로 나아가려고 했다. 새롭게 앞으로 나아가며 민주와 통일의 삶을 이루어가는 과정을 통해서 정의와 평화가 가득한 대공세계가 열린다. 안창호는 원리적이고 이론적이고 타협적인 평화주의자가 아니라 역동적이고 실천적이며 철저한 평화주의자였다.

물론 안창호는 일제에 맞서 독립전쟁을 준비했고 한민족의 식민통치를 강화하고 협력하는 무리를 죽이라고 한 점에서 비폭력 불살생을 내세우는 원리주의 평화주의자는 아니었다. 그러나 그의 독립운동의 목적이 전쟁과 폭력의 제국주의를 극복하고 한반도와 동아시아와 세계의 평화를 이루는 데 있었다는 점에서 그는 평화주의자였다. 부국강병과 약육강식의 야수적인 제국주의를 극복하고 청산하기 위해서 자신을 희생하고 헌신했다는 점에서 그는 평화를 추구한 사람이었다. 그가 부국강병과 약육강식을 추구한 국가주의 문명철학을 거부하고 민이 서로 보호하고 단합함이 문명 부강의 뿌리와 씨라고 한 것은 그의 사상과 철학이 근본적으로 그리고 철저하게 민주적이고 평화적임을 의미한다. 모든 갈등과 대립, 분열과 다툼을 극복하고 단체의 단결과 민족의 통일을 위해서 모든 것을 희생하고 헌신했다는 점에서 그는 평화의 사람이었다. 그가 사랑하기 공부를 내세우고 빙그레 웃는 훈훈하고 기쁜 사회를 만들려고 했다는 점에서 그는 평화의 사람이었다. 그를 음해하고 공격하는 적대자들을 존중하고 동지로서 함께 일하려고 했다는 점에서 그들과 맞서 싸우지 않았고 끝내 그들을 비난하고 공격하지 않았다는 점에서 어떤 경우에도 그는 분란과 갈등을 일으키지 않았다는 점에서 그는 평화의 사람이었다.

그는 일제와 일제의 식민통치에 협력하는 인간들을 꾸짖고 비판하였지만 한인 동포들과 민족지도자들에 대해서는 한 번도 비판하거나 적대적인 언행을 하지 않았다. 그를 음해하고 공격하는 사람들은 수없이 많았으나 그는 거의 모든 사람들을 이해하고 포용하고 더불어 일하려고 하였다. 자기 자신에게는 가혹할 정도로 엄격하고 단호하면서도 남에 대해서는 너그럽고 관대했다. 한국독립운동세력들 사이에서 그는 아무하고도 적대적 대립 관계를 스스로 만들지 않았다. 갈등과 대립을 극복하고 분열과 다툼을 치유하려고 했던 안창호는 참으로 평화의 사람이었다.

2. 안창호는 어떻게 민족통일과 세계평화의 길로 갔는가?

동·서 문명의 창조적 융합과 민의 주체적 자각이 이루어진 한국 근·현대의 역사 속에서 안창호가 평생 걸어간 길은 민을 주체로 깨워 일으켜 민족의 독립과 통일을 이루고, 불의한 일제의 잔혹하고 폭력적인 억압과 수탈에서 벗어나 동아시아와 세계의 정의와 평화를 실현하는 구도자적 도정이었다. 그는 먼저 민을 주체로 깨워 일으키는 교육독립운동에 힘썼고, 조선왕조의 거짓과 속임에서 벗어나 진실하고 정직한 사회를 이루려 했으며, 불의하고 잔혹한 일제의 억압과 수탈에서 벗어나 사랑으로 서로 보호하고 단합하는 민주공화의 나라를 이루려 했다.

그가 생각하고 실천한 통일과 평화에 이르는 지름길은 네 가지였다. 첫째는 민이 저마다 자각하여 주체로 서는 것이다. 민의 자립과 독립이 통일과 평화에 이르는 토대이고 지름길이다. 남에게 예속되어 남을 의지하고 사는 사람이나 남을 짓밟고 남에게서 빼앗아 먹고 사는 사람들 사이에는 평화와 통일이 이루어질 수 없다. 예속된 삶에서 벗어나는 자립과 독립은 통일과 평화의 조건이다. 안창호는 물건과 환경도 주체로 사랑하고 존중했다. 인간과 환경(사물)이 서로 주체로서 사랑과 존중의 관계를 맺을 때 인간의 삶은 평화와 통일에 이를 수 있다. 둘째는 거짓과 속임에서 벗어나 진실하고 정직하게 사는 것이다. 진실과 정직이 통일과 평화의 지름길이다. 거짓과 속임이 있는 곳에는 분열과 다툼이 있을 뿐 통일과 평화는 없다. 과학적 효율성과 합리성을 중시하면서 진실하고 정직하게 말하고 행동하고 사귈 때 통일과 평화에 이른다. 셋째는 서로 주체로서 사랑으로 서로 보호하고 단합하는 것이 평화와 통일에 이르는 지름길이다. 일제의 불의한 침략과 정복에서 벗어나 자유롭고 평등한 민중이 사랑으로 서로 보호하고 단합하는 것이 평화와 통일에 이르는 길이었다. 넷째는 적대자들과 타협하지 않고 맞서 싸우면서도 적대자들을 주체로서 존중하고 사랑하는 것이다. 안창호는 자기를 수사하는 일본 경찰도 주체로 이해하고 존중했다. 적대자들과 싸우면서도 적대자들을 주체로서 이해하고 존중하는 것이 적대관계를 극복하고 평화와 통일에 이르는 지름길이다. 그는 자신을 조사하는 일본 검사 앞에서 한국민족이 독립하는 것이 일본 국민에게도 유익하며 동아시아 평화의 초석임을 강조하였다. 안창호의 독립운동이 성공할 수 없다면서 부강한 나라 일본의 실력을 내세우는 검사에게 도산은 이렇게 말했다. "나는 일본의 실력을 잘 안다. 지금 아시아에서 가장 강한 무력을 가진 나라다. 나는 일본이 무력만한 도덕력을 겸하여 가지기를 동양인의 명예를 위하여서 원한다. 나는 진정으로 일본이 망하기를 원치 않고 좋은 나라가 되기를 원한다. 이웃인 대한을 유린하는 것은 결코 일본의 이익이 아니 될 것이다. 원한 품은 2,000만을 억지로 국민 중에 포함하는 것보다 우정 있는 2,000만을 이웃 국민으로 두는 것이 일본의 득일 것이다. 대한의 독립을 주장하는 것은 동양의 평화와 일본의 복리까지도 위하는 것이다."[10] 안창호의 독립투쟁은 한국의 평화와 복리뿐 아니라 동양 평화와 일본의 복리까지 위하는 것이었다. 그는 한국뿐 아니라 일본도 생의 주체로서 존중하고 위하려 하였다.

1) 민족통일의 길을 열다

임시정부와 민족통일을 위한 안창호의 신념과 실천

1919년 삼일독립운동이 일어나서 전 국민이 만세운동을 일으키고 상해에 임시정부가 선포되자 안창호는 상해로 달려갔다. 삼일운동은 일제의 식민통치에 맞서 온 국민이 방방곡곡에서 한 맘 한 뜻으로 일어난 독립혁명운동이었다. 흰옷을 입고 손에 태극기를 들고 슬픈 곡조(올드랭 사인)의 애국가를 부르며 맨몸으로 일제의 총칼에 맞서 '대한독립만세'를 외친 삼일운동은 한민족 전체가 한 몸, 한 맘으

---

10 『안도산전서』, 479-480.

로 함께 일으킨 비폭력 평화운동이었다. 삼일운동에서 온 민족이 하나로 통일되었다. 삼일운동은 민족을 깨워 일으킨 안창호의 교육독립운동과 직결된다. 쾌재정의 연설에서 민중과 하나 됨을 체험한 안창호는 민주적인 독립국가 건설을 위해서는 민족이 하나로 통일되어야 한다는 신념을 가지고 있었다. 그가 공립협회를 만들고 신민회를 조직하고 교육독립운동을 하고 흥사단을 만든 것은 모두 민 한 사람 한 사람을 주인과 주체로 깨워 일으켜 민족의 독립과 통일을 이루기 위한 것이었다. 그에게는 민주정신과 통일정신이 사무쳐 있었다. 삼일운동은 그가 우리 민족의 가슴과 역사에 심어준 민주, 통일, 독립의 정신의 불씨가 살아난 것이다. 그는 개인의 야심과 집착을 버리고 '민족을 하나로 깨워 일으킨' 삼일독립운동의 정신과 뜻을 계승하고 실현할 준비가 되어 있었다.

처음 상해에 갔을 때 안창호는 통치하는 권력기관인 임시정부를 조직하는 것보다 한인동포들과 인도자들을 결집하고 통일하는 민주적인 독립당을 건설하려고 하였다. 민의 단결과 통일이 이루어지지 않은 상태에서 대통령, 총리, 장관 같은 권력자들과 통치기관인 정부를 수립하는 것은 옳지 않다고 생각했던 것이다. 따라서 내무총장과 총리대리로 취임하라는 차장들과 위원들의 독촉에도 그는 한 달 이상 취임하지 않았다. 도산은 자신이 상해에 온 목적이 "직접 독립운동을 한다기보다도 장차 크게 독립 운동할 준비로 온 것"임을 말하고 그 방법으로 "남북 만주와 시베리아에 있는 교포들을 조직·훈련하여 미주나 하와이 교포처럼 경제적으로나 정신적으로 향상하고 단결하게 하고자 함"이라고 하였으며 "만주로 들어가 백만 재류동포를 계몽하고 조직할 것"을 주장하였다.[11]

그러나 상해와 본국 안팎으로 임시정부를 조직하라는 기대와 열망이 컸고 젊은 차장들은 동포들을 교육하고 실력을 양성하는 일도 임시정부의 이름으로 하는 것이 효과적이라고 도산을 설득하였다. 도산은 민족의 피로 물들인 삼일운동의 정신적 영향을 앞세워 지도자들의 영웅주의와 분파주의를 극복하고 임시정부를 중심으로 통일의 기반을 마련한 다음 민족의 독립과 통일을 이룰 대독립당을 조직할 수 있을 것으로 기대하였다. 청년 차장들의 독촉에 대한 도산의 취임조건은 각지에 있는 영수들을 상해로 모으는 일을 적극 추진할 것과 그분들이 한 자리에 모이면 도산은 내무총장 겸 국무총리를 내놓고 다른 분을 최고 지도자로 추대할 것 등이었다.[12] 차장들과 뜻을 모은 도산은 임시정부를 조직하는 일에 힘썼다. 미국에 설립한 대한인국민회와 흥사단이 임시정부의 살림과 운영을 위해 재정과 인적 자원을 제공하였다. 그는 임시정부를 조직하고 임시정부를 위해 일을 함에 있어서 목적과 기준을 '국민 전체의 통일'에 두었다. 상해에 온 이후 그는 "통일을 위하여는 무엇이나 희생할 결심임을 누차 설명하였다."[13] 처음에 내무부 총장 겸 국무총리 대리로 임시정부 일을 시작한 안창호는 통합된 임시정부를 만들기 위해서 기꺼이 자신은 국장급인 노동국 총판의 자리로 내려앉았다. 서로 다른 독립운동세력의 분열을 막고 국민 전체의 통일된 지지를 얻기 위해 안창호는 모든 것을 내려놓고 혼신을 다했다. 임시의정원에서 그를 노동부총장으로 결정했으나 거부하였고 다시 대통령 대리로 선정했지만 이

---

11 『안도산전서』, 231.

12 『안도산전서』, 231-232.

13 안창호, "노동국 문제에 대하여," 『안도산전서』, 637.

것도 거부하였다. 임시정부의 통합과 통일을 위해서 그는 노동국 총판의 자리를 고집하였다.[14] 가장 낮은 자리를 차지한 그는 이승만을 대통령, 이동휘를 국무총리, 이동녕, 이시영, 신규식을 총장으로 모심으로써 임시정부의 기본 틀을 갖추었다. 자신을 낮추고 희생함으로써 안창호는 국민 전체의 신망과 지지를 얻을 수 있는 통합된 임시정부를 조직했다. 그는 삼일운동의 정신을 바탕으로 임시정부와 민족의 대동단결과 통일을 위하여 자신을 기꺼이 낮추고 버릴 수 있었다. 삼일운동 1주년 축하식에서 그는 이렇게 말하였다. "(3월 1일은) 우리 민족의 신성한 날, 정의와 평등으로 나온 날, 상제께서 허락하신 날입니다. … 우리 2천만이 한 소리로써 크게 부르짖어(叫號) 대한의 남자와 여자가 합동하여 일으킨 날이오. 한국으로는 망하고자 하여도 망하기 어렵게 되었소. 이 날은 참으로 우리가 십년간 분투하여 구한 날이오. … 작년 3월 1일에 가졌던 결심을 잃어버리지 맙시다. … 그 때 우리 민족의 맘은 죽기로 결심하고 정신은 일하는 사람이 되고자 함이오. 우리가 일하는 사람에게는 그 사람의 재식과 인격은 불문하고 부모보다 깊이 사랑하였소. 그 날의 결심은 적이 강하고 우리의 약한 것을 두려워하지 않았나이다. 나는 이 자리에서 다른 말을 하지 않고 오직 한 마디만 하겠습니다. 작년 3월 1일의 정신을 이어받으면 우리의 목적을 이루겠나이다. 오늘 우리의 대통령 이승만 박사와 국무총리 이동휘를 어깨에 떠메고, 저 일본의 가인(嘉仁, 일본 왕)을 두고 싸움이 우리의 목표가 아니오? 두 선생의 동상을 독립문 앞에 세워야 하겠소. 스스로 그 몸을 깎으면 죽게 되는

---

14 『안도산전서』, 637-638.

것이니 두 영수를 받들고 앞을 향해 전진하는 것을 우리가 생각해야 할 것이오."[15]

안창호는 노동국 총판의 낮은 지위에 있었지만 각부 차장들과 함께 임시정부를 움직이고 이끌어가는 동력(엔진)과 두뇌 구실을 하였다. 미국의 동포들도 안창호를 통해서 재정을 지원하였고 상해의 한인 동포들도 안창호에 대한 절대적 신뢰와 지지를 보내주었다. 그는 2년 동안 노동국 총판의 자리에서 임시정부를 위해 일하면서 독립운동의 큰 그림과 방향을 제시할 뿐 아니라 구체적이고 현실적인 지침과 방안을 마련함으로써 뒤에서 임시정부를 이끌었다. 그는 이광수를 앞세워 임시정부 기관지 '독립'신문을 발간하고 박은식으로 하여금 독립운동사를 쓰게 했으며 독립운동 관련 자료를 모았다. 그는 또한 임시정부의 선전활동을 강화하고 연통제를 설치함으로써 국내의 독립운동세력을 조직하고 연결하였다. 만주와 간도 지역의 독립군들을 통합하여 임시정부의 군대로 만들었다. 그는 또한 한국 적십자사와 여성회를 비롯한 한인동포들의 많은 조직들을 만들거나 그 조직들을 운영하고 발전시키는 데 결정적 구실을 하였다.[16]

어떻게 안창호는 짧은 기간에 이러한 큰일을 이루어낼 수 있었을까? 무엇보다도 그는 깊은 철학을 가지고 과학적이고 합리적인 사고를 하는 사람이었다. 또한 그에게는 뛰어난 지도력과 높은 인격, 민주적인 소통능력과 조직력, 행정력과 기획력, 추진력과 실천력이 있

---

[15] 안창호 일기 1920.3.1. 『안도산전서』, 832. 국한문 혼용체의 글을 현대문으로 고쳐 옮겼다.

[16] 『안도산전서』, 232 이하 참조. 그리고 1920~1921년의 도산일기를 참조하라. 도산일기, 『안도산전서』 773 이하.

었다. 다른 지도자들은 조선왕조의 관리와 양반으로서 사람들을 이끌어본 경험이 있었지만 민주적으로 소통하고 수평적 관계 속에서 협력하면서 조직을 이끌어본 경험은 없었다. 안창호만은 한인 동포들 속으로 들어가서 민주적으로 소통하고 조직하고 교육하면서 함께 협력하고 서로 보호하면서 단결하고 협동하는 일을 오래 하였다. 민주적인 소통과 협동의 능력과 경험을 가졌으므로 안창호는 노동국 총판의 지위에 있으면서도 임시정부의 동력과 두뇌의 구실을 할 수 있었다.

그러나 안타깝게도 임시정부 안과 밖 어디서도 분열과 갈등이 깊어만 갔다. 당시에 누구나 어디서나 통일을 주장했으나 민족의 대단결과 통일은 이루어지지 못했다. 그 까닭이 무엇인가? 안창호는 그 까닭을 두 가지로 말했다. 첫째는 사람들의 심의가 깨끗하지 못하기 때문이다. "우리의 싸움하는 것이 임시정부 문제가 아닙니다. 임시정부 때문에 싸우는 그네는 정부가 없더라도 싸울 것입니다. 그 싸우는 것은 정부 까닭이 아니요, 각각 자기에게 깨끗지 못한 심의가 있는 까닭이외다."[17] 맘 속에 품고 있는 욕망, 감정, 생각이 깨끗하지 못하기 때문에 민족의 대동단결과 통일을 이루지 못하고 싸움질을 계속하고 있다는 것이다. 싸움을 그치고 대동단결과 통일에 이르려면 먼저 맘의 욕망, 감정, 생각을 깨끗하게 하고 바로 잡아야 한다는 것이다.

둘째는 민족지도자들이 자기와 자기 당파 중심의 통일을 요구하기 때문이다. 이런 것은 모두 사적 통일이다. 사적 통일은 공적 통일

---

[17] 안창호, "임시정부 문제에 대하여," 『안도산전서』, 763.

을 가로막는다. 왜 사적 통일에 집착하는가? 안창호는 지도자들이 남의 아래 서지 않으려 하기 때문이라고 보았다. 남의 아래 서지 않으려니까 자기 밑에 일단의 부하를 두고 갈등과 분열을 일으킨다는 것이다. 안창호는 분명하게 말했다. "통일에 공적 통일과 사적 통일을 분명히 하면 곧 통일이 되리라. 어디나 어디를 막론하고 통일이 아니 되는 것은 무슨 일인고? 결코 지방열도 아니요 편당심도 아니요, 오직 그 중에서 일하는 자 몇 사람이 남의 하풍(下風, 아래)에 서기를 싫어하는 까닭이오. 그네들도 가서 물어보면 통일해야 된다고 하오. 그리고 통일 못 되는 것은 남의 탓인 듯 말하오. 남의 하풍에 아니 서려니까 자기 부하에 일단을 둘 필요가 있소." 그 일단을 만드는 방법은 통일을 해야 하는데 '누구' 때문에 통일이 안 된다고 '누구'를 비난하고 공격하면서 동포들을 선동한다. 그러면 통일을 바라는 동포들은 그 누구를 공격하고 배척한다. 이렇게 되면 자기 추종자들은 만들 수 있지만 민족의 공적 통일은 파괴된다.[18] 그러므로 안창호는 기꺼이 남의 아래 서서 남을 받들고 섬기려 하였다. 기꺼이 남의 아래 설 수 있는 마음이 나와 남을 주체로 생각하는 마음이며 이것이 민주와 통일 정신의 기초다.

자기중심의 사적 통일을 추구하면 공적 통일이 이루어지지 않는다는 것을 안창호는 일찍이 깨닫고 공적 통일을 위해 헌신하였다. 공립협회, 신민회, 청년학우회, 흥사단, 대한인국민회를 조직하고 이끌면서 안창호는 사적 통일을 넘어서 공적 통일을 이루는 길을 확고하게 열어갔다. 그는 통일을 위해 준비된 사람이었다. 민족의 통

---

18 안창호, "6대사업,"『안도산전서』, 668.

일을 위해 그는 기꺼이 남의 아래 설 줄 알았다. 자신을 지방열이 강한 야심가라고 비난하는 사람들까지 안창호는 아우르며 통합하려고 애썼다. 임시정부를 중심으로 민족의 통일을 이루기 위해서 그는 기꺼이 이승만과 이동휘에게 복종하였다. "나는 진정으로 말하거니와 이 대통령과 이 국무총리를 충성으로 복종하오. 나는 두 어른의 결점을 가장 잘 아오. 아마 나만큼 잘 아는 자가 없으리다. 그러나 나는 충성으로 그네를 복종하오. 누구를 갖다 놓든지 우리 주권자에게 복종하여야 하오. 우리끼리 복종하지 아니하면 가인(嘉仁)의 복종에서 떠날 날이 없으리다. 복종 아니 하려는 자는 대개 자기가 두령이 되려는 생각이 있소. 그러나 우리 중에는 결코 독력으로 독립할 자는 하나도 없소. 통일하면 독립하고 아니하면 못하오. 우리는 모든 일 중에 급하고 급한 것이 통일이요, 구할 것이 통일이외다."[19]

안창호에게 민족의 통일은 민족의 독립을 위한 수단이고 방법이며 힘이고 길이었다. 독립운동가로서 안창호는 처음부터 끝까지 민족의 통일에 관심을 집중했고 민족의 통일을 위해 혼신을 다해서 헌신하였다. 안창호의 희생과 헌신에도 불구하고 박용만을 비롯한 북경의 인사들은 상해 임시정부를 더욱 비난하였고 이승만과 임시정부의 갈등은 더욱 깊어졌다. 러시아의 한인지도자들도 임시정부를 비판하고 멀리하였다. 이런 상황에서 안창호는 모든 책임을 자기에게 돌리고 자기가 물러설 결심을 하게 되었다. 1920년 7월 11일 일기에 따르면 안창호는 윤현진을 비롯한 차장들을 만나서 자신이 물러날 결심을 밝혔다. 그는 임시정부 안팎의 모든 분열과 갈등의 깊은

---

[19] 안창호, "6대사업," 『안도산전서』, 669.

내면에는 자기에 대한 비판과 견제가 있다고 보았다. 안창호는 자기의 덕이 부족한 탓이라면서 자기가 임시정부에 있는 한 민족지도자들의 통일이 어렵다고 생각하였다. 그러므로 그는 임시정부를 나가서 평민으로서 임시정부를 위해 일하겠다고 하였다. 정부 안에서보다 정부 밖에서 통일을 위해 노력하는 것이 효과가 있고 대동단결을 이룰 자신이 있다고도 생각하였다. 그는 임시정부 밖에 있으면 임시정부를 잘 도울 자신이 있다고도 하였다.[20]

정부에서 사퇴하면서 안창호는 다시 한 번 통일운동을 부르짖었다. "군사운동이니, 외교 운동이니 하며 기타 모든 운동에 성하고 패함이 통일운동의 성하고 패함에 달렸소. 내가 통일을 한다고 많이 부르짖은 고로 '안창호의 통일 독립'이란 별명까지 있지마는, 독립을 완성하려면 우리 민족적 통일력이 아니고는 될 수가 없으니, 독립을 기대하고 희망하는 우리는 통일의 완성을 위하여 노력 아니 할 수 없습니다."[21] 이 연설에서 안창호는 모든 힘의 근원이 지식에 있다고 보았다. 우리 민족의 지식이 짧기 때문에 다른 민족에게 망했다. 통일을 이루지 못하고 분규가 생기는 것도 "우리의 지식 정도가 유치함에 원인한 것"이다.[22] 여기서 도산이 말한 지식은 단순한 사실에 대한 기록이나 정보, 또는 통계자료가 아니다. 그가 말한 지식은 삶을 위한 삶의 지식이다. 단순한 삶의 지식이 아니라 현실에 대한 정확한 통찰을 담은 과학적 지식이다. 더 나아가서 현실과 자아를 통합하는 도덕적 깊이와 영적 깨달음을 담은 철학적 성찰이다. 그러므

---

20 『안도산전서』, 296-297.

21 안창호, "정부에서 사퇴하면서,"『안도산전서』, 700.

22 안창호, "정부에서 사퇴하면서,"『안도산전서』, 698.

로 그는 과학적 두뇌와 철학적 지성을 추구하였다. 과학적 두뇌와 철학적 지성을 가진 민족은 분열에서 벗어나 통일될 수 있고 통일이 되면 외적의 침입을 막아낼 수 있는 힘을 지니게 된다.

민의 심정과 처지에서 통일의 길로 나아가다

안창호는 독립운동 기간 중에는 전 민족이 통일전선으로 뭉쳐야 된다는 신념을 가지고 있었으므로 통일운동을 가장 힘차게 추구하였다. 민족운동의 대동단결과 통일을 이루기 위해 안창호는 어떤 구상과 방안을 가지고 있었나? 앞에서 인용한 1920년 7월 11일의 일기에는 민족통일과 대동단결의 방안에 제시되어 있다. 임시정부를 장기적으로 유지하면서 "해외의 200여만 인구를 통일하여 독립 완성의 시기까지 교민을 통치하고 독립운동을 계속 진행할 것"이다. "임시정부를 관청제도로 진행치 말고, 또 입법기관을 상해에 둘 필요가 없고 1년에 한 번씩 각 구역의 대표자가 직접으로 와서 법률을 제정 증감하며 직원을 개선하는 것이 적당한지라. (임시정부를) 기관 사무실 체제로 조직하고 미·중·아[미국·중국·러시아] 각 지에 지방단체를 설치하고 그 교민에게 세납을 가볍게 정하여 그 수입으로… 정부를 영원히 유지할 것을 확정하고… 해외 교민을 통일하여 정부 유지라는 이 건에 비상히 노력할 필요가 있다."[23]

이러한 도산의 통일론은 민주적 원칙에 기반한 것이지만 도덕적이고 이상적인 방안이라고 생각될 수 있다. 당시 독립 운동자들이나

---

23 『안도산전서』, 297-298.

교민들은 협동과 타협, 또는 다수결 제도의 민주방식의 훈련이 제대로 이루어지지 않았고, 민주주의적 지도자 선택보다 중세기적 주종관계, 파당적 충성 등에서 완전히 헤어 나오지 못하고 있었다.[24] 따라서 민주원칙에 근거한 안창호의 통일방안과 실천은 당장 현실에서 성공을 거두지 못할 수 있었다. 만일 안창호가 자기 세력을 확장하여 권력을 잡을 목표를 가지고 움직였다면 안창호는 분명히 실패한 사람이다. 그러나 안창호가 자기를 낮추고 자리를 양보하고 남을 앞세우면서 걸으려고 했던 민주와 통일의 길은 한민족이 근·현대사에서 함께 걸어야 길이었다. 민주적 통일의 길로 가지 않으면 민주사회를 이룰 수도 없고 통일된 국가를 이룰 수도 없다. 자기를 희생하고 낮추면서 다른 민족지도자들을 존중하고 앞세운 것은 민중이 주인으로서 이끌어가는 통일된 나라를 이루기 위한 것이었다. 한국민족이 봉건적 주종관계와 파당적 충성에 매여 있는 한 한국은 결코 민주사회를 이루지 못하고 통일된 나라를 세울 수 없다. 그러므로 안창호가 내세운 민족통일의 길은 안창호 자신에게는 실패와 고통을 안겨준 길이지만 한국민족이 독립된 민주국가를 이루려면 반드시 걸어야 할 길이었다. 그는 자신의 실패와 고통을 감수하고 민족의 성공과 번영에 이르는 민족통일의 길을 열어갔다.

그러나 이승만과 사회주의 세력은 자기 세력을 확장하고 권력을 잡기 위해서 현실적이고 파당적인 행동을 서슴지 않았다. 철저히 현실주의 정객이었던 이승만은 "'나를 따르라'는 권위주의로 일관하였고 논쟁이 있을 때는 '일에 방해가 되니 떠들지 마시오'라는 한 마디

---

[24] 『안도산전서』, 298.

로 딴 의견을 막았으며, 또 분쟁이나 분열이 생겨도 개의치 않았다. 자기 추종자들만 거느리고 외교 활동을 하는 것으로 만족하였다."[25] 이동휘를 비롯한 사회주의자들도 분열적이고 파당적인 행동을 서슴지 않았다. 이동휘는 임시정부의 총리면서도 상해의 한인 공산당과 레닌 정부를 중심으로 생각하고 행동하였다. 안창호가 임시정부를 떠나서 국민대표회의를 소집했을 때도 안창호와 사회주의 세력의 대응방식은 대조적이었다. 당시 임시정부의 일부 인사들은 임시정부를 그대로 유지하자는 주장을 폈고 안창호와 김동삼, 이동휘 등은 임시정부를 개조하자는 주장을 했으나 김규식 등이 이끈 이르쿠츠크 한인 공산당 세력은 임시정부를 해체하고 새롭게 창조하자는 주장을 하였다.

임시정부를 나온 안창호가 한 일은 민족대표자들을 모아서 민족의 단결과 통일을 이루는 일이었다. 그는 민족대표회의 개회식 환영사에서 민족의 통일을 방해하는 세력은 민중이 아니라 지도자들이라고 말하였다. "우리 독립운동을 위하여 들에서 김매어서 돈 벌어 바치는 농부도 아니요, 앞으로 나아가 죽자면 죽는 군인도 아니요, 시정에서 머리 숙이고 돈 벌어 바치는 상민도 아니요, 광산과 철로에서 땀을 흘리고 돈 벌어 바치는 노동자도 아니요, 오직 불통일의 걱정거리는 어느 지방이나 단체의 대표될 만한 이들의 문제입니다. 또한 독립운동에 대하여 장해를 준다 안 준다 하는 문제도 각 방면의 인도자급에 있는 사람들입니다."[26] 이것은 현실에 대한 깊은 통찰이며 지도자들에 대한 통렬한 비판과 반성이다. 또한 안창호가 민중

---

25 『안도산전서』, 299.

26 안창호, "국민대원 제군이여," 『안도산전서』, 733.

을 얼마나 깊이 이해하고 존중하며 사랑했는지 알 수 있다. 여기서 안창호가 민의 심정과 자리에서 생각하고 말하는 것을 알 수 있으며 그가 얼마나 민주정신과 원칙에 사무쳐 있는지 알 수 있다. 더 나아가서 안창호는 국민대표회의를 원만하게 할 수 있는 마음가짐과 자세를 다섯 가지로 제시하였다. "첫째는 과거의 감정을 망각할 것, 둘째 피아를 일시동인(一視同仁)할 것, 셋째는 일만 표준 하여 공평·정직할 것, 넷째는 흉금을 피력할 것, 다섯째는 공결(公決)에 열복할 것."27 여기에 민주와 통일의 원칙과 자세가 다 제시되어 있다. 이런 원칙과 자세가 바로 안창호의 대공정신을 드러내 보여준다. 안창호는 민의 심정과 처지에서 이런 원칙과 자세를 가지고 지극 정성을 다하였다. 국민대표회의에서 수적으로 2/3이상의 세력을 대표했던 안창호는 소수 반대파를 끌어안아 통합된 민족대표기구를 만들기 위해서 "토혈을 하면서도 주야 없이 그야말로 망식분주(忘食奔走)하는 것이었다."28

그러나 국민대표회의에 집단적으로 참여했던 이르쿠츠크 공산당 세력은 안창호의 생각과 노력을 비웃듯이 철저히 정략적이고 파당적으로 움직였다. 국민 대표회를 추진하고 소집하는 데 앞장섰던 안창호는 임시회장으로 선출되었다. 그러자 이르쿠츠크 세력은 안창호가 대한인국민회 중앙총회 회장으로서 이승만의 위임통치 제안에 책임이 있다면서 안창호는 국민대표회의에 참석할 자격이 없다고 주장하였다. 이것은 물론 아무 근거도 없고 터무니없는 모략에 지나지 않았다. 이승만이 임시정부 회의에서 밝혔듯이 그는 위임통치 문

---

27 안창호, "국민대표원 제군이여," 『안도산전서』, 734.
28 김철수, "김철수 회고록," 「역사비평」 1989년 여름호, 358.

제를 가지고 안창호와 의논한 적이 없었다. 1921년 상해 임시정부 국무회의 자리에서 이승만은 위임통치청원의 문제와 관련해서 "그때 중앙총회장에게 문의한 일도 없고 또 중앙총회장이 어떠한 말이 없었다"고 분명하게 말하였다.[29] 그러나 안창호의 자격문제로 회의가 지연되었고 토론과 논쟁 과정에서 안창호의 지도력은 큰 손상을 입게 되었다. 그 후 선거를 통해 안창호는 부회장으로 선출되었다. 이르쿠츠크 공산당세력은 자신들의 주장을 관철하기 위해 온갖 책동과 술수를 다 썼다. 결국 합리적인 대화가 불가능하다고 생각한 개조파 인사들은 회의에서 탈퇴하게 되었다. 창조파 세력은 자기들끼리 모여서 국호를 '조선공화국'으로 하고 30명의 국민위원을 선출하고 그 가운데서 김규식, 이청천 등을 각원으로 임명하였다. 이들은 시베리아로 옮겨서 소련의 승인을 얻으려 했으나 승인을 얻지 못했다. 당시 소련과 국제공산당의 정책은 민족주의 진영에 침투하여 세력을 확장하는 것이었으므로 따로 정부를 조직한 창조파는 신랄한 비판을 받고서 이듬해 1924년 3월까지 대부분 상해로 돌아왔다.[30]

민족통일의 길을 열다

당시 상해에서 다수의 지지를 받으며 민주적인 대화와 토론을 통해 수평적으로 소통하고 협력하면서 조직운영을 할 수 있는 사람은 도산뿐이었다. 그는 장기적인 목적과 전망을 제시할 뿐 아니라 현실을 과학적 합리적으로 분석하고 진단하여 구체적인 대안과 방안들

---

29 도산일기 1921.2.23. 『안도산전서』, 1000.

30 『안도산전서』, 400-401.

을 제시하였다.[31] 안창호는 독립전쟁을 위한 근거지를 마련하기 위해 중국과 러시아의 국경지역인 밀산에 한인의 이상촌을 만들려고 했다. 전면적인 독립전쟁을 벌이기 전까지는 임시정부의 주도로 일제에 대한 테러와 부분적인 공격을 지속적으로 감행해야 한다고 생각했다. 그러나 일제에 대한 공격은 시대와 상황을 고려하여 체계적이고 계획적으로 이루어져야 한다고 보았다.[32]

임시정부 후반기를 이끌었던 김구도 안창호가 조직한 흥사단 특별 단우로서 안창호와 긴밀한 관계를 유지했다. 이승훈과 김구가 높은 도덕과 품격을 지닌 문화국가의 이념을 견지했던 것은 높은 도덕과 정신을 추구했던 안창호의 영향이라고 생각한다. 독립정신과 이념을 함양하는 교육문화운동에 힘쓰고 독립 정쟁의 후방기지로서 한인마을을 건설하고 통일된 당 조직을 확립하려 했던 안창호는 흔히 준비론자, 실력양성론자로 폄하되지만 그야말로 외교노선과 전쟁노선을 아우르는 실천적이고 통합적 방략을 가지고 있었다. 그는 또한 인간의 자유와 자발성을 강조하고 기업을 창업하고 추진하면서도 정치, 경제, 교육의 평등을 말하고 대공주의를 내세움으로써 민족자본주의와 사회공산주의의 이념적 대립을 통합하는 노선을 제시하였다. 만일 안창호의 노력이 성공하여 임시정부와 민족독립운동세력의 통합이 이루어지고 통합적인 민족독립운동이 전개되었다면, 남북분단과 전쟁의 비극은 없었을지 모른다.

그는 뛰어난 연설가였고 위대한 교육가였으며 천재적인 조직가

---

31 『안도산전서』, 232 이하 참조. 그리고 도산일기 1920~1921년 참조. 『안도산전서』, 773.

32 도산일기 1920.5.10. 『안도산전서』, 884-886.

였다. 그는 독립운동의 큰 목적과 방향을 제시하는 위대한 사상가와 뛰어난 정치지도자이면서 구체적이고 실천적인 방안과 지침을 자세히 지시하는 행동가였다. 높은 도덕과 고매한 인품을 가진 안창호는 높은 자리에 앉을 수도 있고 낮은 자리에 앉을 수도 있는 자유인이었다. 그는 겸허하게 낮은 자리에서 남을 앞세우고 섬기며 역경과 시련 속에서도 즐거이 서로 사랑하고 보호하며 일을 끝까지 붙들고 나아가려고 하였다. 그가 걸어간 길은 민족 전체가 함께 걸어야 할 길이었다.

그는 언제나 생의 깊은 자리에서 높은 뜻을 품고 생각하고 말하고 행동하였다. 나라를 잃고 헤매며 민족의 독립과 통일을 이루려 했던 그는 불리한 환경과 조건을 탓하지 않고 더욱 힘차게 앞으로 나아갔다. 큰 위기와 고난 앞에서 그는 움츠러들지 않고 오히려 더 굳세고 힘차게 일어섰다. 비상한 시국에 비상한 일을 할 수 있고 큰 위기와 시련을 당하면 큰 일을 할 수 있다고 하였다. 그러므로 그는 강력한 일본에게 합병당한 것이 다행이라고 말하였다.[33] 강한 일본에게 맞서려면 생각과 결심을 더욱 굳게 다지고 새로운 사람이 되어 단합하고 통일되어야 한다. 삼일운동은 한국의 민중이 민족의 독립을 위하여 한 맘 한 뜻으로 일어선 운동이다. 그는 삼일운동의 독립정신과 통일정신을 계승하고 실천하였다. 삼일 독립운동으로 "우리는 갱생하였다"고 그는 말했다. 삼일운동에서 드러난 민중의 독립정신과 통일정신을 이어받아 살기 위해서 그는 자신을 낮추고 희생하였다. 자유, 평등, 독립의 권리 주장을 말로만 앞세우는 것은 이기적이고 감

---

[33] 안창호, "제1차 북경로 예배당 연설," 『안도산전서』, 618.

정적인 행태에 머물기 쉽다. 안창호는 권리 주장을 넘어서 희생과 헌신의 심정과 자세로 독립운동을 해야 한다고 주장했다.[34] 안창호는 인생과 역사의 근본적인 자리에서 생각하고 행동하였다. 그러므로 그는 인간 자아의 혁신을 주장했다. 새 사람이 되지 않으면 삼일운동을 이어서 독립운동을 할 수 없다. 낡은 사람은 나라를 망하게 하는 사람이고 새 사람은 나라를 구하고 살릴 사람이다. 낡은 사람은 영웅주의와 당파(지역)주의에 사로잡힌 인간이고 새 사람은 남을 섬기는 겸허와 헌신의 사람이다. 그는 "섬기러 왔다"고 했고, 저마다 "은밀히 안 된 것을 고쳐야 한다"고 했다. 그래서 저마다 새롭게 되어서 망국민 자격에서 벗어나 독립국민자격을 갖추자고 했다. "우리 동포가 이만큼 피를 흘린 뒤에 주저하고 머뭇거림은 죄악입니다. 온 대한 사람이 다 거꾸러지더라도 나는 홀로 서서 나아가겠다고 맹세하시오."[35]

민족 전체의 자리에서 민족과 함께 민족의 독립과 통일에 이르는 길로 가기 위하여 안창호는 자신을 내어놓았다. 내무총장에 취임하면서 그는 "일백 번 죽음의 어려움이라도 피하지 않고 일반 국민과 국가를 위하여 충성을 다하겠다 할 뿐이올시다. 이 앞에 일할 때 큰 일에나 작은 일에나 속이지 않기를 결심하오" 하고 다짐했으며 "나라 일은 한 사람이 하는 것이 아니요, 전 국민이 함께 하여 성공할 줄 알고 결심합시다" 하고 호소하였다.[36] 그는 한 개인이면서 민족 전체로서 생각하고 말하고 행동하였다. 그는 생의 주체(자아)의 깊이와

---

[34] 안창호, "전쟁 종결과 우리의 할 일," 『안도산전서』, 612.
[35] 안창호, "제1차 북경로 예배당 연설," 『안도산전서』, 618-619.
[36] 안창호, "내무총장에 취임하면서," 『안도산전서』, 627.

자유에서 민족 전체의 통일에 이르렀다. 인간의 생명과 정신을 민족의 독립통일운동을 통해 실현하고 완성해갔다. 그는 사람이라면 누구나 가야 할 길, 누구나 가고 있는 길, 인간과 역사, 생명과 정신의 길을 진실하고 철저하고 올바르게 갔다. 일제의 불의한 통치 아래 신음하는 민족을 독립과 통일로 이끌음으로써 그는 세계정의와 평화의 길을 열었다. 그가 걸어간 길은 한민족뿐 아니라 인류가 함께 걸어야 할 크고 바른 길이었다.

민족의 독립과 통일을 위한 그의 삶과 정신, 사상과 실천은 장엄하고 고결하고 심오하였다. 그의 신념과 행동은 심층적이고 입체적이며 다차원적이었다. 그는 고매한 인격과 높은 철학을 가지고 민족독립의 큰 구상과 이상을 앞세웠고, 과학적이고 합리적이면서 구체적이고 현실적인 방안과 대책을 제시하였다. 그는 민족통일의 길을 열고 흔들림 없이 끝까지 그 길로 나아갔다. 민족 전체의 자리에서 진실하고 정직하게 살았던 안창호를 믿고 따르는 이가 많았다. 그가 임시정부를 이끌 때는 김구도 충실히 그를 따랐고 크고 작은 일들을 그와 의논하였다. 안창호가 임시정부를 떠난 후에도 김구는 안창호와의 관계를 돈독히 유지하였다. 해방 후 귀국한 김구는 먼저 망우리에 있는 안창호의 묘를 참배했다. 분단된 한국의 북쪽과 남쪽을 지배했던 김일성과 박정희도 안창호를 가장 높이 존경하였다.

김일성은 1927년 소년 시절에 '조선민족 독립운동의 장래'라는 안창호의 연설을 듣고 그를 깊이 존경하게 되었다. 그는 "이 나라가 독립된 후 나에게 대통령 선거권을 준다면 나는 첫째로 안창호 선생님을 추대할 것이라"라고 말했다. 당시 평안도와 만주지역의 동포들과 독립군단체의 지도자들은 안창호를 높이 떠받들었다.[37] 해방 후 김일성은 안창호의 여동생 안신호를 장관급인 중앙연맹부위원장으로 등용시켰고 안신호는 독실한 기독교신자였지만 새조선 건설에 헌신 분투했다고 알려져 있다.[38]

　남쪽의 이승만 정권 시절에 안창호와 홍사단은 한국 정치에서 배척되었다. 안창호가 언제나 이승만을 후원해주었음에도 불구하고 "이승만의 사람들과 도산의 사람들이 서로에게 적대감을 가지고 있었다는 것은 공공연한 비밀이었다."[39] 이에 반해 박정희는 집권하자 안창호의 부인과 가족을 초청하였다. 그는 안창호의 부인에게 극진한 친절을 베풀고 경의를 표했다. 그는 안창호의 부인에게 "만약 도산이 살아계셨다면 우리는 분단국가가 되지 않았을 것입니다"라고 말했다고 한다.[40]

　안창호는 단합과 통일의 사람이었다. 독립운동의 수단과 방법도 민족통일이고 독립운동의 목적도 민족통일이라고 보았던 안창호는 시종일관 민족 독립운동세력의 단결과 통일을 위해 혼신을 다해 노력하였다. 그는 일찍이 일제가 미국·중국·러시아와 전쟁을 하게 될 것을 예견하였고 그 때가 오면 한국민족이 독립할 기회를 얻을 것으로 기대하였다. 그러나 그런 기회를 맞더라도 민족의 단합과 통일이 없으면 자주독립을 이룰 수 없다고 생각하였다. 실제로 미국·중국·소련이 일제와 전쟁을 하게 되었고 한민족은 해방의 기회를 맞게 되었다. 그러나 불행하게 안창호는 일제와 미국의 전쟁이 일어나기 직

37 김일성,『세기와 더불어 I』(조선노동당 출판사, 1992); 이명화, "도산 안창호의 애국창가운동과 그 의미"(2012), 18.

38 안용환,『독립과 건국을 이룩한 안창호 애국가 작사』(청미디어, 2016), 111.

39 안용환,『독립과 건국을 이룩한 안창호 애국가 작사』, 202.

40 존 차 지음/문형렬 옮김,『버드나무 그늘 아래』(문학세계사, 2003), 292-293.

전인 1938년에 옥고와 병고를 이기지 못하고 순국하였다. 1945년 8월 일제가 물러났으나 한민족은 좌익과 우익으로 나뉘어 싸우다가 결국 남북이 분단되어 2개의 국가로 쪼개지게 되었다. 분단된 한민족은 남북 민족전쟁을 일으켰으며, 수백만 명이 목숨을 잃었다. 남북으로 갈라진 한민족은 자유롭게 만나지도 못하며 70여 년의 세월을 지내고 있다.

만일 도산이 해방 후에도 살아서 이 나라의 정치와 교육과 문화를 이끌 수 있었다면 우리나라는 어떻게 되었을까? 1960년에 남한에서는 4·19혁명이 일어나 독재정권을 몰아내고 민주정부를 세우게 되었다. 그러나 민주당은 국민의 지지와 성원으로 75%의 의원을 당선시켰으나 신파·구파로 나뉘어 정치적 분열과 갈등을 일으키다가 5·16군사쿠데타로 실권하고 30년 군사정권 시대를 열게 하였다. 한국의 민주와 통일을 위해 헌신했던 안창호가 살아 있었다면, 군사 쿠데타를 일으킨 박정희가 말한 대로 "우리는 분단국가가 되지 않았을 것"이다. 그리고 군사정권 30년의 역사도 없었을 것이다.

안창호는 인격적 주체의 확립과 민족의 통일 독립을 일치시킴으로써 정치와 도덕을 통합하였다. 대공의 위대한 정신을 가지고 그는 자기를 낮추고 비워서 상해임시정부를 조직하였다. 그는 홀로 임시정부를 만든 이요 낳아 기른 이였다. 그는 임시정부의 아버지, 어머니였다. 이승만과 이동휘, 다른 총장들은 임시정부를 조직하고 이끄는 데 기여하지 못했다. 임시정부 초기 2년 동안은 김구도 도산의 지휘를 받았고 도산을 따랐다. 그는 임시정부를 나와서도 임시정부가 민족의 단합과 통일의 구심점이 되도록 하기 위하여 민족대표회의를 소집하였고, 이어서 민족대단결의 정당을 조직하려고 하였다. 그는 그의 생애 마지막까지 민족의 단합과 통일을 추구했다. 도산처럼 민족의 통일을 위해 신념과 열정을 가지고 시종일관 희생하고 헌신한 사람은 없을 것이다. 만일 도산이 오래 살아서 대한민국의 대통령이 되었다면 우리 민족은 분단되지 않고 통일된 나라가 되었을 것이다. 그는 이순신의 정성과 헌신을 가지고 세종대왕의 문화정치를 펼칠 수 있었을 것이다. 그는 개성과 창의를 높이는 인간교육의 백년대계를 확립했을 것이다.

2) 민족통일의 정신과 철학

통일의 민주정신과 원칙

안창호는 갈라지고 다투는 자녀들을 끌어안으려는 어머니처럼 민족의 통일을 위해 희생적이고 헌신적인 심정과 자세로 일관했다. 권력욕에 사로잡힌 이승만과 이승만을 지원한 기호(경기도와 충청도) 세력은 안창호를 이용하려 할 뿐 진정으로 협력하지 않았다. 임시정부와 독립운동세력의 대통합을 위한 안창호의 노력은 이승만 세력의 배신과 사회주의 세력의 이탈로 결정적인 순간에 좌절되고 말았다. 그러나 안창호는 마지막까지 독립운동세력의 통합을 위해 노력하고 헌신했다.[41] 그는 어떻게 이처럼 한결같이 민족의 통일을 위해서 자신을 희생하고 헌신하며 일생을 살 수 있었을까? 민의 한 사람으로서 민과 하나로 되는 깊은 체험을 했기 때문이다. 그는 자신이

---

41 이태복, 『도산 안창호 평전』, 304-310.

민의 한 사람이고 민이 나라의 주인과 주체임을 깊이 깨닫고 체험하였다. 21세의 젊은 나이에 쾌재정의 연설을 함으로써 안창호는 민중과 함께 나라의 주인과 주체로써 깨어 일어나는 체험을 하였다. 그가 자신을 희생하고 버리면서까지 민족의 통합과 단결을 위해 헌신한 것은 민족과 자신을 분리하지 않고 민족이 바로 자기 자신임을 깨닫고 알았기 때문이다. 민중이, 민의 한 사람인 '내'가 나라의 주인과 주체이므로, 민의 한 사람인 내가 나라에 대한 무한책임을 져야 한다. 그는 한민족을 자신과 나라의 부모로 보았다. 자신과 민족을 동일시한 도산은 어머니와 아버지의 심정으로 나라를 사랑하고 돌보았다. 민의 한 사람인 내가 나라의 주인과 주체이며 어머니이고 아버지다. 안창호는 철저한 민주주의자로서 나라의 어머니와 아버지로서 민족의 독립과 통일을 위해 헌신하고 투쟁하였다.

민족대표회의를 위해 안창호가 제시한 민족의 단결과 통합을 위한 5원칙에 그의 민주적 통일 정신과 철학과 방법이 잘 드러나 있다. 5원칙을 다시 살펴보자. "첫째는 과거의 감정을 망각할 것, 둘째 피아를 일시동인(一視同仁)할 것, 셋째는 일만 표준 하여 공평·정직할 것, 넷째는 흉금을 피력할 것, 다섯째는 공결(公決)에 열복할 것."[42] 이것은 안창호의 깊은 신념과 오랜 실천에서 우러난 진실한 주장이었으며 민주적이고 합리적이며 공정한 민족통일 방안이었다. 첫째 과거의 감정을 망각하자는 것은 과거에 매이지 말고 현실에 충실하면서 앞으로 나아가자는 그의 진보 정신을 나타낸다. 둘째 남과 나를 사랑으로 똑같이 보자는 것은 그의 애기애타와 대공정신을 반영

---

[42] 안창호, "국민대표원 제군이여,"『안도산전서』, 734.

한다. 셋째 일만 표준 하여 공평·정직할 것은 거짓과 속임을 싫어하고 정직을 강조한 무실역행의 원칙을 나타낸다. 넷째 흉금을 피력할 것은 진실과 동지애를 강조한 그의 도덕과 정신을 나타낸다. 다섯째 공결에 열복할 것은 공론을 중시하며 기꺼이 낮은 자리에서 주권자에게 복종한 그의 민주정신을 나타낸다. 그러나 당파주의와 주종관계를 극복하지 않으면 이런 민주적 원칙과 방안은 결코 지켜질 수 없으며 이 원칙과 방안이 지켜지지 않으면 민족통일은 결코 이룰 수 없다. 안창호를 비웃듯이 많은 민족대표들은 감정적이고 당파적으로 행동했으며 솔직하지도 않았고 공적인 결정에 열복하지도 않았다.

안창호는 평생 민의 한 사람으로서 민족 전체의 자리에서 민족통일을 강조하고 민족통일의 정신과 철학을 탐구했으며 자신이 제시한 민주적 원칙들을 충실히 지키면서 민족통일의 길로 나아갔다. 그에게 민족통일은 독립의 수단(방법)이자 목적이다. 독립운동을 하는 목적은 통일된 국가를 이루기 위한 것이다.[43] 내무총장에 취임하면서 안창호는 독립운동의 목적이 "한반도 위에 모범적 공화국을 세워 이천만으로 하여금 천연의 복락을 누리[게 해려 함]"이고 더 나아가서 "세계의 항구적 평화를 돕고자 함"이라고 분명히 밝혔다. "우리가 신공화국을 건설하는 날이 동양평화가 견고하여지는 날이오. 동양평화가 있어야 세계평화가 있겠소."[44] 그는 독립운동의 목적이 민주공화국을 건설하는 데 있으며 민주공화국을 건설하는 것이 동양의 평화와 세계의 평화를 이루는 길임을 분명히 밝혔다.

민족의 독립과 통일의 목적은 민주공화국의 건설에 있으며 민주

---

[43] 안창호, "제2차 북경로 예배당 연설," 『안도산전서』, 620-621.
[44] 안창호, "내무총장에 취임하면서," 『안도산전서』, 627-628.

공화국 건설의 목적은 민족의 독립과 통일을 완성하는 것이다. 민족의 독립과 통일은 민주공화국 건설의 수단과 방법이면서 목적이기도 하다. 민족의 통일과 민주공화국의 건설이 이처럼 순환관계에 있는 까닭은 민이 민족과 국가의 주인과 주체이기 때문이다. 민은 각성(교육)운동과 통일운동의 대상이면서 각성운동과 통일운동의 주체와 목적이다. 민이 스스로 각성하고 단합하여 통일을 이루는 것은 민주공화국 건설의 조건이고 방법이다. 그러나 민이 민주공화국의 주인과 주체이기 때문에 민이 각성하고 단합하여 통일을 이루고 나라의 주권자로서 주인 노릇을 하는 것이 민주공화국 건설의 목적이다. 민주공화국을 건설하려면 먼저 민족의 독립과 통일을 이루어야 한다. 민주는 민의 자립과 독립을 뜻하고 공화는 상생공존과 평화의 통일을 뜻한다.

당시 민(민족, 민중)의 독립과 통일을 이루지 못하게 가로막는 것은 안으로는 서로 속고 속이면서 억압하고 수탈하는 봉건왕조사회의 낡은 행태와 관습이며 민중 위에 군림하며 민중을 지배하려는 영웅주의와 당파주의다. 밖으로는 한민족을 폭력으로 지배하는 일제의 불의한 억압과 통치다. 민의 독립과 통일을 이루려면 먼저 영웅주의와 당파주의를 극복하고 왕조사회의 낡고 부패한 관행과 관습에서 벗어나야 한다. 그리고 일제의 폭력적 지배와 통치에 맞서 싸워서 그 지배와 통치에서 벗어나야 한다. 그리고 한민족 안팎의 반통일세력과 요소들을 극복하고 청산하는 방법과 과정도 민족이 스스로 각성하고 단합하여 통일을 이루는 것이다. 민의 각성과 단합이 곧 민족의 독립과 통일에 이르는 수단이고 방법이며 과정이라는 것을 민주주의자 안창호는 깊이 깨달았다. 또한 독립과 통일에 이른 나라의 국민은 각성된 주체이고 통합된 전체가 될 수 있다.

독립운동을 하여 민주공화의 국가를 이루려면 민족의 단결과 통합이 요구된다. 한민족을 지배하는 일제는 강력하고 한민족은 약소했다. 약소한 한민족이 강대한 일본과 맞서 싸워 독립을 이루기 위해서는 민족의 단결과 통합이 필요했다. 안창호는 강대한 일제가 한민족을 지배하는 것이 오히려 다행이라고 하였다.[45] 강대한 일제와 맞서 싸우기 위해서는 한민족이 정신적으로 더욱 강력한 민족이 되어야 하고 한민족의 깊은 각성과 단결이 더욱 강력하게 요구되기 때문이다. 안창호는 민족의 대동단결과 통일을 이루고 있어야 독립의 기회가 왔을 때 기회를 살려서 자주독립을 이룰 수 있다고 하였다. 그리고 일제의 지배에서 벗어나 독립을 하더라도 통일된 민족만이 원하는 민주국가를 이룰 수 있다고 생각하였다. 1913년 흥사단 창단 전날에 한 강연 "재미한인회 실제 책임"에서 그는 이렇게 말했다. "한국 일은 한국 사람에게 있으니 각각 그 나라에 당한 책임을 행하여야 할 것이다. … 만일 그의 책임을 당하지 못하면 비록 사람의 말을 하고 사람의 동작을 할지라도 금수에서 다름이 없을 것이다. … 일본이 장차 미국 중국 러시아와 전쟁을 하게 되면 우리에게 큰 기회다. 그때를 당하여 우리가 아름다운 단결이 있으면 매사를 이루려니와 그렇지 못하면 기회도 쓸데없을지라."[46]

따라서 안창호는 자신의 모든 것을 희생하고 버려서라도 민족의 단합과 통일을 이루려고 하였다. 임시정부 일을 시작하기 전에 그는 이렇게 말하였다. "나는 내무총장으로 있는 것보다 한 평민이 되어

---

45 안창호, "제1차 북경로 예배당 연설,"『안도산전서』, 618.

46 안창호, "재미 한인회 실제 책임,"『안도산전서』, 589.

어떤 분이 총장이 되든지 그분을 섬겨서 우리 통일을 위하여 힘쓰고 싶소. 그러므로 일전에 (내무총장) 취임식을 하려다가도 주저를 하였소. 다른 것 다 잊어버리고 큰 것만 보고 나아갑시다. 내 부모라도 우리 일에 충성되지 못하면 원수요, 내 원수라도 우리 일에 있어서는 친구가 될 수 있소. 우리가 돈에 대하여서도 많은 돈, 적은 돈 할 것 없이 인제는 동·서 분산되지 말고 다만 한 곳으로 도웁시다. 재정과 의사가 서로 통일되어 일합시다."[47]

안창호는 지역주의, 당파주의가 통일을 해치며 남의 아래 서려고 하지 않는 소영웅주의, 양반주의가 통일을 가로막는다고 보았다. 그는 평생 지역주의와 소영웅주의를 극복하고 민을 나라의 주인과 주체로 섬기려 했지만 지방열[지역감정]을 가진 야심가라는 비난과 오해를 받았다. 실제로 서북지역 인사들과 기호지역 인사들 사이에 긴장과 대립이 있었던 것은 사실이다. 그리고 지역들 사이에 문화적 기질적 정서적 차이가 있는 것도 사실이었다. 그러나 안창호는 지역의 민중들 사이에 근본적인 갈등과 대립이 있다고 보지는 않았다. 지방열이라는 것은 세력을 장악하고 자기 세력을 확장하려는 야심가들이 조장하고 이용하는 것이라고 보았다. 따라서 그는 한국에는 지방열이 없다고 선언하였다. 언어와 혈통이 같고 오랜 세월 한 나라를 이루며 살아온 한민족이고 지방과 지방 사이에 정치, 경제적으로 경쟁한 일이 없다는 것이다. "우리는 본래 통일된 민족이오. 인종과 혈통으로 보아 순수한 통일 민족이오. 언어도 하나요, 문자도 습관도 하나요, 예의도 그러하고 정치적으로도 중앙집권이 있고… 혹

---

47 안창호, "독립운동 방침," 『안도산전서』, 626.

은 지방열 때문에 통일이 아니 된다 하오. 그러나 나는 사실상 우리나라에는 지방열이 없다고 단언하오. 우리나라에 과거나 현재에 정치적으로나 경제적으로나 지방과 지방이 경쟁한 일이 없었소."[48]

이것은 안창호가 한민족의 역사와 현실을 깊이 꿰뚫어 본 것이라고 생각된다. 실제로 한민족은 천 년 이상 지방과 지방 사이에 전쟁을 하거나 경쟁을 한 일이 없었다. 지방열이 일어나는 것은 권력을 독점하고 자기 세력을 확장하려는 지도자들이 지방열을 조장할 뿐 아니라 다른 지도자들을 지방열을 가진 야심가로 음해하기 때문이다. 당파주의와 소영웅주의에 빠진 인간들이 추종자들과 인민들에게 지방열을 조장하고 이용하기 때문에 지방열이 과장되고 문제된다고 본 것이다. 안창호의 말대로 권력을 잡기 위해서 지방열(지역감정)을 부추기고 이용하는 인간들이 없다면 인민들 사이에 지역감정은 크게 문제되지 않았을 것이다.

그는 민의 한 사람으로서 민과 더불어 살면서 민을 나라의 주인과 주체로 받들고 섬겼기 때문에 민의 심정과 처지에서 민족통일의 정신과 철학에 이를 수 있었다. 민의 심정과 처지에서 생각하고 행동하면 민족통일에 장애를 일으킬 것이 아무것도 없었다. 지도자들이 자신의 권력과 명예를 지키기 위해서 다투다 보니 갈등과 대립이 생기지 권력과 부와 명예를 독점할 생각이 없는 민의 자리에서 보면 갈등과 대립이 있을 수 없었다. 민족의 통일로 가장 큰 이익과 명예를 얻는 것은 민중 자신이기 때문이다. 물론 인민들도 개인적 집단적 이해관계와 세력관계에 휘둘려서 갈등과 대립을 일으킬 수 있다.

---

48 안창호, "6대사업," 『안도산전서』, 666.

그러나 권력과 부를 독점하려는 지배자들의 억압과 수탈로 고통당하는 인민들 사이의 갈등과 대립은 근본적인 것이 아니다. 따라서 인민들 사이의 갈등과 대립은 얼마든지 공정하게 민주적이고 합리적으로 조정할 수 있는 것이다. 또한 그는 민주주의와 문명부강의 뿌리와 씨를 민이 서로 '보호하고 단합함'이라고 하였다. 따라서 민이 서로 보호하고 단합하도록 이끄는 것은 민의 한 사람으로서 민의 조직과 교육을 맡은 안창호가 해야 할 가장 근본적이고 원칙적인 과제이고 의무였다. 민이 서로 보호하고 단합하면 민족의 통일이 이루어지지 않을 리가 없다. 민이 서로 보호하고 단합하여 민족의 통일을 이루면 이룰수록 민의 권리와 명예는 높아진다. 그러나 권력과 부를 독점하려는 무리들의 투쟁은 반민주적이고 불합리하고 부도덕한 것이다. 그런 무리들이 있는 한 민주사회와 민족통일은 이루어질 수 없다. 권력을 독점하려고 몸부림쳤던 이승만과 자기들의 이념과 조직에만 충성했던 사회주의집단에 의해서 한국은 결국 통일국가를 이루지 못하고 분단국가로 되고 말았다.

생명에 대한 자각과 체험에서 나온 통일철학

안창호는 그의 생전에 비현실적일 정도로 민족의 대동단결과 통일을 위해 헌신하고 집중하였다. 그는 민족의 통일을 위해 기꺼이 자신의 지위를 내려놓았고 기꺼이 높은 지위를 사양하고 남의 아래서서 남을 섬겼다. 민족통일을 위해서라면 기꺼이 자신의 목숨을 내놓겠다고 공언하였다. 안창호는 어떻게 이처럼 철저한 민주정신과 통일정신에 이를 수 있었을까? 안창호의 민주정신과 통일정신은 오로지 그의 민중체험에서 나온 것이다. 그는 21세 때 민중 앞에서 연설을 하면서 민중과 하나로 녹아드는 체험을 하였다. 그리고 미국과 멕시코에서 한인노동자들 속으로 들어가 그들과 하나로 되어 함께 일어나 민주적이면서 상생공존의 공동체 사회를 이룰 수 있었다. 그의 민주정신은 민중과 더불어 살면서 삶 속에서 체득된 것이며 완전히 그의 삶에 체화된 것이다. 그는 오랜 세월 민중 속에서 민중과 더불어 살면서 민중과 하나로 녹아드는 체험을 하였고 이 체험을 바탕으로 그의 민주정신과 통일정신이 확립되었다.

안창호의 통일정신과 철학은 민중과 하나로 되는 생명체험과 민중과 더불어 살았던 삶의 체험에서 우러난 것이었다. 그의 통일정신과 철학은 생명에 대한 그의 자각과 통찰에서 비롯되었고 스스로 닦아낸 높은 도덕과 인격에서 우러난 것이다. 안창호의 통일철학은 그의 생명에 대한 자각과 이해에서 나온 생명철학이다. 그는 민족의 통일을 유기적 생명체의 통일과 같은 것으로 설명하였다. 사람의 몸에서 사지가 떨어져 나가면 사람이 힘을 쓸 수 없을 뿐 아니라 목숨을 지탱할 수 없듯이, 독립운동자들이나 민족이 흩어진다면 우리 민족은 아무 힘도 없고 살 수도 없다는 것이다. 몸에 사지가 붙어 있는 것으로 만족하지 않고 더 나아가서 그는 내부의 신경과 혈맥이 관통해야 한다고 말하였다. 안창호는 자신이 말하는 통일은 "신경과 혈맥의 장애를 제거한다는 뜻"이라고 하였다.[49]

민족을 유기적 생명공동체로 본 도산은 민족의 통일을 신경과 혈맥의 장애를 제거하여 신경과 혈맥이 잘 이어지고 통하는 온전하고

---

[49] 안창호, "6대사업," 『안도산전서』, 666-667.

건강한 생명공동체의 회복으로 보았다. 그는 1907년 서북학생들을 위한 연설에서 국가를 하나의 생명체로 이해했다. 사람의 몸 어느 한 곳이 병들고 막히면 몸 전체가 힘을 잃고 죽듯이 국가의 어느 한 곳에 생명과 맥이 병들고 막히면 국가 전체가 힘을 잃고 죽게 된다. 그러면 국가를 이루는 국민 개개인도 살 수 없다는 것이다. 여기서 안창호는 국가 전체와 국민 개인의 몸을 동일시한다. 국가가 병들고 막히면 국민 개인의 몸도 아프고 국민의 몸이 아프면 국가도 편치 못하다. 따라서 안창호는 나라를 사랑하는 것(愛國)이 곧 국민 자신의 몸을 사랑하는 것(愛身)이라고 하였다.[50] 이처럼 안창호는 나라를 하나의 생명체로 보았기 때문에 나라 전체와 국민 개인을 동일시하였다.

1924년에 구술한 '동포에게 고하는 글'에서도 민족사회를 유기체적 공동체로 설명했다. "사지(四肢)와 백체(百體)로 이루어진 우리 몸으로서 그 사지와 백체와 분리하면 그 몸이 활동을 못 하기는 고사하고 근본 되는 생명까지 끊어집니다. 이와 같이 각개 분자인 인민으로 구성된 민족 사회도 그 각개 분자가 합동하지 못하고 분리하면 바로 그 순간에 그 민족 사회는 근본적으로 사망될 것입니다. 그러므로 각개 분자의 합동력이 없다고 하면 다른 것은 더 말할 여지가 없습니다. 그런즉 우리는 이 합동에 대하여서 주인 된 자의 자격으로 책임을 지고 합동의 방법을 연구하며 합동하는 행위를 실천하도록 노력하여야 하겠습니다."[51]

나라를 하나의 생명체로 보고 민이 나라의 주인과 주체라고 보면 나라와 민의 주체인 '나'는 분리될 수 없는 것이며 나와 나라는 동일

---

[50] 안창호, "삼선평 연설," 『안도산전서』, 584-585.
[51] 안창호, "동포에게 고하는 글," 『안도산전서』, 521.

한 것이다. 따라서 민의 주체 '나'는 나라에 대한 궁극적이고 최종적인 무한책임을 지게 된다. 나라에 일어나는 모든 잘못과 환난은 나라의 주인인 민의 책임으로 돌아간다. 민과 나라가 하나이므로 민의 주체 '나'에게는 나라의 구성원 가운데 아무도 남이 아니다. 이완용이 나라를 팔아먹어서 나라의 주권을 잃은 것도 이완용 탓만 해서는 나라를 되찾을 수 없다. 나라의 주인인 민은 나라를 팔아먹은 이완용의 죄와 허물까지 책임을 져야 한다. 나라의 주인인 민의 '나'에게는 아무도 남이 될 수 없다. 나라를 망하게 한 책임은 '너'나 '그'에게 있는 것이 아니요 결국은 '나'에게 있다. 한 사람 한 사람의 '나'가 나라의 주인과 주체이고 '내'가 곧 나라이기 때문이다. 네 탓을 하고 그놈 탓을 하는 한 나라를 구할 길은 없다. 내 탓으로 돌리고 내가 책임을 지고 나설 때 비로소 나라를 구할 길이 열린다. 그러므로 안창호는 "망국의 책임자는 곧 나 자신"이라고 말하였다.[52]

안창호가 '나'를 나라의 주인과 주체로 발견하고 나라에 대한 무한하고 영원한 책임을 '나'에게 지우며 민족의 통일을 시종일관 주장한 것은 그의 생명체험에서 비롯된 것이다. 생명의 세 가지 본성과 원리는 주체성, 전체성, 창조적 진화성이며 이 세 가지 본성과 원리를 관통하는 하나의 근본원리는 '나'다. 생명철학은 '나'철학으로 귀결되며 생명에 대한 깊은 체험과 자각은 생명 전체와 개별적 주체 '나'의 일치에 이른다. 생명철학자 도산은 추상적이고 사변적인 개념과 논리를 가지고 생각하지 않았다. 그는 언제나 국가와 민족을 유기적 생명체로 비유하고 설명하였다. 그는 자신의 몸과 맘속에서 살

---

52 이광수,『도산 안창호』, 135.

아있는 생명을 느끼고 체험하면서 나라와 민족에 대하여 생각하고 말하고 행동하였다. 생명은 스스로 하는 자발적 주체이며 내적으로 통일된 전체이고 끊임없이 새롭게 변화 발전하면서 앞으로 나아가는 존재다. 안창호는 생명의 본성과 목적에 충실하게 생각하고 행동하며 살았다. 그는 누구보다 자기 생명의 자발적 주체성을 높이고 실현하려고 했으며 내적으로나 외적으로 생명의 전체적 통일을 이루려고 하였고 끊임없이 새롭게 개조하고 혁신하여 앞으로 솟아올라 나아가려고 하였다. 그의 통일정신과 철학은 자신의 몸과 맘 속에 있는 생명에 대한 체험과 자각에서 나온 것이다. 그러므로 그의 통일정신과 철학은 치열하고 사무쳤으며 중단되거나 위축되지 않고 갈수록 강해지고 뚜렷해졌다. 그리고 생명에 대한 깊은 체험과 자각에서 우러난 그의 통일정신과 철학은 획일적이고 전체주의적인 이념과 주장으로 기울지 않고 구체적이고 개별적인 자아의 깊이와 자유, 개성과 창의를 실현하면서 단체와 조직의 공고한 단결과 협동, 자유롭고 평등한 공화의 나라, 세계 인류사회의 정의와 평화를 아우르는 입체적이고 통합적인 철학이 될 수 있었다.

도덕적 성숙과 책임: 애기애타의 성숙한 경지

안창호의 통일정신과 철학은 그가 삶 속에서 깨닫고 체험한 도덕과 신념에서 우러난 것이었다. 1907년 서북학생친목회 연설에서 그는 도덕을 체험적으로 이해했다. 그에 따르면 도덕은 "하나님(上天)이 내게 주신 것을 받은 것"이며 "맘과 몸에 있는 것"이고 "하늘을 체험하여 차별 없이 평등하게 사랑으로 대하고 남을 나처럼 사랑하여 인류사회에 서로 살리고 서로 기르는 요소다."[53] 이러한 안창호의 도덕 이해에는 몸 맘 얼[덕·체·지]을 통합하는 그의 생명철학과 서로 주체의 민주정신과 서로 살리고 서로 기르는 공동체 정신이 오롯이 담겨 있다. 도덕은 하늘로부터 주어진 것이며 하늘을 체험함으로써 구현되고 실행할 수 있는 것이다. 도덕은 하늘과 직결된 것이며 하늘과 소통하고 연락할 수 있는 것이며 하늘에 근원과 목적을 둔 것이다. 몸과 맘으로 체험하고 체화한 하늘은 생의 주체적 깊이와 자유에서 전체의 하나 됨에 이르는 자리이며 독립과 통일의 근거와 자리, 애기애타와 대공의 자리다.

안창호의 철학과 삶에서 하늘은 매우 중요한 요소이고 개념이다. 하늘은 한국의 전통종교문화의 바탕이 되는 원리와 개념이며 천인합일을 추구한 동아시아 정신문화의 근원적 원리와 개념이다. 여기에 기독교 신앙의 초월적이고 인격적인 하나님 개념이 결합됨으로써 하늘은 심오하고 역동적이며 주체적이고 통합적인 생명철학적 개념과 원리가 되었다. 안창호는 도덕을 하늘과 직결시킬 뿐 아니라 몸·맘과 직결시켰고 나와 남을 서로 주체로서 존중하고 사랑하는 원리로 파악했고 서로 살리고 서로 기르는 인류사회의 근본 요소와 원리로 이해하였다. 그는 얼이란 말을 쓰지 않았지만 도덕을 하늘과 직결시키고 하늘과 연락하고 소통하는 개념으로 파악했기 때문에 그가 말한 덕은 얼이나 신(神)과 상통하는 말로 이해될 수 있다. 그가 하늘과 직결된 도덕을 몸·맘과 결합하고 인류사회의 상생·상육하는 원리와 요소로 봄으로써 그의 도덕 개념은 매우 심오하고 구체

---

[53] "夫道德者는 受上天之賦予하야 存諸心身하고 行之事物하야 體天同仁하고 愛人如己하야 人類社會에 相生相養之要素라." 안창호, "서북학생친목회 연설," 『안도산전서』, 586.

적이면서도 통합적이고 보편적인 의미를 갖게 되었다.

안창호의 생명철학과 도덕 철학은 민의 자리에서 민의 독립과 통일을 지향하고 추구하는 삶과 활동 속에서 체득되고 깨달아진 것이며 실천된 것이다. 민이 서로 보호하고 단합하는 것이 민주사회와 문명부강의 뿌리와 씨라고 본 안창호는 서로 보호하고 단합하는 조직과 단체를 만들고 발전시켰다. 서로 보호하고 단합하는 일, 남을 기꺼이 섬기고 받드는 일은 그의 삶과 정신의 체험과 깨달음에서 우러난 것이면서 민을 교육하고 조직하고 훈련하는 과정에서 다시 그의 삶과 정신에 깊이 새겨지고 체화되었다. 그의 생명철학과 도덕철학은 결국 생명의 주체인 '나'를 힘 있게 바로 세우는 '애기'(愛己)의 철학이다. 애기는 나의 '나'뿐 아니라 남의 '나'도 주체로 바로 세우는 일이다. 민이 서로 보호하고 단합하려면 자아를 삶의 주인과 주체로 일으켜 세워야 하고 이웃, 남을 주체로서 존중하고 사랑으로 보호하고 섬길 수 있어야 한다. 애기의 철학으로서 그의 생명철학과 도덕철학은 그의 삶과 실천을 통해 오랜 세월에 걸쳐 터득되고 깨달아진 것이며 확립된 것이다. 그가 말년에 애기애타의 정신과 원칙을 제시했지만 이것은 그가 평생 깨닫고 실천해온 그의 생명철학과 도덕철학을 표현한 것에 지나지 않는다. 애기애타는 민이 서로 주체로서 서로 보호하고 단합해야 한다는 민주정신과 생명철학과 도덕철학의 실천 원리였다.

도덕과 정신의 깊은 근원과 목적인 하늘의 자리서 생각하고 행동했던 안창호는 사회적 권리와 이해관계를 넘어서 생각하고 행동하였다. 그에 따르면 자유, 평등, 독립을 권리로서 주장하는 것은 이기심과 감정을 실은 것이 되기 쉽다. 그리고 그런 권리 주장과 이념만으로는 역경을 이기고 독립운동을 계속할 수 없다. 자유, 평등, 독립의 주장은 권리주장이며 권리주장에는 이기심이 들어 있다고 안창호는 보았다. 흔히 권리와 이념을 주장하는 사람들은 감정에 들떠 움직이다가도 끝까지 독립운동을 계속하지는 못한다. 이기적인 자기주장이나 감정만으로는 운동을 할 수 없다. 안창호는 이기심이나 감정을 넘어서 희생과 헌신의 정신을 가져야 독립운동을 계속할 수 있다고 하였다. 하늘의 깊고 높은 자리에서 생각하고 행동했지만 안창호는 관념적 도덕주의나 원리적 정신주의로 기울지 않았다. 그는 몸·맘·얼/덕·체·지의 입체적이고 심층적인 생명의 관점에서 인간을 이해하였다. 그는 인간의 이기심과 감정을 부정하거나 낮추어 보지 않았다. 안창호는 인간의 기본욕구인 식욕과 성욕을 부정하거나 낮추어 말한 적이 없다. 그는 오히려 이기심이나 인간의 욕구를 자연스럽고 당연한 것으로 보았다. 그는 인간의 감정을 존중하고 중요하게 여겼다. 그가 기쁨을 중시하고 희락회를 자주 열게 한 것이나 정의(情誼)를 두텁게 닦기 위하여 사랑 공부를 주장한 것은 그가 인간의 감정을 중시한 것을 말해 준다.

안창호는 인간의 욕망과 이기심 그리고 감정이 인간의 높은 뜻과 의지와 이어져 있고 결합되어 있다고 보았다. 인간의 이기심과 감정만으로는 독립운동을 할 수 없고 높은 도덕과 의지를 가진 헌신과 희생의 정신을 가져야 독립운동을 계속할 수 있다. 안창호는 이기심과 이타심(희생정신)이 대립된다고 생각하지 않았다. 이기심과 정의(情誼), 감정이 희생과 헌신의 정신을 낳을 수 있다. 어떻게 이런 것이 가능한가? 안창호는 자신의 생명 속에서 체험적으로 느끼고 생각했기 때문에 이기심과 감정에서 헌신과 희생의 정신이 나올 수 있음을 체험하고 알 수 있었다. 안창호는 이기심과 정의(情誼), 감정에서 희생과 헌신의 활동이 나올 수 있다고 말했다. "자주라 독립이라 평등이라 하는 것은 다 자기를 본위로 하는 이기적인 것입니다. 어떤 때의 일시적 자극으로 떠들다가도 그 맘이 가라앉으면 다시 이기심이 납니다. 자기의 생명을 본위로 함은 이것이 진리요 자연입니다. 그런데 자기의 몸과 목숨을 내놓고 부모나 형제나 동포나 국가를 건진다 함은 모순이 아니겠습니까. 아닙니다. 이 헌신과 희생으로 하여야 부모와 형제가 안보되고 민족과 사회가 유지되는 동시에 자기 몸도 있고 생명도 있으려니와, 만일 이 정신으로 하지 아니하면 내 몸과 아울러 사회가 다 보전되지 못하는 법입니다. 가령 상업이나 공업을 하는 것도 자기의 생명을 위하여 하는 것이지마는, 여기도 헌신과 희생의 정신으로 하지 않으면 안 됩니다. 이기적으로뿐 아니라 정의적(情意的)으로도 민족에 대한 정을 억제하지 못하여 헌신적 희생적 활동을 아니 할 수 없습니다."[54] 이기심과 이타적 희생심이 맞물려 있다. 이기심과 이타심이 생명을 이루는 타원형의 두 중심처럼 긴장과 균형 속에서 서로 지탱한다.

이성적 관념철학자 플라톤과 칸트가 이성에 의해서 인간의 욕망과 감정을 억압하고 통제하려고 했던 것과는 달리 생명철학자 안창호는 인간의 욕망과 감정을 존중하고 정화하고 고양시켜서 실현하고 완성하려고 하였다. 안창호의 철학에서는 생명의 욕구와 감정, 맑은 지성과 높은 도덕, 하늘의 높은 뜻과 사랑이 입체적이고 중층적으로 결합되어 있다. 이것은 그의 철학이 이성적 관념의 철학이

---

[54] 안창호, "오늘의 대한 학생," 『안도산전서』, 549-551.

아니라 생명의 철학이기 때문에 가능한 일이다. 플라톤의 로고스 철학에서 인간의 욕망과 감정은 로고스 이성의 지배와 통제 아래 있었다. 플라톤의 로고스 철학을 계승하여 이성의 지배를 강조한 칸트의 철학에서도 인간의 욕망과 감정은 이성의 지배와 통제 아래 두었으므로 욕망과 감정을 충분히 존중할 수 없었다. 이러한 칸트의 이성주의 철학을 비판한 막스 셸러(Max Scheller)의 철학적 인간학은 사랑의 감정을 강조했으나 이성적 사유를 약화시켰다. 몸, 맘, 얼을 아우르고 욕망과 감정과 지성과 영성을 통합하는 인간 철학은 관념론적 이성 철학에서는 나올 수 없다. 오직 몸, 맘, 얼을 아우르는 생명의 체험과 관점에서만 욕망과 감정과 지성과 영성을 통합하는 인간 철학을 형성할 수 있다. 안창호는 체계적인 인간 철학을 제시하지는 않았으나 그의 삶과 실천에서 우러나온 그의 철학은 욕망, 감정, 지성, 영성과 같은 생의 모든 요소들과 차원들을 주체와 전체로 드러내고 실현한다.

생의 모든 요소들과 차원들뿐 아니라 나와 타자를 주체로서 존중하고 사랑했던 안창호의 철학과 신념은 애기애타로 표현된다. 그는 평생 애기애타를 실행했다. 자기를 사랑하고 존중하면서도 자기를 넘어서 남과 함께 기뻐하고 남을 사랑하려면, 적대적인 인물들까지 존중하고 끌어안고 사랑하려면, 자기(탐욕과 편견)로부터 자유로운 애기애타의 성숙한 인격과 정신에 이르러야 한다. 애기애타의 자유롭고 성숙한 자리는 하늘로 상징되고 표현된다. 하늘은 대공(大公)의 자리다. 하늘처럼 텅 빈 대공의 심정과 자리를 지녔던 안창호는 자유인이었다. 그 자신은 노동국 총판의 낮은 자리에 있으면서 이동휘 총리와 이동녕, 이시영, 신규식 총장을 취임케 하고서 안창호는

"금일 나의 희열은 그 극에 달하여 미칠 듯싶도다"고 하였다.[55] 이처럼 도산은 자신의 기쁨의 감정을 서양의 관념철학에서처럼 통제하거나 억제하지 않았고 동양의 유교 철학에서처럼 감추거나 숨기지 않았으며, 거리낌 없이 맘껏 드러내고 표현하였다. 그는 임시정부를 직접 만들고 낳은 사람이었으므로 그 해산의 기쁨을 느낄 수 있었다. 또한 안창호는 청년 차장들이 이승만과 이동휘를 비판하고 배척할 때 "이혼 못할 아내거든 분이라도 발라 놓고 기뻐"[56]하라면서 이승만과 이동휘를 감싸주고 끌어안았다. 도산이 끝까지 자기를 음해하고 비난하는 이승만을 끌어안고 앞세운 것은 대공의 하늘에 뿌리 박은 애기애타의 성숙한 인격과 확고한 철학이 없으면 할 수 없는 일이었다.

3) 민족통일과 세계평화에 이르는 길

민족통일과 세계평화에 이르는 대공주의

민족통일과 세계평화를 지향하는 안창호의 정신과 철학은 대공주의(大公主意)로 표현되었다. 대공주의란 표현은 1931년 11월 6일에 홍언에게 쓴 편지에서 확인할 수 있다. 이 편지에서 그는 '통일적 대당(大黨)의 건설을 역설하면서 "일본 제국주의 압박에서 해방된 뒤에 신국가(新國家)를 건설함에는 경제와 정치와 교육을 아울러 평등하게 하는 기본원칙으로써 민주주의 국가를 실현시킬 것… 일보(一

---

[55] 안창호, "4각원의 취임을 경하함," 『안도산전서』, 641.
[56] 안창호, "6대사업," 『안도산전서』, 656.

步)를 더 나아가 전 세계 인류에 대공주의(大公主義)를 실현할 것"을 주장하였다.[57] 비슷한 시기에 다른 홍사단 단우에게 보낸 편지에서 그는 "일반사회의 주의와 이론에 본령을 취하여 우리의 최고 이상을 '세계대공'(世界大公)으로 세울 것"을 말하였다.[58]

그러나 안창호가 대공주의를 내세운 시기는 1926~7년경 민족주의 진영과 사회주의진영의 대통합을 이루고 한국유일당(통일적 대독립당)을 조직하려고 했을 때였다.[59] 그는 임시정부에서 독립운동 지도자들의 단결과 통합을 추구했으나 실패했고 임시정부를 나와서 민족대표회의를 소집하여 민족의 대동단결을 이루려 했으나 실패했다. 다시 한 번 독립운동을 하는 모든 세력을 하나로 통합하여 민족주의진영과 사회주의진영을 아우르는 대독립당을 이루려했을 때 그는 대공주의란 말을 썼다. 일제의 식민통치에서 벗어나 민족국가를 건설하는 문제를 세계 인류의 공적이고 보편적인 지평에서 봄으로써 안창호는 민족 지도자들과 당파들의 이념적 차이를 극복하고 통일된 대 독립당을 만들려고 했던 것이다. 그러나 대독립당의 건설도 사회주의 진영의 거부로 실패하자 1930년 1월 한국독립당을 조직하였는데 한국독립당의 강령에 안창호의 대공사상이 반영되었다.[60]

---

57 안창호, "홍언동지 회람"(1931.11.6. 편지). 『도산 안창호 사상의 재조명: 대공주의(大公主義) 이해와 실천 과제』, 홍사단 창립 104주년 기념 심포지엄 자료집 (주최 홍사단 / 주관 홍사단시민사회연구소, 2017.5.12.), 334.

58 『단보』 1949년 5월호 (홍사단 본부, 서울).

59 도산의 대공주의 사상은 1929년 11월의 동우회(국내 홍사단) 약법에서 '사회대공'(社會大公), '대공생활'(大公生活)이라는 표현으로 반영되었다. 이석희, "대공주의 연구의 맥락과 방법, 요약," 『도산 안창호 사상의 재조명: 대공주의(大公主義) 이해와 실천 과제』, 홍사단 창립 104주년 기념 심포지엄 자료집 (주최 홍사단/ 주관 홍사단시민사회 연구소, 2017.5.12.), 7-29 참조.

흔히 한국독립당의 강령과 이념은 조소앙의 삼균주의로 알려졌다. 그러나 한국독립당이 창립될 때 당의 강령과 대의는 안창호가 대공주의를 바탕으로 정립한 것이다. 이 사실은 조소앙 자신이 분명히 밝혀주었다. 1938년 도산이 죽었을 때 멀리 중국 충칭에서 조소앙이 애도의 글을 지어 한국독립당 동지들과 함께 애도하였다. 애도문에서 조소앙은 안창호가 당의 강령과 대의를 세우고 기본을 확립했다고 말하고 있다. '독립의 크나큰 일 정당 없이 될손가 백날 부는 풍설 속에 늦자고 일깨면서 그 고생 또 고생 당의 의를 세우시고 당 강령을 짜내시니 기본이 확립되고 기치도 당당쿠나'(獨立大業, 非黨不彰, 百日風雪, 夙夜靡遑, 樹我黨義, 立我黨綱, 基本確立, 旗幟堂堂).[61] 이 글을 보면 한국독립당의 대의와 강령(대공주의)을 도산이 지었으며 훗날 조소앙이 도산의 대공주의를 바탕으로 한국독립당의 강령을 '삼균주의'로 다듬어 낸 것을 알 수 있다.

대공주의는 민족통일과 세계평화에 이르는 도산의 정신과 철학을 압축적으로 나타낸 것이다. 대공주의를 내세움으로써 도산은 민족진영의 자유민주주의와 공산사회주의 이념을 아우르며 민족통합의 길을 열려고 하였다. 그는 미국의 대기업이나 자본주의에 대하여 거부감을 나타내지 않았고 자신도 사회적 기업을 만들려고 여러 차례 시도하였다. 박은식이 사유재산의 공유에 대한 의견을 물었을 때 안창호는 한국의 현재 상황에서 받아들여지기 어렵다고 조언하였

---

60 이석희, 같은 글.

61 조소앙/함석헌 옮김, "조소앙이 安島山을 슬피 울음." '씨알사상' 카페에 소개된 것으로, 안창호의 죽음을 애도하는 조소앙의 한문 조사(弔詞)를 함석헌이 우리말로 옮겼다. https://cafe.daum.net/ssialphil/aTxo/15.

다.[62] 자발적 헌신성과 창의성을 강조한 안창호가 독재적 사회체제를 선호했을 것 같지는 않다. 그러나 1920~1930년대에 사회주의운동이 활발하게 일어나서 민족진영과 사회주의진영의 대립과 갈등이 깊어졌을 때 도산은 대공주의를 내세우고 정치, 경제, 교육, 민족의 평등을 말하면서 두 진영의 통합을 적극적으로 추진하였다. 당시 한국인민이 대부분 가난하였고 일제와 일제를 추중하는 극소수만이 재산을 많이 가졌으므로 경제혁명이 필요하다고 보았으며 사유재산을 공유하는 데 찬성할 뜻을 말하기도 하였다. 해방 후 어떤 국가를 만들 것인지는 서로 안을 제출하여 진지하게 대화하고 토론하여 국민들에게 알린 후에 국민이 결정하도록 하자고 하였다. 그는 정치혁명이나 경제혁명보다 일제의 억압과 지배에서 벗어나는 민족혁명이 시급하고 중요하다고 보았다. 그러므로 민족의 독립과 통일을 위해서 먼저 큰 혁명당을 건설하자고 했다.[63]

안창호가 대공주의를 내세운 배경에는 민족주의 진영의 자유민주주의와 사회주의 진영의 공산주의를 통합하여 대독립당을 건설하려는 정치적 의도와 목적이 있었다. 자유민주주의는 개인과 가정과 기업의 자발적 창의적 활동과 이익을 최대한 증진시키자는 이념이고 공산주의는 국가와 인류사회 전체의 공평한 이익과 권리를 실현하려는 이념이다. 자유민주주의는 전체의 공적 이익과 권리를 약화시키기 쉽고 공산주의는 개인과 단체의 자발적 활동과 이익을 억제하기 쉽다. 생명철학자 안창호의 대공주의는 개인과 기업의 창발적 활동과 이익을 보장하면서 전체의 공익과 평등한 권리를 통합하는

---

[62] 도산일기 1920.4.29. 『안도산전서』, 871.

[63] 안창호, "우리 혁명운동과 임시정부 문제에 대하여," 『안도산전서』, 754.

사상으로 여겨진다. 그의 말과 글, 흥사단의 강령에서 건전한 인격을 확립하여 민족통일을 이루려 한 그의 전체 사상에 비추어 보거나 공사병립, 활사개공, 애기애타를 추구한 그의 삶과 실천에 비추어 보면 그가 내세운 대공주의의 내용과 성격이 드러날 것이다.

그는 공산주의나 자본주의라는 특정한 정치이념에 집착하지는 않았다. 실사구시와 무실역행의 정신을 가진 도산은 기업 중심의 자본주의와 사회 중심의 공산주의에 대해서 열린 맘을 가지고 있었다. 그에게 중요한 것은 민과 민의 삶이었다. 민의 주체와 전체, 삶과 정신이 충실하게 실현되고 완성되는 것이 중요하였다. 그에게 공산주의나 자본주의는 이차적인 것이었다. 그에게 일차적인 것은 민족의 독립과 통일이었다. 민족이 독립되고 통일되어 스스로 민주적으로 또 공화적으로 자신의 운명을 결정하고 선택할 수만 있다면 어떤 정치체제를 선택하든 좋다고 보았다. 민을 신뢰하고 존중했던 안창호는 민이 스스로 그들의 체제와 운명을 결정해 가야 한다고 보았던 것이다. 민주적인 절차와 방식으로 민 전체가 동의하고 합의하여 결정한다면 비록 한때 잘못된 결정을 한다고 해도 다시 민주적인 절차와 방식을 거쳐서 잘못된 결정과 선택을 바로 잡을 길이 있을 것이다. 안창호에게는 민의 주체와 전체를 확립하는 독립과 통일이 근본적이고 일차적으로 중요한 것이었으며 특정한 정치이념과 노선은 이차적인 것이었다. 그러므로 그는 민족과 세계 전체의 자리에서 민의 독립과 통일을 실현하는 대공주의를 내세웠다.

대공주의는 개인과 당파의 사적 관점과 주장을 버리고 전체의 공적 관점과 주장을 지키고 실현하자는 것이다. 대공주의 사상과 정신은 갑자기 만들어진 것이 아니라 그의 삶과 정신 속에 오래전부터 깊이 뿌리를 박고 있었던 것이다. 21세의 젊은 나이에 평양 쾌재정에서 높은 관리와 민중에게 연설하여 전체가 하나로 되는 경험을 했던 안창호는 그 후 변함없이 민족의 단결과 통일을 줄기차게 추구했다. 또한 그는 일찍부터 사심과 당파심에서 벗어나 민족 전체의 자리에서 공공(公共)한 생각과 심정을 가지고 살아왔다. 그런 의미에서 안창호는 일찍부터 대공의 정신을 가지고 살아왔다. 쾌재정 연설에서 도산은 이미 민을 존중하고 신뢰하는 민주정신을 가지고 민족 전체의 자리에서 생각하고 말하는 관점과 태도가 확립되었다. 한국 사회의 불의와 착취, 위선과 기만에 대한 통렬한 비판의식이 이미 그때 있었고 그때부터 안창호는 한결같이 정직과 진실을 앞세웠다. 그가 평생 내세운 정직과 진실, 무실역행은 삶과 사회의 주체적 깊이와 전체적 통일에 직결된다. 대공주의는 삶과 사회의 주체적 깊이와 전체적 통일을 드러내고 실현하자는 것이다.

대공주의는 안창호가 오랜 세월 생각하고 실천해 온 사상과 정신의 중심에서 우러나온 것이다. 그것은 하늘(도덕)과 땅(몸, 물질)과 사람(마음, 지성)을 아우르는 도산의 생명철학에서 자연스럽게 귀결된 것이다. 그가 대공주의에 대한 자세하고 체계적인 설명을 남기지 않았지만 그의 생명철학에 비추어 대공주의를 이해할 수 있다. 생의 주체와 전체와 진화를 아우르는 생명철학의 기본 관점과 원리가 대공주의에 반영되었을 것이다. 그리고 하늘을 중시하고 하늘과 직결되며 상생상육을 실현하는 도덕 철학이 대공사상의 바탕과 내용을 이룰 것이다. 안창호의 수많은 말과 글, 흥사단의 강령 속에 담긴 사상을 압축하고 요약하면 대공주의가 된다. 건전한 인격을 확립하고 단체와 조직의 공고한 단결을 이루어 민족의 통일에 이르고 모범적

인 민주공화국을 건설함으로써 동아시아와 세계의 평화에 이른다는
안창호의 사상과 실천을 한마디로 표현한 것이 대공주의다. 물론 대
공주의는 민족주의 진영과 사회주의 진영을 통합하여 민족통일의
대 독립당을 건설하려는 정치적 필요와 목적을 가지고 제시된 것이
다. 그러나 그의 대공주의는 갑자기 만들어진 것이 아니라 그의 오
랜 삶과 정신, 사상과 실천에서 우러난 것이다. 그가 대공주의를 말
하면서 민의 평등과 세계의 평화[복지, 정의, 번영]를 앞세웠지만 그
이면에는 인간의 자기개조로부터 민족의 통일에 이르는 그의 생명
철학과 민주정신이 있다. 애기애타, 정의돈수, 공사병립, 활사개공,
세계대공으로 표현되는 도산의 철학과 삶에 비추어 보면 대공주의
는 매우 깊고 풍부한 의미를 지니고 있다.

　도산에게 대공(大公)은 하늘과 직결된 도덕을 나타내고, 하늘은
주체의 깊이와 자유에, 전체의 하나 됨에 이르는 자리다. 또한 하늘
은 창조와 진화, 초월과 고양의 변화가 이루어지는 곳이다. 하늘은
자연 만물과 뭇 생명이 스스로 생육하고 번성하도록 공평하게 이끄
는 도리와 힘이다. 하늘의 덕을 나타내는 대공은 생명과 정신, 인생
과 역사, 민족과 국가의 본성과 목적을 온전히 실현하고 완성하는
것이다. 사(私)는 개인과 집단의 이익을 추구하는 것이고 공(公)은
어느 한쪽에 치우치지 않고 모두에게 두루 올바르고 떳떳한 것이다.
사(私)는 나를 나타내고 공(公)은 치우치지 않는 전체의 올바른 자리
인 하늘을 나타낸다. 대공은 소공과 구별되는 것이다. 소공(小公)은
사(私)를 버리고 공(公)만 내세우거나 사(私)로 오염되고 왜곡된 공
을 내세우는 것이다. 그것은 큰 하나의 전체를 아우르는 것이 아니
라 작은 집단의 전체 공(公)에 충실한 것이다. 그것은 당파적인 공이

거나 관념과 이념의 순수하고 극단적인 공이며 개인과 가정을 억압하고 전체만을 내세우는 공이다.

대공은 개인과 전체, 당파와 민족과 인류 세계를 아우르는 전체, 하늘과 땅과 인간을 아우르는 전체, 개별적 개체의 '나'를 배제하지 않는 참된 전체의 공이다. 대공은 생명의 주체와 전체와 진화를 아우르는 입체적이고 다차원적이며 역동적인 것이다. 대공은 홀로(私, 獨)이면서 더불어, 함께(共) 하는 것이며 전체가 하나로 되는 것이다. 대공은 정직과 진실의 세계이고 주체와 전체가 일치하고 서로 살리고 더불어 살면서 개혁하고 창조하며 진화와 진보를 이루어가는 역동과 혁신의 세계다. 그것은 자유와 평등을 아우르고 정직과 진실을 품은 것이고 주체와 전체의 진화와 고양을 이루고 상생과 공존의 세계를 이루는 것이다. 그것은 서로 보호하고 협동하고 단합하는 자치와 협동, 공립과 공화의 세계다.

여론과 공론의 형성

임시정부를 사퇴하면서 행한 연설에서 안창호는 민족통일의 방안을 두 가지로 제시하였다. 첫째는 우리 민족의 중앙기관인 임시의정원과 정부에 집중함으로써 민족의 통일을 이루는 것이다. 이것을 이루기 위해서 안창호가 내세운 둘째의 통일방안이 더욱 중요하다. 분파주의와 영웅주의를 극복하고 민족의 통일을 이루기 위해서는 공론(公論)을 세우고 공론에 복종하자는 것이다. 공론을 세우기 위해서는 인도자들이 사상과 이론의 논쟁을 치열하게 벌여야 한다. 그러므로 안창호는 인도자들이 사상과 이론을 가지고 서로 싸워야 한다고 보았다. 민중은 인도자들이 싸우는 것을 비난하지 말고 사상과 이론을 가지고 싸우는 인도자들을 보고 어떤 사상과 이론이 옳은지 분별하고 판단할 수 있어야 한다. 이롭고 옳은 사상과 이론을 민중이 선택할 수 있어야 한다. 인도자들의 치열한 논쟁을 거쳐서 대중 사이에 공론이 형성되면 모두 공론에 복종해야 한다. 공론에 복종할 때 통일에 이를 수 있다. 공론에 복종하려면 질 줄 알아야 한다. 안창호는 공론을 형성하기 위해서 서로 치열하게 논쟁하며 싸우되 공론이 형성되면 기꺼이 복종해야 한다고 주장했다.[64]

안창호는 민족의 통일에 이르는 방법을 공론의 형성과 공론에 대한 복종에서 찾았다. 현실에 대한 과학적 분석과 진단을 통해 합리적인 방안과 올바른 대책을 정하고 대화와 소통, 토론과 논쟁을 통해 형성된 공론에 기꺼이 복종하는 것이 민주적이고 현실적인 통일의 방법이라고 보았다. 영웅주의와 당파주의에 휘둘려서 감정적으로 중상하고 모함하며 심각한 분열에 빠진 독립운동세력이 대동단결에 이르는 길은 과학적 합리적으로 토론하여 공론을 형성하는 것이다. 공론을 형성하기 위해서는 현실 문제와 일에 대하여 과학적으로 관찰하고 분석하여 연구하고, 치열하게 토론하여 공론을 형성해야 한다. 이기적인 욕망과 감정을 넘어서 이성적이고 합리적인 머리를 가지고 열린 맘으로 대화하고 소통하며 토론해야 한다. 이렇게 공론을 형성한 다음에는 민족 전체의 자리에서 대공의 정신을 가지고 그 공론에 기꺼이 복종해야 한다.[65]

안창호는 1924년에 '합동과 분리'에 대해 논하면서 합동의 조건을

---

64 안창호, "정부에서 사퇴하면서," 『안도산전서』, 701-703.
65 안창호, 같은 글, 700-703, 710.

두 가지로 제시하였다. 첫째 목적을 바로 세우는 것이고 둘째 공론을 형성하여 공론에 복종하는 것이다. 목적에 대해서는 안창호는 1927년 대독립당을 조직하려 할 때 대공주의를 말하면서 분명하게 제시하였다. 한국민족의 목적은 자주독립을 이루어 정치 경제 교육의 평등에 기초한 민주의 나라를 세우는 것이며, 민주적인 나라를 세워서 세계정의와 평화를 이루는 것이다. 1924년의 글에서는 목적은 민족의 독립과 통일로서 자명한 것으로 전제하고 공론을 형성하는 방법을 자세히 제시하였다. "(합동을 위한) 이 공통적 조건의 방침과 목표를 세우는 근본 방법은 무엇인가? 그것은 우리 대한 사람 각 개인이 머리 속에 방침과 계획을 세움에 있습니다. 민족 사회는 각 개 분자인 인민으로 구성된 것이므로 그 인민 각개의 방침과 계획이 모이고 하나가 되어서 비로소 공통적인 방침과 계획, 즉 합동의 목표가 생기는 것은 민족 사회에서는 피치 못할 원칙입니다. 그러므로 각 개인은 이 원칙에 의지하여 자기네 민족과 사회의 현재와 장래를 위하여 참으로 정성껏 연구하여 그 결과를 가장 정직하게 가장 힘 있게 발표할 것입니다." 그는 이렇게 발표한 의견이 서로 경쟁하여 가장 많은 사람의 지지를 받는 가장 완전한 여론이 형성된다고 하였다. 그리고 이렇게 형성된 여론이 "한민족의 뜻이요, 소리요, 또 명령"이라고 하였다.[66]

임시정부에서 사퇴한 안창호는 민족통일의 방법으로서 중앙에 집중하고 공론을 형성하는 두 가지 방법을 제시했다. 그리고 이 두

---

[66] "이 모양으로 각각 의견을 발표하노라면 그것들이 자연도태와 적자생존의 원리에 의지하여 마침내 가장 완전한, 가장 여러 사람의 찬성을 받는 '여론'을 이룰 것이니 이 여론이야말로 한민족의 뜻이요, 소리요 또 명령입니다." 안창호, "동포에게 고하는 글," 522.

가지 방법을 실행하는 구체적인 방법으로서 민족대표회의를 소집하자고 주장하였다.[67] 안창호가 각 지역과 단체를 대표하는 지도자들이 한 자리에 모여 치열한 토론을 거쳐 정론과 공론을 형성하고 공론에 복종하자고 한 것은 그가 대의민주제에만 머물지 않고 직접 민주주의를 지향했음을 시사한다.[68] 당시 상해의 임시정부와 의정원은 각 지역과 단체를 대표한다고 볼 수 없었다. 해외 각 지역, 만주, 러시아, 미주, 하와이 등의 교민들을 대표하고 각 독립군과 독립운동단체들을 대표하는 인물들을 한 자리에 모은 것은 많은 해외 교민들의 힘과 뜻을 결집시키기 위한 것이었다. 그가 민족대표회의를 소집한 동기와 목적은 민의 여론과 공론을 형성하는 데 있었다. 독립운동은 민의 여론과 공론에 근거해야 한다고 안창호는 생각했던 것이다. 민의 여론과 공론에 근거한 독립운동을 하려면 민주주의를 실현할 수 있는 도덕과 인격, 신념과 사상이 확립되어야 한다. 그러므로 민의에 기초한 공론을 바탕으로 독립운동을 하려면 감정적 애국자가 아니라 책임적 애국자가 필요하다고 안창호는 말하였다. 그가 말한 책임적 애국자는 개인의 권력욕과 명예욕을 넘어서 그리고 당파적 감정을 극복하고 과학적 합리적으로 "진심으로 연구하며 계획을 세우며 그 계획을 간단없이 밟아 행하는" 사람이다.[69] 이처럼 많은 대표자들과 함께 공론을 형성하고 형성된 공론에 복종하고 실천하는 책임적 애국자는 철학과 과학을 가진 사람이다. 과학은 합리적이고 현실적인 사고를 뜻하고 철학은 인간과 역사·사회의 힘과 원

---

67 안창호, "정부에서 사퇴하면서,"『안도산전서』, 704.

68 같은 글, 709.

69 안창호, "낙관과 비관,"『안도산전서』, 747.

리와 목적을 아우르는 심층적이고 종합적이며 체계적인 사고를 의미한다. 과학적 사고와 철학적 성찰이 없는 사람은 결코 민주주의자가 될 수 없으며 단체와 조직의 단결, 민족의 독립과 통일, 세계의 정의와 평화를 이루어갈 수 없다.

민족통일과 세계평화의 길

강대국의 불의한 식민통치를 극복 청산하여, 민족의 자주독립과 통일을 이루는 것이 민족국가들의 모순과 대립을 극복하고 정의와 평화의 세계를 이룩하는 길이다. 민주정신과 과학적 합리성과 세계대공의 이념을 바탕으로 추진된 안창호의 민족독립과 통일운동은 왜곡되고 굴절된 근·현대의 민주주의, 과학기술산업주의, 세계시민정신을 바르게 회복하고 실현하는 일이었다. 그에게는 근·현대의 주체적 민주정신, 합리적 과학 정신, 보편적 세계정신을 확립하는 것이 민족통일과 세계평화에 이르는 길이었다. 그는 항상 민의 자리에서 민을 주인과 주체로 깨워 일으키는 일에 힘썼고, 과학적이고 합리적인 무실역행의 정신을 내세우며, 애기애타와 세계대공의 보편정신을 추구하였다.

안창호는 봉건적 양반의식과 소영웅주의를 극복하고 청산하여 민주정신을 확립하려고 했다. 그는 철저한 민주적 통일론자였다. 그에게 민주정신과 통일정신은 한 가지였다. 민의 통일된 힘을 바탕으로 그는 일제의 식민통치를 뒤집고 민족의 자주독립을 이루기 위해서 민족의 대동단결과 통일을 추구했다. 일제의 군사력과 산업경제력은 강력한데 한민족의 힘은 너무나 약했기 때문에 한민족이 일제에 맞서 싸워 독립을 쟁취하는 길은 민족의 대동단결과 통일을 이루는 길밖에 없었다. 그에게 한국민족은 한국 민중이고 한국 민중이 곧 한국민족이었다. 민중이 단합하고 통일될 때 큰 힘이 나온다는 진리를 안창호는 쾌재정의 연설에서부터 깨닫고 공립협회를 조직하고 대한인국민회총회를 이끌면서 체득하고 실천한 것이다. 그는 타고난 민주주의자였으며, 민주주의자였으므로 통일주의자가 되었다. 만일 그에게 민중을 불신하고 업신여기는 귀족정신이나 엘리트정신이 있었다면 그가 그토록 치열하고 간절하게 민족의 대동단결과 통일을 위해 헌신하지 못했을 것이다. 그의 통일정신은 모든 힘은 민에게서 나온다는 민주정신에 바탕을 둔 것이다.

그는 상해 임시정부를 이끌 때 처음부터 민족의 대동단결과 통일을 강조하였다. 그는 독립운동을 하려면 힘이 있어야 하고 힘이 있으려면 단합하고 통일해야 한다고 주장했다. "전진하려면 힘이 있어야 하오. 만사는 힘에서 나오는 것이오. 우리에게는 힘이 있소. 다만 실현이 아니 되었을 뿐이오. 그런데 어찌하면 실현될까? 여러 가지 조건이 있지마는 통일이 으뜸이오. 즉 우리가 큰 힘을 얻으려면 전 국민의 통일을 부르짖어야 하겠소. 무력도 통일하고 금력도 지력도 통일하여야 하겠소. 그러면 통일의 방법은 무엇이오? 첫째는 각지 각 단체의 의사를 소통하여 동일한 목적 하에 동일한 각오를 가지게 함이니, 우리는 과거의 모든 악한 생각을 회개하고 하나가 될 것을 결심하여야 되겠소."[70] 그가 상해 임시정부를 섬길 때 민족통일을 가장 강조했기 때문에 '안창호의 통일독립'이라는 별명이 붙게 되었다.

---

[70] 「독립신문」 1919. 12. 27.

그는 독립운동의 6대사업은 통일에 달려 있다고 했고 통일의 방법은 중앙기관에 총집중하는 것과 공론을 형성하고 공론에 복종하는 데 있다고 하였다.[71]

안창호는 민족의 힘을 결집하여 독립군을 상당한 규모로 확립해서 일제에 선전포고하고 독립전쟁을 일으키려고 하였다. 그는 단순한 행동가와 조직가가 아니었다. 그의 독립운동의 정신과 철학은 심오하고 고결했으며 웅장하고 장엄하였다. 그는 민족의 대동단결과 통일을 위해서 지역주의와 당파주의를 극복하고 이념과 사상의 차이를 넘어서 민족 전체의 자리에서 모든 차이와 차별을 통합하는 대공주의를 부르짖었다. 그는 민족의 자주독립을 이룬 후 자유롭고 정의로운 민주공화국을 이루려 했고 국가와 민족들 사이에 약소국과 강대국 사이에 평등한 우호선린의 관계를 이룩하여 세계정의와 평화에 이르려고 하였다. 그는 한 사람의 인격을 바로 세우고 조직과 집단의 공고한 단결을 이룸으로써 민족의 대동단결을 이루어 민주공화의 나라를 세워서 국가와 국가 사이의 불의한 지배·정복 관계를 극복하고 청산함으로써 세계정의와 평화를 이루려고 하였다.

그는 평생 민족의 자주독립을 위해 헌신했으나 그는 누구보다 세계적인 정신과 안목을 가진 세계인이었다. 한국인으로서 그는 미국과 멕시코 그리고 중국에서 살고 활동함으로써 세계를 경험하고 이해할 수 있었다. 그는 누구보다 진지하게 서양의 정신문화와 과학기술문화를 깊이 받아들였고 민주정신과 문화를 체화하였다. 그는 힘의 철학을 강조했으나 힘의 원천을 인격적 사랑과 도덕에서 보았다.

---

[71] 안창호, "정부에서 사퇴하면서," 『안도산전서』, 700-703.

사랑으로 민이 서로 보호하고 단합함이 민주정신과 문명부강의 뿌리와 씨라고 함으로써 정치와 문명에 대한 심오하면서 포용적인 철학과 정신을 확립하였다. 그는 낮은 자리에 내려가서 민을 섬기고 받들었으며 민과 함께 자각하고 일어서려고 했다. 그는 평민의 한 사람으로 태어나 일찍이 민중 속으로 들어가 민중과 하나로 되는 체험을 하였고 미국과 멕시코의 노동자들 속으로 들어가 그들을 깨워서 함께 일어나 민주적이고 공화적인 공동체를 형성하였다. 그는 역사와 사회의 밑바닥 민의 자리에서 민족의 통일을 이루고 세계정의와 평화에 이르는 애기애타와 대공주의 철학을 확립하였다. 그는 깊은 철학과 높은 뜻을 가지고 민주와 민족통일과 세계평화의 길을 열어갔던 구도자였다.

4) 통일과 평화에 이르는 생명철학적 원칙

안창호가 살아서 민족통일을 부르짖었던 임시정부 시절에도, 그가 죽어서 무덤에 묻힌 후에도, 한국의 정치지도자들은 안창호의 부르짖음과 호소를 외면하였다. 그러나 한국 민중은 안창호가 쾌재정의 연설을 한 이후 줄곧 부르짖으며 호소했던 그 호소를 듣고 삼일혁명을 일으켰고 4·19혁명과 6월 시민항쟁과 촛불혁명을 일으켰다. 그리고 민주와 통일을 향한 그의 간절한 호소와 무실역행의 간곡한 가르침을 듣고 땀 흘려 부지런히 일하고 기업을 만들어서 부강한 나라를 만들었다. 촛불혁명 이후에도 한국은 평화와 통일의 길로 나아가지 못하고 있다. 지금이라도 안창호의 통일과 평화의 사상을 배우고 익힘으로써 한민족이 한 맘 한 뜻을 가지고 한반도와 동아시아에서 평화와 통일의 길을 열어가야 할 것이다.

전체의 자리에서 체화하고 실천한 생의 철학

통일과 평화에 대한 안창호의 사상을 정리해 보자. 그는 단순한 사상가와 이론가가 아니라 행동가요 실천가였다. 그의 사상과 이론은 그의 삶과 실천 속에서 검증되고 확인된 것이었다. 안창호는 먼저 그가 접하고 배운 사상과 정신을 깊고 온전하게 이해하고 몸과 맘에 체득하고 실행하였다. 어려서 한학을 배움으로써 동아시아의 유교문화와 정신을 체득하여 끊임없는 극기와 수행을 통해 도덕을 확립하고 언행을 바르고 절도 있게 하는 삶을 살게 되었다. 그는 또한 선교사 학교(언더우드, 먼로 학당)에서 기독교 정신과 과학사상을 배우고 체화하였다. 그는 기독교 정신에서 모든 잘못과 죄악의 책임을 내가 스스로 져야 한다는 것과 참회하고 새롭게 되어야 한다는 생각을 확립하였고 과학사상을 배움으로써 인과관계를 중시하고 합리적이고 과학적으로 생각하고 말하고 행동하게 되었다. 그는 독립협회에서 민주정신과 새로운 문명을 배우고 체화함으로써 모든 일을 제 힘으로 스스로 해야 하고 민이 서로 보호하고 단합하여 서로 구원해야 한다고 보았다. 그는 나라를 잃고 미국과 중국에서 활동하면서 세계적인 안목을 가지고 세계적인 문화와 지평 속에서 나라의 독립과 통일을 추구하였다.

독립과 통일과 평화의 사상을 그는 어떻게 형성했는가? 기울어가는 나라를 바로 세우기 위해서 그는 21세의 나이에 쾌재정에서 한국민족을 깨워 일으키는 연설을 하였다. 연설을 통해서 그는 민중과 소통하고 하나로 되었으며 민중과 함께 일어나는 체험을 하였다. 쾌재정의 연설 이후 안창호는 평생 연설을 통해 민중과 소통하고 하나로 되는 경험을 했다. 민중을 감격시키고 결집시키는 큰 힘을 가졌으면서도 그는 민중 위에 군림하는 권위적인 지도자(독재자)가 되지 않았고 민중을 선동하고 조종하는 선동가가 되지도 않았다. 그는 겸허하게 민중을 섬기고 존중하면서 민중을 주인과 주체로 깨워 일으키는 자세와 노력을 지켜 나아갔다. 그는 일방적인 권위주의적인 지도자가 아니라 쌍방향으로 서로 소통하고 공감하는 민주적 지도자였다.

쾌재정의 연설을 통해 안창호는 민족 전체의 자리에서 나라를 바로 세우는 일에 앞장서게 되었다. 불의한 외세의 침략에 맞서 나라를 바로 세우는 일은 나라를 구하는 일이면서 세계정의와 평화를 이루는 일이었다. 안창호는 나라를 구하고 세계평화를 이루는 일에서 그의 공적 생애를 시작하였다. 유교에서 말하는 수신제가치국평천하(修身齊家治國平天下)를 뒤집어 치국평천하에서 시작하여 덕력과 체력과 지력을 길러서 건전한 인격을 확립하고 몸과 가정을 고치는 일에 힘썼다. 개인의 인격과 도덕을 확립하고 나서 나라와 세상을 구하는 일로 나아가는 전통적인 길이 아니라 나라와 세상을 구하고 바로 잡는 일에서 시작하여 개인의 인격과 도덕을 확립하는 길로 나아감으로써 안창호의 사상과 실천은 새로운 성격과 방향을 갖게 되었다. 개인의 인격과 도덕은 처음부터 나라와 세계 전체와 뗄 수 없이 결합되어 있었고 개인과 전체(민족, 세계)는 서로 뗄 수 없이 깊은 관련을 갖게 되었다. 개인 속에 이미 전체가 있고 전체 속에서 개인을 보게 된 것이다. 안창호는 처음부터 민족 전체의 자리에서 나라의 주인과 주체로서 생각하고 말하고 행동하였다. 그에게는 '나' 속에 나라가 있었고 나라 속에 내가 있었다. 나라는 구체적인 한 사람한 사람 속에 있었고 구체적인 한 사람의 말과 행동 속에 있었다. 그러므로 그는 어린 소년에게도 큰절을 하며 깨우쳐 일으키려고 하였다. 그는 또한 농장에서 오렌지 하나를 정성스럽게 따는 것이 나라를 위하는 일이라고 하였다. 그에게는 나라를 위해 하는 일이나 물건 하나를 바르게 쓰는 일이나 한 가지로 정성스럽게 하였다.

쾌재정의 연설을 통해서 안창호는 생명과 역사의 진리를 깊고 크게 체험하였다. 그는 언제나 생명과 역사의 전체적인 맥락과 깊이에서 생각하고 말하고 행동하였다. 생명과 역사의 진리는 세 가지다. 스스로 하는 자발적 주체, 유기적으로 통합되고 서로 협동하는 전체, 늘 새롭게 변화 발전하는 진화의 진리다. 생의 진화는 언제나 생의 주체와 전체의 일치와 통합 속에서 주체와 전체를 깊고 높고 크게 하는 방식으로 이루어진다. 또한 생의 안과 밖은 하나로 이어져있고 끊임없이 연락하고 소통하는 것이다. 생의 개체 속에 전체가있고 전체 속에 개체가 있어서 개체의 변화와 전체의 변화는 서로영향을 준다. 인격적 자아의 혁신은 민족과 사회의 혁신으로 이어지고 민족과 사회의 혁신은 개인의 인격적 자아를 고양시킨다. 안창호는 생의 진리에 충실히 살았던 이다. 생의 진리에 충실히 살았던 안창호는 날마다 새로운 사람이었고 그의 인격과 정신은 갈수록 깊고높고 크게 되었다. 그는 개인의 건전한 인격을 확립하기 위해서 덕력과 체력과 지력을 기르려고 했으며, 힘없는 습관과 행동을 개조하여 힘 있는 습관과 행동을 가지려고 하였다. 그는 날마다 몸과 가정을 고침으로써 자신의 인격과 삶을 새롭게 하였으며, 건전한 인격과 삶을 이룸으로써 조직과 단체의 공고한 단결을 이루려고 하였다. 조직과 단체의 공고한 단결은 민족의 독립과 통일에 이르는 토대이고 길이었다. 그리고 민족의 독립과 통일은 세계의 복지와 번영, 정의와 평화를 실현하는 세계대공의 정신으로 이어졌다.

민족 전체의 자리에서 개인의 인격을 바로 세우고 무기력한 습관과 행동을 개조하여 힘 있는 습관과 행동을 형성하고, 몸과 가정을 고쳐서 건강하고 올바른 삶에 이르고, 조직과 단체의 공고한 단결을 이루어 민족의 독립과 통일에 이르고, 민족의 독립과 통일에 이름으로써 세계의 평화와 정의에 이른다는 도산의 실천적인 철학과 사상은 개인의 인격에서 세계의 평화까지 처음부터 끝까지 하나로 뚫려 있다. 마치 그의 철학과 사상은 살아 있는 생명체처럼 맥이 통하고 전체가 하나로 통합되어 있다. 또한 그는 인생과 역사, 국가와 사회를 생명의 관점에서 보았다. 이토 히로부미를 만났을 때 그는 동아시아 삼국인 일본, 한국, 중국을 각각 머리, 목, 몸통으로 비유하여 설명했다. 애국가를 지은 1907년 봄에 행한 삼선평 연설에서 안창호는 국가를 하나의 유기적인 생명체로 파악하였다. 국가는 국민들이 한 몸 생명공동체를 이룬 것이다. 따라서 도산은 국가를 사랑하는 것은 곧 내 몸을 사랑하는 것이라고 하여 국민 개인 개인의 '나'와 나라를 일치시켰다. 하나의 생명체에서 부분과 전체를 분리할 수 없듯이, 개인의 '나'와 한 몸 공동체인 '나라'는 분리될 수 없는 것이었다. 염통이나 허파가 몸 전체에서 분리되어 살 수 없는 것과 마찬가지다. 생명체의 부분들을 통일시켜 전체의 하나를 이루게 하는 것이 생명의 의식과 정신이고, 개인들을 통일시켜 전체 하나의 사회를 이루게 하는 것이 얼과 혼이다. 인간은 얼과 혼을 통해서 전체와 이어지고 통합된다. 인간의 얼과 혼은 참된 주체의식이면서 전체의식이다. 전체의 통일은 개체의 주체적 인격, 얼과 혼 속에서 드러나고 실현되고 심화하고 확장된다. 그러므로 나라를 잃은 사람은 참된 생명을 잃은 것이고 생명의 속알맹이인 얼과 혼을 잃은 것이다. 나라를 잃은 인간은 육체의 생존만 있을 뿐 생명의 속알인 정신은 죽은 것이다. 나라 잃은 날을 기념하는 대한인국민회 행사에서 그는 이렇게 말했다. "나라가 없어지면 그 나라에 딸린 그 사람은 나라가 없어지는 그때 깡그리 따라 죽는 것이오. 그 후에 사는 것은 제가 살고 싶어 사는 것이 아니라 육체를 주체 못 하여 그 몸이 썩을 때를 기다리고 있는 것이올시다."[72]

나라를 잃은 인간은 얼과 혼을 잃고 생의 껍데기인 육체로만 사는 것이다. 생명의 속알인 얼과 혼은 생명의 껍질인 몸보다 훨씬 더 중요하다. 나라는 정신 속에 얼과 혼 속에 살아 있다. 따라서 나라를 잃은 사람이 나라를 되찾고 바로 세우려면 먼저 얼과 혼을 살리고 키우고 높여야 한다. 얼과 혼이 살아 있는 사람은 나라를 되찾고 바로 세월 수 있다. 얼과 혼이 살아 있었으므로 도산은 동해물과 백두산이 마르고 닳도록, 동해물과 백두산에 의존해서 사는 나의 몸과 맘이 마르고 닳도록, 나라를 사랑하자는 간절하고 사무친 심정을 가질 수 있었다. 그는 철갑을 두른 소나무처럼 강인한 절개와 기상, 가을 하늘 밝은 달 같은 고결한 신념과 의지를 국민들과 함께 노래할 수 있었다.

---

[72] 안창호, "불쌍한 우리 한인은 회락이 없소,"『안도산전서』, 605.

민주주의의 실현: 공론의 형성과 복종

민족과 세계의 통일과 평화에 이르려면 먼저 얼과 혼의 통일과 일치에 이르러야 한다. 얼과 혼은 볼 수 없고 잡을 수 없는 것이다. 얼과 혼은 생각과 뜻으로 나타나고 표현될 뿐이다. 얼과 혼의 통일에 이르려면 생각과 뜻의 통일에 이르러야 한다. 생각과 뜻의 통일은 어떻게 이루어지는가? 정치권력과 지배이념에 의한 국가주의적 통일의 방식으로는 생명의 자발적 주체인 얼과 혼의 통일에 이를 수 없다. 민족 전체의 자리에서 국가를 한 몸 생명공동체로 보면서도 도산은 결코 국가주의에 빠지지 않았다. 한 사람 한 사람의 생각과 인격을 존중했던 철저한 민주주의자 도산의 사상과 실천에는 국가주의의 요소와 흔적이 말끔히 제거되어 있다. 한 사람 한 사람의 '나'를 존중하고 '나'의 자발적 의지와 인격을 중시했던 도산은 서로 다른 개성과 창의를 강조하였다. 그가 국민교육에 평생 헌신하면서 자신의 생각과 뜻을 남에게 강요하는 일은 결코 없었다. 그는 언제나 민중을 섬기고 받드는 자세로 민중에게 호소하는 심정과 자세로 가르치고 일깨웠다. 언제나 민족통일을 내세우면서도 그는 결코 사상의 통일을 요구하지 않았다. 사람마다 단체와 조직마다 생각과 뜻이 다를 수 있고 당연히 다르다고 보았다. 생각과 뜻이 같은 조직과 단체의 공고한 단결을 추구하였지만 생각과 뜻이 다른 조직과 단체가 있을 수 있다는 것을 인정하고 받아들였다. 그는 결코 다른 사람과 다른 집단이 다른 생각과 주장을 가지고 있음을 외면하거나 무시하지 않았다. 따라서 서로 다른 집단과 당파들이 서로 다른 생각과 주장을 가지고 대화하고 토론하고 논쟁함으로써 서로의 생각과 인격이 연마가 되고 발전이 된다고 보았다. 그는 다만 개인과 집단이 바른 생각과 견해를 확립하기 위해서 과학적 합리적으로 탐구하고 연구하고 계획하고 구상하는 진지한 과정을 거쳐야 한다고 보았다. 최선을 다해서 진지하고 성실하게 탐구하고 조사하고 연구해서 바른 생각과 견해를 확립하고 그렇게 마련한 생각과 견해를 가지고 서로 대화하고 토론하고 논쟁을 벌여야 한다고 보았다. 개인과 집단들이 서로 다른 이론과 사상, 생각과 견해를 가지고 진지하고 치열하게 대화하고 토론하면 민족과 국가의 차원에서는 더욱 풍부하고 깊은 이론과 사상을 가지게 될 것이라고 하였다.

도산은 민주적인 토론과 의사결정의 과정을 중시했다. 그러나 충분한 대화와 토론을 통해 공론을 형성하고 합의하고 의결된 공론에 반드시 복종할 것을 주장했다. 과학적 합리적 연구와 계획을 통해 정론을 세우고 정론을 가지고 서로 치열하게 대화하고 토론함으로써 서로 경쟁하고 서로 연마하여 서로 생각을 깊고 풍성하게 할 뿐 아니라 진리에 이를 수 있다. 치열하게 토론하고 논쟁하면서도 서로 경청하고 존중할 수 있어야 한다. 대화와 토론의 결과 여론, 공론이 형성되고 민주적 절차에 따라 공론이 결정되면 그 공론에 기꺼이 승복하고 따를 수 있어야 한다. 마땅히 민주시민은, 민주적 단체와 정당은 질 줄도 알고, 이길 줄도 알아야 한다. 민주주의를 위해서는 잘 이기는 것보다 잘 지는 것이 더욱 필요하고 중요하다.

독립과 통일과 평화에 이르는 여섯 가지 원칙

안창호는 민족의 독립과 통일과 평화에 이르는 길을 열고 그 길로 나아간 사람이었다. 그가 개척하고 걸어갔던 민족의 평화와 통일의 길을 안창호가 체계적이고 종합적으로 제시하지는 않았다. 그의 사상과 실천의 원칙들에 비추어 보면 그가 걸어갔던 평화와 통일의 길이 보다 뚜렷이 드러날 것이다. 안창호가 제시한 사상과 실천의 원칙들은 앞에서 논의하는 과정에서 드러난 대로 공사병립, 활사개공, 대공정신, 애기애타, 무실역행, 충의용감이다. 앞의 공사병립, 활사개공, 대공정신은 국가의 양면을 이루는 공과 사의 구분과 통합과 실현에 대한 원칙과 방법이다. 이것은 생명의 주체와 전체를 통합 일치시키며 창조적 진화와 초월적 고양을 이루어가는 생명철학적 원칙들이다. 뒤의 애기애타, 무실역행, 충의용감은 공과 사를 통합하고 실현해가는 마음가짐과 지침을 나타낸 것이다. 다시 말해 애기애타, 무실역행, 충의용감은 공사병립, 활사개공, 대공정신을 실천하는 주체적인 원리다. 이 여섯 가지 원칙이 민족의 독립과 통일과 평화를 지향하는 도산의 사상과 실천을 체계적이고 종합적으로 설명할 수 있는 틀이다.

공과 사를 통합하는 생명철학적 원칙: 공사병립, 활사개공, 대공정신

공사병립(公私竝立)

나라를 생명 공동체로 파악한 도산은 나와 나라를 분명하게 구분하면서도 뗄 수 없는 하나의 전체 속에 통합시켰다. 나와 나라는 국가공동체의 서로 다른 면이다. 나는 사적 영역에 속하고 나라는 공적 영역에 속한다. 나의 사적 영역에는 가정과 기업도 포함된다. 국가의 공적 영역에는 나라, 정치, 국가 권력체계와 질서, 제도가 포함된다. 도산이 내세운 공사병립은 국가의 양면을 이루는 공과 사의 관계에 대한 근본적인 원칙이다.

공사병립은 공과 사가 함께 나란히 선다는 말이다. 나란히 선다는 것은 수직적인 상하관계가 아니라 수평적인 평등한 관계를 가진다는 것이고 서로 침해하지 않는 독자적 영역을 가진다는 것이다. 공은 공대로 사는 사대로 함께 존중되고 일으켜 세워져서 사와 공이 함께 존중되고 실현되고 완성되어야 한다. 공사병립은 사를 멸하고 공을 받드는 멸사봉공(滅私奉公)이나, 공을 앞세우고 사는 뒤에 세우는 선공후사(先公後私)도 아니다. 그것은 또한 사를 앞세우고 공을 뒤에 세우는 선사후공(先私後公)도 아니다. 사를 위해 공을 희생해서도 안 되고 공을 위해 사를 희생해서도 안 된다. 공과 사는 함께 나란히 서서 독자적으로 존중되고 실현되어야 한다. 개인의 사리사욕을 위해서 국가를 해쳐서도 안 되지만 국가의 운영을 위해서 개인의 사생활과 이익이 침해되어서도 안 된다. 국가는 사적인 영역과 생활을 최대한 존중하고 보장해야 한다. 또한 개인과 집단, 가정과 기업이 사적 편의와 이익을 위해서 국가의 부와 존엄, 정의와 질서를 훼손해서는 안 된다.

공사병립을 이루기 위해서는 먼저 사(나)와 공(국가)을 구분해야 한다. 도산은 공과 사의 엄정한 구분을 요구했다. "정부의 직원을 사우나 사복으로 삼으려 하지 마시오. 그러지 말고 공복으로 삼으시오. 나는 여러 사람이 국무원을 방문하고 사정을 논하며 사사로운 일을 부탁하는 것을 보았소. 이는 크게 불가한 일이니, 공사를 맡은 자와는 결코 한담을 마시오."[73] 사적 영역은 사적 영역대로 존중되어야 한다. 사적 영역을 존중하는 것은 어떻게 하는 것인가? 사적 영역

안에서도 서로 다름과 특수한 관계가 있음을 인정해야 한다. 가까운 사람과 먼 사람, 가족과 남, 친구와 모르는 사람이 있다. 더 가깝고 사랑하는 이들이 있다. 모든 사람을 똑같이 사랑하고 모든 사람이 똑같이 가까운 관계를 맺어야 하는 것은 아니다. 서로 다른 계파와 당파가 있을 수 있다. 개인, 집단, 당파의 서로 다름을 존중해야 한다. 서로 다른 개인과 집단과 당파를 서로 주체로 존중해야 한다. 사적 영역의 서로 다른 모든 것들은 저마다 국가 전체의 한 부분을 이루는 것들이다. 개인, 가정, 기업, 집단, 당파는 저마다 살아 있는 국민들의 공동체인 국가의 한 부분과 지체(肢體)다. 사적 영역의 개체들과 집단들은 서로 구분되고 독자적으로 자기를 표현하고 실현하고 서로 경쟁하고 논쟁하면서도 나라 전체의 일부와 지체임을 자각해야 한다.

공과 사는 서로 독자적인 영역을 가지면서도 전체의 일부와 지체로서 동일한 국가의 서로 다른 한 면을 이룬다. 국가를 형성하는 두 영역으로서 공과 사는 긴밀한 상생과 협동의 관계를 이룬다. 공이 바르게 서면 사도 바르게 서고 사가 바르게 서면 공도 바르게 선다. 공사병립은 공만 따로 설 수 없고 사만 따로 설 수 없다는 것을 의미한다. 공이 바로 서려면 사가 바로 서야 한다. 사가 바로 서려면 공이 바로 서야 한다. 나 없이 나라 없고 나라 없이 나 없는 것처럼 공 없이 사 없고, 사 없으면 공도 없다. 공사병립은 공과 사가 함께 선다는 것이다. 공과 사는 서로 다른 독자적이고 주체적인 영역을 가진다. 그러나 서로 뗄 수 없이 얽혀 있는 공과 사는 상생과 협동의 관계

---

73 1920년 1월 3일 상해 교포들의 신년 축하회 석상에서 행한 "6대사업"(시국대강연) 연설의 일부다. 안창호, "6대사업," 『안도산전서』, 655.

를 이룬다. 공과 사가 서로 살리고 서로 지탱하는 역동적 입체적 관계가 되게 하자는 것이 안창호가 내세운 공사병립의 의도이고 목적이다. 그에게는 구체적인 한 사람을 살리고 세우는 것이 국가를 살리고 세우는 것이다. 국민 한 사람 한 사람이 일을 정성스럽게 바로 하는 것이 국가를 바로 세우는 것이다. 국가 전체를 바로 세우는 것이 국민 한 사람 한 사람을 바로 세우는 것이다. 국가를 사랑하는 것이 한 사람 한 사람의 몸을 사랑하는 것이다. 국가를 위해 국민 개인을 희생시키지 말아야 하고 개인을 위해 국가를 해롭게 해서는 안 된다. 도산은 개인과 국가를 함께 세우는 길과 방법을 찾고 그 길로 나아갔다.

활사개공(活私開公)

활사개공은 구체적이고 개별적인 사의 영역을 살리고 힘 있게 함으로써 공의 세계를 열어간다는 말이다. 그것은 구체적이고 개별적인 나에서 시작하여 공적 전체에 이르는 과정과 방법을 나타내는 생명과 사회의 역동적 원리다. 사(私)는 구체적이고 개별적인 나의 자발성과 주체성을 나타낸다. 공적 전체에서 시작하는 것은 추상적이고 관념적이기 쉽다. 공적 보편적 전체의 진리와 주장은 마땅하고 당연하지만 구체적이고 자발적인 감동과 힘을 갖지 못한다. 욕망과 감정을 가진 구체적인 인간의 자아는 개별적이고 특수하며 모호하고 불확실하지만 구체적이고 자발적인 감동과 힘을 가진다.

나를 살리고 힘차게 하여 공의 세계를 열어가는 것(활사개공)이 안창호가 추구하고 실행한 생명철학의 핵심이다. 나(개인, 가정, 기업, 집단, 당파)는 나의 속에서 나의 제약과 속박을 깨트리고 공(전체)의 세계를 열어야 한다. 나를 가두는 제약과 속박은 나의 생명과 정신의 껍데기, 거죽이다. 나의 생명과 정신의 속에는 공의 세계에 이르는 생명과 정신의 알맹이, 속알, 씨올이 있다. 생명과 정신의 속알, 씨올은 생명과 정신의 얼과 혼, 인의(仁義), 참되고 바른 힘이다. 이것은 생명의 참된 주체이고 주체와 전체의 통일을 이루는 힘과 진리이며 진화와 혁신을 이루는 동인과 동력이다. 생명의 속알, 씨올을 살리고 힘차게 하는 것이 주체와 전체의 일치를 이루고 진화와 혁신을 이루는 것이며 이것이 바로 공의 세계를 여는 길이다. 안창호가 자아혁신과 건전인격의 형성을 위해서 덕력, 체력, 지력을 기르고 무기력한 습관과 행동을 개조하려고 한 것은 나를 살리고 힘 있게 하여 공의 세계를 열자는 것이었다. 개체 인간의 생명적 정신적 내면에 보편적이고 공적인 성격과 요소(仁義)가 있기 때문에 나의 속알을 살리는 활사(活私)가 전체의 세계를 여는 개공(開公)이 될 수 있다. 모든 생명의 개체는 자기 안에 전체의 통일을 이루고 있으며, 새롭게 변화 발전하는 진화의 동인과 동력을 가지고 있다. 따라서 인간의 생명과 정신의 속알이 힘차게 살아난다는 것은 자발적 주체를 힘 있게 세우는 것이고 안과 밖으로 전체의 통일을 이루는 것이며 그 주체와 전체의 일치와 통합을 위하여 자신의 생명과 정신을 진화 발전 고양시키는 것이다. 그러므로 활사개공은 생명과 정신을 실현하는 진리이고 방법이다.

안창호의 사상과 실천 속에는 활사개공의 원칙이 확고하고 일관성 있게 관철되어 있다. 한 사람이 덕력과 체력과 지력을 길러서 건전한 인격을 확립하고, 건전한 인격을 가진 사람들이 서로 보호하고 단합하면서 바르게 생각하고 옳은 말을 하고 정성스럽게 올바로 행동하면, 공의 세계가 열려서 많은 사람이 함께 민족의 독립과 통일의 길로 나아가게 된다. 한 사람 한 사람이 바른 생각을 하고 옳은 말을 하고 올바른 행동을 하면 지역사회와 국가가 옳고 바르게 되고 밝고 환하게 된다. 농장에서 노동자가 오렌지 하나라도 정성스럽게 잘 따는 것이 나라를 위하는 것이라고 안창호가 말한 것은 활사개공의 이러한 원칙을 말한 것이다. 덕력과 체력과 지력을 길러서 자기 생명과 정신의 속알을 살리는 한 사람의 올바른 생각과 말과 행동 속에서 공의 세계가 열린다.

사를 활기차게 하여 공의 세계를 열어가는 활사개공의 과정에서 공과 사의 경계는 고정된 것이 아니라 유동적이고 변화한다. 사를 살려서 공을 열어가는 과정은 멀고 복잡하며 상대적이고 중층적이며 입체적이고 역동적이다. 예컨대 당원과 당의 관계에서는 당원이나 계파는 사의 영역에 속하고 당은 공의 영역에 속한다. 그러나 국가와 민족의 차원에서 보면 당도 사적 영역에 속한다. 나아가서 국가와 민족도 세계의 자리에서 보면 사적 영역이 될 수 있다. 지구의 인류 세계도 우주에서 보면 사적 영역이 된다. 우주도 물질적 차원을 넘어서는 하늘(하나님)의 차원에서 보면 사적 영역이 될 수 있다. 끊임없이 사적 자아를 부정하고 초월함으로써 집단과 당파주의를 극복하고 더 깊고 높고 큰 공의 세계를 열어가야 한다. 그러기 위해서 서로 편견과 집착을 깨트리면서 나와 남, 우리 당과 다른 당의 일치와 통합을 추구하고 공론을 형성해야 한다. 나와 국가, 사와 공은 서로 다르며 갈등하고 대립하면서도 서로 극복하고 초월함으로써 입체적이고 중층적으로 전체 하나의 생명 속에서 역설적 일치와 변증법적 통합을 이루고 있다. 사와 공의 서로 다름과 역설적 일치 속에서 사를 살리고 힘차게 하면서 공의 세계를 확장해가려면 끊임없이 사의 영역이 자기부정과 초월, 신생과 고양의 역동적 변화를 이루어가야 한다.

나와 나라를 일치시킨 안창호는 나 속에서 나라를 보고 나라 속에서 나를 보았다. 나라의 주인과 주체인 민의 나는 나라의 중심과 목적이다. 서로 다른 나들이 모여 이룬 나라는 서로 다른 '나'들의 중심과 목적이다. 나와 나라는 서로가 서로에게 중심이고 목적이다. 나는 나라를 위해 끊임없이 나를 새롭게 하고 고양시켜야 한다. 나라는 나를 위해 끊임없이 자기를 비우고 열어서 민 한 사람 한 사람의 '나'를 주인과 주체로 모시어 들여야 한다. 그러므로 나를 살려서 공의 세계를 여는 활사개공은 사와 공, 나와 나라가 서로 자기를 열고 더 깊고 높고 큰 공의 세계를 여는 순환적인 상생의 과정이다. 나(사) 속에 나라(공)가 있고 나라 속에 나가 있다. 나와 국가, 사와 공을 함께 살리고 세우는 길이 활사개공이다. 그러나 공의 세계를 여는 개공은 사를 살리는 활사에서 시작해야 한다. 통일과 평화를 추구하는 국가의 일은 국민 한 사람 한 사람에게서 시작해야 한다. 한 사람이 살아서 힘차게 될 때 국가를 살리고 힘차게 하는 길이 열린다. 안창호의 삶과 철학은 한 마디로 활사개공의 원칙을 확립하고 실천한 것이다.

대공정신(大公精神)

민족의 대통합을 추구한 도산은 민족의 통합을 넘어서 세계대공(世界大公)을 말했다. 국가적으로 정치, 경제, 교육의 평등을 말하고 국제적으로 민족의 평등을 말하면서 민족의 대동단결과 통합을 이루는 대독립당을 만들려고 하였다. 민족의 통합을 이루는 대독립당의 이념과 목적으로서 그는 세계의 복지와 번영, 정의와 평화를 추구하는 세계대공을 말한 것이다. 대공(大公)은 궁극적인 공공성의 경지 곧 하늘의 공을 뜻한다. 하늘의 공은 사적 이해관계와 관점을 초월하면서도 공과 사의 대립을 넘어서 공과 사를 함께 실현하고 통합하는 공이다. 대공은 공사병립과 활사개공의 목적과 지향을 나타낸다.

안창호는 인간의 자발성과 자유, 창의와 개성을 강조했으며 현실적이고 창의적인 기업을 구상하고 추진하고 운영하였다. 그 점에서 그는 사의 영역을 존중했으며 창의적으로 실현하고 구현하려고 하였다. 그는 누구보다 인간의 자발적 주체적 인격과 창의적이고 개성적인 자유를 존중하고 강조했다. 그러므로 그는 건전한 인격을 확립하고 덕력과 체력과 지력을 기르고 기능과 기술과 전문지식을 배우고 익힐 것을 역설했다. 그러나 그는 사적 영역을 넘어서 대공정신을 말하면서 정치경제교육의 평등과 민족의 평등을 말하였다. 그가 말한 대공의 평등은 획일적이고 기계적인 평등이 아니라 창의와 개성의 서로 다름과 자유를 전제한 것이다. 만인의 주체적 인격과 창의적 자유를 온전히 실현하기 위해서 사회적 평등이 요구되는 것이다. 정치경제교육과 민족의 국제적 평등이 구체적이고 개별적 인간의 창의와 자유를 해쳐서는 안 된다. 또한 개인의 창의와 자유가 사회적 평등을 훼손시켜서는 안 된다. 대공은 개인의 자유와 창의를 온전히 실현할 뿐 아니라 사회적 평등을 온전히 확립하는 것이다. 개인의 자유와 사회의 평등을 입체적이고 심층적으로 역동적이고 다차원적으로 통합하는 것이 대공이다.

안창호의 대공정신은 공사병립과 활사개공을 실현한 것이며 사(私)의 자유와 창의를 충분히 실현하면서 사회적 평등을 이루는 것이다. 개인과 기업의 자유와 창의를 강조하다가 지나친 양극화를 초래하는 것은 사회의 평등을 파괴할 뿐 아니라 민인의 자유와 창의를 위한 조건과 토대를 무너트리는 것이다. 사회의 평등이 기계적 획일적으로 강요되어 만인의 자유와 창의가 억눌려서도 안 되지만 개인과 기업의 창의와 자유가 일방적으로 강조되어 사회의 평등을 파괴해서도 안 된다. 개인과 기업의 창의와 자유를 위해 사회적 평등을 약화시키면 극소수의 창의와 자유만 남고 만인의 창의와 자유는 사라진다. 공사병립은 공은 공대로 사는 사대로 힘껏 최대한 실현하고 확장하라는 것이다. 활사개공은 사의 자유와 창의를 최대한 실현하면서 공의 세계를 확장하고 열어가라는 것이다. 공과 사는 기계적으로 분리되어 있지 않다. 공 속에 사가 있고 사 속에 공이 있다. 구체적인 한 사람의 '나' 속에 나라가 있고 '나라' 속에 한 사람 한 사람의 구체적인 '나'가 있는 것과 같다. 공과 사, 나라와 나(개인) 사이에 역동적이고 입체적이며 종합적인 관계와 조정과 협력이 늘 새롭게 이루어져야 한다. 구체적인 국민 한 사람의 '나' 하나를 살리고 높이는 것이 사의 영역에 속한 일만이 아니라 나라를 높이고 키우는 공의 영역에 속하기도 한 것이다. 나라를 새롭게 하고 문화와 품격을 높이는 일이 공의 영역에 속한 일만이 아니라 국민 한 사람 한 사람의 '나'의 일이기도 하다.

이러한 대공정신은 쾌재정의 연설에서 민중과 하나로 된 안창호의 체험 속에서 싹이 튼 것이다. 쾌재정의 민중체험은 민족 전체의 자리에서 민족의 한 사람 한 사람의 '나'들이 함께 일어나 온 민족이 하나로 되는 체험이었다. 쾌재정에서 연설했을 때 청년 안창호의 정신과 혼, 생각과 말 속에는 탐욕이나 미움과 시기의 감정, 편견과 집착이 조금도 없었을 것이다. 그의 욕망과 감정은 나라와 민족을 위한 사랑과 헌신, 하늘의 높은 뜻과 거룩한 사명으로 온전히 승화되고 고양되었을 것이다. 진실과 정직, 옳음과 바름, 당당함과 떳떳함이 그의 몸과 맘에 말과 목소리에 가득 했을 것이다. 그 때 그는 하늘의 대공을 깊고 높고 크게 체험하고 체화한 것이 분명하다. 하늘의 대공이 그의 몸과 맘을 사로잡았기 때문에 그의 연설은 청중의 몸과 맘을 사로잡을 수 있었다. 도산이 대성학교, 청년학우회, 흥사단을 만들어 건전한 인격을 확립하고 공고한 단결을 이루어 민족의 독립과 통일을 지향한 것도 대공의 정신을 추구하고 실현한 것이다. 그가 공립협회, 신민회, 대한인국민회를 만들고 이끌면서 민이 서로 보호하고 단합하는 민주공화의 세계를 열어간 것도 대공의 정신을 실현한 것이다. 그가 사심을 버리고 자신을 희생하고 헌신하면서 지극 정성을 다하여 임시정부를 조직하고 민족대표회의를 소집하고 대독립당 건설을 추진하고 한국독립당을 건설하여 민족의 독립과 통일을 추구한 것도 모두 대공정신을 구현하고 드러낸 것이다. 그렇게 보면 그의 일생은 대공정신으로 일관되었다. 그는 평생 한 번도 정치경제교육의 평등과 민족의 평등을 부정한 일이 없었고, 세계정의와 평화에 거스르는 언행을 한 일도 없었다. 정직하고 진실하게 바르고 떳떳한 삶을 살아온 안창호는 대공을 구현한 사람이었다. 그의 대공정신은 추상적이고 관념적인 주장과 이념이 아니라 그의 삶과 정신, 행동과 실천 속에 구현되고 실행된 것이다. 대공주의는 도산의 삶과 활동을 통해서 역사적이고 인격적인 구체성에 이른 것이다.

이런 대공정신을 바탕으로 도산은 대화와 토론을 통해서 공론을 형성하고 공론을 형성한 다음에는 공론에 복종하자고 하였다. 일껏 대화와 토론을 거쳐서 합의하고 의결해 놓고도 결정된 공론에 복종하지 않으면 모든 일이 허사가 되고 만다. 대화와 토론은 치열하게 하더라도 민주적 과정과 절차를 거쳐 확립된 공론에는 기꺼이 순복하는 기풍과 자세를 형성해야 한다. 공론에 불복하면 민주제도와 사회는 존재가치와 의미가 사라지게 된다. 공정하고 치열하게 싸우고 기꺼이 질 줄 알아야 한다. 내게 한 옳음이 있으면 남에게도 한 옳음이 있음을 인정하여 기꺼이 질 줄 알고 기꺼이 복종할 줄 아는 정신이 대공정신이다. 선거 때 권력을 놓고 치열하게 싸웠더라도 선거가 끝나면 진 쪽은 이긴 쪽에게 기꺼이 승복하고 최대한 협력할 줄 알아야 한다. 해야 할 최소한의 비평과 반대를 하면서도 이긴 쪽의 정부경영이 성공하고 큰 결실을 이루도록 최대한 협력하고 협조해야 한다. 기꺼이 협력하고 협조한 다음에 다시 선거를 할 때는 상대 쪽의 정부경영에 대해서 바르게 평가하고 비판하면서 자기 쪽에서 정부를 더 잘 경영할 수 있다는 것을 국민에게 설명하고 자기들에게 정부의 경영을 맡겨달라고 호소하고 부탁해야 한다. 그렇지 않고 선거 때나 선거가 끝난 다음에도 이기고 진 정파와 당파들이 원수처럼 싸우기만 하면 나라와 국민을 크게 해치는 것이다. 지고 나서도 승복하지 않고 싸움질만 하는 정파와 당파들은 나라와 국민보다 자기들의 이익과 권력에 충실한 무리이다. 이런 정파와 당파가 있는 나라는 복지와 번영, 정의와 평화를 이룰 수 없다. 그러므로 나라 일을 하려는 사람들은 먼저 대공정신을 배우고 익혀서 기꺼이 질 줄 알고 기쁘게 복종할 줄 아는 인간들이 되어야 한다.

공론에 순복하는 기풍과 자세는 주체(私)의 깊이와 자유에서 전체(公)의 하나 됨을 향해 나아가는 사람만이 가질 수 있다. 주체의 깊이와 자유에서 전체의 하나 됨을 향해 나아갈 수 있는 자리는 한없이 높고 한없이 깊은 하늘이다. 저마다 하늘을 품고 하늘을 그리워하고 하늘로 솟아올라 나아가는 사람만이 대공의 정신을 가질 수 있다. 주체의 깊이와 자유를 가지고 전체의 하나 됨을 향해 나아가는 하늘의 자리를 품고 사는 사람만이 자기 자신과 당파에 매이지 않고 기꺼이 질 줄 알고 기꺼이 복종하는 기풍과 자세를 가질 수 있다. 하늘을 품고 기꺼이 질 줄 아는 자유와 기쁘게 복종하는 겸손을 가진 사람이 대공정신을 가진 사람이다. 하늘처럼 넓고 크고 깊고 높은 대공정신을 가진 사람만이 개인과 당파의 이익을 넘어서 공론에 순복할 수 있다. 저(우리)만 옳다는 독단과 독선에 빠져서 공론에 순복하지 않고 서로 이기려고만 하는 소인배들만 늘어나는 사회와 국가는 결국 망한다. 민주사회의 기본적인 최소조건은 공론에 순복할 줄 아는 것이다. 공론에 순복하는 대공정신은 민주사회를 지키는 기본 원칙이다. 또한 그러한 정신과 원칙을 확립하고 실천하는 것이 사회적 생명의 자발적 주체성을 심화 고양하고, 통합적 전체성을 확장하며, 진화와 혁신을 이루어가는 길이다.

생명철학을 실천하는 생활의 원칙: 애기애타, 무실역행, 충의용감

애기애타(愛己愛他)

애기애타는 현대적이고 민주적인 생활원리다. 나를 사랑하고 남을 사랑할 줄 아는 사람만이 민족의 평화와 통일을 이루고 세계정의와 평화에 이를 수 있다. 애기는 나를 주체로 존중하고 새롭게 변화시킴으로써 자치를 실현하고 완성해가는 민주적 주체의 원리다. 나를 사랑하고 존중하지 못하면 주권을 행사하며 자치를 실현해가는 민주시민이 될 수 없다. 남을 주체로 사랑하고 존중하고 배려하지 못하면 더불어 살 수 없다. 애타는 남을 주체로 존중하고 사랑하며 상생하고 협동하는 민주사회의 공존 원리다.

애기애타는 극기복례(克己復禮)나 수기치인(修己治人)을 넘어서는 적극적이고 주체적인 현대의 민주원리다. 자기를 극복하여 바른 사회관계와 질서로 돌아가는 것(극기복례)만으로는 민주적이고 공동체적인 새로운 관계와 질서를 주체적이고 창의적으로 만들어갈 수 없다. 민이 주인이고 주체인 민주사회에서는 사회관계와 질서(禮, 制度) 속에 궁극적인 가치와 힘과 지혜가 들어 있는 것이 아니라 구체적인 한 사람 한 사람의 '나' 속에서 새로운 가치와 힘과 지혜가 생성되어 나와야 하는 것이다. 자기를 억눌러서 사회질서와 관계를 지켜가려는 것은 국가의 사회질서와 관계를 국민의 주체 '나'(국민주권)보다 더 위대하게 보는 봉건시대의 국가관이거나 국가주의 국가관이다. 민주적인 국가관에서는 새롭고 궁극적인 가치와 힘과 지혜가 국민 한 사람 한 사람의 '나'에게서 생성되고 창조되어 나와야 한다.

나를 갈고 닦아서 남을 다스리고 바르게 하는 수기치인의 방법과 자세도 통치자와 지도자 중심의 원리다. 나(己)는 통치자이고 인(人, 다른 사람)은 피치자 백성이다. 아무리 나를 갈고 닦아도 완전한 인간이 될 수 없고 완전한 인간이 된다고 해도 내가 남을 다스리거나 고치고 바로 잡아 줄 수는 없다. 수기치인의 원리와 자세는 봉건시대의 원리와 자세다. 민주국가에서는 모든 국민들이 국가의 주인이고 주권자들이며 스스로 자신을 다스리고 서로 협력하는 자치와 협동의 서로 주체들이다. 나와 남이 서로 주인과 주체가 되게 하는 길은 나와 남을 사랑하고 존중하고 배려하며 격려하는 애기애타의 길밖에 없다.

애기애타는 나와 남을 주체로 되게 하는 주체적이고 적극적인 원리다. 이것은 나와 남을 서로 주체로 존중하고 배려하는 상생과 공존의 수평적이고 쌍방향적인 원리다. 애기애타는 서로 주체의 생명 논리와 실재를 반영한다. 모든 생명체는 스스로 하는 자발적 주체이며 안팎으로 이어지고 통합된 전체이며 새롭게 성장하고 성숙하며 진화 발전해가는 것이다. 생명을 가진 인간은 주체와 전체로서 그리고 새롭게 변화 발전해가는 존재로서 존중되고 배려되어야 한다. 생의 주체와 전체와 진화를 실현하려면 생의 주체인 인간을 사랑으로 대접하는 길밖에 없다.

애기는 극기와 수기를 넘어서 나를 나로서 새롭게 하고 크게 고양시키는 것이다. 애기는 나를 온전히 성장시키고 성숙시켜서, 나를 실현하고 완성해가는 것이다. 애기는 나의 욕망과 감정대로 하는 것이 아니다. 나의 욕망과 감정을 존중하고 실현하되 나의 욕망과 감정이 성숙하고 승화되어 아름답고 고결하여 품위를 갖게 하는 것이다. 애기는 파충류와 포유류의 욕망과 감정을 승화하고 고양시켜 인간다운 욕망과 감정을 갖게 하는 것이다. 인간의 욕망과 감정은 파충류와 포유류의 욕망과 감정을 승화하고 고양시켜 더 깊고 높고 풍부한 욕망과 감정을 가지게 되었다. 인간의 욕망과 감정은 파충류와 포유류의 욕망과 감정을 넘어서는 새로운 차원과 성격과 성질을 가지게 되었다. 인간의 몸과 목소리가 다른 동물들의 몸과 목소리보다 아름답고 우아하며 자유롭고 풍부한 것처럼 인간의 욕망과 감정도 다른 동물의 욕망과 감정보다 깊고 고결하며 풍부하고 거룩할 수 있다. 오랜 생명 진화 과정을 통해서 승화·고양된 인간의 욕망과 감정이 파충류와 포유류의 욕망과 감정의 수준과 한계를 벗어나지 못하는 것은 인간으로서의 품위를 잃는 것이다. 그것은 인간으로서의 나를 부끄럽게 하는 것이며 생명 진화의 위대한 과정과 성과를 헛되게 하고 스스로 인간다움을 저버리는 것이다. 이것은 나를 사랑하는 것이 아니다. 애기는 나의 욕망과 감정, 지성과 영성을 온전히 실현하고 완성하는 일이다. 그리하여 내가 인간으로서 모든 사람에게서 존중받고 사랑받을 수 있게 하는 것이다. 애타도 남의 비위를 맞추거나 남에게 아첨하거나 맹목적 충성을 바치는 것이 아니다. 애타는 남(타인)이 오랜 생명 진화 과정을 거쳐 승화되고 고양된 인간으로서 자기의 생명과 정신을 실현하고 완성하게 하는 것이며 남이 나라의 주인과 주체로서 존중받으며 제 구실을 온전히 하게 하는 것이다.

이러한 애기애타는 저절로 될 수 없고 억지로 될 수도 없다. 애기애타의 삶을 살려면 애기와 애타를 배우고 익히며 실현하는 사랑공부를 해야 한다. 그러므로 도산은 사랑공부와 정의돈수를 강조하였다. 애기애타의 원리가 공사병립, 활사개공, 대공정신을 실현하는 원리와 자세가 되어야 한다. 애기는 나의 주체적 깊이와 높이를 추구하고 애타는 타자의 깊고 높은 주체와 넓고 큰 전체를 드러내고 실현한다. 공과 사가 서로 다른 것이면서 뗄 수 없이 결합되어 있듯이 애기와 애타는 서로 다른 것이면서 뗄 수 없이 결합되어 있다. 애기는 사의 영역에 속하지만 공의 영역으로 이어지고 애타는 타인의 사적 영역과 공적 영역을 포함한다. 애기는 나 한 사람과 관련되어 있지만 애타는 나 밖의 모든 사람과 관련되어 있다. 나 밖의 모든 사람은 국가와 세계 전체를 나타낸다. 애기의 깊이와 높이 속에 애타로 나아가는 통로가 있다. 애기에서 애타의 힘과 지혜, 길과 방법이 생겨난다. 나도 남도 생명의 똑같은 주체다. 생명의 주체는 그 생명의 전체와 분리될 수 없고 하나로 통합되어 있다. 나를 참으로 사랑하고 존중하면 남을 사랑하고 존중할 수 있게 된다. 생명의 주체 '나'는 그 깊이에서 전체(타자)에 이른다.

나와 남을 엄격히 구분하면서도 나와 남이 생명과 정신의 깊이와 높이에서 서로 일치하고 통한다는 것을 알아야 한다. 나와 남 사이에는 한없이 깊고 높고 큰 장벽이 있다. 그 장벽은 생명 진화의 역사만큼이나 험난하고 아득한 것이다. 이기와 이타, 애기와 애타는 원초적 생명 의지의 양면이다. 생존본능과 의지는 이기와 이타의 터전이다. 개체의 생명 주체를 살리려는 생존본능과 의지는 생명 전체의 생존과 진화를 위한 것이다. 생명 진화와 생명 전체의 자리에서 보면 이기와 이타는 똑같이 생명을 살리고 높이는 것이다. 애기애타는 생명 진화와 인류 역사를 실현하고 완성하는 원리다. 애기애타는 생명과 정신의 주체와 전체와 진화 고양을 실현하고 완성해가는 원리다. 그것은 생명과 역사의 본성과 목적, 민주사회의 본성과 목적을 실현하고 완성하는 근본원리다.

무실역행(務實力行)

무실은 진실하려고 힘쓰는 것이고 역행은 힘을 다해 일하는 것이다. 무실은 거짓과 허위를 버리고 진실과 결실을 드러내고 이루려고 애쓰는 것이다. 역행은 공허한 이론과 주장을 버리고 남 탓을 하지 않고 남에게 책임과 일을 떠넘기지 말고, 제 몸과 맘을 다해 스스로 일하고 좋은 생각과 올바른 일을 힘껏 실행하라는 것이다. 무실역행도 생명의 원리다. 생명에는 거짓과 허위가 없다. 거짓으로 싹이 트고 허위로 꽃이 피고 열매를 맺을 수는 없다. 생명은 오로지 진실하고 정직한 것이며 거짓과 허위를 모르는 것이다. 또한 생명은 온 몸과 맘을 다해서 최선을 다하여 살아가는 것이다. 생명은 어떤 조건과 상황 속에서도 지극 정성을 다하여 살아가는 것이다. 생명은 게으름을 모르고 오직 성실히 생의 본성을 다해서 살아갈 뿐이다. 무실역행은 또한 민주사회의 근본원리다. 민중을 억압하고 수탈하며 살아가는 지배계급은 남을 속이면서 놀고먹을 수 있다. 그러나 제 힘으로 먹고 사는 민중은 정직하고 진실하게 제 힘으로 땀 흘려 일해야 한다. 정직하고 진실하게 몸과 맘을 다하여 힘껏 일하는 것은 민주시민의 기본 권리이고 의무다. 무실역행은 민주사회를 실현하는 원리일 뿐 아니라 계급과 인종, 지역과 종교문화의 차이를 넘어서 삶의 평화와 통일을 실현하는 원리다. 모든 사람이 함께 진실하고 정직하게 제 일을 힘껏 하고 살면 모든 차이와 장애를 극복하고 평화와 통일에 이를 것이다.

민족의 평화와 통일을 이루고 세계정의와 평화에 이르려면 무실역행의 정신과 원칙이 먼저 확립되어야 한다. 정치인과 국회의원들, 고위공직자들과 교사들, 검사와 판사, 기자들과 방송인들이 거짓말을 일삼고 공허한 이론과 주장을 내세우며 남 탓을 하고 남에게 책임을 떠넘기기만 한다면 갈수록 평화와 통일에 이르는 길은 멀어질 것이다. 사익과 당파의 이익에 눈이 멀고 진영의 논리와 이익에 매몰되어 당파와 진영의 싸움을 하면, 갈수록 진실을 잃고 거짓에 빠져서 옳은 일과 바른 행동을 하지 못하고 아무 결실도 맺지 못할 것이다.

　무실역행은 사익과 당파의 이익, 진영의 논리와 이익에 함몰된 거짓 주장과 행태를 깨트리고 국민 한 사람 한 사람의 생활과 실익을 지키고 증진하고 고양시키는 것이며 국가의 공익과 평화를 실현하고 증진시키는 일이다. 무실역행은 공익과 사익 사이에서 공사병립과 활사개공의 정신으로 대공정신을 실현하는 원칙이고 자세다. 공과 사를 함께 조화와 균형 속에서 더 깊고 풍부하게 실현하고 완성해가는 원칙과 자세가 무실역행이다. 그것은 공익과 사익을 조화롭게 실현할 뿐 아니라 사익과 공익이 더 깊고 높고 풍부하게 실현되는 진실한 길과 방법을 찾고 실행하는 원칙이고 자세다. 사익만 지나치게 내세워 공익을 해치는 것은 나의 이익을 위해 남의 이익을 해치는 것이니 거짓과 허위를 내세우고 추구하는 것이다. 공익만을 내세워 사익을 해치는 것도 나라의 주인인 국민의 이익을 해치는 것이니 거짓되고 허망한 주장이고 행태이다. 사익과 공익의 조화와 균형 속에서 국가의 진실과 국민의 실익을 추구하는 정신이 무실이고 진실과 실익이 실현되도록 집중하여 일하고 행동하는 것이 역행이다. 무실역행의 정신과 원칙이 지켜지지 않는다면 기업도 정치도 교육도 종교 문화도 중심과 터전을 잃고 흔들리고 흐트러질 것이다. 사익, 당파, 진영의 이익과 논리에 매몰된 공허한 거짓 주장을 버리자. 사욕과 당파의 이익을 떠나서 국가의 진실과 국민의 실익을 보고 그 진실과 실익에 충실하게 행동하자.

충의용감(忠義勇敢)

충의는 충성과 의리이고 용감은 날쌔고 굳센 심정과 자세다. 충성은 한결같은 성실한 마음가짐과 태도이고 의리는 마땅히 지켜야 할 올바른 도리와 이치다. 봉건적인 신분제가 지배하는 왕조 시대에는 임금, 스승, 아버지, 형, 어른이 충성의 대상이다. 충성해야 할 대상들과 충성하는 신민들 사이의 관계와 질서를 지탱하는 원리가 지켜야 할 의리이며, 그 의리가 인간이 마땅히 지켜야 할 도리이고 이치다. 민주시대에서 나라의 주인과 주체는 국민이다. 주권자인 국민이 충성의 주체이고 대상이다. 국민이 충성의 주체이고 대상이라면, 결국 국민 한 사람 한 사람의 '나'가 자기 자신의 나에게 충성하는 것이다. 안창호는 인류와 민족, 국가와 정부, 단체와 조직에게 충성을 다 바쳤지만 그 무엇보다도 자기 자신에게, 자신의 생명과 정신에게, 자신의 말과 생각, 신념과 철학에 충성을 다 하였다. 나라와 국민, 국민과 국민, 동지와 나, 나와 나 사이의 마땅하고 올바른 관계와 질서를 지탱하는 원리가 지켜야 할 민주시대의 의리다. 국가의 주인과 주체로서 국민이 국민에게 지켜야 할 민주시대의 의리가 생명과 정신을 가진 인간이 역사와 사회에서 마땅히 지켜야 할 도리이고 이치다.

국민에게 충성하고 국민과의 관계에서 의리를 지킨다는 것은 구체적으로 어떻게 하는 것인가? 국민의 생명과 정신, 생각과 뜻을 존중하고 지키고 실현하기 위해서 한결같이 헌신하고 노력하는 것이 충성을 다하는 것이다. 그런데 국민의 생명과 정신, 생각과 뜻은 변함없고 한결같은 것이 아니라 때와 처지에 따라 흔들리고 바뀌는 것이다. 인간의 생명과 정신, 생각과 뜻은 욕망과 감정, 의식과 의지, 이념과 지향으로 이루어져 있다. 욕망과 감정, 의식과 의지, 이념과 지향은 시대와 상황에 따라 바뀔 수 있고 또 늘 바뀌기 마련이다. 그러나 생명의 주체와 전체의 일치 속에서 진화와 고양을 이루려는 생명의 본성과 목적, 생명의 기본 틀과 지향은 변하지 않는다. 이러한 생명 자체의 본성과 목적, 기본 틀과 지향을 온전히 실현하고 완성하는 것이 대공정신이다. 대공정신은 하늘처럼 떳떳하고 늘 그렇게 변함없는 것이다. 그러므로 충성을 다하는 것은 생의 주체와 전체와 창조적 진화를 실현하고 완성하는 하늘의 대공정신을 충실히 지키는 것이고 의리를 지키는 것은 늘 새롭게 변화하는 '나와 남'의 주체를 함께 실현하고 완성하는 애기애타의 도리와 이치를 지키는 것이다.

민주시대에는 나라의 주인과 주체인 국민 누구나 자신의 생명과 정신에 충실하고 자기 생명과 정신의 도리와 이치를 지켜야 한다. 자기 자신에 대한 충성과 의리를 지키는 것이 나라에 대한 충성과 의리를 지키는 것이고 그것이 곧 국민에 대한 충성과 의리를 지키는 것이다. 충성과 의리의 자리에서 보면 나(국민)와 나라가 다르지 않다. 충성과 의리의 자리는 민주시민의 참된 주체의 자리이면서 국가 전체의 자리다. 국민에게 충성과 의리의 자리는 나라와 국민의 자유와 평등, 번영과 복지, 평화와 정의를 실현하는 대공의 자리다. 나와 나라가 일치하는 대공의 자리에 선 사람은 떳떳하고 당당하게 생각하고 행동하는 신념과 의지, 일편단심을 가져야 한다. 시대와 상황에 따라 이해관계에 따라 변하지 않는 충성과 의리의 항심을 가져야 한다.

충성과 의리의 항심을 가진 사람은 망설임과 두려움, 의혹과 절망을 떨쳐버리고 용감하게 생각하고 말하고 행동해야 한다. 우리가 사는 우주자연과 생명과 정신의 세계는 끊임없이 변화하는 변역(變易)

의 세계이고 서로 만나 사귀면서 서로 바뀌고 서로를 바꾸어가는 교역(交易)의 세계이며 하늘처럼 늘 그렇게 변함없는 불역의 세계다. 불역과 변역과 교역의 세계에서 생명과 정신은 자신을 새롭게 변화시키면서 앞으로 나아가는 존재다. 자신의 생명과 정신에 충실하게 살려면 충성과 의리의 항심을 가지고 사랑과 희망으로 용감하게 모험하며 앞으로 나아가야 한다. 나와 남의 거짓과 맞서 싸우는 용기를 가지고, 충심과 의리를 지키며 당파와 진영의 논리와 주장을 깨트리고 사익과 공익을 함께 지키는 길을 열어가야 한다.

서로 대립하고 충돌하는 개인의 사와 전체의 공을 조화와 균형 속에서 함께 실현해 가는 생명과 정신의 길은 언제나 상실과 패배, 고난과 죽음의 위험이 따르는 모험의 길이다. 개체로서 전체의 자리에서 언제나 기존의 낡은 틀과 형태를 깨트리고 새롭게 탈바꿈하고 진화해가는 생명은 늘 새롭게 자신을 부정하고 초월하면서 고양된 모습으로 다시 태어나는 모험 속에 있다. 자기를 부정하고 낡은 질서와 체제를 깨트리고 뒤집으며 새롭게 일어서는, 늘 다시 죽고 다시 사는 생명은 언제나 위험하고 모험적인 것이다. 생의 위험과 모험을 감수하는 용감한 사람만이 참된 삶을 살 수 있고 옳고 바른 삶을 살 수 있다. 참된 삶을 올바르게 살려는 사람은 '늘 그러한' 하늘처럼 변함없는 대공의 충의를 가져야 한다. 대공의 충의를 가진 사람은 자기를 부정하고 초월하는, 죽고 다시 사는 고통과 기쁨 속에서 희망과 사랑을 가지고 용감하게 살아야 한다.

대공의 충의를 가진 사람은 공익을 해치는 '나와 내 집단'의 욕망과 감정, 낡은 생각과 거짓 주장을 부정하고 그것들에 맞서는 용기를 가진 사람이다. 그런 사람은 또한 개인과 집단의 욕망과 감정, 이익과 권리를 억압하고 짓밟는 국가와 지배집단의 이념과 관념, 주장과 관행을 부정하고 그것들에 맞서는 용기를 가진 사람이다. 나와 내 집단의 탐욕과 편견을 부정하고 넘어서는 용기를 가진 사람만이 국민의 욕망과 감정, 이익과 권리를 실현하면서 공과 사의 조화와 균형 속에서 국가와 민족의 이념과 뜻을 이루고 대공의 세계로 나아갈 수 있다. 대공의 세계로 나아갈 수 있는 사람은 어떤 유혹과 위협에도 변함없는 충의를 가진 사람이며 어떤 시련과 좌절에도 흔들림 없이 솟아올라 나아갈 수 있는 용감한 사람이다. 충의롭고 용감한 사람은 날마다 자신을 새롭게 혁신할 뿐 아니라 죽어도 다시 살고 죽음으로써 사는 사람이다. 안창호는 날마다 자신의 몸과 가정을 고치고 자아를 혁신하면서 더 크고 나은 삶을 위해 지극 정성을 다해서 자신의 맘과 몸이 마르고 닳도록 진실하고 정직하게 힘껏 살았다. 그는 언제나 죽을 각오를 하고 자신을 낮추고 겸허하면서 충성스럽고 의롭게 용감하고 당당하게 대공의 세계로 솟아올라 나아갔다.

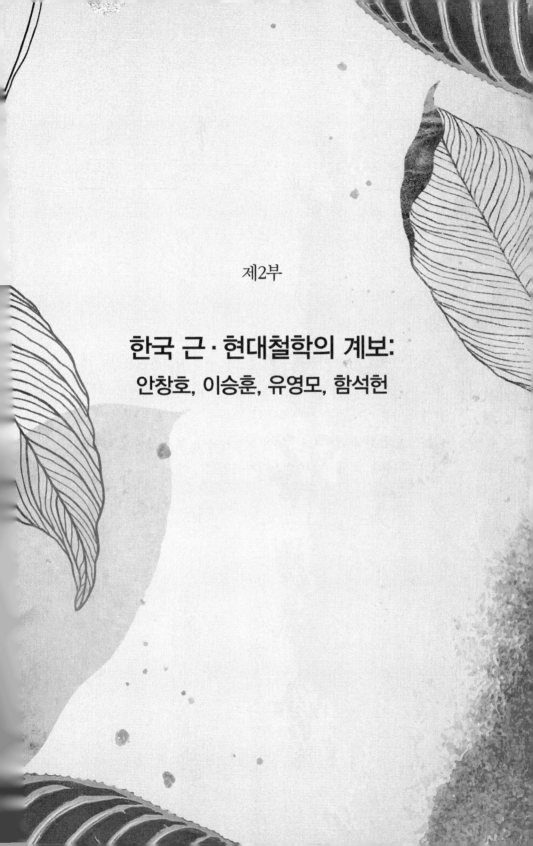

제2부

한국 근·현대철학의 계보:

안창호, 이승훈, 유영모, 함석헌

도산 안창호, 남강 이승훈, 다석 유영모, 씨올 함석헌은 도산의 계보에 속한다. 도산이 일으킨 사상과 정신의 물결과 흐름에서 다 나름의 일가를 이루고 그 산맥에서 다 높은 봉우리를 이룬 분들이다. 이들은 모두 한국 근·현대가 낳은 성현들이다. 삶과 정신이 고결하고 아름다웠을 뿐 아니라 정신과 철학이 깊고 높았다.

8장
도산철학의 역사적 실천적 계보

나라가 망하고 일제의 침략과 지배를 당하는 엄혹한 시절에 나라를 되찾고 바로 세우려 했던 도산과 남강은 고난과 죽음, 시련과 좌절을 넘어서 두려움 없이 앞으로 나아가는 삶을 살았다. 이들은 자신의 삶을 온전하고 치열하게 살면서 삶 속에서 삶의 지혜와 깨달음을 얻었던 생명철학자였다. 어려서 부모를 잃고 아무것도 가진 것 없이 삶의 바닥에서 자신을 일으켜 세워서 사업가로서 큰 성공을 거두었던 남강은 1907년 평양에서 도산의 강연을 듣고 큰 감동을 받았으며 새 사람으로 거듭났다. 이때 남강의 나이는 44세이고 도산의 나이는 30세였다. 삶의 깊이와 정신의 높이를 드러내는 도산의 말과 생각은 시대의 정신을 꿰뚫고 남강의 정신과 삶을 크게 진동시켰다. 도산과 남강의 만남은 한국 근·현대의 격동하는 중심에서 생명의 가장 깊은 데서 그리고 정신의 가장 높은 곳에서 가장 진지하고 순수하게 이루어졌다.

도산과 남강은 생명 자체를 치열하고 온전하게 살았으므로 자유롭고 정직하고 진취적으로 살 수 있었다. 생명은 진실하고 정직한 것이므로 도산과 남강은 진실과 정직을 앞세우며 사랑과 정성을 다해서 살았다. 생명은 머무름 없이 앞으로 나아가는 것이므로 도산이 그랬던 것처럼 남강도 어떤 난관이나 시련 속에서도 대 줄기처럼 곧게 뻗어 나아가려고 하였다.[1] 생명은 온갖 고난과 죽음을 이기고 살아온 것이므로 생명 자체를 충실히 살았던 도산과 남강은 죽음에 대한 불안과 두려움을 모르고 살았다. 생명은 자유로운 것이고 자유 속에서 늘 새로워지는 것이므로 도산과 남강은 자신에게서 자유로웠고 늘 새롭게 되는 젊은이로 살았다. 그들은 결코 죽음을 두려워하지 않았으며 자신의 생명을 아끼지 않았고 조금도 게으르거나 머뭇거림 없이 앞으로 나아갔다. 진실과 정직을 앞세우고 사랑과 정성으로 사람과 진리를 섬기고 받들면서 거침없이 앞으로 나아가는 삶을 살았던 것은 도산과 남강이 똑같았다.

안창호와 이승훈은 인격적 주체의 깊이와 자유를 누리며 살았고 전체의 자리에서 전체의 하나 됨을 이루기 위해 살았고 늘 새롭게 앞으로 나아가는 변화와 혁신의 삶을 살았다. 도산을 만난 후 이승훈은 목숨을 바쳐 헌신할 사명을 깨달았으며 자기로부터 자유로운 영혼이 되었고 자기로부터 자유로웠던 이승훈은 자신의 목숨과 재산, 생각과 정신을 아낌없이 민족교육독립운동에 바칠 수 있었다. 그는 자신의 재산을 바쳐서 오산학교를 설립하고 죽을 각오로 삼일혁명을 이끌었다. 민족의 독립과 교육을 위해 모든 것을 바쳤던 그는 죽은 다음 자신의 뼈다귀까지 바치려 했다.[2] 남김없이 자신을 희

---

[1] 김기석, 『남강 이승훈』 (한국학술정보, 2005), 133, 366.
[2] 김기석, 『남강 이승훈』, 373.

생하고 헌신한 그의 사상과 정신의 중심에는 스스로 하는 인격적 주체의 자유로운 영혼이 있었다. 한없이 깊고 자유로운 영혼을 지닌 남강은 "천성이 대 줄기처럼 바른" 사람이었고 "나라를 생각하는 불덩어리"였다. 깊고 자유로운 영혼을 가진 사람만이 민주주의자가 될 수 있다. 남강의 제자로서『남강 이승훈』을 쓴 김기석에 따르면 "남강의 일생을 지배한 것은 겸허하고 맑은 서민정신이었다. 이 서민정신이 그를 이 땅과 이 백성에 대한 사랑에 이끌었고 이 사랑이 그를 헌신에 이끌었고 그것이 다시 신민회, 오산학교, 제주도 유배, 백오인사건, 신교 신앙, 독립선언으로 이끌어 불멸의 상을 역사 위에 아로새겼다."[3]

그의 자유로운 영혼과 민주정신은 하나님 신앙에서 나온 것이다. 그가 죽기 며칠 전에 그의 동상 제막식에서 한 말은 그의 민주정신과 생의 철학을 보여준다. "나는 어려서 빈천한 가정에 태어나 글도 변변히 못 읽고 여러 가지 고생을 했는데 오늘 이 같은 영광을 받게 되는 것은 내게는 너무나 넘치는 일이다. 내가 민족이나 사회를 위해서 조금이라도 한 일이 있다고 하면 그것은 백성 된 도리에서고 특별한 일을 한 것이 못 된다. 나는 하나님을 믿는 것을 가장 큰 영광으로 생각한다. 내가 후진이나 동포를 위하여 한 일이 있다고 하면 그것은 내가 한 것이 아니고 하나님이 내게 그렇게 시킨 것이다. 만일 사람이 자기 자신의 영혼에 상처를 입었으면 저런 동상은 몇백 개를 세워도 참된 영생이 못될 것이다."[4] 그에게 하나님 신앙은 민주정신과 생명철학의 근거였으며 자유로운 영혼의 토대였다. 하나님

---

3 김기석,『남강 이승훈』, 11, 12, 366.

4 김기석,『남강 이승훈』, 363-364.

을 믿었으므로 남강은 자신에게서 자유로울 수 있었고 겸허하게 남을 섬길 수 있었고 희생하고 헌신할 수 있었고 죽음을 두려워하지 않고 앞으로 나아갈 수 있었다. 그에게 하나님은 생명의 주체의 깊이와 자유를 위한 근거이고 전체의 하나 됨으로 나아가는 이유와 목적이고 자기를 부정하고 초월하여 새로운 존재로 탈바꿈할 수 있는 힘과 근거이고 새롭게 앞으로 나아가야 할 방향과 목적이었다. 그의 하나님 신앙은 그의 생명철학의 표현이었다.

오산학교에서 남강의 지도를 받은 유영모와 함석헌은 도산이 시작한 한국 근·현대의 정신과 철학을 심화 발전시켰다. 이들은 모두 도산처럼 인간의 자발적 주체인 나를 깊이 탐구했고 전체의 하나 됨(통일)에 이르려고 했다. 유영모와 함석헌도 도산과 남강처럼 나와 남, 인간과 환경(사물)을 주체로 존중하고 사랑하였다. 또한 이들도 도산과 남강처럼 나의 깊이와 높이를 추구하면서도 앞으로 나아가는 삶을 살았다. 나만이 아니라 모든 것을 주체로 보고 존중하는 '나'(주체)의 철학을 추구했다는 점에서 그리고 나와 타자를 서로 주체로서 존중하면서도 상생과 공존의 공동체적 일치 속에서 보았다는 점에서 그리고 어떤 시련과 난관 속에서도 앞으로 위로 나아가려고 했다는 점에서 유영모와 함석헌은 도산·남강과 동일한 정신과 철학을 가지고 살았다.

안창호, 이승훈, 유영모, 함석헌은 한국 근·현대의 민족적 과제와 사명을 실현하면서 생명의 본성과 목적을 실현하고 완성하는 생명철학을 추구하고 실현했다는 점에서 일치한다. 죽고 살고, 다시 죽고 다시 사는 과정을 되풀이하면서 생명과 역사의 주체와 전체의 일치를 추구하고 진화와 진보의 길을 가는 인간을 유영모와 함석헌은 생명 진화와 인류 역사의 씨올이라고 하였다. 인간은 자신의 창조자와 피조물이며 죽고 사는 삶을 되풀이하면서 생명과 정신의 주체와 전체를 통일시키고 진화와 고양, 초월과 향상을 이루면서 솟아올라 나가는 존재다. 유영모와 함석헌은 도산이 초석을 놓은 한국 근·현대의 생명철학을 씨올철학으로 심화 발전시켰다.

1. 안창호·이승훈이 일으킨 교육독립운동

한국 근·현대의 가장 두드러진 특징은 민족의 자주독립운동이 교육독립운동으로 전개된 것이다. 전봉준이 일으킨 동학농민혁명운동이 교육과 훈련과 준비 없이 일어났다가 장엄하게 실패하고 수십만 농민이 살육을 당한 후 민중에 대한 교육과 훈련이 필요하다는 자각이 크게 일어났다. 동학농민혁명운동 직후에 국민을 깨워 일으키는 애국계몽운동이 일어났고 독립협회가 설립되고 만민공동회가 열렸다. 독립협회의 애국계몽운동을 계승 발전시킨 안창호는 공립협회와 신민회를 조직하고 교육독립운동을 전개하였다. 안창호를 이어서 이승훈은 오산학교를 세우고 교육독립운동을 이어갔다.

물론 한국 근·현대에서 안창호 이승훈만 국민교육운동을 한 것은 아니다. 일찍이 고종의 지원과 요청으로 선교사들이 많은 학교를 세우며 교육활동을 펼쳤고 독립협회와 만민공동회를 통해 이미 국민교육운동은 전국으로 확산되었다. 천도교 교주 손병희도 독립협회의 주요 인사들과 개화파 지식인들을 받아들임으로써 전봉준의 농민혁명노선에서 벗어나 교육문화출판운동에 집중하였다. 이로써 천도교는 독립협회와 신민회에서 교육운동을 벌였던 인물들과 손잡고 삼일운동을 일으킬 수 있었다. 나라가 망하고 식민지가 되는 과정에서 국민교육운동이 전국에서 힘차게 일어난 것이 한국 근·현대의 중요한 특징이다.

한국 근·현대의 국민교육운동 가운데 가장 순수하고 깊고 진지하고 치열하고 가장 오래 지속되고 계승되면서 큰 영향을 미친 것은 안창호·이승훈이 일으킨 교육독립운동이었다. 이승훈과 안창호가 죽은 다음에도 오산학교와 홍사단을 통해서 그들의 교육독립운동은 이어졌다. 민을 나라의 주인과 주체로 깨워 일으키는 안창호·이승훈의 교육독립운동은 민의 주체적 자각을 위한 인간교육운동이었다. 민의 주체적 자각을 위한 인간교육은 인간이 스스로 자기를 깨워 일으키고 인간이 스스로 자기를 교육하고 스스로 인간이 되는 일이다. 그러므로 교육하는 사람은 섬기는 자세로 정성과 사랑을 다해서 교육하지 않으면 안 된다. 깊은 신앙을 가졌던 안창호와 이승훈은 자기를 비우고 낮추어 민을 나라의 주인과 주체로 받들고 섬기면서 사랑과 정성을 다해서 가르치고 깨우쳤다. 사랑과 정성을 다해서 받들고 섬기는 자세로 민중을 가르치고 이끌었다는 점에서 안창호와 이승훈은 인간교육의 본보기이며 참된 스승이다.

안창호는 미국에서 한인 노동자들을 교육하고 훈련할 때 먼저 길거리와 마당을 깨끗이 쓰는 일부터 시작했다. 허드렛일을 해주고 함께 노동하며 본보기를 보이면서 안창호는 사람들을 가르치고 일깨웠다. 대성학교에서는 절대 정직과 진실을 내세우며 학생들과 함께 뛰고 함께 일하며 학생들을 사랑으로 이끌었고, 학생들을 겸허하게 섬기는 자세를 잃지 않았다. 그는 작은 일에서 큰일에 이르기까지 사랑과 정성을 다하였다. 그는 동지들과 동포들 사이에서 서로 보호하고 협동하고 단합하는 모범을 보였다. 누가 병이 들거나 어려움에 처하면 그는 혼신을 다해서 돌보고 도와주었다. 최남선, 이광수, 피천득, 이갑, 안태국, 윤현진 등은 병이 들거나 어려움에 처했을 때 안창호의 헌신적인 간호와 정성스러운 돌봄을 받았다. 안창호의 간호와 돌봄을 받은 사람들은 안창호를 지극히 존경했고 안창호의 동지와 심복이 되었다.

오산학교의 설립자 이승훈도 어린 학생들에게 존댓말을 쓰고 학교마당을 쓸고 변소청소를 하는 등 궂고 험한 일은 자신이 맡아서 하였다. 이승훈은 자신의 재산을 다 바쳐서 학교를 세웠고 자기를 비우고 낮추면서 사랑과 정성으로 학생들을 깨우치고 이끌었다. 그는 언제나 자신의 목숨을 바칠 각오를 하고 살았다. 삼일운동에 앞장섰다가 서대문형무소에 갇혔을 때도 죽을 자리를 찾았다면서 어깨춤을 덩실덩실 추었다. 죽음을 두려워하는 젊은이들에게는 "이거 무엇들이냐. 죽을 줄 알고 한 게 아니냐. 목숨을 따로 두고 독립운동을 하기로 한 것이냐"면서 용기를 북돋아주었다.[5] 자기로부터 자유로웠던 그는 3년 반 동안 옥고를 치르면서 스스로 감방의 변기통 청소를 맡아서 하였다. 언제나 죽을 각오를 하고 살았던 남강은 생사를 뛰어넘어 자유인으로 살았다. 죽음을 두려워하지 않고 교육독립운동의 한 길을 걸어온 이승훈이 죽었을 때 정인보는 공적 활동에 헌신한 20여 년 동안 남강은 "다시 살고 다시 죽기를 거듭하였다"(且生且死)고 묘비에 썼다. 〈소나기〉의 저자 황순원은 남강의 말년에 오

---

5 김기석, 『남강 이승훈』, 18.

산학교에서 한 학기 공부하였다. 그때 남강의 얼굴을 보고 깊은 감동을 받았다. 늙은 남강의 얼굴에 대해서 황순원은 이렇게 썼다. "남강의 얼굴을 보고 나는 '남자는 늙어서도 저렇게 아름다운 것이구나!'고 느꼈고 남강은 평생 내 맘의 별이 되었다."[6]

교육독립운동의 특별함

나라가 망해가는 상황에서 민을 나라의 주인과 주체로 깨워 일으키는 교육독립운동이 활발하고 줄기차게 일어났다. 안창호와 이승훈은 나라를 되찾고 바로 세우기 위해서 신민회를 조직하고, 민주공화정의 이념을 내세우며 지극한 사랑과 정성으로 민을 받들고 섬기는 자세로 교육독립운동을 일으켰다. 민을 나라의 주인과 주체로 깨워 일으키는 교육독립운동이 있었기 때문에 민주혁명의 전통이 한국의 근·현대사에 깊이 뿌리를 내릴 수 있었다. 교육독립운동을 통해서 한민족의 가슴에 깊이 심겨진 민주정신의 불씨가 꺼지지 않고 살아 있었기 때문에 삼일운동이 일어날 수 있었고, 삼일운동을 이은 4·19혁명, 6월 민주항쟁, 촛불혁명의 전통이 확립되었다. 삼일혁명 이후 나라가 위기를 겪을 때마다 한국의 민중이 낡고 부패한 권력을 뒤엎고 새 역사를 열어가는 민주혁명운동을 일으킬 수 있었던 것은 민을 나라의 주인과 주체로 깨워 일으킨 안창호 이승훈의 교육독립운동이 있었기 때문이다.

세계근·현대사에서 민족의 독립과 해방을 위해서 민족지도자들

---

6 경기도 양평 소나기 마을 〈황순원 문학관〉 전시실에 이 글이 액자에 담겨 걸려 있다.

이 사랑으로 겸허하게 민중을 교육하는 운동이 활발하게 일어난 것은 매우 특별한 일이다. 동아시아의 근·현대사에서도 한국의 교육 독립운동은 특별하다. 도쿄대학교를 정년퇴임한 오가와 하루이사 교수는 한중일 근·현대 사상 전문가인데, 사랑으로 사람 만들기 운동에 헌신한 안창호 이승훈의 교육운동과 사상을 매우 특별하고 중요하게 평가했다. 민족의 독립과 해방을 위해 앞장선 한중일의 정치지도자들과 사상가들 가운데 안창호와 이승훈처럼 사랑으로 겸허하게 사람을 만드는 운동에 헌신한 인물은 없다는 것이다. 2009년 한일철학자 대회에서 오가와 교수는 "안창호, 이승훈, 유영모가 동아시아 근현대사를 통해 최고로 확실한 삶의 방식을 제시했다고 절실하게 느꼈다"고 말하였다.7 일본과 중국과 한국의 근현대 정신사에서 이들처럼 순수하고 고결하게 '사람 만드는 일'에 헌신한 사람들은 없다는 것이다. 이승훈과 안창호는 진취적인 인물이면서 도덕과 정신의 깊이를 가지고 믿음과 사랑으로 '사람 만들기'에 헌신했다. 이들은 정치권력과 경제적 이해관계를 넘어서 개인의 명예와 야심을 버리고 순수하고 고결하게 스스로 '사람 되는 일'에 힘쓰고 '사람 만들기'에 전심전력을 다하였다.

　오가와 교수는 안창호와 이승훈의 사람 만들기(교육)운동과 유영모, 함석헌의 깊은 철학을 결합하여 동아시아에서만이라도 사람 만들기 운동을 벌이자고 제안하였다. 21세기 인류사회는 고도로 발달한 산업과 기술, 이론과 제도를 가지고 있다. 그러나 자본과 기계에 예속된 현대 인류는 발달한 산업과 기술, 이론과 제도의 주인 구실

---

7 이것은 2009년 한국의 씨올 재단과 일본의 공공철학연구소가 주최한 '한일철학대회'(목포대학교)에서 오가와 하루이사(小川晴久) 교수가 말한 것이다.

을 하지 못하고 있다. 오늘 우리나라와 인류사회에 필요한 것은 오직 사람다운 사람이다. 기술문명과 산업물질문명의 발달로 정신과 생명은 위축되고 공동체는 깨지고 사람다운 사람을 찾아보기 어렵게 되었다. 오늘의 사회적 혼란과 고통을 극복하고 새 문명 새 시대를 열려면 사람다운 사람을 만들고 길러야 한다. 그러므로 사람을 만들고 기르는 교육과 교사의 사명과 책임이 무겁다.

2. 안창호, 이승훈, 유영모, 함석헌의 역사·철학적 계보

안창호와 이승훈이 주도한 교육독립운동과 오산학교의 정신사적 계보에 속하는 사람들은 안창호 이승훈, 조만식, 유영모, 함석헌이다. 안창호와 함께 신민회와 청년학우회에 참여한 이승훈은 안창호의 교육정신과 이념을 깊이 받아들여서 오산학교를 설립했다. 고당 조만식은 평양 사람으로서 "도산의 경륜과 사업에 큰 감화를 받아 민족운동과 교육에 헌신"[8]하였으며, 오산학교 교장으로서 교육독립운동의 중심에 섰다. 남강은 오산학교를 세운 때부터 "선생과 학생이 같이 기거하고 같이 일하는 전통을 세웠다. 고당은 이 전통을 한층 더 튼튼하게 만들었다. 아침 6시에 학생들과 함께 일어나 아침 체조를 같이 하고 학생들 틈에 끼어 구보도 같이 하였다. … 그는 학생들에게 학과를 가르치고 생활을 지도하고 같이 장작을 패고 눈을 쓴 것뿐이 아니었다. 그는 기도회를 주관하여 기도를 올리고 성경을 읽

---

8 김기석, 『남강 이승훈』, 258.

고 설교를 하였다. 그는 언제나 민족을 위하여 간구하는 기도를 올렸고 경건한 설교로 듣는 사람의 가슴에 맑은 물결을 불러 일으켰다."9 남강이 학교운영들 맡고 고당이 교육을 전담했던 1915년에서 1919년에 이르는 5년 동안은 오산학교 교육의 황금기였다. 남강과 고당이 함께 학교에 있었고 그들의 정신과 인격이 한데 어울려 장엄한 빛을 발하면서 학생들을 이끌었다. 이 기간에 나온 졸업생으로는 백인제, 주기철, 한경직, 김홍일이 있었다.10 민족시인 김소월은 1916~1919년에 오산학교를 다녔으나 3·1운동으로 오산학교가 폐교되자 배재학교로 전학하였다. 그는 오산학교에서 김억에게 시를 배우고 조만식에게서 사상과 정신을 배웠다. 김소월은 조만식에 대해서 이렇게 읊었다. "평양서 나신 인격의 그 당신님 조만식. 덕 없는 나를 미워하시고 재조 있던 나를 사랑하셨다. 오산 계시던 조만식 십년 봄 만에 오늘 아침 생각난다. 근년 첨 꿈 없이 자고 일어나며. 자그만 키와 여윈 몸매는 달은 쇠끝 같은 지조가 뛰어날 듯, 타듯 하는 눈동자만이 유난히 빛난다. 민족을 위하여는 더도 모르시는 열정의 그님."11 1922년 3월 고당이 지도한 물산장려운동은 "다른 하나의 독립선언으로서 평양 성중을 무명옷으로 휩쓸었고 이것이 놀라운 형세로 전국에 번져 나갔다. 이때부터 고당은 한국의 간디라는 말을 들었다."12 오산학교 교장으로 있는 동안 조만식은 학생들에게 절대적인 신뢰와 존경을 받았다. 오산학교 졸업생이며 서울대학교 사범

---

9 같은 책, 259.

10 같은 책, 260.

11 박영호, 『진리의 사람 다석 류영모』上 (두레, 2001), 211-212.

12 김기석, 『남강 이승훈』, 263.

대학 교수였던 김기석은 오산학교 학생들이 조만식을 믿고 따른 것처럼 그렇게 제자들이 스승을 완전히 믿고 따른 경우는 없었을 것이라고 하였다. "고당의 말 한 마디 행동 하나는 그대로 학생들의 전범이 되었고 곧 그들 사이에 깊은 감명과 반향을 불러 일으켰다."[13]

조만식은 오산학교의 교육정신과 내용을 깊고 풍성하게 하였으나 유영모·함석헌과 함께 일하거나 유영모와 함석헌을 직접 가르치지는 않았다. 조만식이 오산학교에 교장으로 왔던 1913년에 유영모는 오산학교를 그만 두고 일본 유학을 갔으며 함석헌이 오산학교에 편입했던 1921년에 조만식은 삼일운동으로 옥고를 치른 후 평양에서 활동했다. 삼일운동으로 옥고를 치른 조만식이 1920년 10월에 오산중학교 교장으로 복귀했으나 일제가 허락하지 않아서 1921년 4월 오산중학교 교장직을 사임하였다. 삼일운동으로 평양고보를 자퇴한 함석헌은 1921년에 오산중학교로 함석헌이 편입했고 유영모가 교장으로 부임함으로써 유영모와 함석헌이 만나게 되었다. 조만식은 1925~6년에 잠시 오산학교 교장으로 있었으나 일제의 압박으로 사임하였으므로 함석헌이 오산학교 교사로 있었던 1928~1938년에는 조만식이 오산학교에 없었다. 유영모와 함석헌은 이승훈과 깊은 만남과 사귐을 가졌으며 이승훈의 정신과 삶에서 결정적 영향을 받고 이승훈을 스승과 어버이로 받들어 섬겼다. 그러나 이승훈은 철학과 사상에서 창조적인 기여를 하지는 못했다. 이승훈은 안창호의 교육이념과 정신에 따라 오산학교를 설립하고 교사들과 학생들을 이끌었다. 철학과 사상을 형성하고 계승한 것은 안창호, 유영모, 함석

---

13 같은 책, 263.

헌이다. 유영모와 함석헌은 이승훈과 조만식이 이끌었던 오산학교의 정신과 기풍을 통해서 안창호의 정신과 철학을 이어받고 심화 발전시켰다.

최남선과 함께 한국문단을 이끌었던 이광수는 평안북도 정주 출생으로서 10대 후반의 젊은 나이에 유영모와 함께 3년 동안 정주의 오산학교 교사로 지냈다. 1939년에는 유영모의 집 가까이로 이사 온 이광수는 유영모와 가까이 지냈다.[14] 1947년에 이광수가 쓴 '도산 안창호'를 유영모는 읽어보았을 것이다. 이 책에서 유영모는 '나'와 나라를 일치시키고 모든 책임을 스스로 지는 '나'를 중심과 전면에 내세우는 안창호의 사상을 접했을 것이다. 또한 흥사단과 도산기념사업회에서 중심적인 구실을 한 안병욱은 1950년대 중반에 「사상계」 편집자로서 함석헌의 글을 실으면서 함석헌과 인연을 맺었고, 당시 적십자사의 청년부 책임자였던 서영훈은 그때부터 함석헌과 유영모를 평생 스승으로 받들고 가르침을 받으며 관계를 이어갔으며 후에는 흥사단의 지도자가 되었다. 따라서 유영모와 함석헌은 해방 이후에도 안창호의 정신과 철학에 관한 자료와 문헌들을 읽으며 안창호의 철학과 사상을 잇고 발전시킬 수 있었을 것이다.

안창호의 철학과 사상을 이어받아 유영모와 함석헌은 씨올철학을 만들었다. 삼일운동에 참여한 함석헌은 평양고보를 자퇴하고 오산학교에 편입했으며, 일찍이 오산학교 교사로 일했던 유영모는 삼일운동으로 이승훈과 조만식이 학교를 비우게 되자 오산학교의 교장으로 오게 되었다. 안창호의 교육정신과 이념이 살아 숨 쉬던 오

---

14 박영호, 『진리의 사람 다석 류영모』 상, 196 이하, 373 이하 참조.

산학교에서 삼일운동의 역사적 상황과 분위기 속에서 유영모와 함석헌은 스승과 제자로 만났다. 유영모와 함석헌은 도산의 철학과 삼일혁명의 정신을 바탕으로 한국 근·현대의 정신과 철학을 심화 발전시키는 일에 평생 헌신하였다.

9장
도산철학과 씨올철학의 연속성

1. 삶과 정신의 연속성: 한국 근·현대 정신과 철학을 형성한 도산·남강·다석·씨올

1) 삶 속에서 터득한 생명철학

한국 근·현대의 민족적 과제는 봉건사회의 낡은 관념과 행태에서 벗어나 민주정신과 관행을 확립하고, 미신적이고 운명론적인 사고와 행태에서 벗어나 과학적이고 합리적인 사고와 행동을 정립하고, 동아시아 지역과 민족의 울타리를 벗어나 동·서 융합의 세계 보편적 정신과 전망을 갖는 것이다. 세계 근·현대의 모든 인간은 민주시민으로서 주체적이면서 보편적인 생명철학을 형성하고 실천할 과제를 안고 있었다. 안창호·이승훈·유영모·함석헌은 한국 근·현대의 민족적 과제와 세계 보편적인 철학적 과제를 충실히 감당하고 성취하였다. 그들은 누구보다 민주정신, 과학 정신, 세계정신을 가지고 있었으며 생의 주체와 전체와 진화를 실현하고 완성하는 심오하면서 보편적인 생명철학을 형성하고 실천하였다. 또한 이들은 나라를 잃은 민족의 독립과 통일을 위해서 자기 자신을 희생하고 헌신하여 일제의 총칼에 맞서 용감하게 싸웠으며, 민을 주인과 주체로 받들어 섬기고 깨워 일으키는 민족교육운동을 일으켰다는 점에서 자립과 민주의 독립정신, 희생과 헌신의 통일정신, 사랑과 섬김의 교육정신을 공유하였다.

안창호 이승훈 유영모 함석헌은 한국 근·현대를 치열하게 살았고 그들의 삶 속에서 생명과 역사의 진리를 터득하였고 다시 그 생명의 진리들을 그들의 삶과 일 속에서 실천하였던 생명철학자들이었다. 생명의 진리를 체험하고 깨달은 이들은 나와 남을 생의 주체와 전체와 진화(창조와 변화)의 관점에서 보았으며 나와 남, 나와 환경을 서로 주체로 존중하고 사랑하였다. 이들은 나와 너와 그가 전체의 생명 속에서 하나로 결합되고 통합되어 있음을 자각하고 그런 자각을 실천에 옮기며 살았다. 또한 이들은 어떤 난관과 시련 속에서도 위로 솟아올라 앞으로 뚫고 나아가는 삶을 살았다. 나와 남을 주인과 주체로 존중하고 섬기는 민주정신, 나와 남을 공동체적 일치와 결합 속에서 사랑으로 돌보는 공동체 정신, 과학적 합리성과 진리에 근거한 진실과 정직의 정신, 늘 새롭게 앞으로 나아가는 진화와 진보의 정신을 가졌다는 점에서 안창호 이승훈, 유영모, 함석헌은 생명과 역사의 진리에 충실한 정신과 철학을 지닌 사람들이었다. 이러한 정신과 철학이 그들의 삶과 생각과 행동 속에 녹아 있었다.

스스로 자신을 주체로 일으켜 세우는 독립정신, 남을 주체로 존중하고 섬기며 깨워 일으키는 교육정신, 서로 주체로 함께 서서 서로 살리고 협력하는 공립의 정신, 고난과 죽음을 두려워 않고 앞으로 나아가는 진보정신이 도산, 남강, 고당, 다석, 씨을에게 한결같이 사무쳐 있다. 제 힘으로 스스로 서려는 독립정신, 나와 남을 주체로 존중하는 민주정신, 독립정신과 민주정신을 바탕으로 민을 주체로 섬기며 깨워 일으키는 교육정신, 나와 남이 함께 주체로 일어서서 서로 협력하고 단합하는 공립정신, 난관과 시련을 무릅쓰고 나아가는 진보정신이 이들의 공통된 정신이다. 이들이 이렇게 공통된 정신과 특징을 갖게 된 것은 일제의 군사적 지배에 맞서 함께 독립교육운동에 헌신했다는 것뿐 아니라 하늘을 믿으면서 자신의 삶에 충실한 생명철학을 가지고 살았기 때문이다. 이들의 철학은 대학에서 책을 보고 배운 이론철학이 아니고 머리를 굴려서 만들어낸 관념철학도 아니었다. 이들의 철학은 자신들의 삶 속에서 형성된 생활철학이고 몸과 맘속에 있는 생명과 정신을 자각하고 체득하여 스스로 깨닫고 체화한 생명철학이다. 또한 이들의 철학은 일제의 식민지배에서 벗어나 민족의 독립과 통일을 이루는 민족의 사명과 시대정신을 구현한 역사 철학이다.

생명철학은 생명 안에서 생명에 충실하게 생명을 사는 철학이지 생명을 대상이나 소유로 여기는 철학이 아니다. 만일 생명을 버리거나 취할 수 있다고 생각한다면 그것은 생명을 대상이나 소유로 여기는 것이며 생명에 충실한 생명철학이 아니다. 삶과 죽음을 선택할 수 있는 것이라고 생각한다면 그것은 생명을 사변과 이론의 대상으로 삼는 관념철학자의 자세지 생명을 생명으로 존중하는 생명철학자의 자세가 아니다. 생명은 그 자체로서 절대 긍정되고 절대로 살아야 할 것이지 다른 무엇과 비교해서 선택하거나 버릴 수 있는 것이 아니다. 생명(生命)이란 말 그대로 '살라는 명령'을 받은 것이며 조건 없이 살아야 할 것이지 조건과 형편에 따라 삶과 죽음을 선택할 수 있는 것이 아니다. 자신의 생명을 깊이 자각하고 체험한 사람은 결코 생명을 선택의 대상으로 여기지 않는다. 생명은 물질 안에서 물질을 초월하여 생겨난 것이다. 물질의 제약과 속박에서 해방된 생명의 기쁨과 자유를 아는 사람은 결코 생명을 스스로 포기하거나 버리지 않는다. 생명은 물질 안에 있고 물질에 뿌리를 둔 것이면서 하늘에 닿아 있고 하늘과 이어진 것이다. 물질과 하늘을 통합한 생명은 자신의 힘과 뜻을 다해서 살아야 할 뿐 선택하거나 버려야 할 대상이 될 수 없다. 생명 속에 최고의 가치와 한없는 보람이 들어 있기 때문이다. 생명 밖에서 생명보다 더 귀한 것을 찾을 수 없다.

물질과 육체를 초월한 기쁨과 자유를 가진 생명 자체는 육체의 죽음을 초월한 것이다. 생명 자체 속에 이미 죽음을 초월한 기쁨과 자유를 가지고 있다. 또한 생명은 죽음을 통해 진화와 고양의 길을 걸어왔다. 세균들이 세포분열을 통해 번식을 하는 동안에는 죽음을 경험할 필요가 없었고 진화를 이룰 수도 없었다. 세포가 복잡해져서 세포분열을 통해 번식하지 못하고 씨와 알을 통해 번식하면서 개체의 죽음을 감수하게 되었고 개체의 죽음을 감수하면서 생명의 진화와 고양이 이루어질 수 있었다. 그러므로 생명에게는 죽음이 더 깊고 높고 큰 생명에 이르는 문이고 길이었다. 살고 죽고 다시 죽고 사는 끊임없는 생사의 과정을 통해서 생명의 진화가 이루어져 왔으므로 죽음은 보다 크고 풍부한 생명에 이르는 과정이고 수단이고 통로였다. 죽음은 생명의 일부였고 죽음을 이기고 삼키고 넘어선 생명만이 더 진실하고 아름답고 선한 삶을 살 수 있었다. 생명 속에는 이미 죽음을 이길 수 있는 힘과 용기가 들어 있었다. 생명 진화의 역사는 죽음을 통해 더 깊고 큰 생명으로 나아간 것이다. 이러한 생명의 진실과 역사에 비추어볼 때 예수와 전태일의 죽음은 생명과 죽음 가운데 죽음을 선택한 것이 아니라 죽음을 통해 더 깊고 큰 생명으로 나아간 것이라고 생각된다.

2) 죽음을 두려워하지 않은 사람들

하늘을 믿는 신앙과 생명철학을 가지고 일제의 총칼에 맞서 싸웠던 안창호, 이승훈, 조만식, 유영모, 함석헌의 두드러진 특징은 죽음을 두려워하지 않았다는 것이다. 이들은 죽음에 대한 불안이나 두려움을 조금도 드러내지 않았다. 생명철학자 안창호는 자신의 삶 속에서 몸과 맘속에서 생명을 깊고 온전하게 느끼고 깨닫고 체험하였다. 그가 21세의 젊은 나이에 쾌재정에서 연설하면서 그 지역 고위 관리들 앞에서 관리들의 부정과 비리를 통렬하게 비판할 수 있었던 것은 그가 죽음을 두려워하지 않았기 때문이다. 만일 그가 죽음이 두려웠다면 평양감사와 진위대장 앞에서 그들의 부정과 비리를 통렬하게 비판하는 연설을 감히 하지 못했을 것이다. 같은 해 도산은 서울 종로에서 열린 만민공동회에서 연설하면서 "총칼이 가슴에 들어와도 물러서지 않을 용기가 있어야 할" 것이라 했고 "참으로 나라를 위한 모임일진대 지금부터 목숨을 내놓을 결심으로 모이자"고 하였다.[1] 을사늑약 이후에 작성한 '대한신민회 취지서'에서는 자신의 몸과 가

---

1 『안도산전서』, 67.

족을 돌보지 않고 나라와 민을 새롭게 하는 데 헌신할 것을 다짐하였으며 "심장을 토하고 피를 말려서라도" 민을 새롭게 하는 데 앞장서겠다고 약속하였다. 삼일운동이 일어난 후 대한인국민회에서 총회장으로서 연설할 때는 나라의 독립은 한 번 싸움으로 성공되는 것이 아니라면서 죽음으로 독립을 이룰 것을 간절히 말하였다. "세계 역사에 증거하여 보건대, 국가의 독립이 한 번 싸움으로 성공하는 일이 드물고, 또 목하에 우리가 스스로 돌아보더라도 형편된 것이 무수한 피를 흘려서 일본의 섬을 바다 속에 잡아넣어야 우리 한국의 독립이 완전히 성공될지니 우리는 죽고 또 죽음으로써 독립에 회복하기로, 사람이면 모두 내어 쓰는 대로 쓰고… 쓰다가 나중에는 생명을 바칩시다."[2]

그 후 임시정부에서 일할 때나 임시정부를 나와서 일할 때도 도산은 민족의 통일을 위해서라면 기꺼이 죽음을 감수하겠다고 선언하였다.[3] 도산이 죽음을 앞두고 "나는 죽음의 공포가 없다"고 말했지만 그의 일생에서 죽음에 대한 불안과 두려움의 흔적을 찾을 수 없다. 이런 사실은 그가 하늘을 믿으며 생명의 주인과 주체로서 생명 자체를 살았던 생명철학자였다는 것을 확인해준다. 그는 생명에 대한 어떤 관념과 이론을 가지고 살았던 인간이 아니라 생명의 주인과 주체로서 생명의 중심과 근원과 절정에서 생명 자체를 살았던 인간이었다.

안창호와 함께 교육독립운동의 중심에 섰던 이승훈, 유영모, 함석헌은 모두 죽음을 두려워하지 않는 삶의 당당한 모습을 보여주었다.

---

2 1919년 3월 13일 북미 상항(샌프란시스코)대한인국민회 중앙총회 위원회 석상에서 행한 "3·1운동을 계승"이라는 연설의 일부다. 안창호, "3·1운동을 계승," 『안도산전서』, 616.
3 안창호, "국민의회사건 해명," 『안도산전서』, 676.

이들이 안창호의 영향으로 죽음을 두려워하지 않게 되었다고 말할 수는 없다. 이들이 민족의 독립을 위해 헌신하면서 안창호와 공유했던 생명신앙과 생명철학, 시대정신과 생활양식이 이들로 하여금 죽음을 두려워하지 않는 삶을 살게 했다고 생각된다. 이승훈은 10세 이전에 부모와 조부모를 여의고 제 힘으로 자신의 인격과 재산을 일으켰다. 그는 어려서부터 죽음을 깊이 생각했던 것이 분명하다. 학교 공부를 하지 못했던 그는 자신의 삶 속에서 삶의 도리와 이치를 스스로 배우고 익히며 스스로 체험하고 깨달을 수밖에 없었다. 젊어서 장사하며 돌아다니다 공동묘지를 보고 그는 "사람은 결국 다 이렇게 되는 것이구나. 나도 사람답게 살아야겠다"고 굳게 결심을 했다고 한다.[4] 안중근 의사의 의거 이후 안악사건과 105인사건으로 가혹한 고문을 당하고 오랜 옥고를 치르고 나와서도 이승훈은 가만히 있지 못하고 목숨을 걸고 할 일을 찾았다고 하였다. 그러다가 삼일독립운동을 앞두고 상해에서 선우 혁이 찾아와서 독립만세운동에 앞장설 것을 요청하자 "죽을 자리 찾았다!"며 기뻐했다.[5] 실제로 그는 삼일운동으로 감옥에 갇혀서 사형이 예상되는데도 나라를 위해 큰일을 한 것이 기뻐서 어깨춤을 덩실덩실 추었다고 한다.[6] 그는 다시 살고 다시 죽고, 다시 죽고 다시 사는 삶을 이어갔다. 정인보가 이승훈의 묘비에 교육독립운동에 앞장선 20여 년 동안 이승훈이 "다시

---

4 유영모, "人格的 偉大의 好表現 南岡 李先生님!," 「東明」 제2호(1922.9.10.). 남강문화재단 편, 『南岡 李昇薰과 民族運動』, 남강 이승훈선생추모문집 (서울: 남강문화재단출판부, 1988), 526.

5 김기석, 『南岡 李承薰』, 205.

6 함석헌, "이승훈, 심부름군에서 심부름군으로," 이희승·박종홍 외 편, 『韓國傳記全集韓國의 人間像 3』(서울: 新丘文化社, 1974), 433-434.

살고 다시 죽기를 거듭하였다"[7]고 쓴 것은 죽음을 이기고 산 그의 삶을 잘 표현한 것이다.

다석 유영모는 하루를 일생처럼 주어진 생을 치열하게 살았다. 아침에 잠에서 깨는 것이 생을 시작하는 것이고 하루를 마치고 저녁에 잠에 드는 것이 인생의 죽음을 뜻한다고 보았다. 그에게 철학은 죽음을 연습하는 것이었고 그가 한 모든 말은 죽을 때에 도움이 되는 말이라고 하였다. 유영모는 순간순간의 삶을 죽음으로 끝내고 꽃처럼 다시 피어서 새로운 삶을 살려고 했다. "마지막을 거룩하게 끝내야 끝이 힘을 준다. … 전광석화(電光石火)처럼 생명의 찰라 끝에 생명의 꽃이 핀다. 마지막 숨 끝 그것이 꽃이다. … 마지막을 아름답게 끝내는 것이다. 그러기 위해서는 마지막을 기다릴 것이 아니라 순간순간이 마지막 끝을 내어야 한다. 그렇기 때문에 언제나 끝이 꽃이다. 인생의 끝은 죽음인데 죽음이 끝이요 꽃이다. 죽음이야말로 엄숙하고 거룩한 것이다."[8]

그에게 생명은 두 가지다. 하나는 육체에 갇힌 생명, 육체의 혈육과 함께 썩고 죽음으로써 끝나는 생명이고, 다른 하나는 육체를 넘어서 영원히 사는 얼과 혼의 생명이다. 그에게 죽음은 새로운 삶의 시작이다. "누에는 죽어야 고치가 된다. 죽지 않으려는 생각은 어리석은 일이다. 실을 뽑았으면 죽는 것이다. 집을 지었으면 그 속에 드는 것이다. 니르바나에 드는 것이다. 생각의 실을 다 뽑기까지는 살아야 하고 실을 다 뽑으면 죽어야 한다. … 無[무]에서 와서 無로 가는데 (無는) 新正[신정]의 새 시대이다."[9] 믿음으로 죽음을 맞을 때 죽음

---

7 南岡先生 墓碑. 김기석, 『南岡 李承薰』, 377.

8 박영호, 『진리의 사람 다석 유영모』 下 (두레, 2001), 367.

은 새로운 생명의 세계로 들어가는 문이고 생명의 질적 변환이 일어나는 엄숙한 사건이다. "종(種)이 깨지고 유(類)가 산다고 할까? 밀알이 떨어져 인류가 산다고 할까. 육체가 무너지고 정신이 산다고 할까. 나를 깨치고 나라를 열어야 한다. … 나는 고노병사(苦老病死)… 썩는 거야. 그러나 나라는 진선미성(眞善美聖)이야. 목숨은 썩는 거야 그러나 말씀은 빛나는 거야. 빛 날리면 깨야지, 깨져야지, 죽어야지."[10] 죽어야 산다고 믿는 다석은 이 세상에 "죽으러 왔다"고 단언한다. 그러나 죽음 자체가 목적은 아니다. 살기 위해 죽는 것이다. 인생은 '죽음으로써 사는 것'이다. 매우 적극적인 다석의 죽음관에는 죽음 속에서 영생과 부활을 보는 기독교의 관점이 반영되어 있다. 십자가는 "죽음이 삶에 삼키우는 것"이다. 죽음은 삶으로 죽음을 삼키는 것이며, "정신이 육체를 이기는 것"이다. 그리고 지금 여기서 죽음을 이긴 성숙한 승리자가 되어야 한다. "육체를 이겨야 성숙한 정신이 된다."[11]

죽음을 통해 죽음을 넘어 참된 삶에로 들어가는 일 그것은 심오하고 기쁜 일이다. "연못 속에 뛰어드는 개구리의 생명은 무상한 것 같지만 적막을 깨뜨리는 그 물소리는 한없이 심오하다. 인생의 죽음은 시간이란 연못 속에 뛰어드는 것이나 마찬가지다. 그러나 영원한 생명에 뛰어드는 물소리는 한없는 묘미가 있다. … 죽음을 넘어서 울리는 소리 그것이 복음이다. … 몸은 물 속으로 그러나 소리는 바람

---

9 박영호, 『진리의 사람 다석 유영모』 下, 367-369.

10 유영모, "깨끗"(버들푸름 35), 『多夕日誌』(영인본) 上, 841-842.

11 유영모, "꽃피," 『多夕日誌』(영인본) 上, 828. 다석은 이 글에서 "죽음이 삶에 삼키운 바 되는 것"이 십자가라고 하는데 이것은 고린도전서 15장 54절 "…사망을 삼키고 이기리라"고 한 내용과 일치한다.

과 같이, 몸은 흙 속으로 그러나 마음은 희망과 같이 울려 퍼진다."[12] 인간의 몸과 마음은 "죽어도 죽지 않는 영원과 연결된 긋을 가지고 있다. … 이 긋이 자라고 움직이면 긋이 되어 날아간다…죽을 때는 이 세상 바닷가를 넘어서 영원의 날개를 펴는 날이다." "죽은 후 날아가는 영원한 바다"는 비길 데 없이 "넓고 깊은 자유의 바다"이며, 죽음은 이 세상의 해안선을 떠나는 영광스럽고 찬란한 "육리"(陸離)가 되어야 한다.[13] 그에게는 죽음이 물질적 육체적 생명의 세계를 떠나 영원하고 무궁한 얼 생명의 깊고 높고 큰 세계로 나아가는 장엄하고 찬란한 일이었다. 그리하여 그는 배가 육지를 떠나 크고 넓은 바다로 나아가는 것을 육리(陸離)라고 하듯이 죽음은 물질적이고 육체적인 생명의 세계를 떠나 얼과 신의 크고 넓은 바다로 나아가는 장엄하고 눈부신 육리라고 하였다. 그는 죽음을 간절히 기다리면서 죽음을 맞이하는 것을 대신정(大新正)에 드는 것이라고 하였다. 유영모에게서 죽음에 대한 불안과 두려움의 흔적을 찾을 수 없다. 치열하게 자신의 생명을 살았던 생명철학자 유영모에게 죽음은 당연하고 편안한 것이었으며 구원과 해방을 주는 기쁘고 자유로운 것이었다.

함석헌은 평생 많은 글을 쓰고 수없는 강연을 하고 많은 사람들을 만나 관계하고 활동하였으나 그의 말과 글, 행동, 그 어디에서도 죽음에 대한 불안과 두려움의 흔적을 찾을 수 없다. 십대 후반에 삼일운동에 참여한 함석헌은 일본군의 총칼에 맞서 "대한독립만세!"를 부르며 두려움 없이 하루 종일 행진하였다. 20대 초반에 일본 도쿄

---

12 유영모, "깨끗"(버들푸름 35), 841.
13 유영모, "깨끗"(버들푸름 13), 『多夕日誌』(영인본) 上, 756.

에서 땅이 갈라지고 불길이 치솟는 동경대지진을 경험했을 때도 함석헌은 두려워 벌벌 떨며 신의 이름을 부르는 사람들을 보고 기복종교를 부끄럽게 여길 뿐이었다. 지진, 화재, 약탈, 살인으로 지옥과 같은 상황에서 함석헌은 죽음에 대한 공포와 불안을 느끼기보다는 사회적 통제와 도덕적 질서가 무너진 혼돈 상태에서 자신과 다른 인간들의 고삐 풀린 본능적 욕망과 감정 때문에 괴로워했다.[14]

해방 후에 함석헌이 평안북도 문교부장으로 있을 때 소련 공산군의 횡포를 규탄하는 신의주 학생 시위 사건이 일어났다. 이 사건의 배후 인물로 지목된 함석헌은 소련군에게 끌려갔는데, 수많은 병사의 총구가 그의 가슴으로 몰려들었고 장교 한 사람이 여러 차례 총구들을 밀어내서 당장 총살은 면하였다. 죽음을 앞두었던 그 때의 평안한 심정을 함석헌은 이렇게 말하였다. "소련 군인의 총칼이 일시에 쏴 하고 내 가슴으로 모여들었다. 지금 생각해 봐도 이상한 것이 마음이 그렇게 평안할 수가 없었다. 정신이 똑똑했다. 지금도 그 때의 내 모양을 그리라 해도 그릴 수 있다. 숨결이 높아졌다는 기억도 겁이 났다는 기억도 없다. 열인지 스물인지 알 수 없는 총부리와 칼과 피스톨이 내 가슴에 방사선 형으로 와 닿았을 때 번듯 내 속에 비친 말은 '오늘은 이렇게 가게 되는구나!' 하는 것이었고 그 다음 순간 '이왕 죽는 것이면 비겁하게 해선 못쓰지' 하는 것이었다. 나는 눈 하나 깜짝하지 않고 그 자리에 그대로 서 있었다. 군인들의 얼굴을 본 기억도 없다. 그때 남향을 하고 서 있었는데 그저 뵈는 대로 저 먼 곳을 보고 있을 뿐이었다. 분하다는 생각도 그들이 밉다는 생각도

---

14 함석헌, "내가 겪은 關東大震災," 『함석헌전집』 4, 255 이하.

없었다. 그래도 하나님이란 생각, 믿는다는 생각 옳은 도리라는 생각, 평생에 배우고 지켜온 것이 내 속에 살아 있었다. 스스로도 이상하다는 생각은 들었다."[15]

죽음 앞에서 함석헌이 이렇게 침착하고 평안할 수 있었던 것은 그가 그런 성품과 자질을 타고났기 때문이기도 하지만 안창호 이승훈 조만식 유영모에게서 죽음을 두려워하지 않는 정신과 기풍을 물려받은 것이라고 여겨진다. 그의 스승들이 죽음을 두려워하지 않았기 때문에 함석헌도 1950년대 이후 죽기까지 죽음을 두려워하지 않는 용기를 가지고 자유롭게 글을 쓰고 말을 하고 행동을 할 수 있었던 것이다. 함석헌은 이승만의 자유당 독재와 박정희의 군사독재의 가장 엄혹한 시절에도 마치 아무런 억압과 제약이 없는 것처럼 홀로 언론의 자유를 맘껏 누렸다. 고난과 죽음에 대한 두려움이 전혀 없는 사람처럼 그는 이승만 독재정권과 박정희 군사정권을 통렬하게 비판하였다. 그리하여 언론인 송건호는 당시 한국의 모든 언론기관들이 내는 언론의 힘보다 함석헌 한 사람이 내는 언론의 힘이 더 컸다고 하였다. 만일 함석헌이 자신의 목숨을 조금이라도 아까워했다면 그처럼 자유롭게 글을 쓰고 그처럼 용감하게 말하지는 못했을 것이다. 그는 마치 죽음을 초월한 하늘에서 사는 사람처럼 거리낌 없이 글을 쓰고 말을 하였다.

그가 나이 70세에 군사독재세력과 맞서 「씨올의 소리」를 창간하면서 창간의 목적을 '한 사람이 죽기 위해서'라고 하였다. 사람의 정신을 깨워 일으켜 너와 나와 그, 씨올 전체가 모두 하나로 일어서게

---

15 함석헌, "내가 겪은 신의주 학생 사건," 「씨올의 소리」 1971년 11월. 『함석헌전집』 4. 281 이하.

하려면 죽음으로 말해야 한다는 것이다. 그가 죽음을 말한 것은 철저하고 치열하게 온전하고 바른 삶을 살기 위해서였다. 죽을 각오로 피로써 말할 때만 민중의 생명이 참되게 살아난다고 그는 생각하였다. 그가 「씨올의 소리」를 창간한 다른 또 하나의 목적은 의로운 일을 하다가 고난받는 사람들과 그 가족들을 위해서 서로 돕고 보호하며 공동책임을 지는 '유기적인 하나의 생활 공동체'를 만드는 것이었다. 그가 한 사람이 죽기 위해서 잡지를 낸다고 한 것은 자기 자신이 죽을 각오로 글을 쓰고 말을 하겠다는 다짐과 의지를 밝힌 것이다. 그리고 그가 죽음을 각오하고 잡지를 낸 것은 환난 속에서 서로 돕고 보호하는 공동체를 만들고 민중 전체를 살려내고 일으켜 세우기 위한 것이었다. [16]

그는 죽음을 두려워하지 않았을 뿐 아니라 죽음에 대해서 자유로운 사람이 되었고 바로 살고 바로 죽기 위해서 기꺼이 죽음을 찾는 사람이 되었다. 물론 기독교인으로서 십자가의 죽음과 부활신앙을 가졌으므로 죽음을 초월할 수 있었다고 생각할 수도 있다. 그러나 기독교인이라고 해서 누구나 죽음을 초월하여 죽음에 대해서 자유롭게 살아갈 수 있는 것은 아니다. 그는 죽을 각오로 살았던 안창호 이승훈의 삶에서 죽음에 대해서 자유로운 심정과 자세를 배우고 물려받았을 것이다. 또한 유영모에게서 철학을 배우면서 죽음을 초월한 정신과 철학을 익혔을 것이다. 그가 형성한 씨올철학은 민주생명철학이다. 씨올은 스스로 깨지고 죽음으로써만 크고 풍성한 생명을 펼칠 수 있다. 씨올철학은 스스로 죽음으로써 참된 생명의 길을 가

---

16 함석헌, "나는 왜 씨올의 소리를 내나," 「씨올의 소리」 1970년 4월호 창간호. 『함석헌 전집』 14, 344 이하.

도록 가르치고 이끄는 철학이다. 함석헌은 씨올철학을 통해서 죽음으로써 사는 법을 배우고 익혔을 것이다. 죽어야 산다는 생명의 진리를 체득한 함석헌은 마치 죽을 자리를 찾는 사람처럼 거리낌 없이 자유롭게 살았으며 날마다 죽고 다시 살아남으로써 더 깊고 큰 생명의 세계로 나아갔다.

3) 민주정신에 사무친 사람들

당대에 안창호는 민주정신을 가장 깊고 철저하게 이해하고 실천한 사람이었다. 서재필과 윤치호가 먼저 민주주의를 한국에 알리고 가르쳤지만 그들은 민중을 불신하고 멸시하는 오만한 지식인 엘리트였다. 안창호는 민중의 한 사람으로서 민중을 신뢰하고 존중하는 심정과 자세를 죽을 때까지 품고 살았다. 그는 문명부강의 뿌리와 씨앗을 민이 서로 보호하고 단합함에서 보았다. 그는 민을 나라와 일치시키고 나라의 주인과 주체로 민을 받들어 섬기며 깨워 일으켜 민주공화의 세상을 열어갔다. 일제의 불의한 침략과 억압에서 민을 해방하기 위해 그는 자신을 희생하고 헌신했다. 민을 나라의 주인과 주체로 존중하고 사랑했기 때문에 그는 민의 자립과 독립을 위하여 민을 섬기며 민을 깨워 일으키는 일에 헌신할 수 있었다. 민이 깨어 일어나 서로 단결하고 통일을 이루어 큰 힘을 가질 수 있게 하려고 안창호는 민을 섬기며 민을 깨워 일으키는 교육독립운동에 헌신했다. 민족의 독립과 통일을 위한 그의 교육운동은 민주정신에 바탕을 둔 것이었다. 그의 독립정신, 통일정신, 교육정신은 모두 민주정신에서 우러난 것이다.

이승훈은 어려서 부모와 조부모를 잃고 바닥에서 스스로 일어선 사람이다. 어려서 남의 집 심부름꾼으로서 어렵고 궂은일을 스스로 하면서 남을 섬기고 받드는 법을 배우고 익혔다. 그는 가진 것 없는 바닥 사람의 전형이었다. 가장 낮은 자리에서 스스로 궂은일을 하고 남에게 의존하지 않고 무슨 일이든 제 힘으로 하고 제 힘으로 일어서는 자세로 살았다. 큰 기업가가 되고 민족의 큰 지도자가 된 다음에도 그는 어렵고 힘든 일은 자신이 하고 남을 앞세울 줄 아는 이가 되었다. 오산중학교에서는 학생들에게 존댓말을 썼고 마당 쓸고 변소 청소 같은 허드렛일을 자신이 하였다. 남강은 젊은 학생들을 무척 좋아하였다. "학생들과 이야기 할 때는 그는 상대편의 의견을 존중하여 동지로서 대했고 결코 지도자로서 군림하려고 하지 않았다."[17] 학교를 위해 가진 재산을 다 바쳤고 학교 지붕이 새면 자기 집 기와를 벗겨다 학교 지붕을 메웠으며 교사들의 식량이 떨어지면 자기 집 식량을 가져다 교사들을 먼저 먹였다. 민이 주인과 주체가 되어 서로 돕고 협동하는 민주공화의 정신과 이념이 남강의 정신과 뼈에 배어 있었다.

그는 자립과 독립의 정신이 사무쳤기 때문에 남을 주인과 주체로 존중하고 섬길 수 있었다. 남을 주인과 주체로 존중하고 섬기는 민주정신이 사무쳐 있었기 때문에 그는 서로 다른 종파와 조직의 사람들을 하나로 결합시켜 민족대표들이 되게 할 수 있었고, 민중에게 겸허히 호소하여 온 민족이 하나로 일어나 삼일독립만세운동을 하도록 이끌 수 있었다. 민주정신은 나와 남이 모두 주인과 주체임을

---

17 김기석, 『남강 이승훈』, 275.

인정하고 존중하는 것이다. 삼일정신은 온 겨레가 스스로 주인과 주체로 일어선 것이다. 이승훈은 모든 사람이 저마다 제 삶의 주인과 주체임을 알고 존중했기 때문에 모든 사람을 겸허히 섬기고 받들 수 있었다. 그에게 민주정신은 자립과 독립의 정신이다. 삼일운동으로 옥고를 치르고 나왔을 때 청년 한 사람이 이승훈을 찾아와서 일본 공산당과 손잡고 독립운동을 하면 큰 효과가 있을 것이라고 말하였다. 이에 대하여 이승훈은 씨앗이 흙을 비집고 올라올 때 남의 힘에 의지하여 올라오는 것을 보지 못했다면서 민족의 독립도 민족 자신의 힘으로 해야지 남의 힘에 의존해서 독립을 한다는 것은 생각할 수 없는 일이라고 하였다. "우리의 할 일은 민족의 역량을 기르는 일이요, 남과 연결하여 남의 힘을 불러들이는 일이 아니다. 나는 종자가 땅 속에 들어가 무거운 흙을 들치고 올라올 때 자기 힘으로 들치는 것이고 남에게 캐물어 올라오는 것을 본 일이 없다."[18] 민주정신은 민이 주체로서 스스로 하는 정신이다. 민이 제 힘으로 스스로 해야 한다는 민주정신이 그에게 사무쳐 있었다.

민이 제 힘으로 스스로 할 수 있는 주인과 주체가 되려면, 그렇게 할 수 있는 능력과 자격을 가진 사람이 되어야 한다. 민이 새롭게 되지 않으면 '스스로 할 수 있는 능력과 자격'을 가진 민주가 될 수 없다. 도산과 남강은 민이 새롭게 되어야 한다는 생각을 확고하게 가지고 있었다. 이승훈은 민족진영이 사회주의자들과 합작하여 침략자 일제에 대한 공동전선을 펴는 것은 필요하다고 보았다. 그러나 민족을 가볍게 여기거나 지나친 파괴행동을 따라가서는 안 된다고

---

[18] 김기석, 『남강 이승훈』, 318-319.

하였다. 사회주의는 소련에서도 시험 중에 있는 것이므로 지켜볼 필요가 있다고 생각했다. 그에게 가장 중요한 것은 '백성이 새 백성이 되는 것'이었다. 그러므로 "백성이 새 백성이 되기 전에 참된 해결이 있기 어렵다는 것을 명심해야 한다"고 역설했다.[19] 새 백성이 되는 것을 그가 강조한 것은 민중을 나라의 중심과 주체로 본 것을 의미하며 그가 민주정신에 사무쳐 있음을 말해 준다.

그는 언제나 무슨 일이나 스스로 하고 앞장서서 일을 했지만 남을 앞세울 줄 알았다. 그는 남을 주체로서 존중하고 섬김으로써 깨워 일으키는 교육자였고 남을 섬기고 앞세움으로써 이끄는 지도자였다. 그는 섬김의 교육, 섬김의 지도력의 귀감이었다. 그에게는 자립과 독립의 정신, 민을 나라의 주인과 주체로 존중하는 민주정신, 섬기는 교육정신, 전체가 하나로 되게 하는 통일정신이 하나로 녹아 있었다. 도산과 남강의 교육정신과 이념을 충실히 따랐던 조만식은 오산학교 교사와 교장으로 9년을 가르쳤는데 십년을 하루같이 학생들과 함께 기숙사에 기거하였다. 그는 "교장이면서 사감이면서 사환과 교목까지를 겸하였다."[20] 집안이 넉넉했던 그는 오산에 있으면서 보수를 받은 일이 없다. 조만식은 오산학교 교장으로서 학생들에게 절대적인 신뢰와 존경을 받았으나 사랑과 정성으로 학생들을 섬기고 받드는 그의 민주적 교육정신과 방법은 안창호 이승훈과 다를 게 없었다.

안창호 이승훈을 따라서 오산학교의 교육독립운동에 교사로서 참여한 유영모도 민주정신에 사무친 사람이었다. 그는 일본 유학을

---

19 김기석, 『남강 이승훈』, 290-291.

20 김기석, 『남강 이승훈』, 266.

갔으나 대학입학을 앞두고 고민 끝에 대학공부를 포기하였다. 당시 일본의 교육이념이 부국강병과 입신양명에 있었으므로 유영모는 대학교육을 받으면 민중을 억압하고 지배하는 반민주적인 삶을 살게 될 것으로 생각하였다. 그는 그런 반민주적인 삶이 하나님과 민중의 미움을 받을 것이라고 보았다. 그리하여 땀 흘려 일해서 먹고 남는 것을 가지고 사랑으로 어려운 이웃을 돕는 것이 옳은 삶의 길이라고 생각한 유영모는 농부가 되기 위해 대학공부를 포기하고 한국으로 돌아왔다. 그는 햇빛에 그은 농부의 얼굴이 노자가 말한 진인(眞人) 의 경지 '화광동진'(和光同塵: 빛을 부드럽게 하고 티끌과 같게 됨)이라고 하였다. 그는 땀 흘려 일해서 사람들을 먹여 살리는 농부가 나라의 부모라고 하였다. "(지극 정성으로 섬기는) 우리나라 농부는 우리의 어머니시다. 어머니가 밥을 지어주듯이 농부는 농사를 지어준다. 마음을 다해서 농사를 짓는 이는 우리의 어머니다. 땀 흘려 김매는 농부는 어버이의 상(像)과 같다."[21] 그는 또한 사회의 무거운 짐을 지고 고생하는 민중이 '오늘의 예수'라고 했다. 유영모는 "노동자 농민이 세상의 짐을 지는 어린양"[22]이고, "빨래하고 청소하는 사람이 귀인(貴人), 한가한 선비(閑士)들의 더러움을 씻어서 구원하는 주님(贖垢 主)"[23]이라고 했다. 그는 민주정신을 종교철학의 경지까지 심화하고 철저화하였다.

그는 『대학』의 '친민'(親民)을 '씨ᄋᆞᆯ어뵘'(민을 어버이 뵙듯 함)으로 풀이하여 민에게 '씨ᄋᆞᆯ'이라는 품격 높은 이름을 주었고 민을 어버이

---

21 박영호 편, 『죽음에 생명을 절망에 희망을: 씨알의 메아리 多夕日誌』(홍익재, 1993), 180.
22 유영모, "짐짐," 『多夕日誌』上, 김흥호 편 (1982), 789-792.
23 김흥호 편, 『다석 유영모강의록 제소리』(솔, 2001), 323.

뵙듯이 존중하고 섬겨야 한다고 하였다. 그는 남에게 잔심부름을 시키지 않는 것으로 유명하였다. 그는 노동자 복장을 하고 밖에 나갈 수는 있으나 부자 옷을 입고는 밖으로 돌아다닐 수 없다고 하였다. 그의 생명철학은 철저한 민주정신에 바탕을 두었다. 그는 안창호와 마찬가지로 나와 나라를 일치시켰고 '나'가 '나!'라'고 나서는 것이 '나라'라고 말놀이를 함으로써 국민주권을 표현하였다. 철저한 민주주의자였던 유영모에게는 민이 곧 나라였다. 민 한 사람 한 사람의 '나'와 나라를 직결시켰다.[24] 그는 민의 한 사람, 한 사람의 '나'가 주체로서 자기선언을 한 것이 나라라고 하였다. '나'가 '나!'라'고 한 것이 '나라'라는 것이다.[25] 민과 국가를 직결시킴으로써 민에 대한 국가의 지배와 폭력은 해체된다. 그는 민주(民主)를 말 그대로 민이 주인이 되고 주인 노릇을 하는 것으로 이해했으며 더 나아가서 민이 '하늘의 아들'(天子) 노릇을 해야 한다고 보았다. 민이 주인 노릇을 하고 하늘의 아들 노릇을 하는 것이 사람 노릇을 하는 것이고 사람다운 사람이 되는 것이다. 그리고 사람 노릇을 하고 사람다운 사람이 되는 것이 바로 나라를 바로 세우는 것이다. 그에 따르면『삼일신고』의 성통공완(性通功完), 다시 말해 인간의 바탈(本性)이 뚫리고 열려서 인간이 자신의 사명을 완수하는 것이 하늘을 열고 나라를 세우는 것(開天節)이다.[26] 인간의 바탈이 뚫리고 열린다는 것은 인간이 근본적으로 새롭게 된다는 말이다. 그는 민을 어버이처럼 가까이 모시고

---

24 유영모, "긋 끝 나 말씀,"『多夕日誌』上, 김흥호 편 (1982), 736.

25 "'나! 라'며 나아온 '나'와 '나!라'며 나아온 '남'이 서로 엇 바뀔 때 마닥 '나는 나라!'고"
(1963.7.26.).『多夕日誌』中, 김흥호 편 (1982), 475-476.

26 김흥호 저,『다석일지공부』2 (솔출판사, 2001), 63-64.

받드는 친민(親民)과 함께 민의 정신과 삶을 근본적으로 새롭게 하는 신민(新民)을 강조했다. 안창호와 이승훈이 민중을 섬기고 받들면서 교육독립운동을 벌인 것은 친민과 신민을 함께 실현한 것이다.

함석헌은 1950년대 이후 말년에 이르기까지 한국 민주화 운동의 중심과 선봉에 있었다. 그는 한국에서 민주정신의 화신이고 상징이었다. 함석헌의 민주정신은 그의 철학과 신념으로 닦여졌다. 그는 생명과 인격의 원리를 자유(自由), '스스로 하는 것'으로 보았다.[27] 그는 민주 시대인 근·현대의 의미를 이렇게 밝힌다. "천재와 영웅의 시대는 가고 민중에게 겸허히 배우는 민중시대가 왔다."[28] 함석헌은 민족사에 대한 탐구를 거쳐서 기독교 신앙의 빛에서 민중을 역사와 사회의 주체로 보게 되었다. 30대에 쓴 『성서적 입장에서 본 조선역사』에서 그는 한민족(한국 민중)이 십자가의 고난을 겪음으로써 세상에 구원(정의와 평화)을 가져온다고 보았다. 그가 고난받는 민중을 메시아로 본 것은 인간을 구원의 대상으로만 보는 서구 정통신학의 관점에서 벗어나 고난받는 민중을 역사와 구원의 주체로 본 것이다. 민중을 역사와 구원의 주체로 보는 함석헌의 사상은 민중을 지배와 구제의 대상으로만 보았던 사회와 교회의 사고체계와 가치체계를 근본적으로 뒤집는 민주적이고 혁명적인 사상이다.

함석헌은 민중을 사회관계에서만 보지 않고 내면에서 하나님과 직결된 존재, 하나님의 씨를 지닌 존재로 본다. 그는 민중을 자연생명과 역사와 하나님의 씨올로 보았다. 씨올은 하나님, 우주, 생명 전체의 구체적 표현이다.[29] 그가 「씨올의 소리」에 마지막으로 쓴 글에

---

27 함석헌, 『함석헌 전집 1. 뜻으로 본 한국역사』 (한길사, 1983), 48-49.
28 함석헌, "혁명의 철학," 『함석헌전집』 2, 30.

서 "씨올 뒤에는 하나님이 계십니다"(1989년 2월호)라고 했다. "역사는 씨올로 간다. … 씨올로 감은 결국 하나님께 감이다."[30] 민중이 하나님을 직접 만날 때 민중은 위대한 힘을 얻게 되고 역사와 정치의 주체가 될 수 있다. 민중의 하나님 체험에서 위대한 문학과 창조적인 예술이 나올 수 있다. "우리나라에 위대한 문학 없는 것은 민중으로 직접 하나님 못 만나게 한 탓이다."[31] 더 나아가서 그는 하나님이 씨올 속에 계시다고 보았다. "씨올의 올은 하늘에서 온 것, 유한 속에 있는 무한, 시간 속에 있는 영원"[32]이다. 그는 뭇 사람의 속에 '인'(仁), '하나님의 씨'가 있다고 하였다. 민중이 속에 본성으로 가지고 있는 이것은 죽을 수도 없는 불멸체, 더러워지지도 않는 불염체(不染體)다.[33] 역사와 정치의 주체인 씨올을 궁극적 존재인 하나님과 직결시킨 함석헌은 씨올을 지배하고 통제할 다른 어떤 정치·사회·종교적 존재도 인정하지 않았다.

함석헌은 민중의 위대한 힘을 강조하고 민중과 하나님(하늘)을 직결시키지만, 민중에 대한 경험 없이 순진하게 민중을 이상화하는 것이 아니다. 함석헌처럼 민중을 가까이 느끼고 민중을 몸으로 경험한 사람도 드물 것이다. 여러 차례 옥고를 치르면서 그리고 고향에서 몸소 농사를 지으면서 그는 민중을 현실적으로 경험했다. 함석헌이 어려운 처지에 있을 때 민중은 함석헌을 멀리하고 외면했다. 그는 현실적으로 민중은 비겁하고 이기적이고 약삭빠르고 속이고 악독하

---

29 함석헌, "씨올의 소리, 씨올의 사상," 『함석헌전집』 14, 383.

30 함석헌, "씨올의 설움," 『함석헌전집』 4, 67.

31 함석헌, "씨올의 설움," 『함석헌전집』 4, 67.

32 함석헌, "생각하는 씨올이라야 산다," 『함석헌전집』 8, 56.

33 함석헌, "人間革命," 『함석헌전집』 2, 92.

기도 하다는 것을 알았다. 그러나 때가 되어 큰 감격을 안고 움직일 때면 민중의 참 모습, 호랑이 같은 용맹한 모습, 착하고 어진 성품이 드러난다는 사실을 함석헌은 오랜 역사의 경험을 통해 체험했다. 일제의 식민통치 아래 있을 때는 그와 아무런 소통이 없고 대화가 없던 민중이 해방이 되자 아무 막힘없이 그에게 가깝게 다가왔다. 이때의 민중체험을 함석헌은 이렇게 말한다. "이제 나는 나와 그들[민중] 사이에 아무 어색함도 막힘도 없는 것을 느꼈습니다. 우리는 다 훨훨 벗고 한 바다에 들어 뛰노는 것이었습니다."[34] 마치 일제의 식민통치 36년은 없었던 것처럼 해방이 되자 민중은 싱싱하게 민족정기를 드러내고 하나로 일어섰다. 나라를 위해서는 눈이라도 빼줄 것 같은 민중을 함석헌은 보았다.[35] 3.1운동 때 경험한 민중체험과 해방 후의 민중체험을 통해서 함석헌은 민중에 대한 깊은 신뢰를 지니게 되었다.

3.1운동과 8.15 때 하나로 일어선 민중이 지식인들과 정치인들의 이념적 분쟁과 선동으로 갈라지고 무력하게 된 것을 본 함석헌은 민중을 주체로 보지 않고 대상으로만 여기는 정치적 이념과 선동에 대해 깊은 불신을 갖게 되었다. 그는 민중을 정치의 주체로 보았다. "이제 (민중을) 다스리는 것이 정치 아니"[36]라고 한다. 거꾸로 "민중이 정부를 다스려야 한다."[37] 그는 국민이 정치의 주체라는 것을 다음과 같이 밝힌다. "오늘은… 스스로 하는 민의 종합행동이 정치다.

---

34 함석헌, "내가 맞은 8.15,"『함석헌전집』4, 276.
35 함석헌, "《씨올의 소리》는 왜 내고 있는가?,"『함석헌전집』4, 374.
36 함석헌, "人間革命,"『함석헌전집』2, 73.
37 함석헌, "민중이 정부를 다스려야 한다,"『함석헌전집』17, 196.

지금은 생각하는 것도 민중 자신이요, 이론을 세우는 것도 방안을 꾸미는 것도 행동하는 것도 감독하는 것도 비판하는 것도 민중 곧 전체의 대중 그 자체이다."[38] 함석헌은 플라톤의 유토피아를 비판하면서 지금은 철학자가 다스리는 때가 아니라 "씨올이, 길거리에 옹성거리는 생활꾼이, 나라를 하고, 임금질을 하는 때"[39]라고 했다. 또한 민중의 삶에서 정치가 나오고 지혜와 도덕이 나온다고 보았다. "정치가가 나라를 다스리는 것이 아니라 삶이 기술과 제도를 내는 것이요, 철학자, 도덕가가 민중을 지도하는 것이 아니라 민중이 도리어 지혜를 가르치고 힘을 주는 것이다."[40]

함석헌은 민중이 정치의 주체로서 역사를 변혁하고 창조한다고 보았다. "너는 씨올 앞선 영원의 총결산, 뒤에 올 영원의 맨 꼭지… 지나온 5천 년 역사가 네 속에 있다. … 민중의 자궁 속에 새 시대의 아들이 설어진다."[41] 그에게 민중은 역사 속에서 주도적인 역할을 하는 존재로 머물지 않는다. 민중은 역사의 중심이며 역사 자체가 민중 속에 있다. 그리고 민중이 역사를 낳는다. 그런 의미에서 "씨올은 (역사의) 어머니인 동시에 아들이다. 시간마다 역사의 심판, 우주의 창조, 역사의 출발이다."[42] 민중의 삶 속에서 역사의 심판, 우주의 창조, 역사의 새로운 출발이 이루어진다.

"자유로이 생각하는 씨올의 혼"에 의해서 "우주생명의 진화, 역사의 방향"이 결정된다.[43] "민중의 가슴, 맘이 하늘"이며, 나라를 세우

---

38 함석헌, "人間革命,"『함석헌전집』2, 73.

39 함석헌, "새 나라 꿈틀거림,"『함석헌전집』2, 237.

40 같은 글, 238.

41 함석헌, "씨올의 설움,"『함석헌전집』4, 76.

42 함석헌, "씨올 교육을 하라,"『함석헌전집』8, 252.

는 터다. 단군이 "하늘을 열고 나라를 세웠다"는 것은 "백성의 마음을 열고 나라를 세웠다"[44]는 말이다. 6.25의 참혹한 전쟁에서 나라를 건진 것도 이름 없는 민중이다. "대적을 물리쳤노라 번쩍번쩍 가슴에 훈장을 달던 사람들… 사람 죽인 사람이 아니라 그 시체를 치우고 또 씨를 뿌리고 또 갈고 말이 없는 그들 이름도 없는 사람들입니다. 역사의 모든 짐을 다 지면서도 이름 앙탈도 자랑도 없는 이름 모를 사람들입니다."[45]

민중이 신앙정신, 자주정신, 통일정신을 가지고 주체가 되는 정치는 어떻게 이루어지는가? 함석헌에 따르면 먼저 정치가들, 지식인들이 정치를 독점하는 권위적이고 지배적인 자세를 버려야 한다. 정치인들이 할 일은 민중이 정치의 주체가 되도록 민중을 모시고 섬기고 민중에게 호소하는 일이다. 민중이 주인 노릇을 하게 하려면 겸손히 민중의 자리에 내려와 민중에게 호소해야 한다. "스스로 낮아져서 민중이 될 만한 사랑과 겸손이 없고… 지도자의식에 굳어진 사람은 민중의 실정을 모른다. … 그런 사람에게는 민중이 어리석고 무지하고 더럽고 게으르고 무기력하고 불쌍하게만 뵌다. 민중을 불쌍하게 보는 그런 생각을 버려야 한다. 민중을 다스리고 간섭하고 교도하려는 의식 때문에 민중과 관계가 끊어진다. … 민중과의 호흡이 끊어지는 순간… 혁명, 개혁도 힘을 잃는다."[46] "참 위대한 정치가는 민중 속에 자기를 잃어버리는 이"이며, "민이 통일되어야 참 정치가 나온

---

43 함석헌, "부활의 사월과 씨을의 교육,"『함석헌전집』8, 439.
44 함석헌, "38선을 넘나들어,"『함석헌전집』4, 37.
45 함석헌, "이름도 없는 사람들,"『함석헌전집』8, 135-136.
46 함석헌, "人間革命,"『함석헌전집』2, 74.

488 | 제2부_ 한국 근·현대철학의 계보: 안창호, 이승훈, 유영모, 함석헌

다"47고 함석헌은 말했다. 더 나아가서 그는 이렇게 말한다. "민을 주(主)로 모시고 절하고 호소하라. 그러면 대번에 천하를 손바닥 뒤집듯 할 것이다."48 민중 속에 들어가 민중과 하나로 되어 민중을 하나로 일으켜 세우는 정치가, 민중의 하나 된 힘을 타고 역사의 흐름을 열어가는 정치가를 함석헌은 고대했다.

민이 정치의 주인과 주체가 되려면 민중이 스스로 생각하고 판단하고 결정하는 사람, 다시 말해 철학하는 사람이 되어야 한다. 그러므로 함석헌은 한민족의 과제를 "깊은 종교를 낳자는 것, 생각하는 민족이 되자는 것, 철학하는 백성이 되자는 것"으로 제시한다.49 외래문화와 외래사상에 짓눌린 겨레의 얼과 혼을 살려내기 위해서, 한민족이 하나 되기 위해서 깊이 생각하고 스스로 체험하고 깨달아야 한다고 보았던 함석헌은 "생각하는 백성이라야 산다", "죽어서도 생각은 계속해야 한다. 뚫어 봄은 생각하는 데서 나온다"50고 역설했다. 생각함으로써 제 얼과 혼이 살아나고 하나 된 민족의 주체적인 문화가 세워진다.

4) 인간과 환경의 일치에 이른 사람들

생명은 땅의 물질과 하늘의 정신을 통합한 것이다. 생명의 씨울은 하늘의 햇빛과 바람, 땅의 흙과 물을 통합하여 푸른 잎과 붉은 꽃과

---

47 함석헌, "5천만 동포 앞에 눈물로 부르짖는 말," 『함석헌전집』 14, 189.
48 함석헌, "죽을 때까지 이 걸음으로," 『함석헌전집』 4, 134.
49 함석헌, "생각하는 백성이라야 산다," 『함석헌전집』 14, 114-116.
50 함석헌, "한국 기독교의 오늘날 설 자리," 『함석헌전집』 3, 12.

달콤한 열매를 짓는다. 생명과 정신의 씨올인 사람은 하늘(정신)과 땅(물질)과 생명을 통합하여 더 풍성하고 아름다운 생명을 지어가는 존재다. 자신의 생명에 충실하게 살았던 도산과 남강은 정신과 물질, 인간과 환경(사물)을 통합하면서 더 깊고 아름답고 진실한 생명과 정신을 표현하고 실현하였다. 도산과 남강은 사람뿐 아니라 환경과 사물도 주체로 존중하였다. 그러므로 그들은 사람들을 주인과 주체로 깨워 일으키기 전에 먼저 마을과 길거리, 집안과 마당, 환경과 사물들을 깨끗하고 아름답고 질서 있고 조화롭게 하였다. 그들은 인간과 환경, 정신과 사물이 뗄 수 없이 하나로 결합되어 있다는 생명철학의 이치를 체득하고 있었다. 도산과 남강에게 환경을 깨끗하게 하는 것은 자신과 이웃의 몸과 맘을 깨끗이 닦고 씻는 것이었다. 그들은 환경을 깨끗하고 아름답게 함으로써 자신과 이웃의 맘을 깨끗하고 아름답게 하였다.

도산이 길거리와 마당을 쓸고 주변 환경을 깨끗하고 아름답게 함으로써 사람들의 삶과 정신을 깨끗하고 아름답게 이끌었던 것처럼 남강도 몸소 길거리와 학교마당, 변소를 깨끗하고 아름답게 청소했다. 그는 형무소에서도 3년 반 동안 감방의 변기통 청소를 맡아서 했다. 도산과 남강의 생명철학에서는 인간의 맘과 몸이 통합되었을 뿐 아니라 인간의 몸과 맘이 환경과 깊이 하나로 결합되어 있다. 한 인간 속에서 몸과 맘은 깊이 결합되어 있다. 몸이 맘속에 깊이 들어와 있고 맘이 몸속에 깊이 들어와 있다. 사회 속에서 나는 남과 깊이 얽혀 있고 남은 나와 깊이 얽혀 있다. 자연 생명 세계 속에서 주위 환경도 인간의 생명과 정신에 깊이 들어와 있고 인간의 생명과 정신도 주위 환경에 깊이 반영되어 있어서, 인간과 환경은 하나로 결합되어 있다. 따라서 주위 환경을 깨끗하고 아름답게 하는 것은 곧 인간의 삶과 정신을 깨끗하고 아름답게 하는 것이었다.

도산과 남강이 주위 환경을 깨끗하고 아름답게 한 것은 결코 서구 근·현대의 보건위생을 위한 것만이 아니었다. 인간의 생명과 정신이 주위 환경과 하나임을 깨달았기 때문에 도산과 남강이 그처럼 주위 환경을 깨끗하고 아름답게 하는 데 힘썼던 것이다. 나와 남, 인간과 주위 환경의 관계를 서로 주체의 관계로 보았던 도산과 남강은 나와 남, 인간과 환경을 주체로서 존중하고 사랑했을 뿐 아니라 나와 남, 인간과 환경의 일치 속에서 살았다.

인간 생명의 겉껍질은 물질과 육체이고 속 알맹이는 맘과 정신, 사랑과 진리다. 인간의 생명에게 물질과 육체도 중요하지만 맘과 정신, 사랑과 진리는 더욱 중요하다. 도산과 남강이 환경과 사물을 중시했지만 그들에게는 환경보다 인간의 맘이 더욱 중요하였다. 도산은 힘을 중시했지만 도덕과 인격의 힘이 가장 중요하고 근본적인 힘이라고 하였다. 남강도 물질과 환경보다 정신과 도덕을 더욱 중시하였다. 삼일운동으로 옥고를 치르고 나온 이승훈은 새로운 정세 아래서 일제와 맞서 싸울 방략을 생각하였다. 남강의 제자 김기석은 이렇게 말했다. "남강의 생각에는 일은 적은 일이나 큰일이나 자기가 만드는 것이고 남이 가져다주는 것이 못 된다. 곡식이 땅에서 올라오는 것을 보아도 비나 이슬이나 태양광선이 이것을 도와는 줄지언정 대지를 들치고 올라오는 것은 결국 제가 올라오는 것이다. 알맹이가 부실할 때는 알맞은 날씨가 계속되어도 종당 올라오지 못하고 올라온 뒤에도 고난을 뚫고 나갈 용기와 아름참이 있어야 대지 위에서 번창할 수 있는 것이다. 남강은 이 간단한 진리를 여러 번 되새겨

보았다. 그는 스스로 물어보았다. 우리에게 튼튼한 알맹이가 있느냐. 제 힘으로 무거운 땅을 들치고 올라올 알맹이가 있느냐. 이것이 없이는 비와 이슬과 태양광선을 바라는 일은 헛된 수고가 될 것이다."[51] 도산과 마찬가지로 남강도 이상촌을 추구하였다. 그가 추구한 "이상향의 특징은 자연이나 시설의 아름다움에 있는 것이 아니고 그 속에서 사는 사람의 씩씩함에 있었다. 깨끗하고 부지런하고 서로 돕고… 이것이 남강이 원하는 이상향의 기풍이었다. 깨끗하고 부지런하고 서로 돕는 향풍이 있는 곳은 어디나 이상향이 될 수 있는 것이다."[52]

생명철학자였던 유영모는 1943년 2월 5일(음력 설날) 이른 아침에 북악산(北岳山) 산마루에서 하늘과 땅과 자신이 하나로 되는 큰 체험을 하였다.[53] 이때 지은 시구는 다음과 같다. "瞻徹天 潛透地, 申身瞻徹極乾元氣, 沈心潛透止坤軸力"[54](우러러 하늘 트고 잠겨서 땅 뚫었네. 몸 펴고 우러러 끝까지 트니 하늘 으뜸 김 가운데 맘 가라앉혀 잠기고 뚫어서 땅 굴대 힘 가운데 디뎠네. 박재순 새김). 이 글에서 다석은 하늘과 땅과 하나로 된 자신의 체험을 표현하였다. 그에게 천지인 삼재의 합일은 이론이나 철학 이전에 몸과 마음으로 체험되는 사건이고 실재였다. 천지인 합일의 철학과 논리는 우주와 인간의 존재와 삶을 설명하는 것이기 이전에 삶의 실재이고 실천의 논리였다. 따라서 그는 '하늘과 땅과 자신'이 하나임을 체험하고 '하나'를 붙잡고 '하나'를 지향하

---

51 김기석,『남강 이승훈』, 288-289.
52 김기석,『남강 이승훈』, 309.
53 박영호,『진리의 사람 다석 유영모』下 (두레, 2001), 84 이하 참조.
54 박영호,『진리의 사람 다석 유영모』下, 84-85.

였다.

　하늘과 땅과 인간이 하나임을 체험한 유영모는 인간과 환경의 일치를 추구하였다. 그는 인간과 환경의 깨끗과 아름다움을 추구했다. 그에게는 인간의 안과 밖, 인간과 환경이 분리된 것이 아니었다. 밖의 환경을 깨끗하고 아름답게 하는 것은 인간의 정신을 깨끗하고 아름답게 하는 것이었다. 말년에도 다석은 빗자루가 닳아 없어질 정도로 집 마당을 깨끗이 쓸었다고 한다. 다석은 '터'(환경)와 인간('나')의 일치를 이렇게 갈파했다. "2~3일만 안 먹고 안 마시고 보면 살에 닿는 바람이나 낯에 닿는 물이 마치 목구멍으로 넘어가는 물과 같이 시원하다. … 저(自己)가 받을 수 있게 되는 터(환경)라고 느끼는 것은 모두(빛, 소리, 냄새, 맛, 맨치[만짐], 올[이치]) 먹이(食物)가 되는 생리(生理)가 있는 것 같다"(1960년 3월 11일 일지). 다석은 모든 신체감각과 앎까지도 생명을 살리는 먹이가 될 수 있다고 느꼈다. 인간의 몸과 맘속에는 생명 진화와 인류 역사 속에서 축적된 하늘(정신)과 땅(물질)과 생명(인간)의 무궁한 힘과 지혜가 숨겨 있다. 오늘 먹은 낟알의 힘으로 사는 이는 쉽게 지치고 병들게 되지만 몸과 마음속에 숨겨진 힘으로 사는 이는 지치지 않고 생기 넘치게 살 수 있다. 하늘과 땅과 인간이 하나로 결합된 삶의 깊이에서 오는 힘과 지혜가 충만한 평화를 가져온다.

　씨ᄋᆞᆯ생명철학자 함석헌은 하늘과 땅과 인간의 합일 속에서 인간을 이해했다. 인간은 땅의 물질과 하늘의 영을 통합하는 존재이면서 땅의 유한한 물질에서 하늘의 무한한 정신으로 나아가는 자기초월과 혁신의 존재다. "(인간의) 골통은 생명이 유한에서 영원 무한의 세계로 건너가는, 건너뛰는 변질하는 발판이다. 이것은 지구의 끄트머리요, 하늘의 배꼽이다. 꼿꼿이 선 인간은 하늘과 땅의 결혼장소다. 하나님의 영원한 대제사장의 지성소다. 동시에 대제사장이요 또 그 드리는 제물이기도 하다. 지성소인 우주통신의 안테나다."[55] 인간의 직립과 자주독립 그리고 천지인 합일의 관계를 함석헌은 "살림살이" 라는 글에서 이렇게 말했다. "하늘 땅 사이에 '나는 나다'라고 서야만 사람이다. 자주독립이다. 사람이란 하늘땅을 연락시키잔 것이다. 그 러므로 땅의 힘이 내 발로 올라와 머리를 통해 저 까만 하늘에 뻗는 다 하는 마음으로 서야 한다."[56] 그는 스스로 하늘과 땅과 생명의 기 운을 통합하는 천지인 합일의 삶을 살았다. 내가 대학 신입생 때 함 석헌의 강연을 들었는데 나이 70에 이른 그의 몸과 맘의 기운이 하 늘을 뚫는 듯하였다. 그는 생사를 초월하여 인간과 자연이 하나로 되는 자유로운 삶을 살았다. 그에게는 하늘과 땅과 인간이 하나였 다. 함석헌은 우리의 몸과 나라의 땅이 하나임을 이렇게 말한다. "이 나라의 흙을 먹고 그 물을 마시고 그 바람을 숨 쉬고 그 햇빛을 받고 그 풀, 그 나무를 다 자료로 삼아서 피로 되고 살로 되고 뼈로 되고 신경으로 된 것이 이 가슴 아닌가? 이 강산이 살아난 것, 생명화·정 신화한 것이 이 가슴이다. 반대로 이 가슴을 펴고, 피어내면 저 강산 이다. 그러므로 몸과 나라가 서로 딴 것이 아니다. 내 몸이 곧 살아 있는 나라고, 나라 땅이 곧 내 몸이다."[57] 우리의 몸과 맘은 나라의 땅에서 난 곡식과 기운을 받아서 사는 것이고 이 나라의 땅과 강산 은 우리의 몸과 맘이 돌보고 다듬고 가꾸고 빚어낸 것이다.

---

[55] 함석헌, "하나님에 대한 태도," 『함석헌전집』 3, 371.

[56] 함석헌, "살림살이," 『함석헌전집』 2, 310-311.

[57] 함석헌, "새 나라 꿈틀거림," 『함석헌전집』 2, 282.

씨올생명철학을 실현하기 위하여 함석헌은 평생 농사와 교육과 신앙을 결합한 공동체를 추구하였다. 평양 근교의 송산농장, 천안의 씨올농장, 강원도 안반덕의 농장에서 그는 제자들과 함께 농사를 지으며 제자들을 가르치고 함께 배우며 신앙생활을 하였다. 나무와 꽃 기르는 것을 좋아한 함석헌은 큰 온실에서 많은 화초를 길렀을 뿐 아니라 집안에 많은 화분을 길렀다. 말년에 이르기까지 그는 주위 환경을 깨끗하고 아름답게 했을 뿐 아니라 옷차림과 몸가짐을 깨끗하고 아름답게 지켰다. 그는 몸과 맘, 생각과 행동의 일치뿐 아니라 정신과 자연환경의 일치에 이른 자유로운 삶을 살았다. 신선같이 깨끗하고 아름다운 그의 풍모는 한국의 많은 사진관에 걸려 있었다. 한국에서나 서양의 길거리에서 흰 한복을 입고 흰 수염을 기른 함석헌이 하늘의 자유와 기운을 드러내며 당당하게 걸어가는 것을 본 어린아이들은 '하나님'(God)이라고 소리쳤다.

2. 도산철학과 씨올 철학의 생명철학적 연속성

1) 한국 근·현대의 생명철학: 안창호가 이룩한 삶의 철학

안창호의 철학은 교육독립운동이 전개된 한민족 근·현대 역사의 특수한 경험과 실천에서 싹이 트고 자라난 것이다. 나라가 위기에 빠지고 나라를 잃고 식민지가 되는 민족사의 고통과 시련 속에서 서로 깨워 일으키는 교육독립운동 과정에서 안창호는 생명과 정신의 깊은 체험과 깨달음을 얻고 인간과 나라와 세계에 대한 깊고 큰 성찰과 이해에 이르게 되었다. 그는 한국 근·현대의 시대정신을 누구보다 깊고 높이 깨닫고 체험하였으며 철학과 사상으로 닦아내었다. 그는 근·현대의 특징과 원리를 가장 깊고 온전히 구현하면서 동시에 생명과 정신의 본성과 목적을 철저하고 깊이 체험하고 실현하고 완성하는 철학과 사상을 형성할 수 있었다. 그의 철학과 사상에는 근·현대의 세 가지 정신인 민주정신, 과학 정신, 세계정신이 온전하게 구현되어 있고 생명과 정신의 본성과 목적인 주체성, 전체성, 진화혁신의 원리가 깊이 녹아들어 있다.

안창호는 역사 문화적 주체성을 가지고 서양의 문화와 정신을 깊이 받아들임으로써 동·서 문화가 합류하고 융합하는 세계사적 지평의 한 가운데 서게 되었다. 그는 나라가 망하고 민족이 큰 고통을 겪는 과정에서 생명체험과 민중체험을 깊이 하였다. 민족의 고통 속에서 안창호는 깊은 사상과 철학을 낳았다. 그는 자신의 몸과 맘속에서 생명과 정신을 깊이 자각하고 체험하였다. 그리고 한국역사의 한 가운데서 민중을 만나서 민중과 하나로 되는 깊은 체험을 하였다. 자신의 생명과 정신을 깊고 높게 실현하고 완성하려고 했으며 민중과 함께 서로 돌보고 더불어 사는 삶을 추구했고 민족의 단합과 통일을 이루어 민족의 독립과 세계평화에 이르려고 하였다. 그의 사상과 철학은 대학교에서 이론적으로 배운 것이 아니고 서재에서 책을 읽고 만들어낸 것도 아니었다. 그는 인생과 역사에서 깨닫고 체험하고 실천한 것을 바탕으로 통합적이고 체계적인 사상과 철학을 이끌어냈다.

그의 철학은 생명의 본성과 목적을 실현하고 완성하는 생명철학이고 생활철학이었다. 생명의 본성은 물질의 제약과 속박에서 해방된 자유와 기쁨을 가진 것이고, 그 자유와 기쁨을 표현하고 드러내고 나누고 누리기 위해서 사랑으로 서로 소통하고 사귀고 하나로 되자는 것이다. 안창호는 평생 생의 기쁨과 사랑을 잃지 않았다. 또한 생명체는 세 가지 본성과 특징을 가진다. 스스로 하는 자발적 주체성, 내적으로 통일된 전체성, 새롭게 진화 발전함. 다시 말해 주체성과 전체성과 진화가 생명의 세 가지 본성이다. 생명의 철학자 안창호는 기쁨과 사랑을 가지고 주체의 자발성과 헌신성, 전체의 통일성, 진화와 혁신을 추구하고 실현하려고 했다. 그의 철학은 모든 사람의 생명을 존중하고 실현하는 민주적인 생명철학이었다.

안창호의 철학과 사상을 이어받아 유영모와 함석헌은 씨올철학을 만들었다. 이승훈은 안창호의 교육정신과 이념을 가지고 교육독립운동을 펼쳤다. 이승훈이 세운 오산학교에서 유영모와 함석헌은 스승과 제자로 만났다. 삼일운동에 참여한 함석헌은 평양고보를 자퇴하고 오산학교에 편입했으며, 일찍이 오산학교 교사로 일했던 유영모는 삼일운동으로 이승훈과 조만식이 학교를 비우자 오산학교의 교장으로 오게 되었다. 안창호의 교육정신과 이념이 살아 숨 쉬던 오산학교에서 삼일운동의 역사적 상황과 분위기 속에서 유영모와 함석헌은 만났으며 평생 한국 근·현대의 정신과 철학, 안창호의 정신과 철학을 심화 발전시키는 일에 헌신하였다.

유영모와 함석헌의 철학을 연구하면 기본 내용과 정신이 안창호의 철학과 일치한다는 것을 확실히 알 수 있다. 안창호, 유영모, 함석헌의 성향과 기질은 서로 다르지만 철학의 기본 내용과 정신은 일치한다. 유영모는 금욕과 명상 속에서 깊은 정신세계를 탐구하고 동서고금을 회통하는 철학을 형성했고, 함석헌은 정치, 사회, 종교, 문화, 교육의 여러 영역을 아우르는 자유롭고 활달한 사상과 철학을 펼쳤다. 그러나 유영모와 함석헌은 '생각'을 중시하는 과학적이고 합리적인 이성 철학, 주체와 전체를 일치시키며 주체 '나'를 확립하고 혁신하는 민주철학, 민족과 인류의 통일을 추구하고 실현하는 통일철학을 추구했다는 점에서 안창호와 일치한다.

유영모와 함석헌은 안창호와 마찬가지로 비과학적 운명론과 결정론적 사고, 그리고 신화적 교리, 모호하고 혼란스러운 종교적 감정과 행태를 깨끗이 청산하였다. 이들은 민중에 대한 깊은 신뢰와 사랑과 존중을 가지고 민을 역사와 사회의 중심에 세웠다. 유영모가 『대학』에 나오는 '친민'(親民)을 '씨알 어뵘'(민을 어버이 뵙듯 함)으로 풀이한 것[58]은 민을 어버이처럼 받들고 섬긴 안창호의 민중관과 일치한다. 유영모와 함석헌은 민을 씨올이라고 함으로써 민에게 자존감과 품격을 주었다. 씨올은 인간의 무궁한 생명력과 스스로 하는 자발적 주체성과 우주적 신적 생명의 초월적 전체성을 나타내고 표현한다.

유영모는 일찍이 과학교사를 지냈으며 '생각'을 삶과 철학의 중심에 놓았다. 그는 '생각함'으로써 내가 나로 되고 새롭게 변화할 수 있다고 보았다. 그는 '나'를 깊이 탐구하여 나를 확립하고 나의 탈바꿈과 변화를 이룸으로써 모두 하나로 돌아가는 귀일(歸一)을 거쳐 참된 통일에 이르려고 하였다. 유영모의 가장 핵심적 말은 '솟아올라 나아감'이다. 솟아올라 나아감으로써 내가 새롭게 변화하고 귀일하고 통일에 이를 수 있다고 하였다.[59] 솟아올라 앞으로 나아가며 전체

---

[58] 유영모의 글에 직접 나오지 않으나 그 강의를 들었던 함석헌과 김용준은 그 내용을 확인해 주었다. 함석헌, "씨올," 『함석헌전집』 14, 323; 김용준, 『내가 본 함석헌』 (아카넷, 2006), 75-76.

의 하나 됨에 이르려 한 유영모의 사상도 어떤 시련과 역경 속에서
도 앞으로 나아가며 민족의 독립과 통일을 이루려 했던 안창호의 사
상과 일치한다.

함석헌은 안창호와 이승훈의 교육독립운동을 계승하여 철학적으
로 심화 발전시키고 완성하였다. "생각하는 백성이라야 산다"고 함
으로써 그는 민의 주체적 자각을 역설하였다. 그의 철학은 민에 대
한 깊은 신뢰와 사랑과 존중에서 시작되었다. 그가 "거울에 비친 네
얼굴을 먼저 사랑하고 존경하라"[60]고 한 것은 안창호의 애기사상과
일치한다. 그리고 그가 인간혁명론을 통해 인간의 자기혁신을 주장
한 것[61]은 안창호의 인간 개조론과 일치한다. 안창호가 인간의 주체
인 '나'와 민족 전체를 함께 존중하고 강조한 것처럼 함석헌도 인간
개인의 주체와 민족(세계) 전체를 최고로 높이고 강조했다. 함석헌
은 인간의 스스로 하는 주체와 하나로 통일된 전체가 참이고 선이고
아름다움이라고 하였다. 스스로 하는 주체가 없는 것, 전체의 하나
됨이 깨진 것은 참도 아니고 선도 아니고 아름다움도 아닌 것이다.
나다운 나, 창의적이고 개성적인 '나'가 참이고 선이고 아름다운 것
이다. 전체와 이어지고 전체가 하나임을 드러내고 표현하고 실현하
는 것이 참이고 선이고 아름다움이다. 인간 자아의 혁신과 앞으로
나아감을 강조한 안창호와 마찬가지로 인간과 역사를 생명 진화의
관점에서 본 함석헌은 자아의 혁신과 앞으로 나아감을 강조하였다.

---

59 박재순,『다석 유영모 ─ 동서사상을 아우른 생명철학자』(서울, 홍성사, 2017), 200
   이하, 367 이하 참조.
60 함석헌, "살림살이,"『함석헌전집』2, 313.
61 함석헌, "인간혁명,"『함석헌전집』2, 100.

고통과 시련 속에서 자아가 깨지고 새로워짐으로써 죽음을 넘어 새롭게 나아가는 것이 생명과 역사의 진리다.[62]

　안창호, 이승훈, 유영모, 함석헌은 권리주장과 이해관계보다 더 깊고 높은 생명의 근원과 사명에서 인간과 역사를 이해했다. 민을 신뢰하고 사랑하고 존중했다는 점에서, '나'를 사랑하고 존중하고 새롭게 하려고 했다는 점에서 상생과 공존의 삶을 실현함으로써 민족통일과 세계평화에 이르려 했다는 점에서 인간의 자기 교육과 변화를 추구했다는 점에서 네 사람은 생명과 역사의 진리를 밝히고 실현하는 하나의 역사적 철학적 계보를 형성한다.

2) 철학의 기본 요소와 핵심

　나라를 잃었지만 안창호는 독립운동 과정에서 나라의 독립과 통일을 위한 정신과 철학을 확립했다. 독립의 정신과 실천을 바탕으로 안창호가 이룩한 철학의 기본특징과 내용(핵심어와 원칙)을 '나', '통일', '개조', '생각과 행동의 통합', '환난상구' 다섯 가지로 정리할 수 있다. 생명철학으로서 안창호의 철학은 '나' 주체의 철학이고 '전체' 통일의 철학이며 진화와 진보, 개혁과 창조의 철학이다. 나 철학은 독립과 민주의 철학이다. 전체 통일의 철학은 동·서를 융합하는 세계보편 철학의 씨앗이고, 세계정의와 평화를 실현하는 대공주의 철학의 새싹이다. 개조의 철학은 인간혁명과 민족개조의 철학이다. 또한 그의 철학은 삶과 분리된 이론과 사변의 철학이 아니라 생각과

---

62 박재순,『함석헌의 철학과 사상』(서울, 한울 2012), 43 이하, 129, 141-144.

행동, 이론과 실천이 통합된 철학이며, 스스로 자신과 세상의 문제를 풀어가며 서로 협력하여 자신과 세상을 해방하고 구원해가는 철학이다. 생의 철학으로서 안창호의 철학은 '나'-철학으로 귀결된다. 그의 철학의 기본 특징과 내용 다섯 가지, '나', '통일', '개조', '생각과 행동의 통합', '환난상구'를 모두 관통하는 하나의 중심과 원리는 '나'다. 통일과 개조의 주체와 대상과 목적은 '나'이며 '내'가 생각과 행동의 주체이므로 생각과 행동은 분리될 수 없고 하나로 통합될 수밖에 없다. 스스로 환난을 극복하고 스스로 자신의 구원을 이루어간다는 것도 '내'가 구원의 대상이 아니라 구원의 주체라는 말이니 역시 '나'를 강조한 것이다.

나의 주체철학

안창호의 나 철학은 나와 나라를 일치시키고 나를 중심에 놓는 주체의 철학이며, 주체와 전체의 통일 속에서 진화와 고양, 변화와 진보를 일으키는 생명철학이다. 나를 중심에 놓는 그의 철학은 쾌재정의 연설에서 씨가 심기고 싹이 텄다. 1906년 공립협회 1주년 강연과 대한신민회취지서 그리고 1907년 삼선평 연설과 서북학회 친목회 연설에서 이미 그의 철학적 기본 내용과 틀이 확립되었다. 남에게 의존하지 않고 스스로 해야 한다는 독립과 자립의 주체철학, 나라를 생명체로 보아 개인의 나와 나라 전체를 일치시키는 통합의 철학, 끊임없이 새롭게 변화시켜 앞으로 나아가야 한다는 진보와 혁신의 철학이 확립되어 있다.

1907년에 이승훈은 안창호의 강연을 듣고 신민회에 참여하여 교육독립운동에 헌신했다. 그는 안창호의 기본 교육이념과 철학을 받아들여 오산학교의 교육이념과 철학으로 삼았다. 안창호와 이승훈은 모두 가난한 집안에 태어나 스스로 자기를 일으켜 세운 인물들이다. 둘 다 절대 정직을 내세웠고 스스로 하는 자립정신이 투철했다. 다석 유영모는 1909년부터 오산학교 교사로 지내면서 오산의 교육정신과 이념을 체득했다. 유영모도 생명의 중심과 주체인 '나'를 바로 세우고 완성하는 생명 주체의 '나' 철학을 확립했다. 다석은 생명완성이 기독교뿐 아니라 모든 종교가 지향하는 가르침이라고 하였다. "생명치(生命値, 생명의 가치)를 천상천하에 유독존한 것이라고 깨달은 석존은 생명완성을 성불(成佛)이라 하였고, 생명광(生命光)을 천생덕심(天生德心, 하늘이 준 마음의 덕)으로 느낀 공자는 생명 완성을 성인(成仁)이라 하였고, 생명광을 신의 독생자라고 믿은 예수는 생명 완성을 천부(天父)의 완전하심과 같이 되는 것이라 하였도다." 다석은 현실에서 가장 신비하고 영광스러운 것은 생명뿐이라고 하였다. 그리고 세상의 모든 것은 "오직 이 생명을 거룩하게 이루게 하도록 쓰게 되는 경우에만 의미가 있고, 가치가 있다"고 보았고 '내'가 생명의 주체임을 선언하였다. 34세였던 1923년에 이미 다석은 "내가 곧 길이요, 진리요, 생명이니라"는 예수의 말씀을 예수 개인의 특별하고 배타적인 주장이 아니라 생명의 길을 가는 모든 인간의 대장부다운 주체적인 선언으로 다시 말해 다석 자신의 말로 받아들였다.[63]

생명과 정신의 기본원리를 '스스로 함'으로 본 함석헌은 '나'를 우주와 역사의 중심과 선봉에 세우는 '나'-철학을 확립했다. '나'는 생명

---

[63] 유영모, "자고 새면," 『제소리』, 김흥호 편 (솔, 2001), 395, 397. 「동명」 (최남선 발행) 1923년.

의 스스로 하는 주체이면서 생명 전체를 통일하는 중심과 초점이다. 함석헌에게 모든 논의의 출발점과 중심점은 '나'다. "내가 아담이다. 민족이 나다. 인류가 나다. 역사도 나요, 인생도 나다. 내 속에 다 있다."[64] 그의 '나'-철학은 주체적이면서 전체적이었다. 참된 '나'는 개별적이고 개성적인 주체의 나이면서 생명과 역사 전체의 중심에 있는 나, 우주와 신과 일치하는 나다. 함석헌에게 참된 나는 하나님과 통하고 하나님과 일치된 나다. 따라서 내가 한 일은 하나님이 한 일이고 자아실현은 하나님의 실현이었다.[65]

생명의 관점에서 생명의 주체와 전체인 '나'의 관점에서 우주와 생명과 인간과 신을 보았던 함석헌의 철학은 우주 자연과 생명과 인간과 신을 통합하는 보편적 종합의 철학이면서 생명과 정신의 가장 깊은 주체인 얼의 철학이었다. 얼은 생명의 가장 깊은 주체이면서 생명을 하나로 통일하는 전체다. 그는 만물과 생명과 정신을 통합하고 구원하는 '얼 힘'을 기르는 것이 인생과 역사의 목적이라고 하였다.[66] 참 나인 얼의 나는 물질과 정신, 몸과 맘을 통합하는 전체의 나다. 생명의 가장 깊은 알맹이인 얼은 인간을 인간으로 세워주고 높여주는 인격(주체)의 나다. 얼은 물질과 생명과 정신을 통합하는 참된 전체이면서 나를 나다운 나로 되게 하는 참된 주체다. 얼을 강조한 함석헌에게는 물질과 정신, 몸과 맘이 분리되어 있지 않다. 몸이 곧 나다. "몸과 마음에는 떼지 못하는 관계가 있다. 인격은 몸·마음이 하나된 것이다. … 우주가 무한하다 하여도 그 중심은 나요, 만물

---

64 함석헌, "人間革命," 『함석헌전집』 2, 101.
65 함석헌, "인간을 묻는다"(대담), 『함석헌전집』 4, 335.
66 함석헌, "살림살이," 『함석헌전집』 2, 303-304, 306.

이 수없이 버려져 있다 하여도 그것을 알고 쓰는 것은 나다. 내가 스스로 내 몸의 귀함을 알아야 한다. 욕심의 하자는 대로 끌려 내 몸을 허투루 다루는 것은 내 몸을 천대함이다. 중심이 되고 주인이 되는 이 몸, 이 마음을 허투루 하면 우주와 만물은 차례와 뜻을 잃고 어지러워지고 맞부딪칠 수밖에 없을 것이다. 몸조심이란 몸 공경이다."[67]

생명은 스스로 하는 자발적 주체이면서 전체가 하나로 이어지고 부분과 기관들이 서로 소통하고 연락하는 것이다. 생명은 주체이고 전체다. 생명의 근원과 목적, 주인과 임인 하나님(얼 님)은 참된 주체이고 참된 전체이며 주체와 전체의 참된 통일이고 창조적 진화의 동인이고 목적이다. 생명철학자 함석헌은 모든 것을 통합하고 하나로 되게 하는 하나님, 전체, 아가페의 관점에서 우주와 생명과 역사를 보았다.[68] 그에게는 물질, 정신, 영이 몸, 맘, 얼이, 감성과 지성과 영성이 하나님(전체, 뜻) 안에서 하나로 통합되어 있다. 생명의 임인 하나님 안에서 나와 우주는 하나로 이어지고 연락되어 있다. 하나님을 부르면 '나'와 우주가 하나로 통전된다. 하나님을 믿는다는 것은 생의 참된 주체와 전체의 자리에 서는 것이다. 하나님, 전체, 우주를 모신 '나', 나의 몸, 맘이 우주의 중심이다. '나'는 코로 우주의 숨을 쉰다. 함석헌은 이렇게 말했다. "내가 하나님의 콧구멍이요, 우주의 숨통이다."[69] 함석헌의 '나'-철학은 인간의 몸과 맘을 우주의 중심에 놓으면서도 몸과 맘, 정신과 물질, 인간과 우주 자연 사이에 일치와 통전이 있다.

---

67 함석헌, "살림살이,"『함석헌전집』2, 313; "새 나라 꿈틀거림," 같은 책. 262.
68 함석헌, "성서적 입장에서 본 세계역사,"『함석헌전집』9, 14-15.
69 함석헌, "살림살이,"『함석헌전집』2, 307.

3) 안창호와 함석헌의 민족개조론

생명이 그러하듯이 역사는 늘 새로워지는 것이며 또 새로워져야하는 것이다. 생명과 역사의 철학자 도산은 인간과 민족을 삶과 역사의 창조적 주체로 보았다. 인간의 자아와 민족의 주체를 창조적 주체로 세우기 위해서 도산은 인간의 자기개조와 민족개조론을 주장하였다. 1919년에 '개조'라는 연설을 함으로써 도산은 자기개조와 민족개조에 대한 생각을 분명히 밝혔다. 이때 이광수는 도산에게서 민족개조에 대한 생각을 자세히 들을 수 있었을 것이다. 한국으로 돌아온 1921년 말에 이광수는 민족개조론을 발표했는데 민족의 자존감을 해친다는 이유에서 민족주의자들로부터 격렬한 저항과 비난을 받았다. 1935년에 2년 반 동안 옥고를 치르고 나온 도산은 전국을 여행하는 가운데 천도교 지도자 이종린을 만나서 깊은 대화를 나누었다. 이종린과의 대화에서 안창호는 민족의 변화를 위해서는 제도혁신보다 더 근원적이고 중요한 것이 인격혁명과 자아혁신임을 거듭 강조했다. "우리 사회에 인격 혁명한 이가 한 해에 열 사람이면 열 사람, 스무 사람이면 스무 사람, 이같이 늘어갈수록 우리 사회는 점점 좋아갈 것이 분명합니다."[70] 도산이 인간의 자기개조와 민족개조를 도산이 평생의 화두로 삼고 살아왔음을 알 수 있다.

유영모는 1910년 전후에 오산학교에서 이광수와 함께 교사로 지내면서 친구로 지냈다. 훗날 수양동우회 사건으로 옥고를 치른 이광수는 도산이 세상을 떠난 다음 해 1939년에 유영모가 사는 지역으로

---

[70] 『四海公論』(1936년 2월)에 게재된 '도산과 이종린의 일문일답' 중 일부다. 이종린과 대화를 나눈 시기는 1936년 1월 12일(음력 1935년 12월)이었다. 『안도산전서』, 465-467, 469.

이사 와서 유영모와 가까이 교류하였다. 유영모는 이광수의 '민족개
조론'을 읽었거나 이광수를 통해서 인간의 자기개조와 민족의 개조
에 대한 도산의 사상을 알게 되었을 것이다. 또한 유영모는 이승훈
을 통해 도산이 내세운 덕체지 교육을 깊이 이해했을 것이다. 이미
유영모는 1920년대 초반에는 "내가 길이요 진리요 생명이다"라고 선
언함으로써 주체로서의 나를 철학적으로 확립하였다. 생명철학자
로서 생의 주체와 전체를 통합시켰던 유영모는 속과 밖, 내재와 초
월, 인간의 바탈('나')과 하나님을 직결시켰으며 모든 것을 통합적으
로 보았다. 그는 주체적이면서 전체적인 생명의 진리를 깨달으면 논
리와 물리(物理)와 윤리가 하나로 통한다고 했다.[71] '나'를 통합적으
로 이해한 유영모는 '나'를 끊임없이 새롭게 창조하고 낳는 것으로
보았다. '나'는 삶의 불꽃이기 때문에 '나'를 불태움으로써만 '나'는 생
겨나고 존재하며, 그러한 존재로서의 '나'를 알게 된다. '가온찍기'를
한 '가운데의 <u>끄트머리</u>'는 "불꽃밖에 없다. 생각의 불꽃 <u>끄트</u>머리인
'나'를 자꾸 낳아서 나가야 한다." '나'를 삶의 불꽃으로 보고 생각의
불꽃으로 '나'를 태우고 나가야 한다고 하고, 내가 "자꾸 나를 낳아
가야 한다"[72]고 한 것은 다석이 '나'를 매우 주체적이고 역동적으로
이해한 것이다. 그의 이러한 '나' 이해는 인간의 자아를 국가·세계와
직결시켜서 통합적으로 이해하면서 자아의 혁신을 추구한 도산의
'나'-철학과 일치하는 것이다.

함석헌은 유영모의 이러한 '나' 철학을 이어받음으로써 도산의 인
격혁명과 민족개조를 논할 수 있게 되었다. 5·16쿠데타 이후 박정

---

71 유영모, 『다석강의』(현암사, 2006), 633.
72 유영모, 『다석강의』, 212-216, 220-224, 226.

희는 안창호가 역설했던 자조 자립과 민족개조, 인간개조라는 말을 자주 썼다. 함석헌은 이 시기에 '민족개조론', '인간혁명', '생활철학'을 썼다.[73] 이 글들을 보면 함석헌이 인간의 자기개조와 민족개조에 대한 안창호의 사상을 발전시킨 것을 알 수 있다. 인간과 민족의 개조에 대한 도산의 사상은 이광수를 통해 함석헌에게 이어졌고 함석헌은 평생 인간과 민족의 개조라는 주제를 안고 씨름하였다. '인간혁명'과 '생활철학'은 함석헌의 철학이 집약된 중요한 글이다. 그러나 민족개조에 대한 함석헌의 기본 생각은 '민족개조론'에 나온다. '민족개조론'은 5·16 쿠데타 직후에 군부의 요청으로 함석헌이 한 강연이다.

'민족개조론'을 살펴보자. 이 글에서 함석헌은 인간개조, 민족개조라는 말이 유행하고 있다며 일찍이 이광수가 민족개조론을 말했다가 큰 비난을 받았다고 하였다. 그리고 비난을 받은 이유는 "그 관찰이나 판단이 잘못돼서라기보다는, 그렇듯 민족의 결점을 드러내 놓고 이야기하는 것은 민족에 대한 모욕이라는 감정" 때문이었다. 여기서 함석헌은 도산과 마찬가지로 민족개조를 인간개조로 이해하였다. 그는 민족개조를 말하게 된 시대적 배경을 민족지상주의, 민족 신성주의가 무너진 것으로 보았다. 민족지상주의 시대라면 "민족은 무조건 자랑하고 칭찬할 것이었다. 그것이 애국이요 그것이 선이요 의였다. … 그런 때에 민족의 개조란 생각이 있을 수 없다." 그런데 지금은 시대가 달라져서 세계역사 속에서 민족을 보아야 한다. "지금은 달라졌다. 세계역사의 나감이 그런 생각을 계속할 수 없이

---

73 함석헌, "민족개조론," 「최고회의보」 (국가재건최고회의, 1961); "인간혁명," 『함석헌전집』 2, 51 이하; "생활철학," 『함석헌전집』 5, 369 이하.

만들었다. 지금은 민족이 지상도 아니요, 신성불가침도 아니다. 민족도 비판을 받고 자기반성을 하는 때다." 그는 민족국가를 넘어서 세계국가를 생각했으며, 세계국가에 비추어서 평화주의를 생각하고 종교와 과학의 통합을 생각하는 보편정신의 관점에서 민족국가의 성격을 바꿔야 한다고 보았다. 민족성은 고정불변한 것이 아니라 고칠 수 있는 것이라면서 사람의 할 일은 결국 "성격의 개변(改變), 곧 자아개조뿐"이라고 했다. "모든 노력이 그것 하나 하잔 것이다. 그러므로 정말 성격은 개조할 수 없는 것이라면 인생과 역사는 허무다. 그러나 실지의 인류 역사가 보여주는 것은 할 수 있다는 것이다."[74]

민족성을 고친다는 것은 인간을 고친다는 것이고 인간을 고친다는 것은 자기가 자기를 고친다는 것이다. 민족으로서 인간의 자기를 어떻게 고치는가? 함석헌은 민족성을 고치는 것을 세 가지로 말하였다. 첫째 민족성을 고치는 운동은 조직적 통일적 운동이어야 한다. "개인의 한 몸이 무수한 세포와 여러 기관이 모여서 된 유기적 통일체이듯이 민족도 그저 집합만이 아니라 유기적 통일체다. 한 개 산 인격이다. 그러므로 그것을 고치고 길러가는 운동은 긴밀하고 산 통일 있는 노력이어야 한다." 그것은 말로 생각으로, 이론과 사상으로만 할 수 있는 것이 아니다. 민족사회는 전체적이고 체계적인 것이므로 조직적이고 통일적이어야 한다. 유기적 생명체와 마찬가지로 나라와 사회도 조직적 통일적 성격을 가진 것이다. 둘째 지구적(持久的) 운동이어야 한다. 조급하지 않고 하늘의 법도를 지키며 오래 기다려야 한다. 하늘을 순종하여 "씨를 심고는 날 때까지 기다리는 것"

---

74 함석헌, "민족개조론," 「최고회의보」 (국가재건최고회의, 1961).

이다. 셋째 자각적 운동이어야 한다. "생명의 근본원리는 스스로 함이다. 그러므로 크고 작은 모든 개혁운동은 스스로 해야만 된다."

민족개조는 민족 스스로 하는 것이므로 "민족개조의 주체는 민족자신"이다. "주체가 뭔가? 스스로 자기를 믿음이다. 하느님은 절대의 자신자(自信者)다. 민족이 스스로 자기를 믿으면 산 민족이요, 개인이 스스로 자기를 믿으면 영원히 죽지 않는 사람, 곧 하느님의 아들이다. 모든 불행은 성격의 깨짐에서 나오는 것이요 성격이 깨지는 것은 믿음을 잃기 때문이다. 믿음은 하나 함이다. 시간 공간을 이기고 나를 나로 꿰뚫어넘이다. 믿음으로 산다는 것은 그것이다." 주체가 하는 것은 무엇인가? "자기 발견을 함이다. 제가 저를 알면 자유할 수 있다. 모든 것을 주장할 수 있다. 자기를 믿으면 자기를 알 것이다. 알면 가만 아니 있다. 전지하면 전능일 것이다. 앎이 피어나면 행동이요 행동이 서면 성격이다." 자기발견이란 무엇인가? "자기발견이란 제 사는 뜻을 앎이요 제 할 사명을 앎이다. 그저 산 것만이 산 것 아니다. 그 뜻을 스스로 깨달아야 참 산 것이다. 자아는 깨달아진 뜻, 깨달아진 명령 따라서 깨달아진 의무다. 깨달아서만 인격이다." 인격은 생명의 근원과 목적인 "하나님에 돌아감, 하나님과 하나 됨이다." 어떻게 하면 깨달을까? "서로 믿으면 된다. 믿는 것밖에 길이 없다. 알 수 있다. 할 수 있다. 살 수 있다. 살았다. 이겼다. 나는 귀하다. 내가 하느님 아들이요 내가 역사의 주인이라 믿는 것이다."

마지막에 함석헌은 개조에 대해 규정하고 설명한다. "모든 개조는 다 창조다. 흙 속에서 영을 창조해 넘이다. 상대 속에서 절대를 창조해 넘이다. 죄 속에서 믿음을 창조해 넘이다. 죽음 속에서 생명을 창조해 넘이다. 하느님의 천지 창조는 하느님의 자기개조다. 우리의 민족개조는 새 세계의 창조다." 민족개조를 '새 세계의 창조'로 파악한 함석헌은 "내가 믿는다. 그러므로 내가 있다"는 말로 민족개조론을 끝낸다.[75]

함석헌의 '인간혁명'과 '민족개조론'은 도산의 인간혁명론과 민족개조론을 충실히 이어받아 심화 발전시킨 것이다. 도산과 춘원 다음에 인간혁명과 민족개조를 주장한 사람이 함석헌 말고 누가 또 있는가? 이 점에서 함석헌은 안창호의 가장 충실한 제자였다. 함석헌의 씨올사상은 인간혁명론과 민족개조론의 알뜰하고 상징적인 표현이고 체계적이고 심층적인 구현이었다.

3. 도산철학과 씨올 철학의 상황적 연속성: 나라를 잃고 빈들에서 헤매며 독립의 철학을 형성하다

안창호는 나라를 잃고 헤매며 민족의 독립과 통일을 위해 헌신하며 일하는 과정에서 철학과 사상을 형성하였다. 국가의 권력과 제도의 보호 없이 몸과 맘만을 가지고 나라의 독립과 통일을 위해 헌신했던 안창호에게 믿을 것은 자신의 생명과 정신뿐이고 하늘뿐이었다. 가진 것이 없고 매인 것이 없으므로 그는 근본적으로 자유롭게 생각하고 창의적이고 혁신적으로 생각하고 행동할 수 있었다. 그가 의지할 수 있는 것은 자기 자신과 한인 동포들뿐이었다. 그는 오직 하늘만을 바라보며 동포들과 함께 새 나라를 꿈꾸고 새 나라를 열어

---

75 함석헌, "민족개조론," 「최고회의보」 (국가재건최고회의, 1961).

갔다. 본래 한민족은 하늘 열고 나라를 세운 겨레다. 나라를 잃음으로써 안창호는 거리낌 없고 매임 없는 빈들에서 하늘만을 믿고 바라며 새 나라를 위한 새로운 정신과 철학을 형성하고 새 나라를 열어갈 수 있었다.

국가의 지배 권력과 이념에서 자유로웠던 한국의 근·현대는 정신과 사상의 해방구였다. 이 시기는 새롭고 창의적인 사상과 철학을 형성할 수 있는 시기였다. 정신과 사상의 해방구에서는 생명과 역사의 진리, 서양 기독교와 민주정신의 진리, 동양 종교문화의 진리가 순수하고 지극하고 올곧고 온전하게 드러나고 표현되고 구현될 수 있었다. 역사와 사회의 빈들에서 하늘의 자유를 누리며 생각하고 활동했던 안창호의 철학과 사상에는 근·현대의 원리인 민주화, 과학화, 세계화가 온전히 구현되어 있을 뿐 아니라 생명의 본성과 목적인 주체, 전체, 진화(탈바꿈)의 원리가 철저하고 순수하게 실현될 수 있었다. 나라를 잃은 빈들은 역사와 사회를 혁신하고 창조하는 자리였다. 그의 철학은 반민주적이고 비과학적이며 폐쇄적인 조선왕조의 낡은 관행과 사고를 깨트리고 민주적이고 과학적이며 세계적인 새로운 관행과 사고를 형성하는 혁신적 철학이었다. 그는 누구보다 생의 주체를 강조하고 앞세웠으며 통일적 전체를 추구했고 개조와 혁신, 변화와 진보를 지향하였다.

안창호는 독립협회에 참여하면서 민주주의와 서구문명에 대해서 배웠고 민족독립운동에 참여했다. 그는 평생 민족의 독립을 위해 생각하고 말하고 행동하였다. 독립이 그의 몸과 맘에 가장 사무친 말이었다. 안창호는 2년 동안 임시정부를 이끌며 민족 지도자들의 단합과 통일을 이루어 민족독립운동을 힘차게 펼치려고 했다. 그러나 지역주의와 영웅주의에 사로잡힌 지도자들의 갈등과 대립을 극복하지 못하고 온갖 비난과 음해에 시달리다가 1921년 5월에 임시정부를 나왔다. 임시정부를 나온 안창호는 1921년 7월 18일에 흥사단 동지들에게 보낸 편지를 통해 독립정신과 운동에 대하여 자신의 생각을 정리하여 자세히 말하였다.

독립이란 본뜻이 내가 내 힘을 믿고 내가 내 힘을 의지하여 삶을 이름이요, 이 반대로 남의 힘만 믿고 남의 힘을 의지하여 사는 것을 노예라 하오니, 만일 우리가 이름으로 독립운동을 한다 하고 사실로는 다른 나라들의 관계만 쳐다보고 기다린다 하면 이는 독립운동의 정신에 크게 모순이 되지 아니합니까. 우리가 설혹 외국의 관계나 세계의 시운을 이용한다 하더라도 그것을 이용할 만한 힘이 있은 후에야 가히 이용치 아니하리까.

내가 일찍 여러 번 말하기를 참배나무에는 참배가 열리고 돌배나무에는 돌배가 열리는 것처럼 독립할 자격이 있는 민족에게는 독립국의 열매가 열리고 노예 될 만한 자격이 있는 민족에게는 망국의 열매가 있다고 하였습니다. 독립할 자격이라는 것은 곧 독립할 만한 힘이 있음을 이름입니다. … 우리의 독립을 위하여 믿고 바랄 바는 오직 우리의 '힘'뿐입니다. … 우리는 우리 무리의 금전의 힘, 지식의 힘, 도덕의 힘, 단결의 힘, 또는 인도자라 하는 이들의 자격, 일반사회의 중류 이상 자처하는 이들의 인격의 힘이 어떻게 말할 수 없다는 것을 다 밝히 깨달아 아는 우리가 아닙니까. 혹은 이번에 이것을 밝히 보고 상심하고 비관을 품는 자도 있으나 그러나 우리는 결코 상심하거나 비관할 것이 아니라 오직 우리의 근본 깨달은 것을 더 깨닫게 하며, 우리의 근본 결심한 것을 더 굳게 결심할 것뿐입니다.

(지금은) 독심을 품고 기어이 우리 불쌍한 대한사람을 건지기 위하여 비상한

노력을 할 때입니다. 나는 이제부터 전일보다 더욱 의지의 힘을 강고케 하여 세상이야 비웃든지 칭찬하든지… 이것이 우리 민족을 건지는 데 합당한 것이라고 깨달으면 그것을 붙들고 끝까지 나아가려고 합니다. 옳은 것으로 깨달은 것은 이롭거나 해롭거나, 성하거나 망하거나 그냥 꾸준히 붙들고 나가는 것이 나의 천직이요 본직인 줄 압니다. … 홍사단은 무엇을 하든지 온전히 국가와 민족을 중심으로 하여 희생적 인물이 집합한 단결로서, 국가와 민족을 향하여 희생합시다. … 우리는 우리의 힘을 믿고 우리의 힘을 바라고 우리의 힘을 기릅시다. … 우리에게 있는 마음과 뜻과 있는 힘을 다하여 노력합시다. 오늘에 가장 힘 많다고 자랑하는 그 민족들의 근본을 돌아보면 본래 하늘에서 그 힘을 가지고 온 것은 아닙니다. 없는 가운데서, 적은 가운데서 기르고 또 길러서 그와 같이 힘이 있는 지경에 이른 것입니다. 그러므로 우리 무리는 힘을 기르기 위하여 노력하다가 속히 쉽게 되지 않는다고 조금도 주저하지 말고 낙심하지 말 것입니다. 오직 대한 민족의 생명은 힘을 기르며 못 기름에 달린 줄을 깊이 자각하고 굳은 결심으로 나아갈 뿐입니다.[76]

이 편지 글에서 독립에 대한 안창호의 생각이 얼마나 깊고 간절한가를 알 수 있다. 1935년에 2년 반의 옥고를 치르고 나올 때 일본 경찰이 "자유의 몸이 되면 또 독립운동을 할 생각입니까?" 하고 도산에게 물었다. 도산은 당당하게 대답했다. "나는 밥을 먹어도 대한의 독립을 위해서, 잠을 자도 대한의 독립을 위해서 했다. 내게 목숨이 붙어 있는 한 나는 독립운동을 하겠다."[77] 1937년 수양동우회 사건으로 장기우삼(長埼祐三) 검사에게 심문을 받을 때 안창호는 이렇게 말했

---

[76] 안창호, "동지제위에게," 『안도산전서』, 1016, 1017, 1019, 1020.
[77] 안병욱 외, 『안창호 평전』 (청포도, 2007), 13.

다. "나는 밥을 먹는 것도 민족운동이요, 잠을 자는 것도 민족운동이다. 나더러 민족운동을 말라 하는 것은 죽으라 하는 것과 같다. 죽어도 혼이 있으면 나는 여전히 민족운동을 계속할 것이다."[78]

독립은 안창호의 삶과 정신의 시작과 끝이고 중심과 목적이었다. 안창호 개인의 삶과 정신을 넘어서 독립은 한민족 전체의 삶과 정신에 사무치는 이념이고 간절한 소원이었다. 그의 철학과 사상의 가장 깊은 곳에 살아 있는 가장 중요하고 힘 있는 이념이 독립이었다. 그의 철학은 독립을 위한, 독립의 철학이었다. 안창호의 독립철학은 개인의 철학이 아니라 독립을 추구한 한국민족의 근·현대 정신과 철학이다. 그의 독립철학은 그를 넘어서 이승훈, 조만식, 유영모, 함석헌으로 이어지면서 한민족의 근·현대정신과 철학으로 닦여졌다.

독립은 남에게 의존하지 않고 홀로 서는 것이고 스스로 서는 것이다. 인간이 홀로 스스로 선다는 것은 자연이나 사회의 환경에 의지하지 않고 생명과 정신이 스스로 서는 것 자립하는 것이다. 자립(自立)은 제 힘으로 스스로 서는 것이다. 제 힘을 길러 힘을 가지는 것이 자강(自强)이다. 한민족이 독립한다는 것은 일제의 불의한 지배와 억압에 맞서 싸우는 것이고 일제의 강권적 지배를 극복하고 벗어나서 자강하고 자립한다는 말이다. 독립은 생명과 정신의 나가 나로 나답게 서는 것이다. 민족의 독립은 나만이 아니라 온 민족이 함께 서로 주체로서 더불어 서는 것이다. 안창호는 민의 독립과 자강, 자립과 공립을 추구했다. 민이 독립하려면 민의 한 사람 한 사람이 저마다 홀로 설 뿐 아니라 민 전체가 공립하고 협동 단결해야 한다. 그

---

[78] 이광수, 『도산 안창호』 (하서, 2007), 254.

의 독립운동은 온 민족이 함께 일어서는 운동이었다.

독립정신은 아무에게도 의지하지 않고 홀로 스스로 서는 고결한 정신이면서 민족의 동포들에게 나라의 주인과 주체로 일어서도록 간절히 호소하고 섬기고 받드는 정신이다. 제 힘으로 독립한 사람만이 자신을 희생하여 남을 섬기고 받들 수 있는 힘과 자유를 가진다. 독립한 사람만이 자신과 남의 자유를 존중하고 실현할 수 있다. 주인과 주체로 일어서는 일은 강제로 할 수 없고 스스로 하는 수밖에 없고 마땅히 스스로 해야 한다. 그러므로 안창호와 이승훈은 민중을 겸허히 섬기고 받들었으며 민을 깨워 일으키기 위해서 민이 스스로 일어서도록 지극 정성을 다해서 호소하였다. 나라를 잃고 가진 것이 몸과 맘뿐인 안창호는 동포들과 함께 독립하기 위하여 몸과 맘이 마르고 닳도록 지극 정성을 다하였다. 안창호가 추구한 독립정신은 고결하면서 겸허하고, 자유로우면서 지극 정성을 다하는 정신이었다. 그의 독립정신은 자주정신이고 민주정신이며 서로 존중하고 보호하는 공화의 정신이다. 독립은 남에게 의지하지 않고 남 심부름시키지 않고 스스로 하는 것이고 '내'가 먼저 하는 것이다. 제 손으로 스스로 하는 것이 민주와 독립의 시작이다. 안창호의 교육독립운동의 정신과 이념을 받아들여 오산학교를 세우고 이끌었던 이승훈 조만식 유영모 함석헌은 안창호와 마찬가지로 민주와 독립의 정신에 사무쳤다. 그들은 고결한 독립과 자주의 정신을 가지면서 겸허히 남을 섬기고 받들었고 지극 정성을 다해 가르치고 이끌었다.

안창호 이승훈 조만식 유영모 함석헌은 생명과 정신의 스스로 하는 독립정신과 이념을 몸으로 체득하고 구현하며 살았다. 그들이 길거리와 마당을 깨끗이 쓸고 닦는 것도 스스로 하는 독립정신의 표현이다. 만물과 환경을 그 본성과 이치에 따라 오롯이 드러내고 실현하려는 것이다. 자연과 사회의 환경을 깨끗하고 바르고 아름답게 하는 것은 곧 사람의 정신을 깨끗하고 바르고 아름답게 하는 것이다. 인간의 정신은 환경에 표현되고 환경은 인간의 정신에 반영된다. 생명철학자로서 안창호는 환경을 깨끗하고 바르고 아름답게 하는 것이 인간을 깨끗하고 바르고 아름답게 하는 것임을 알았다. 안창호와 마찬가지로 이들은 모두 스스로 길거리와 집안과 주위환경을 깨끗이 쓸고 닦았다. 이들이 몸소 길거리와 집안을 깨끗이 쓸고 닦는 것은 민주와 자립과 섬김의 실행이었다. 민족의 지도자와 스승이면서 몸소 쓸고 닦는 것은 남에게 힘든 일을 시키고 놀고먹는 양반관리들의 낡고 부패한 행태를 벗어나서 스스로 힘써 일하는 민주정신과 자립정신과 섬김 정신을 실행하는 것이다.

이승훈은 가난한 평민의 아들로서 어려서 부모를 잃고 부잣집 심부름꾼으로 살았다. 가난하지만 자립정신이 강했으며, 신용과 정직을 바탕으로 장사를 하여 큰 성공을 거두었다. 큰 사업가가 되어 부자가 된 그는 양반이 되고 싶어서 참봉 벼슬을 사기도 하고 고향 마을에 일가친척을 모아서 이상적인 공동체를 만들려고 했다. 청일전쟁으로 사업에 큰 손실을 보았고 새로운 사업을 구상하고 추진했으나 불안정한 정세로 어려움을 겪었다. 을사늑약으로 주권을 잃고 기울어가는 나라의 운명을 걱정하던 그는 안창호의 연설을 듣게 되었다. "나라가 없고서 한 집과 한 몸이 있을 수 없고, 민족이 천대 받을 때에 혼자만이 영광을 누릴 수 없다"며 민족을 깨워 일으켜야 한다는 안창호의 연설을 듣고 크게 감동한 이승훈은 완전히 새사람이 되었다.

새로운 사명을 가지고 새로운 삶을 살기로 작정한 그는 고향으로 돌아가서 날마다 새벽에 일어나 동네 길과 집안을 깨끗이 청소하였다. 그는 오산학교를 설립한 후에 마당 청소와 화장실 청소 같은 허드렛일을 자신이 맡아서 하면서 교사와 학생은 가르치고 배우는 일에 전념하게 하였다. 그가 삼일운동을 일으키고 형무소에 들어가서는 3년 반 동안 변기통 청소를 맡아서 하였다. 그가 이렇게 목숨을 아끼지 않고 헌신할 수 있었던 것은 자기 자신으로부터 자유로운 존재가 되었기 때문이다. 그는 하나님(하늘)을 믿음으로써 삶과 죽음에서 자유로운 존재가 되었다. 하나님을 믿음으로써 그는 자립적이면서 헌신적인 사람이 되었다. 그는 감옥에 있을 때 성경을 많이 읽었는데 하나님을 정의로운 분으로 이해했다. 안창호와 마찬가지로 절대 정직을 강조하고 하나님을 정의로 파악한 이승훈은 살고 죽는 것을 넘어서 의롭게 살려고 하였다. 상해에서 선우혁이 찾아서 독립만세운동에 앞장서라고 하자 그는 "죽을 자리 찾았다!"면서 기쁘게 삼일독립운동을 주도하였다. 오산학교를 위해 가진 재산을 다 바치고 삶과 죽음에 흔들리지 않고 의로운 일을 위해 몸을 바쳤던 이승훈은 독립정신의 화신이었다. 이승훈은 안창호와 마찬가지로 한없이 고결한 독립정신, 한없이 겸허하게 섬기는 심정, 자신의 몸과 맘이 마르고 닳도록 정성을 다하는 헌신의 의지와 열정을 가지고 살았다.

조만식은 숭실중학교 재학 중 시내에서 평양의 태극서관 주인 안태국의 활동과 강연, 기독교 민족지도자 안창호의 활동과 연설을 우연히 듣고 깊은 감명을 받았다. 안창호의 연설에 감화받은 그는 실력을 양성하는 길이 민족을 구하는 길이라 확신하고 일본 유학을 결심한다.[79] 일본 메이지(明治)대학 법학부를 졸업한 조만식은 오산학교 교장으로 와서 학생들과 함께 기숙사에서 생활하면서 따뜻한 사랑의 분위기 속에서 가르치고 이끌었다. 그는 학생 한 사람 한 사람의 얼과 혼이 살아나고 개성과 창의를 발휘하게 하였다. "그는 학생들에게 학과를 가르치고 생활을 지도하고 같이 장작을 패고 눈을 쓴 것뿐이 아니었다. 그는 기도회를 주관하여 기도를 올리고 성경을 읽고 설교를 하였다. 그는 언제나 민족을 위하여 간구하는 기도를 올렸고 경건한 설교로 듣는 사람의 가슴에 맑은 물결을 불러일으켰다. 고당이 오산에 온 지 1년이 못 넘어 오산은 놀랍게 변모되었다. 교직원과 졸업생은 다시 단결을 찾았고 학생들 사이에는 검소한 기풍이 번져나가고 학교와 교회에서는 새로운 신앙이 불타올랐다."[80] 그는 학생들에게 절대적인 신뢰와 존경을 받았다. 오산학교 졸업생으로서 이승훈의 평전을 쓴 김기석은 이렇게 말하였다. "스승과 제자가 이 지상에 나타난 뒤 이렇게 심하게 제자들이 스승을 믿고 따른 일이 그렇게 없었을 것이다. 고당의 말 한 마디 행동 하나는 그대로 학생들의 전범(典範)이 되었고 곧 그들 사이에 깊은 감명과 반향을 불러 일으켰다."[81]

조만식은 큰일이나 작은 일이나 지극 정성을 다하는 이였다. 그가 삼일운동으로 감옥에 갇혔을 때의 일이다. 하루는 몸이 아파서 누워 있는데 간수가 와서 "저기 뒤에 누워 있는 놈 일어나서 변기통을 청소해라"고 지시하였다. 조만식은 아픈 몸으로 변기통을 들고 감방문을 나가다가 떨어트려서 변기통의 똥들이 쏟아졌다. 그러자 그는 바닥에 흩어진 똥을 남김없이 손으로 쓸어 담았다. 바닥에 흩어진

---

79 "'빛을 남긴 선진들'(7) / 조만식 장로편," 「리폼드뉴스」 2008.12.3.
80 김기석, 『남강 이승훈』, 259-260.
81 같은 책, 263.

똥을 끝까지 손으로 쓸어 담은 것은 그가 지극히 겸허하면서 지극 정성을 다하는 사람임을 보여준다. 끝까지 정성을 다해서 손으로 똥을 쓸어 담는 것을 보고 사람들이 감동하고 그를 더욱 존경하게 되었다. 그 후 일제의 경제침략에 맞서 물산장려운동을 이끌었던 조만식은 해방 후 북한에서 가장 신망이 높은 지도자였다. 소련군과 공산당이 그를 찾아와서 협력할 것을 강요하면서 끊임없이 협박하고 회유하였다. 자생적인 민족운동세력을 해체하고 신탁통치를 강요하고 인민들에게 온갖 횡포를 부리는 소련 점령군과 공산당을 그는 따를 수 없었다. 그들이 찾아와서 최고 지위를 보장하겠다며 설득할 때마다 그는 가만히 경청하고 있다가 마지막에는 "아니!"라는 한 마디로 거절하기를 수십 차례나 되풀이하였다. 평소에 인자하고 부드러운 선생님이었던 그가 온갖 정치적 협박과 유혹을 물리치고 "아니"라는 말로 거절한 것은 그가 강인하면서 고결한 독립정신을 지녔다는 것을 나타낸다. 함석헌의 시 '그 사람을 가졌는가'에서 "온 세상의 찬성보다도 '아니' 하고 가만히 머리 흔들 그 한 얼굴 생각에 알뜰한 유혹을 물리치게 되는 그 사람을 그대는 가졌는가" 하는 대목은 조만식을 염두에 둔 구절이다. 안창호나 이승훈과 마찬가지로 조만식은 고결하면서 겸허하고 지극 정성을 다하는 독립정신을 가지고 민족의 독립을 위해 자신을 희생하고 헌신하였다. 제자들이 그를 탈옥시켜 남한으로 내려 보내려 했으나 그는 거절하고 북한인민들과 함께 고난을 당하며 죽는 길을 택하였다.[82]

오산학교에서 교사와 교장을 지낸 다석 유영모는 하늘과 땅 사이

---

[82] 박영호, 『진리의 사람 다석 류영모』上, 211-212.

에 곧게 서는 직립(直立)의 철학을 확립하였다. 직립은 독립의 기본 형태이고 자세다. 독립하는 사람은 남에게 기대거나 굴복하지 않고 곧게 선다. 그는 언제나 겸허하게 무릎을 꿇고 허리를 곧게 펴고 앉았다. 오산학교 교장으로 부임했을 때 그는 맨 먼저 교장실 의자의 등받이를 잘라버리고 무릎 꿇고 곧게 앉아서 공부하고 일을 보았다.[83] 그가 무릎을 꿇은 것은 겸허함을 나타낸 것이고 허리를 곧게 편 것은 독립과 자주의 정신을 드러낸 것이다. 그는 아무에게도 잔심부름을 시키지 않고 모든 일을 스스로 하였다.

내가 80대 중반의 유영모를 만났을 때 유영모는 삶의 스스로 하는 독립정신을 온몸으로 보여주었다. "삶은 스스로 하는 것이다. 손이 하는 것을 발이 도와서는 안 되고, 발이 하는 것을 손이 도와서는 안 된다"고 말한 그는 "이렇게 하는 거요!" 하면서 무릎 꿇은 그 자세로 한 다리를 펴더니 다리로만 벌떡 일어났다. 손과 발이 서로 의존하지 않고 제힘으로 제구실을 해야 한다는 것은 독립과 자립의 정신을 극진하게 표현한 것이다. 그는 이어서 이렇게 말했다. "있을 것이 있을 곳에 있는 것이 참이고 선이고 아름다움이다. 밥알이 밥그릇 속에 있으면 좋은 것이지만 얼굴에 붙어 있으면 좋지 않다. 똥이 똥통에 있으면 괜찮지만 옷에 묻으면 좋지 않다." 있을 것이 있을 곳에 있는 것이 참이고 선이고 아름다움이라는 말은 모든 사물과 생명과 인간을 주체로서 그것 자체로서 존중하고 배려하는 가르침이다. 물

---

[83] 김흥호는 다석이 오산학교 교장으로 부임하여 제일 먼저 한 일이 "교장실 의자의 등받이를 톱으로 잘라 버린 일"이라고 하였다. 김흥호, "머리말," 『다석일지공부』 1, 6. 이에 대해 최원극은 "교장석의 회전의자를 치우고 조그만 나무바닥 의자에 꿇어앉아서 온종일 일을 보셨다"고 하였다. 최원극, "유영모 스승," 「새벽」 1955년 7월호, 81. 『다석일지』 상(영인본), 900에서 재인용.

건 하나도 그 자체로서 제 자리를 찾아서 의미 있고 가치 있게 바로 서서 제구실을 해야 한다는 주장은 민주정신과 독립정신이 사물에까지 확대된 것을 보여준다. 그는 젊어서 일본 유학을 갔다가 대학입학을 포기하고 농사짓는 삶을 살기 위해 돌아왔다. 대학공부를 하는 것은 출세하여 남보다 잘 살아보자는 욕심에서 하는 것이다. 그는 스스로 땀 흘려 일해서 먹고 남는 것을 사랑으로 이웃과 나누는 삶을 살기 위해서 농사짓고 살려고 결심하였다. 그는 평생 민중 속에서 민중의 한 사람으로 이름 없이 진리를 탐구하며 참된 철학자로 살았다.

함석헌은 생명 진화의 오랜 과정을 거쳐서 인간이 하늘과 땅 사이에 직립하게 되었다면서 인간의 직립이 생명 진화와 인류 역사의 의미와 목적을 드러낸다고 하였다. 그에 따르면 사람이 저마다 하늘과 땅 사이에 곧게 서서 자유롭고 평등한 주체로 사는 것이 생명과 역사의 본성과 목적을 실현하고 완성하는 것이다. 하늘 향해 몸을 꼿꼿이 펴고 서는 것이 인생의 근본 제 모습이다. 함석헌은 안창호가 시작한 독립의 철학을 완성하고 실현한 인물이었다. 그는 '살림살이'라는 글에서 이렇게 말했다. "스스로 서지 못하는 것은 사람이 아니다. 하늘 땅 사이에 '나는 나다'라고 서야만 사람이다. 자주독립이다. 사람이란 하늘땅을 연락시키자는 것이다. 그러므로 땅의 힘이 내 발로 올라와 머리를 통해 저 까만 하늘에 뻗는다 하는 맘으로 서야 한다. 그래 1만 5천 리 지구 중심까지 울림이 가도록 힘 있게 디디고 서자는 것이다."[84]

---

[84] 함석헌, "살림살이,"『인간혁명의 철학』(한길사, 1983), 310-311.

함석헌은 인간이 하늘과 땅 사이에 든든하고 곧게 서야 인간다운 인간이 되고 사람 구실을 바로 할 수 있다고 보았다. 따라서 그는 아무리 어렵고 힘들더라도 사람은 땅을 굳게 딛고 하늘을 향해 일어설 줄 알아야 한다고 가르쳤다. 하늘 향해 곧게 일어선 인간만이 '스스로 하는' 자유로운 주체가 되어 다른 사람과 협력하고 협동할 수 있다. 함석헌 철학의 핵심은 주체로서 직립하는 것이며 남에게 의지하거나 떠넘기지 않고 스스로 하는 것이다. 생명의 근본 원리를 '스스로 함'으로 파악한 그는 자연도 생명도 인간도 하나님조차도 '스스로 하는 존재'라고 하였다. 스스로 하는 생명은 언제나 미완의 과정 속에 있다. 그것은 목적과 지향을 가지고 늘 새롭게 움직이고 나아가는 존재다. 그는 스스로 하는 인간과 하나님을 '~려 하는' 존재로 파악하였다. 생명과 정신과 하나님은 곧고 바른 존재이며 스스로 행동하는 존재, '~려 하는' 존재다.[85]

함석헌은 늙어 죽을 때까지 땅에 발을 굳게 딛고 하늘을 향해 곧게 일어서는 사람이었다. 그의 몸과 맘은 늘 곧았다. 1970년 그의 나이 70세였을 때 그의 강연을 들었는데 그의 몸과 목소리 속에서 그의 생각과 정신의 기운이 곧게 일어서서 하늘을 뚫는 듯하였다. 나는 그가 웅크리거나 구부린 모습을 보지 못했고 상상할 수도 없다. 그는 누구보다 고결하고 높은 정신과 뜻을 품고 살았지만 흙처럼 겸허하여 동네 어린아이들의 친구가 되었고 말년에는 누가 어디서 불러도 달려갔다. 70대 후반의 나이에 부인이 파킨슨병으로 거동을 못하자 손수 아내의 오줌똥을 받아내며 여러 해 동안 아내를 돌보았

---

[85] 함석헌, "하나님에 대한 태도,"『한국 기독교는 무엇을 하려는가』, 함석헌전집 3권 (한길사, 1983), 373.

다.[86] 큰 온실 속에 여러 가지 꽃과 나무들을 길렀고 많은 화분의 꽃들이 깨끗하고 아름답게 자라게 하였다.

그는 흙처럼 겸허하게 지극 정성을 다해서 고난받는 어려운 사람들을 돌보고 섬겼다. 그러나 마지막 죽을 때까지 하늘을 향해 곧게 일어서는 삶을 살았다. 1970년대 후반에 빈민운동가 제정구의 결혼식 주례사에서 그는 "어떤 어려운 처지에 있든지 사람은 하늘을 향해 곧게 일어서야 한다"고 가르쳤다. 훗날 제정구는 험난하고 고통스러운 빈민운동의 현장에서 하늘을 향해 곧추 일어서는 법을 배웠다고 하였다.[87] 하늘을 향해 곧게 서는 것은 물질적인 욕심과 집착에 매이지 않고 돈과 권력에 굴복하지 않는 것이다. 그것은 독립하고 자립하여 사랑과 정의의 주체로 곧게 서는 것이다.

안창호, 이승훈, 조만식, 유영모, 함석헌의 민족독립정신으로 교육을 받은 오산학교에서는 놀라운 인물들이 많이 나왔다. 김소월, 백석, 이중섭, 함석헌이 오산학교에서 나왔고 〈소나기〉를 쓴 황순원도 오산학교를 거쳤다. 이처럼 민족정신을 아름답고 오묘하게 구현한 창조적 예술가와 사상가들이 오산학교에서 나온 것은 안창호에서 함석헌까지 이르는 민족독립의 정신과 철학으로 가르치고 길러냈기 때문일 것이다.

안창호에서 함석헌까지 이들은 모두 나라를 잃고 빈들에서 하늘과 자신의 몸과 맘만을 믿고 의지하며 살고 생각하고 행동하였다. 이들은 아무에게도 무엇에도 의지하지 않고 스스로 일어나 제 힘으로 나라의 독립을 이루어야 했으므로 한없이 자유롭고 고결한 정신

---

86 함석헌, "畠有三樂," 「씨올의 소리」 1976년 6월호.
87 제정구, 『생명정치의 길』(제정구기념사업회, 2008), 66-67.

을 가지게 되었다. 하늘을 우러렀던 이들은 한없이 겸허했다. 다른 동포를 나라의 주인과 주체로 받들어 섬기며 깨워 일으켜야 했으므로 한없이 겸허할 수밖에 없었다. 또한 이들은 나라와 민족의 독립운동을 제 힘으로 스스로 해야 했으므로 몸과 맘이 마르고 닳도록 지극 정성을 다하지 않을 수 없었다.

근·현대를 살았던 한민족의 한 사람으로서 안창호는 한국 근·현대의 정신과 철학을 형성하였다. 민족 전체의 자리에서 민족과 더불어 민족을 위해 살았던 도산이 닦아낸 정신과 철학은 도산 개인의 정신과 철학에 그치지 않고 한민족 전체의 정신과 철학을 닦아낸 것이다. 그의 철학과 정신은 그의 교육이념과 정신으로 설립된 오산학교의 이승훈과 조만식을 통해서 더욱 깊고 풍부해져서 유영모와 함석헌을 통해 민주와 통일, 정의와 평화의 씨올철학으로 피어났다. 안창호의 정신과 사상을 깊고 큰 강물로 비유하면 이승훈과 조만식의 삶과 정신은 깊고 넓은 골짜기라고 할 수 있다. 유영모의 정신과 철학은 높고 큰 산이고 함석헌의 정신과 철학은 깊고 큰 바다라고 할 수 있다. 이승훈과 조만식의 삶과 정신은 크고 아름답고 풍부하지만 사상과 철학을 형성하는 데 기여하지는 못했다. 안창호의 삶과 실천에서 비롯된 정신과 철학의 깊고 길고 큰 강물은 이승훈과 조만식의 삶과 정신을 거쳐서 유영모에게서 높고 큰 사상의 산맥을 이루었고 함석헌에게서 깊고 넓은 사상과 정신이 생동하는 큰 바다를 이루었다.

4. 도산철학과 씨올 철학의 세계 보편적 연속성
: 동·서 정신문화를 아우르는 세계철학

1) 동·서 정신문화를 체화한 사람: 안창호

도산은 한국인으로서 서구정신문화를 깊이 받아들였다. 그가 받아들인 서구정신문화는 민주정신, 과학 정신, 기독교 정신이다. 민주정신은 민을 주체와 주인으로 보고 서로 보호하고 협동하는 민주공화의 정신이다. 과학 정신은 합리적 인과관계를 중시하고 진실과 정직을 앞세우는 진리 정신이다. 기독교 정신은 회개를 통해서 자신을 새롭게 변화시켜서 자기와 남을 사랑하고 섬김으로써 자기와 세상을 구원하는 정신이다.

그는 전문적으로 서구 철학을 연구하지도 않았고 동양의 유교·불교·도교의 경전을 깊고 자세하게 연구한 전문학자도 아니었다. 그는 어려서 유교 경전을 배웠고 밀러학당(구세학당)에서 자연과학을 배우고 기독교 신앙과 성경을 배웠으며 미국에서 목사들과 함께 성경과 기독교 신학을 공부했으나 전문적인 신학자라고 할 수는 없다. 그러나 그는 기독교와 함께 민주적이고 과학적인 서양의 새 문명을 깊고 철저히 받아들였다. 그는 유교·불교·도교가 오랜 세월 스며들고 체화된 한국의 역사와 문화 속에서 자연스럽게 한국의 정신문화를 몸과 맘에 체득했으며 한국인으로서 한국정신문화를 체화하여 구현했다고 여겨진다.

유교·불교·도교 이전에 한국인의 역사와 문화 속에 형성된 한국 정신과 사상은 무엇일까? 함석헌은 한민족의 '한'(韓)이라는 말 속에 한국의 고유한 정신과 사상이 담겨 있고 새겨져 있다고 하였다. '한' 은 '큰 하나'를 뜻하고 '하늘, 밝고 환함'을 뜻한다. '한'은 작은 개체의 하나와 큰 전체의 하나를 함께 나타냄으로써 개체와 전체의 오묘한 결합(妙合)을 나타내는 말이며 하늘의 밝고 환하고 떳떳하며 광명정 대함을 나타낸다. 한의 정신과 사상은 하늘을 열고 나라를 세웠다는 건국설화에서도 잘 드러난다. 건국설화에 따르면 한국인은 하늘과 땅과 사람이 하나로 어우러져 크고 널리 사람을 이롭게 하고(弘益人間), 세상을 이치로 교화시키는(在世理化)는 나라를 세웠다. 건국설화에는 하늘처럼 밝고 환하며 공명정대하고 크게 하나로 되는 한의 정신과 사상이 잘 나타나 있다. 예로부터 하늘을 우러르며 하늘을 품고 살아온 한겨레는 하늘을 우러러 한 점 부끄러움이 없는 삶을 염원하였다. 안창호는 누구보다 한의 정신과 사상을 잘 드러낸 인물 이다. 그는 한국 역사의 가장 암울한 시대를 살았으면서도 누구보다 밝고 환하며 떳떳하고 당당하게 살았고 공명정대한 정신과 삶을 살 았다. 도산이야말로 하늘을 우러러 한 점 부끄러움이 없는 삶을 살 았던 이가 아닐까?

동아시아의 정신과 문화를 형성해온 유교·불교·도교의 기본정신 은 무엇인가? 그것은 인간의 정신과 삶을 변화시켜서 보편적인 도리 와 질서에 적합하게 하자는 것이다. 유교는 천인합일과 극기복례를 통해서 나를 갈고 닦아서 사람들을 바르게 이끌려고 하였다. 불교는 욕망과 감정을 극복하고 초월하여 완전한 진리(불성)를 깨닫고 실현 하자는 것이다. 도교는 인위적인 노력과 지나친 욕망을 버리고 자연 의 도리와 질서에 순응하여 살자는 것이다. 이들은 모두 하늘(자연, 진리)의 도리와 질서에 합치되는 삶을 살기 위하여 인간 자신의 도덕적 변화를 추구하였다. 서양의 과학자들은 자연 세계를 탐구하여 객관적인 지식과 정보(순수 이론)를 얻고 자연 세계를 변화시켜서 자연의 힘과 자원을 이용하려고 했다. 이와는 달리 동아시아의 학자들은 하늘의 도리와 질서 속에서 인간 자신을 갈고 닦아 바로 세워서 올바르고 풍성한 삶을 살고자 하였다. 하늘의 도리와 질서에 적합한 삶을 살려고 했던 한국의 전통종교인 유불도 삼교는 지극 정성을 다해서 살게 하는 생활종교이며 몸과 맘을 갈고 닦는 수행종교였다. 안창호는 지극 정성을 다해서 살았고 자신의 몸과 맘을 갈고 닦음으로써 한국전통종교의 가르침을 체화하고 실행하였다.

안창호는 인간과 민족의 개조를 말함으로써 누구보다 철저하게 인간의 도덕적 변화를 추구하였다. 그는 자기를 갈고 닦은 수행의 사람이면서 지극 정성을 다해서 살았던 실행(무실역행)의 사람이었다. "그의 인격의 본질을 이룬 것은… 쉬지 않는 노력이요 수양이다. … 그의 지인치고 그가 성낸 기색을 보이거나 크게 웃거나 근심에 잠긴 양을 본 기억은 없을 것이다. 그의 일동일정(一動一靜)에는 언제나 예려(豫慮)와 자제(自制)가 있었다."[88] 이러한 안창호의 모습은 그가 동아시아의 정신문화를 온전하게 구현하고 있음을 말해준다. 동아시아의 정신문화가 그의 삶과 정신을 통해서 온전하게 꽃을 피고 열매를 맺었다고 생각한다.

그러나 안창호의 정신과 철학은 한국과 동아시아의 정신만을 구현한 것이 아니다. 그는 누구보다 서양의 정신문화를 깊고 철저하게 받아들였다. 그가 살았던 한국의 근·현대는 동·서의 정신문화가

---

88 이광수, 『도산 안창호』, 128.

합류하는 때였다. 한국 근·현대의 중심과 선봉에서 그는 서구정신문화를 주체적이면서 온전하게 받아들였다. 서구정신문화의 핵심은 기독교 정신, 민주정신, 과학 정신이었다.

기독교 정신은 고난과 죽음을 뚫고 새로 살아나는 생명(부활)의 힘, 하나님에 대한 절대적인 신앙, 죄악으로 오염된 낡은 자아가 의로운 자아로 새롭게 태어나는 회개와 신생(新生), 가난하고 힘없는 사람들을 지극 정성으로 겸허하게 섬기고 받드는 민중 정신을 담고 있다. 안창호는 기독교 신앙을 받아들인 후 어떤 시련과 난관 속에서도 절대적인 낙관과 희망을 가지고 앞으로 나아갔으며 인간과 민족의 개조를 추구함으로써 개인과 민족의 낡고 무력한 자아를 새롭고 힘찬 자아로 이끌었으며, 지극 정성으로 겸허하게 민중을 섬기고 받들었다.

민주정신은 신분제도를 타파하고 모든 인간이 역사와 사회의 자유롭고 평등한 주인과 주체임을 인정하고 서로 주체로서 행동하고 협동하는 정신이다. 안창호는 민중의 한 사람으로서 민중과 더불어 살면서 서로 주체의 민주정신을 체화했으며 민주공화의 세계를 열어갔다. 한국 근·현대에서 그는 누구보다 명확하게 민주정신과 원칙을 확립하고 제시했으며 개인과 집단에서 그리고 민족과 세계에서 일관성 있게 민주공화의 원리와 정신을 실현해갔다. 그는 평생 민을 가까이 하며 민과 더불어 살고 민을 어버이처럼 사랑하고 섬기는 친민(親民)의 원칙과 자세로 민을 깨워 일으켜 새롭게 하는 신민(新民)의 삶을 살았다.

과학 정신은 수학과 자연과학에서처럼 논리적이고 개념적인 정확성을 추구하고, 사실적이고 경험적인 원인과 결과의 관계와 작용을 인정하고 존중하는 정신이다. 논리적이고 개념적인 정확성과 인과관계는 수학에서 가장 분명하게 드러난다. 소크라테스, 플라톤, 아리스토텔레스의 고대 그리스철학에서 데카르트, 칸트에서 러셀, 화이트헤드에 이르는 근·현대 철학까지 서구 정신사를 주도한 철학은 수학에 기반을 두고 이성적 합리성을 추구하는 과학철학이었다. 그러나 이성적 합리성을 추구하는 수학과 자연과학의 진리체계에서는 생명과 인간의 주체의 깊이와 자유를 드러낼 수 없고 전체의 하나 됨을 나타낼 수 없으며 주체의 진화와 발전, 고양과 초월을 말할 수 없다.

안창호는 과학적 인과관계를 밝히는 이성적 합리성을 중시했으며 합리적 인과관계를 자연 물질세계에서뿐 아니라 역사와 사회에서 그리고 도덕과 정신의 세계서도 인정하고 존중하였다. 그는 과학적 합리성과 이성적 사유를 생각과 실천의 기초로 확립하였다. 따라서 그에게는 욕망과 감정의 모호함, 신화와 교리의 맹목성을 씻어버리고 온갖 운명론과 결정론의 잔재를 제거하였다. 안창호는 말년에 이르기까지 기독교 신앙과 정신을 중시했으나 비과학적이고 비합리적인 감정과 사고, 운명론적 결정론적 흔적을 말끔히 청산하였다. 따라서 안창호와 그의 영향을 받은 유영모와 함석헌의 철학에서는 욕망과 감정의 모호함과 교리와 신화의 신비주의, 결정론적 운명론적 흔적이 완전히 사라졌다.

안창호는 끊임없이 생각하는 사람이었다. 자신을 바로잡고 향상시키기 위해서 그리고 현실에 대한 과학적이고 합리적 이해와 진단을 위해서 안창호는 언제나 깊이 생각하였다.[89] 현실에 적합한 구상과 계획, 방안과 방침을 마련하기 위해서, 서로 생각과 뜻이 다른 사람들을 설득하고 서로 단합하고 협력하기 위해서, 끊임없이 현실을 탐구하고 분석하고 조사하며 연구하기 위해서, 민족의 대동단결과 통일에 이르는 큰 뜻과 전망을 제시하기 위해서 안창호는 깊고 깊게 생각하고 생각했던 이다. 독립운동의 지도자는 과학적 두뇌와 철학적 두뇌를 가진 사람이어야 한다고 그는 생각하였다. 그는 남다르게 깊이 생각한 사람이며 생각한 것은 곧 실행하는 이였다. 그의 생각은 자기와 남에게 두루 통하는 생각이었고 곧 실행할 수 있는 생각이었다. "그는 연설을 하거나 회의에 임석하거나 의견을 토로할 필요가 있을 때에는 자기 의견에 스스로 반대도 하여보고 찬성도 하여보고 또 보첨(補添)도 절충도 하여보아서 그야말로 천사만려(千思萬慮), 좌사우탁(左思右度)으로 그 이상 더 할 수 없다는 신념에 도달하기 전에는 발언하지 아니하였다. 그러므로 한 번 발언된 그의 의견은 아무리 여러 사람이 여러 각도로 반대하더라도 그에게는 언제나 예비한 답변이 있어서 도저히 그 의견을 깨뜨릴 수 없었으니, 이것이 그로 하여금 논적(論敵)의 미움을 받게 한 가장 큰 이유였다."[90]

2) 동·서 정신문화의 합류

안창호의 삶과 사상에서 동아시아의 정신문화와 서양의 정신문화가 깊고 온전히 합류하였다. 그가 살았던 한국의 근·현대는 서양문화가 본격적으로 들어온 시기였다. 한국 근·현대의 중심에서 안창호는 서양문화를 깊고 철저히 받아들였다. 동양문화와 서양문화

---

89 『안도산전서』, 578.
90 이광수, 『도산 안창호』, 128.

가 그의 삶과 정신에서 깊이 만남으로써 창조적인 상호변화가 이루어졌다. 한국과 동아시아의 정신문화는 서양정신문화를 만남으로써 보다 역동적이고 활달해졌고 서양정신문화는 한국과 동양문화를 만남으로써 더 깊고 원만하고 통합적으로 되었다. 동양과 서양의 정신문화는 저마다 낡은 껍질을 벗고 진실하고 알찬 내용과 힘을 지니고 새롭게 진화 발전되었다.

한국의 한 사상은 개체와 전체의 묘합이라고 했지만 한의 사상과 개념에서 개체와 전체는 명확하게 분화되지 못하고 모호하다. 전체와 구별된 개체의 분명한 자각이 강조되지 못하고 개체의 개성과 창의가 잘 드러나지 않는다. 우리말에서 주체인 '나'는 흔히 생략되거나 '우리'로 뭉뚱그려져 있다. '한'-사상과 우리말에서 드러나는 이러한 정신구조와 성향은 개체의 명료한 의식적 자각과 개성적이고 창의적인 주체를 형성하기보다는 일시적이고 감정적인 동화와 합일에 이르기 쉽다. 서양의 민주정신과 과학 정신과 기독교 정신을 흡수함으로써 안창호는 개체의 깊이와 자유를 추구하면서 민족 전체의 통일에 이르려 했다. 안창호는 '나'를 중심과 전면에 놓고 '나'에게 모든 책임을 돌리며 '나'를 창조적이고 책임적인 주체로 확립하였다. 이렇게 '나'를 앞세우고 강조함으로써 안창호는 '한'으로 표현된 한국 고유의 정신문화에 새로운 성격과 특징을 부여하고 창조적인 기여를 했다. 덕력과 체력과 지력을 기름으로써 개성과 창의를 발휘할 수 있는 개체의 건전한 인격을 확립하고 조직의 공고한 단결을 이루고 민족의 독립과 통일을 이루려 한 안창호의 철학은 한 사상을 보다 세련되게 발전시키고 심화 고양시켰다.

인간을 변화시켜서 하늘, 자연, 보편적 초월적 진리에 맞추고 순응하게 하려고 했던 유교, 도교, 불교의 동양정신문화는 개인의 창의적이고 개성적인 주체를 보편적이고 초월적인 진리와 법도에 예속시키는 경향이 있었다. 천인합일, 무위자연, 무념무아, 범아일여와 같이 보편적 전체와의 일치를 강조하는 이러한 동양의 정신문화에서는 시간과 공간의 구체적 현실 속에서 역사와 사회의 구체적인 현장에서 스스로 생각하고 결정하고 행동하는 인간의 창조적이고 책임적인 주체가 약화될 수 있다. 근·현대 사회는 과학적 인식과 도덕적 행위의 책임적인 주체로서의 자각과 실천을 요구한다. 보편적 전체와의 일치와 동일성을 강조하는 동아시아의 정신문화는 역동적이고 활달한 개성과 창의를 가진 개인의 주체를 강조하는 '나' 철학에 의해 비판되고 극복될 필요가 있으며 근·현대의 정신과 철학에 의해 새롭게 해석되고 보완되어야 한다. 서양의 민주정신과 과학사상 그리고 기독교 정신을 받아들인 안창호는 주체성과 전체성을 함께 강조하며 주체와 전체의 통합을 위해 인간과 민족의 개조와 변화를 추구하는 역동적이고 통합적인 철학을 확립하였다. 보편적 전체에 순응하고 통합되는 삶을 추구한 동아시아 사상은 안창호의 정신과 철학을 통해서 개성적이고 창의적인 인간 주체의 활달함을 얻고 민족과 세계의 통일과 평화를 실현해가는 역동적이고 변혁적인 과정을 지니게 되었다.

또한 서양의 정신문화도 안창호의 정신과 철학을 통해서 순화되었을 뿐 아니라 더 풍부하고 깊어지게 되었다. 서구의 민주주의는 자유와 평등, 주체와 전체를 통합하는 민주공화정의 공동체적 이념을 제대로 실현하지 못하고 개인주의나 실존주의로 협소해지거나, 집단적 사회주의나 시장 자본주의, 국가주의나 제국주의로 타락하는 경향이 있었다. 이렇게 협소해지고 왜곡된 민주주의에서는 인간의 주체적 깊이와 자유가 실현될 수 없으며 전체의 하나 됨에 이를 수 없다. 일제의 불의한 침략으로 나라를 잃고 식민지 백성이 된 안창호는 나라를 잃은 고통과 슬픔 속에서 자유와 평등, 사랑과 정의, 주체와 전체를 통합하는 온전한 민주공화의 이념과 정신을 드러내고 실현하기 위해 평생 노력하였다. 그는 주체의 깊이와 자유를 바탕으로 민족의 독립과 통일을 추구하는 과정에서 누구보다 순수하고 온전하게 민주정신과 이념을 드러내고 실현해 갈 수 있었다. 자기 자신을 주인과 주체로 확립했을 뿐 아니라 다른 사람을 나라의 주인과 주체로 깨워 일으켰을 뿐 아니라 받들어 섬겼으며, 자연환경과 사물조차도 주체로 존중하고 바로 세웠다는 점에서 안창호는 민주정신을 온전하게 구현하고 실행한 사람이다.

서구정신사는 순수하고 철저한 과학이론과 사상을 발전시켰다. 과학적 인과관계와 이성적 합리성이 가장 명료하게 드러나는 자리는 수학적 계산체계와 기하학 평면이다. 수리적 기하학적 평면세계에서는 이성적 합리성이 가장 순수하고 철저하게 드러나지만 주체의 깊이와 자발적 의지를 볼 수 없고 전체의 하나 됨을 인식할 수 없으며, 자기 창조와 변혁이 일어날 수 없다. 수학적 과학적 사고와 합리적 이성적 사고는 수학적 물질적 인과관계와 작용, 실증적 사실과 인과관계를 확인할 수 있을 뿐 주체의 깊이와 자유, 전체의 하나 됨과 의미를 파악할 수 없다. 과학적 사고는 생명의 주체와 전체를 알수 없고 자기 변혁과 창조를 말할 수 없으며 생의 목적과 의미를 이해할 수 없다. 수학과 자연과학에 기초한 서구의 학문연구체계는 물질적 사실적 인과관계와 작용을 탐구하여 많은 새로운 지식과 정보를 얻었으나 생명의 깊이와 의미, 목적과 방향을 말할 수 없게 되었다.

안창호는 과학적 인과관계를 자연 세계뿐 아니라 역사와 사회, 도덕과 정신의 세계에서도 인정했다. 그는 과학적 합리적 사고를 중시하고 현실을 과학적으로 연구하고 진단하고 이해했으며 과학적이고 합리적인 대안과 방법을 연구하여 제시하였다. 그러나 안창호는 인간의 정신이 삶과 역사의 원인과 결과를 만들어내는 주체라고 보고 도덕과 정신을 앞세움으로써 과학적 합리적 사고에 도덕의 깊이와 정신의 높이를 부여했다. 그는 실증적 과학적 인과관계를 중시했으나 그 인과관계를 만드는 도덕과 정신을 더욱 중시하였다. 그는 과학적 사고의 평면성을 넘어서 인격적 주체의 깊이와 자유를 확립하고 전체의 하나 됨을 지향했다. 그는 인간의 자아와 민족의 성격을 새롭게 변화시킴으로써 개성적이고 창조적이면서 풍부하고 아름다운 생명과 정신의 세계를 열어갔다. 안창호는 수학과 자연과학의 인과관계와 실증적 사실관계에 기초한 서구학문체계의 평면성과 폐쇄성을 깨트리고 생명과 인간, 도덕과 정신의 주체성과 전체성, 변화와 혁신을 중심에 놓는 입체적이고 개방적이며 창조적인 생명철학을 제시하였다. 이러한 안창호의 생명철학적 사고와 실천을 통해서 서구의 이성 중심적 과학철학은 그 평면성과 폐쇄성에서 벗어나 생명의 깊이와 의미, 창조적 혁신과 전체적 통일에 이를 수 있었다.

영혼의 자발성과 헌신성을 추구한 기독교는 과학적 합리성을 추구한 이성 철학과 함께 서구정신사의 두 기둥을 이루고 있다. 그러나 인간 영혼의 주체적 깊이와 높이를 추구한 기독교는 과학적 합리성을 추구한 이성 철학과 통합되지 못했다. 따라서 서구정신사에서 과학적 이성 철학은 영혼의 주체적 깊이와 전체적 통일에 이르지 못하고, 기독교 정신은 과학적 합리성을 체화하지 못했다. 기독교 정신은 교리와 신화의 결정론과 숙명론에서 벗어나지 못하고, 사나운 욕망과 거친 감정에 휘둘렸고, 기복신앙에 머물렀으며, 권력에 맹목적으로 복종했고, 배타적이고 독단적인 관념과 주장을 고집하여 갈등과 분열을 일으켰다. 지배층과 결탁하여 부와 권력을 추구한 기독교 정신은 인간의 주체와 전체를 통합하고 새롭게 변화시키는 생명력을 잃게 되었으며, 민중을 섬기고 받드는 정의와 사랑을 잃었다. 기독교인은 절대타자인 신의 지배를 받으며 신의 구원을 기다리는 수동적 인간이 됨으로써 주체적이고 창조적인 자아를 잃었다. 독일 그리스도인 90% 이상이 히틀러를 환영하고 나치 정권에 복종한 것은 기독교가 합리적이고 비판적 이성의 능력을 상실한 것을 말해준다. 지배 권력과 유착된 서구 기독교가 십자군 전쟁과 종교전쟁을 일으키고 1~2차 세계대전을 방지하지 못한 것은 정의와 평화를 실현할 실천적 능력을 잃은 것을 의미한다.

안창호는 나라를 잃고 역사의 나락에서 민중과 더불어 신음하면서 기독교 정신을 깊이 받아들임으로써 기독교의 낡고 오염된 껍질을 벗겨내고 본래의 기독교 정신을 살려내었다. 그는 기독교를 깊이 받아들였으나 수동적이고 맹목적인 신앙에서 벗어나 주체적으로 생각하고 행동하는 신앙인이 되었다. "(안창호는) 예수를 고마우시고 크신 선생님이라고 평할 뿐이요, 십자가의 공로로 속죄한다는 신학을 믿지는 않았다. 그는 자기의 이성으로 이해하지 못하는 것을 믿는 사람은 아니었다."[91] 그는 기독교의 회개를 받아들여 모든 책임을

---

91 이광수, 『도산 안창호』, 225.

자기에게 돌리고 자아혁신과 민족성의 개조를 추구했고 민을 나라의 주인과 주체로 겸허하게 섬기고 받들었다. 그는 예수가 그랬듯이 자기를 희생하고 헌신하여 환난에 빠진 민중과 나라를 구원하려고 하였다. 그가 절대 정직과 진실을 추구한 것은 하나님 앞에서 진실하고 겸허하게 살려는 신앙심에서 나온 것으로 여겨진다.

그의 신앙심은 특정한 종교에 속한 것이 아니라 생명과 정신의 보편적이고 궁극적인 진리에 충실한 것이었다. 그가 믿은 하나님, 하늘은 인간의 자유의지와 주체를 억압하고 약화시키는 절대자가 아니라 인간의 생명과 정신, 자유의지와 주체를 살리고 높이고 힘 있게 하는 생명과 정신 그 자체였다. 그의 하나님은 인간의 밖에서 인간을 감독하고 지배하는 존재가 아니라 인간의 몸과 맘, 삶과 정신, 역사와 사회 속에서 인간을 생명과 정신의 진리로 이끄는 진리의 신이었다. 하늘의 정의와 진리를 믿은 도산은 절대자 하나님을 말하지 않고 절대 정직과 진실을 말하고 실천하였다. 그의 하나님은 나의 속의 속에서 나를 나로 되게 하는 신이었다. 그는 철저한 민주정신과 과학적 합리성을 바탕으로 그리고 자신의 인격과 정신을 갈고 닦아 바로 세우는 동양의 종교문화 속에서 기독교 정신을 새롭게 형성하고 발전시켰다. 안창호의 정신과 철학에서 기독교 정신은 민주정신, 과학적 합리성과 온전히 통합되었을 뿐 아니라 동아시아와 한국의 정신문화와 결합됨으로써 더 깊고 풍부하고 온전하게 되었다.

안창호는 한 사람 한 사람의 인격적 주체의 깊이와 자유에서 민족과 세계 전체의 하나 됨에 이르는 길을 평생 한결같이 추구한 사람이었다. 한 사람의 인격적 주체의 깊이와 자유에서 민족과 세계 전체의 하나 됨에 이르는 길을 추구한 것은 '큰 하나'를 추구하는 한겨레의 '한' 정신에서 비롯된 것이다. 한겨레는 하늘을 우러르고 그리워하고 품음으로써 개별적 주체의 깊이에서 큰 전체의 하나 됨을 이루려 하였다. 안창호는 저 자신도 모르게 한국정신과 사상 '한'을 깊고 크게 드러내고 실현하였다. 이러한 한의 정신과 사상을 바탕으로 그리고 동아시아의 통합적이고 유기체적인 사상을 바탕으로 한국 근·현대의 중심에서 안창호는 서구정신과 문화를 주체적이고 적극적으로 받아들였다. 안창호의 삶과 정신에서 동아시아 정신문화와 서구정신문화가 창조적으로 깊이 합류하였다. 이로써 서양문화와 동양문화가 더 깊고 풍부하고 새롭게 되었다. 안창호는 동·서 정신문화가 합류하고 민주화가 이루어지는 한국 근·현대의 정신을 구현하고 완성했다.

3) 동·서를 아우르는 유영모의 생명철학

안창호와 마찬가지로 유영모도 동·서 문명이 합류하고 민중의 자각이 이루어지는 한국 근·현대의 중심에서 철학과 사상을 형성했다. 그는 누구보다 치열하게 기독교 신앙, 과학사상, 민주정신을 철저하게 받아들였다. 을사늑약이 이루어지던 해에 그는 기독교 신앙을 받아들였고 선교사 학교에서 과학을 배워서 오산학교에서 과학교사로서 가르쳤다. 그는 나라의 주인과 주체로서 민을 깨워 일으키는 철학과 사상을 형성하는 데 온 힘을 다 바쳤다. 그는 날마다 냉수마찰을 하고 하루 한 끼 식사만을 하면서 무릎 꿇고 앉아서 깊이 명상하며 생각하였다. 그는 평생 성경과 기독교 신앙을 연구하였고 유교·불교·도교의 경전들을 깊고 자세하게 탐구하였으며 천지인 합일체험을 통해서 '한' 정신과 사상을 깨달았고 훈민정음의 철학을 연구함으로써 한국민족의 고유한 정신과 사상을 밝히 드러냈다.

몸과 맘과 얼을 다하여 연구한 결과 다석은 동·서 정신문화를 통합하는 생명철학을 형성하였다. 그는 동양정신과 서양정신의 서로 다른 성격과 개성을 살려내고 드러내는 방식으로 통합하였다. 기독교 신앙과 정신, 민주정신과 과학사상, 동아시아 종교사상과 한국전통사상이 각기 더 철저하고 심화된 형태로 다석의 삶과 사상 속에 구현되고 통합되었다. 다석은 이것을 "동양문명의 뼈에 서양문명의 골수를 넣는다"는 말로 표현했는데, 동양과 서양 사이에 주종관계나 선후 관계를 따지지 않고, 양쪽을 전적으로 긍정하고 수용하는 방식으로 동·서 정신문화의 종합에 이르렀다.[92] 유영모의 정신과 사상 속에서 동양문화와 서양문화는 서로 주체로서 합류하고 융합되었다. 또한 그는 동양정신문화의 깊이가 서양정신문화의 깊이와 하나로 통한다는 것을 알았다. 그래서 그는 동양 경전을 깊이 아는 동양사람이 동양 경전을 모르는 서양 사람보다 서양 경전을 더 잘 이해하고, 서양 경전을 깊이 아는 서양 사람이 서양 경전을 모르는 동양 사람보다 동양 경전을 더 잘 이해할 수 있다고 하였다.

그는 동양정신과 서양정신의 핵심을 살려내면서도 오늘 여기의 관점에서 창조적으로 새롭게 해석하고 종합하였다. 예를 들어 유교의 『중용』을 풀이할 때 유교의 사상적 틀과 테두리 안에서 풀이하지 않고 불교의 공(空), 도교의 무위자연, 한국의 '한', 기독교의 하나님 아들(神子), 민주(民主)를 끌어들여서 새로운 지평에서 창조적으로

---

92 『다석강의』, 310.

해석하였다. 물론 성경을 해석할 때도 동양사상과 현대 과학과 민주사상에 비추어서 새롭게 주체적으로 해석하였다. 이로써 동양 경전들과 성경이 오늘의 삶 속에서 새로운 의미와 적합성을 가지고 다시 살아나게 하였다.[93]

유영모는 과학사상을 진지하고 철저하게 받아들였다. 그는 매우 이지적인 성격을 가지고 있었다. 선교사 학교에서 과학을 배워서 오산학교에서 과학을 가르쳤다. 그는 수에 깊은 관심을 가지고 수에서 의미를 찾고 의미를 부여하기도 했다. 그는 직접 망원경을 만들어서 옥상에서 하늘을 관찰하기를 좋아했다. 그는 이성적인 생각을 중심에 놓고 사상과 철학을 형성했다. 그러나 그에게서 생각은 현실적 존재에서 분리된 사변적 세계의 관념이 아니었다. 오히려 그의 생각은 생명과 존재를 형성하는 창조적이고 능동적인 행위였다. "나는 생각한다. 그러므로 존재한다"는 데카르트의 말을 그는 "나는 생각한다. 그러므로 나는 나의 존재를 형성한다"는 의미로 바꾸었다. 그에게 생각은 단순한 사변적 관념이나 논리적 추론이 아니라 생명의 자각행위 '生-覺'이며, 생각의 불이 붙어서 '내'가 생겨난다고 하였다. 생각은 생명과 정신의 주체인 나를 낳는 행위라는 것이다.[94] 그는 또한 '나의 몸'에서 생각을 캐낸다고 함으로써 생각을 관념적 사변이 아니라 생명을 지닌 몸의 구체적 현실 속에 살아서 작용하는 것으로 보았다.[95] 이성적 생각의 뿌리는 생명적 신체의 욕망과 감정에 있다.

---

93 1961년 11월 3일에 다석이 중용에 대해 강의했고 강의내용을 주규식이 기록하였다. 인용한 내용은 주규식 노트 2권(미간행)에 수록되어 있다. 다석은 『노자』와 『중용』을 완역했는데 『노자』 풀이는 다석일지에 수록되어 있고, 『중용』 풀이는 복사본으로 남아 있다.

94 유영모, "정(2)," 『다석일지』 상, 740.

더 나아가서 그는 평면적 추리와 초월적 영감을 생각 속에 하나로 결합시켰다. 마치 비행기가 활주로 평면을 밀고 나아가다가 하늘로 솟아오르는 것처럼 평면적인 추리를 하다 보면 초월적인 영감으로 이어진다고 하였다. 이로써 유영모는 육체적 생명과 수학적 자연과학적 이성과 생명적 초월적 영성을 통합시켰다. 서구정신사에서 이성적 그리스철학과 영성적 기독교 신앙이 통합되지 못하고 분리되었다면 유영모의 정신과 철학에서 육체적 생명과 이성 철학과 영성적 종교가 제대로 통합되었다.

을사늑약으로 나라를 잃은 해에 유영모는 기독교 신앙을 깊이 받아들였다. 일요일이면 그는 두 살 아래의 아우와 함께 여러 교회들을 돌아다니면서 하루 종일 예배를 드렸다. 평일에는 YMCA 회관에서 영어를 배우며 서양의 문화에 대해서 공부하였다. 나라를 잃은 깊은 허전함과 상실감 속에서 그는 기독교 신앙에 깊이 몰입하였다. 기독교 신앙을 몸과 맘에 깊이 받아들였던 유영모는 예수가 살고 죽은 성경의 이야기를 남의 이야기가 아니라 '내'가 살고 죽는 '나'의 이야기로 받아들였다. 그에게 기독교 신앙은 교리나 이론이 아니라 자신이 살고 죽는 생명과 영혼의 근본문제이고 사건이었다.

유영모는 단순히 예수를 믿고 따르려고 하지 않고 예수를 이어서 예수의 삶과 정신을 살려고 하였다. 그는 '예수 그리스도'를 '이어서 그리스도록'으로 풀이했다.[96] 그에게 기독교 신앙을 가진다는 것은 예수의 삶과 뜻을 이어서 세상을 구원하는 그리스도의 일을 하는 것이었다. 유영모에 따르면 예수가 하나님의 아들인 것처럼 모든 인간

---

95 『다석일지』 1956. 9. 22.
96 『다석강의』, 178, 183, 902-903.

이 하나님의 아들이다. 예수가 하나님의 아들로서 하나님 아버지와 하나님의 영과 함께 삼위일체를 이루듯이, 인간은 자기 생명과 정신의 깊은 내면에서 하나님의 아들로서 예수 그리스도와 함께 하나님의 영 안에서 하나님과 하나로 있게 된다. 유영모는 탐욕과 분노와 어리석음으로 가득 찬 사적인 자아가 깨지고 하나님 안에서 전체의 자아로 새롭게 태어나야 한다고 보았다. 영적 자아(얼 나)로 새롭게 태어나서 가난하고 힘없는 이웃을 사랑으로 섬기며 살아야 한다고 생각하였다. 유영모의 삶과 철학을 통해서 서양의 기독교는 교리와 신화, 지배세력과 유착된 낡은 전통과 관행에서 벗어나 더 깊어지고 풍부해졌으며 과학적 이성 철학과 통합되었고 민주적이고 해방적인 근·현대의 정신으로 새롭게 태어났다.

서양의 근·현대는 민을 역사와 사회의 주인과 주체로 확인하고 실현해가는 시대다. 그러나 돈과 기계, 정보와 권력이 민을 지배함으로써 민의 주체는 내용과 실체를 잃었으며, 민주주의는 뿌리가 마르고 토대가 무너지게 되었다. 민의 삶과 정신이 돈과 기계, 정보와 권력에 예속됨으로써 민이 서로 주체로서 서로 보호하고 협동하는 상생과 공존의 공동체적 관계는 해체되었다. 돈과 기계, 정보와 권력을 독점한 소수의 사람들은 언론방송과 소통 매체를 통해서 대중을 지배하고 조종하고 움직일 수 있게 된 것이다. 따라서 스스로 하는 생명과 정신의 창조적 개성적 주체로서 생각하고 말하고 행동하고 서로 사귀고 협동하며 살기가 어렵게 되었다.

19~20세기에 돈과 기계, 지식과 정보를 바탕으로 부국강병을 추구한 국가들은 민을 인적 자원과 병사로 보고 민을 동원하여 생산력을 증대하려 했고 식민지를 확장하기 위해서 전쟁으로 치달았다. 민

은 국가권력에 예속되었고 부국강병과 전쟁을 위해 희생되고 소모되었다. 유영모는 일제의 식민통치와 남북전쟁을 경험하면서 민을 지배하고 희생시키는 폭력적인 국가권력을 해체하고 민의 주체를 확립하는 평화사상을 형성하였다.[97] 유영모는 부국강병과 출세를 추구하는 교육이념이 지배하는 대학공부를 포기하고 농사를 지으며 살기 위해서 시골로 들어갔다. 민중 속에서 민중과 더불어 땀 흘려 일하고 먹고 남은 것을 가난한 이웃과 함께 나누는 삶을 살려고 하였다.

그는 민의 주체를 민의 삶과 정신 속에서 찾았다. 삶과 정신의 주체인 '얼(영혼)의 나'를 확립함으로써 민의 주체(民主)를 세우려 하였다. 그는 민에게 씨올이라는 존귀한 이름을 주었다. 나라와 세계의 생명과 정신을, 역사와 사회를 이어가고 전달할 뿐 아니라 낳아가는 존재라는 의미에서 민을 씨알이라고 한 것이다. 그는 『대학』의 '親民'을 '씨알어뵘'(씨알을 어버이 뵙듯)이라고 풀이함으로써 민이 제 삶과 역사의 주인과 주체일 뿐 아니라 어버이처럼 받들어 모셔야 할 존재임을 밝혔다.[98] 유영모에 따르면 민의 한 사람 한 사람은 예수와 마

---

[97] 국가주의 폭력을 해체하고 민주적 평화를 추구하는 다석의 평화사상에 대해서는 박재순, "다석 유영모의 평화 사상: 국가주의적 폭력의 해체와 민주 평화 사상의 확립," 『한국인의 평화사상 II』(인간사랑, 2018) 참조.

[98] 함석헌의 '씨올' 풀이에 유영모가 '親民'을 '씨올 어뵘'으로 풀이했다는 말이 나오고, 1954년 가을부터 유영모의 연경반 강의를 열심히 들었던 김용준도 유영모가 '씨알'이란 말을 쓰기 시작했다고 하는데 다석일지에도 연경반 강의 속기록에도 '친민'을 '씨올 어뵘'으로 풀이했다는 언급이 나오지 않는다. 함석헌과 김용준의 증언에 비추어 볼 때 다석이 연경반 강의에서 '친민'을 '씨알 어뵘'으로 풀이한 것은 분명하다. 속기사가 이 대목을 빠트린 것으로 추정된다. 함석헌, "씨올," 『함석헌전집』 14, 323; 김용준, 『내가 본 함석헌』(아카넷, 2006), 75-76.

찬가지로 '하나님의 아들'(神子)이다. '하나님의 아들'은 우주 자연과 역사와 국가의 주인이고 목적이며 우주와 역사와 국가를 완성할 모든 책임을 지는 창조자다. 또한 예전에는 황제 한 사람만을 천자(天子)라고 하였으나 이제는 국민 한 사람 한 사람이 하늘의 사명과 뜻을 받고 이루는 천자다. 그는 또한 국민 한 사람 한 사람이 하늘 하나님께 기도하는 것은 옛날에 천자가 천하를 대표해서 하늘에 제사하는 것과 같다고 하였다. 그리스도가 세상의 무거운 짐을 짐으로써 세상을 구원했듯이 민은 세상의 짐을 지는 짐꾼이다. 유영모는 "노동자 농민이 세상의 짐을 지는 어린양"[99]이고, "빨래하고 청소하는 여성이 귀인(貴人), 한사(閑士)들의 속구주(贖垢主)"[100]라고 했다. 민은 역사와 사회의 바닥에서 무거운 짐을 짐으로써 역사와 사회를 지탱하고 이끌어가는 주인이고 주체다.

유영모는 동아시아적 생명철학적 깊이와 풍성함을 가지고 서양의 기독교 신앙과 과학적이고 합리적인 이성 철학을 통합함으로써 새로운 민주생활철학을 정립했다. 그는 관념화하고 공허해진 서구민주주의의 내용을 풍부하게 하고 왜곡되고 일그러진 민주주의를 바로 세우고 위축되고 평면화한 민주주의에 깊이와 높이를 주었다. 그는 나라의 주권자와 주인으로서 민이 자격과 능력을 갖도록 이끄는 생명적 영적 민주철학을 확립하였다.

동·서 정신문화를 회통한 유영모는 동서고금의 사상을 내려다보고 아우를 수 있는 사상과 정신의 높은 산에 이르렀다. 그는 동양 경

---

[99] 유영모, "짐짐,"『다석일지』상, 789-792.

[100] '속구주'(贖垢主)는 '때를 씻는 구세주'를 뜻한다. 김흥호편,『제소리 ― 다석 유영모 강의록』, 323.

전의 눈으로 서양 경전을 보고 서양 경전의 눈으로 동양 경전을 봄으로써 동양인보다 동양 경전을 더 잘 알고 서양인보다 서양 경전을 더 잘 아는 높은 경지에 이르렀다. 그는 동서고금의 전통과 사상 어디에도 매이지 않고 동서고금의 전통과 사상을 오늘 여기 나와 민중의 삶의 자리에서 살려내고 보완하고 완성하고 종합하여 생명과 역사를 더 깊고 높고 크게 하는 창조적 생명철학을 형성하였다.

4) 동·서를 아우르며 새 문명을 열어가는 함석헌의 철학

한국정신과 서양정신의 서로 주체적 만남

함석헌은 안창호 이승훈의 교육독립운동을 계승하고 유영모의 깊은 철학을 물려받음으로써 깊고 활달한 철학을 형성하였다. 안창호 유영모와 마찬가지로 그는 민의 주체적 각성을 추구하면서 동·서 정신문화를 끌어안아 민주적이고 보편적인 생명철학을 제시하였다. 그가 30대 초반에 쓴『성서적 입장에서 본 조선역사』에서 한국정신(한국역사)과 기독교 정신(성서)이 서로 주체로서 창조적으로 합류하였다. 한국정신과 기독교 정신의 서로 주체적이며 창조적인 만남을 통해서 한국정신과 기독교 정신은 서로 낡은 껍질과 잘못된 관행에서 벗어나 새롭게 정화되고 온전하게 되었다. 한국정신은 기독교 정신을 통해 깊고 철저한 자기반성과 혁신에 이를 수 있었고 기독교 정신은 한국정신을 통해 근·현대의 새로운 정신으로 태어날 뿐 아니라 한국적 동양적 깊이와 원만함에 이르게 되었다.『성서적 입장에서 본 조선역사』를 개작한『뜻으로 본 한국역사』에서 함석헌은 한국정신과 기독교 정신의 만남을 넘어서 동양과 서양의 만남을 통해서 새로운 세계역사를 만들어 가야 한다는 것을 역설하였다. 함석헌에 따르면 이제 인류 역사는 완성기에 접어들었다. 민족국가들을 넘어서 세계가 하나로 되는 시대로 접어들었다.[101] 동(복종, 통일, 되풀이 지킴)의 역사와 서(저항, 자유, 진보)의 역사가 만나고 있다.[102] 역사는 중도(中道)를 지키고, 한(韓: 큰 하나)을 붙잡고 밝히면서, "비폭력평화주의, 세계국가주의, 우주통일주의"로 가야 한다.[103]

함석헌은 우리 민족이 닦아낸 고유한 철학이 '한'사상이라고 하였다. '한'은 개체이면서 전체를 나타내고 개체와 전체의 큰 하나 됨을 나타내는 오묘한 개념이다. 그러나 '한'은 개체와 전체의 관계, 개체의 개성과 주체성, 개체와 전체가 통합되는 과정을 명확하게 드러내지 못하는 다소 모호하고 두루뭉술한 개념이다. 함석헌의 철학은 개체로서의 나, 너, 그를 명확하게 밝히고 나의 자발성과 주체성을 철저하게 탐구한 철학이며 개체로서의 나와 전체 하나로서의 나를 통합하는 철학이다. 그는 '나'를 중심에 놓고 극적으로 강조했으며 '생각해야 산다'고 함으로써 비판적 지성을 앞세웠고 자연과학을 중시하고 생명 진화론을 받아들였다. 그는 저항과 자유의 정신을 노래한 셸리의 '서풍의 노래'를 여러 차례 번역 해설함으로써 서양의 정신과 기풍을 받아들여 체화하였다. 그는 '한'을 생명 진화와 역사변화 속에서 파악함으로써 '한'의 모호하고 두루뭉술한 정서와 관념에 시공간적 구체성과 역동성을 부여했고 과학적 이성적 사유를 강조함으

---

101 함석헌, 『뜻으로 본 한국역사』, 함석헌전집 1 (한길사, 1983), 31.
102 같은 책, 61-62.
103 같은 책, 297.

로써 개념과 논리의 합리성과 명석함을 주었다.

천인합일, 무념무상, 무위자연을 내세우는 유불도 철학은 통합적이고 전일적이며, 심오한 경지를 드러낸다. 함석헌은 동아시아의 유불도 철학을 깊이 받아들이면서도 스스로 하는 주체의 개성과 창의, 자발성과 자기초월 의지를 강조했으며 인생과 역사와 우주의 전체성을 극적으로 강조하고 드러냈다. 동아시아의 유기적이고 통합적인 사유와는 달리 그의 사유에서는 모순과 갈등, 치열한 저항의식과 예언자적 비판정신, 회개와 자기부정, 인간혁명과 자기초월, 인간과 역사의 탈바꿈과 새로운 미래의 창조가 부각된다. 그는 동양의 정신문화와 서양의 정신문화를 통합하여 새로운 세계적 보편적 정신문화의 모범을 제시하고 있다.

과학적 이성과 종교적 영성의 통합

함석헌은 과학적 합리적 이성의 사유를 최대한 강조하고 존중하였다. 이성이 충분히 자기주장을 하고 자기실현을 한 후에야 종교와 신앙의 자리가 있다고 보았다. 따라서 과학과 종교는 동일한 지평에서 싸워서는 안 된다. 과학의 지평이 확대되고 수준이 높아지면 과학보다 높고 큰 자리에서 종교와 신앙의 사유와 지평이 열린다고 보았다. 그는 과학과 이성을 존중했지만 과학적 사유의 지평에 머물러 있지 않았다. 그는 인간의 본능과 감정보다 이성적 사유가 높은 정신세계에 있다고 여겼다. 그러나 인간의 정신세계에는 이성보다 높은 영의 차원이 있다고 보았다. 영의 차원과 세계는 이성을 배제하고 본능과 감정과 직결되어서는 안 된다. 본능과 감정 위에서 이성이 제 구실과 주장을 충분히 한 다음에 비로소 영의 지평과 사유의 세계가 열린다. 따라서 그는 이성의 높은 봉우리에서만 하늘의 말씀을 받을 수 있다고 하였다.[104]

그는 이성과 영의 관계를 이렇게 말한다. "이성이 자기포기를 해야만 영을 만날 수 있는데, 이성은 제 자유를 끝까지 행사하지 않고는 자기포기는 하지 않습니다."[105] 그는 신앙에 의해 이성의 자유를 손상시키지 않는다. 이성의 자유는 곧 인간의 주체적 자유를 뜻한다. 그가 이성의 종교를 내세운 까닭은 생명의 원리가 '스스로 함'이기 때문이다.[106] 그는 이성과 영성을 결합시킨다. 보편적인 이성만이 영을 받을 수 있고, 또 이성은 영을 만남으로써 온전히 제 구실을 할 수 있다.[107] 그는 이성적 사유와 영성적 사유를 통합하였다. 그에게 생각은 사변적 관념적 추리만도 아니고 근심 걱정을 일으키는 잡념도 아니다. 참된 생각은 생명을 살리는 힘을 가진 것이다. 그래서 그는 "생각하는 백성이라야 산다"(「사상계」 1958년 8월호)고 말할 수 있었다. 생각은 단순한 논리와 추론이 아니라 생명의 행위였다. 이마에 땀 흘리며 노동할 때 참되고 맑은 생각이 솟아난다고 하였다.[108] 인간이 육체노동을 하는 목적은 맑고 깨끗한 참된 생각을 하는 데 있다. 생명의 씨울인 인간은 생각함으로써 하늘의 뜻과 얼을 나의 생명 속에 넣어서 나의 생명을 알차고 깊고 풍부하게 해야 한다. 그는 이성적 추리를 '하는 생각'이라 하고 하늘의 뜻과 얼을 받아

---

104 함석헌, "말씀, 말,"『함석헌전집』 9, 369-370.
105 함석헌, "생활철학,"『함석헌전집』 12:『6천만 民族 앞에 부르짖는 말씀』, 254.
106 함석헌, "생활철학," 255.
107 함석헌, "말씀, 말," 369-370; 함석헌, "사상과 실천,"『함석헌전집』 2, 151.
108 함석헌,『함석헌전집 9: 성서적 입장에서 본 세계역사』(한길사, 1984), 111.

들이고 드러내는 생각을 '나는 생각'이라고 하였다. 생각을 하면 생각이 나고 생각이 나면 생각을 하게 된다고 했다. 그는 이성적 추리로서의 '하는' 생각과 하늘의 얼과 뜻을 받아들이는 영감으로서의 '나는' 생각을 통합하였다.[109]

수학과 자연과학에 기반을 둔 서구의 학문은 논리적 물질적 인과관계와 인과 작용, 실증적 사실과 경험에 매여서 우주 자연과 생명, 역사와 사회, 정신과 뜻의 세계를 분해하고 분석하여 파편화시켰다. 따라서 우주 자연과 생명과 역사의 세계는 스스로 하는 주체성의 깊이와 전체 하나의 통일성을 잃고 죽은 대상으로 전락하였다. 이러한 과학주의적인 학문은 생명과 정신의 뜻과 목적을 이해하지도 말하지도 못하게 되었다. 물질적 가치와 자연과학에 기초한 산업기술문명은 생명의 깊이와 높이를 잃고 세속화되었다. 이성의 자유를 강조하면서도 함석헌은 이러한 세속화가 현대문명의 근본적인 오류라고 본다. 생명의 깊이와 높이인 하나님을 버리고 인본주의에 빠졌기 때문에 현대문명이 타락했다는 것이다.[110] 생명과 인격의 근본원리는 자유지만, 이 자유는 절대자와 직면한 자유다. "이성이 완전히 이성적이면, 스스로 자기를 절대자 앞에 바칩니다."[111] 그의 사상에서는 인간의 자율성(주체적 자유)과 종교성(하나님의식)이 결합되어 있다. 종교성, 영성은 인간의 자율성의 근거와 토대이고 목적이기도 하다.

함석헌은 과학적 이성적 사유를 충분히 존중하고 강조하면서도 생명과 정신의 주체적 깊이와 전체적 통일(하나님)을 강조하고 생명

---

109 함석헌,『함석헌전집』8:『씨올에게 보내는 편지』(한길사, 1983), 57.
110 함석헌, "이제 여기서 이대로,"『함석헌전집』18:『진실을 찾는 벗들에게』, 324-325.
111 함석헌, "생활철학," 254.

과 정신의 뜻과 목적을 드러냈다. 그는 과학주의적 사고의 족쇄를 깨트리고 과학과 이성을 해방하여 주체의 깊이와 전체의 하나 됨, 생명과 정신의 뜻과 목적을 말할 수 있게 하였다. 함석헌은 생각하는 이성을 최대한 강조하고 온전하게 실현하면서 생명과 정신의 주체적 깊이와 자유에서 전체의 하나 됨에 이르렀다. 그는 우주 자연과 생명, 역사와 사회, 정신과 뜻의 세계를 살아 있는 유기체적 생명체로 파악하였다.

민주정신의 종교철학적 깊이와 비폭력 평화투쟁

함석헌은 『성서적 입장에서 본 조선역사』에서 한민족의 고난과 십자가의 고난을 동일시함으로써 한민족의 역사에 종교철학적 깊이를 부여했다. 한국 민중과 그리스도를 일치시킴으로써 민중을 오늘의 그리스도로 본 것이다. 그리스도의 고난과 죽음의 십자가를 한민족이 지고 고난을 겪음으로 자신과 세상의 죄악을 씻고 정의와 평화의 세계를 연다. 역사의 중심과 주체인 민중은 자신이 스스로 이루어가는 구원과 해방의 주체이며 대상이다. 민중은 자신의 죄악을 스스로 정화하고 청산하는 자속(自贖)을 이루는 존재이면서 세상과 역사의 죄악을 짊어지고 정화하고 청산하는 대속(代贖)을 이루어야 하는 존재다. 역사와 사회의 주인과 주체인 민에게는 자속과 대속이 일치된다. 주체의 자리에서 보면 자속(自贖)이고 전체의 자리에서 보면 대속(代贖)이다.[112] 죄를 씻는 일에 주체가 참여한다는 점에서

---

112 함석헌,『聖書的 立場에서 본 朝鮮歷史』(성광문화사, 1950), 199.

는 자속이고 한 사람의 일이 전체의 일이고 전체의 일이 한 사람의 일이라는 점에서는 대속이다. '내'가 속량의 주체이고 대상이기도 하다. 민은 모든 불의와 죄악, 운명과 굴레를 스스로 극복하고 청산한다는 점에서 주체적이고 나와 세상의 불의와 죄악을 극복하고 나와 세상을 함께 구원과 해방으로 이끈다는 점에서 공동체적이고 전체적이다.

한국역사 속에서 민중과 그리스도를 일치시킨 함석헌은 오늘 민중의 삶 속에서 그리스도가 자란다고 보았다. 더 나아가서 오늘 고난당하는 한민족이 아기 예수를 낳기 위해 산통을 겪고 있다고 하였다. 함석헌은 예수를 우리의 삶과 역사 속에서 완성되어가는 집단적 인격으로 본다. 그래서 그는 예수가 고난받는 인간들 속에서 태어난다고 말한다. "한국민이 사람의 아들 예수를 잉태했어요. 새 시대를 잉태했어요. 그 애기가 막 태어나려고 진통하고 있고 그래서 고통이 따르고… 이 애기를 낳기 위해서는 죽을 힘을 다해야 하지요."[113] 이것은 민중이 새로운 미래의 역사와 사회를 창조한다는 것을 기독교적 신앙의 언어로 생생하게 표현한 것이다. 오늘 민중은 새 역사와 사회를 낳기 위해 진통하는 산모다.[114] 그가 말한 '아기 예수'는 평화와 정의의 새 공동체다. 오늘 여기 민중의 삶에서 새 시대 새 공동체가 태어난다고 보았던 것이다. 함석헌은 기독교적 신앙의 표현과 언어를 사용하여 민중이 역사를 창조하는 주체이며 모체임을 말한 것이다. 그는 역사 자체를 새 역사를 낳는 진통의 역사로 보았다.

함석헌은 민중의 삶 속에서 신적 차원을 열었다. 함석헌에게 민중

---

113 함석헌, "고난받는 형제들을 위하여," 『함석헌전집』 12, 177.
114 함석헌, "씨올의 설움," 『함석헌전집』 4 (한길사, 1984), 76.

은 하나님과 직결된 존재이며 하나님은 민중의 삶 속으로 들어왔다. 하나님의 발이 땅에서 진흙 묻은 것이 민중이다. 우주에서는 하나님이 전체이고 역사에서는 민중이 전체다. 생명과 정신의 한 끝은 하나님이고 다른 끝은 내 속의 영혼이다. 함석헌은 민중 한 사람 한 사람의 '나'의 깊이를 탐구했다. '나'의 영혼의 속알은 생명과 정신의 본성(바탈)이다. 함석헌에 의하면 이것은 어떤 죄악과 불의에도 어떤 공격과 침해에도 어떤 도전과 변화에도 파괴, 오염, 소멸되지 않는 불멸(不滅)·불사(不死)·불염체(不染體)다. 영혼의 속알은 '인(仁), 사랑, 자비, 참'이다. "씨올의 올은 하늘에서 온 것, 유한 속에 있는 무한, 시간 속에 있는 영원"[115]이다. 뭇 사람의 속에 '인'(仁), '하나님의 씨'가 있다. 이것은 죽을 수도 없는 불멸체, 더러워지지도 않는 불염체(不染體)다.[116] 그는 역사와 정치의 주체인 씨올을 궁극적 존재인 하나님과 직결시킴으로써 씨올을 지배하고 통제할 다른 어떤 정치·사회·종교적 존재도 인정하지 않았다. 씨올의 속알은 주체의 깊이와 자유에서 전체의 하나 됨에 이르는 길이고 힘이고 자리다. 어떤 역경과 난관에도 스스로 할 수 있는 주체의 힘과 자유를 가진 것이다. 이것은 서로 주체로서 서로 보호하고 단합하여 전체가 하나로 될 수 있는 힘이고 자유다. 그러므로 함석헌은 속알을 붙잡고 지키고 실현하고 탈바꿈해가면 하늘나라, 하나님, 구원, 영생에 이른다고 하였다.

생명과 정신의 주체와 본성이 '사랑, 인, 자비, 참'이므로 사람은 누구나 '사랑, 인, 자비, 참'을 가진 존재다. 따라서 참된 사람은 다른

---

[115] 함석헌, "생각하는 씨올이라야 산다," 『함석헌전집』 8, 56.
[116] 함석헌, "人間革命," 『함석헌전집』 2, 92.

사람을 배제하거나 버리지 않으며, 배제하거나 버려도 되는 사람은
없다. 사람의 본성을 '사랑, 참'으로 보고 우주 자연과 생명, 역사와
사회를 유기체적 생명 공동체로 본 함석헌은 모두가 더불어 살아야
할 주체로 보았다. 그러므로 "(배신자) 유다가 지옥 밑바닥에서 이를
바득바득 갈고 있는 한은 천국은 있을 수 없다"[117]고 했다. 유다를 사
랑하고 그와 화해하고 그를 구원하는 것이 참된 구원이다. 이처럼
함석헌은 구체적인 한 인간을 그리고 모든 인간을 주체와 전체로서
당사자의 자리에서 깊고 따뜻한 눈으로 보았다.

함석헌은 민을 우주와 생명과 역사의 씨올로 봄으로써 민에게 한
없는 깊이와 높이를 주었고 무한한 자유와 책임을 주었다. 그의 씨
올사상에 따르면 민 한 사람 한 사람의 몸과 맘속에 우주 역사, 생명
역사, 인간역사가 압축되어 있다. 민 한 사람 속에 우주와 자연생명
과 역사가 살아 있다. 민이 스스로 새롭게 되어야 자연과 역사와 사
회가 새롭게 된다. 민이 역사의 실체이고 새 역사를 여는 주체다.

민을 생명의 주체와 실체로 본 함석헌은 권리에 기초한 권리 의무
계약관계를 넘어서 자발적 헌신성과 전체를 끌어안는 사랑을 강조
했다. 생명(生-命)은 '살라'는 하늘의 명령(天命)을 받은 존재다. 생명
은 권리 이전의 의무이며, 생의 의무는 생의 근원에 속한다. 생의 근
원은 생의 기쁨과 사랑, 절대의지와 명령이다. 생존권은 사회관계
속에서 주어지는 이차적인 것이다. 생존권이 아니라 생의 기쁨과 사
랑, 절대의지와 명령에서 생은 시작한다. 그러므로 함석헌은 정치는
생의 근원을 드러내고 실현하는 종교에 의해 완성되고 구원된다고

---

117 함석헌, "세계구원과 양심의 자유," 『함석헌전집』 9, 290.

보았다. 생의 근원에서 보면 주체는 내적으로 통일된 하나의 초점을 가진 것이고 전체는 모든 것을 끌어안는 통일된 하나다. 생의 주체도 생의 통일된 전체 하나에서 나온 것이며 다시 더 깊고 큰 하나를 이루자는 것이고, 전체도 하나를 이루고 하나가 되자는 것이다. 따라서 함석헌은 정치는 하나를 추구하고 종교는 하나라고 하였다. 그의 믿음과 종교는 하나 됨에 있었다. 그에게 종교는 "몸과 마음이 하나 됨… 국민이 하나 됨… 만물과 하나님이 하나 됨을 이루자는 것"[118]이며, 나와 하나님을 하나 되게 하는 믿음이 "모든 통일의 근본이 되는 것"[119]이다.

'스스로 하는 주체'와 '하나인 전체'를 추구했던 함석헌은 주체와 전체의 통일을 깨트리는 모든 것에 대하여 저항하고 주체와 전체의 통일을 실현하기 위한 혁신을 추구하였다. 함석헌에게 민의 주체와 전체를 억압하고 그 주체와 전체의 통일을 가로막는 것은 국가주의였다. 함석헌은 민족정신과 사상에 집중했지만 민족주의에 머물지 않았다. 그는 민족주의를 넘어 서서 세계주의에 이르렀고 국가주의를 넘어서서 평화주의를 지켰다.[120] 주체와 전체가 통일되는 유기체적인 생활공동체로서의 나라와 세계를 이루는 데 마지막 장해물이 국가주의라고 함석헌은 보았다. 그에게 국가주의는 전체의 일치와 통일을 깨트리는 당파주의이고 집단주의였다. 개체인 씨올을 전체와 직결시킴으로써 당파주의·집단주의를 배격했다. '내'가 전체(하나님)와 직결되어 있으며, 모든 인간이 '하나'라는 의식을 깨뜨리고

---

118 함석헌, "생활철학," 232.
119 함석헌, "민족통일의 종교,"『함석헌전집』 3, 187.
120 함석헌, "인간을 묻는다," 354 이하 참조.

부정하는 것이 당파요 집단이다. 당파주의나 집단주의는 '다른' 사람들을 부정하기 때문에 필연적으로 폭력적일 수밖에 없다.[121] 그에 의하면 실제로는 당파주의 · 집단주의이면서 전체를 표방하고 씨올에게 폭력을 휘두르는 게 국가주의다.[122] 이 국가주의가 개인과 전체를 희생시킨다.[123]

나라를 구하려면 민족 전체의 자리에서 민족을 살리는 마음, 비폭력 평화의 정신과 마음을 길러야 한다. "진실하고 온유하고, 겁이 없는 정신을 길러야만 우리가 우리 노릇 해 가며 살 수가 있고, 우리 역사가 바로 살아나갈 수 있다."[124] 주체와 전체의 유기체적 통일의 자리에서 생각하고 행동했던 함석헌은 적대자와 치열하고 철저하게 맞서 싸우되 사랑으로 구원하고 해방하여 더불어 살기 위해서 싸워야 한다고 주장했다. 함석헌의 이러한 민주정신과 철학은 비폭력 평화주의로 귀결되었다. 폭력과 전쟁의 국가주의를 극복하고 정의와 평화를 실현하는 길이 비폭력평화주의였다. 그에게 비폭력투쟁은 불의와 적대관계를 사랑으로 극복하여 나와 적을 함께 사랑하고 화해하며, 해방하고 구원하는 투쟁이었다.

동 · 서 정신문화를 융합한 함석헌은 이성과 영성을 통합하는 생명의 주체적 깊이와 전체 하나 됨의 자리에서 믿음과 사랑으로 모든 집단주의와 당파주의, 국가주의와 폭력을 극복하고 청산하여 정의와 평화의 새 문명과 새 역사를 지으려 했다. 그는 오늘 여기 민중의

---

[121] 함석헌, "사랑의 빛," 『함석헌전집』 8: 『씨올에게 보내는 편지』, 379.

[122] 함석헌, "80년대 민족통일의 꿈을 그려 본다," 『함석헌전집』 12, 43.

[123] 함석헌, "인간을 묻는다," 335-355.

[124] 함석헌, "진실하라, 온유하라, 두려워 말라," 『함석헌전집』 12, 188-189, 196-198; "오월을 생각한다," 『함석헌전집』 18, 346 이하.

삶의 자리에서 육체적 생명과 과학적 이성과 종교적 영성을 통합하였다. 그는 생명과 역사의 본성과 진리를 온전히 실현하고 완성하여 우주 물질세계와 자연생명세계와 인간정신세계를 해방하고 구원하는 정의와 평화의 큰 바다로 이끌었다. 동·서 정신문화가 합류하는 한국 근·현대의 중심에서 함석헌은 사상과 정신의 큰 바다를 이루었다. 그의 사상과 정신의 세계는 동·서 정신문화가 합류하고 융합하는 큰 평화의 바다(太平洋)와 같다. 그 큰 생명과 정신의 바다에서 동양의 한사상과 유불도, 서양의 기독교, 이성 철학, 민주정신이 저마다 힘차고 올곧게 살아나서 아름답고 온전하게 꽃을 피우고 열매를 맺으면서 다 함께 어우러져 전체가 하나의 크고 장엄한 생명과 정신의 세계를 이루고 있다.

10장
주체의 깊이에서 전체의 하나 됨에
이르는 '나'의 철학

◈━━◆━━◈◉◈━━◆━━◈

1. 안창호의 '나' 철학: 자아혁신, 애기애타, 세계대공

안창호 철학의 가장 두드러진 특징은 '나'를 중심에 둔 '나'의 철학이라는 것이다. 상해임시정부에서 운영한 인성(仁成)학교의 교가를 안창호가 지었는데 이 교가에도 그의 이러한 정신과 철학이 뚜렷이 드러난다. "사람 곧다 인성학교, 덕·체·지로 터를 세우고, 완전인격 양성하니, 대한민국 기초 완연해. 의기로운 깃발 밑에, 함께 모인 인성소년아, 조상나라 위하여서, 분투하여 공부하여라. (후렴) 만세만세 우리인성학교, 청천명월 없어지도록, 내게서 난 문명 샘이, 반도 위에 흘러 넘쳐라."[1] 안창호의 정신과 생각이 잘 드러나는 노래다.

---

[1] 최용학, '상해 인성학교 교가 작사 작곡 도산 안창호' 대구경북흥사단 (http://cafe.dau m.net/tgyka/2lyv/2588). 오동춘·안용환 공저, 『애국가와 안창호』, 흥사단100주년기념도서 (청미디어, 2013), 321-322에도 인성학교 학생이었던 최용학이 알려준 가사를 싣고 있는데 '곧다'를 '옳다'로 '반도 위에'를 '한더위에'로 잘못 표기하였다. 그러나 '내게서 난 문명샘'은 양쪽 다 바르게 표기하고 있다.

나라의 주인과 주체인 민 한 사람 한 사람의 '나'의 덕·체·지를 바탕으로 완전인격을 양성하는 것이 대한민국의 기초를 세우는 것이라는 생각은 그가 조직한 홍사단의 정신과 일치한다. 특히 후렴에서 "내게서 난 문명 샘이 반도 위에 흘러 넘쳐라"는 구절은 '나'에게서 시작하고 '나'를 중심에 두는 그의 사상과 정신을 잘 보여준다. 그는 나와 문명과 나라를 일치시켰다. 내 속에서 솟아나는 생명과 정신의 힘이 나라를 살리고 키우고 높이며 바로 세우고 통일하는 문명의 근원(샘)이다.

안창호는 민족의 독립과 통일을 이루는 주체를 민족 한 사람 한 사람의 '나'로 보았다. 그는 국가를 유기체적 생명체, 나라로 보고 나와 나라를 일치시켰다. 안창호에게는 '내'가 하는 것이 곧 '나라'가 하는 것이었다. 국민 한 사람 한 사람의 '내'가 하면 하는 것이고 '내'가 하지 않으면 아무도 아무 일도 하지 않는 것이다. 그가 이끈 홍사단 입단문답에 따르면 나라 일의 마지막 책임은 나라의 주인과 주체인 국민 한 사람 한 사람의 '나'가 져야 한다. 이완용이 나라를 팔아먹은 것도 일제가 식민통치를 하는 것도 내 탓이고 내가 책임질 일이다. 왜냐하면 나라의 주인인 '내'가 그것을 막지 않고 내버려 두었기 때문이다.

그는 나아가서 홍사단의 주인인 "내가 있으면" 홍사단도 있고 "내가 없으면" 홍사단도 "없다"고 하였다. 도산의 이러한 생각을 확대하고 일반화하면 '내가 있으므로 모든 것이 있다'고 말할 수 있다. '나'는 모든 존재와 일과 사건의 토대이고 원천이고 중심이다. '나'는 모든 일과 단체의 존재 근거이고 주체이며 실체다. 또한 나는 새로운 변화와 창조, 개혁과 개신을 할 수 있는 힘을 가진 창조적 주체다.

그러므로 '나'가 할 수 없는 일은 없다. '나'는 모든 일을 할 수 있고 해야 한다. 어떤 역경과 난관 속에서도 주어진 현실과 조건에 맞게 가지고 있는 힘을 모아서 나와 너와 그의 모든 '나'들이 일을 꾸준히 해나아가면 반드시 일은 진전이 있고 큰 성공을 거둘 수 있다.

역사와 사회에서 그리고 나의 삶에서 창조적이고 책임적으로 살고 활동하려면 먼저 책임적이고 창조적인 주체 '나'가 되어야 한다. 그러므로 '내'가 나다운 나, 참된 나가 되는 일이 인간의 삶과 일에서 가장 중요하다. 책임적이고 창조적이며 힘 있는 주체로서의 '참 나'가 되기 위해서 안창호는 자아혁신과 자기개조를 주장했다. 인간을 개조하는 동물이라 하고 역사와 문명을 개조의 관점에서 본 안창호는 개조하는 인간이 되기 위해서 인간은 먼저 자기를 개조해야 하고 인간의 자기개조는 스스로 자기 자신이 해야 한다고 하였다.[2]

민족의 독립과 통일을 위해 헌신한 안창호는 독립하는 통일된 민족을 이루기 위해서 민족의 잘못된 습관과 성격을 개조해야 한다고 보았다. 민족의 개조는 민족 한 사람 한 사람의 자아를 개조하는 것이다. 안창호는 자기 몸과 가정을 고치는 일을 날마다 힘써야 할 가장 중요한 의무이며 일이라고 하였다. 그는 또한 잘못된 습관과 버릇을 고치는 일에 힘썼다. 안창호에게 자기개조는 추상적이고 관념적인 일이 아니다. 그것은 구체적으로 자기의 몸과 가정을 고치고, 습관과 버릇을 고치는 것이다. 그리고 자기 자신과 습관을 고치는 목적은 삶과 행위를 위한 현실적인 힘을 얻기 위한 것이다. 힘없는 몸과 가정이 힘찬 몸과 가정으로 되고 무기력하고 게으른 습관과 버

---

2 안창호, "개조," 『안도산전서』, 642-643, 645-646.

룻이 활기차고 부지런한 습관과 버릇이 되게 하는 것이다. 자신을 고치고 습관을 고치는 것은 결국 덕력을 기르고 체력을 기르고 지력을 기르는 것이다. 덕·체·지의 힘을 기름으로써 건전하고 힘 있는 인격이 되게 하는 것이다. 힘없는 인간이 힘 있는 인간이 되고 작은 힘을 가진 인간이 큰 힘을 가진 인간이 되는 것이 자기를 개조하고 자아를 혁신하는 이유이고 목적이다.

자아혁신과 민족개조를 추구한 안창호의 '나' 철학은 애기애타와 환난상구의 두 원리를 내세운다. 자아혁신을 통해서 건전인격을 확립하고 세계대공의 정신을 지닌 사람은 애기애타와 환난상구의 삶을 산다. 애기애타는 나와 남을 서로 주체로 보고 나와 남을 함께 사랑하고 존중하는 생명과 정신의 근본적인 태도이고 자세다. 환난상구는 역경과 고난 속에서 서로 돕고 협력하고 구원하는 실천적인 행동원리다. 안창호의 '나'-철학은 '나를 사랑하고 존중하는' 애기(愛己)에서 시작한다. 나를 사랑하고 존중하는 것이 스스로 하는 주체를 가진 생명과 정신을 살리고 높이는 근본적인 태도이고 원리다. 내가 힘 있고 바르게 되면 나의 생명과 정신도 힘 있고 바르게 된다. 애기는 생명과 정신의 근본진리다. 애기는 민의 주체와 존엄을 실현하는 근·현대의 민주정신이고 원리다. 애기와 애타는 동시에 함께 이루어지는 것이지만 기본적으로는 애기가 먼저 이루어져야 한다. 나를 사랑하고 존중하지 못하는 사람은 남을 사랑하고 존중하지 못하기 때문이다. 그런 의미에서 남을 사랑하고 존중할 수 있기 위해서라도 나를 사랑하고 존중하는 사람이 되어야 한다. 그러므로 안창호는 애기를 앞세운 것이다. 애기가 근본적이고 일차적이다. 그러나 실제 생활 속에서는 애기와 애타가 서로 순환과 보완의 관계에 있다. 남을 사랑하고 존중하는 심정과 행위와 관계 속에서 나를 사랑하고 존중하는 심정과 행위가 더 깊어지고 성숙해질 수 있다. 남을 돕고 살리고 세우는 심정과 행위와 관계 속에서 나는 더 깊고 높고 큰 존재가 된다. 애기애타는 서로 살리고 키우는 생명의 근본원리이고 행위다. 그것은 주체적이면서 전체(공동체)적인 생명의 근본적인 존재방식이고 생활양식이다. 애기애타는 자연적이고 본능적으로 저절로 이루어지는 것이 아니다. 안창호는 애기애타의 삶을 위해서 사랑하는 법을 배우고 익히는 사랑공부와 사랑훈련(情誼敎修)을 강조했다. 마치 샘을 파고 우물을 치면 깨끗하고 맑은 물이 더욱 솟아나는 것처럼 애쓰고 힘써서 사랑하는 법을 배우고 익히면 사랑이 더욱 도탑고 훈훈하고 풍성해진다.

환난상구는 서로 돕고 서로 살리는 공동체적 협동의 원리다. 그것은 서로 주체로서 스스로 자신을 구원하면서 서로 함께 구원해가는 역사와 도덕의 근본원리이면서 종교와 철학의 주체적 원리다. 안창호가 자주 인용한 "하나님은 스스로 돕는 자를 돕는다"는 말 속에 환난상구의 종교철학적 원리가 담겨 있다. 또한 안창호가 "우리가 서로 사랑할 때 하나님이 우리 속에 들어온다"고 한 것은 하나님을 초월적 비역사적 형이상학적 피안적 존재로 보지 않고 우리의 삶 속에서 서로 사랑하는 관계와 활동 속에서 실재하는 존재로 본 것이다. 안창호의 이러한 하나님 이해는 매우 현대적이다. 환난상구는 말 그대로 환난 속에 있는 사람들이 서로 구원하는 것이다. 역사와 사회의 주체인 사람은 구원과 해방의 대상이 아니라 서로 구원의 주체가 되어야 한다. 메시아나 신의 구원을 기다리거나 남이 구해주기를 바라는 것은 역사와 사회를 스스로 만들어가는 민주적 인간의 자세나 태도가 아니다. 삶의 주인과 주체인 사람은 나와 남(세상)을 스스로 구해야 하는 능동적이고 주체적인 존재다.

생명과 인간은 생명 진화와 인류 역사의 과정에서 형성되면서 스스로 자신을 형성해온 존재다. 생명과 인간의 역사적 본성은 창조자이면서 피조물이라는 역설적 성격과 본질을 가진다. 생명과 인간은 근본적으로 자신의 피조물이면서 창조자다. 자신의 삶과 자신에 대한 궁극적 책임은 자기 자신에게 있다. 따라서 환난에 빠진 사람은 누가 구해주기를 기다릴 것이 아니라 스스로 자기를 구원해야 한다. 사람은 홀로 사는 고립된 존재가 아니라 서로 돕고 더불어 사는 존재이므로 환난 속에서 서로 구해주어야 한다. 서로 사랑으로 보호하고 단합하며 서로 구원하고 해방하는 행동과 관계 속에서 그리고 서로 구원하는 사람들의 심정과 삶 속에서 하나님은 존재하고 활동한다. 환난상구는 서로 주체로서 협력하고 협동하는 자세이고 원리다. 서로 협동할 때 사람의 뇌는 가장 활발하게 움직인다. 서로 살리고 키우기 위해 협동하는 것은 생명과 인간의 본성에 가장 부합하는 일이고 그 본성을 가장 잘 실현하고 완성하는 일이다.

안창호의 '나'는 한없이 깊으면서 무한하게 열린 것이다. 개인의 실존적 자아에서 세계대공에 이르기까지 하나로 뚫려 있다. 덕·체·지의 힘을 길러서 '나'의 건전한 인격을 형성하면 서로 모여서 공고한 단결을 이룰 수 있다. 조직과 단체들이 공고하고 신성한 단결을 이루면 민족의 독립과 통일을 이룰 수 있다. 민족마다 독립과 통일을 이루면 자유롭고 평등한 세계의 복지와 번영을 이루어 대공(大公)의 세상을 열 수 있다. 안창호가 말한 대공의 세상은 하늘의 이치와 법도, 사랑과 뜻이 실현된 세계다. 그에게 '나'는 사사로운 개체의 이기적인 나이면서 덕력, 체력, 지력을 겸비한 건전한 인격이다. '나'는 서로 보호하고 협력하는 조직과 단체의 단결을 이루는 협동하는 나이고, 민족의 독립과 통일을 이루는 민족 전체의 나이면서 세계의 평화와 정의를 이루는 세계대공의 나다.

2. '나'의 속에서 전체의 '하나'로 솟아올라 나아간 유영모의 '나' 철학

안창호와 이승훈의 교육독립운동을 계승하여 민주생명교육 철학으로서 씨올철학을 형성한 유영모와 함석헌에게서 가장 두드러진 것은 '나'를 생각과 삶의 중심과 전면에 내세운 것이다. 철학과 사상의 세계에서 생각과 행동의 주체인 '나'에게 집중하는 공동체적 생명철학을 형성했다는 것은 매우 특이하고 새로운 것이다. 동양철학에서는 '나'가 보편적 전체인 하늘, 도(道), 진리 자체에 해소되는 경향이 있다. 서양철학에서 '나'는 실존적인 자아로서 외부와 단절되거나 이성적 자아로서 인식론적 관념의 세계에 머물 뿐이다. 이제까지 '나'를 삶과 생각의 중심과 전면에 세우고 '나'에게 집중한 공동체적 생명철학은 없었다. 더욱이 우리나라처럼 어법으로나 사회문화적으로 '나'를 분명하고 확실하게 말하고 표현하기 어려운 풍토에서 '나'의 철학을 정립했다는 것은 큰 의미가 있다. 유영모와 함석헌의 철학과 사상에서 '나'를 강조하고 '나'에게 집중한 특이한 사실은 안창호의 '나'철학을 모른다면 참으로 이해하기 어려웠을 것이다.

유영모는 먼저 종교철학적으로 '나'-철학을 확립했다. 그는 성경의 핵심을 '나 선언'으로 보았다.[3] 모세가 하나님의 이름을 물을 때 하나님은 "나는 나다!"고 선언하였다(출애굽기 3:14). "나는 나다!"(I am who I am. 'eh³yê 'ᵃšer 'eh³yê)는 '나'를 나 아닌 다른 어떤 것으로 해소하거나 규정하거나 설명하기를 거부하고 '나'를 '나'로만 이해하고 설명하고 존중하고 받아들이라는 주장이고 선언이다.[4] 생명과 정신의 주체인 '나'를 오직 주체로만 존중하고 받아들이라는 것이다. 이것은 이집트에서 '나'를 잃고 종살이하는 이스라엘 백성을 해방하라는 임무를 주면서 하나님이 모세에게 했던 '주체의 선언'이다. "나는 나다!"라는 하나님의 선언은 자아와 주체를 잃고 종살이하는 이스라엘 백성의 주체와 해방을 위한 선언이다. 그것은 자아와 주체를 잃은 모든 인간 '나'의 주체와 해방을 위한 선언이었다. 나아가서 유영모는 "내가 길이요 진리요 생명이다"는 예수의 말씀을 예수만 할 수 있는 말이 아니라 모든 참된 인간이 할 수 있는 말로 보았다. 예수는 나다운 나를 가진 참되고 바른 인간의 전범이다. 누구나 참되고 바른 사람은 예수와 함께 "내가 길이요 진리요 생명이다"고 말할 수 있고 또 말해야 한다. 유영모에게는 주체로서의 '내'가 길과 진리와 생명의 근원이고 주체이고 목적이었다. '내' 속에 길과 진리와 생명이 있고 '내' 속에서 길과 진리와 생명이 형성되고 창조되고 실현되고 완성된다.

유영모는 안창호의 '나' 철학을 영적이고 체험적인 생명의 깊이와

---

3 유영모, 『다석강의』, 322-323.

4 구약성서학자이며 선교학자인 나이트에 따르면 '야훼'는 "나는 나다!"를 뜻한다. 조지 나이트, 『나는 나다: 이것이 나의 이름이다』, 최성일 편역 (한신대학교 출판부, 2003), 152-157 참조.

높이에서 확립하였다. 그에게 '나'는 우주자연과 생명과 정신, 하늘과 땅의 모든 이치와 법도가 실현되고 완성되는 길이고 문(門)이다. 유영모는 "만물의 변화와 발전의 대법칙을 따라 세상에 나타난 것이 (인간의) 나"라고 말했다. 인간의 '나'는 물질의 낮은 단계에서 정신의 높은 단계로 나아가는 생물학적 진화의 과정과 법칙을 구현한 존재로서, 땅에서 하늘로, 물질에서 영으로 올라가는 존재이다. 다석은 "변화 발전해 가는 이치의 길… 그 이치를 파악하고 그 이치를 가지고 다시 하늘을 올라가는 ('나'의) 길이 만물의 이치를 아는 중묘지문(衆妙之門)"이라고 했다. 다석에 따르면 물질변화와 생물진화의 이치를 가지고 하늘로 올라가는 나의 생명의 길이 만물의 이치를 아는 '모든 오묘함에 이르는 문'이다. 내가 하늘로 올라갈수록 만물의 이치를 잘 알게 된다. 또한 다석은 "생각과 마음을 가지고 자연을 연구하여 법칙을 찾고, 그것을 이용하여 우리의 생활을 풍부하게 하는 신비의 문이 인생"[5]이라고 하였다.

다음에 유영모는 철학적으로 '나' 철학을 확립했다. "나는 생각한다. 그러므로 나는 존재한다"는 데카르트의 관념적이고 인식론적 명제를 그는 "나는 생각한다. 그러므로 나는 태어난다"는 생명철학의 존재론적 명제로 바꾸었다. 그에 따르면 정신적인 생각의 불꽃이 '나'를 낳는다. 나는 자연적으로 주어진 기성품이 아니라 끊임없이 새롭게 창조되고 형성되어야 할 존재다. 우주 자연세계가 물질서 생명으로 생명에서 감정과 정신으로 정신에서 얼과 신으로 변화 발전 고양되듯이 '나'는 몸의 나에서 맘의 나로 맘의 나에서 제 뜻과 주장

---

5 유영모, "매임과 모음이 아니!," 『다석일지』 상, 744.

대로 사는 저의 나 '제나'로 '제나'에서 하늘의 얼과 뜻에 따라 사는 '얼 나'로 탈바꿈하고 변화하고 고양되는 존재다. 그는 몸나, 맘나, 제나, 얼나를 말하면서 나의 새로운 창조와 생성, 변화와 고양을 말하였다. 유영모는 세상에서 가장 철저하고 집중적으로 그리고 시종일관 '나'에 대해 생각하고 논의했던 '나'의 철학자다.

유영모는 안창호의 자기개조, 자아혁신을 더 철저하고 체계적으로 철학적으로 확장하여 논의하였다. 유영모는 '몸성히, 맘 놓아, 얼 태워'를 건강과 수련의 방법과 원칙으로 제시함으로써 몸, 맘, 얼을 통합적으로 이해하면서도 몸의 나에서 얼의 나로 탈바꿈하고 혁신해야 한다는 분명한 생각을 제시하였다. 오랜 생각 끝에 유영모는 "몸은 죽고 얼은 영원히 산다"는 결론에 이르렀다. 그는 '삶'과 '죽음'의 주체인 '나'가 누구인지 탐구했다. 개인의 몸과 맘에 매인 '나'는 육체와 함께 소멸할 상대적인 '나'이며 '얼의 나'를 영원한 생명으로 보았다. 얼의 나는 하나님과 하나 되는 영원한 '나'이다.[6] 얼의 나를 영원한 존재로 보는 다석의 사상은 영혼이 실체적으로 있어서 육체가 죽어도 영혼은 죽지 않는다는 영혼불멸사상이나 몸이 죽으면 영혼은 다른 몸으로 태어난다는 윤회전생(輪廻轉生) 사상과는 다르다. 얼의 나는 영원한 생명인 하나님(성령)과의 연락과 소통 속에서만 존재하기 때문이다. 다석에게 얼의 나는 실체적으로 존재하는 것이 아니라 하나님과의 관계 속에서 늘 새롭게 태어나야 한다. 육체의 욕망과 죄에 매인 나는 죽고 물질의 지배에서 자유로운 얼의 나로 늘 새롭게 살아나야 한다.[7]

---

6 류영모,『多夕 柳永模 어록』, 박영호 엮음 (두레, 2002), 138-139.
7 『다석강의』, 188.

유영모는 민주정신과 철학으로 '나' 철학을 확립했다. 그는 부와 명예와 지위에 대한 모든 욕망을 내려놓고 바닥으로 내려와 민의 한 사람으로서 자신의 '나'를 깊이 탐구하고 새롭게 하고 고양시켰다. 그는 안창호와 마찬가지로 '나'와 나라를 일치시켰다. 그는 내가 '나!'라고 선언하고 주장하는 것이 '나라'라고 하였다. 그에게 나라는 한 사람 한 사람의 '나'에게서 시작된다. 안창호가 한 사람 한 사람의 건전한 인격을 확립하는 것이 나라의 기초를 세우는 것이라고 했듯이 유영모도 나를 바로 세우고 높이는 것이고 나라를 바로 세우고 높이는 것이라고 보았다. 그에게 가장 중요한 것은 사람이 하늘과 땅 사이에 곧게 서는 것이며 곧게 설 때 하늘과 땅과 나의 모든 이치와 가치와 뜻이 나와 나의 삶 속에서 이루어지고 완성된다. 곧게 선 자리에서 '나'의 속을 깊이 파고들수록 개체로서의 자아를 초월하여 하늘의 하나로 돌아가서 자유롭고 평등한 전체의 통일에 이른다. 나의 본성, 바탈을 깊이 파고들수록 나의 본성인 감성, 지성, 영성이 풍부하게 실현되고 완성된다. 나를 깊이 파고들수록 개성과 창의에 이르고 나의 본성을 실현하고 완성하여 자유와 기쁨을 누리게 된다.[8]

안창호와 마찬가지로 유영모도 개인의 자아에서 나라와 민족 전체, 세계와 우주 전체의 하나 됨(통일)에 이르려 했다. 그에 따르면 개인은 직접 통일에 이를 수 없다. 저마다 제 속에서 하나(하나님, 하늘)로 돌아감으로써(歸一), 저마다 하나를 품고 하나를 실현함으로써 저마다 저다운 나가 되어서 전체가 하나로 되는 통일에 이른다. 유영모는 개인의 나와 전체의 통일 사이에 '하나로 돌아가는' 귀일

---

8 유영모, "건," 『다석일지』 상, 794.

(歸一)을 말하였다. '나'를 탐구하여 개인과 집단의 '나' 속에서 하나(한 나, 큰 나)로 돌아가 하나를 이루고 하나를 얻음으로써 비로소 사람과 사람 사이에 집단과 집단 사이에 통일이 이루어진다.[9]

유영모가 개인의 몸과 맘을 초월한 얼 나를 강조하지만 추상적이고 관념적인 논의에 빠진 것은 아니다. 안창호와 마찬가지로 유영모도 시공간적 역사의 구체적 현실 속에서 '나'를 강조한 생명철학자였다. 그는 1918년에 쓴 '오늘'에서 시간적 '오늘', 공간적 '여기', 주체인 '나'를 강조했다. "삶의 실상은 오늘 여기 나에서 볼 뿐"이며, 있는 것은 '오늘, 여기, 나'밖에 없다. "어제란 오늘의 시호(諡號, 죽은 이에게 붙이는 호칭)요 내일은 오늘의 예명(豫名, 미리 붙여준 이름)뿐, 거기라 저기라 하지마는 거기란 거깃 사람의 여기요 저기란 저깃 사람의 여기 될 뿐. 그이라 저이라 하지마는 그도 나로라 하고 살고 저도 나로라 하고 살 뿐. 산 사람은 다 나를 가졌고, 사는 곳은 여기가 되고 살 때는 오늘이로다." 과거, 현재, 미래에 걸쳐 있는 것은 언제나 그 때 그 때의 '오늘', '여기', '나'가 있을 뿐이다. 그리고 '오늘', '여기', '나'는 이름만 다를 뿐 같은 것이거나 삼위일체로 하나라고 한다. 따라서 유영모는 '나'의 시간성과 공간성을 강조했다.[10]

유영모는 인간의 본성에 대한 논의를 역사 사회적 영역을 넘어서 신적 궁극적 차원으로 확장시킴으로써 '나'에 대한 논의에 형이상학적 철학적 깊이를 부여한다. 그에게 인간의 본성, 바탈(性)은 '나'의

---

9 『일지』 1955년 6월 2일의 '통일'이라는 한시에서 인위적인 통일을 부정하고 귀일을 주장했다. 김흥호, 『다석일지공부』 1 (솔출판사, 2001), 60; 박영호, 『진리의 사람 다석 유영모』 下 (두레, 2001), 393. 다석의 귀일사상은 공적으로 쓴 마지막 글 '제소리'에 잘 나타나 있다. 유영모, "제소리," 「새벽」 1955년 7월호.

10 유영모, "오늘," 『제소리: 다석 유영모 강의록』, 391-394.

실체적 깊이와 높이를 나타낸다. 유영모는『중용』에 대한 풀이에서 인간의 본성 다시 말해 성품(性品), 심성(心性)이 본래 주어져 있는 것이 아니라 하나님으로부터 줄곧 받는 것이라고 했다. 인간의 본성은 이미 주어진 자연상태가 아니라 '현재 새롭게 오는 것'이라고 했다. 과거에 주어져 있는 것이 아니라 현재진행형으로 '오고 있는 것'이며, 앞으로 '올 것'이다. '나'의 본성은 하나님의 얼 생명이 오는 길이 뚫려 있는 것이다. 하나님과 '나' 사이에 길이 뚫려 있는 것이 '나'의 본성이 살아 있는 것이고 그 길이 뚫린 것을 막히지 않게 하는 것이 '닦는 것'이라고 한 것은 본성을 고정된 실체가 아니라 신과 '나' 사이의 관계와 소통으로 본 것을 뜻한다.[11]

유영모에게 생명의 '바탈'(본성)은 '줄곧 오는 것'이며, 그것이 '나'의 삶과 정신을 실현하고 완성하는 '참된 나'다. '바탈'은 '나'를 '나'되게 하고 '나'를 실현하고 완성할 미래의 사명을 지닌 것이다. 따라서 유영모는 '바탈'을 '받할'[받아서 할]이라고 함으로써 이루어야 할 사명과 관련해서 실천적이고 행동적으로 이해했다.[12] '그가 바탈(性)을 실현하고 온전히 하려고 한 것은 유교의 사상을 따른 것이다. 그러나 인격적 하나님을 끌어들여서 '바탈'을 하나님으로부터 줄곧 받는 것이라 하고, 하나님의 뜻과 사명을 '받아서 할' 것으로 설명한 것은 기독교적으로 유교의 사상을 변형시킨 것이다. 다석은 기(機)를 태허(太虛)로 보았던 장횡거의 주장에 따라서 태허를 궁극적 실재로 보고, 허(虛)와 기(氣)가 사람의 성(性)을 이룬다고 했다. 태허는 우

---

[11] 박영호,『多夕 柳永模 어록』, 456-467.

[12] 유영모 옮김/박영호 풀이,『중용 에세이 ─ 마음 길 밝히는 지혜』(성천문화재단, 1994), 29. 그리고 박영호,『多夕 柳永模 어록』, 452 참조.

주만물이 생성 변화 발전하는 신비와 법칙의 곡간이다. "맘을 다해서 성(性)을 알면… 태허기화(太虛氣化)의 곡간을 알아 하나님을 안다. 이렇게 되면 하나님의 곡간이 내 것이 된다. 하나님의 곡간에서 영생한다."[13]

유영모가 태허를 하나님의 곡간으로 보고 하나님의 곡간을 인간의 본성(자아)로 본 것은 기독교와 유교를 통합하여 새로운 인간이해를 제시한 것이다. '나'와 나의 본성에 대한 논의에서 유영모는 유교의 지평을 넘어서 기독교와 결합함으로써 인간의 주체인 나와 나의 본성을 궁극적 실재와 신학적 차원으로까지 확장하였다. 이렇게 인간의 주체와 본성을 깊이와 높이로 확장하면서도 유영모는 시공간적 역사 사회적 구체성과 현실성을 약화시키지 않았다. 그에게 '나'는 언제나 지금 여기서 구체적 생명과 정신을 가진 나였다.

유영모는 '나'의 속에서 몸과 맘을 곧게 하고 '솟아올라 나아감'으로써 내가 나다운 나로 되고 서로 주체로서 하나가 될 수 있다고 하였다. 그에게 가장 중요한 일은 내가 나로 되고 서로 다른 '나'들이 전체 하나로 되기 위하여 하늘을 향해 새로운 미래를 향해 '솟아올라 나아감'이었다. 그에게 주체로서의 나는 구체적인 시공간의 역사성을 가진 것이면서 우주적이고 신적 차원을 가진 존재였다. 지금 여기서 내가 사는 자리는 우주보다 더 깊고 높고 큰 자리다. 그것은 나와 하나님이 하나로 만나고 하나로 되는 자리다. 그것은 나와 역사와 사회를 변혁하고 창조하는 자리다. "우리 안에 밝은 속알(明德)이 밝아 굴러 커지는 대로 우리 속은 넓어지며, 우리 껍질은 얇아지

---

13 박영호, 『多夕 柳永模 어록』, 453-458.

리! 바탈 타고난 마음 그대로 온통 울리어 굴려, 깨, 솟아. 날아오르리로다."[14] 다석은 자신이 사는 때를 '이제'라고 말한다. '사는 때'는 '사는 이'의 때라면서 시(詩, 흥겨움), 시(時, 때), 시(是, 옳음, 이제, 이 사람)를 일치시켜서 '이 때' 다시 말해 '이제'는 '사는 이'의 흥겨운 때라고 하였다. 사는 이와 사는 시간이 하나로 되어 '이제'의 주인이 되어 흥겹고 신나게 산다는 것이다. 이제의 제는 시간의 때를 나타내면서 삶의 주체인 '제, 저'를 나타낸다. 우리말 '이제'는 '저'(나)의 때를 나타낸다. 지금 여기의 시간 '제'는 삶과 역사의 주체인 '나'(저, 제)와 분리될 수 없는 때다. 내가 지금 여기의 주인이고 주체이기 때문이다. 더 나아가서 유영모는 때를 '제(저)'를 중심으로 이해했다. 때를 나타내는 우리말 '그제, 어제, 이제'를 유영모는 제(저)를 중심으로 주체적으로 이해할 뿐 아니라 미래를 '낼, 모레(모름), 글피, 기피, 그리운 글 그'라고 하여 하나님을 그리워하여 하나님께 나아가는 것으로 표현하였다.[15] 이러한 그의 시간이해는 '제(저)'를 중심에 놓음으로써 시간의 주체성을 강조했을 뿐 아니라 미래를 '글(그를), 그'(하나님)와 관련지음으로써 영적 의미를 지닌 주체적인 생명철학에 이르고 있다. 삶의 주인과 주체인 '저'를 중심으로 때를 구분하고 때의 이름을 지었다는 데서 때는 때의 주인인 내게서 생겨나오는 것이라고 여겼다. 내가 사는 때는 나의 때이므로 옳고 흥겨운 때다. 유영모

---

[14] 유영모, "제소리," 『제소리』, 315-318, 320, 322-323.

[15] 다석일지 1956년 12월 21일에 때를 나타내는 도표를 다음과 같이 제시하였다.

그　　　이　　　　그　　　　　　그
그 그 어 **제** 낼 모 글 글 기 그 글 글
제 제 제　　　　레 피 피 피 리 월
　　　　　　　　　운

에게서 '나'의 철학이 내면적 깊이를 파고들었다는 것뿐 아니라 시간과 나를 일치시켰다는 점에서 근본적이고 철저하다는 것을 알 수 있다. 또한 이제 나의 때의 옳고 흥겨움이 모든 것을 하나로 되게 하는 그이(하나님)로 솟아올라 나아가는 흥겨움임을 알려준다.

모든 것을 주체로 본 생명철학자 유영모는 생명과 인간뿐 아니라 물체도 물질의 주체라고 하였다. 물체도 한없는 존재의 깊이와 이치와 값을 지닌 것이며 존재의 한없는 깊이와 신비 속에서 전체와 하나로 이어진다고 보았다. 물체도 개체의 주체인 '나'를 가진 것이며 존재의 깊이에서 전체를 품고 전체와 이어진 것이다. 그는 만물이 자신을 불태워 세상을 밝히는 희생제사를 지내고 있다고 보았다. 그는 "자연만물이 서로 희생제사를 지냄으로써 서로 속량하여 줌으로써 서로 깨끗하고 힘차고 풍부하게 한다"(自然相贖殷)고 하였다. 만물이 자신을 불태워 제사한다는 말이다.[16] 그에 따르면 우주의 모든 물질들은 자신을 태워서 빛과 열을 내고 있다. 모든 생명체들, 식물과 동물은 모두 자신을 불태워 생명의 불꽃을 피우고 있다. 사람의 숨은 몸의 생명을 불사르는 제사이고 생각은 정신을 불사르는 제사다. 만물이 피어나는 것도 천체의 입자가 부서져 빛이 나는 것도 자신을 삭이고 부수어서 우주 자연생명의 목숨과 존재를 키우고 높이려는 것이다.[17] 만물과 내가 제 몸을 불살라 제사지낸다. 저마다 만물이 자기를 불사르는 제사를 지냄으로써 세상은 더 깨끗하고 밝아

---

16 유영모, 『다석강의』, 568. 1955년 4월 29일에 쓴 한시 가운데 "자연상속은(自然相贖殷)"이 나오는데 김흥호는 이 구절을 "자연이 서로 깨끗이 빨아 대속하는 것은 십자가의 그림자 같다"고 풀이하였다. 김흥호, 『다석일지공부』1, 27-28.

17 유영모, "제소리,"『제소리』, 315-318, 320, 322-323.

지고 힘 있게 되고 새로워지고 고양된다. 자연만물과 생명과 정신은
모두 자기를 희생하고 초월하는 사랑의 힘 속에서 상생하고 공존하
는 서로 주체의 공동체를 이룬다. 인간은 자연만물과 함께 자기를
불사르며 자신과 세계를 정화하고 구원하는 주체다.

3. 나의 속 생명의 바다에서 생각으로 나를 낚은 함석헌의 씨올 철학

생명철학자 함석헌은 생명의 진실을 생명의 주체인 '나'와 전체인
'하나'로 파악했다. 그러므로 그는 생명의 진실 '참'을 '하나'와 '한 나'
로 표현하고 '나'와 '하나'의 관계를 이렇게 말했다. "참은 그러니 뭔
가? 참은 하나다. 한 나다. 한 아다. 나다. 큰이다. 그것은 이름도 없
고 형용할 수도 없다. 그래하는 말이 하나다. 하나 둘 하는 것은 하
나가 아니다. 수(數)로 헬 수 없는 것이 하나다. 도(度), 양(量), 형(衡)
으로 표할 수 없는 것, 마음으로 생각할 수 없는 것이 하나다. 내가
알 수 있으면 하나가 아니다. 하나가 나를 냈고 내 생각을 일으킨 것
이다." 생의 본성과 진리인 하나와 나는 생 자체가 그렇듯이 물질적
인과관계를 초월하여 스스로 하는 것이고 스스로 있는 것이다. "하
나는 누가 만든 것이 아니다. 그 자체(自體)가 있는 것이다. 그래 나
다. '나는 나다' 하는 이가 하나다. 생명의 원리는 자(自)다. 자유(自
由), 자존(自存), 자존(自尊), 자생(自生), 자멸(自滅), 자진(自進), 자연
(自然). 그저 자연(自然)이다. 제대로 그런 것이다. 참은 참이지, 왜
참이란 것이 없다. 그렇기 때문에 하나님이 이름을 묻는 모세를 향

하여 '나는 있어서 있는 자'라고 하였다." 이어서 함석헌은 있음과 없음의 창조적 근원인 생명의 지극한 경지 생명의 참을 '나', '하나', '하나님'이라고 하였다. "있다는 말은 할 수 없이 하는 말이다. 있다면 없음에 걸리고, 없다면 있음에 걸린다. 참은 있음도 만들고 없음도 만드는 이다. 모든 생각이 나에서 나오고 나로 돌아가기 때문에 생각을 할 때는 '나' 할 수밖에 없고, 모든 소리의 첫 소리가 '아'요, 깊어질 수 있는 데까지 깊어진 소리가 '하'기 때문에 생각이 지극해 감탄할 때는 '아' 하거나 '하' 하는 것 같이, 뜻의 지극한 곳을 말할 때 그이상 더 할 수가 없어서 하나 혹은 한아 한 것이다. 하나는 형(形)의 지극한 것과 뜻의 지극한 것이다. '합'(合)해 표시된 말이다. 참은 하나요, 하나님은 참이다."[18] 생명의 참인 나, 하나, 하나님이 없음과 있음, 무와 공보다 근원적인 것이다. 물질과 관념의 세계에서는 무와 공이 궁극적 근원이고 절대적이고 초월적인 실재일 수 있지만 물질과 관념을 초월한 생명과 정신의 세계에서는 나, 하나, 하나님이 무와 공보다 더 궁극적이고 근원적이며 절대적인 실재다. 생명과 정신의 세계에서 무와 공은 물질과 관념을 초월하는 계기와 과정일 뿐이다. 생명과 정신의 궁극적 진리는 하나님과 마찬가지로 인간이 '나는 나다' 하는 자아의식과 자유로운 인격을 가지는 것이다. "객관적으로 보면 역사의 필연적인 연쇄의 한 고리인지도 모르고 유전과 환경의 종인지도 모르나, 저 자신으로는, 적어도 자아의식을 가지는 인격적인 주체로서의 인간 저 자신의 실감으로는, '나는 나다', 어디까지나 나다, 나를 위한 나의 나다."[19]

---

[18] 함석헌, "진리에의 향수," 『함석헌전집』 2, 169-170.
[19] 함석헌, "속죄에 대하여," 『함석헌전집』 9, 338-339. 그 밖에 함석헌, "저항의 철학,"

안창호와 유영모의 '나' 철학을 계승한 함석헌은 유영모의 깊이와 높이를 가지면서 안창호처럼 역사 사회의 구체적 현실 속에서 '나' 철학을 확장하고 활달하게 펼쳤다. 그는 1961년에 쓴 '인간혁명'에서 4·19혁명과 5·16쿠데타가 실패한 까닭을 민족성을 개조하지 못한 데서 찾았다. 4·19혁명 이후 실망한 민중이 '그놈이 그놈이다'라며 정치지도자들을 싸잡아 비난한 것을 함석헌은 비평으로는 옳은 것이라면서도 나라의 주인과 주체인 민중이 가져야 할 근본 관점과 자세로는 잘못된 것이라고 비판하였다. 그러면서 함석헌은 '이놈도 그놈도' '나다!'라고 해야 한다면서 나의 주체적 책임을 강조하였다. 그리고 나의 주체적 책임을 다하려면 자아를 혁신하여 새로운 자아가 되어야 한다고 생각했다. 그는 자아와 민족을 분리해서 생각하지 않았으므로 인간혁명과 민족성의 개조를 함께 주장하였다.[20] 인간의 혁명은 민족성의 개조에 이르는 것이고 민족성의 개조는 결국 자아의 개조에서 시작하는 것이다. "민족성의 개조는 결국 자아의 개조에 돌아가 닿고 마는 것이요, 자아의 개조는 곧 나 찾음이요, 나 앎이요, 나 함이다."[21] 민족성의 개조를 자아의 개조로 보고 자아의 개조는 '나 찾음', '나 앎', '나 함'이라고 한 데서 함석헌이 나에게 집중한 '나' 철학자임을 알 수 있다.

함석헌이 민족성의 개조를 말하면서 내가 나라의 주인으로서 궁극적 책임을 져야 한다고 말한 것은 '나'의 궁극적 책임과 인간의 자기개조, 민족성의 개조를 말한 안창호의 사상을 연상하게 한다. 함

『함석헌전집』 2, 173 참조.

[20] 함석헌, "인간혁명," 60, 70 이하 그리고 75 이하.

[21] 함석헌 "인간혁명," 79-80.

석헌은 안창호 유영모와 마찬가지로 나와 나라를 일치시켰다. 또한 그는『뜻으로 본 한국역사』에서 민중(민족)의 고난과 십자가의 고난(그리스도, 하나님의 고난)을 동일시했다. 고난받는 한국민족은 그리스도의 십자가를 지고 고난과 시련을 당함으로써 한국민족과 세계의 죄악과 불의를 극복하고 청산하여 자신과 세계를 구원하고 해방하여 정의와 평화로 이끌어야 한다. 한국과 세계의 역사 속에서 민족의 고난과 그리스도의 십자가를 일치시키고 세계의 구원과 해방을 이루어가는 함석헌의 논의는 안창호의 환난상구, 유영모의 자연상속은(自然相贖殷)을 보다 체계적이고 이론화한 것으로 보인다. 함석헌은 안창호와 유영모의 '나' 철학을 계승하고 발전 심화시켰다.

1) 나: 생명과 역사의 창조자적 주체와 근원

안창호가 생명의 관점에서 역사를 본 것처럼 함석헌도 생명의 관점에서 역사를 보았다. 생명철학자 함석헌에게 생명과 역사는 뗄 수 없이 하나로 통합된 것이다. 생명은 역사를 가진 것이고 역사는 생명을 가진 것이다. 인간의 역사는 생명의 역사, 유기체적으로 연결된 역사이며 역사의 본질은 생명의 주체인 인격 '나'이다. 함석헌에게 '나'는 생명을 가진 역사적 존재다. 다시 말해 인간의 '나'는 생명을 가진 존재이면서 역사를 가진 존재다. 그리고 생명과 역사의 중심에는 '나'가 있다. 생명과 정신의 근본원리를 '스스로 함'으로 본 그는 생명과 정신의 주체인 '나'를 중심으로 역사를 생각하였다. 생명과 역사의 중심과 주체인 나를 잃는 것은 생명과 역사 자체를 잃는 것이다. 그러므로 함석헌은 역사의 온갖 간난과 질고는 자아를 잃은

데서 나온 것이라고 하였다. '나'를 잃은 것이 모든 고난과 간난의 근본원인이고 죄다.[22]

생명과 역사의 중심과 주체로서 생명과 역사를 형성하고 이끌어가는 인간은 생명과 역사의 씨올이다. 인간은 역사, 생명 진화, 우주의 씨올이다. 인간의 생명과 정신 속에 인류 역사, 생명 진화의 역사, 우주의 역사가 압축되어 있을 뿐 아니라 살아 있다. 더 나아가서 하나님과 소통하고 연락하는 인간의 '나'는 천지를 창조한 태초의 하나님과 이어져 있다.[23] 그러므로 함석헌은 인간의 '나'는 우주역사의 시작 이전부터 있었다고 한다. 그는 성경에서 예수가 자신의 '나'에 대해 했던 말을 그대로 인간의 '나'에 적용한다. 유영모가 그랬듯이 함석헌은 예수와 마찬가지로 "내가 길이요 진리요 생명이다"라고 선언했다. 길이 먼저 있어서 그 길로 내가 가는 게 아니라 내가 가는 것이 곧 길이다. "세계란 것이 먼저 있어 가지고 그 한 모퉁이에 내가 버섯 돋듯 나온 것이 아니라, 세계 속에 내가 벌써 있었고 내가 있음으로 세계가 있다. 나 가기 전에 누가 낸 길이 있어 그것을 내가 걷는 것 아니라 천지 창조하기 전에 아버지 안에 내가 벌써 있었고 내가 있을 때 내 안에 길이 있었다. 길 위에 내가 떨어진 것이 아니라 '내가 길이요, 진리요, 생명이다.'"[24] '나'는 세상에 던져진 존재(하이데거)가 아니고 주어진 길 위에 있는 존재도 아니고 길이 나를 낳은 것도 아니다.[25] 내가 길과 진리와 생명의 중심이고 근원이고 목적이다. 내

---

22 함석헌, 『함석헌전집』 1, 185.

23 함석헌, "씨올의 설움," 『함석헌전집』 4, 76.

24 함석헌, "새 삶의 길," 『함석헌전집』 2, 207.

25 『노자』 42장은 "道生一, 一生二, 二生三, 三生萬物"이라 하였다.

게서 길이 생겨나므로 내가 곧 길이다. 태초에 천지창조를 할 때 말씀(로고스, 그리스도)이 하나님과 함께 있었다(요한복음 3:1-3)고 하듯이 함석헌은 태초에 천지를 창조할 때 '내'가 하나님과 함께 있었다고 한다. 그러므로 예수가 "나는 아브라함이 있기 전부터 있었다."고 말했던 것처럼 생명과 역사의 씨올인 인간의 '나'는 아브라함이 있기 전부터 있었다. "아브라함 있기 전부터 있는 나, 참 나, 천상천하 유아독존(天上天下 唯我獨尊)인 나다."[26]

2) 나: 주체와 전체의 일치

함석헌은 '나'를 우주의 중심과 주체로 높이 세웠으나 '나'의 역사적 시공간적 한계와 제약도 뚜렷이 밝혔다. 육체를 가진 '나'는 우주와 생명의 오랜 역사에서 지극히 작고 덧없는 존재다. 시공간의 유한 속에서 살면서 우주생명과 역사의 존엄하고 신성한 주체인 인간은 매우 역설적이고 복합적인 존재다. 함석헌은 인간의 깊은 죄를 말하고 피조물로서 작고 유한한 존재임을 강조하지만 인간을 신과 일치된 존재, 신과 통하는 존재로 본다. 신과 통하는 인간의 몸과 정신이 우주의 중심이다.[27] 인간의 마음과 정신은 하나님과 닿아있으며 통해 있다. "이 나는 작고 형편없는 듯하지만 저 영원 무한에서 잘라낸 한 토막 실오라기이다."[28] 인간은 하나의 고립된 개체가 아니라 우주의 시공간 속에서 역사와 사회 속에서 뗄 수 없이 이어지고

---

26 함석헌, "인간혁명," 『함석헌전집』 2, 79-80.
27 함석헌, "살림살이," 『함석헌전집』 2, 307.
28 같은 글, 306.

결합된 공동체적 존재다. "오늘 내가 있고 내 머리에 생각이 솟는 것은 전에 억만 생명이 살아 있었기 때문이요, 억만 마음이 생각을 했기 때문이다. 내 몸은 무한 바다의 한 물결이다. 내가 일어선 것은 내가 일어선 것이 아니요, 이 바다가 일으켜 세운 것이다."[29] 내 몸과 마음은 생명 진화의 오랜 역사를 지닌 것이다.

생명과 역사의 씨올인 나는 스스로 하는 개별적 주체이면서 통일된 전체다. 작은 하나의 인간인 '내' 속에 인류 역사 전체가 들어 있고 생명 진화의 역사 전체가 들어 있고 우주역사 전체가 들어 있다. 그러므로 '나'는 개별적이고 구체적인 작은 씨올로서의 '나'이면서 인류 역사 전체, 생명 전체, 우주 전체인 나다. 스스로 하는 주체로서의 나는 지극히 작은 존재면서 대체할 수 없는 유일하고 존귀한 존재다. 내 속에는 인류 역사, 생명 진화의 역사, 우주의 역사가 알뜰하게 살아 있으며 한없는 존재의 깊이와 무궁한 사연과 이야기가 담겨 있다. 나는 인류 역사의 아들/딸이며 생명 진화 역사의 아들이고 우주의 아들이면서 하나님의 아들이다. 제 속에 역사, 생명, 우주 전체를 품고 있는 나는 다른 너, 그와 분리될 수 없는 존재다. 생명의 본성이 스스로 하는 주체이면서 분리하거나 분해할 수 없는 통일된 전체이듯이, 생명과 역사의 씨올인 인간의 나는 대체할 수 없는 나만의 나다운 나이면서 타자인 너와 환경(밖의 생명세계)과 분리할 수 없는 전체다.

삶과 역사, 사회와 나라를 유기체적 생명체로 본 함석헌은 나와 너(타자)를 분리할 수 없는 전체 생명의 자리에서 보았다. 그러므로

---

[29] 같은 글, 304.

죄도 저마다 제가 짓고 살림도 저마다 제가 해야 하는 것이지만 책임을 지는 전체의 자리에서 보면 '네 죄, 내 죄', '내 살림, 네 살림'을 분리할 수 없다고 하였다. "짓기야 어련히 내가 지은 죄, 나 스스로 지은 죄지만, 그것이 어찌 내 죄냐? 죄다 죄가 아니냐? 내 죄, 네 죄란 것이 어디 있느냐? 죄가 네 죄 따로 내 죄가 따로라면, 살림이 네 살림, 내 살림이게ー 네 살림 따로, 내 살림 따로라면 너와 나와 상관이 없게ー 그러면 살림이랄 거 없게ー 삶이 아니게? 짓긴 내가 한 짓이어도, 지긴 다 같이 지는 짐이요, 나기는 너 나로 나왔어도, 살기는 한 나로 사는 살림이다."[30] 생명의 전체의 자리에서 생각하고 살았던 함석헌은 내 속에서 너를 보고 네 속에서 나를 보았다. "마음이 하나를 지키지 못하고 틈이 가고 끊어짐이 오면 내가 나 대로 있지 못하고 갈라짐(自我分裂)이 일어나고 너 나의 마주섬[彼我對立]이 생기고 따라서 모든 어지러움이 온다. 그러므로 무릇 진리를 찾는 자는 하나를 함으로부터 시작하여야 한다. 참을 함이 곧 길이요, 길을 찾음이 곧 나요 내가 곧 하나요, 하나가 곧 참이다."[31]

나라와 나를 일치시키고 나에서 나라가 시작한다고 보는 것은 안창호, 유영모, 함석헌이 공유하는 생각이다. 함석헌은 씨ㅇㄹ과 관련하여 이런 생각을 분명하게 밝힌다. "새 나라는 나에서 시작이다. 내가 나라다. 루이 14세는 그 말하면 죄지만, 바닥에 있는 씨ㅇㄹ이 하면 당당한 말이다. 임금은 꽃이요, 그보다도 과일 따먹은 자요, 민중은 그가 다 먹고 땅에 던진 씨다. 인이다. 인(仁)은 인야(人也)라 참이다. 다 먹고, 먹을 수 없어서 버린 것 참 아니겠나? 진리는 밑에 있다. 나

30 함석헌, "누에의 철학,"『함석헌전집』2, 18.
31 함석헌, "새 삶의 길,"『함석헌전집』2, 206.

라는 아래(下)서 난다. 올(種子)에서 난다. 자라나라고 버리니, 나지 않겠나? 내가 나라 하는데, 누가 막을 놈 있을까?"[32] 흔히 사람들은 꽃을 좋아하고 열매를 따 먹지만 씨는 땅에 버린다. 땅에 버려지고 흙 속에 묻히기 때문에 씨는 싹이 트고 자라난다. 역사와 생명의 씨 올인 민중은 땅에 버려지고 흙 속에 묻히기 때문에 생명과 정신의 싹이 트고 자라날 수 있다. 여기서 함석헌은 씨올이 싹이 트고 자라나 '나온다'는 말과 '나'와 '나라'란 말을 연결 지음으로써 나와 나라와 민중 씨올의 '나옴'(싹 터 나옴, 自覺)에 대한 민주적인 생명철학의 깨달음을 표현하였다.

나를 사랑하고 너를 사랑하라

정치 사회적으로 민은 가장 낮은 자리에 있지만 생명과 역사의 중심과 전체에서 보면 가장 높은 자리에 있다. 생명과 역사의 중심과 전체의 자리에서 생각한 함석헌은 생명과 역사의 주체인 '나'를 가장 높은 지위에 놓는다. '내'가 우주의 주인이고 만물의 왕이다. 모든 것은 인간의 "나" 안에 있다. 나를 존중하는 데서 참된 생각과 삶이 시작한다. "거울에 비치는 네 얼굴을 보라. 그것은 백 만년 비바람과 무수한 병균과 전쟁의 칼과 화약을 뚫고 나온 그 얼굴이다. 다른 모든 것 보기 전에 그것부터 보고, 다른 어떤 사람 사랑하기 전 그 얼굴부터 우선 사랑하고 절해야 한다. … 이 사람이 누구냐? 우주의 주인 하나님의 아들이다. 이 손발이 뭐 하잔 거냐? 만물의 임금 노릇 하자

---

32 함석헌, "새 나라 꿈틀거림,"『함석헌전집』2, 299.

는 것이다."[33] 우주의 주인이며 만물의 왕인 '나'는 남을 지배하고 군림하며 착취하고 희생시키는 존재가 아니라 '스스로 하고 스스로 서는' 존재다. 스스로 서는 것이 민주의 시작이다. 제 할 일을 남에게 시키는 버릇은 계급사회의 못된 습관이다. 만물의 임금인 제 몸을 제 손으로 섬기는 데서 자주와 독립의 삶은 시작된다. 함석헌은 내 몸이 세상에서 가장 존귀하기 때문에 내 몸을 내가 손수 대접하고 섬겨야 한다고 말했다. "어떻게 하면 가장 정성 있는 대접인가? 손수 함이다. 귀한 어른 대접은 심부름꾼 아니 시키는 법이다. 네 몸 대접 네가 해라. 옷·신발·모자·책상·네 방, 네 손으로 치워야 한다. 제 신발도 닦지 않는 청년이 이 다음 사회봉사, 인류공헌이라니 곧이들리지 않는 말이다. 네 몸 거둠 네가 하는 것이 데모크라시의 첫걸음이요, 하늘나라 준비다."[34]

스스로 하는 주체로서 나의 자유는 나를 내가 되게 하는 자유다. 그것은 나의 자주와 독립을 위한 자유이고 나를 깊고 높고 크게 하는 자유이며 안과 밖의 모든 속박에서 나를 자유롭게 하는 자유다. 그것은 나를 살리고 키우고 힘차게 하는 자유, 참된 나를 위한 자유다. 그러나 안과 밖의 속박에서 해방된 나의 자유는 이웃(남)을 사랑하고 섬기는 자유다. 이웃을 사랑하고 섬기는 것은 이웃의 '나'를 나(주체)로 존중하고 세우고 높이는 것이다. 나를 해방하고 남을 사랑하는 자유는 나와 남을 서로 주체가 되게 하는 자유이며 나와 남을 주체로 세우는 자유만이 나라를 바로 세운다. 함석헌에게는 나를 해방하여 바로 세우고 이웃을 사랑하고 섬김이 나라사랑의 기본이다.

---

33 함석헌, "살림살이," 313.
34 같은 글, 314.

나라는 국민 한 사람 한 사람의 '나'로 이루어진다. 나라는 모호한 감정이나 추상적인 이념 속에 있지 않다. 나라는 국민 한 사람 한 사람의 구체적인 삶 속에 있다. 나라를 사랑하려면 내 주위에서 가장 낮고 힘없는 사람을 내가 사랑하고 존중하고 섬겨야 한다. "나라 사랑하거든 네 옆의 사람부터 존경하라. 네가 만물의 왕이라면 그도 만물의 왕이다. 네 부엌에서 밥을 짓는 식모는 네 식모가 아니요, 영원한 님의 아내다. 너를 섬기기 위해 온 것이 아니라 '그이'를 모시러 왔다."[35] 나와 이웃을 서로 주체로서 존중하고 사랑하는 일은 반드시 나와 이웃 속에서 '그이'(하나님)를 발견하는 데 이른다. 그이, 하나님은 나와 이웃을 서로 주체로 세우고 높이는 이다. 그이를 모시면 나와 남을 함께 사랑하게 된다.

나와 이웃에 대한 함석헌의 이런 논의는 안창호의 애기애타를 연상시킨다. 안창호가 개인의 나에서 시작하여 민족 전체, 세계대공의 나에 이른 것처럼 함석헌도 개인의 나에서 시작하여 민족 전체, 세계 전체의 나에 이르렀다. 나는 '나, 너'를 넘어서 전체의 자리에 서야 한다. 안창호는 애기애타를 말하기 전에 먼저 '하늘을 체험하여 차별 없는 사랑'(體天同仁)을 말하였다. 나와 이웃(남)을 서로 주체로 존중하고 사랑하고 높이 세우려면 차별 없는 사랑을 베푸는 하늘의 심정과 자리를 가져야 한다. 함석헌이 말하는 그이는 안창호가 말하는 체천동인의 경지와 자리를 나타낸다. 안창호가 나를 사랑하는 애기에서 체천동인의 세계대공에 이르렀다면, 함석헌은 내 몸을 공경하고 내 얼굴을 사랑하는 데서 시작하여 나 너를 초월한 그이의 자

---

35 같은 글, 314.

리에서 원수를 사랑하는 전체의 사랑에 이르렀다. 그 깊이와 폭에서 안창호의 애기애타와 함석헌의 나 너 사랑은 같다.

그러나 안창호가 민족의 독립과 통일이라는 구체적이고 현실적인 과제에 집중했다면 유영모와 함석헌은 생명과 정신의 깊이와 높이를 더욱 추구했다. 함석헌은 역사 사회의 차원을 넘어서 유영모의 영성적 차원에 이른다. '나는 나다!', "내가 길이요 진리요 생명이다"라고 유영모가 내세운 것처럼 함석헌도 '나는 나다!', "내가 길이요 진리요 생명이다"라고 주장했다. 삶과 역사와 우주의 중심에서 유영모가 얼 나를 말한 것처럼 함석헌은 얼 힘을 기르는 데 집중한다. 얼의 나는 하늘, 하나님과 일치된다. 내 속에 무한 영원 하늘이 있다. 하나님과 일치되어 얼 나의 힘을 가진 사람은 자신과 세상을 새롭게 지어갈 수 있다.

나와 하나님의 다름과 일치

함석헌은 생명과 역사의 씨올인 '나'와 하나님을 일치시킨다. 함석헌은 인간의 깊은 죄를 말하고 피조물로서 작고 유한한 존재임을 강조하지만 인간을 신과 일치된 존재, 신과 통하는 존재로 본다. '나'와 하나님의 관계는 매우 역설적이다. 함석헌에게는 하나님에 대한 믿음도 스스로 함의 원리를 철저히 적용한 것이다. 하나님을 믿는 것은 나의 주체성을 세우는 것이다. 하나님 믿음이 나를 믿음(自信)이다. "하나님을 믿는다는 것은 내가 하나님의 씨임을… 믿음이다. … 내가 하나님을 믿을 뿐 아니라 하나님이 나를 믿어주게 되어야 참 믿음이다."[36] 하나님을 믿음이 나를 바로 세움이다. 하나님을 믿음은 나를 속박하는 게 아니라 참과 사랑에로 나를 해방함이다. 하나님을 믿는 것이 모든 일을 하나님께 맡기고 행동을 포기하는 게 아니다. "하나님을 믿는 것은 손을 묶고 앉는 일이 아니라 도리어 인간으로서 활동을 힘껏 하기 위해 생사성패를 하나님께 맡기는 일이다."[37] 그러므로 하나님과 내가 서로 다르면서도 믿음 안에서 하나로 통한다. 그런 의미에서 "믿음엔 주격도 없고 목적격도 없다."[38] "믿음이 곧 하나님이다."[39]

그러나 지극히 작고 유한하며 덧없는 '나'와 영원무한하고 절대인 하나님 사이에는 역설적 관계가 성립된다. "절대자가 제게서 떨어져 절대 먼 거리에 있음을 알 때 이상하게도… 제 안에 (절대자가) 있음을 알게 된다. 절대로 먼 곳은 절대로 가까운 곳이다."[40] 유한한 인간의 '나'는 무한한 하나님과 직접 동일시할 수 없다. "사람이 곧 하나님이다… 하는 말은 사실을 무시한 과학적이 아닌 말이다."[41] 그러나 인간은 유한하고 약한, 작고 덧없는 존재지만 제 속에 영원한 생명의 씨올을 품고 있다. 생명과 역사의 참된 주체와 전체를 드러내는 씨올인 '나' 밖에서는 생의 참된 주체와 전체인 하나님을 볼 수도 만날 수도 없다. '내' 속에서 하나님을 만나고 볼 수 있으므로, 참된 나(주체)를 보는 것은 곧 내 존재의 근원과 목적인 하나님(아버지, 전체)을 보는 것이다. 나와 하나님을 직결시키는 함석헌에게는 일상생활

---

36 함석헌, 『함석헌전집』, 337.

37 함석헌, "한국 기독교는 무엇을 하고 있는가?," 『함석헌전집』 3, 40.

38 함석헌, "창세기의 현대적 의미," 『함석헌전집 15: 말씀/퀘이커 300년』, 89.

39 함석헌, "종교인은 죽었다," 『함석헌전집』 3, 282.

40 함석헌, 『함석헌전집』 4, 389.

41 함석헌, 『함석헌전집』 1, 50.

과 종교와 혁명이 하나다. "나 봄이 아버지(全體) 봄이라면, 나 함이 곧 아버지 함이다. 밥 먹음이 곧 제사요, 옷 입음이 곧 미사요, 심부름이 곧 영예요(service), 정치가 곧 종교다(まつりごと). 그러면 혁명은 어쩔 수 없이 종교와 연결될 수밖에 없다. 혁명이 종교요, 종교가 혁명이다. 나라를 고치면 혁명이요, 나를 고치면 종교다. 종교는 아낙이요, 혁명은 바깥이다."[42]

얼 힘이 참 나다

나는 누구인가? 생명의 주체로서 나는 하나로 통합된 전체의 통일된 초점이다. 나는 생명의 주체와 전체의 통일이다. 주체로서 나는 대체할 수 없는 존재이고 전체로서 나는 분리될 수 없는 서로 연결되고 통합된 존재다. 생명의 주체와 전체의 일치 속에서 진화와 고양의 길을 가는 씨올은 스스로 하는 주체이면서 통일된 전체다. 주체와 전체의 통일로서 나는 역사 전체, 사회 전체, 나라 전체, 우주 전체와 하나로 이어지고 직결되어 있다. 나는 하나님과 하나로 이어지고 직결된 존재다. 나는 작은 나이면서 큰 나(전체의 나), 한 나(하나님의 나)이다.

인간 영혼의 정점에서 하나님과 통하는 한 점에서 인간의 얼과 정신에서 하나님과 일치하고 통하면 무한한 얼 힘, 영적 힘이 나온다. (하나님과 일치된) 나를, 나의 기운을 펴야 한다. 하나님과 일치된 나를 펴기만 하면 우주와 역사를 돌릴 수 있는 힘을 얻는다. "하나님과

---

42 함석헌, "인간혁명," 79-80.

직접 연락된 내가 '한' 곧 큰 것이요, 그 직선을 중축으로 삼으면 온 우주를 돌릴 수 있다."[43] 나와 하나님이 하나로 통일될 때 우주를 움직이고 창조할 수 있다. 신과 나를 하나로 되게 하는 힘이 얼이다. 얼 힘을 기르는 것이 인생과 역사의 목적이다. 얼 힘이 모든 힘의 물 둥지다. 모든 지식, 문화, 기술, 정신은 모두 얼을 통해서 전해지고 길러진다.[44] 얼은 주체와 전체의 일치를 이루는 가장 깊은 정신이다. 내 주체의 깊은 내면에서 얼 힘에 이르고 얼 힘은 하나님 성령과 통하게 한다.

함석헌의 시 '살림살이'의 첫머리는 이렇게 시작한다. "영원무한 산 얼에서 잘라 내인 이 한 토막 인생이라 이름하니 다시없는 살림이라. 다시없는 이 살림을 없이 봐온 오천 년에 쭈그러져 쪼든 생명 어이 다시 살려낼꼬."[45] 물질 안에서 물질을 초월한 생명은 물질적 차원과 비물질적 차원을 함께 지닌 것이다. 생성 소멸하는 물질적 차원은 유한하고 비물질적 차원은 영원무한하다. 인간의 생명과 정신은 물질과 육체 안에 있지만 물질이 아닌 영원 무한한 차원을 가진 것이다. 얼은 생명의 물질적 차원을 아우르면서도 영원 무한한 차원을 나타낸다. 그 영원 무한한 차원이 하늘, 하나님, '영원무한 산 얼'이다. 사람은 영원 무한한 산 얼이 제 속에 살아 있음을 자각하고 그 얼이 몸과 맘에 힘 있게 살게 해야 한다.

얼과 정신은 주체이고 '나'다. '나'는 물질의 주체이며, 스스로 하는 자유로운 인격이다. 물질과 현상에는 까닭(원인, 인과관계)이 있으나

---

[43] 함석헌, "씨올의 설움,"『함석헌전집』4, 65.

[44] 함석헌, "살림살이," 303.

[45] 함석헌, "살림살이"(詩),『함석헌전집』6, 42.

정신(얼)에는 까닭이 없다. 정신은 참된 주체이고 참된 전체이기 때문이다. 정신의 원인과 결과, 이유와 까닭이 정신 속에 있다. 그러므로 함석헌은 저 자신이 저의 까닭이라고 말했다.[46] 원인과 결과 이유와 까닭을 제 안에 가진 인간은 물질의 종이 아니라 주인이다. 물질과 자연 현상은 인과관계의 사슬과 법칙에 매여 있으나 마음, 정신, 신은 원인, 까닭 없이 스스로 자유롭게 있다. 마음과 정신은 까닭을 밖에 갖지 않고 자기 안에 갖는다. 제가 삶의 이유이고 동인이다. 제가 곧 까닭이다. 그러므로 자유다. 함석헌의 '나' 철학에서 결정론은 없다. '나' 밖의 전통과 권위도 없다. '나' 아닌 물질을 형성화한 모든 우상은 부서진다. 얼의 나는 밖의 전통과 권위, 온갖 우상을 깨트리고 참된 초월자인 하나님과 소통한다.

육체와 정신을 통전시키는 얼 힘

스스로 하는 주체의 원리를 강조하면서 전체의 자리에서 생각한 함석헌은 우주, 생명, 역사, 신을 통합적으로 파악하였고 물질과 정신, 현실과 관념(생각, 뜻)을 통전적으로 보았다. 그는 주체로서의 정신을 최대한 강조하면서도 물질적이고 육체적인 몸을 극진하게 강조하였다. 그는 육체와 정신, 주체와 전체를 모두 몸으로 표현하였다. 주체로서의 몸은 전심(全心)이고 전체로서의 몸은 생명의 님(하나님)이다. "두 몸이 한 몸이 된다는 것은… 몸[全心]이 몸[全體] 안 전체에 있고 몸[全體]이 몸[全心] 안에 '있음'이다. 전심(全心)은 나요, 전

---

46 함석헌, "인간혁명," 95-96.

체(全體)는 님이다. 내가 하나님 안에 있고 하나님이 내 안에 '있음'이다."[47] 다만 그는 정신과 뜻에 비추어, 정신과 뜻을 통해서 주체인 '나'의 자리에서 물질과 현실을 본다. "몸과 마음에는 떼지 못하는 관계가 있다. 인격은 몸·마음이 하나 된 것이다. … 우주가 무한하다 하여도 그 중심은 나요, 만물이 수없이 버려져 있다 하여도 그것을 알고 쓰는 것은 나다. 내가 스스로 내 몸의 귀함을 알아야 한다. 욕심의 하자는 대로 끌려내 몸을 허투루 다루는 것은 내 몸을 천대함이다. 중심이 되고 주인이 되는 이 몸, 이 마음을 허투루 하면 우주와 만물은 차례와 뜻을 잃고 어지러워지고 맞부딪칠 수밖에 없을 것이다. 몸조심이란 몸 공경이다."[48]

우주와 역사를 주체의 자리에서 본 함석헌은 나아가서 전체인 하나님과 하나님의 사랑(아가페)의 관점에서 우주와 역사, 생명을 보았다.[49] 따라서 주체인 '나'와 전체인 하나님은 직결되어 있다. 하나님을 부르면 '나'와 우주가 하나로 통전된다. 믿음은 주체인 내가 전체의 자리에 서는 것이다. 믿음의 주체성과 전체성을 강조한 함석헌은 인간의 본 바탈을 창조적 지성, 이성으로 봄으로써 믿음과 이성을 긴밀히 관련지었다. 생각하는 이성은 주체와 전체의 일치로서의 믿음을 모호한 감정에서 벗어나 맑고 투명하고 보편적이게 한다. 함석헌이 추구한 생명과 정신의 세계는 깊고 높은 영의 세계이면서 맑고 투명하고 보편적인 이성의 세계다. 이성적인 생각이 우주와 생명의 신비한 세계를 여는 열쇠다. 1955년에 쓴 글 "말씀, 말"에서는 이성으

---

47 함석헌, "새 삶의 길,"『함석헌전집』2, 205.
48 함석헌, "살림살이," 313; "새 나라 꿈틀거림,"『함석헌전집』2, 262.
49 함석헌, "성서적 입장에서 본 세계역사," 14-15.

로만 하나님의 영을 받을 수 있다고 했다.[50] 생각과 믿음이 만나서 내 속에서 열린 세계는 통합적이고 보편적인 세계다. 내 속에 열린 세계와 밖의 세계가 하나로 되며, 나의 몸은 우주 전체와 일치하고 공명하게 된다. 하나님, 전체, 우주를 모신 '나'의 몸, 맘이 우주의 중심이다. '나'의 코로 쉬는 숨은 우주의 숨이다. 함석헌은 나와 우주의 일치와 공명을 이렇게 말한다. "내가 하나님의 콧구멍이요, 우주의 숨통이다."[51] 생명의 주체와 전체가 일치하고, 우주와 생명, 역사와 신이 일치하고 통합되는 자리가 인간 영혼의 정점인 얼이다. 인간 영혼의 정점에서 인간의 정신과 하나님이 일치하고 통하면 무한한 얼 힘, 영적 힘이 나온다. 그러므로 함석헌은 하나님과 일치된 나(생명의 얼과 靈氣)를 펴기만 하면 우주와 역사를 돌릴 수 있는 힘을 얻는다고 하였다.

함석헌은 생명의 주체와 전체의 일치(하나님, 얼)가 모든 존재와 생명의 궁극적인 실체이고 근원이며 목적이라고 하였다. 스스로 하는 주체와 하나로 이어지고 통하는 전체는 진선미성(眞善美聖)의 실체이며 근원이다.

함석헌은 생명과 정신의 주체와 전체의 일치인 '나'의 속에서 하나님을 보았고 하나님에게서 진선미성을 보았다. 주체와 전체의 일치인 '나'에서 '스스로 함'의 원리가 나온다. 스스로 함은 자유의 원리, 신앙의 원리, 사랑의 원리이다. 이것은 나와 남(적)을 폭력으로 강제하지 않고 서로 주체로서 존중하고 사랑하는 저항의 원리, 비폭력 평화의 원리이다. 이것이 반국가주의와 세계평화주의의 원리이

---

50 함석헌, "말씀, 말," 369-370.
51 함석헌, "살림살이," 307.

며 기초이다. 이것은 생명과 정신을 가장 온전하고 아름답게 실현하고 완성하는 원리다. 생명의 관점에서 보면 스스로 하는 주체적인 것만이 참이고 선이고 아름다움이며 하나로 통일된 전체만이 참되고 선하고 아름다운 것이다. 인간의 생명과 정신을 물질과 기계에 예속시키고 굴복시키는 것이 악이고 더러운 것이고 추한 것이다. 생명과 정신을 물질과 기계 위에 높이 세우고 주인과 주체로서 물질과 기계를 잘 부리고 쓰는 것이 선이고 깨끗하고 아름다운 것이다. 주체와 전체를 통일한 '나' 속에 하나님이 계시므로 참된 주체는 전체와 하나이며 참된 전체는 주체를 살리고 새롭게 하고 고양시킨다. 그러므로 주체와 전체의 일치를 이룬 참 나는 진실하고 선하고 아름답고 거룩한 것이다.

3) 나: 진화와 창조의 수단과 목적

생명은 자기 자신에게 집착하지 않고 늘 새롭게 되는 것이고, 과거와 현재에 머무름 없이 나아가는 것이다. 생명은 폭발하는 원인을 제 속에 가진 것이며 그렇기 때문에 과거와 현재의 주어진 현실에 저항하고 나아가는 것이다. 생명의 중심과 주체는 '나'(자아)이므로 생명은 자기 자신에게 저항하고 자신을 박차고 나아가는 것이다. 함석헌은 '저항의 철학'에서 생명과 정신의 본질은 결국 자아에 대한 반발과 저항에 있다고 하였다. "자연력에 걸러대다가, 인간과 인간끼리, 인격과 인격끼리 걸러대는 것이 대부분의 인간 활동이지만 더 깊이 들어가면 정말은 자아에 대한 반발이다. 때는 밖에서 온 것이 아니라 내 살이 죽은 것이요, 악은 누가 가져다 준 것이 아니라, 죽은 선, 곧 할 것을 다 하고 난 나 자신이다. 나는 거기 저항하는 자다."[52]
생명과 정신에게 죄와 악은 죽은 과거에 사로잡힌 나 자신이고, 나
의 얼과 혼이 물질과 제도에 예속된 것이다. 현재의 조건과 현실에
매인 자신에게 안주하여 더 나은 나가 되지 않는 것이 악이고 죄다.
하늘(하나님)을 향해 솟아올라 나아감으로써 더 나은 새로운 나가 되
는 것이 선하고 아름다운 것이다.

   씨올은 생명의 낡은 껍질을 깨트리고 스스로 죽음으로써 새 생명
을 낳는다. 생명과 역사의 씨올로서 나는 낡은 나를 부정하고 깨트
리고 죽임으로써 물질과 육체의 제한과 속박을 넘어서 생명을 이어
가고, 생명을 이어갈 뿐 아니라 새로운 나와 새로운 역사를 낳는다.
내가 나의 목적이고 수단이다. 나는 나를 위해 나를 버리고 희생하
는 존재다. 역사의 씨올(실체)인 나는 나를 낳고 역사를 낳는 주체이
며 더 나아가서 새 나를 창조하고 새 역사를 짓는 모체이고 역사를
이어가고 전달하는 매체다. 생명은 직접 자기를 연장하고 확대하고
번식하지 않고 작은 씨올 속에 담아서 이어가고 번식하고 확산하며
진화하고 고양된다. 씨올을 통해서 진화하고 번식함으로써 생명은
죽음과 신생의 길을 갈 수 있게 되었다. 씨올은 생명의 역사와 진리
를 담고 있다. 함석헌은 생명과 역사의 씨올인 '나'를 '알우주'(小宇宙)
라고 한다. "'나'는 곧 알우주(小宇宙)임을 나도 압니다. 세계의 구원
과 멸망이 곧 내게 있다 할 수 있습니다. 그러나 그 나는 알이요 씨
지, 다 자란 세계가 아닙니다. 그것은 싹터, 자라야 하는 것입니다."
씨올은 하늘로부터 주어진 것이고, 자연 그대로 타고난 것이지만,

---

52 함석헌, "저항의 철학," 『함석헌전집』 2, 176-177.

주어진 그대로 자연 그대로 머물러 있을 수 없는 것이다. 씨올은 깨지고 죽음으로써 탈바꿈하고 새롭게 더 크게 태어나야 하는 것이다. 씨올은 생명의 죽음과 신생, 진화와 혁신을 나타낸다. 생명과 역사의 씨올이기 때문에 인간은 자기를 버리고 죽어서 새롭게 태어나야 한다. 인간이 자연 그대로 주어진 그대로 머물러 있거나 주어진 자아를 절대화하고 이상화하면 그 자아는 생명력을 잃고 곯아버리고 부패하고 만다. "어떤 개인도 '내가 곧 우주다' 하는 순간 그만 곯아버리고 싹틀 힘을 잃어버립니다. … 개인의 싹이 터야만, 알로서의 있음을 잃어버리고 역사 속에서 나와서만. 참 사람이 될 수 있습니다." 함석헌은 그리스도의 십자가 죽음을 씨올의 죽음으로 이해한다. "십자가란 곧 이것 아닌가 합니다. 알(씨)이 땅에 떨어져 싹이 트는 일입니다. 그래서 '어찌 나를 버리시나이까' 한지도 모릅니다. 그것은 알 그리스도가 터져 참 그리스도가 되는 소리 아닐까요?"[53]

생명의 주체와 전체의 일치인 씨올은 결코 소극적이고 수동적인 존재가 아니라 능동적이고 창조적인 주체다. 생명의 주체와 전체의 일치인 내가 나의 창조자이고 피조물이며 내가 나의 억압자이고 해방자다. 내가 나를 찾고 나를 탈바꿈시키고 진화·갱신시키고, 내가 나를 창조하고 극복 초월하고 해방하고 구원한다. 내가 나를 모르고 잃어버린 것이 역사의 모든 고난과 질병의 근원이고 모든 죄악의 원천이다. 물질과 본능의 주인과 주체인 내가 물질과 본능의 종살이를 하는 것이 나를 잊고 잃고 버린 것이다. 내가 나를 극복하고 희생하여 나를 새롭게 낳고 창조하고 고양 초월해야 한다. 내가 나를 창조

---

53 함석헌, "역사적인 것," 『함석헌전집』 5, 299.

하고 변혁하는 주체이므로 내가 나를 자르고 버리고 죽이고 초월한다. "자를 곳은 한 곳뿐이다. 이 '나'다. 천지간에 만물이 있어도 내 마음이 마음대로 할 수 있는 것은 이 나뿐이다. 죽으면 이 '나'가 죽어야지, 누구더러 죽으라 할 권리가 없다. 그것을 알고 전체를 놓아 살려 주기 위해 '나'를 죽을 것으로 단정하고 자른 것이 예수다. 그런데 재미있는 것이 생명이다. 신비로운 것은 정신이다. 나를 자르면 거기서 새싹이 돋는다."[54]

그러므로 역사의 심판과 창조가 이루어지는 자리는 내 몸과 맘, 나 자신이다. 내 몸과 맘에서 얼과 혼에서 역사가 심판받고 창조된다. 역사의 심판과 창조가 이루어지는 자리인 '나'는 관념적이고 추상적인 존재가 아니라 역사의 현실 속에 살아가는 구체적이고 집단적인 민중의 '나'다. 민중을 역사의 중심과 주체로 보고 하나님과 직결시킨 함석헌은 민중이 역사를 변혁하고 창조한다고 보았다. 역사의 주체이며 실체인 민중은 역사의 심판자이면서 역사적 심판의 대상이다. 역사의 씨올인 민중은 역사 그 자체다. "너는 씨올 앞선 영원의 총결산, 뒤에 올 영원의 맨 꼭지… 지나온 5천 년 역사가 네 속에 있다. … 민중의 자궁 속에 새 시대의 아들이 설어진다."[55] 그에게 민중은 역사 속에서 주도적인 역할을 하는 존재로 머물지 않는다. 민중은 역사의 중심이며 역사 자체가 민중 속에 있다. 그리고 민중이 역사를 낳는다. 그런 의미에서 "씨올은 (역사의) 어머니인 동시에 아들이다. 시간마다 역사의 심판, 우주의 창조, 역사의 출발이다."[56]

---

[54] 함석헌, "새 나라 꿈틀거림," 299.

[55] 함석헌, "씨올의 설움," 76.

[56] 함석헌, "씨올 교육을 하라," 『함석헌전집』 8, 252.

역사의 심판과 창조, 새로운 판단과 해석이 이루어지는 자리는 민중의 삶이며 민중의 몸이고 맘이다. 따라서 함석헌은 "낡은 역사책을 모두 불살라 버려라"고 한다. 민중의 몸과 맘, 민중의 일상생활 자체가 참된 역사다. 민중의 생활 속에 몸과 맘속에 생명과 정신의 역사가 새겨져 있다. "새 역사를 쓰자. 그것 내놓고 사료가 어디 있느냐? 걱정마라. 말하는 3천만 산 역사가 있지 않나? 이 나라의 지도자라 하고 다스린다는 놈들이 돈에 팔리고 권세에 팔려 역사를 삐뚤어지게 쓰고 있는 동안 무식한 민중은 무식하기 때문에 붓과 먹으로 쓰지 않고 피와 땀으로 쓴 역사를 석실(石室) 아닌 육실(肉室)에, 골실에, 그래 탑의 지성소(至聖所)에 감추어 지켜왔다. 문헌의 역사에서는 독립이 없어졌어도 여기는 독립한 민족이 있다. 돌에 아로새겼던 문화는 망가졌어도 여기는 유전 속에 깊이 묻혀 있어 캐내는 날을 기다리는 산 문화가 있다." 민중의 삶 속에 몸과 맘속에 역사를 해석하고 심판하고 창조하는 자리가 있다. "이 자리에 서서, 막막 우주에 여기밖에 없는 이 자리에 서서 새 역사를 쓰고 짓자. 생명이 말씀에 있으니… 거기서는 역사해석이 곧 역사요, 역사지음이 곧 뜻이다. 이 자리에, 너 위에 서라. 거기가 우주의 중심이요, 거기가 과거와 미래가 다 내다뵈는 점이요, 거기가 시(時)·공(空)이 한데 맞닿는 원추의 정점이요, 거기가 하나님이 계신 곳이다. 거기서 창조가 나오고 심판이 이루어진다. 나는 하나님 안에 있고 하나님은 내 안에 있다. 하나님 없이 나 없지만, 나 없이 하나님도 없다."[57]

---

57 함석헌, "우리 역사와 민족의 생활신념," 『함석헌전집』 1, 373-374.

나와 싸우다

생명과 인간은 자기를 스스로 형성해 왔다. 자기가 자기의 창조자이고 피조물이다. 생명은 창조자인 자기와 피조물인 자기의 싸움이다. 그 싸움은 하늘과 땅, 하나님과 인간, 무한과 유한, 정신과 물질, 얼과 육체의 싸움이고 협동이며 구별이고 종합이다. 이것은 이기고 지는 싸움이 아니라 함께 이기고 함께 지는 싸움이다. 이 싸움을 통해서 정신과 물질, 얼과 육체는 서로 이기고 살아야 하며 서로 이기고 살기 위해서는 서로 져서 비우고 낮아져야 한다. 물질과 육체는 생명과 정신으로 탈바꿈하고 승화 고양되어야 하며 하늘의 얼은 땅의 흙 속에 묻히고 육체와 하나로 되어야 한다. 이 싸움은 물질적 육체적 본능적 감정적인 개체의 '나'가 정신적 영적 신적인 전체(하나님)의 '나'로 탈바꿈하고 승화 고양되는 싸움이다.

함석헌은 생명을 나와 나의 싸움으로 보았다. 생명을 가진 인간은 생명의 싸움을 피하거나 외면할 수 없다. 생명은 낳고 죽고 다시 살고 다시 죽는 끊임없는 과정을 통해 중단 없이 생명의 싸움을 이어가는 것이다. 이 생명의 싸움은 남이 할 수 없고 나만 할 수 있고 내가 해야 하는 것이다. 이것은 오래 붙잡고 견디면 반드시 이기는 싸움이다. 오래 하면 뚫린다. 왜 그런가? 영원 무한과 유한의 싸움, 하나님과 물질의 싸움이기 때문이다. 함석헌은 "줄을 하나 잡았다"고 하였다. 어떤 줄인가? 영원 무한한 생명인 '얼의 줄'이다. 이 얼의 줄을 잡고 싸우는 사람은 질 수 없는 싸움을 싸우는 것이다. "무는 유보다 크다. 무한히 잡는 놈, 지키는 놈한테는 견딜 자가 없다. 놓지 않는 야곱에게는 하나님도 못 견딘다. 하나님과 영원 무한 절대와 씨름을 하잔 것이 생명이요 도(道)다. 씨름하는 밖에 씨름하는 자가 따로 있는 것도 아니요, 이기는 자밖에 진 자가 따로 있는 것도 아니다."[58] 내가 나를 낳고 짓고 만들고 형성한다. 정신과 물질, 영과 육, 얼과 몸의 싸움, 무한과 유한, 하나님과 인간의 싸움. 이것은 하나님, 무한에 이르는 얼의 줄을 잡고 끝까지 싸우면 이기는 싸움이다.

스스로 함의 주체로서 '나'는 개체이면서 전체다. '나'는 자기부정과 죽임을 통해서 참된 나, 전체로서의 나로 드러난다. 자기를 깨트리고 죽임으로써 새로운 나에 이르는 함석헌의 주체 이해는 타자와 맞서고 타자를 정복하고 희생시키면서 자아의 실현과 확장을 추구한 서구의 근대적 주체 이해와는 다르다. 함석헌에게 '나'의 주체성은 본능적 욕망과 감정의 굴레에 갇히거나 이성적 관념과 논리의 평면에 갇히지 않는다. 그것은 무한한 깊이와 초월, 절대와 순수를 지향하며, 구도자적 자유와 평화, 사랑을 추구한 공동체적 개방성을 지닌다. 함석헌의 '나'는 타자를 향해 무한히 열려 있다. 함석헌에게서 '나'는 초월적 타자(하나님)와 인격적 관계 속에 있으며, 사회적 타자(이웃)와의 일치와 상생을 지향한다.[59]

---

[58] 함석헌, "살림살이," 325.

[59] 서구의 대표적인 신과학적 생태주의 사상가 에리히 얀치의 사상은 소크라테스의 "너 자신을 알아라"는 자기 개념 그리고 이를 계승하여 발전시킨 헤겔의 "자기의식" 철학적 전통에 서 있다. 얀치의 우주는 헤겔에 의해 대표되는 모놀로그의 신령(神靈)이다. 그러나 한국적 사유인 동학사상에서는 한울'님'과의 대화의 길이 열려 있다. 이준모, 『밀알의 노동과 共進化의 教育』(한국신학연구소, 1994), 274.

4) 나의 속 생명의 바다에서 생각으로 나를 낚다

함석헌은 나의 본성 속 생명의 바다에서 생각으로 나를 낚는다고
했다. 그는 생각의 철학자였다. 그에게 생각은 나를 살리는 행위이
면서 나를 찾고 만나고 나를 부정하고 초월하며 나를 새롭게 하고
창조하는 주체적 행위였다.

생각하는 씨올

함석헌에 의하면 생각은 거짓된 '나'로부터 '참된 나'로의 회개이
며 '나'를 파고들어 '나'의 '주체'를 세우는 일이다. 생각은 내 생명의
씨올 속에 내재한 무한한 힘을 깨닫는 일이며 그런 위대한 힘을 지
닌 자아를 해방시키는 일이다.[60] 역사적 실천의 주체가 되기 위해서
도 생각해야 한다. 역사의 주체가 되려면 과거, 현재, 미래를 잇는 역
사의 의미를 알아야 하며 역사의 의미를 알려면 "현실(의 사건)을 씹
어야(생각해야)" 한다.[61] 그러므로 생명과 역사의 씨올인 인간은 개인
의 삶에서나 역사의 삶에서 생각하면 살고 생각하지 않으면 죽는다.
함석헌에게 생각은 생명의 근본행위이며 결코 수학적 계산체계와
기하학적 평면공간에서 이루어지는 관념적이고 조작적인 추상적이
고 논리적인 사유만이 아니다. 생각은 생명을 살리는 행위이며 생명
이 생명을 심화하고 고양하며 진화와 신생에 이르는 생명의 주체적
이고 창조적 행위다.

---

60 함석헌, "낡고도 새로운 계명," 『함석헌전집』 8, 241.
61 함석헌, "생각하는 씨올이라야 산다," 56.

함석헌에게 인간의 참된 주체적 행위는 생각하는 것뿐이다. 사회적 지위와 재산이 내게 속한 나만의 것이라고는 할 수 없다. 먹고 입고 자는 행위도 반드시 나 혼자 힘으로 하는 나만의 행위가 아니다. 먹고 싸는 일, 숨 쉬는 일까지도 나의 의식적인 노력에 의해 된다기보다 자율 신경의 작동에 의해 본능적으로 기계적으로 이루어진다. 심리 상태, 의식과 지식마저도 아니 내 몸조차도 나 자신의 것이라고 할 수 없다. 이 모든 것은 남에게 의존한 것이거나 남에게서 받은 것이다. 그러나 지금 이 순간에 내가 하는 생각하는 행위 자체는 참된 의미에서 내가 하는 것이다. 생각하는 일만은 나의 의식적인 노력에 의해 이루어진다고 함석헌은 말하였다.[62] 생각하는 것은 나의 존재를 증명하는 것이 아니라 내가 나임을 증명하고 드러내는 것이다. 그것은 내가 나다운 나임을 드러내는 것이고 내가 나로서 살아 있음을 알리는 것이며 내가 나로서 살아 있게 하는 것이다. 그러므로 함석헌은 생각하는 씨올(사람)이라야 살 수 있다고 했다.[63] 생각은 나를 나가 되게 하는 것이고 나를 살리는 것이다.

함석헌에 의하면 생각에는 두 종류가 있다. '하는 생각'과 '나는 생각'이다. 생각을 하는 것은 '나는 생각'을 받기 위한 것이다.[64] 씨올 사상에서 말하는 '생각'은 결코 논리적 사변도 아니고 사변적 유희도 아니다. 그것은 살아 있는 하나님의 말씀, 시대의 소리, 씨올의 소리를 알리는 우주의 안테나에 주파수를 맞추는 일이다. 그러므로 생각

---

62 소수의 사람들이 있는 자리에서 함석헌이 '생각하는 것'만이 '나'의 고유한 행위라고 말하는 것을 나는 들었다.

63 함석헌, "생각하는 씨올이라야 산다," 56-58.

64 함석헌, "생각하는 씨올이라야 산다," 57.

은 씨올의 소리를 붙잡는 것, 시대의 부름에 나의 마음과 몸을 순복시키는 것이다. 그것은 나와 하늘과 역사를 하나로 꿰뚫는 일이다.[65] 따라서 생각은 이성적 차원에 머물지 않고 정신(영)의 차원으로 솟아오르는 행위이고 역사적 실천에 직결되는 것이다.

씨올사상의 초점은 생각하는 씨올에 있다. 함석헌은 1950년대 후반부터 줄기차게 "생각하는 백성이라야 산다", "생각하는 씨올이라야 산다"고 외쳤다. 생명이 주체와 전체의 일치이듯이 생명의 행위인 생각은 개별적 주체의 행위이면서 생명 전체의 행위다. 씨올로서의 인간이 개체이면서 전체이듯이, 생각의 주체는 개인이면서 전체다.[66] 과거에는 개인이 생각의 주체였으나 오늘날에는 개인의 생각 속에 공동체 전체의 생각이 들어 있다. 민족과 인류가 유기적인 공동체로 되는 도정에 있으므로 공동체적인 생각을 할 수밖에 없다.[67] 씨올은 개인의 주체 속에서 전체를 사는 존재이므로 씨올의 생각은 개별적 인간의 개성적이고 창조적인 행위이면서 공동체 전체의 행위여야 한다. 그러나 전체가 생각의 주체라고 해서 획일적인 전체주의적 사고에 빠지는 것은 아니다. 함석헌에 의하면 씨올 하나하나가 제 나름으로 참되게 생각할 때 비로소 전체의 생각에 이를 수 있다. 주체적인 생각만이 공동체적 생각으로 될 수 있다. 함석헌은 생각의 주체성과 공동체성을 함께 강조한다. 우리 시대에 우리가 해야 할 가장 새롭고 가장 큰 일은 전체로서 생각하는 일이라고 하였다.

---

65 함석헌, "잊을 것 못 잊을 것,"『함석헌전집』8, 174.
66 함석헌, "사랑의 빛,"『함석헌전집』8, 384.
67 함석헌, "역사 속의 민족관,"『함석헌전집』12, 134-138.

이제 우리는 가장 새 일, 가장 큰 일을 해야 합니다. 생각을 전체로서 하는 일입니다. … 만일 그 일을 못한다면 이때까지 십만 년 백만 년 해온 생각, 수양, 요가, 참선, 기도, 성령이 다 무의미합니다. 역사 속에 있어서의 민족관이 문제 아닙니다. 전체관입니다. 스스로 사는 전체, 생각하는 전체, 그래서 자기 초월을 하는 전체입니다.[68]

안창호는 나라와 민족을 구하기 위해서 민족의 독립과 통일을 위해서 민족과 내가 살기 위해서 생각하고 또 생각하지 않으면 안 되었다. 유영모와 함석헌에게 생각은 생명의 근본행위다. 생명과 정신의 본성과 사명은 낡은 육체적 자기와 새로운 영적 자기의 싸움을 통해서 자기를 부정하고 초월하여, 갱신하고 변화시켜서 새로운 자기가 되는 것이다. 또한 거꾸로 물질과 육체 속에 얼 생명이 깃들고 뿌리가 내리고 싹이 트고 꽃과 열매가 맺게 하는 것이 생명의 근본활동이며 과제다. 생각은 물질과 정신, 육체와 영, 인간과 하나님의 끊임없는 대화와 소통이다. 생각은 이러한 양면적인 쌍방향 생명활동의 근본행위다. 생명활동의 근본행위인 생각의 주체는 이성이 아니라 생명 그 자체. 함석헌에게 생각한다는 것은 이성의 사변적 행위가 아니라 살아 있음의 가장 진실한 표현이고 생명과 정신의 알뜰하고 순수한 행위다. 생각 속에는 물질적 육체적 차원, 욕망과 감정의 차원, 지성과 영성의 차원이 모두 담겨 있다. 생각은 주체의 나와 전체의 나를 함께 드러내고 표현하고 실현하는 것이다.

함석헌에게 생각은 관념과 추론, 이해와 설명만이 아니다. 그것은

---

68 함석헌, "역사 속의 민족관," 137-138.

자신을 자각하고 형성하는 생명 전체의 존재론적 행위다. 생각하는
것은 낡고 거짓된 나를 부정하고 깨트리고 버리는 일이고 새롭고 참
된 나를 찾고 내가 되고 나를 새롭게 만드는 일이다. 나를 찾고 내가
되고 나를 새롭게 만드는 일은 수학적 계산적 이성의 인식론적 관념
행위가 아니다. 수학적 이성, 도구적 이성은 주체와 전체의 나를 찾
을 수 없고 나를 만날 수도 없고 나를 초월할 수도 없으며 새롭게 나
를 지을 수도 없다. 선입견과 고정관념을 버리고 사상(事象)의 본질
과 구조에 이르려는 현상학적 판단정지도 생명과 정신의 존재론적
깊이와 전체에 이르지 못한다. 칸트의 순수이성은 물 자체를 인식할
수 없고, 에드문트 후설의 현상학적 판단정지는 인간 이성이 지어낸
선입견과 그릇된 판단을 버리고 다시 이성이 만들어내는 의식행위
의 본질(보편적 불변적 구조, 이데아)에 이를 뿐이다. 현상학이 추구하
는 본질과 구조는 결국 도구적 이성의 산물(관념, 이데아)일 뿐이다.
이런 학문적 노력은 몸, 맘, 얼이 주체와 전체로서 살아가는 진정한
생활세계에 이르지 못하며 생명과 인간의 본성과 사명에 이르지 못
하고 주체와 전체가 일치하는 참된 나에 이르지 못한다.

　함석헌은 인간의 본성 속에 민중의 본성 속에 무궁한 생명의 바다
가 있다고 보았다. "황해·동해·남해도 바다이려니와 우리 속에는
그보다 더한 바다가 있다. 더 넓고, 더 깊고, 더 신비로운 본성의 바
다이다. 저 바다에도 고기가 많지만 이 바다 속에 있는 생명의 성어
(聖魚)에 비하면 그까짓 것은 아무것도 아니다." 그는 인간의 본성
속에 있는 생명의 바다에 사는 물고기를 초대교회의 성어숭배와 연
결 지으며 민중의 본성의 바다에 있는 고기가 '예수 그리스도'라고
하였다. "초대 기독교인들은 로마제국의 핍박 밑에서 믿노라고 '예

수 그리스도 하나님 아들 구세주'란 다섯 말의 첫 자를 따서 합하면 고기라는 희랍 말이 되기 때문에 그것으로 서로 암호를 삼았었고, 그래서 천주교에서는 지금도 성어숭배를 하고 있지만 그까짓 고기보다 이 민중의 본성의 바다에 있는 고기야말로 성어다. 정말 '하나님의 아들 예수 그리스도 구주'다. 예수는 믿어도 구원을 못 얻을지 몰라도 이 성어는, 제 가슴 속에 꼬리 치는 생명의 성어는 믿으면 틀림없다."[69] 누구나 제 가슴 속의 성어를 잡으면 자기와 세상을 구원하는 구원자 예수가 된다는 것이다.

내 가슴 속에 있는 물고기를 잡는 것이 참 나를 찾고 참 나가 되는 것이다. 함석헌은 '사람 낚는 어부'라는 글에서 생각으로 나를 낚는 것에 대하여 말했다. 내 속에 있는 생명의 바다는 하나님이 천지를 창조할 때 있었던 캄캄한 깊음의 바다와 같다. "자기의 참모습을 보려는 사람은, 하느님이 천지를 창조하시려 할 때에 그 영이 캄캄한 깊음 위에 맹렬히 운동하고 계셨듯이 신비의 새벽공기 속에서 생명의 바다 깊은 곳에 생각의 낚시를 넣어야 한다. 그때는 지극히 고요히, 잠잠히, 급해 말고, 턱 가라앉은 마음으로 모든 잡념을 물리치고, 정신을 온전히 모아 하느님께만 바쳐야 한다. 그리고 기다려야 한다. 낚시꾼이 고기가 오기를 기다리듯, 한 시간도 두 시간도 언제까지라도 기다려야 한다. 며칠씩 단식을 한다는 것도 그 때문이다. '적연부동 감이수통'(寂然不動 感而遂通), 잠잠히 움직이지도 않고 있노라면 어디선지 모르게 느끼어져 오는 것이 있어 알려지는 것이 있다. 그때 그 생각의 줄을 쳐들어 보면, 놀랍게도 어둑한 첫 광선에 펄

---

69 함석헌, "새 나라 꿈틀거림," 295.

떡펄떡 뛰는 고기[聖魚]가 달려 올라온 것을 볼 것이다. 그것이 곧 나의 참 모습이다. 내가 나를 얻은 것이다. 그러면 기쁘다."[70]

함석헌은 자기 본성의 깊은 바다에서 생각으로 '나'를 낚았다. 생각은 내가 하는 것이고 내가 나를 찾는 것이고 내가 나를 부정하고 깨트려서 새롭게 나를 짓는 것이다. 생각은 나를 생명과 정신의 캄캄한 바다에 던져 버리는 것이고 다시 나를 낚아 올리는 것이다. 생각으로 나를 낚을 때 참 나를 찾고 참 나가 된다. 인류 역사, 생명 진화의 역사, 우주역사를 품은 내 생명의 바다, 본성의 바다는 천지창조 때의 심연, 세상의 창조가 이루어지는 혼돈과 허공의 그 바다이다. 생각으로 본성의 바다에서 나를 낚는다는 것은 구체적으로 어떻게 하는 것인가? 인류 역사, 생명 진화의 역사, 우주의 역사가 켜켜이 쌓여 있는 인간 본성의 생명바다를 헤치고 어떻게 참된 나를 잡을 수 있을까? 우주물질세계, 자연생명세계, 인간정신세계를 뚫고 생명의 바다 밑바닥에 있는 '나'를 붙잡아야 한다. 참된 나는 우주, 생명 진화, 인류의 역사의 씨올인 나다. 인간 본성의 바다, 생명의 바다에서 참된 주체인 '나'를 낚는다는 것은 생명의 전체와 주체의 일치에 이르는 것이다. 주체와 전체의 일치에 이르지 못할 때 생명의 세계는 혼돈과 허무에 빠진다. 혼돈과 허무의 깊은 심연에서 '나'를 붙잡을 때 생명의 세계는 주체와 전체의 일치에 이르고 새로운 창조가 일어난다.

함석헌은 주역에 나오는 '적연부동 감이수통'이란 말을 쓰면서도 모든 잡념을 물리치고 정신을 온전히 하나님께만 바쳐야 한다고 하

---

[70] 함석헌, "사람 낚는 어부,"『함석헌전집』 5, 104.

였다. 고요하고 가라앉은 맘으로 정신을 하나님께 바친다는 것은 침묵과 비움을 강조하는 동양적인 생각과 정신을 온전히 하나님께 바치는 적극적이고 인격적인 기독교 신앙을 결합한 것이다. 고요히 가라앉은 맘으로 하나님께 정신을 집중하는 것은 불교의 무념무상이나 현상학의 판단정지와는 다른 것이다. 이것은 생각을 비우고 정화하는 것이면서 적극적이고 능동적으로 생각을 하나님께 집중하는 것이다. 선입견과 고정관념, 잡념과 근심걱정을 모두 비우면서 생각으로 생각을 비우고 생각으로 생각을 뚫고 넘어서 참된 주체와 전체이며 참된 창조자인 하나님께로 나아가는 것이다. 생각하는 것은 평면적인 추리와 유추를 하는 것이 아니라 내 생명과 정신의 속의 속을 깊이 파고드는 것이다. 고요하고 깊은 생명의 바다 밑으로 생각으로 생각의 속을 깊이 파면서 생각으로 생각을 이어가다 보면 생각의 줄에 "펄떡펄떡 뛰는 고기"가 달려 올라오는 것을 볼 것이고 그것이 바로 '나의 참 모습'이라는 것이다. 함석헌은 이것이 내가 나를 얻은 것이고 나를 얻으면 기쁘다고 하였다.

생명의 주인과 주체인 '나'에 이르는 것은 물질세계, 자연생명세계, 의식과 정신의 세계를 뚫고 (하나님의) '얼 힘과 얼 생명'에 이르는 것이다. 하늘에서 주체와 전체의 일치에 이르는 얼 생명과 얼 힘에 이르려면 우주와 자연생명과 인간정신의 모든 차원을 뚫고 넘어서 하늘 얼 생명의 차원에 이르러야 한다. 함석헌이 자세한 설명을 하지는 않았지만 우주와 생명과 역사의 씨올인 참 나(얼 힘)에 이르려면 넘어가야 할 여러 차원들이 있다. 그가 강조한 생명 진화와 몸 맘 얼 통합의 관점에서 인간의 주체와 본성인 '나'를 보면 그가 말한 '생각 낚시'의 내용과 과정을 헤아릴 수 있다. 나의 몸과 맘속에 깊이 숨어 있는 얼 생명에 이르려면 몸과 맘을 이루는 복잡하고 중층적인 생명과 정신의 모든 영역과 차원들을 열어야 한다. 하늘의 얼 생명에 이르려면 9차원의 영역과 세계를 열고 넘어가야 한다.

생각은 수학적 계산과 기하학적 도형의 비교에서 시작한다. 먼저 2차원 평면세계에 속하는 수학의 계산 논리, 숫자, 기하학의 도형, 이치, 계산적 이성의 논리와 추론, 분석과 설명, 이론과 법칙을 넘어서야 한다. 계산적 이성의 추론과 설명은 결코 '나'에 이르지 못한다. 수학적 계산과 기하학적 도형의 세계에는 '나'가 없고 생명의 자람과 신생, 진화와 고양이 없다. 그 다음에 3차원 공간에 속하는 입체 물질세계의 빛, 소리, 냄새, 맛, 굳세고 연하고, 부드럽고 거칠고 크고 작고 높고 낮은 물질 물리세계의 속성과 성질을 넘어서야 한다. 굳세고 연하고 크고 작고 높고 낮은 비교와 평가 속에도 '참 나'는 없다. 시공간의 물질 에너지, 운동, 중력을 바탕으로 생성 소멸하며 변화하는, 자연법칙이 지배하는 4차원 세계도 넘어서야 한다. 생성 소멸하는 자연법칙과 원리가 지배하는 4차원 시공간의 끊임없이 변화하는 세계에도 '나'는 없다.

생의 육체인 몸을 이루는 여러 기관들이 자율과 자치 속에서 상생 공존 협동하는 5차원 생리세계와 그 생리세계의 소화흡수배설의 과정과 숨과 피의 순환과정도 기계적이고 본능적으로 움직일 뿐 거기에 자유롭고 나다운 참된 나는 없다. 본능적 욕망과 충동, 원초적 생존본능과 의지 그리고 생의 욕망과 충동이 제 속에 열어놓은 욕구, 감정, 의식의 6차원 심리세계도 복잡하고 충동적인 욕구와 감정과 의식이 지배하며 이런 욕구와 감정과 의식도 참된 나가 아니다. 제 주장과 욕구, 감정, 의지를 내세우는 개별적 주체들과 그 집단들이 펼쳐가는 7차원 역사와 사회의 세계에서도 참 나를 찾을 수 없다. 제 주장과 의지를 내세우며 갈등하고 대립하는 개별적 주체들은 아직 참 나에 이르지 못했다. 역사와 사회에서 개인의 주장과 욕구, 감정과 의지가 자기를 버리고 교감, 공감, 감정이입, 동정을 통해서 동일한 감정 상태, 몰아적 감동과 신명에 이른 8차원 종교와 예술의 세계에도 참 나는 없다. 성적 사랑의 몰입과 흥분, 가족애, 종교적 집단적 감정, 스포츠, 노래, 춤에의 집단몰입 감정, 예술적 공감과 신명, 정치사회적 애국심, 동포애도 아직 참 나가 아니다. 개별적 인간의 주체적 깊이와 자유를 가지면서 생명과 정신의 보편적 전체를 통합하는 9차원 세계는 1~8차원을 통합하고 실현하고 완성하는 구도자적 과정이 펼쳐지는 세계다. 인간은 9차원에서 비로소 참된 나, 구원자, 보살, 성현의 나에 이른다. 9차원은 신과 함께 창조하고 심판하며 구원하고 해방하는 차원이다. 신과 함께 천지창조와 개벽, 자기창조와 변화, 초월과 고양을 이루는 차원이다. 10차원은 주체와 전체가 온전히 하나로 되는, 생명의 본성과 목적이 온전히 실현되고 완성되는, 나와 하나님이 온전히 하나로 되는 세계다.

참 나를 낳기 위해서 2차원에서 9차원에 이르는 생각명상의 과정은 물질에서 생명과 정신을 거쳐 얼과 신에 이르는 생명 진화의 과정이기도 하다. 수십억 년 생명 진화의 과정을 내 본성 속에 있는 생명의 바다에서 생각으로 되풀이하는 것이며 땅의 물질(흙)에서 하늘의 얼 생명에 이르는 존재의 사다리를 타고 올라가는 것이기도 하다. 이 과정에서 영의 육화, 육의 영화가 이루어진다. 몸, 맘, 얼은 저마다 깊이와 높이에 이르며 서로 주체로서 통일된 전체를 이룬다. 이렇게 9차원에 이른 나는 역사, 생명 진화, 우주역사를 통일하는 씨올로서의 나다. 생명의 심연에서 나를 낚아 올리면 이런 나가 된다. 사물, 생명, 인간, 사회가 저마다 물성과 이치에 따라 뜻과 목적에 따라 실현되고 완성되며 자기변화와 진화, 개조와 혁신, 창조와 초월을 통해 주체와 전체의 일치에 이른다. 하늘을 본받아 주체와 전체의 일치에 이르면 마지막에 모든 것의 자립과 통일, 실현과 완성에 이르는 하늘의 세계가 이루어지는 10차원에 이른다. 하늘의 10차원 세계가 다시 하나의 씨올이 되어 꿈틀거리고 깨어져서 새 우주를 낳으면 새 차원의 우주가 시작된다.

새 나라를 낚다

함석헌은 생명과 인간을 생명 진화와 새로운 미래 속에서 보았다. 그에게 죄는 낡은 과거의 자아와 결합된 것이며 과거에 저지른 행위다. '한 일'로서의 죄는 과거이고 현재다. 본성적으로 생명은 과거를 버리고 늘 새롭게 되는 것이다. 역사는 과거와 현재를 넘어 새롭게 열리는 것이다. 생명의 역사에서 과거는 지나가 없는 것이고 현재는 지나갈 것이며 언제나 새로운 미래를 맞는 것이고 짓는 것이며 여는 것이다. 생명과 역사는 언제나 머무름 없이 미래를 향해 나아가는 것이다. 과거에 집착하고 현재에 안주하는 것은 생명과 역사를 포기하고 버리는 것이다. 과거와 현재의 자기 자신에게 만족하고 자기를 내세우는 사람은 참 나를 잃고 낡은 과거와 현재에 갇힌다. 생명과 인간의 본성은 진화와 신생을 통해서 새로운 미래로 나아가는 것이다.

참된 인간은 과거와 현재의 자기가 모자라고 부족한 것을 아는 인간이다. 자기가 부족하고 모자란 것을 아는 사람만이 참 나가 되고 새 미래를 열 수 있다. 그러므로 인종의 우월성을 강조한 사회진화론(Social Darwinism)과는 달리 함석헌은 못남을 강조한다. 못났다는 의식을 가져야 참되고 바르게 생각할 수 있다. 잘났다는 의식에 빠지면, "생각을 그치고, 또 생각해도… 살리는 것이 아니라 죽음에 이르게 하는 생각이 돼버린다." "인간의 인간 됨은 스스로 못났다는 의식, 그래서 늘 알아차리고, 적응할 준비태세에 있고, 가르쳐주면 들을 수 있는 심정에 있다." "항상 못난 줄 알아야 인간적일 수 있다. … 사람이 스스로 잘났다 생각할 때는 사람에게서 멀어지고 발달을 그친다."[71] 못났다는 의식을 가져야 생각할 수 있고 사람 될 수 있고 사람과 가까워지고 생명이 발달할 수 있다는 것이다. 이것은 힘과 우월성을 지향하는 사회진화론과는 대조되는 생명이해를 드러낸다.

'나'를 역사의 주체이고 실체로 본 함석헌에게 '나'를 창조하고 새롭게 '나'를 낳는 것은 역사를 창조하고 미래의 새 역사, 새 나라를 낳는 것이다. 나는 역사다. 죄는 한 일, 저지른 짓이며 과거이고 현재다. 낡은 나, 거짓 나가 죄다. 그것은 물질, 기계, 체제에 사로잡힌 나다. 새 나, 참 나는 미래에 새로 할 일이다. 생명과 정신의 새 나, 참 나가 미래의 나이며 새로운 나라의 토대다. 나와 나라를 일치시킨 함석헌에게는 미래의 참 나는 곧 미래의 새 나라다. 참 나를 찾고 참 나가 되는 것은 역사 속에서 오는 미래 나라의 참 나를 붙잡고 그것이 되는 일이다. 그러므로 나를 낳는 것은 나라를 낳는 것이다. "나야말로 정말 새 역사가 꼬리를 치고 달려 올라올 이 '순간'의 가는 낚싯줄을 들여다보고 있노라면 교황이고 감독이고 대통령이고 제발

---

71 함석헌, "세계구원과 양심의 자유," 『함석헌전집』 9, 285-286.

주겠다 해도 문제가 아니 됩니다. 오는 나라를 한 번 낚아볼 생각을 아니해요."72

역사의 중심에서 역사의 현실을 직시했던 함석헌은 역사에 대하여 안이한 낙관론에 빠질 수 없었다. 그는 역사의 중심과 주체인 인간의 본성에 대하여 낙관론에 빠지지 않았다. 누구보다 그는 인간의 근본적인 죄, 죄악을 강조했다. 우주와 생명과 인간의 모든 과거 역사가 인간 속에 켜켜이 쌓여 있고 살아 있듯이, 죄악도 인간 속에 켜켜이 쌓여 있고 살아 있다. 과거를 가진 인간은 죄악을 가진 존재다. 죄는 개인적인 것이 아니라 역사 사회의 공동적, 집단적인 유산이다. 그에게서 죄는 개인적인 것도 단순히 사회적인 것도 아니고, 집단적이고 공동체적이고 영적인 실재다. "(죄의) 원흉을 밖에서 찾을수록 못 찾고, 악을 벌 할수록 죄는 놓쳐 버린다. 모든 죄가 나와 관련 아니 된 것이 없다. '내가 죄인의 대가리다.' … 과거에 몇천 몇백 번 사람으로 나와 사람을 잡아먹고 도둑질하고 간음·강간 다 했던 마음이 또 태어나온 것이다. … 죄는 오늘 아침에 나온 콩나물 같은 것이 아니라, 마을 복판의 천년 묵은 느티나무 같은 것이요, 돌담 속에 5백년 묵은 능구렁이 같은 것이다."73

'내가 죄인의 대가리'라는 말은 내가 모든 죄인들의 우두머리, 괴수라는 말이다. '죄인의 대가리'라는 치열한 죄의식은 동양의 자연적 유기체(천인합일)적 생명관이나 나-우리-전체의 관념론적 일원적 사유구조에서는 나오기 어렵다. 함석헌의 치열한 죄의식은 하나님 앞에서 자신을 죄인으로 고백하는 기독교적 인간관과 치열한 역사의

---

72 함석헌, "역사적인 것," 『함석헌전집』 5, 298.

73 함석헌, "인간혁명," 101-103.

식에서 온 것으로 보인다. 이것은 자연적인 씨올의 은유를 넘어선다. 그가 죄의 주체를 개인으로만 보지 않고 집단적 공동체적 '마음'으로 본 것은 개체(나)와 전체(우리)를 동일시하는 동양적 한국적 사유를 반영한다. 그러나 함석헌이 "내가 죄인의 대가리다"라고 한 것은 동양의 자연적 낙관적 인간관을 깨트리고 인간의 실존적 깊이와 책임을 드러낸다. 이것은 '나'(개체)의 실존적 책임을 극대화한 것이면서도 '나'를 전체와 일치시킴으로써 공동체적 책임을 강조한 것이다.

사회의 씨올인 사람은 개체 안에 공동체 전체를 담고 있다. 사람 안에 있는 신적 생명은 남이 대신할 수 없고 자기 자신만이 접할 수 있다는 점에서 사람의 영혼은 하나밖에 없는, 천하보다 귀한 존재이며 남이 대체할 수 없는 깊이를 지닌 단독자적 존재다. 그러나 그 신적 생명은 모든 씨올 속에 살아서 모든 씨올들을 하나로 연결하는 힘이고 띠이다. 인간 생명의 실존적 깊이와 공동체적 전체가 결합되어 있다. 죄와 악은 생명의 본성과 목적을 거스르는 것이고 생명의 깊이와 자유를 훼손하고 전체적 통일과 연대를 깨트리는 것이다. 따라서 죄와 악은 인간의 실존적 깊이를 제거하고 공동체적 관계를 파괴하는 것이다. 사랑과 의, 선과 아름다움은 인간 영혼의 실존적 깊이를 드러내고 공동체적 관계를 회복하는 것이다. 인간 영혼의 실존적 깊이에서 공동체를 이루는 것이 바로 신적 생명을 실현하는 것이다.

죄는 과거에 한 짓이다. 과거와 현재를 넘어서 앞으로 나아가는 생명에게는 과거에 속한 죄는 없다. 그리고 어떤 잘못과 죄악도 인간 본성 속에 있는 얼(참과 사랑의 생명)을 해치지 못한다. 그런 의미에서 함석헌은 "죄는 없다"고 하였다.[74] 그러나 우주와 생명 진화와 인류의 모든 과거 역사가 압축되어 내 속에 살아 있다. 나 개인뿐 아니라 우주와 생명과 인류가 지은 모든 죄악이 내 속에 살아 있다. 따라서 함석헌은 인간의 본성에 대하여 쉽게 낙관론을 갖지 않는다. 그는 누구보다 죄를 깊고 치열하게 경험하고 느끼면서도 인간의 생명과 정신은 과거에서 벗어나 현재를 밟고 미래로 나아가는 것임을 확신했다. 그에게 죄는 실체로서 존재하는 게 아니라 과거로서 존재한다. 또한 죄는 물질에서 생명을 거쳐 정신과 얼에 이르는 진화와 진보의 왜곡과 도착으로서 존재한다. 과거에 집착하고 현재에 안주해서 새로운 미래의 삶에로 나아가지 못하는 것이 죄다. 생명보다 물질을 존중하고 정신보다 생명(생존)을 앞세우고 얼과 신보다 정신을 내세우는 것이 죄다. 생명의 진화와 역사의 진보를 통해 확립된 존재와 가치의 질서와 체계를 전복하고 왜곡하는 것이 불의이고 죄악이다. 인간의 생명은 물질에서 생명을 거쳐 정신에로 정신에서 얼과 신에로 나아가며 과거에서 벗어나 현재 속에서 미래를 열어가는 것이다. 그것이 진실하고 선하고 아름답고 거룩한 것이다.

과거에 매이고 현재에 머무는 것은 생명을 잃고 죽는 것이다. 산생명은 과거와 현재의 닫힌 벽을 뚫고 앞으로 나아가는 것이다. 도덕과 율법은 과거에 행한 죄로 인간의 생명을 평가하고 얽어매는 올가미다. 사람은 과거에 한 일로 평가되지 않고 앞으로 할 일로 평가된다. 인간은 역사 속에서 생각으로 새로운 나를 낳아야 한다. 새로운 나를 낳고 찾는 일은 미래의 다가오는 역사 속에서 새 역사 새 나라를 낳는 일이다. 생명과 역사의 뻗어나가는 가지 끝에서 다가오는 새 역사를 새 나라를 낳아 올림으로써 나는 나가 되고 나는 나를 구

---

74 함석헌, "죄는 참말로는 없다," 『함석헌전집』 9, 327, 330.

원하고 해방한다. 그러므로 함석헌은 생명과 역사의 진리를 새로운 미래가 시작되는 시대의 끝에서 본다. "역사적인 것이 중요한 것입니다. 산 고동[生機]을 일으키는 것입니다. 앞으로 온전히 새로운 것이 올 것을 미리 그리지 못하면서 도덕 도덕 하는 사람은 옳으면서도 사람을 죽입니다. '역사적 내다 봄'이 없이는 도덕은 한갓 가두는 틀이요, 홀치는 올가미입니다. … 우주의 삶은 역사의 제일선에 있습니다. 옳고 긇고를 결정하는 것은 살리느냐 죽이느냐에 있는데, 살고 죽는 것은 산호(珊瑚)의 가지 끝 같은 시대의 움직여가는 끝에 나와 있지, 다 굳어진 틀거리[制度] 속에 있지 않습니다. … 새 나라의 주인은 뒷골목에서 주워내다 새 훈련을 시켜 쌈터에 내보내는 부랑패에 있습니다."[75]

세리와 창녀 같은 죄인들이 하늘나라에 먼저 들어간다고 선언한 예수처럼 함석헌도 의로운 도덕적 인간이 아니라 역사의 나락(지옥)에서 신음하는 죄인들이 과거와 현재를 벗어나서 새 역사, 새 나라를 맞을 수 있다고 주장한다. 왜 그런가? 스스로 의롭다고 하는 위선자들은 흔히 역사와 사회의 기득권자들로서 생명과 역사의 진실을 외면하고 생명과 역사의 진화와 진보를 가로막는 자들이다. 그러나 생명과 역사의 나락에서 신음하는 이른바 죄인들은 생명과 역사의 진실을 온 몸과 맘으로 경험하고 생명과 역사의 불의와 질곡에서 벗어나려고 몸부림치는 이들이다. 그러므로 못나고 죄 많은 인간들이 하늘나라, 새 시대, 새 역사, 새 나라, 새 문명을 연다. 역사의 죄인들, 민중에게도 생명의 씨올이 있다. 과거에 저지른 일, 행위보다 앞으

---

[75] 함석헌, "역사적인 것," 297.

로 할 일이 죄인을 구원하고 새 역사를 짓는다. 참 나는 도덕과 법, 제도와 체계, 체제가 보장하지 못한다. 제 생명의 바다 본성의 바다 속에서 늘 새롭게 참 나를 길어내야 한다. 과거와 현재의 조건과 환경, 저지른 행위와 잘못은 나의, 죄인, 민중의 생명(본성)을 해치지 못한다. 생명과 역사에서는 모자람과 부족함을 인정하고 아는 것이 더 배우고 자라고 나아갈 수 있는 조건이고 시작이다. 역사의 낙오자들, 상처받고 버려진 자들, 죄인들에게서 새로운 미래가 열릴 수 있다. 지옥의 밑바닥에서 하늘나라로 가는 문이 열리듯이 세상의 아픔과 시련이 있는 곳에서 새 세상이 열린다. 1959년에 쓴 '새 삶의 길'에서 그는 폭발해 터져 나아가는 역동적 우주와 인간의 주체성을 말한다. "우리는 터져 나가는 우주에 산다. 우리가 터져 나가는 우주다. 우주의 씨올이다. 우주의 한 없는 겨레가 터져 나올 씨올이다."[76]

예수처럼 함석헌도 다가올 미래의 관점에서 그리고 짓밟히고 소외된 죄인, 민중의 관점에서 역사를 보았다. 그러나 함석헌은 예수와는 달리 생각하는 인간을 강조하였다. 과거와 현재의 죄악을 극복하고 청산하여 새로운 미래를 지어가는 역사의 주인과 주체가 되려면 생각하는 인간이 되어야 한다. 나와 세상의 죄악을 청산하고 정의롭고 평화로운 새 세상을 열어가려면 생각과 판단, 결정과 행동의 기준과 방향, 원칙과 목적을 가진 인간, 철학을 가진 인간, 철학하는 인간이 되어야 한다. "우리의 역사적 숙제는 이 한 점에 맺힌다. 깊은 종교를 낳자는 것, 생각하는 민족이 되자는 것, 철학하는 백성이 되자는 것. 깊은 종교, 굳센 믿음을 가져라. 그리하여 네가 되어라.

---

[76] 함석헌, 함석헌, "새 삶의 길,"『함석헌전집』 2, 212.

그래야 우리가 하나가 되리라. 세계역사는 이제 하나 됨의 직선 코스로 들고 있는 이 때에."[77]

---

77 함석헌, "생각하는 백성이라야 산다," 『함석헌전집』14, 114-116.

11장
동·서양을 아우르는 철학의 실마리
: 생명을 살리는 생각의 철학

1. 생명철학과 이성 철학

안창호, 유영모, 함석헌이 확립한 생명철학은 생의 주체와 전체와 진화를 드러내고 표현하고 실현하는 철학이다. 서구의 이성 철학은 인식주체의 이성이 인식대상의 이성(합리성, 관념)을 본 철학이므로 생명철학이 될 수 없었다. 인간의 이성과 감각은 생의 주체와 전체와 진화(창조적 혁신과 초월적 변화)를 볼 수 없고 실현하고 창조 혁신할 수 없다. 감각과 이성은 대상의 부분과 표면을 지각하고 이해할 뿐이다. 생명의 주체와 전체와 진화는 생명 자체가 인식하고 표현하고 실현하고 창조 혁신할 수 있다. 생명철학은 생명이 주체로서 자기 자신의 생명을 인식하고 느끼고 깨닫고 실현하고 창신 하는 철학이다.

그리스와 근·현대의 서구 이성 철학은 이성이 본 이론과 논리와 개념을 조직하고 체계화한 철학이다. 이성 철학은 이성이 본 궁극적 실재와 가치와 이념(이데아, 형상)을 생의 본질과 목적으로 추구하고 실현하려는 철학이다. 서구 철학은 기본적으로 이성 철학이다. 고대 그리스철학은 수학과 자연과학에 기초하여 사물의 존재와 운동을 탐구하고 설명하였다. 서구의 근·현대 철학은 수학과 자연과학에 기초하여 그 틀 안에서 사물과 생명과 인간, 사회와 역사를 탐구하였다. 이성 중심의 서양철학에서는 인식대상의 존재에 초점을 두는 존재론과 인식주체의 인식과정에 초점을 두는 인식론이 대립할 수밖에 없다. 서구의 이성 철학에서 존재론과 인식론의 대립을 극복하고 존재론과 인식론을 통합하려고 해도 칸트철학과 현상학에서 보듯이 관념적이고 추상적인 논의에 머물 수밖에 없다. 수학과 자연과학에 기초한 서양철학은 인공지능을 발전시킬 수 있으나 생명의 주체와 전체와 진화(진보)를 실현하고 심화 고양시킬 수 없었다. 존재론과 인식론의 진정한 통합은 생명과 얼을 중심으로 사유하는 생명철학에서만 가능하다. 생명은 그 자체가 인식의 주체이고 대상이기 때문이다. 생명철학은 생명의 나가 생명의 나를 인식하는 것이다. 생명은 자기를 인식할 뿐 아니라 스스로 힘 있게 하고 바로 세우며 새롭게 형성하고 진화 고양시킨다. 생명은 자신의 인식주체이고 인식대상이며, 창조자이고 피조물이다.

안창호 유영모 함석헌의 철학은 수학, 과학의 이성적 논리와 관념을 생명철학 안에 내장하고 도구적으로 사용했으나 이성적 논리와 관념, 수학 과학의 틀에 갇히지 않았다. 이성 철학의 논리 사변적 틀에 갇히면 생명의 주체와 전체와 진화를 드러내고 실현할 수 없고 생명을 관념의 세계서 개념과 논리로 분해하고 해체하여 추상화 관넘화한다. 생명철학은 생명을 관찰하고 설명하는 철학이 아니라, 자신의 몸, 맘, 얼에서 생명을 체험적으로 깨닫고 실현하는 철학이다. 이성 철학은 이성이 본 관찰과 관조의 철학이지만 생명철학은 생명이 생명을 보는 것뿐 아니라 생명이 주체와 전체로서 자기를 실현하고 진화 고양시키는 창조자적 존재형성과 혁신의 철학이다. 생명철학은 자기가 자기를 형성하고 창조하는 주체의 철학이다. 생명철학은 생의 주체와 전체와 진화를 입체적 통합적으로 표현하고 실현하는 전체의 철학이다.

이성 철학에서 생각은 이성의 인식과 사유의 행위다. 이성 철학에서는 생각하는 주체인 이성의 본질과 성격이 생각에 반영된다. 이성이 수행하는 생각은 생각의 중심과 주체인 이성을 변화시키거나 새롭게 하지 못한다. 이런 생각은 생각하는 이성의 산물일 뿐이다. 이성은 언제나 인식과 사유(생각)의 주체다. 이성은 인식과 사유의 대상을 대상화, 타자화하고 분석의 대상으로 볼 뿐 주체와 전체로 볼 수 없다. 이성은 모든 대상을 비판하고 분석하지만 이성 자신은 비판과 분석의 대상에서 벗어나 있다. 이성은 인식과 사유의 대상이 생명과 인간일 경우에도 그것을 주체와 전체로 보지 못하며 생명과 인간의 질적 고양과 내적 진화를 파악할 수 없다. 이성은 생명과 인간의 주체, 전체, 진화를 표면과 부분으로 수량으로 추상적 논리와 관념으로 물질적 정보와 자료로 파악하고 제시할 뿐이다. 이성은 인식과 사유의 대상(생명과 인간)이 주체로서 창조적 활동과 자기변화를 하는 것을 분석하고 이해하고 설명할 뿐 대상의 창조와 질적 변화를 파악할 수 없고 생명의 창조와 질적 변화를 고취하고 실현할 수 없다. 머리의 뇌를 통해 기능하고 활동하는 이성은 추상화 관념화하고 분석 분해할 뿐 창조와 혁신의 활동과 사건에 참여할 수 없다.

이성은 생명에서 나온 것이며 생명의 욕구와 감정을 실현하기 위한 심부름꾼이고 꾀부림이다. 이성은 생명에서 나와서 생명을 위해 봉사하는 일꾼이며 도구다. 이성은 물질을 인식하고 통제하고 이용하려는 생명의 심부름꾼이지만 물질에 대하여는 주인과 주체로서 행동한다. 물질 안에서 물질을 초월한 생명의 일꾼인 이성은 물질을 분석하고 지배한다. 이성은 생명의 심부름꾼으로서 생명보다 지위가 낮지만 물질보다 우월하며 물질에 대하여 초월적이고 자유롭다. 이성은 자연 생명 세계를 대상과 타자로서만 인식하고 생명체일 경우에도 물질, 물체로만 여기고 인식하고 생각한다. 물질, 물체는 분석하고 분해하고 가를 수 있다. 그러므로 이성은 물질과 물체를 추상화 관념화하여 수와 도형으로 인식하고 이해한다. 수와 도형은 생명이 없는 것이다. 가를 수 없는 생명의 주체와 전체, 창조적 진화는 분석할 수 없으므로 이성의 인식과 사유의 범위를 넘어선다. 생명의 주체와 전체 그리고 창조적 진화(질적 변화)는 이성과 물질에 대하여 무한히 초월적이다.

이성은 물질의 속박과 제약에서 자유롭고 물질에 대하여 초월적이고 보편적이다. 그러나 구체적이고 현실적인 입체적 존재를 갖지 못한다는 점에서는 이성은 물질보다 낮고 빈곤하며 단조롭다. 이성은 가장 낮고 평면적인 단계의 이치인 수리(수학계산과 기하학적 도형)에 비추어 인식하고 분석하고 이해한다. 이성은 물질뿐 아니라 생명과 정신조차도 대상화 타자화하며 수리에 비추어 이해하고 인식한다. 기본적으로 이성은 감각자료와 정보를 분석 분류, 조정 종합하여 비교하고 인식하고 이해한다. 그런 의미에서 이성은 기본적으로는 지식과 정보, 자료를 정리하고 처리하는 정보처리장치인 계산기 컴퓨터, 인공지능과 비슷하다. 그러나 이성은 인간 생명과 정신의 몸과 맘과 얼 속에서 인식하고 계산하고 헤아리고 추론하기 때문에 감성과 영성에 대하여 열려 있으며 감성과 영성의 작용과 영향을 받는다는 점에서 계산기 정보처리장치와는 다르다. 이성의 인식과 사유는 몸과 맘과 얼의 생각에 의해 확장되고 심화되고 풍부해질 수 있다. 이성은 인간의 본능적 욕망과 감정, 의식과 생각에서 발전해 나온 것이므로 생명의 욕구와 의지, 지향과 목적에 대하여 열려 있다. 이성의 추리는 기본적으로 수학적 계산과 기하학적 도형의 비교를 통한 수리적 추리지만 계산기처럼 계산과 도형의 결정론적 폐쇄적 추론에 갇혀 있지 않고 생명과 영과 신에 대하여 열려 있고 소통할 수 있다. 이성의 인식과 사유(생각)는 생명의 생각(몸, 맘, 얼의 생각) 속에서 작은 부분과 요소일 뿐이다. 이성은 감성과 영성, 직관과 영감의 두 날개를 타고 추론을 통해서 수리에서 물리로 물리에서 생리로 생리에서 도리와 영리와 신리로 솟아 올라갈 수 있다.

안창호, 유영모, 함석헌의 생명철학에서 생명의 근본행위인 생각은 생각하는 주체인 생명의 자아, 나를 형성하고 새롭게 한다.[1] 생각하는 주체인 생명의 나와 생각하는 행위가 분리되지 않는다. 생명의 근본행위로서 생각은 나를 표현하고 실현하는 것이면서 나를 새롭게 형성 쇄신 창조하는 것이다. 생명의 행위로서 생각은 자아를 형

---

[1] 생각에 대한 안창호, 유영모, 함석헌의 생명철학적 이해에 관해서는 박재순, "안창호 유영모 함석헌의 생명철학: '나'와 '생각'을 중심으로"(安昌浩, 柳永模, 咸錫憲の生命哲学: '我'と'思い'を中心として) 참조. 이 글은 '일본 철학자들과의 대화' 모임의 발제문이다(2019. 8. 5. 국도호텔). 〈씨올사상〉 http://cafe.daum.net/ssialphil.

성한다는 점에서 존재론적이다. 생각은 생명의 주체와 전체와 진화를 형성하고 창조하고, 고양하고 초월하는 생명의 자기 창조행위다. 내가 생각이고 생각이 바로 나다. 생각하는 내가 생각되는 나를 낳고 짓고 아로새기고 조각하고 만들어간다. 그러나 이성 철학의 생각은 수학적 계산과 논리, 기하학적 형태와 모형, 법칙과 원리에 의존하고 그것으로 환원하고 거기에 가둔다. 수학적 과학적 이성 철학은 생각하는 인간을 계산과 인과법칙, 논리에 가두고 계산기계로 만든다. 인간을 계산기인 컴퓨터와 인공지능을 닮게 하고 거기 예속시킨다. 이성이 본 이데아, 형상과 형태, 논리와 개념, 숫자와 도형, 법칙과 원리, 테오리아와 이데아로 인간의 생명과 정신을 환원시킨다. 감각경험과 자료에 의존하는 이성 철학은 인간의 모든 지식과 경험을 정보와 자료(데이터)로 환원시키는 경향이 있다. 생명철학에서 생각은 생의 주체와 전체와 진화를 드러내는 계시적 성격을 갖고, 그것을 표현하고 실현하고 심화 고양시키려 한다. 생각은 생명의 주체를 실현하고 드러내고 완성하는 행위다. 이성 철학에서 생각은 대상을 타자화, 대상화하며 주체와 전체와 진화를 드러내지 못한다. 이성의 생각은 사물과 생명과 정신을 대상화하고 분석하고 이해하고 설명할 뿐이다. 생명철학에서 생명은 생각의 대상일 뿐 아니라 생각의 주체이고 목적이다. 생명철학에서는 생각의 대상이 곧 생각의 주체와 목적이 된다.

생명은 땅의 물질 안에서 물질을 초월하여 하늘의 얼과 신, 자유와 기쁨을 지닌 것이다. 생명은 땅의 물질, 생명, 맘(이성), 하늘의 얼과 신을 아우르는 것이며 서로 다른 것들이 상생공존하고, 통합하는 것이다. 생명의 근본행위로서 생각은 통합적(전일적)이고 주체적이며 진화와 창조를 이루는 것이다. 생각은 생명의 다른 주체인 타자에 대한 생명 주체의 사랑, 그리움, 꿈, 열망, 헤아림이다. 계산과 논리, 개념과 이치는 생각의 작은 부분이다. 인간의 생각은 주체와 전체와 진화(창조)를 실현하려는 생명의 그리움, 꿈, 열망, 헤아림, 사랑을 품은 것이고 자기와 타자를 주체와 전체와 진화로 창조하고 혁신하는 행위다.

생명은 땅의 물질과 하늘의 정신이 교류, 소통, 일치, 통합한 것이다. 생명은 하늘과 땅의 교류와 소통, 만남과 일치, 합일과 통합이다. 생각은 땅의 물질과 하늘의 정신을 교류, 소통시키며 일치시키고, 통합하는 생명의 행위다. 생각은 땅의 물질에서 하늘의 정신으로 솟아올라 나아가는 행위이며 하늘의 정신에서 땅의 물질로 내려와 정신을 실현하고 구현하는 행위다. 생각은 정신(하늘)의 물질화(땅)이며 물질의 정신화다. 생각은 물질을 정신화하여 심화하고 풍성하게 하며 고상하게 하여 물질을 영원무한한 생명과 정신에 참여시킨다. 인간의 생각을 통해서 햇빛, 바람, 물, 흙이 생명화, 정신화, 영화한다. 물질의 가치와 힘이 생각을 통해 최대 최고로 드러나고 표현되며 실현되고 완성된다. 생각을 통해서 정신(얼과 신, 하늘)은 물질 속에 구체화, 육화하고 아로새겨지고 표현되고 계시되며 정신의 뜻과 목적이 구체적으로 실현된다.

인간의 생명과 정신 속에서 이루어지는 생각은 우주와 자연생명과 인간정신 세계의 수리, 물리, 생리, 심리, 도리, 영리(靈理), 신리(神理)를 드러내고 표현하고 실현하고 완성하며 통합하고 체현하는 것이다. 생각은 계시적이고 예술적이며 영감이고 상상이다. 생리는 수리와 물리를 초월하면서 구현하고 심리는 수리, 물리, 생리를 구현하면서 초월하며 도리는 수리, 물리, 생리, 심리를 초월하면서 구현한다. 생각을 통해서 생명의 모든 존재와 차원의 가치와 이치가 구현되고 실현되며 생각하는 인간의 창조와 혁신을 통해 새로운 존재의 차원을 열어간다. 생각하는 것은 생명을 창조 변화시키는 것이고 생명을 실현하고 완성하는 것이며 수리 물리적 제약과 속박에서 생명을 구원하고 해방하는 것이다. 생각은 창조하고 쇄신하는 사랑과 영감의 행위다. 그것은 매우 구체적이고 주체적이고 현실적인 '나'의 행위이면서 상생과 공존의 공동체적 전체 생명의 행위다.

이성 철학에서 생각은 사물과 생명과 인간과 신을 논리, 개념, 인과관계와 인과율, 계산과 도형으로 관념화하는 것이다. 생명철학에서 생각은 물질(몸)을 생화, 심화, 도화(道化), 영화(靈化), 신화(神化)하고 신을 물화, 생화, 심화, 도화하는 것이다. 생각 속에서 말씀과 얼의 육화가 일어나고 이론과 물질과 생명의 정신화, 영화, 신화가 일어난다. 생각은 추론과 유추, 추리이면서 상상과 계시, 영감과 명상, 득도와 각성, 돈오와 점수다. 생각은 감정이입과 헤아림, 입장과 처지를 바꾸어 생각하는 것이며 교감과 소통이다. 생각하는 것은 그리워하고, 꿈을 꾸고, 사랑하는 것이다. 생각 속에서 주체와 전체가 계시되고 진화와 고양이 일어난다. 생각은 생명을 깨닫고 살리고 실현하고 새롭게 창조 진화 고양 신생 탈바꿈하는 것이다. 나는 나답게 너는 너답게 스스로 하고 스스로 되게 하는 것이다.

생각은 물질을 정신에 비추어보고 정신으로 물질을 이해하고 형성하고 새롭게 이치에 따라 실현하고 완성하는 것이다. 생각은 정신을 물질에 비추어보고 물질에 아로새기고 정신을 물화하여 구체적으로 표현하고 실현하고 물질 속에서 완성해가는 것이다.

2. 생명철학적 생각 이해

1) 생명을 살리고 나라를 구하려고 '생각하는 사람' 안창호

서구의 과학적이면서 민주적인 근·현대 문명을 받아들인 안창호는 누구보다 과학적이고 현실적이면서 민주적인 사고를 중시했다. 그는 자연세계뿐 아니라 역사와 사회, 정신과 도덕의 세계에도 인과관계가 성립한다고 믿고 현실과 조건에 대한 과학적 인과관계를 탐구하고 연구하였다. 과학적이면서 현실적인 사고를 했던 안창호는 이성적이고 합리적인 생각의 사람이었다. 과학적이고 합리적으로 진실하게 살려면 과학적이고 합리적이고 진실한 삶이 어떤 것인지 생각해야 한다. 민중을 교육하고 훈련하고 조직할 때나 집안을 청소하고 정돈할 때나 농장에서 일을 할 때도 과학적이고 합리적이고 진실하게 하려고 안창호는 깊이 생각하는 사람이었다. 또한 안창호는 자아와 민족의 개조를 추구하였다. 자아와 민족의 개조를 위해서는 자아와 민족에 대해서 깊이 생각하지 않을 수 없다. 주어진 현실에 안주하면 깊이 생각할 필요가 없지만 주어진 자아와 현실을 혁신하고 개혁하려면 깊이 생각해야 한다. 주어진 것이 무엇이고 부족하고 잘못된 것이 무엇인지 알아야 하고 혁신과 개혁의 방법과 목적에 대해서도 성찰해야 한다. 자신과 민족의 혁신을 위해서 그는 자신의 몸과 가정을 고치고 바른 습관을 만들려고 날마다 힘썼다. 자신을 고치고 습관을 바꾸기 위해서 도산은 깊이 생각하지 않으면 안 되었다.

민의 책임과 의무에 기초한 민주주의는 '생각하는 민'을 요구한다. 민이 나라의 주인과 주체로서 스스로 모든 일의 책임을 지려면 스스로 생각하지 않으면 안 된다. 민주정신에 사무쳤던 안창호는 민의 한 사람으로서 의무와 책임을 다하기 위해서 '생각하는 사람'이 되지 않을 수 없었다. 그는 또한 민을 생각하는 사람으로 이끌었다. 그의 민족교육운동은 민족으로 하여금 생각하는 민족이 되게 하는 것이 었다. 봉건 군왕체제에 예속된 신민은 위에서 가르치는 대로 생각하고 시키는 대로 행동하였으므로 생각하지 않고도 살 수 있었다. 그러나 나라의 주인과 주체인 국민은 모든 일을 스스로 생각하고 결정하고 행동해야 한다. 따라서 민주적인 국민으로서 '나'의 철학을 확립한 안창호에게 생각하는 것은 국민과 민족과 나라를 바로 세우는 근본적이고 중요한 일이었다. 특히 남의 민족에게 나라를 빼앗기고 종살이하는 한민족이 나라를 되찾고 바로 세우려면 남보다 생각을 더 깊고 철저하게 해야 했다. 임시정부를 운영하고 독립운동을 이끌 때도 현실적이고 합리적인 방안과 대책, 방향과 전망을 마련하기 위해서 안창호는 언제나 깊고 철저하게 생각해야 했다.

안창호는 과학적 연구와 철학적 성찰을 가져야만 독립운동을 제대로 할 수 있다고 보았다. 깊은 사상과 철학이 없으면 독립운동을 성공시킬 수 없다고 생각했던 것이다. 그가 자신이 철학자라고 내세우지는 않았으나 민족의 현실과 조건에 대한 과학적 연구와 철학적 성찰을 깊이 한 것은 확실하다. 민족의 독립과 통일을 이루는 운동을 힘차게 펼치기 위해서는 끊임없이 생각하지 않으면 안 되었다. 그가 지은 애국시 '우리나라' 1절 "긴 날이 맞도록 생각하고 깊은 밤 들도록 생각함은 우리나라로다, 우리나라로다 길이 생각하네, 길이 생각"[2]은 나라를 구하기 위해서 밤낮으로 생각하는 안창호의 삶과 모습을 보여준다.

생명과 역사의 철학자였던 안창호에게 생각은 자연물질, 생명, 정신세계의 인과관계를 탐구하는 것을 넘어서 생명을 살리고 나라를 구하는 일이었다. 그에게 생각은 단순히 이성의 행위가 아니라 생명의 행위이고 역사의 행위였다. 그에게 나라를 잃고 다른 민족의 종살이를 하는 삶은 죽음보다 못한 삶이었다. 종살이를 하는 한민족은 삶의 기쁨을 잃고 절망에 빠져 삶이 위축되고 약해졌다. 자유를 잃은 사람들은 살아 있으면서 죽은 사람처럼 살아야 하니 죽은 것보다 더 괴로운 삶을 살고 있다고 안창호는 말하였다. 자유를 잃은 사람은 기쁨을 잃은 사람이고 기쁨을 잃은 사람은 슬픔에 빠진 사람이다. 안창호는 슬픔에 빠지면 생각이 좁아진다고 했다. "사람이 슬프면 생각이 좁아지고 감정이 편벽되며 기운이 오므라들어서 생리에도 해로운 것이니 이런 이치는 학리로 연구할 것이 아니요, 각각 거울을 보고 찾을 것이올시다. 보시오. 우리 한인은 늙은이도 허리가 꾸부러지고, 젊은이도 허리가 꾸부러졌소. 얼굴은 병들어도 누렇고 성하여서도 누렇소. 첫째 면목이 어엿하지 못하여 남의 앞에 내뻗을 힘이 없고 신기가 국축(跼縮)하여 자꾸 뒤로 물러가기만 하오. 이리하다가는 그 몸까지 건지기 어려울 터이니 나라는 누가 회복하여 주겠소. 생각할수록 모골이 송연한 일이니, 우리는 먼저 천하에 흉독하고 두려운 슬픔을 끊어버립시다. 우리 민족 가운데 슬퍼하는 사람보다 기뻐하는 사람이 많으면 그 때에는 우리나라를 회복할 기회가 절로 열릴 것이올시다."[3]

안창호에 따르면 생의 기쁨을 잃고 슬픔에 빠지면 생각이 좁아지

---

2 『안도산전서』, 578.

3 안창호, "불쌍한 우리 한인은 회락이 없소," 『안도산전서』, 606.

고 생각이 좁아지면 감정이 편벽되고 기운이 오므라들어서 생리에도 해로운 것이다. 생명의 활동과 작용 그 중심에 생각이 있다. 생명을 해치는 것도 생각이고 생명을 살리는 것도 생각이다. 슬픔에 빠지면 생각이 좁아지고 기운이 오므라들어서 뒤로 물러나게 된다. 한 민족의 한 사람 한 사람이 슬픔에 빠져서 생각이 좁아지고 기운이 오므라들어서 삶이 위축되고 뒤로 물러나게 되면 다른 민족에게 예속된 나라를 구할 수 없다. 나라를 구하기 위해서 안창호는 슬픔을 끊어버리고 삶의 기쁨을 회복하자고 했다. 삶의 기쁨을 회복하는 방법은 희망을 '뇌 속에' 집어넣는 것이라고 했다. 희망을 뇌 속에 집어넣는 일은 생각으로만 할 수 있는 일이다. 또한 희망 자체가 생각을 통해서 가질 수 있는 것이다. 안창호는 이렇게 말했다. "희망은 장차 얻을 것을 믿고 보지 못하는 가운데 사실을 만들어 기다리는 것이올시다. 이를터이면 세 끼를 굶은 자가 내일 풍족히 먹을 것을 생각하며 삼동에 벗은 자가 내일 떳떳이 입기를 생각하면…" 슬픔에서 벗어나 희망을 가질 수 있다.[4] 안창호에 따르면 기쁨을 가지려면 희망을 가져야 하고 희망을 가지려면 생각해야 한다. 생각-희망-기쁨이 하나로 이어져 있다. 생각하는 것은 삶의 희망을 만드는 일이고 기쁨을 회복하여 생명을 살리는 일이다. 또한 생각하는 것은 나라를 구하고 민족 전체를 살리는 일이다.

민족을 살리고 구하기 위해서 먼저 민족의 머리에 희망을 집어넣어야 한다고 안창호는 말하였다. "우리도 오늘부터 희망을 가지고 내일의 거울을 보아 봅시다. 우선 얼굴이 좋아질 것이요, 허리도 차

---

4 같은 글, 606-607.

차 펴질 것이올시다. 그리한즉 우리 가슴 속에 쌓여 있던 슬픔이 풀려 나가고 기쁨이 들어와서 그 자리를 채워가지고 이 세상 분투하는 마당에 내어 세울 것이니 우리 사람의 놋(뇌)[5] 속에 가장 먼저 잡아 넣을 것이 '희망'이라 하오."[6] 희망을 뇌 속에 집어넣는 것은 희망적인 생각을 하게 하는 것이다. 슬픔에 쌓인 사람의 허리는 꾸부러지고 기쁨과 희망을 가지고 생각하는 사람의 허리는 곧게 세워진다. 근심걱정에 싸여 슬픈 생각만 하면 자신과 민족이 함께 무력과 쇠퇴와 파멸에 빠지는 것이고 희망과 기쁨을 가지고 생각하면 자신과 민족을 살리고 구원하게 된다. 민족을 살리고 구원하기 위해서 뇌 속에 희망을 넣고 기쁨을 가지고 생각하라는 안창호의 가르침은 유영모와 함석헌에게 그대로 이어진다. 유영모도 근심과 걱정으로 머리를 숙으러 트리는 생각은 파멸에 이르는 썩은 졸개의 생각이고 기쁨과 희망을 가지고 위로 솟아오르게 하는 생각은 살리는 생각이라고 하였다.[7] 생각은 생명을 살리는 불꽃이다. 생각하면 살아난다. 함석헌이 '생각하는 백성이라야 산다', '생각하는 씨올이라야 산다'고 외친 것은 안창호와 유영모의 생각을 이어받아서 한 말이었다.

생각하는 일이 생명을 살리고 나라를 구하는 일이라고 생각했으

---

5 놋, 노는 뇌(腦)를 가리키는 말 같다. Daum 한자사전에서 뇌(腦)는 노로 발음되기도 한다. "腦 뇌 노, 뇌 뇌, 골 뇌, 뇌수 뇌." 뇌, 노의 의미는 "1. 뇌, 2. 머리, 3. 심(心), 4. 머릿골, 5. 중심"(Daum 한자사전)이다. 안창호는 '뇌수를 씻는다, 뇌수에 ~을 집어 넣는다'는 표현을 자주 썼다. "우리 국민의 뇌수가 홀연히 열리고"(대한신민회 취지서. 『안도산전서』, 1068), "흉금뇌수를 깨끗이 씻고 닦아서"(삼선평연설. 『안도산전서』, 583), "신사상과 신지식을 뇌수에 흘러들어가게 하여"(서북학생친목회 연설. 『안도산전서』, 588).

6 안창호, "불쌍한 우리 한인은 희락이 없소," 『안도산전서』, 607.

7 김흥호 편, 『제소리』, 328.

므로 그는 사무치고 간절하게 생각하였으며 그의 생각은 결코 삶과 분리되지 않았고 삶과 현실을 새롭게 변화시키는 행동으로 이어졌다. 그는 늘 생각함으로써 자기를 세우고 자기를 세움으로써 남을 세울 수 있었다. 그는 또 생각함으로써 사물과 환경을 깨끗하게 하고 바로 세우고 변화시킴으로써 자기를 깨끗하게 하고 바로 세우고 변화시킬 수 있었다. 그에게 생각은 곧 자기와 세상을 새롭게 개조하고 바로 세우는 행위였다. 그에게 생각은 나와 나라, 세상과 사물을 새롭게 변화시키고 바로 세우는 삶이고 행위였다. 그는 생각하는 사상가였고 행동하는 혁명가였다.

2) 유영모의 생각 이해: 생명의 자각 행위

안창호와 이승훈의 교육독립운동을 계승한 생명철학자 유영모에게 생각은 생명의 근본행위였다. "나는 생각한다"는 말이 데카르트에게는 인식론적 명제였지만 다석에게는 존재론적, 생명론적 명제였다.

생각을 삶의 행위로 본 다석은 삶의 주체인 '나'를 '생각의 끝머리', '생각의 불꽃'이라고 했다. 생각과 '나'를 일치시킨 다석은 생각을 '정신의 불꽃'이라 했고, 이 정신의 불꽃에서 '내'가 나온다고 하였다. 데카르트에게서 생각은 존재를 인식하는 행위라면 다석에게는 생각이 존재를 생성하는 행위다. 따라서 다석은 "내가 생각하니까 내가 나온다. 생각의 불이 붙어 내가 나온다. 생각에서 내가 나온다"고 했다.[8] 그에게 생각은 이성의 관념적 행위가 아니라 "몸에서 깨어 캐내는 생각"이었다.[9] 생각은 몸 전체가 참여하는 것이며 몸 전체에서 솟아나는 것이었다. 또한 생각은 몸만이 아니라 생명 전체가 참여하고 생명 전체가 하는 행위였다. 그에게 산다는 것은 곧 생각하는 것이었다. 또한 생각은 '生-覺'(생-각), 생명이 자기를 깨닫는 생명의 자각 행위였다. 더 나아가서 생각은 '나를 낳는' 생명의 근본행위였다. 유영모는 '생각의 불꽃'에서 '내가 나온다'고 하였다. 데카르트에게 생각은 현실적 존재의 세계와 단절된 사변적 행위이며 '내가 생각한다'는 것은 '내가 존재한다'는 것을 유추하는 논리적 근거일 뿐이다. 그러나 유영모에게 생각은 현실적으로 '살아 있는 나'의 존재를 낳고 창조하고 형성하는 존재론적 행위였다. 그는 사람을 '말씀이 불타는 화로'라고 하였다. 다석에 따르면 생각과 말씀은 서로 통한다. 생각은 신과의 연락과 소통이고 말씀도 하나님과 인간, 인간과 인간 사이의 연락과 소통이다. 생각함으로써 말이 터져 나오고, 말씀이 생각의 불꽃을 살린다.[10] 거룩한 생각은 "하나님 아버지에 대한 사랑이 있을 때 피어나는 하나의 정신적인 불꽃"이며, 이 불꽃 속에서 피어나는 "진리의 불꽃… 하나님의 말씀"이다.[11]

생각의 거룩한 불꽃인 말씀은 우주와 생명의 근원(하나님)과 통한다. "말씀의 근원은 사람의 정신이 아니라 하나님의 가운데(中)이다. 말씀이 사람의 정신내용을 살린다."[12] 그러므로 다석은 말씀이 "맨 꼭대기"이고 "말씀에 우주가 달려 있다"고 한다.[13] 말씀의 근원은 '하

---

8 유영모, "정(2)," 『다석일지』 상, 740.

9 "몸에서 깨, 캐내는 생각으로 산 사람의 나라는 맘이 고맙고 하늘 머리 둔 사람 한 곳이 나 두 눈 밝혀 먹이 꼭꼭 씹어먹고 누기 바로 눈 땅은 환." 『다석일지』 1956.9.28.

10 유영모, "무거무래 역무주," 『다석일지』 상, 746.

11 유영모, 『진리의 사람 다석 유영모』 下, 389.

12 유영모, 『진리의 사람 다석 유영모』 上, 57.

나님의 가운데'이고 그 말씀이 사람 속에서 불타고 있다. 생각은 하나님의 말씀이 '내' 속에서 불타는 것이다. "사람은 말씀이 타는 화로다." 다석은 이것을 중용(中庸)으로 설명한다. 다석은 중용을 '가운데, 중심, 속에서 쓰임'으로 풀이하고, 우리 속에서 말씀과 생각의 불이 타오르는 것이 중용이라고 했다.[14]

생각은 자연의 본능과 경계를 넘어서 솟아오르는 것이다. 그는 '그러나'(自然과 自由)라는 글에서 본능적 욕구를 극복하고 넘어서는 것이 "생각의 바탈"(『다석일지』 1956.4.15.)이라 했다. "생각한다는 것은 하늘과 통해서 쉬지 않고 원기(元氣)를 마시어 우리의 정신을 살린다."[15] 위로 올라가는 생각은 기쁘고 즐거운 것이며, 생각이 곧 기도이다. "생각하는 것은 기쁜 것이다. 생각하는 것이 올라가는 거야. 생각이 기도야. 기도는 하늘에 올라가는 거야. 정말 하나님의 뜻을 따라 올라간다는 것이 그렇게 기쁘고 즐거울 수가 없다."[16]

다석에게 진정한 생각은 근심, 걱정, 번민이 아니며, 헛된 공상이 아니다. 다석은 죽이는 생각과 살리는 생각을 구분한다. "머리를 무겁게 숙여 떨어뜨리며 하는 생각은 사람을 죽게 하는 생각"이다. 제 머리를 무겁게 하는 생각을 하는 이는 썩은 졸개(腐卒)이며, "거룩한 불꽃을 도적질하는 자라 스스로 심판이나 기다리는 자가 된다." 그러나 "머리를 위로 우러러 들게 하는 거룩한 생각은 사람을 영원히 살리는 불꽃"이다. "이런 생각을 계속하면 그의 머리는 거룩한 향로

---

13 유영모, "말씀," 『다석일지』, 887.

14 유영모, "신," 『다석일지』 상, 882.

15 유영모, "건," 『다석일지』 상, 794.

16 유영모, "깨끗," 『다석일지』 상, 841.

(聖香爐)의 위 구멍(上口)으로 거룩한 불꽃을 온전히 위로 정(精)하게 올리는 임무를 하니 그의 머리는 더욱더욱 시원할 것이며, 전체 거룩한 제단(몸 전체)[全聖壇(全身)]의 제물(祭物, 에네르기)도 치열히 탈 뿐이니 장쾌청정(壯快淸淨)일 것이다."[17] 생각은 생명을 살리는 불꽃이다. 생각하면 살아난다.

다석은 인간의 속알머리를 "솟구쳐 올라가는 앞으로 나가는 지성"이라고 했다. 생각은 자기 속알의 끝머리를 밝히는 일이다. 속알의 맨끝은 하나님과 이어져 있다.[18] 생각은 지성의 기능이나 행위만이 아니라 지성[속알머리]을 밝히는 행위다. 다석에 따르면 생각하는 것이 우리의 바탈, 본성을 살리는 일이다. 그리고 생각을 통해서 깨달음(하늘)에 도달한다. 생각은 지성만의 일이 아니라 삶 전체의 일이고 전인적인 일이다. 바르게 생각하려면 몸이 건강하고 마음이 편해야 한다. 몸이 건강하면 마음이 놓이고 마음이 놓이면 바탈(본성)을 타고 나갈 수 있다. 다석에게 생각은 바탈을 타고 솟아오르고 앞으로 나가는 일이다. 바탈을 타지 못하면 "정신을 잃고 실성(失性)한 사람이 된다." 생각은 바탈(性)을 살리는 일이다. "그림을 그리고 노래를 불러 감성을 살려도 좋고 사물에 직관하여 신의 섭리를 헤아리는 영성을 살려도 좋고 과학과 기술을 연마하여 오성을 살려도 좋다. 하여튼 바탈 성(性)을 살려야 한다. 그것이 사는 것이다." 생각하는 것은 과학과 학문의 영역에 한정된 것이 아니라 자기의 정신을 불사르는 예술의 행위이고, 진선미를 이루는 생명과 정신의 총체적인 행위이다. "바탈은 생각이 밑천이 되어 자기의 정신을 불사르는

---

17 김흥호, 『제소리』, 328.
18 유영모, "정(2)," 『다석일지』 상, 738-739.

예술의 세계이다. 몸 성해 참되고 마음 놓여 착하고 바탈 태워 아름 답다."[19]

생각을 해야 사람노릇을 할 수 있다. 생각은 일상적인 삶을 위한 실천적인 일이다. "생각 없이 되는 대로 먹고 입고 자고 이는 사람은 식충(食蟲)이다." 다석은 "먹고, 입고, 자고, 일하는" 것을 생각하면서 바르게 하는 사람을 철학자나 제사(祭司)라고 하고 "생각 없이 되는 대로 먹고 입고 자고" 하는 사람을 '식충'(食蟲), '마졸'(魔卒), '거룩한 불꽃을 도적질하는 자'라고 하였다.[20] 일상의 삶 속에서 생각하며 사는 사람은 삶의 철학자요 삶의 사제다. 생각은 삶에 유익하고 사랑에 이른다. "…좋은 생각의 불이 타고 있으면 생명에 해로운 것은 나올 리 없다. … 본래 하나님께서 내준 분량을 영글게 노력하는 생명은 반드시 사랑에 이르게 될 것이다."[21] 생명의 근본행위인 생각이 생명에 해로울 리가 없고 생명의 본성과 사명을 성숙하게 한다. 생각은 생명에 이로운 것이며 생명을 살리고 키우고 높이는 사랑에 이르는 것이다.

유영모는 그리스어 로고스를 '말숨'으로 번역함으로써 그리스철학의 로고스와 히브리 기독교의 다바르 그리고 동양철학의 천명(天命), 정기(正氣)와 결합하였다.[22] 로고스는 이성적 질서와 법칙을 뜻

---

19 유영모, "건," 794.

20 김흥호, 『제소리』, 328.

21 유영모, "무거무래 역무주," 745.

22 다석은 『다석일지』에서 1969년 10월 8일 이후 요한 1장 1-4절, 14절을 여러 차례 옮겼다. 8일에는 로고스를 '믈숨'으로 옮겼으나 22일, 1970년 8월 1일, 9월 19일, 10월 9일에는 '닐늠'[계명, 명령]으로 옮겼다. 그러나 14절은 일관성 있게 "믈숨이 슬몸이 되어"로 옮기고 있다. 성경의 말씀(로고스)를 말숨, 닐늠으로 옮김으로써 그리스철학의 로고스, 성경의 말씀, 동양의 천명(天命), 정기(正氣)가 생명철학적으로 통합되고 있다.

하고 히브리어 다바르는 신의 명령과 말씀을 뜻하고 천명(天命)은 하늘의 숨, 사명을 뜻하고 정기(正氣)는 바른 기운과 숨을 나타낸다. 다석이 로고스를 '말숨'이라고 옮김으로써 그리스철학의 로고스에 히브리적 신의 말씀과 동양의 천명 정기의 뜻을 결합한 것이다. 사람이 말 숨을 쉬는 것이 생각하는 것이다. 이로써 다석은 동서고금을 아우르는 통합적인 생명철학에 이르렀다. 2009년에 가진 '한일철학자대회'에서 생각을 생명의 행위와 자각으로 본 유영모의 통찰에 깊은 자극을 받은 일본의 철학교수들은 생각에 대한 유영모의 통찰이 꽉 막힌 서양의 철학에 새로운 길을 열어줄 것이라고 하였다.

3) 함석헌의 생각 이해: 생명을 살리는 행위

함석헌은 "생각하는 백성(people)이라야 산다"[23]고 함으로써 생각하는 것이 곧 생명과 정신을 살리는 것임을 갈파하였다. 그는 평생 인생과 역사의 의미를 탐구한 철학자였다. "인간 사회는 어떻게 달라질 것이냐 하는 것을 생각하는 일"이 철학자 함석헌의 일이었다. "죽어서도 생각은 계속해야 한다. 뚫어봄은 생각하는 데서 나온다"고 함으로써 그는 생각하는 사람으로서의 전형을 보여주었다.[24]

그는 '하는 생각'과 '나는 생각'을 결합함으로써 과학적 이성의 추론과 종교적 영성의 영감을 통합하였다. 그에 따르면 생각을 하면 생각이 나고 생각이 나면 생각을 하게 된다. 그에게 이성은 생명의 가장 높은 봉우리이며 그 높은 봉우리에서만 하늘의 말씀, 얼을 받

---

[23] 월간 「사상계」 1958년 8월호에 실린 글.
[24] 함석헌, "죽어서도 생각은 계속해야 한다," 『함석헌전집』 2, 12.

을 수 있다. 따라서 과학적 이성이 제 구실을 온전히 다 할 때 비로소 종교적 영성이 제대로 드러날 수 있다. 과학적 이성이 온전히 실현되고 완성된 곳에서 비로소 하늘의 말씀과 영을 받는 참된 종교가 시작될 수 있다.[25]

함석헌은 생각을 생명철학적으로 이해했다. 생각은 생명이 생명 저 자신을 살리는 생명의 근본행위다. 생각은 생명을 살리는 생명의 주체적 행위일 뿐 아니라 생명을 심화하고 성숙하게 하는 자기교육의 행위이고 생명의 초월적 깊이와 높이에 이르는 영적 행위다. 생각하는 것은 '나'를 깊이 파는 것이며 '나'를 깊이 파서 나의 속알, 알짬에 이르는 것이다. 또한 생각한다는 것은 나의 생명의 속알 씨올이 알들게 영글게 하는 것이다. 그에게 씨올의 '올'은 생명 씨알의 '알'을 나타낼 뿐 아니라 하늘의 '얼'을 나타낸다. 생각하는 것은 하늘의 얼이 나의 씨올의 알 속에 들어오게 하여 나의 알 생명이 익어가게 하는 것이다. "씨올은 생각하는 것입니다. 생각하면 씨올입니다. 생각 못하면 쭉정이입니다. 씨올의 올은 하늘에서 온 것입니다. 하늘은 한 얼입니다. 하늘에서 와서 우리 속에 있는 것이 올입니다. 생각하는 것이 올이요 올을 생각하는 것입니다. … 올은 물질 속에 와 있는 정신입니다. 유한 속에 와 있는 무한입니다. 시간 속에 와 있는 영원입니다."[26]

그에게 생각하는 것은 내가 나로 되는 것이며 내가 내 맘과 맘속에 있는 생명의 깊은 바다에서 참 나를 낚는 것이다. 생각하는 것은 과거와 현재를 넘어서 삶과 역사의 끝에서 다가오는 새로운 나라,

---

25 함석헌, "말씀, 말," 369-370.
26 함석헌, "생각하는 씨올이라야 산다," 56.

새로운 미래의 나를 낚는 일이다. 생각하는 것은 나의 몸과 맘과 얼에서 육실(육체)과 골실(머리골)에서 과거와 현재를 심판하고 새로운 미래를 창조하는 것이다.[27] 안창호와 유영모의 철학을 계승하여 씨ᄋᆞᆯ생명철학을 제시한 함석헌에게서 비로소 계산적 이성의 폐쇄된 감옥에서 벗어날 뿐 아니라 존재론과 인식론의 관념적 대립에서 벗어나 생명의 깊이와 높이에서 자유롭고 활달하게 인생과 역사를 진실하게 이해하고 실현하며 자기와 세상을 새롭게 창조하고 변화시켜가는 길이 열렸음을 확인할 수 있다.

나와 생각의 일치

생각을 생명의 주체적 행위로 파악한 함석헌은 '생각'과 '나'를 일치시켰다. 그는 먼저 생명의 주체와 실체(알맹이)로서 '나'를 강조했다. 모든 일의 궁극적 원인과 근거는 내게 있다. 나는 존재와 활동의 이유와 까닭을 제 속에 가진 것이다. 존재와 활동의 원인과 까닭을 자기 안에 가지고 있는 인간의 주체인 나는 '나는 곧 나'(I am who I am)인 존재다. 인격의 본질, 생명의 근본은 스스로 하는 자기초월이며 까닭 없이 존재하는 것이다. '스스로 하는 나'에 대하여 함석헌은 이렇게 말했다. "인격의 본질이 자기초월이라는 말은, 생명의 근본은 스스로 함이란 말이다. … 그것이 우리 눈에 모순의 통일로 보이는 것은 우리 이성이 설명할 수 없기 때문이다. 이성이 설명 못 한다는 것은 까닭을 알 수 없단 말이다. 까닭을 모르는 그것은 스스로 하

---

27 함석헌, "우리 역사와 민족의 생활신념," 『함석헌전집』 1, 373-374.

는 존재기 때문이다. 까닭은 물건에 있지 생명에는 까닭이 없다. 그 자신이 까닭이다. 내가 사는 것은 까닭이 있어 사는 것 아니다. 그저 살고 싶어 사는 것이다. 하나님이 살라시니깐 산다든지 하나님을 위해 산다든지 하는 말은 결국 까닭 없다는 말이다. 까닭은 물적 이유, 원인이다. 정신에는 까닭 없다. 하나님은 까닭 없이 있는 이다. 그러므로 나는 그저 있어서 있는 자라 한다."[28]

생각하는 것은 잃어버린 '나'를 찾는 일이다. 역사의 온갖 병폐와 문제의 근원은 '나를 잃은 것'이다. "우리나라 역사에서는 이 자아를 잃어버렸다는 일, 자기를 찾으려 하지 않았다는 이 일이 백 가지 병, 백 가지 폐해의 근본원인이 된다."[29] '나'를 찾아서 '나'를 하나님('나는 나다!', I am who I am)의 일동무로 바로 세우는 것이 역사의 문제를 푸는 지름길이다. '나'는 밖에서 찾을 수 없고 내 속에서 찾아야 한다. 나를 찾으려면 내 속을 깊이 파야 한다. 생각은 '나'를 깊이 파는 것이고, 생각하는 것은 '내'(주체)가 되는 것이다. 함석헌에게 '생각을 깊이 파는 것'과 '나를 깊이 파는 것'이 같은 말이다. 생각과 나는 일치된다. 그는 물질과 세상에 휘둘리는 나를 깊이 파서 깊은 종교와 철학을 낳고 역사의 주체인 '나'가 되어야 한다고 했다.[30]

'나'를 깊이 파는 것은 '나'를 깨트리고 비워내고 새롭게 지어내는 것이다. 함석헌은 '나'를 찾는 생각을 기독교의 회개와 연관시킨다. 인격의 모순, 분열을 고치려면 회개해야 한다. 회개는 분열된 자기의 부정과 초월을 통해 자기 속의 참된 존재, '나는 곧 나'인 하나님

---

28 함석헌, "인간혁명," 95.
29 함석헌, 『뜻으로 본 한국역사』, 206.
30 함석헌, 『뜻으로 본 한국역사』, 94-96, 18, 30-31.

에게로 돌아감이다.[31] 함석헌에게 생각하는 것은 참된 주체와 참된 전체인 하나님께 돌아가는 것이며 참된 나이고 참된 통일인 하나님께 돌아감으로써 자아의 인격적 분열을 치유하여 온전하고 참된 나가 되는 일이다. 나의 속의 속에 계신 하나님과 참 나를 찾으려면 나의 속을 깊이 파는 수밖에 없다. 생명은 생각의 주체이고 대상이고 목적이다. 생명의 근본행위로서 생각은 자기가 자기를 생각하는 것이다. 생각하는 것은 자기를 깊이 파는 것이고 자기를 깊이 파는 것은 생각을 깊이 파는 것이다. 자기 속에서 자기를 찾고 발견하여 '스스로 하는 존재'(主體)가 되려면, 스스로 생각해야 한다. 나를 찾아 내가 참 나로 되는 것이 내가 사는 길이다. 그래서 그는 "생각하는 씨ᄋᆞᆯ이라야 산다"고 했다.[32]

생명의 근본행위로서 생각은 물질론이나 관념론에 빠지지 않고 몸과 맘과 얼을 살리고 통합하는 생명철학에 이른다. '나'의 속에서 나를 깊이 파는 생각으로 찾아가는 '나'는 '나는 곧 나'인 참 나, 얼과 혼이다. '나는 곧 나'인 얼과 혼은 물질론적 사고와 관념론적 사고의 제약과 속박에서 해방된 자유롭고 초월적인 생명의 주체다. 물질과 정신을 통합한 생명의 주체인 얼과 혼은 시공간의 구체적 현실 속에서 존재하는 물질, 몸과 뗄 수 없이 결합되어 있다. "살·몸은 얼·혼의 참을 증명하는 도장이다. 내 살·내 몸이 닿지 않은 것, 내 피 내 땀이 배지 않은 것은 내 것이 아니다."[33]

---

31 함석헌, "인간혁명," 95.
32 함석헌, "생각하는 씨ᄋᆞᆯ이라야 산다," 56-58.
33 함석헌, "씨ᄋᆞᆯ의 설움," 57.

생명의 본성(주체성, 전체성, 창조성)을 실현하는 생각

함석헌에게도 생각은 생명 전체의 행위이며 생명의 주체인 나의 고유하고 창조적인 행위다. 생각은 생명 전체의 행위다. "오늘 내가 있고 내 머리에 생각이 솟는 것은 전에 억만 생명이 살아 있었기 때문이요, 억만 마음이 생각을 했기 때문이다. 내 몸은 무한 바다의 한 물결이다. 내가 일어선 것은 내가 일어선 것이 아니요, 이 바다가 일으켜 세운 것이다."[34] 생각은 살림의 피어난 것이며, 삶과 생각과 말과 글이 하나로 통하는 것이다. "글은 말의 닦이운 것이요, 말은 생각의 엉킨 것이요, 생각은 살림의 피어난 것 아니냐?"[35]

함석헌은 사람이 스스로 하는 가장 주체적인 행위는 생각하는 것이라고 했다. '내가 지금 생각하는 것'만이 내가 하는 일이고 주체적이고 창조적이라는 말이다. 지식이나 정보, 개념은 남에게서 온 것일 수 있으나 지금 이 순간에 생각하는 행위만은 내가 하는 것이다. 숨 쉬는 것, 피가 도는 것, 먹고 색이고 싸는 것도 생리적으로 몸이 하는 것이다. 몸을 움직이는 일도 신경과 근육의 자율적 행동이다. 감정도 의지와 결단도 남의 영향이나 밖의 작용 없이 이루어지는 순수한 주체적 행위라고 할 수 없다. 그러나 '이제 여기서' '내가 생각하는 것'만은 내가 하는 일이다.[36] 생각은 나의 가장 순수한 주체적 행위이면서 생명 전체의 행위다. 나의 내면의 가장 깊은 속에서 얼과 혼 속에서 나의 가장 순수하고 주체적인 행위가 생명의 가장 진실하

---

34 함석헌, "살림살이," 304.

35 함석헌, "누에의 철학," 17.

36 생각하는 것이 가장 순수한 주체적 행위라는 말은 함석헌 선생께 직접 들은 말이다.

고 전체적인 행위가 된다.

생각은 생명의 창조적 행위다. 함석헌에 따르면 생각은 "물질을 정신화"하는 것이고 "없는 데서 있는 것을 창조해 냄"이다. "생각하면 서로 떨어진 것이 하나가 될 수 있고, 생각하면 실패한 것이 이익으로 변할 수 있다. … 생각은 생명의 자발(自發)이다. 피어나는 것이다. 고로 그것[생각]이 있으면 모든 더러운 것이 거름으로 되어 꽃으로 피고, 그것이 없으면 모든 밖으로 온 꽃이 누르는 점이 되고 썩히는 누룩이 된다."[37] 생각은 가장 자발적이고 창조적인 행위이고 생명을 살아 있고 힘 있게 하는, 생명을 생명이게 하는 생명의 생명다운 힘이고 원소다.

생각해야 산다

내가 '나는 곧 나'로 되려면 '나는 곧 나' 그 자체인 하나님과 연결, 연락되어야 한다. 생각하는 것은 '나는 곧 나'가 되려고 신과 연락하고 소통하는 것이다. 신은 나와 내 생각의 밖에 있지 않고 그 속의 속에 있으므로 내가 생각(추론)해서 내 생각의 밖에서 찾을 수 없다. 나와 내 생각의 속에서 신은 스스로 드러나고 나타나고 만나진다. 신은 내 생각의 대상이 아니라 내 생각의 주체와 근원이다. 신에 대해서는 내 생각이 능동이 아니라 수동이 된다. 신은 나의 생각 속에서 생각되는, 계시되고 알려지고 만나지는 존재다. 신은 내 생각에 대해서 능동과 주체가 된다. 함석헌에게 하나님은 말씀하는 신이며

---

37 함석헌, "새 교육," 『함석헌전집』 2, 377-378.

'나'에게 자기 생각을 주시는 신이다. 신이 주시는 생각을 받은 사람은 자기도 살고 세상을 살리는 이다. "나는 지금도 '그이'가 내 속에 말씀하시는 것을 듣습니다. … 생각을 하는 씨올에게는 그이가 자기 생각을 주십니다. 그렇기 때문에 삽니다. 땅속에 들어가 썩어도 생명으로 폭발합니다. 속에서 주시는 '그이'의 이 생각을 받은 사람이 무서운 사람입니다. 그는 자기도 살고 세상을 살립니다."[38]

신이 주시는 생각이 인간과 세상을 살린다. 이 생각이 끊어지면 인간과 세상은 멸망한다. 신의 생각을 받고 살기 위해서 인간은 깊이 생각해야 한다. 신과 연락하고 소통하여 신이 주시는 생각으로 살면 죽어도 죽지 않는 영원한 삶을 살 수 있다. "생각하면 삽니다. 생각 아니하면 죽습니다. 살았으면 죽어도 삽니다. 죽었으면 살아 있어도 벌써 죽은 것입니다. 예수가 살아 있는 것을 누가 감히 부정할 수 있습니까? 빌라도를 누가 능히 살았다 할 수 있습니까? 우리가 사는 것은 분명히는 깨닫지 못해도 그 생각이 우리 속에 줄곧 일하시기 때문입니다. 그 생각 아닌 생각이 우리 속에서 끊어질 때 우리는 죽습니다. 나무통이 아무리 커도 뿌리가 마르면 죽습니다. 천하를 먹여 살리는 것이, 선한 사람만 아니라 악한 것도, 고운 사람만 아니라 미운 사람도, 먹여 살리는 것이 씨알입니다."[39] 생명의 근원과 힘, 창조자와 목적인 하나님과 연락하고 소통하는 생각이 나와 세상을 살린다.

함석헌에게는 '내가 생각하는 것'은 나 자신의 존재를 확인하고 증명하는 것이 아니라 '내가 곧 나'임을 확인하고 내가 곧 나로 되게

---

38 함석헌, "생각하는 씨올이라야 산다," 56-58.
39 같은 글.

하는 것이다. 내가 생각하는 것은 나를 주체로 확인하고 선언하는 것이며 나의 근거와 이유인 '나는 곧 나' 그 자체인 하나님의 살아계심을 찾고 만나고 확인하고 증명하는 것이다. '나는 생각한다. 그러므로 신이 자기 생각을 내게 주신다. 신이 생각을 주심으로 나는 내가 된다.' 생각하는 것은 나의 속힘을 기르는 것이고 생각을 깊고 높이 할수록 정신은 깊고 힘 있어진다. 인간사회의 부패와 쇠퇴, 혼돈과 분열은 넓고 크게 생각하지 않기 때문에 생겨나는 것이다. "우리 민족의 가장 큰 병이 생각이 넓고 크지 못한 데 있다. 비겁도 이래서 있고 싸움도 이래서 많고 부패도 이래서 있다."[40]

한민족이 뜻을 잃고 하나 됨에 이르지 못한 까닭은 '스스로 생각하지 못 했기' 때문이다. 정치하는 사람들이 "남의 생각을 빌어다 쓰는 것으로 만족하고 스스로 제 생각을 하려 하지 않았을 뿐 아니라 될수록 백성을 눌러 생각을 하지 못하게 하고 자기네도 중국 생활을 빌어다가 손쉽게 해먹으려고만 했다." 좋은 정치는 "백성으로 하여금 스스로 생각하도록 하는 것"이다.[41] 함석헌에 따르면 한민족의 가장 아쉬운 점은 '생각의 빈곤'에 있고, 한민족의 과제는 "깊은 종교를 낳고, 생각하는 민족이 되고, 철학하는 백성이 되는 것"이다. 깊은 생각과 굳센 믿음을 가질 때 주체적인 자아가 확립되고, 민족이 하나로 되고 인류가 하나로 될 수 있다.[42]

---

40 함석헌, "교육에 있어서 반성돼야 하는 몇 가지 문제," 『함석헌전집』 5, 178.
41 함석헌, "우리의 정치현실과 그 극복과제," 『함석헌전집』 18, 354-355.
42 함석헌, "생각하는 백성이라야 산다," 114-116.

이성과 영성의 통합: 하는 생각과 나는 생각

생각을 생명의 근본행위로 본 함석헌은 이성적 생각과 신적 영감을 생명 속에서 이해했다. 그에게 신은 이성적 생각이 논증할 수 있는 대상이 아니라 이성적 생각의 근원과 목적으로서 생명 속에 실재한다. 생명 속에 실재하는 신은 이성적 생각에게 드러나고 계시되고 알려지고 주어진다. 생명과 인간의 근원과 목적으로서 신은 이성적 생각의 증명대상이 아니라 생명과 생각의 중심과 주체로서 근원과 목적으로서 주어지고 납득되고 알려지고 이해된다. 그러므로 함석헌은 신이 자기 생각을 생각하는 인간에게 주신다고 했으며 신이 주시는 생각을 받은 인간은 자기와 세상을 살리고 구원할 수 있다고 하였다.

신이 주시는 생각을 받기 위해서는 인간이 깊이 생각해야 한다고 함석헌은 말했다. 생각은 생각으로만 받을 수 있다. 함석헌은 인간이 스스로 하는 생각을 '하는 생각'이라 하고 신에게서 받는 생각을 '나는 생각'이라고 했다. "생각이 각 둘이 있습니다. 하는 생각과 나는 생각. 생각을 하는 것은 나는 생각을 받기 위해서입니다. 그러나 둘이 본래 하나입니다. … 생각을 하는 씨올에게는 그이가 자기 생각을 주십니다."[43] '하는 생각'과 '나는 생각'은 순환적이다. 생각을 하면 생각이 나고 생각이 나면 생각을 하게 된다.

함석헌은 이성과 신앙(영성)을 통합하였다. '하는 생각'(추리)과 '나는 생각'(영감)을 말하고 생각을 하면 생각이 나고 생각이 나면 생

---

43 함석헌, "생각하는 씨올이라야 산다," 56-57.

각을 하게 된다고 함으로써 추리와 영감을 종합하였다.[44] 1955년에 쓴 글 "말씀, 말"에서는 이성으로만 하나님의 영을 받을 수 있다고 함으로써 이성과 영을 직결시켰다. "이성의 높은 봉에 오르지 않고 하늘에서 내리는 영을 받을 수는 없다. 그것은 이성만이 시간을 초월하고, 공간을 초월하고, 자아를 초월하여, 절대계에서 오는 영에 접할 수 있는 디딜 곳이 되기 때문이다."[45] 1959년에 쓴 "사상(思想)과 실천(實踐)"에서 그는 생각과 살림의 영성을 결합한다. "… 생각의 끝을 날카롭게 깎아 하늘 향해 높이 들어서만 거기서 내려오는 불에 붙임을 받아 밝은 살림의 불길을 들 수 있다."[46] 이 글에서 그는 믿음과 생각의 관계를 이렇게 말한다. "본래 생각이란 갈라진 것이다. 그것이 삶의 힘이 되려면 믿음에까지 통일되어 변화해야 한다. 믿음은 하나로 변한 생각이다."[47] 생각을 깊이 하여 생각이 하나로 통일된 것이 믿음이란 말이다. 생각이 통일되어 하나님에 대한 믿음에 이르면 하나님 안에서 생각은 생명(인간 사회, 우주)의 전체에 이른다. 함석헌은 생각을 개인의 행위로만 보지 않고 공동체의 전체적 행위로 보았다. 그는 전체가 생각의 주체라고 했고, 공동체적 생각에 대하여 말했다.[48] 생각하는 것은 신과의 소통과 연락이며, 신과의 연락과 소통은 우주(전체 생명)와의 소통과 관계를 이루는 것이고 인간들 사이에 서로 영향을 주는 것이다. 그러므로 함석헌은 생각을 '우주적 방송'이라고 했다.[49] 하나로 통일된 참된 생각은 하나님께 닿고

---

44 함석헌, "생각하는 씨울이라야 산다," 57.

45 함석헌, "말씀, 말," 369-370.

46 함석헌, "사상과 실천,"『함석헌전집』2, 150.

47 같은 글, 151.

48 함석헌, "인간혁명," 53-54.

우주와 연결되고 이웃에게 영향을 주는 것이다. 그것이 기도이고 예배이며, 명상이고 참선이다.

함석헌은 이성을 충분히 실현하고 확장하려고 했으나 이성의 해방과 확장은 영과의 만남을 통해서 된다고 보았다. 이성은 '하늘의 빛', 영에 접함으로써 해방되고 "초롱초롱 살아난다."[50] 그는 이성과 과학을 최대한 확장하고 살리면서도 이성의 위에 말씀과 영성의 차원을 높고 크게 펼침으로써 이성과 영성의 참된 종합에 이를 수 있었다. 함석헌의 이런 이성 이해는 그리스의 이성 이해와 다르다. 그리스에서는 이성을 뜻하는 로고스는 계산하고 설명하는 것이었다. 계산하고 설명하는 이성은 창조와 변혁을 일으키지 않는다.[51] 함석헌은 생각을 이론적 개념적 논리작용으로 보지 않고 삶에서 피어나는 것으로 보았다. 생각은 삶의 행위이며 자기 존재를 형성하는 것이다. 함석헌은 이성과 신앙, 과학과 종교의 통합을 추구했다. 이성이 끝까지 제 구실을 다하고 나서야 신앙과 종교가 선다. 참된 종교는 이성을 억압하지 않고 자유롭게 하며, 이성과 과학의 영역을 넘어서 존재한다.[52]

생각과 노동과 역사의 통일

생명철학자 함석헌은 인간의 생명을 시공간의 역사와 사회 속에

---

[49] 같은 글, 78-79.

[50] 함석헌, "예수의 비폭력 투쟁," 『함석헌전집』 3, 323-325.

[51] Hans Dieter Betz u. a. Hrsg., *Religion in Geschichte und Gegenwart* [RGG⁴], Band 21 (Tübingen: Mohr Siebeck Verlag, 1998-2007), 433-436.

[52] 함석헌, 『함석헌전집』 1, 18.

서 구체적으로 생각했으며 생각과 노동과 역사를 통일적으로 파악하였다. 함석헌에 따르면 인류는 (농업)노동에 의해 "진실히 생각하는 자", "참 사람"이 되었다.[53] 인간은 땀 흘려 노동함으로써 생각하게 될 뿐 아니라 참되고 순수한 생각을 하게 된다. "노동 더구나 농업노동은 인생으로 하여금 생각하게 할 뿐 아니라 또 그것을 정화한다." 함석헌은 노동의 목적이 진실하고 순수한 생각을 하는 데 있다고 하였다. "사랑의 신이 노동으로써 인류의 어깨에 지운 것은 무엇 때문인가? 진실히 생각하는 자 되게 하기 위하여서다." 노동하는 동안에 창조적이고 고귀한 생각이 솟아나온다. "혼자 묵묵히 땅을 파는 동안에 많은 잡념은 사라지고, 많은 광채가 안에서 솟아 나옴을 깨닫는다." 노동하지 않고 생각하지 않는 나무와 짐승에게는 역사가 없으나 노동하고 생각하는 사람에게는 역사가 있다. "자연의 선물을 먹고, 기나긴 여름날을 노래로 보내는 풀벌레나 썩은 것을 찾아 영영(營營)하는 창승(蒼蠅)에는 역사는 없다. 그러나 노동에 우는 인류에게는 (역사는) 있다."[54] 그에게서 생각은 단순히 이론적 이성의 사변이 아니라 삶의 행위다. 실패를 맛보고 못난 줄을 알아야 살 길을 찾아 생각하게 된다. 성공과 안일에 빠지면 살 길을 찾지 않고, 생각하지 않는다. 그는 또한 인간 자신의 참여를 통한 논리와 윤리의 통합을 추구했다.[55] 생각은 삶과 역사에 참여하여 삶과 역사의 길을 여는 것이다.

---

53 「성서조선」 1937년 6월호, 124-125.
54 함석헌, 『함석헌전집』 9, 111.
55 함석헌, "열 두 바구니," 『함석헌전집』 4, 394.

3. 서양철학의 생각 이해에 대한 생명철학적 비판

1) 서양의 이성적 관념철학에 대한 생명철학적 비판

'나'와 생각을 중심에 놓는 안창호의 생명철학은 유영모와 함석헌에게서 온전히 계승되었다. 유영모와 함석헌에게 생각은 생명과 인간의 나를 새롭게 창조하고 살리고 바로 세우는 생명과 역사의 근본 행위였다. 안창호에서 함석헌에 이르는 한국 근·현대의 철학자들이 보여주는 이러한 생명철학적 생각 이해는 서양 주류철학의 생각 이해와 뚜렷이 구별된다. 안창호 유영모 함석헌이 생각을 생명과 역사의 행위로 보았다면 서양철학자들은 생각을 이성의 관념적 사변으로 보았다. 소크라테스와 플라톤과 아리스토텔레스로 이어지는 고대 그리스 철학자들은 인간을 이성적 존재로 보았고 이성적 생각을 통해서 참된 진리와 선에 도달하고 궁극적인 진리와 선을 성취할 수 있다고 보았다. 이성적 사유를 통해 파악된 진리와 선(테오리아와 이데아)만이 영원하고 불멸한다고 여겼다. 서양 근·현대 철학의 아버지이며 위대한 수학자였던 르네 데카르트의 대표적 명제는 "나는 생각한다. 그러므로 나는 존재한다"(Cogito, ergo sum)이었다. 그는 생각의 관념세계와 물질의 존재세계를 단절하고 이원화시켰다. 생각 의식은 관념의 정신세계이고 자연 물질의 세계는 시공간적 현실의 세계였다. 관념적 인식(지식)의 세계와 물질적 존재의 세계가 분리되었다.

"나는 생각한다. 그러므로 나는 존재한다"는 말은 관념적 생각의 행위에서 관념적 사유 행위의 주체인 이성의 관념적 존재를 확인하는 것이다. "나는 생각한다"에서 '나'는 생각하는 이성이며 "나는 존재한다"에서 '나'는 이성을 가진 인간의 나다. 관념적 이성의 사유행위에서 확인할 수 있는 것은 생각하는 주체인 이성을 확인하는 것일 뿐이다. 데카르트의 명제는 물질적인 시공간의 현실에서 이성을 가지고 생각하고 있는 인간을 추론할 수 있지만 이성을 넘어서 인간 생명의 주체와 전체를 확인하는 것이 아니다. 데카르트는 불완전하고 유한한 인간의 이성적 사유와 주체를 정당화하고 뒷받침할 완전하고 무한한 타자인 신을 끌어들였다. 그가 끌어들인 전능하고 무한한 타자로서의 신은 인간의 이성적 사유와 주체를 정당화하고 뒷받침할 뿐 생명의 주체와 전체와 진화에 참여하여 그것들을 인식하고 이해하고 실현하고 완성하는데 이끌지 못한다. 데카르트의 명제는 이성의 관념적 세계 안에 갇혀 있으며 살아 있는 현실적 생명의 주체로서의 인간의 자아를 확인하지 못한다. 그의 명제는 인간의 생명적 주체에 이르지 못한다. 데카르트에게서는 정신의 관념세계와 현실의 물질세계는 단절되어 있다. 데카르트의 이러한 관념·물질의 존재론적 이원론은 기하학(수학)을 바탕으로 관념(이데아)적 형이상학을 확립한 플라톤의 철학을 계승한 것이다. 수학의 계산세계와 기하학의 도형세계가 자연 물질과 생명의 현실세계와 단절된 순수한 관념의 세계인 것처럼 순수한 이성의 산물인 이데아(관념)의 세계는 자연 물질과 생명의 현실 세계를 완전히 초월한 세계이며 현실세계가 개입할 수 없는 세계다.

수학자 데카르트의 관념론적 이성 철학에서는 정신세계에 속하는 이성만이 사유와 행위의 주체이며 이성을 갖지 못한 다른 모든 자연생명체들은 이성에 의한 인식과 지배의 대상일 뿐이다. 자연 물질세계와 생명세계를 인식과 지배와 정복의 대상으로 본 데카르트는 인간의 이성이 자연 생명 세계를 탐구하여 알면 알수록 자연 생명 세계의 힘과 가치를 이용할 수 있고 인간은 행복하게 된다고 생각하였다. 인간의 육체를 포함하여 자연 물질과 생명의 세계는 영혼(주체, 이성)이 없는 기계로 보고 기계적인 법칙의 지배를 받고 있다고 보았다. 따라서 물질과 정신, 육체와 영혼을 통합하는 인간 생명의 주체에 이르는 길이 데카르트에게는 근본적으로 차단되어 있었다.

칸트는 인간의 이성을 인식론적 주체로 보고 이성을 가진 인간을 수단이 아니라 목적이라고 보았으며 이성을 법의 근거이고 법을 세우는 입법자로 보았다. 그에게는 이성이 최고 권위자이고 기준이었다. 인식과 판단의 주체인 이성만이 주체이고 다른 모든 타자들은 인식과 판단의 대상일 뿐이다. 모든 것을 인식하고 판단하는 순수이성과 이성적 존재인 다른 인간을 주체와 목적으로 대하라는 실천이성 사이에는 건너기 어려운 간격이 있다. 헤겔은 이성 곧 정신을 생과 역사의 주체와 실체로 보았다. 이성이 지배하는 헤겔의 관념론에서는 나와 타자의 질적 차이가 이성적 관념으로 해소된다. 타자는 진정한 초월적 주체로서 존재할 수 없고 '나'의 이성적 관념의 세계에 편입된다. 서구의 관념론적 이성 철학을 완성한 칸트와 헤겔에게서도 현실 속에서 살아 있는 서로 다른 인간들의 생명적 주체에 이르는 길은 막혀 있다.

혁명의 철학자 칼 마르크스는 이성의 생각을 우위에 놓는 서양의 관념철학을 뒤집어서 물질의 존재와 힘을 우위에 놓는 물질론적 철학을 주장했다. 그에 따르면 의식(생각)이 존재를 지배하는 것이 아니라 (사회적, 물질적) 존재가 의식을 지배한다. 그도 물질론적 존재와 관념론적 의식(생각)을 분리 이원화시켰다. 인간의 의식, 생각은 사회 환경과 물질적 조건(생산력과 생산양식)에 예속되어 있으며 사회 환경과 조건에 의해 결정된다. 마르크스의 이러한 물질론적 이원론도 물질과 정신을 통합하는 인간 생명의 주체 '나'를 확립하지 못한다.

20세기 프랑스의 윤리철학자 에마뉘엘 레비나스는 서구의 전통적 관념론과 물질론에서 인간을 해방하려고 했다. 그는 인간의 자아를 이성이 지배하는 관념적 사유의 폐쇄적인 세계에서 해방할 뿐 아니라 물질 신체적 존재의 속박에서 해방하려고 했다. 그는 모든 존재자들을 인식과 사유의 대상으로 삼고 지배하고 처리하는 인간 이성의 관념적 사유체계에서 인간의 자아를 해방하려 했으며, 물질적 신체적 존재의 속박에서도 인간의 자아를 해방하려고 하였다. 이성이 지배하는 관념적 사유의 세계는 동일성과 전체성에 기초한 획일적 전체주의적 세계다. 이런 관념적 사유의 세계는 모든 존재자들을 타자화·대상화·관념화·획일화하고 전체의 부분과 요소로 파악함으로써 존재자들의 주체와 전체를 훼손하고 진화와 고양의 창조적 변화를 불가능하게 한다. 그는 동일성과 전체성에 기초한 획일적이고 전체주의적 이성의 관념적 존재론이 다른 민족과 인종(유대인)을 학살하는 파시즘적 전체주의를 낳았다고 보았다. 레비나스의 윤리철학에 따르면 관념적 사유의 세계와 물질적 존재의 속박에서 인간의 자아를 해방할 수 있는 유일한 길은 고난받는 타자, 가난하고 약한 이웃의 얼굴에서 무한자(절대 초월자, 신)를 발견하고 그 무한자에게 순복하는 것이다. 타자의 얼굴에서 발견하는 신(초월적 무한자)만이 인간의 자아와 타자를 이성의 독재적 지배와 물질적 존재의 속박에서 해방할 수 있다.

이성이 지배하는 '동일성과 전체성'에 기초한 자아 중심적 관념론과 물질적 존재의 제약과 속박에서 자아를 해방하기 위해서 레비나스는 물질적 존재를 초월한 플라톤의 이데아 철학을 끌어들였을 뿐아니라 인간의 생각과 의식을 초월한 히브리인들의 하나님 신앙을 끌어들였다. 자연과 노예 위에 군림했던 그리스인들은 물질적 욕망과 감정을 초월한 순수한 이념의 철학을 확립했다. 사회적으로 억눌려 지냈던 히브리 민중들은 불의한 강대국의 지배 아래 종살이 하는 무기력한 노예들을 해방하고 구원하는 초월적 절대타자로서의 하나님을 믿고 기다렸다. 그러나 민중과 물질의 세계를 지배하고 통치하는 이성 중심의 플라톤 철학도 초월적 절대자의 구원과 해방을 기다리는 무력한 히브리 노예들의 신앙도 민을 나라의 주인과 주체로 존중하는 근·현대 민주철학이 될 수 없다. 고난받는 무력한 타자(희생자)의 얼굴에서 초월적 무한자를 봄으로써 인간의 자아와 무력한 타자의 주체를 해방하려는 레비나스의 타자 중심적 윤리철학은 서로다른 주체들로서 자치와 협동의 공동체 생활을 이루어가는 민주공화의 철학이 될 수 없으며, 생의 주체와 전체를 온전히 드러내고 실현하며 진화와 신생의 새로운 미래를 열어가는 생명철학에 이를 수 없다.

레비나스의 윤리철학을 좀 더 깊이 살펴보자. 레비나스는 '존재저편의 선'이라는 플라톤의 정식을 지표로 삼아서 타자와의 관계에서 자기 초월의 윤리를 제시한다. 그에게 자아는 무의식의 잠에서 깨어난 의식으로서 자기의 존재에 묶여 있는 관념적 주체다. 인간의 이러한 주체는 타자를 만남으로써 자기를 초월하여 윤리적 관계를 맺게 된다. 그는 물질적 (육체적) 존재의 속박에서 자아를 해방하기 위해서 존재의 세계를 넘어선 형이상학적 이데아의 세계를 지표로서 끌어들였고, 자기의 존재(관념적 의식)에서 자아를 해방하기 위해서는 유대(히브리)적 '절대 타자의 초월적 하나님'을 끌어들였다. 그는 시공간적인 사회관계 속에서 타자와의 만남을 통해서 자아의 윤리적 초월을 추구한다.[56] 그에 따르면 고난받는 타자의 얼굴은 신을 드러낸다. "타인은 저 높은 것(hauteur)의 현시이며, 이 현시 속에서 신은 나타난다."[57]

레비나스가 존재의 동일성과 전체성을 부정하고 타자의 초월성과 절대성을 강조한 것은 타자의 주체성과 존엄을 지키기 위한 것이지만 이러한 타자 중심의 레비나스 철학은 공동체적 협동과 사귐에 이를 수 없다. 나의 이웃인 타자가 무한히 초월적이고 이질적인 존재로 남아 있는 한 '나'와 가까이 사귈 수도 없고 서로 협동할 수 없기 때문이다.[58] 타자를 절대화하고 신비화하는 타자 중심의 레비나스철학이 지닌 이런 한계는 민의 역사적 주체를 몰랐던 고대세계의

---

56 에마뉘엘 레비나스/서동욱 역, 『존재에서 존재자로』(서울: 민음사, 2009), 7-8, 148, 160~163, 215 이하 참조.

57 E. Levinas, *Totalité et Infiniti* (la Haye: Maritinus Nijhoff, 1961), 51. 서동욱, "옮긴이 해제," 『존재에서 존재자로』, 216-217에서 재인용.

58 레비나스에 따르면 주체로서의 자아와 타자의 "비대칭성, 불균등성이 인간들 사이의 진정한 평등을 이룰 수 있는 기초이고, 이런 의미의 평등만이 약자를 착취하는 강자의 법을 폐기할 수 있다." Levinas, *Totalité et Infini*, 190 참조. 레비나스는 주체를 두 가지로 규정한다. 첫째 세계를 향유하고 즐기는 주체다. 이것은 거주와 노동을 통해 세계를 소유하고 지배함으로써 자신을 무한히 확장하려는 욕망을 보여준다. 둘째 내가 어떤 수단을 통해서도 지배할 수 없는 타자를 영접하고 대접할 때 진정한 의미의 주체성이 성립된다. 강영안, "해설: 레비나스의 철학," 에마뉘엘 레비나스/강영안 역, 『시간과 타자』(서울: 문예출판사, 2012), 149-150.

플라톤철학과 히브리 신론에서 비롯된 것이다. 플라톤은 구체적 인간의 역사 사회적 존재를 부정하고 초월하는 이성적 이념(이데아)을 앞세워 자연(물질과 몸)과 민에 대한 이성의 지배와 통치를 주장했다. 제국주의적 폭력 앞에 무력했던 히브리인들은 무력한 자신들을 구원할 절대적 초월적 타자로서의 하나님을 믿고 기다렸다. 인간의 역사적 존재와 주체를 부정하는 이런 고대의 철학과 사상을 비판하지 않고 받아들이면 서로 주체로서 민의 정의와 평화에 이를 수 없다.

고난받는 타자에게서 초월적 무한자를 보는 레비나스의 이러한 타자 중심적 윤리철학은 유대인 레비나스가 히브리인들의 성경과 신앙에 깊이 의존하고 있음을 보여준다. 그러나 그의 타자 중심적 윤리철학은 히브리성경 이사야 53장에 나오는 고난의 종 이야기와 기독교성경에 나오는 십자가에 달린 예수의 고난과 죽음에 대한 피상적이고 단편적인 이해와 해석이다. 이집트의 불의한 지배 속에서 종살이 하며 고난당하는 이스라엘(히브리인)을 해방하는 하나님의 자기 계시와 선언 "나는 나다!"에 비추어 보면 고난의 종 이야기, 십자가에 달려 죽고 다시 살아나는 예수의 고난과 죽음과 부활 이야기는 고난받는 타자에 대한 레비나스의 윤리철학적 해석보다 훨씬 깊고 풍부한 생명철학적 의미를 드러낸다. "나는 나다!"의 해방자 하나님은 인간의 자아와 고난받는 타자의 영원한 근원적 주체를 드러내고 확립한다. 신의 이러한 '나'는 '나와 너와 그'의 주체를 자유로운 공동체적 주체로 해방하고 확립한다.

이사야 53장 고난의 종 이야기는 무기력과 치욕 속에서 고난당하는 사람이 자신의 죄와 악, 무능력과 못남, 또는 나쁜 운명 때문에 고난을 당하는 것이 아니라, 우리(사회 전체)의 불의와 죄악 때문에 고난을 당하고 있다는 공동체적 진실을 알려준다. 고난의 종 이야기는 고난당하는 사람이 우리(사회 전체)를 치유하고 살리기 위해서 우리 모두의 죄와 악을 대신 지고 고난을 당한다는 생명과 사회의 깊은 공동체적, 생명철학적 진실을 드러내 준다. 생명과 사회의 깊은 진실은 개별적 인간의 주체가 생명과 사회의 전체와 깊이 결합되어 있다는 것이다. 고난의 종 이야기는 생명과 인간사회의 개별적 주체와 공동체적 전체의 큰 하나 됨을 드러내고, 물질적 탐욕과 거짓된 자아에 함몰된 '우리'를 생명의 주체와 전체가 일치하는 큰 하나 됨의 삶을 향한 회개와 갱신, 결단과 행동으로 이끈다. 고난의 종 이야기는 불의와 죄악에 얽매인 인간의 자아('나')와 고난받는 타자를 생의 근원적 주체와 전체로, 정의와 평화의 새로운 나라를 향한 갱신과 변화로 이끈다. 십자가에 달려 죽은 예수는 생명과 역사와 사회의 참된 주체와 전체의 자리에서 나와 우리의 죄악과 허물을 대신 지고 나와 우리를 대신해서 고난당하고 죽은 자이며 나와 우리와 함께 새로운 생명의 주체로 다시 살아나는 자다. 예수는 나에게 더 이상 타자가 아니다. 예수는 나의 속의 속에서 낡고 거짓된 나와 함께 죽고 새로운 나의 영원한 생명으로 살아난다. 기독교 성경에 따르면 예수는 참된 나이며 상생과 공존의 새로운 나라이고 나와 너와 그를 위한 영원한 생명의 님이다. 히브리-기독교 성경은 종살이하며 고난받는 사람을 통해서 생명과 정신의 참된 주체와 전체 그리고 진화와 갱신, 죽음과 부활에 대한 서로 주체의 생명철학적 진리로 이끈다. 고난의 종과 예수의 십자가 죽음 이야기는 '나'(우리)와 고난받는 사람이 서로 주체로서 함께 아파하고 함께 죽음으로써 새로운 나라의 시민으로 함께 다시 살아나는 이야기다.

2) 관념적 생각과 이성적 자아의 생명철학적 해방과 공동체적 구원

안창호, 유영모, 함석헌의 생명철학은 관념적 생각과 이성적 자아를 생명의 참된 주체와 공동체적 전체로 해방하고 구원한다. 생명의 본성과 목적에 충실하게 생각했던 안창호, 유영모, 함석헌의 생각은 관념적이고 사변적인 생각과 이성적 자아를 생명의 참된 주체와 공동체적 삶으로 해방하고 구원한다. 히브리성경과 기독교 성경이 고난받는 사람을 통해 보여주는 생명철학적 진실은 관념적 초월을 추구한 플라톤의 이성적 이데아 철학이나 초월적 무한자를 통한 구원과 해방을 추구한 레비나스의 유대교적 윤리 철학을 넘어선다. 그뿐 아니라 생명철학적 진실은 자연생명과 인간사회의 상생 공존하는 공동체적이고 전일적(全一的)인 관계(과정, 사건)를 앞세우는 생태학적 깨달음과 통찰도 넘어선다.

참된 생명철학은 생의 주체와 전체와 진화의 근원적 깊이와 높이와 통합을 드러내고 실현하는 영적 진리를 제시한다. 생의 주체와 전체와 진화(자람)의 근원과 목적을 드러내고 실현하는 생명철학은 '나는 나다!'고 선언하는 주체의 깊이와 자유에 이르고, 가난한 약자의 고통 속에서 가난한 약자와 나를 하나로 통합하는 참된 전체를 깨닫게 하고, 나와 가난한 약자가 함께 구원과 해방에 이르는, 역사와 사회의 창조적 혁신을 이루게 한다. 우주와 자연생명과 인간 사회의 씨올인 인간 속에서 생의 주체와 전체와 진화의 창조적 근원과 목적을 발견하고 실현해야 한다. 생의 주체와 전체와 진화의 근원과 목적이 참된 초월이고 영원무한이며 하나님 그 자신이다. 생명철학은 생명의 창조적 근원과 목적을 참된 초월자로 제시한다. 그리고 참된 초월자 영원무한자는 생명 밖에서가 아니라 생명 속에서, 생명의 씨올인 인간의 삶과 정신, 몸과 맘 속에서 발견하고 만날 수 있다. 인간은 자신의 생명과 정신 속에서 참된 초월자 영원무한자를 발견하고 만남으로써 생명의 씨올을 싹트게 하고 꽃 피고 열매 맺게 하여 생명의 주체와 전체와 진화를 이루어간다.

안창호의 환난상구(患難相救)

고난받는 타자의 얼굴에서 구원을 발견했던 레비나스와는 달리 안창호는 고난받는 민중이 스스로 구원을 이루어가야 한다고 보았다. 나라를 잃고 고난받는 한민족의 해방과 구원을 위해서 안창호는 민(民) 한 사람 한 사람을 나라의 주인과 주체인 '나'로 깨워 일으키고 바로 세우려 했다. 안창호는 민이 '나'로서 홀로 서는 게 아니라 서로 주체로서 함께 일어서야 한다고 보았다. 그가 미국에서 한인 노동자들을 조직하여 만든 공립협회(共立協會)의 강령은 민이 '서로 보호하고 단합함'이었다. 그는 고난받는 민중이 서로 보호하고 단합하는 것이 문명부강의 뿌리와 씨라고 보았고, 환난을 당한 사람들이 서로 구원하고 구제하는 환난상구(患難相救)와 환난상제(患難相濟)를 말하였다.

레비나스가 '타자' 중심의 철학자였다면 안창호는 '나' 중심의 철학자였다. 안창호는 나라의 주인과 주체인 민(民) 한 사람 한 사람의 '나'가 나라에 대한 무한책임을 져야 한다고 보았다. '나'를 자각하여 무한책임을 지고 나와 민족을 구원하는 주체가 되려면 깊이 생각하고 행동해야 한다. 나라와 민족을 구원하는 독립운동에 앞장서려면 과학적 두뇌를 가지고 철학적으로 생각해야 한다고 그는 주장했다. 안창호처럼 '나'를 주체로 강조하고 앞세운 사람은 없다. 그는 나를 사랑하고 남을 사랑하는 애기애타(愛己愛他)를 생명철학의 원리로 제시하였다. 먼저 '나'를 사랑하고 존중한다는 애기의 철학은 과거에는 찾아보기 어려운 근·현대의 생명주체철학이다. 오늘 세계에 유행하는 방탄소년단(BTS)의 노래 'Love yourself'(Answer: Love my-self)는 안창호의 애기철학과 일치한다.

도산은 흉금(胸襟)과 뇌수(腦髓)를 깨끗이 씻자고 하였다. 흉금은 가슴 속에 깃든 생각과 감정이고 뇌수는 생각하는 몸의 기관인 뇌의 신경과 골수를 뜻한다. 도산의 생각과 주장은 논리와 관념에 머물지 않고 산 생명이 깃든 몸에서 우러나는 생각이고 감정이다. 참된 생각과 감정은 몸의 생명에서 우러난 것이다. 생각과 감정을 새롭게 하려면 흉금뇌수를 깨끗이 씻어야 한다. 도산은 그저 머리로만 생각하고 가슴으로만 느끼지 않고 몸 전체로 생각하고 몸 전체로 느꼈다. 더 나아가서 도산은 백두산과 구월산의 영기(靈氣)를 가지고 생각하고 느끼는 이다. 도산은 몸으로 생각하는 이였고 하늘의 얼과 혼으로 생각하고 느끼는 이였다.[59] 도산은 몸과 맘과 얼 전체로 생각하고 행동하는 이였다.

도산은 자신의 몸가짐과 거처부터 개혁하여 새롭게 하지 않으면 문명한 독립 국민이 되지 못한다고 생각했다. 주체의 철학자 안창호는 나와 남과 사물까지도 주체로 존중하고 일으켜 세우려 했다. "그는 문짝 한 끝, 화분 하나도 몸소 여러 상점을 돌아서 골라잡고 그것

---

[59] 안창호, "삼선평 연설," 583-585.

을 걸 곳에 걸고 놓을 곳에 놓는 것도 다 깊이 생각해서 그 중 좋은 길을 취하였다. '아무렇게나', '되는 대로', '어물쩍어물쩍' 하는 것을 거짓과 아울러 조국을 망하게 한 원수라고 보았다."[60] 도산이 이처럼 작은 물건 하나도 정성을 다해서 다루고 아끼고 존중하면서 물건 하나하나가 있을 곳에 있도록 한 것은 물건 하나하나를 주체로 섬기고 받든 것이다. 이것은 결코 물건을 신비화하고 숭배하고 물건에 집착한 것이 아니다. 도산의 물건 사랑은 물건을 물건으로 일을 일로 그 것을 그것으로 주체로서 존중하고 사랑하여 사물과 일의 물성과 이치가 드러나고 실현하게 한 것이다.

안창호는 자신의 나를 존중하고 사랑했을 뿐 아니라 타자(이웃, 환경, 사물)의 주체 '나'를 존중하고 사랑했다. 타자(이웃, 환경, 사물)를 깨끗하고 아름답게 하면 나 자신도 아름답고 깨끗하게 된다고 보았다. 내가 아름답고 깨끗하고 고결하게 되는 만큼 타자, 환경도 아름답고 깨끗하고 고결하게 되고, 타자가 아름답고 깨끗하고 고결하게 되면 다시 나도 그렇게 된다고 본 것이다. 나와 타자는 전체 하나의 생명(하나님, 하늘) 안에서 하나로 이어지고 결합되어 있기 때문이다. 그의 교육독립운동은 나와 타자가 서로 주체가 되게 하는 운동이었다. 그것은 내가 '나'(I am)임을 자각하고 회복하는 운동이며 타자, 민족이 '나'(I am)임을 자각하고 회복하도록 일깨우는 운동이다. 그의 교육운동은 민을 나라의 주인과 주체로 겸허히 받들어 섬기는 운동이었다.

안창호는 인간의 자아개조와 민족의 개조를 역설했는데 이것은

---

60 이광수, 『도산 안창호』, 165-166.

개인과 민족의 주체 '나'를 회복시키는 일이었다. 인간의 자아개조와 민족의 개조를 통해서 개인과 민족 전체의 주체 '나'가 회복되고 실현되면 개인의 주체(나)와 민족의 주체(전체)가 일치된다. '나'를 중심에 놓고 전면에 내세운 안창호는 개인으로서의 나(私)와 나라 전체로서의 공(公)을 서로 주체로서 존중하고 강조했다. 그러므로 그는 공을 위해 사를 희생하거나 사를 위해 공을 희생하지 않고, 공과 사를 함께 존중하고 주체로서 실현하는 공사병행(公私竝行, 公私竝立)을 강조했다.

그에게 공사의 관계는 입체적이고 역동적이고 과정적이다. 그가 세운 흥사단의 사상은 공사병립, 활사개공(活私開公), 세계대공의 철학을 보여준다. 한 사람 한 사람의 덕력, 체력, 지력을 길러서 건전인격을 확립하고 단체와 조직의 공고한 단결을 이룸으로써 민족 전체의 독립과 통일을 이루고 정치, 경제, 교육, 민족의 평등을 기초로 세계대공(대공주의)을 실현한다는 것이다. 자아의 혁신에서 조직과 단체의 단결, 민족의 독립과 통일을 거쳐 세계대공에 이르는 도산사상의 틀거리와 얼개는 개인의 자아를 힘 있게 하고 바로 세워서 공의 세계를 확장하고 고양시키는 활사개공의 원리를 확연히 보여준다. 개인의 건전인격('나')을 확립하는 활사(活私)는 공사병립과 세계대공의 원칙이고 뿌리다.

유영모의 '오늘, 여기, 나'

레비나스는 타자와의 만남을 통해 자기 존재(주체)로부터의 초월과 해방을 추구하고 고난받는 타자와 화해하려 했다. 레비나스의 사상에는 인간의 주체에 대한 부정과 불신이 전제되어 있다. 인간은 타자의 얼굴에서 초월적 타자를 만남으로써만 해방과 구원을 얻는다는 것은 인간 자신의 자질과 힘으로는 해방과 구원에 이를 수 없다는 말이다. 유영모는 우주와 자연생명과 인간사회의 씨올인 자기 존재(주체)의 속에서 자기부정과 초월을 통해서 자기 존재를 새롭게 변화시키고, 서로 주체의 사회 역사적 관계 속에서 타자와의 화해와 해방에 이르려 했다.[61] 인간이 자신의 속에서 자기부정과 초월을 통해서 자기변화와 해방에 이를 수 있다고 본 유영모는 인간에 대한 깊은 긍정과 신뢰를 전제한다. 주체에 대한 유영모와 레비나스의 이런 근본적인 차이는 제국주의적 폭력에 대한 경험의 차이에서 비롯된 것이다. 레비나스는 독일의 제국주의적 폭력을 무력하게 개인으로 체험했다. 그러나 유영모는 일본 제국주의적 폭력에 맞서 민족을 주체로 깨워 일으키는 안창호·이승훈의 교육독립운동에 참여하고, 일제의 식민통치를 거부하고 일어선 삼일독립혁명을 경험했다. 유영모는 근·현대의 한국 민중과 함께 자기 자신의 삶과 정신 속에서 그리고 역사와 사회 속에서 국가주의적 폭력을 주체적이고 능동적으로 극복할 수 있었다. 삼일독립혁명과 촛불혁명에서 보듯이 민은 자기의 존재와 삶뿐 아니라 역사와 사회를 변화시킬 수 있는 주체다.

민을 생명과 역사의 창조자적 주체로 파악한 유영모는 인식주체뿐 아니라 인식대상의 인식론적 깊이와 존재론적 존엄을 강조한다. 그는 인간과 생명체뿐 아니라 만물, 물체까지도 이성적 인식의 대상으로만 보지 않고 한없는 깊이와 값, 의미와 연관을 지닌 주체로 이

---

61 유영모, "매임과 모음이 아니!," 『다석일지』 상, 742-743.

해했다.[62] 인간을 우주와 자연생명과 인간사회의 씨울로 본 유영모는 인간 속에 우주와 자연생명과 인간사회의 모든 법도와 이치가 구현되어 있다고 보았다. 인간은 변화 발달하는 자연만물의 과정 속에서 생겨나서 변화하고 발달하며 새롭게 된다. 인간은 몸에서 마음으로 마음에서 정신으로 정신에서 영혼으로 바뀌어가는 존재다. 만물도 인간도 함께 돌아가고 바뀌어간다. 인간이 몸에서 마음, 정신, 영혼으로 바뀌어간다고 다석이 말한 것은 인간을 생물학적 진화발전의 과정 속에서 본 것이다. 일찍이 다석은 지심(땅의 본성)에서 천심(하늘의 본성)에 이르는 것이 인간의 자연과 본성이라고 보았다. 그리고 천심(天心), 일심(日心), 지심(地心), 물심(物心), 인심(人心)을 총체적으로 움직이고 실현시키는 것이 도심(道心)이고 자연이라고 하였다.[63] 물질과 생명으로 이루어진 몸에서 마음으로, 마음(심리)에서 정신으로, 정신에서 영으로 나아감으로써 물질의 땅에서 영의 하늘로 올라가는 것이 인간의 자연적 본성이고 사명이다. 인간은 만물과 생명세계의 존재론적 단계들을 내적으로 종합한 존재이면서 하나님과 상통하고 일치하는 존재다.

다석은 신과 인간은 아버지와 아들로서 사랑 안에서 하나로 통하고 인간은 그 사랑 안에서 신비를 알고, 사랑으로 이루어진 세상의 변화를 안다고 하였다.[64] 하나님(아버지)을 탐구하는 궁신(窮神)은 인간의 자기와 통하는 것이다. 다석에게는 하나님께로 초월하는 것은 자기 바탈(본성)을 파고드는 것이다. 신을 탐구하고 인간의 바탈

---

62 유영모, 『다석강의』, 237, 250.

63 유영모, "소식2," 『제소리』, 349-350.

64 유영모, "매임과 모음이 아니!," 744.

662 ı 제2부_ 한국 근·현대철학의 계보: 안창호, 이승훈, 유영모, 함석헌

을 탐구해서 신과 바탈에 통해야 한다. "마음이 뚫리고 앎음알이가 뚫려야 정말 속알이 엉큼엉큼 자라게 된다." "입에 밥이 통하고 코에 공기가 통하고 귀에 말이 통하고 마음에 신이 통한다. … 우주와 지구를 통째로 싸고 있는 호연지기가 나다."[65] '나'는 우주를 싸고 있는 호연지기이고 신은 "없이 계신 분이다." 생각해서 호연지기와 통하고 '빈탕한데' 계신 신과 통하면 시원하다. 신에 통하면 영생에 이르고 "죽음은 없다."[66] 하나님과 통한 '나'는 우주와 생명의 중심이며 길이다. 다석은 우주와 생명의 큰 길로서의 '나'를 이렇게 표현한다. "길은 언제나 환하게 뚫려야 한다. … 비록 성현이라도 길을 막을 수는 없다. … 언제나 툭 뚫린 길 이 길로 자동차도 기차도 비행기도 자전거도 나귀도 말도 벌레도 일체가 지나간다. 이런 길을 가진 사람이 우주보다 크고 세계보다도 큰 길이다. 이런 길을 활보하는 것이 하나님의 아들이다. … 우주와 지구를 통째로 싸고 있는 호연지기가 나다. 그것은 지강지대(至剛至大)하여 아무도 헤아릴 수가 없고 아무도 견줄 수가 없다. 그것이 나다."[67] '생각하는 나'는 땅과 시간에 매인 존재라는 측면에서 보면 지극히 작은 존재이고, 하나님과 소통하는 존재라는 측면에서 보면 한없이 크고 강한 존재이다.

1918년 유영모는 '오늘'이라는 글에서 '나'의 생명철학을 제시하였다. 이 글에서 다석은 '오늘 나의 삶'을 역설하고 '나'에게 집중했다. 그에게 과거의 의미는 '오늘 나의 생명력'을 길러냈다는 데 있고, 미래의 가치는 '오늘 내 생명력'을 발전시켜 '미래의 나'를 형성하는 데

---

65 유영모, "속알," 『다석일지』 상, 864.

66 유영모, "밀알(1)," 『다석일지』 상, 818.

67 유영모, "속알," 864.

있다. 그의 결론은 '오늘 여기 나'의 삶을 힘껏 살자는 것이다. 과거, 현재, 미래가 지금 여기의 '나'를 위해 있다. 다석은 오늘의 삶과 일을 위해서 '나'의 생명력을 발휘해야 한다고 보았다. "어제 슬픔은 어제 속에 장사하고 내일 즐거움은 내일 가 누리기로 하고 오늘은 오늘살이에 전력하야 맛보고 갈고 씹고 삼키고 삭히어 내 몸에 넣고 말 것이라." 그리고 다석은 오늘 내가 하는 일이 생명의 진리와 가치를 실현하고 완성하는 것으로 보았다. 지금 내가 하는 일이 가장 거룩하고 큰 일로 여겼다. 산다는 것은 "때와 곳을 옮기면서 곧 내 생명을 변증(辨證)하면서 일을 하는 것"이며, '일'을 통해서 "나와 남과 물건 세 편이 연결하는 가운데 생명이 소통하면서 진리를 나타내며 광명(光明)이 따른다." 그리고 '일'에는 높고 낮음, 귀하고 천함이 없다면서 다석은 오늘 내가 맡은 일이 귀하고 거룩하고 신성하다고 하였다. "무슨 일이나 오늘 내가 해야만 할 일이면 그 일이 참 큰 일이요, 참 귀한 일로 아는 것이 옳다. 한 학과를 익힘이나 한 이랑 김을 맬지라도 크도다 나여! 귀하도다 오늘이여! 거룩하도다 일이여! 신성하도다 오늘 내게 일로 살게 됨이여!" 그리고 다석은 오늘 하는 '일'과 '나'를 일치시킨다. 어떤 일에 집중하는 그 시간에는 그 일에만 '내'가 있고, 그밖에 천만가지 사물에 '나'는 없다. 따라서 '나'와 내가 지금 하는 '일'은 하나가 된다. "산 나는 산 오늘의 산 일뿐이로다."

이렇게 '오늘' '내'가 '여기'에서 몰입하는 '일'을 통해 다른 사람의 '나'와 생명력을 가지고 소통하는 새로운 세계가 끝없이 열린다. "사람이 하루에도 열 가지 일을 잡으면 십세계(十世界)에 전생(轉生)한다고 할 수도 있고 십종회생(十種回生)이 된다고 할 수도 있다." 그리고 일하는 사람 사이에 남자와 여자, 노동자와 지식인의 차별도 없다. "부녀(婦女)는 족히 부엌일과 바느질로 3천세계를 벌릴 수 있고 서생은 족히 글방이나 서재에서 대천세계(大千世界)를 가를 수 있다." 또한 '일'을 통해서 여러 다른 세계들이 유기체적으로 만나고 합류한다. "이 붓, 이 종이도 식물과 동물의 목숨은 물론 필공(筆工) 지공(紙工)의 목숨과 피땀으로 된 별세계에서 나온 물품이로다." 모든 일들에는 "진리가 있고 도리가 있으니… 그 진리를 살펴 잇고 그 도리를 밟아 행하면 족하다."[68]

내가 지금 하는 일 속에서 새 세계가 열리고 나는 내가 하는 일을 통해서 유기체적인 전체 생명세계와 합류하고 영원한 진리를 이어가며 도리의 길을 간다. 초기의 글 '오늘'에서 다석은 '나'와 '일'에 대한 민주적이고 공동체적인 생명철학을 깊고 완성된 형태로 제시하였다. 여기서 '나'와 '일'에 대한 다석의 이해가 관념론적이거나 물질론적인 서구 철학의 '나'와 '일'에 대한 이해보다 훨씬 개방적이고 공동체적이며 깊고 영성적임을 알 수 있다. 다석의 '오늘 살이'에는 '오늘 여기의 삶'을 강조하는 현세적 사상, '오늘의 나'에게 집중하는 주체철학, 오늘의 삶과 일에서 '나, 남, 물건'을 통합하는 유기체적 생명관, 오늘의 구체적인 일 속에서 영원한 진리를 발견하고 새로운 세계를 보는 보편적이고 궁극적인 진리관이 담겨 있다.

---

68 유영모, "오늘," 『제소리』, 391-394.

4. 함석헌의 '나와 세상을 살리는 생각'

1) 나: 영원한 과거와 무궁한 미래의 씨올

생명 진화와 역사 속에서 인간의 자아를 이해했던 함석헌은 관념적이고 폐쇄적인 자아에서 벗어나 생의 중심에서 인간과 세상을 이해했다. 생을 연구와 이해의 대상으로 보지 않고 생의 중심에서 생을 주체와 전체로 이해한 함석헌에게 생은 물질 육체적이면서 인간 정신적인 것이고 우주적이고 신적인 것이었다. 생은 땅의 물질에서 생겨난 것이지만 생의 중심과 깊이와 높이는 하늘, 하나님과 닿아 있었다. 하나님은 생명과 역사의 중심과 주체, 근원과 목적이었다. 그는 생의 중심에서 자연우주와 인간정신, 사회역사와 하나님을 함께 보았다. 그는 인간의 생명 속에서 자아와 하나님을 함께 보았다. 그는 '나' 속에서 하나님을 보고 하나님 안에서 나를 보았다. 그는 나와 하나님의 차이와 간격을 강조하면서도 나와 하나님을 긴밀히 결합시켰다. 그에게 인간의 '나'는 '신의 콧구멍'[69]이고, 신과 이어진 끝머리였다.

인간이 속에 품은 생명과 정신의 속알은 하늘의 얼, 불사불멸의 불염체이고, 죄악, 파괴, 더러움이 침입하지도 파괴하지 못하는 영원한 생명의 알맹이다. 인간의 나는 지극히 작고 유한한 존재지만 영원무한 생명의 한 자락이고, 작고 나약한 죄인이면서 영생무한의 신을 품은 존재이고 새 역사를 낳고 짓는 창조자다. 나는 영원생명

---

69 함석헌, "살림살이," 307.

인 신의 씨올이며, 태초의 천지창조와 혼돈의 심연, 종말의 심판이 내 속에 있다. "너는 씨올이다. 너는 앞선 영원의 총결산이요, 뒤에 올 영원의 맨 꼭지다. 설움은 네 허리를 묶는 띠요, 네 머리에 씌우는 관이다. 너는 작지만 씨올이다. 지나간 오천 년 역사가 네 속에 있다. 오천년 만이냐. 오만 년 굴속에 살던 시대부터의 모든 생각, 모든 행동, 눈물, 콧물, 한숨, 웃음이 다 통조림이 되어 네 안에 있다. 아니야, 오만 년 만이겠나, 파충류(爬蟲類)시대, 아메바시대, 양치류(羊齒類)시대 폭풍우 시대, 조산(造山)시대, 백열(白熱)시대, 허공에 소용돌이치던 가스 성운(星雲) 시대까지도, 그보다도 절대의 얼이 캄캄한 깊음을 암탉처럼 품고 앉았던 시대의 모든 운동이 다 다 네 속에 있다. 그럴 때 너는 늘 설었다."[70]

함석헌이 영원, 불사불멸을 말하고 파괴되거나 오염되지 않는 것을 본성과 씨올로 말하지만 이것은 결코 관념적이고 추상적인 이념도 아니고 형이상학적이고 종교적인 실체가 아니다. 그것은 생명의 속알 속에 살아 있는 것이며 구체적인 시공간의 역사와 사회 속에서 작용하는 것이다. 또한 "절대의 얼이 캄캄한 깊음을 암탉처럼 품고 앉았던 시대"는 태초에 하나님이 깊은 어둠과 혼돈 속에서 천지창조를 했던 것을 나타낸다. 여기서 함석헌이 천지창조가 일어난 태초를 말하지만 그것은 연대기적이고 신화적인 맨 처음이 아니며, 우주 자연의 기원과 시작도 아니다. 그것은 지금 여기 살아 있는 '나'의 속에서 일어나고 펼쳐지는 생명과 정신세계의 근원과 시작으로서의 맨 처음이다. 인간 속에서 물질과 육체의 깊은 혼돈과 혼란을 극복하고

---

70 함석헌, "씨올의 설움," 76. 그리고 64에서는 하나님의 천지창조에 관한 창세기 1장 1절을 의역하여 제시했다.

초월하는 신적인 창조활동이 일어난다. 하늘의 얼과 땅의 물질인 인간은 창조자이면서 피조물이다.

인간은 땅의 물질과 하늘의 영을 통합하는 존재이면서 땅의 유한한 물질에서 하늘의 무한한 정신으로 나아가는 자기초월과 혁신의 존재다. 인간은 철저히 물질 신체적 존재이면서 철저히 정신적이고 영적 존재다. 함석헌은 인간의 얼을 앞세우는 정신주의를 표방하면서도 인간의 물질 신체적 특징을 강조했다.[71] 생명체는 물질과 정신을 통합한 것이며 생명체 안에서 물질과 정신은 서로 무한히 참여하고 무한히 반영하며 물질과 신체는 정신화, 영화하고 정신과 영은 물질화 신체화 한다. 그러므로 생명철학자 함석헌은 정신과 얼을 철저히 강조하면서 물질과 신체를 철저히 강조할 수 있었다.

2) '너'는 '나'다!

함석헌은 안창호와 마찬가지로 '나'에게 무한책임을 돌렸다. 안창호 유영모 함석헌은 모두 '내가 나라다!'고 선언했다. 남을 비판하고 탓하기 전에 비판과 비난의 대상이 되는 '그놈'도 '저놈'도 '나다!'고 선언하였다. 하나님과 연결되어 있는 나는 '나는 곧 나'인 하나님 외에 아무에게도 아무 것에도 의지 하지 않는 절대독립의 주체다. 이러한 절대독립의 '나'는 배타적이고 독단적인 나가 아니라 내 속에서 그리고 모든 타자의 속에서 '나는 곧 나'인 주체를 인정하고 받들고 섬기는 나다. 이러한 나는 종교보다 위에 있는 존재다. "종교가 나

---

71 함석헌, "씨올의 설움," 57.

위해 있지 내가 종교 위해 있는 것이 아닙니다. 〈내가 길이요, 진리
요, 생명입니다.〉 예수가 길이요, 진리요, 생명이라 하면 알고도 모
른 말입니다. 옳고도 잘못입니다. 예수가 아닙니다. 〈나〉입니다. 누
구의 나란 말입니까? 아니, 아니. 누구의 나도 아닙니다. '나의 나',
'너의 나' 하는 나는 작은 나 거짓 나입니다. 누구의 나도 아니요, 그
저 「나는 나다」 하는 그 나가 큰 나요, 참 나입니다. 그 나가 곧 길이
요, 진리요, 생명입니다. 이 나는 '그 나를 위해' '그 나로 인해' 있습니
다. 나는 '그 나' 안에 있습니다. 혹은 '그 나'는 내 안에 있습니다."[72]

함석헌이 말하는 '그 나'는 신의 생각을 받은 큰 나, 전체의 나다.
'큰 나'는 모든 타자에게서 '나'를 본다. 타자를 나로 본다는 것은 내
속에서 타오르는 생명의 불꽃을 타자에게서도 발견하는 것이다. "오
직 내 속에 깜짝깜짝 꺼지지 않는 그 생명의 불꽃을 또 다른 가슴속
에 보는 그 시간만이 기쁩니다. 그때는 '너' 속에 '나'를 봅니다. 그래
요, 내 속에 계신 영원하신 이가 자기의 신부를 찾아내십니다. 형제
와 나는 남 남 사이가 아닙니다. 나는 참 기쁩니다."[73] 신의 말씀을
받고 신과 연락 소통하며 살았던 예수는 전체의 자리에서 생각하고
말하고 행동했다. 함석헌에 따르면 예수는 '너'를 '나'라고 한 이다.
'너' 속에서 '나'를 보고 '너'를 '나'(주체)로 존중하고 사랑한 이다. 그
런 의미에서 함석헌은 "역사상에 일인칭을 똑바로 쓴 사람은 예수밖
에 없다"고 했다.[74]

나와 남에게서 '나는 곧 나'(I am)를 발견하는 사람은 큰 나를 가진

---

72 함석헌, "하나님의 발길에 채여서 1," 『함석헌전집』 4, 201.

73 함석헌, "공주로 보내는 글 2," 『함석헌전집』 10, 345.

74 함석헌, "인간을 묻는다"(송기득과의 대담), 『함석헌전집』 4, 344.

사람이다. '큰 나'를 가진 대장부는 공적인 전체의 자리에서 자신의 작은 자아를 희생하고 전체를 살리는 '같이 살기 운동'을 펼치는 사람이다. "오직 하나의 사는 길, 누구만이 아니라 너도 살고 나도 사는 참 삶의 길이 사람을 부르고 있다. (나와 세상을 살리기 위해 자신을 희생할) 제물을 부르고 있다. 대장부란… 사사(私私)의 나대로 (자아를) 집에 가두어 둔 것이 아니라 전체의 일을 위해 나선 공적인 사람이다."[75] 신과 소통하고 연락하여 전체의 자리에 선 '나'는 모든 타자가 '나는 곧 나'임을 발견하고 타자들에게 그것을 일깨우고 선언하고 실현하는 주체다. 가난하고 약한 모든 사람에게서, 환경과 사물에게서도 '나는 곧 나'(주체)를 발견하고 선언하고 존중하고 실현할 때 나는 전체의 자리에서 같이 살기 운동을 벌이는 대장부가 될 수 있다.[76]

3) 세계 구원자는 나다

'나'를 전체의 자리에서 본 함석헌은 개인의 구원이 아니라 전체의 구원을 추구했다. "이제 나는 나를 위해 믿어야 하지 않고 남을 위해 믿어야 하겠습니다. 전에 우리가 듣기를 너만은 믿어서 구원을 받아라 했지만, 이젠 그 과정에서도 지나쳤습니다. 나만이 아니라, 이 세계입니다. 후에 오는 사람들이 상을 얻기 위하여 내가 뛰어야 하겠습니다. … 남 속에서 나를 보는 것, 나를 위해 믿는 신앙이 아니고 장차 오는 세대를 위해 믿는 믿음이 정말 나를 구원하는 믿음입

---

75 함석헌, "같이 살기 운동을 일으키자,"『함석헌전집』14, 7.
76 함석헌, "인간을 묻는다," 344.

니다. 나는 내 안에 있지 않고 장차 오는 인류 속에 있기 때문입니다."[77]

함석헌은 나의 구원이 아니라 남의 구원, 개인의 구원이 아니라 전체의 구원을 말하지만 구원하는 주체는 나라고 말한다. "(모든 문제의) 해결은 하나님의 사랑으로만 될 것인데, 그 하나님의 사랑은 내 혼이라는 이 단 하나의 가는 수도를 통해서만 흘러올 수 있기 때문이오. 세계 구원은… 오직 내 가슴의 가는 한 줄을 통해서만 올 것이오. 세계 구원자는 나요, … 이 시간에 이 붓끝으로 내리는 이 말씀은 하나님의 말씀 아닐까요? 나는 믿소. 내가 한 줄. 한 선. 한 오리를 내놓지 않는 한, 온 세계에 역사적·사회적 대변동을 일으킨대도 구원은 올 수 없음을. 나 하나를 움직이려고 하나님은 온 우주를 동원해야만 되는 것이오. 내 맘의 가는 한 줄을 울리기 위해 공중에 억억만만의 별이 반짝이고, 태평양의 푸른 물결이 부르짖고, 아브라함이 제 자식의 목에 칼을 겨누고, 예수가 십자가에 달리고, 세계 모든 나라가 그 있는 기구와 힘을 다해 우리 눈앞에 모여 끔찍한 살인극을 하게 되는 것이오."[78]

4) 자속과 대속의 일치

생명의 근본원리를 '스스로 함'으로 본 함석헌은 자기와 세상의 죄악을 스스로 극복하고 청산해야 한다고 보았다. 그는 예수의 십자가를 믿으면 죄를 용서받고 구원을 받는다는 교리적 신앙을 버리고

---

[77] 함석헌, "내가 믿는 예수,"『함석헌전집』9, 320.
[78] 함석헌, "공주로 보내는 글 1,"『함석헌전집』10, 279 이하.

예수처럼 스스로 십자가를 짐으로써 자신과 세상의 죄악을 극복하고 청산해야 한다고 여겼다. 그는 자기와 세상의 참 생명을 위해 자기를 부정하고 희생하며 고난과 죽음을 감수하는 십자가의 길을 간다. 함석헌은 자속(自贖)과 대속(代贖)을 결합시켰다. 자기와 세상의 죄 값을 스스로 치른다는 점에서는 자속이고 개인이 전체(민족)의 죄 값을 치른다는 점에서는 대속이다.[79] 자신과 세상의 죄를 씻는 일에 '내'가 주체로서 참여한다는 점에서는 자속이고, 한 사람이 전체의 죄 값을 치러야 한다는 점에서는 대속이다. '내'가 속량의 주체이고 대상이기도 하다.

스스로 함의 원리가 지배하는 생명의 세계에서는 '나'를 배제하거나 대체할 수 없다. 기독교에서 말하는 대속의 속량도 주체의 자리에서 보면 자속이다. 함석헌의 생각은 온전히 '나'에게 집중되어 있고 '나'에게서 시작하여 '나'로 끝난다. 그의 '나'는 개인의 개별적인 사사로운 '나'가 아니라 생명의 나, 주체이며 전체인 나, 늘 새로워지는 진화와 혁신의 '나'다. 이러한 생명의 나는 나, 너로 분리할 수 있는 나가 아니라 전체 하나의 나다. 그것은 나와 너와 그 모두의 전체를 살리는 나다. 그러므로 그는 너에게서 나를 보고 나에게서 너를 본다. 사람들 저마다의 나 속에는 참된 주체이고 전체인, 창조자적 혁신과 변화를 가져오는 생명의 임(하나님)이 살아있다. 나는 대체할 수 없는 나다운 나, 저다운 저이면서 개별적인 사사로운 나가 아니라 전체의 나, 하나님과 직결된 나, 큰 나, 하나님의 나다. 전체의 나, 하나님의 나가 참 나이고 '나'를 살리는 나다. '나'는 '전체의 나'

---

79 함석헌, 『聖書的 立場에서 본 朝鮮歷史』, 199.

안에 있고 '전체의 나'는 '나' 안에 있다. 대장부 사나이는 사사로운 개별적인 삶에서 벗어나 전체의 공적인 자리에 선다.

함석헌에게 생각은 이성적 사변의 관념이 아니라 생명의 근본행위이며 생명의 본성과 목적을 실현하기 위해서 나온 것이다. 생명은 주체로서 '스스로 하기' 위해서 생각한다. 기계적으로 본능적으로 저절로 하면 생각할 필요가 없다. 생명이 저답게 새롭게 되고 더 낫게 하려고, 생명이 스스로 생각하는 것이다. 생의 주체가 스스로 하는 참된 주체가 되기 위해서 생명은 생각하기 시작한 것이다. 또한 참된 전체의 하나가 되기 위해서 생명은 생각을 한다. 만일 생명이 자기 안에 갇혀 있다면, 자기 안에서 혼돈과 분열에 빠져서 정신을 잃고 있다면, 생각을 할 수도 없고 하지도 않을 것이다. 자기 안에 머물러서 자족하면서 서로 다른 주체들과 교감하고 소통하여 더 큰 하나가 되려고 애쓰지 않는다면 생명은 생각할 필요가 없을 것이다.

5) 나와 세상을 살리는 생각

생명의 본성과 목적을 온전히 실현하고 완성하기 위해서 인간은 생각하는 존재가 되었다. 생명의 낮은 단계에서 생각하는 주체는 지능이다. 지능은 생명의 욕망과 감정을 실현하기 위해 사용되는 도구적 기관이며 지능의 생각은 본능적 욕망과 감정을 실현하려는 꾀이고 수단이다. 생명의 높은 단계에서 생각하는 주체는 맑은 이성이다. 지능에서 정화되고 발전된 이성은 지능과 마찬가지로 생명의 본성과 목적을 실현하기 위해 생각하는 주체이고 기관이다. 이성의 생각은 생명의 바깥에 있는 물질과 환경에서 생명의 욕망과 의지를 효율적으로 관철하고 실현하려는 도구적 생각이다. 따라서 이성의 생각은 생각의 대상들을 타자로서 객관적으로 분석하고 규정하고 지배한다.

그러나 이성을 넘어서 생명 전체가 참여하는 생명의 근본행위로서의 생각은 생명을 위한 생명에 대한 생명의 생각이다. 이런 생각은 생명을 타자와 대상이 아니라 주체와 전체로서 존중하고 실현하고 완성하려 한다. 생명이 주체와 전체로서 참여하고 수행하는 생각은 생명 자신의 본성과 목적을 실현하고 완성한다. 이러한 생명의 본래적이고 근원적인 생각은 생명의 주체인 나를 참된 나로 되게 하는 것이며, 나의 생명과 정신 전체를 하나로 통일하는 것이고, 생명의 주체인 나와 통일된 전체를 보다 낫고 새롭게 하는 것이다. 또한 이러한 생각은 개별적 인간의 삶과 의식 속에 한정되거나 갇혀 있지 않고, 모든 인간의 생명의 본성과 목적을 실현하고 완성한다. 따라서 생명의 주체와 전체가 참여하는, 생명의 근본행위로서의 생각은 역사와 사회 속에서 개인의 주체뿐 아니라 단체와 사회의 집단적 주체를 심화 고양시킨다. 생각은 서로 다른 다양한 주체들의 소통과 교감을 통해서 전체의 하나 됨에 이르고 사회와 역사의 진화와 진보를 이룬다.

'나'는 생의 주체이면서 생명 전체의 표현이다. 개별적 생명의 주체인 '나'는 개별적 생명 전체의 내적 통일의 표현이다. 역사 사회와 우주 전체의 씨올인 '나'는 서로 다른 수많은 생명체들의 전체적 표현이다. '내'가 생명의 주체와 전체를 함께 나타내듯이 나의 생각도 생명의 주체와 전체를 함께 나타낸다. 함석헌이 말하듯이 '나'의 생각은 수많은 사람들의 생각이 모여서 된 것이다. 나와 나의 삶은 전체 생명의 바다가 일으킨 물결이고 나의 생각은 수많은 사람들의 생각이 내 속에서 솟아난 것이다. 생각은 내 생명의 속의 속에서 우러나오고 솟아나오는 것이다. 내 생명의 속의 속에는 전체 생명의 바다가 있고 그 바다 속에는 하나님이 계시다. 생각은 전체 생명과 하나님이 하는 것이면서 또 내가 하는 것이다.

생각은 생명의 전체가 하는 일이면서 생명의 주체가 하는 일이다. 함석헌은 인간으로서 내가 하는 일 가운데 '지금 내가 하는 생각'만큼 주체적이고 독창적인 것은 없다고 하였다. 인간이 하는 다른 모든 일은 어쩔 수 없이 떠밀려 하는 일이거나 본능적으로 기계적으로 하는 일이거나 남을 따라서 모방하는 일이거나 남에게 의지하고 의존해서 하는 일이다. 그러나 내가 지금 생각하는 일은 남이 대신할 수도 없고 떠밀려서 하는 일도 아니고 남을 모방해서 따라 하는 일도 아니다. 생각은 가장 주체적이고 창조적이고 나만의 고유한 것이다.

그러나 생명의 주체로서 내가 하는 생각은 밖을 향해 무한히 개방적이고 가장 공동체적이고 가장 전체적인 것이다. 함석헌에게 '나'의 '생각'은 전체 생명의 표현이다. 그러므로 생각을 하다 보면 나에게 없던 새로운 생각이 떠오르기도 하고 내가 모르던 생각이 솟아나오기도 한다. 내 생각의 주체는 몸, 맘, 얼이고, 나의 생명 전체다. 이성이 하는 추론과 추리의 생각조차도 손과 발, 가슴과 심장, 눈과 귀, 입과 위장이 관여하고 참여한다. 예를 들어 빼어난 화가와 조각가는 머리와 가슴이 생각하기 전에 손이 먼저 생각하고 움직인다. 뛰어난 일꾼도 머리와 가슴이 생각하고 판단하기 전에 손이 먼저 생각하고 판단한다. 험하고 먼 길을 가는 순례자는 머리와 가슴이 느끼고 깨닫기 전에 발이 먼저 느끼고 깨닫는다. 손과 발로 느끼고 확인하고 체험하고 체득할 때 이성의 추론과 추리는 더욱 깊고 풍부해지며 새롭게 된다. 또한 얼과 혼이 관여할 때 이성의 생각은 더욱 깊고 높고 자유로워진다.

함석헌은 이성의 추론과 추리를 '하는 생각'이라 하고 감성과 영성에서 나오는 생각을 '나는 생각'(영감)이라고 했다. '나는 생각'에 대해서 열린 이성을 가진 사람은 '하는 생각'과 '나는 생각'이 서로 어우러지고 맞물리는 자유롭고 풍부한 생각의 세계를 펼칠 수 있다. 생명의 주체와 전체가 참여하는 생각은 생명의 주체와 전체를 살리는 일이고 나와 세상을 살리는 행위다. 함석헌에게 생각은 가장 주체적인 행위이면서 몸, 맘, 얼이 함께 참여하는 생명의 총체적인 행위다. 가장 깊고 높은 차원에서 생각은 생명의 속의 속에 계신 하나님의 생각을 받는 일이다. 생명의 창조적 근원과 목적, 진리와 힘인 하나님의 생각(말씀)을 받은 사람의 생각은 나와 세상을 살리고 해방하고 구원한다. 나와 세상을 살리는 깊은 생각에 이르려면 깊은 생각을 낳는 깊은 종교를 가져야 한다. 그러므로 함석헌은 한민족의 과제를 "깊은 종교를 낳자는 것"으로 제시했다. 깊은 종교를 가져야 하나님의 생각(말씀)을 풍부하게 받아서 깊고 높고 크고 힘찬 생각을 할 수 있다. 그런 생각이 나와 세상을 살리고 해방하고 구원한다.

6) 생각하는 민족, 철학하는 백성

'생각하는 씨올[백성]이라야 산다'는 말이 함석헌의 대표적인 말이 되었다. 생각은 생명과 정신의 속힘이다. 속힘이 없으면 가난하고 약해져서 나라를 잃게 된다. 한민족이 나라를 잃고 망하게 된 것도 생각을 깊이 하지 않았기 때문이다. 생각을 깊이 하면 할수록 강하고 깊고 올바르고 온전한 삶을 살 수 있다. 그러므로 생각하면 살고 생각하지 않으면 죽는다. 생각하지 않으면 가난하고 약해진다. 생각하면 속에 힘이 깊고 커진다. 속힘이 깊고 커지면 밖의 생활도 풍성하고 융성해진다. 속힘이 없으면 밖의 힘도 떨어진다. 한국민족은 생각을 깊이 하지 않았기 때문에 속힘을 잃었고 속힘이 없기 때문에 나라가 망하고 쇠약해졌다. "우리나라 백 가지 병의 원인은 가난에 있다. 가난했기 때문에, 생활력이 없었기 때문에 튼튼한 나라를 이루지 못했다. 사회의 속힘이 있으면 일시적으로 패전을 한다든지 남의 제압 하에 서는 것은 문제가 안 된다. 속에 생활력이 없는 고로 백 가지 병충해가 침투한다. 그렇기 때문에 이 나라는 국민정신·국민도덕이 없는 나라다. 목표 없는 민중이다. 그렇기 때문에 교육은 형식뿐이지, 아무 이념이 없다."[80] 국민정신을 기르려면 국민이 생각해야 한다. 속힘을 길러서 국민정신을 확립하려면 생각하는 국민이 되어야 한다. 그러므로 함석헌은 생각하는 민족, 철학하는 백성이 되자고 역설하였다.

구체적인 삶과 역사 속에서 철학을 형성한 안창호와 유영모와 함석헌은 서양의 전통적인 관념론과 물질론의 이원론에서 벗어나서 물질과 정신(이념)을 통합하는 생명의 주체('나')에 이르렀고, 사상과 실천을 통합하는 '생각'에 도달했다. 안창호에게 생각은 삶의 행위다. 생각함으로써 희망을 갖고 희망을 가짐으로 기쁨을 갖고 기쁘면 생은 스스로 자신을 실현하고 완성한다. 나의 생각은 내가 나의 삶

---

[80] 함석헌, "새 교육," 377.

올 짓고 만드는 행위다. 그러므로 안창호는 자아와 민족의 혁신과 개조를 말하였고 날마다 자신의 몸과 가정을 고치고 버릇과 습관을 고치려 했다. 유영모와 함석헌은 "내가 길이고 진리고 생명이다"라는 예수의 말씀을 참 나의 선언으로 받아들였다. 모든 사람의 '참 나'가 길과 진리와 생명의 창조자적 근원이다. 생명의 속에서 일어나는 얼과 혼의 행위로 생각을 이해한 유영모는 참으로 있는 것은 나뿐, 생각뿐이라고 했다. 그는 '생각이 나를 창조하는 불꽃'이라고 했고 '생각의 불꽃에서 내가 나온다'고 했다.

함석헌에 따르면 우주와 생명과 역사의 씨올인 인간은 생각함으로써 자신과 세상(우주, 생명, 역사)을 스스로 살리고 해방하고 구원한다. 함석헌은 인간의 생명 속에서 인간의 자아와 하나님(예수)을 이해했다. 하나님은 '나는 나다'(I am who I am)고 선언한 주체의 신이다. 하나님의 아들 예수는 '나는 길이고 진리고 생명이다'고 선언한 이며 '나는 나다!'(Ego eimi)고 말하는 이다. 하나님과 예수를 '나'의 생명 속에서 이해한 함석헌에게 '생각하는 나'는 하나님, 예수와 마찬가지로 '나는 곧 나'이며 역사의 심판자이고 창조자이며 구원자이고 해방자다. 내 속에 태초의 혼돈과 심연이 있고 내 속에서 천지창조와 생명 진화가 일어나고, 구원과 해방, 종말의 심판이 이루어진다. 생각하는 인간의 생명과 정신이 우주의 깊이와 높이를 드러낸다. 시간적이고 역사적인 생명의 가장 깊고 높은 주체적 실체는 얼과 신이다. 생각은 지금 여기서 타오르는 생명과 정신, 얼과 신의 불꽃이다. 인간의 모든 행동과 사건은 이러한 생각의 표현이고 실현이다. 생각하는 것은 인간 내면의 정신과 영혼의 불꽃을 피워 올리는 일이다. 정신과 영혼의 불꽃을 피워 올리는 생각은 역사와 사회를 심화하고 고양시키며 혁신하고 진전시킨다. 함석헌에게 생각하는 것은 신과 소통하여 신의 생각을 받는 일이고 신의 생각을 받음으로써 나와 세상을 살리고 구원하는 일이었다.

'나'와 '생각'에서 시작하여 민족통일과 세계대공을 지향한 안창호의 철학은 유영모와 함석헌을 거치면서 한국 근·현대의 독창적 철학이면서 세계보편적인 생명철학으로 발전되었다. 안창호는 봉건시대의 정신 사회적 유산을 극복 청산하고 민주정신과 공동체 사회를 확립하는 민주공화의 철학을 정립하였다. 미신적 비과학적 사고를 청산하고 스스로 생각하여 과학적 합리적 사고를 확립하고, 지역 전통문화를 넘어서 동·서를 아우르는 세계평화의 정신과 사상을 확립했다는 점에서 안창호는 한국의 철학자이면서 세계의 철학자였다. 유영모와 함석헌은 한국 근·현대의 역사에서 안창호가 시작한 생명과 역사의 철학을 계승하여 심화 발전시킴으로써 민주적이고 공동체적인 삶과 정신을 살리고 높이는 씨올철학을 정립하였다. 인간 속에서 우주와 자연생명과 인간사회의 역사와 목적, 보람과 뜻을 발견하고 실현하는 씨올철학은 현대적이면서 동서고금을 아우르는 종합의 철학이다. 스스로 진화하고 혁신해가는 생명과 정신과 역사의 철학으로서 씨올철학은 완결되고 완성된 체계가 아니다. 씨올철학은 우주와 자연생명과 인간사회의 본성과 목적을 품은 인간의 생명(씨올)을 실현하고 진화 고양시켜 가는 생명과 정신의 지침과 길잡이다. 씨올철학은 인간이 저마다 자신의 삶과 생각과 행동 속에서 실현하고 완성해 가야 할 열린 철학이다.

12장
도산철학과 씨울 철학의
역사적 가치와 의미

안창호는 위대한 사상가, 조직가, 교육자, 독립 운동가였다는 점에서 전인적이고 종합적인 인물이었다. 이에 반해 유영모는 거의 은둔적인 인물이었다. 그는 자신의 내면을 파고들어 깊은 철학에 이르렀으나 소수의 사람들을 모아놓고 강의를 하는 것 외에 사회활동을 거의 하지 않았다. 안창호가 시작한 '나'와 '통일'의 주제를 심화 발전시켜 내 안에서 하나로 돌아감으로써 통일에 이르는 귀일(歸一: 하나로 돌아감)의 철학을 확립했지만 조직가나 운동가는 아니었다. 함석헌은 활발한 글쓰기와 민주화운동을 하면서 사회참여 활동에 앞장섰으나 조직가, 교육자, 운동가로서 성공을 거두었다고 할 수 없다. 그는 안창호의 '나'와 '통일'의 철학을 확장하고 발전시키고 많은 글을 남겼지만 조직을 만들고 발전시키지는 못했다.

안창호와 유영모와 함석헌이 나라를 되찾고 바로 세우려 했다는 점에서는 일치하지만 그 방법과 과정이 같다고는 할 수 없다. 안창호는 일제와의 전쟁을 전제하고 독립운동을 했으므로 끊임없이 사람들을 조직하고 단합시키려고 했으며 필요하다면 적들을 죽여야 한다고 보았다. 유영모는 내적인 영성과 성찰에 집중했고 내적 깊이에서 전체(나라, 민족, 우주, 하나님)와의 일치에 이르려 했다. 내면의 정신세계에 깊이 침잠했던 유영모도 필요하다면 전쟁을 해야 하고 전쟁에 참여해야 한다고 보았다. 유영모는 사회운동으로 평화에 이를 수 없다고 보아서 평화운동에는 소극적이었다.[1] 그러나 함석헌은 오랫동안 간디의 영향을 받았고 6·25전쟁을 거치면서 비폭력 불살생 평화주의를 추구하고 비폭력평화운동에 헌신했다. 다만 유영모도 함석헌도 고기를 먹는 것을 금하지는 않았다는 점에서 엄격하게 육식을 금했던 간디와는 달랐다.

안창호, 이승훈, 유영모, 함석헌이 생명과 역사의 철학자로서 스스로 하는 주체의 나가 되고 전체가 하나로 되어 함께 앞으로 나아가려 했다는 점에서는 모두 일치한다. 도산은 나아가야만 살고 머무르면 죽는다고 했다. 그는 평생 온갖 시련과 역경을 뚫고 나아가는 삶을 살았다. 남강도 평생 머무름 없이 앞으로 나아갔다. 그의 동상을 오산학교에 세우려 했을 때 그는 "나는 평생 나아가려 했으니 나음나음 나아가는 형상으로 만들어 달라"고 부탁했다.[2] 다석 철학의 핵심어는 '솟아올라 나아감'이었다. 함석헌은 맞서고 대들면서 머무름 없이 나아가는 삶을 살았다. 그는 생명과 정신, 인간과 신은 모두

---

1 박영호, 『씨올』 (홍익재, 1985), 126, 220-221에서 평화 운동에 대해 묻는 제자에게 유영모는 "동(動)은 난(亂)"이라고 잘라 말했다.
2 함석헌에 따르면 당시의 건축기술로는 앞으로 나아가는 형상을 제작하기 어려워서 이승훈의 뜻대로 동상을 만들지 못했다고 한다.

미완성이라며 '~려 함'이라 했고 의지와 지향을 가지고 나아가려고 했다.[3] 그는 다가오는 미래의 역사에서 '나'를 찾고 만나려 했으며, 새 인류, 새 문명을 기대했다.

삶의 주체와 전체로서 앞으로 나아가는 삶을 살기 위해서 안창호는 인간의 자기개조와 자아혁신을 강조했고 유영모는 몸나 맘나 제나 얼나를 말하면서 생의 주체와 본성인 나의 질적 변화를 추구하였다. 함석헌은 안창호의 인간개조와 유영모의 본성(자아) 변화를 아우르는 인간혁명을 말하였다. 이들이 추구한 인간개조와 본성변화와 인간혁명은 나라의 독립과 통일뿐 아니라 세계의 정의와 평화를 이루기 위한 것이었다.

1. 도산철학과 씨올철학의 역사적 가치와 의미

1) 도산철학의 역사적 가치와 의미

세계 근·현대의 역사는 동·서 문명의 만남과 민의 주체적 자각으로 전개되었다. 특히 한국의 근·현대는 나라가 망하고 식민지가 되는 과정에서 동·서 문명의 만남과 민의 주체적 자각운동을 깊고 철저하게 경험할 수 있었다. 특이하게 한국은 서양문명을 만남으로써 민의 주체적 자각운동이 힘차게 일어났다. 동학혁명과 독립협회와 만민공동회, 안창호 이승훈의 교육독립운동, 삼일독립운동은 동·

---

3 함석헌, "하나님에 대한 태도," 『함석헌전집』 3, 373.

서 정신문화의 만남과 민의 주체적 자각운동이 일어난 한국 근·현대의 중심과 뼈대를 이룬다. 3·1혁명, 4·19혁명, 5·18민중저항과 6월 시민항쟁과 촛불혁명은 한국 근·현대의 정신과 흐름이 이어지고 진화 발전한 것이다.

도산 안창호의 철학은 동·서 문명이 만나고 민주화가 이루어지는 한국 근·현대의 정신과 역사에서 생겨났다. 그는 서양의 정신문화를 받아들임으로써 한국과 동양의 낡은 사회체제와 정신문화를 혁신하려 했다. 그는 또한 서양의 정신문화를 민중의 자리에서 주체적으로 받아들임으로써 지배 권력과 유착된 서구문화를 정화하고 심화하였다. 그의 철학을 통해서 한국과 동아시아의 낡고 폐쇄적인 정신문화는 민주적이고 과학적이며 세계보편적인 문화로 탈바꿈할 수 있었다. 또한 그의 철학을 통해서 서양의 정신문화는 동양 정신문화와 만남으로써 풍부해질 수 있었다. 나라 잃은 한국민족의 독립교육운동과 결합함으로써 국가주의와 유착된 서양문화는 민주와 정의를 실현하는 문화로 될 수 있었고 과학적 이성주의에 사로잡힌 서양의 정신과 철학은 영성적 깊이와 도덕적 높이를 갖게 되었다.

2) 한국과 동양의 정신문화를 혁신하다

안창호의 '나' 철학은 한국과 동양의 정신문화를 혁신하였다. '나'를 강조하고 내세우기 어려운 한국의 어법과 동아시아의 문화에 안창호의 '나' 철학은 새롭고 창조적인 기여를 하였다. 이것은 한국어와 한국정신문화를 살펴보면 알 수 있다. 한국어는 주어, 목적어(상대, 객어)-술어(동사)의 순서로 되어 있으며 주어 나와 객어 너(상대,

목적)의 관계, 교감과 소통을 중시하며 객어가 문장을 주도하고 객어에 대한 배려와 존중이 문장에 깔려 있다. 이것은 주어 술어(동사)-목적어로 된 서구 언어가 주어와 주어의 욕구, 감정, 인식, 의식, 의지, 행위를 앞세우고 주어가 문장을 지배하며 객어를 주어의 욕구, 감정, 의지, 인식, 의식, 행위의 대상으로 여기는 것과 비교된다. 서양의 언어는 주어가 문장을 지배할 뿐 아니라 3인칭이 발달해 있고 동사의 시제와 명사의 격변화가 엄격하게 분화되어 있다. 한국어에는 1인칭 '나'가 잘 쓰이지 않거나 '우리'로 뭉뚱그려지며 3인칭 대명사가 없다. 대신에 형용사와 부사가 섬세하고 풍부하게 발달했다. 서양언어가 논리적이고 분석적인 언어라면 한국어는 소통과 교감의 언어다. 한국어에서는 '나'와 3인칭이 약화되고 후퇴해 있다. 한국어는 소통과 교감의 언어라는 장점을 가지고 있지만, 1인칭과 3인칭이 약화되고 후퇴되는 약점을 안고 있다. 1인칭과 3인칭이 약화되고 후퇴되었다는 것은 주체성과 객관성과 공공성이 부족할 수 있다는 것을 의미한다. 과학적 사고와 함께 애기애타와 사랑하기 공부와 대공정신을 앞세운 도산의 '나' 철학은 한국어의 이러한 약점을 보충하고 장점을 보완하고 강화한다.

한국인의 정신 속에는 개체의 작은 하나와 전체의 큰 하나를 결합하는 '한'(韓)의 정신과 구조가 깊이 새겨져 있다. '한'은 하늘(하나님)과 인간의 깊은 결합과 일치를 나타낸다. 유한한 인간과 무한한 하늘, 작은 것(개체)과 큰 것(전체)의 역설적 묘합은 한국인의 정신문화와 심성의 특징을 이룬다. 유한한 인간의 삶 속에 무한한 하늘을 품은 한국인의 심성은 타자에 대해 무한히 수용적이다. 타자와의 만남과 수용은 깊은 상처와 아픔을 낳지만, 타자와의 일치와 융합을 통해 생명과 정신은 더욱 깊고 커지며 큰 힘과 지혜를 얻는다. 타자를 수용하는 한국인의 심성 속에는 아픔과 슬픔이 쌓이기 쉽고 이렇게 쌓인 아픔과 슬픔은 '한'(恨)으로 응어리지며, 깊이 사무친 '한'은 '한, 하늘'과 결합되어 기쁨과 흥의 신명으로 쉽게 변한다. 이처럼 수용적이고 동화(同化)적인 한국인의 심성은 혁신성과 진취성이 부족할 수 있다. '앞으로 나아가야 산다'며 온갖 시련과 난관을 뚫고 앞으로 나아간 도산철학과 '솟아올라 나아감'을 인간의 본성으로 파악한 유영모와 함석헌의 씨ᄋᆞᆯ철학은 수용적이고 동화적인 한국인의 심성을 보다 혁신적이고 진취적으로 만들었다.

하늘 열고 나라를 세웠다는 한국의 건국신화도 하늘을 전복하고 죽인 후 나라를 세웠다는 그리스 로마의 건국신화와 대비된다. 또한 한국 고대사회에서는 높은 산에서 하늘에 제사하는 오랜 전통이 있었고 해마다 하늘에 제사하고 함께 노래하고 춤추는 전통이 있었다. 『삼국지』(三國志) 위서 동이전 부여조(魏書 東夷傳 夫餘條)의 기록을 보면, "은력(殷曆) 정월에 하늘에 제사하고 나라 사람들이 크게 모여서 연일 마시고 먹고 노래하고 춤추니, 이름 하여 영고(迎鼓)라 한다. 이때에는 형벌과 옥사를 판결하고 죄수들을 풀어준다(以殷正月祭天 國中大會 連日飲食歌舞 名曰迎鼓 於是時 斷刑獄解囚徒)"고 하였다. 고구려의 동맹(東盟), 동예(東濊)의 무천(舞天), 삼한의 시월제(十月祭), 부여의 영고가 그것이다. 이들은 모두 추수가 끝나는 10월에 행해졌으나, 영고만은 은력 정월, 곧 12월에 행해졌다. 온 국민이 하늘에 제사하고 연일연야 함께 술 마시고 노래하고 춤추었던 한국인에게는 하늘과 인간을 동일시하는 오랜 정신문화 전통이 있다. 함께 어우러져 술 마시고 노래하고 춤추며 하늘에 제사하는 한국의 종교문화는 어질고 낙관적인 심성을 갖게 했다. 낙관적이고 어진 한국인의 이러한 심성은 인간의 본성과 사회의 현실에 대한 진지하고 심각한 반성과 성찰에 이르기 어렵다. 도산철학과 씨을철학은 인간의 개조와 민족의 혁신을 추구함으로써 한국인으로 하여금 진지하고 심각한 성찰과 성격을 갖게 하였다.

어질고 낙관적인 한국인의 심성은 동아시아의 종교문화에 의해서 더욱 강화된다. 동아시아의 종교문화에서는 기본적으로 인간과 하늘을 일치시키는 경향이 있다. 유교의 천인합일, 도교의 무위자연, 불교의 제법무아, 힌두교의 범아일여, '네가 그것이다'(Tat tvam asi. 타트 트밤 아시)는 모두 주체인 나를 전체에 귀속시키고 해소하는 경향을 보인다. 동양의 이런 전통적 사고에서는 개별적이고 구체적인 사물의 인과관계를 중시하는 과학적 인식론의 주체와 선악을 분별하고 판단하여 결정하고 행동하는 개인의 도덕적 실천의 주체가 약화될 수 있다. 개인의 주체를 전체에 귀속시키는 이런 동양의 전통적 사고는 과학적 인식과 도덕적 의지의 주체를 요구하는 근·현대의 민주정신을 해칠 수 있다.

하늘과 인간을 직결시키는 한국정신문화의 오랜 전통은 도덕 종교의 깊고 풍부한 세계를 발전시켰다. '하늘과 인간이 하나로 됨'(天人合一)을 추구한 중국 유교와는 달리 유학자 이색이 '하늘과 인간 사이에 간격이 없음'(天人無間)을 말하고 이황이 '하늘과 나 사이에 간격이 없음'(天我無間)을 말한 것은 하늘과 인간, 하늘과 나를 직결시키는 한국의 오랜 정신문화전통에서 나온 것이다. 이런 문화전통은 인간정신의 도덕적 깊이와 풍부함을 닦아내었지만 한 사람 한 사람의 '나'가 지닌 개성적이고 창의적이며 독특하고 고유한 성격을 닦아내기 어렵다. 하늘과 인간을 동일시하는 정신문화에서는 인간의 나는 하늘의 보편적 전체에 귀속되고 편입되기 때문이다.

한국의 근·현대사에서 이러한 전통적 정신문화를 극복하고 현대로 넘어오는 과정에는 동학과 동학농민혁명이 있다. 동학은 서양문화가 밀려오는 서세동점의 시기에 중국 중심의 낡은 신분사회질서와 전통적 세계관에서 벗어나 주체적이며 해방적인 종교철학을 제시하며 자유롭고 평등한 새로운 사회질서를 형성하는 운동을 벌였다. 동학이 '시천주(侍天主), 사인여천(事人如天), 인내천(人乃天)'을 구호로 내세운 것은 하늘과 인간을 직결시키고 동일시하는 한국과 동양의 전통적 사고를 계승하고 발전 심화시킨 것이다. 그러나 동학이 "나의 삶 속에 천지의 창조와 진화가 일어난다"(侍天主造化定)고 하거나 최제우가 "내가 천황씨다!"고 선언하고 최시형이 '(죽은 조상이 아니라) 나를 향해 제사상을 차린다(向我設位)'고 한 것은 나를 하늘에 귀속시키는 동양의 전통적인 사고를 넘어서 민의 '나'를 삶과 역사의 중심에 놓은 것이다. 동학이 동아시아의 낡은 신분질서와 사유체계를 부정하고 민을 중심에 놓고 민의 주체와 해방을 추구한 것은 매우 현대적이고 혁신적이라고 생각된다.

그러나 동학을 창시하고 주도한 최제우와 최시형은 자연과학을 몰랐고 과학적 사고와 성찰이 부족했으며, 중세 봉건 질서를 대체하는 민주공화정의 이념을 갖지 못했다. 동학이 주문과 부적, 운수(運數)를 내세운 것은 과학적이고 이성적인 사고를 확립하지 못한 것을 의미한다. 민중의 교육과 훈련과 준비 없이 동학이 부패하고 폭력적인 지배체제를 전복하는 농민혁명에 앞장섰으나 5만여 명의 동학농민군은 현대식 무기를 가진 훈련된 일본군 2천 명에게 몰살을 당했다. 동학농민혁명 과정에서 일본군에게 수십 만 명의 농민이 죽임을 당했다.

동학농민운동의 이러한 실패와 좌절에 대한 반성으로 안창호의 교육독립운동과 '나' 철학이 나왔다. 동학을 비롯한 한국·동양의 전통철학과 구별되는 안창호·이승훈·유영모·함석헌의 철학적 특징은 과학적 이성적 생각을 중시한 것이다. 민의 주체적 자각과 실천을 추구한 안창호는 서로 다른 주체들이 더불어 새로운 나라를 이루는 과정과 절차, 이념과 방법에 대한 과학적 이성적 성찰에 힘썼다. 그는 역사적 구체적인 주체로서의 '나'를 탐구하고 확립하는 '나' 철학을 세웠으며 민중 속에서 민중과 더불어 서로 주체로서 함께 일어나서 나라의 독립과 통일을 이루려 했다. 과학적 인과율과 관계를 중시하면서 생각과 실천의 주체로서의 나를 확립하고 민족의 독립과 통일을 이루려 했던 그의 철학은 한국 근·현대의 중심에서 낡은 질서와 사고체계를 극복하고 민주정신과 이념을 확립하는 철학이었다.

안창호의 '나' 철학은 근·현대 철학으로서 시공간적 생명과 역사의 주체 철학이다. 그가 추구한 인간의 주체는 서양의 관념적 인식론적 이성으로서의 주체와도 다르고 천인합일, 물아일체, 범아일여를 지향하는 동양의 탈역사적 보편적 인간과도 구별된다. 서양철학의 주체는 관념적 이성의 주체이고 동양철학의 주체는 본성, 불성, 자연처럼 초역사적 전체성에 속박되어 있다. 한국어와 한국 심리풍토는 '나'를 뚜렷이 창의적 개성적으로 드러내고 표현하고 실현하지 못하고 모호한 감정의 휩쓸림에 빠지게 한다. '나'를 뚜렷이 드러내지 못하는 정신 심리의 구조와 언어의 관행은 구체적이고 개성적인 자아를 확립하는 데 장해가 된다. 개인의 주체와 사회 전체의 일치를 실현하는 나라가 되려면 모호한 감정적 공동체의 전체성에 매몰되지 않고 개별적 인간의 '나'를 뚜렷이 자각하고 표현하고 실현할 수 있어야 한다. 시공간의 구체적 현실 속에서 '생각'을 강조하고 '나'를 확립하여 민족통일과 세계정의에 이르려 했던 안창호·유영모·함석헌의 '나' 철학은 '나'를 분명하고 확실하게 말하지 못하는 한국의 언어세계와 동아시아의 정신문화적 세계에서 매우 창조적이고 혁신적인 기여를 하였다.

2. 서구 철학의 비판과 극복

서구 주류철학은 플라톤·아리스토텔레스의 로고스 철학에서부터 데카르트, 칸트, 헤겔의 관념철학과 후설의 현상학, 영국의 경험철학, 현대의 과학철학과 분석철학에 이르기까지 감각의 경험과 이성의 인식(의식) 안에서 자기와 세상을 이해하였다. 이들은 모두 수학과 자연과학에 바탕을 두고 철학을 형성하고 발전시켰다. 감각적 경험과 이성의 인식 및 의식 활동을 중심으로 철학을 형성하고 철학적 사유를 전개시킨 이들의 철학은 자연만물과 생명, 인간의 자아와 타자를 주체와 전체로 볼 수 있는 길이 근본적으로 차단되어 있다. 감각은 대상의 표면과 부분을 지각할 뿐이며 이성은 자신과 타자를 인식의 대상으로 볼 뿐 주체로 볼 수 없다. 인식 주체인 자기 자신조차 타자로 보고 대상화하는 이성은 서로 주체의 협동철학에 이르지 못한다. 자연과학과 서구 철학을 지배하는 수와 도형, 논리와 개념은 모두 이성 로고스의 산물이다.

서구 주류 철학은 감각의 지각 자료와 이성의 인식에 근거하여 수학과 자연과학을 발전시키고 컴퓨터와 인공지능을 만들었으며, 수학과 자연과학에 근거하여 사회과학과 철학을 형성하고 발전시켰다. 감각의 지각과 이성의 분석, 인식은 사물, 생명, 정신에 대한 불완전한 부분적인 앎에 이를 뿐 주체의 깊이와 자유, 전체의 큰 하나됨에 이를 수 없다. 감각과 이성은 삶을 위한 지각과 사유의 도구이며 심부름꾼일 뿐 삶의 진정한 주인과 주체는 아니다. 감각은 생명이 타자와 바깥세상을 접하고 아는 수단이고 통로다. 생존본능과 생존의지, 의식과 감정에서 발전하고 확장된 것이 지능이다. 지능은 생존본능과 의지의 연장이며 생존본능과 의지를 실현하기 위한 꾀부림이다. 지능은 생존본능과 의지의 수단과 도구다. 지능이 정화 발전된 것이 이성이다. 이성은 기본적으로 수를 세고 사물을 이해하고 설명하는 방법이고 수단이다. 이성이 발달하여 보편적 개념과 논리, 생각의 구조와 틀에 이르렀지만 기본적으로 도구적 수단적 성격을 가진다. 도구적 수단적 성격을 가진 감각의 지각내용과 이성의 생각(추론, 추리)에 의존한 서구의 과학과 철학은 생명철학의 관점에서 보면 뚜렷한 한계를 가진다.

생명철학은 감각의 지각과 이성의 사유를 생명의 주체와 전체 그리고 창조적 혁신과 진화를 추구하고 실현하는 생명의 근본 행위로 본다. 이러한 생명철학의 관점에서 보면 감각의 지각행위와 이성의 사유행위에는 생명의 본능적 욕구와 감정뿐 아니라 영적 의지와 지향이 반영되고 참여한다. 개미나 악어의 감각적 지각내용이나 생명의식은 인간의 감각적 지각내용이나 의식과 질적으로 다르다. 그 차이는 단순히 감각능력의 양적 차이가 아니라 개미나 악어의 생명과 인간의 생명 사이에 존재하는 생명의 질적 차이다. 시각이나 청각에서 인간의 감각 능력을 능가하는 동물들이 얼마든지 있을 수 있다. 인간의 감각적 지각내용이 고귀한 것은 거기에 인간의 감정과 지성과 의지가 반영될 수 있기 때문이다. 인간의 감각적 지각행위와 이성적 사유행위에는 몸·맘·얼의 생명이 총체적으로 참여한다. 인간의 생명이 깊고 높고 풍부한 만큼 인간의 감각적 경험과 이성적 사유도 깊고 높고 풍부하다. 따라서 자연과학과 과학철학에서 인간의 감각 경험을 단순히 정보와 데이터로 환원하고 인간의 이성적 생각을 논리와 개념으로 추상화하는 것은 감각경험과 생각에서 생명의 차원을 제거하는 것이다.

인간은 언어로 생각하고 또 생각을 표현한다. 따라서 인간이 사용하는 언어는 그 인간의 생각에 큰 영향을 준다. 생각에 대한 이해 못지않게 언어에 대한 이해는 철학과 사상을 형성하는 데 결정적 영향을 미친다. 안창호, 유영모, 함석헌이 생각을 생명의 근본행위로 본 것과는 달리 서구의 철학자들은 생각을 좁은 의미에서 이성의 추론과 사변적 행위로 이해했다. 안창호, 유영모, 함석헌의 생명철학과 서양의 이성 철학은 언어에 대한 이해에서도 확연히 구별된다. 서구의 언어철학과 분석철학에서 말을 개념과 논리로 분석하고 해체하거나, 페르디낭 드 소쉬르(Ferdinand de Saussure)처럼 언어를 '지시 대상'으로서의 기표(記表, signifiant)와 '의미내용'(개념)으로서의 기의(記意, signifié)로 구분하고 기표와 기의의 우연적 관계와 차이에 대한 논의에 집중하는 것도 말의 생명철학적 차원과 깊이를 제거하는 것이다. 감각의 경험과 이성의 추론에만 의지하는 서양철학은 말에 대한 생명철학적 이해에 이를 수 없다. 물론 감각 내용과 이성적 생각을 반영하고 표현한다는 점에서 말은 이성의 개념과 논리, 문법과 이치로 이루어져 있다. 기본적으로 말은 이성의 생각을 표현하고 전달한다는 점에서 논리적이고 이성적이다. 논리적이며 규칙적인 어법구조를 가진 고대 그리스인들은 이성 철학을 발전시켰으며 이성(logos)과 말(logoi)을 동일시했다. 말은 이성적인 생각을 반영하고 표현하는 것이었다. 언어에 대한 이런 이성주의적 이해가 현대 서양철학과 언어철학에 이르기까지 견고하게 유지되었다. 이런 이성주의적 언어이해에서는 이성적 법칙과 개념, 기호와 상징으로서의 언어는 언어를 말하는 인간의 생명이나 언어가 지시하는 대상(사물)과 내적이고 필연적인 관련을 갖지 못한다. 그 까닭은 이성의 관념·논리·규칙적 행위로서의 언어가 언어를 말하는 인간의 생명 세계나 언어가 지시하는 자연 생명 세계와 단절되어 있기 때문이다.

그러나 말은 이성의 논리적 규칙과 개념, 추상적인 기호와 상징으로만 규정될 수 없다. 말은 감각의 정보와 이성의 지식을 전달하는 수단을 넘어서 생명의 근본적인 행위이고 사건이다. 말은 감각의 지각내용과 이성의 인식내용뿐 아니라 생명의 근원적인 의지와 지향, 간절한 염원과 목적을 표현하고 전달하고 소통하려는 생명의 본성에서 우러난 생명의 근본 행위다. 또한 말은 인간과 인간 사이에서 사귐과 소통, 일치와 합일을 이루는 창조적인 공동체적 생명 사건이다. 말은 인간 생명의 깊고 높은 의지와 열망의 표현이고 수단이다. 말은 생명의 주체적이며 전체적인 행위다. 말은 자신을 실현하고 완성하려는 생명의 총체적인 행위와 수단이다. 또한 말은 나의 몸과 맘 속에 있는 욕구와 감정, 의지와 뜻이 나의 몸과 맘 밖에서 다른 사람의 몸과 맘 속에 있는 욕구와 감정, 의지와 뜻을 움직이고 서로 다른 인간의 생명과 의지가 소통하고 연락하여 일치와 합일에 이르게 하는 창조와 혁신의 사건이다. 말은 나와 남의 생명과 뜻이 일치와 합일에 이름으로써 협동과 연대를 이루고 큰 힘을 얻어서 큰일을 할 수 있게 하는 창조적이고 혁신적인 행위이고 사건이다.

말은 생명의 본성과 목적을 실현하고 완성하려는 생명의 간절한 의지와 열망을 담은 것이면서 생명의 본성과 목적, 진리와 이치를 드러내고 실현하는 매체다. 말은 인간의 몸, 맘, 얼이 모두 참여하는 생명의 총체적 행위이고 사건이며 나와 우주 자연과 하나님이 함께 참여하는 우주적이고 신적인 사건이다. 말은 인간의 성대와 혀와 입이 대기(大氣)와 서로 울리고 떨게 해서 내는 소리다. 중국어에서 천명(天命)은 '하늘의 뜻과 말씀'을 뜻하는데 명(命)은 목숨을 나타낸다. 목숨은 몸으로 하늘의 대기와 소통하고 공명하는 생명의 근본작용이고 활동이다. 천명이란 말은 인간의 목숨과 하늘의 뜻, 말씀을 직결시킨다. 말은 인간의 몸으로 목숨(목의 숨)을 울리고 떨게 하여 하늘의 뜻과 말씀을 나타내는 것이다. 말은 인간의 몸과 하늘의 대기가 서로 울리고 떨림으로써 하늘의 뜻, 말씀과 일치하는 인간의 간절하고 깊은 뜻과 염원을 표현하고 전달하는 가장 인간다우면서도 신령한 생명사건이다. 말은 인간의 몸(성대, 혀, 입술)으로 생명의 숨(목숨)을 울리고 떨게 하여 생명의 간절하고 지극한 생각과 뜻을 나타내고 표현하는 것이다. 생명의 간절하고 지극하고 높은 생각과 뜻은 하늘에 닿는 것이며 하늘의 얼과 높은 뜻에 통하는 것이다. 그러므로 말은 인간의 생명과 우주가 서로 울리고 떨려서 만들어내는 신비한 것이며, 인간 생명의 가장 깊고 높은 차원을 표현하고 전달하고 소통하는 것이다. 말은 땅의 흙(물질)로 빚어진 몸과 인간의 목숨과 맘(생각과 지성), 하늘의 높은 뜻과 얼이 서로 어우러지고 울려서 나오는 것이니 천지인합일을 이룬 것이다. 따라서 말에는 땅의 물질과 몸의 깊이와 이치, 생명의 본성과 이치, 지성과 영성, 하늘과 얼의 높이와 이치가 담겨 있으며, 말은 그런 이치와 가치와 뜻을 드러내고 표현하고 닦아내는 것이다.

　말은 나의 생명과 정신을 진동시켜서 다른 사람의 생명과 정신을 진동시키고 움직이는 것이다. 인간 생명의 가장 깊고 높은 본성, 속알[仁, 眞心, 眞實]이 말을 통해 표현되고 실현되고, 남의 본성, 속알과 소통 전달 연락이 된다. 말은 인간의 가장 깊고 간절한 얼·혼의 주체적 표현이면서 서로 다른 주체와의 연락과 소통, 사귐과 교류이다. 말은 인간 생명의 가장 깊고 높은 의지와 뜻, 본성과 사명을 담은 것이다. 말을 나타내는 히브리어 다바르(Dabar)는 단순한 개념이 아니라 사건을 일으키는 것이다. 신의 말씀(다바르)은 신의 의지와 명령, 계명을 뜻한다. 신의 의지와 명령은 반드시 생의 사건을 일으킨다. 히브리 경전의 하나님은 말씀으로 세상을 창조했다(창세기 1장 1절 이하). 신의 말씀으로서 율법은 사랑과 정의를 실현하는 신의 명령과 의지를 나타낸다. 말은 인간 생명의 깊고 높은 의지와 염원을 표현하고 실현하고 그 의지와 염원을 다른 주체들과 연락하고 소통하는 것이며, 생명의 해방과 구원을 일으키는 신의 명령과 뜻을 나타낸다. 생의 욕구와 의지, 소통과 공명, 행위와 사건이며 신의 뜻과 명령을 전달하는 말은 논리와 개념, 문법과 이치로만 탐구해서는 안 된다.

　안창호가 자기와 남을 일깨우고 민족 전체를 하나로 이끄는 위대한 연설가였다는 사실은 그가 말의 생명철학적 깊이와 의미를 충분히 체득하고 생명의 근본 행위와 사건으로, 소통과 공명의 사건과 행위로, 하늘의 높은 뜻과 사명을 실현하는 매체로 말을 온전히 사용했음을 시사한다. 말에 대한 유영모와 함석헌의 생명철학적 이해는 말에 대한 서구 철학자들의 논리·분석철학적 이해와 대조된다. 주어(이성)가 지배하는 논리적인 그리스어와는 달리 한국의 언어는 상대를 존중하고 받들며 상대와 교감하고 소통하는 언어다. 상대와 교감하고 소통하여 주체와 상대(서로 다른 주체)와의 일치와 사귐을 통해 서로 변화를 일으키는 언어다. 당대 최고의 연설가로서 안창호는 자신의 몸과 맘, 얼과 혼을 울리는 간절하고 진실한 말로써 사람들을 깨워 일으키고 변화시켰으며 새 역사를 열어갔다. 안창호는 말로써 사람을 변화시키고 사람들을 하나로 통일시켰으며 아름다운 단체와 조직을 만들었고 새로운 역사를 열어갔다.

유영모에게 말은 우주와 생명과 하나님의 비밀을 담은 것이며 인간과 하나님이 연락하고 소통하는 수단과 매체였다. 말씀은 내 속의 속이 뚫려 하나님과 통하는 것이다. 다석은 말을 나타내는 글(文), 글월을 "그, 그이(하나님)를 그리워 함"으로 이해했다. 다석은 글월[文章]을 "글[그를, 하나님을] 그리어 우에 갈 얼"이라 푼다. 이 글에 대한 풀이에서 김흥호는 '글월'이 '하나님을 그리워 함'을 나타내고 "하나님께 향해 올라가게 지시하는 안내문"이라고 하였다.[4] 박영호는 "말과 글은 하나님의 뜻을 담는 신기(神器)요 제기(祭器)"라고 했다. 다석에 따르면 말(言)은 우리가 하나님께 타고 갈 "말"(馬)이다.[5]

함석헌은 말과 생명의 본성, 바탈을 직결시켰다. 그에게 말을 새

<hr>

4 1956년 1월 17일 일지. 『다석일지공부』 1, 315-317.
5 『진리의 사람 다석 유영모』下, 167-169.

롭게 바꾸는 것은 생명과 역사의 근본을 새롭게 바꾸는 일이었다. "혁명의 명은 곧 하늘의 말씀이다. 하늘 말씀이 곧 숨·목숨·생명이다. 말씀을 새롭게 한다 함은 숨을 고쳐 쉼, 새로 마심이다. … 혁명이란 숨을 새로 쉬는 일, 즉 종교적 체험을 다시 하는 일이다. 공자의 말대로 하면 하늘이 명(命)한 것은 성(性) 곧 바탈이다."[6] 말은 무한한 과거와 영원한 미래의 신비를 담은 것이며 인간의 생명 속에 심겨진 것이다. "억만년 진화의 총결산과 미래 영원한 발전의 설계를 한데 합한 신비의 말씀인 알갱이를 속에 품고 있는 산 씨올…."[7]

함석헌에게 말씀은 이성과 직결된 것이면서 이성을 초월한 것이다. 그는 말씀을 하늘 영과 일치시켰다. 그에게 말씀은 이성과 하늘의 결합이다. "이성의 높은 봉에 오르지 않고 하늘에서 내리는 영을 받을 수는 없다. 그것은 이성만이 시간을 초월하고, 공간을 초월하고, 자아를 초월하여, 절대계에서 오는 영에 접할 수 있는 디딜 곳이 되기 때문이다. 감정 같은 것은 그 봉우리의 중턱에 피는 꽃밭에 지나지 않는다. 하늘 영은… 소위 성신이요, 환상이요, 영통이요 하는 것 같은 감정적으로 고조된 이상(異常) 심리(心理)의 그릇에 받기에는 너무도 큰 것이다. … 시대를 건지는 말씀은… 무한히 넓게 열린 맘이 아니고는 받을 수 없다. … 그리고 사람의 맘에 무한을 이해할 수 있는 것은 이성뿐이다."[8]

더 나아가서 함석헌은 우주 만물의 본성을 말씀으로 이해하여 말씀과 우주 대자연을 직결시켰다. "하나님의 입에서 나오는 것이 하

---

6 함석헌, "인간혁명," 80.

7 함석헌 "서풍의 소리," 『함석헌전집』 5, 18.

8 함석헌, "말씀, 말," 『함석헌전집』 9, 369-370.

나님의 말씀이다. 이 우주 이 세계란 것은… 하나님의 입에서 나오는 말씀이다. 하나님의 무한한 배통에서… 그칠 새 없이 울려나오는 굉장한 말소리가 곧 이 천지, 이 우주, 이 만물이란 것이다. … 바라보아서 장엄한 높은 봉우리도 그 파동의 한 엉킴이요 만져볼수록 신기한 작은 버러지도 그 파동의 한 맺힘이다."[9] 말을 우주만물과 인간 생명과 역사의 본성과 직결시킨 함석헌은 더 나아가서 하나님과 직결시켰다. 그에게는 "하나님이 말씀하신다!"는 생각이 가장 위대하고 신비한 사상이었다. "하나님이 말씀하신다! 얼마나 놀라운 사상인가. 볼 수도 없고 만질 수도 없는 하나님이 말씀을 하신다는 생각은 어찌하여 사람의 자식의 머리에 떠오르게 되었던가....과연 이 일 자체가.....하나님이 말씀해 주신 것으로 된 일이요 따라서 하나님이 말씀을 하시는 증거라 할 수밖에 없다." 그는 말의 위대함과 의미를 이렇게 말했다. "'말' 이것처럼 이상하고 이것처럼 위대한 것은 없다. 이는 뵈지 않는 세계를 볼 수 있게 하는 것이다. 영의 나라를 물질의 나라로 번역하는 일이다. 하나님적인 것을 인간적인 것으로 나타내는 일이다."[10]

말을 개념과 논리, 문법과 이치로 분석하고 설명하는 서구 철학과는 달리 유영모와 함석헌은 말을 생명의 본성과 직결시키고 얼과 혼 더 나아가 하나님의 뜻을 표현하고 실현하는 것으로 봄으로써 서구 이성 철학을 비판하고 극복할 수 있는 길을 열어주었다. 말은 단순히 개념과 논리와 문법으로 이루어진 것이 아니다. 말은 인간의 감각내용, 욕구와 감정, 생각과 의식, 믿음과 그리움을 담고 표현하고

---

9 함석헌, "말씀, 말," 383.
10 함석헌, "히브리서강의"(1939년), 『함석헌전집』 11, 214.

실현하는 것이다. 우주 대자연과 만물이, 인생과 역사의 모든 일과 사건이 하나님의 말씀을 나타낸다고 함석헌은 말하였다. 인간의 몸과 우주의 대기가 만나서 생명의 숨을 울리고 떨리게 하여 생의 본성과 의지와 뜻을 표현하고 실현하는 말은 논리와 문법구조뿐 아니라 몸과 우주의 구조와 법칙, 생명의 본성과 원리, 의지와 목적, 얼과 혼과 신의 믿음과 그리움과 뜻을 담은 것이다. 기본적으로 말은 인간의 욕구와 감정과 의식을 담은 생각을 표현하는 것이다. 생각은 이성적인 차원을 가진 것이므로 생각을 표현하는 말은 이성적이고 논리적이고 법칙적인 성격을 지니고 있다. 그러나 말은 이성의 논리와 개념, 법칙과 틀을 넘어서 생의 간절한 의지와 뜻을 담고 표현하고 실현하는 것이고, 소통하고 연락하여 관계와 사귐을 만들어내는 것이며, 얼과 혼과 신의 간절한 의지와 뜻을 실현하여 새로운 세상을 창조하는 것이다.

안창호 유영모 함석헌의 생명철학에 비추어보면 감각과 이성과 영성을 통합적으로 탐구하고 이해할 수 있다. 만일 감각을 생명의 주체와 전체에서 분리하여 기능적으로 이해하면 감각을 통한 지각이 감각대상에 대해서 제공하는 정보와 자료는 대상 존재의 표면과 부분에 대한 지식을 줄 뿐 대상 존재의 주체와 전체를 드러내지 못한다. 그 경우에 감각주체와 감각대상은 서로 주체로서 만남과 사귐에 이르지 못하고 감각주체와 감각대상의 온전한 실현과 완성에 이르지 못하며 감각주체와 감각대상의 창조적 변화와 갱신, 초월과 고양에 이르지 못한다. 생명의 주체와 전체에서 분리하여 이성을 기능적으로 이해하면 이성을 통한 인식도 대상을 계산하고 분석하고 유추하여 이해하고 설명할 수 있으나 부분적이고 표면적인 이해와 설명에 이를 뿐 주체와 전체를 실현하고 완성하며 창조적 변화와 초월적 고양에 이르지 못한다.

　감각과 생각의 진정한 주인과 주체는 생명과 정신 그 자체다. 생명과 정신이 감각과 이성을 사용해서 지각하고 생각하는 것이다. 인간은 몸, 맘, 얼이 결합된 존재다. 인간이 생각한다는 것은 몸 전체가 스스로 생각하는 것이고 맘 전체가 스스로 생각하는 것이며 얼 전체가 스스로 생각하는 것이다. 몸이 생각의 주체이고 대상이다. 감각과 이성은 몸, 맘, 얼이 하는 생각의 도구이고 심부름꾼이다. 몸속에 맘과 얼이 깃들어 있고 맘과 얼이 몸의 일에 관여한다. 맘속에 몸과 얼이 깃들어 있고 몸과 얼이 맘의 일에 관여한다. 얼 속에 몸과 맘이 깃들어 있고 몸과 맘이 얼의 일에 관여한다. 생각한다는 것은 몸, 맘, 얼이 함께 관여하고 서로 참여하는 것이다. 이런 열린 생각 속에서는 물체도 주체와 전체로서 자신의 무한한 힘과 가치와 아름다움을 드러내고 실현할 수 있다. 이런 생명철학의 생각은 수학과 자연과학의 논리, 자연법칙을 전제하고 바탕에 둘 수 있지만, 결코 그 안에 갇히지는 않는다. 인간의 생각이 이성의 인식과 의식 속에 갇히지 않는다. 사물과 생명과 인간의 주체와 전체가 생각을 통하여 이성의 인식과 의식 속으로 침입하고 들어와서 자신을 드러낸다. 생각하는 인간의 생명과 정신 속에서 나는 나대로 너는 너대로 하나님은 하나님대로 드러나고 실현되고 서로 주체로서 사귀고 협동할 수 있는 길이 열린다. 생각은 이성의 산물인 관념 속에서 나오는 게 아니라 생명 자체에서 나오는 것이며 생명이 쌓이고 쌓인 몸속에서 생각을 캐낼 수 있는 것이다. 생각은 생명의 근본적인 의식이고 행위이며 생명의 존재 자체다. 이성에서 생각이 나온 것이 아니라, 생명의 생각,

의식에서 이성이 나온 것이다. 감각도 생명의 존재와 의식에서 깨어나고 생겨난 것이다. 이성은 생명보다 무한히 작은 것이다. 니체가 육체의 대이성을 말한 것처럼 육체의 생각이 머리, 로고스의 관념적 생각보다 훨씬 크고 근원적인 것이다. 그러므로 유영모는 생각을 몸에서 캐낸다고 했고 생각은 생명의 자각행위라고 하였다. 그는 생각으로 '나를 낳는다'고 하였다. 함석헌은 생각하는 백성이라야 산다고 했으며 생각을 통해서 하늘의 얼이 내 생명의 속알 속에 깃들고 내 생명이 영글어간다고 했다. 생각하는 것은 나를 살리고 참 나가 되는 일이고, 내가 나를 낳고 짓고 만드는 행위이며 새 역사를 짓는 일이다.

이성주의 과학철학은 결코 생명의 주체와 전체에 이를 수 없다. 플라톤의 이데아, 아리스토텔레스의 로고스는 자아와 타자의 주체와 전체에 이르지 못한다. 데카르트, 칸트, 헤겔의 이성, 정신도 자아와 타자의 진정한 주체에 이르지 못한다. 그것은 이성의 관념(의 질서와 체계) 속에 주체와 전체를 가둘 뿐이다. 칸트의 관념론적 철학을 비판적으로 계승한 후설의 현상학은 인간 정신(로고스 이성)의 본질과 구조에 이를 뿐 사물과 생명과 인간의 주체 그 자체에 이를 수 없다. 현상학을 비판적으로 계승한 하이데거의 존재철학도 개별적 존재자들의 구체적(생명적) 주체에 이르지 못하고 이성이 제시하는 존재를 드러낼 뿐이다. 서구의 철학이 제시하는 경험론적 존재론도 감각경험에서 주어지는 감각자료의 한계에서 벗어나지 못한다. 관념론적 존재론은 이성적 관념의 개념과 논리, 의식과 인식에서 벗어나지 못한다. 실존철학도 인간의 자기의식에서 벗어나지 못하고 자기의 자아 안에 갇힌다.

이성적 관념론적 존재론과 물질 육체적 존재의 속박에서 인간의 자아를 해방하고 구원하기 위해서 레비나스는 타자 중심의 윤리철학을 제시하였다. 레비나스에 따르면 인간의 자아는 물질 육체적 존재의 욕망과 감정의 굴레에 갇혀 있을 뿐 아니라 이성적 인식과 관념적 의식의 폐쇄적인 세계에 갇혀 있다. 저마다 자기의 존재와 의식에 갇힌 자아를 가진 인간들은 서로 만나서 자신들의 힘으로 스스로 자기에게서 자기를 해방하여 서로 주체의 사귐과 협동에 이를 수 없다. 자기의 존재와 의식에서 인간의 자아를 해방하기 위하여 타자의 얼굴에서 무한자(초월자, 절대자 신)를 찾고 기다려야 한다고 레비나스는 주장한다. 그러나 우리 인간은 생명과 정신의 바깥에서 그런 무한자를 발견할 수 없다. 고난받는 타자의 얼굴에서 무한자인 신을 보는 동안 나와 고난받는 타자는 구원과 해방의 주체가 되지 못하고 구원과 해방의 대상으로 머물러야 한다.[11]

서구의 이성 철학을 비판하고 개별자들의 서로 다름과 우연한 계기를 강조한 탈현대주의(포스트모더니즘) 철학이나, 구조와 체계를 강조한 구조주의 철학도 생명과 정신의 주체와 전체에 이르는 길이 막혀 있다. 그런 철학들은 나와 타자의 주체와 전체, 서로 주체의 관계와 협동을 말할 수 없다. 생명체와 인간을 '욕망하는 기계', '생각하는 기계'로 본 들뢰즈의 포스트모더니즘 철학은 나와 세상의 주체와

---

11 레비나스에 따르면 주체로서의 자아와 타자의 "비대칭성, 불균등성이 인간들 사이의 진정한 평등을 이룰 수 있는 기초이고, 이런 의미의 평등만이 약자를 착취하는 강자의 법을 폐기할 수 있다." E. Levinas, *Totalité et Infini*, 190 참조. 레비나스는 주체를 두 가지로 규정한다. 첫째 세계를 향유하고 즐기는 주체다. 이것은 거주와 노동을 통해 세계를 소유하고 지배함으로써 자신을 무한히 확장하려는 욕망을 보여준다. 둘째 내가 어떤 수단을 통해서도 지배할 수 없는 타자를 영접하고 대접할 때 진정한 의미의 주체성이 성립된다. 강영안, "해설: 레비나스의 철학," 에마뉘엘 레비나스/강영안 역, 『시간과 타자』(서울: 문예출판사, 2012), 149-150.

전체 그리고 주체와 전체의 일치와 고양에 이르는 생명철학을 말하지 못한다. 서구의 존재론을 비판하고 타자의 얼굴에서 절대자의 존엄과 가치를 보려 했던 레비나스의 타자 중심 윤리철학도 생의 주체와 전체와 창조적 진화를 말하는 철학이 될 수 없다. 서구의 이성과 존재 중심의 철학을 비판했던 탈현대주의 철학은 서구 주류의 로고스 철학에 대한 의심과 비판으로는 의미가 있지만 새로운 대안을 제시하는 철학이 될 수 없다. 그것은 결코 서구 철학의 닫힌 사유체계를 깨트리고 생명(생활)철학에 이르는 새 길을 열 수 없었다. 의심과 불안, 상대주의와 불확실성 속에서 탈현대주의 철학의 대표적인 철학자 들뢰즈는 70세에 15층 아파트에서 투신자살을 하였고, 구조주의 문화철학자 푸코는 에이즈에 걸려 죽었으며, 구조주의 마르크스 철학자 알튀세르는 정신착란을 일으켜 아내를 살해하고 정신병원에 갇혔다가 죽었다. 탈현대철학을 대표하는 이들의 비참하고 절망적인 죽음은 탈현대주의 철학이 새로운 삶의 철학이 될 수 없음을 웅변으로 말해준다.

서구 철학과 학문은 오늘까지도 수학과 자연과학에 기초한 이성철학의 체계에 갇혀 있는 것처럼 보인다. 마이클 샌델은 그의 저서 『정의란 무엇인가?』에서 정치와 경제의 영역에서 도덕과 종교를 중시해야 한다면서도 자기는 종교를 잘 모른다고 하였다. 그는 시민사회의 정의를 철학적으로 논의하기 위해서 고대 아리스토텔레스 철학에서 틀과 근거를 찾았다. 정의를 위한 샌델의 이런 낡은 철학적 논의는 결코 세계적 지평에서 통용될 수 없고 새로운 미래의 철학으로 받아들여질 수 없다. 생명공학과 인공지능 등 자연과학과 기술의 발달을 논하면서 미래의 인간과 역사에 대해 말하는 유발 하라리

(Yuval Harari)는 미래의 종교를 컴퓨터 게임과 같은 것으로 설명한다. 그가 종교에 대한 깊은 고민과 성찰이 없음을 알 수 있다. 그가 새로운 과학기술과 인간의 미래에 대해서 여러 가지 자극적이고 도전적인 말을 하지만 인간의 생명과 정신에 대한 깊은 철학적 성찰과 이해는 보여주지 못한다. 생각(상상)의 세계를 허구로 보고 우주와 생명과 정신의 존재를 과학적 지식과 정보의 세계로 환원시키는 하라리의 논의와 성찰은 생명의 주체와 전체와 진화를 밝히고 실현하는 생명철학에 이를 수 없다. 천문물리학자 스티븐 호킹(Stephen Hawking)이 우주자연의 시작과 변화를 자연법칙으로 설명할 수 있다면서 신은 없다고 주장하거나 생명 진화론과 생명공학을 말하는 리차드 도킨스(Richard Dawkins)가 신은 없다고 말하는 것은 자연과학과 종교에 대한 심층적인 이해가 근본적으로 결여된 것을 보여준다. 종교와 도덕을 중시한 샌델이나 종교를 가벼운 게임으로 보는 하라리의 논의는 종교와 도덕에 관한 철학적 깊이를 전혀 드러내지 못한다. 무신론을 내세우는 호킹과 도킨스의 논의는 과학과 종교의 대립과 적대를 드러낼 뿐이다. 서구 철학과 학문은 수학적 이성의 폐쇄된 체계를 벗어나 생명의 주체와 전체를 아우르는 통합적 생명철학에 이를 수 있는 길을 찾지 못한 것으로 보인다.

서구의 이성 철학은 수학적 이성에 토대를 둔 것이다. 수와 도형, 계산과 논리에 기초한 수학적 이성은 분석하고 이해하고 설명할 수는 있으나 생명의 주체와 전체를 드러내고 실현하고 고양·갱신하고 창조·초월하지는 못한다. 고대 그리스의 이성 철학은 계산하고 이해하고 설명하는 철학이지 창조와 변혁, 거듭남과 초월의 철학은 되지 못하였다. 히브리 기독교의 말씀 다바르는 창조와 변혁의 사건을 일으키는 신의 의지와 명령을 뜻했다. 그리스의 과학적 로고스와 히브리 기독교의 창조자적 말씀 다바르가 결합하여 '말씀 로고스'를 삶과 사회 속에 구현했다면 서구 문명은 생명의 주체와 전체를 실현하고 완성하는 생명철학에 이르렀을 것이다. 그리스철학과 히브리-기독교 정신의 두 기둥 위에 세워진 서구 유럽문명은 고대 그리스의 과학적 이성 철학과 히브리 기독교의 초월적 영적 신앙을 통합할 문명사적 사명과 과제를 안고 있었다. 식민지 쟁탈전을 벌이다 1~2차 세계대전으로 귀결된 서구문명사는 도덕과 정신, 종교와 철학에서 스스로 파산선고를 내리고 말았다. 지난 2천년 서구 유럽의 정신사가 그리스의 과학철학과 기독교의 종교철학을 통합할 과제와 사명을 완수하지 못했다는 것은 오늘의 서양 철학자들과 과학자들이 잘 보여주고 있다. 생명의 주체와 전체를 통합하는 생명철학은 과학적 이성과 종교적 영성을 통합하는 데서 성립한다. 감각적 경험 자료와 이성적 분석 설명에 한정된 폐쇄적인 학문 연구체계와 방법을 극복하지 않으면 몸, 맘, 얼을 아우르는 인간 생명의 철학에 이를 수 없다.

안창호가 서구문명의 기독교 신앙, 과학 정신, 민주정신을 깊이 받아들여서 주체와 전체의 통일로서의 '나' 철학을 확립하고 유영모, 함석헌이 과학과 종교와 민주정신을 통합하는 씨올 생명철학을 제시한 것은 과학적 이성과 종교적 영성을 통합하는 길을 열어 준 것으로 여겨진다. 안창호는 서양의 기독교 정신, 과학사상, 민주정신을 받아들여 통합적인 생명철학을 형성하였다. 생명의 주체와 전체를 통합하는 '나'를 발견하고 실현하는 '나' 철학을 확립한 인물로 안창호는 높이 평가되어야 한다. 그가 '나'를 드러내거나 강조하지 않는 한국의 언어문화와 정신풍토 속에서, 계산적 이성의 지배 아래 있는 서구 정신문화의 폐쇄적 자아 이해를 넘어서, 건전한 인격의 자아를 확립하고 민족의 독립과 통일을 이루고 나아가서 대공의 세계를 여는 '나' 철학을 확립한 것은 매우 창조적이고 새로운 것이다. 그에게 '나'는 끊임없이 자기와 세상을 개조하는 창조자적 주체이고 자기와 세상에 대한 궁극적이고 무한한 책임을 지는 주체이면서 서로 보호하고 단합하는 협동의 주체이며 어려움 속에서 자기와 남을 함께 구원하는 환난상구의 존재였다.

생명철학자 안창호의 '나' 철학은 나를 사랑하고 남을 사랑하는 애기애타의 철학이다. 그는 사랑을 행복의 최고원소로 보고 '서로 사랑함'이 하나님이 들어오는 통로라면서 사랑하기 공부를 역설하였다. 그가 생각한 '나'는 생명의 창조자와 피조물이며, 나와 세상을 사랑하고 해방하고 구원하는 주체다. 생명과 사랑의 주체로서 '나'는 자기 자신뿐 아니라 자연만물과 이웃에 대해서 그리고 신에 대해서도 무한히 열려 있고 서로 이어지고 교감하고 소통하는 존재다. 안창호의 '나' 철학은 식민지 백성으로서 고난받는 민중을 나라의 주인과 주체로 깨워 일으키는 민주철학이고, 과학적 인과관계를 중시하면서 인간을 원인과 결과를 지어내는 주체로 보는 과학적 주체의 철학이고, '나'의 도덕과 사랑을 하나님(上天)과 연결 짓는 영적 생활철학이다. 이러한 안창호의 생명철학은 유영모와 함석헌에게서 씨울사상으로 심화 발전되었다. 씨울사상은 스스로 하는 생명의 주체인 '나'의 철학이며 자기를 깨트리고 죽음으로써 새 생명을 시작하는 희생과 신생의 철학이고, 햇빛과 바람과 물과 흙으로 생명을 창조하는 상생과 평화의 철학이며, 땅의 물질에서 하늘의 얼까지 이어주는 초월적 진화와 통합의 생명철학이다.

참고문헌

1. 안창호 관련문헌

박의수.『도산 안창호의 생애와 교육사상』. 학지사, 2010.

박재순.『애기애타: 안창호의 삶과 사상』. 홍성사, 2020.

_____.『애국가 작사자 도산 안창호 ― 건국 100주년, 애국가 작사자 확정을 위한 연구』. 종문화사, 2020.

안병욱.『島山思想』. 三育出版社, 1972, 2010.

_____·이광수 외.『안창호 평전』. 청포도, 2007.

안창호.『나의 사랑하는 젊은이들에게: 도산 안창호』. 지성문화사, 2011.

윤병욱.『도산의 향기, 백년이 지나도 그대로: 안창호의 세계와 사상』. 기파랑, 2012.

이광수.『도산 안창호』. 하서출판사, 2007.

이명화. "도산 안창호의 애국창가운동과 그 의미." 2012.

이태복.『도산 안창호 평전』. 동녘출판사, 2006.

장리욱.『도산의 인격과 생애』. 홍사단, 2014.

장석흥.『한국독립운동의 영수 안창호』. 역사공간, 2016.

주요한 편저.『安島山全書』, 증보판. 홍사단, 2015.

한승인.『민족의 빛 도산 안창호』. 홍사단 뉴욕지부; 민들레 출판그룹(더키친), 2014.

2. 유영모·함석헌 관련 문헌

박영호.『진리의 사람 다석 류영모』상, 하. 두레, 2001.

_____ 엮음.『죽음에 생명을 절망에 희망을: 씨알의 메아리 多夕日誌』. 홍익재,

1993.

_____.『씨올』. 홍익재, 1985.

박재순.『다석 유영모 － 동서사상을 아우른 생명철학자』, 개정판. 홍성사, 2017.

_____.『다석 유영모의 철학과 사상』. 한울, 2013.

_____.『민중신학에서 씨올사상으로』한울, 2013.

_____.『함석헌 씨올사상』. 제정구기념사업회, 2013.

_____.『유영모 함석헌의 생각 365』. 홍성사, 2012.

_____.『함석헌의 철학과 사상』. 한울 2012.

_____.『다석 유영모: 가난공동체 생명으로 배우다』. 제정구기념사업회, 2011.

_____.『씨올사상』. 나녹, 2010.

_____ 외 공저/씨올사상연구소편.『생각하는 백성이라야 산다: 유영모·함석헌
　　　의 철학과 사상』(세계철학자대회 발제 글 모음). 나녹, 2010.

_____ 외 공저/씨올사상연구소편.『모색: 씨알철학과 공공철학의 대화』(한일철
　　　학대회 발제토론집). 씨올사상연구소편. 나녹, 2010.

_____ 외 공저/함석헌기념사업회편.『민족의 큰 사상가 함석헌』. 한길사, 2001.

_____ 외 공저/함석헌기념사업회편.『함석헌 사상을 찾아서』. 삼인, 2001.

_____ 외 공저.『이용도 김재준 함석헌 탄신 백주년 특집논문집』, 한국문화신학
　　　회 제5집. 한들, 2001.

씨올사상연구회 지음.『씨알·생명·평화: 함석헌의 철학과 사상』. 한길사, 2007.

유영모.『多夕日誌』上·中·下, 영인본. 김흥호 편. 1982.

_____.『다석강의』. 현암사, 2006.

_____.『제소리 －다석 유영모강의록』. 김흥호편. 솔, 2001.

_____. "人格的 偉大의 好表現 南岡 李先生님!"「東明」제2호 (1922.9.10). 남강
　　　문화재단 편.『南岡 李昇薰과 民族運動』, 525-527.

_____/박영호 엮음.『다석 유영모 어록: 다석이 남긴 참과 지혜의 말씀』. 두레,
　　　2002.

유영모 옮김/박영호 풀이.『중용 에세이 － 마음 길 밝히는 지혜』. 성천문화재단, 1994.

함석헌.『함석헌전집』, 1-20권. 한길사, 1983-1987.

함석헌. "이승훈, 심부름군에서 심부름군으로." 이희승·박종홍 외 편,『韓國傳記全集 韓國의 人間像 3』, 서울: 新丘文化社. 1974, 405-441.

3. 기타 관련 문헌

김경재·박재순 외 공저.『한국 개신교가 한국 근현대의 사회·문화적 변동에 끼친 영향 연구』, 한신대 학술진흥재단연구프로젝트(2003~2005). 한국신학연구소, 2006.

김기석.『南岡 李承薰』. 한국학술정보, 2005.

김영일.『丁若鏞의 上帝思想』. 경인문화사, 2003.

김일성.『세기와 더불어 1』. 조선노동당 출판사, 1992.

남강문화재단 편.『남강 이승훈과 민족운동』, 남강이승훈선생추모문집. 서울: 남강문화재단출판부, 1988.

박재순.『삼일운동의 정신과 철학』. 홍성사, 2015.

_____.『모름의 인식론과 살림의 신학』. 홍성사, 2014.

_____.『하나님없이 하나님 앞에: 디트리히 본회퍼의 그리스도론적 하나님 이해』. 한울, 1993.

_____.『한국생명신학의 모색』. 한국신학연구소, 2000.

스텀프, 새뮤얼 이녹·제임스 피저/이광래 옮김.『소크라테스에서 포스트모더니즘까지』. 열린 책들, 2004.

신동립.『애국가 작사자의 비밀』. 지상사, 2015.

안용환.『독립과 건국을 이룩한 안창호 애국가 작사』. 청미디어, 2016.

윤경남.『좌옹 윤치호 평전』. 서울: 신앙과지성사, 2017.

윤사순.『韓國儒學思想論』. 열음사, 1986.

이경숙·박재순·차옥숭 공저.『한국생명사상의 뿌리』, 이화여대 학술진흥재단연구프로젝트(1999~2000). 이화여대출판부, 2001.

이선주 외 편.『홍사단 미주 위원부 100년사: 힘을 기르소서』. 홍사단 미주 위원부, 2014.

장리욱.『나의 회고록』. 샘터, 1975.

장준하,『돌베개』, 장준하문집2. 장준하선생 10주기 추모문집 간행위원회. 思想, 1985.

차, 존 지음/문형렬 옮김.『버드나무 그늘 아래』. 문학세계사, 2003.

홍사단.『도산 안창호 사상의 재조명: 대공주의(大公主義) 이해와 실천 과제』, 창립 104 주년 기념 심포지엄 자료집. 주최 홍사단, 주관 홍사단시민사회연구소, 2017.5.12.

국사편찬위원회.『韓國獨立運動史 資料3 臨政篇 III』.

서정범.『國語語源事典』. 보고사, 2000.

張三植 編.『大漢韓辭典』. 博文出版社, 1975.

Yun, Chi-ho. *1971~1989 Yun Chi-ho's Diary*. 국사편찬위원회. (윤치호는 1883년부터 1943년까지 일기를 썼다. 1889년까지는 국한문으로 썼고 나머지는 영어로 썼다. 국한문 일기는『윤치호 국한문일기』(탐구당, 1975)로 간행되고 영어로 쓴 일기는『윤치호 일기』(국사편찬위원회 탐구당 1971~1989)로 간행되었다.)

논문과 잡지

김철수. "김철수 회고록."『역사비평』1989년 여름호.

김환영. "생각한다는 건 생명자각 ― 오가와 하루히사 교수 인터뷰."「선데이 중앙」125호 (2009.8.2.).

문영걸. "중국잡지 속의 3·1운동."「기독교사상」2019년 2월호.

박만규. "안창호의 대공주의에 관한 두 가지 쟁점."「한국독립운동사연구」61집 (2018.2.).

박화만. "도산 안창호의 민족혁명운동과 대공주의(大公主義) ― 정치평등을 중심으로." 홍사단 창립 104 주년 기념 심포지엄 자료집.『도산 안창호 사상의 재조명: 대공주의(大公主義) 이해와 실천 과제』, 119-168.

손세일. "孫世一의 비교 評傳(40) 한국 민족주의의 두 類型 ― 李承晚과 金九."

「월간조선」 2005년 7월.

안창호. "흥언동지 회람"(1931.11.6. 편지).『도산 안창호 사상의 재조명 : 대공주
　　　의(大公主義) 이해와 실천 과제』, 흥사단 창립 104 주년 기념 심포지엄
　　　자료집. 주최 흥사단, 주관 흥사단시민사회연구소, 2017.5.12.

지명관. "도산의 생애와 사상." 안창호.『나의 사랑하는 젊은이들에게: 도산 안창
　　　호』.지성문화사, 2011.

함석헌. "고난의 의미."「씨알의 소리」 99호 (1989년 3월, 함석헌 기념 사업회).

_____. "씨올."『함석헌전집』14. 한길사, 1985.

_____. "남강·도산·고당."『함석헌전집』4. 한길사, 1984.

_____. "살림살이."『함석헌전집』2. 한길사, 1983.

_____. "인간혁명."『함석헌전집』2. 한길사, 1983.

_____. "육당·춘원의 밤은 지나가다."『함석헌전집』5. 한길사, 1983.

_____. "정신 바짝 차려."『함석헌전집』8. 한길사, 1983.

_____. "吾有三樂."「씨올의 소리」 1976년 6월.

「새벽」 1960년 11월호.

Hans Dieter Betz u. a. Hrsg. *Religion in Geschichte und Gegenwart. Handwörterbuch
　　　für Theologie und Religionswissenschaft*, Band 21. Tübingen: Mohr Siebeck
　　　Verlag, 1998-2007.